제7판

해상교통법

Korean Marine Traffic Law

船長/法學博士 金仁顯

海上交通法

삼우사

Korean Marine Traffic Law

[seventh ed.]

Professor, In Hyeon, Kim

(Captain, Doctor in Maritime Law)

Korea University

Samwoo Publishing Co.

Jan. 2025

제7판 서 문

2023년 10월 제6판을 펴낸지 1년 남짓 지나서 다시 제7판을 내게 되었다. 1년 사이에 법률의 변화가 있었기 때문에 어쩔 수 없이 개정판을 내게 되었다.

해상교통법은 국제조약으로 1972년 「국제해상충돌예방규칙」(COLREG, 이하 '국제규칙')이 있고 국내법으로는 「해사안전법」이 있었다. 이후 2024년 1월 「해사안전법」이 분법이 되면서 「해상교통안전법」과 「해사안전기본법」으로 법명을 달리하여 시행되었고, 해상교통 관련 법률도 일부 개정이 되었다.

「해상교통안전법」에서 가장 큰 변화는 국제규칙 제2조의 선원(船員)의 상무(常務) 규정에서 누락된 부분을 추가한 점이다. 국제규칙과 국내법이 동일하면 제일 좋다. 그 사이에 국내법에서 '선원의 상무'라는 단어가 누락되어 있어서 혼돈스러웠다. 중앙해양안전심판원은 국제규칙 제2조의 선원의 상무를 판단의 근거로 할 수 없다는 입장을 취해 왔나. 국내법에서 도입하면서 그 단어를 삭제한 상태였기 때문에 충분히 입론이 가능하다. 그러나 국제조약을 비준한 우리나라의 입장에서는 국제조약과 다르게 규정할 것이 없기 때문에 누락이라고 보아야 한다.

2024년 9월 1일부터 고려대학교 법학전문대학원의 명예교수가 되었다. 해상법연구센터 소장의 일은 계속한다. 중국의 명문 대련해사대학(大連海事大學)과 상해해사대학(上海海事大學)에 객좌교수로 각 3년간 임용되었다. 올해에는 한국해상법일반론을 강의했다. 다음 학기부터 "한국 해상교통법" 강좌를 개설할 예정이다. 중국과 한국은 기본적으로 동일한 해상교통법을 가져야 하므로, 충분히 강의가 가능한 과목이다.

저자가 국제무대로 나갔기 때문에 본서도 국제무대에서 활용될 수 있도록 외국어로 번역되는 작업을 서두르도록 하겠다. 본서를 영어, 중국어 그리고 일본어로 번역하는 작업을 시작할 예정이다. 상당한 수요가 있을 것으로 본다.

지난 1년 동안 정년퇴직 등을 축하해 준 분들이 많다. 본서가 도선사 시험 준비에 크게 도움이 되었다는 분들이 더욱 따뜻하게 도움을 주었다. 깊이 감사드린다.

개정법률 등을 준비하고 개정작업을 재촉해 준 도서출판 三宇社 조병철 대표께 감사드린다. 이 책의 교정에 도움을 준 강동화 박사, 손동우 조교에게도 학문적 성취를 바란다.

2024. 12. 20.

선장/명예교수 **김인현**

제6판 서 문

바다를 항해하는 선박들 사이에 적용할 피항방법은 중요하다. 특히 다른 국적의 선박들이 바다에서 만나는 경우는 더욱 그러하다. 각국이 서로 다른 항해방법을 가진다면 충돌이 발생하기가 쉽다. 영국, 일본, 홍콩에서는 자동차가 좌측을 다니지만 미국, 한국, 호주에서는 우측으로 다닌다. 우리나라 사람들이 영국 런던에 가면 첫 주는 운전을 조심해야 한다. 자동차의 운행방법이 달라서 접촉사고가 나기 쉽기 때문이다.

저자는 1978년 한국해양대학교에 입학 후 바다에서 충돌을 피하기 위한 방법을 공부했다. 실제 항해를 하면서 이를 적용해 왔다. 제한시계가 되면 횡단항법이 적용되지 않는데, 여전히 적용되는 것으로 잘못 알았다. 잘못 배웠기 때문이다. 김&장법률사무소에서 해사전문가로 일할 때조차 이 사실을 몰랐다. 나중에 이를 알고 참으로 부끄러웠다. 교과서나 학교 강의에서 제한시계의 항법을 제대로 가르치지 못했기 때문에 발생한 것이다.

선장을 마치고 고려대학교에서 법학석사와 박사과정을 거치면서 김&장에서 일했다. 당시는 충돌사고가 참 많이 일어나서 1개월에 4건 정도는 처리한 것 같다. 항법은 국제조약으로 이루어져 있고 우리나라도 해사안전법, 선박의 입항 및 출항에 관한 법률(선박입출항법)과 같은 법률에 국제조약이 반영되어 있다. 그러므로 법적인 해석이 필요한 것이다. 저자와 같이 선장 경험을 가진 법학자가 해상교통법을 올바르게 공부하여 강의하면 올바른 항법이 바다에서 정착되고 충돌사고도 줄일 수 있다고 보았다.

드디어 기회가 나에게 주어졌다. 1999년 목포해양대학교에 전임강사로 임용되었다. 당장 해상교통법을 강의하게 되었다. 강의를 하면서 오히려 더 많은 것을 배웠다. 강의를 준비하다 보면 의문이 생겼다. 학생들의 질문을 받으면서 또 의문이 생겼다. 이런 것들을 하나씩 풀어 나가면서 교재를 만들어 2001년 초판을 발간했다. 책이 체계적으로 잘 만들어졌다는 호평이 이어졌다. 특히 일선의 선장과 항해사들이 이 책을 좋아했다. 논리적이고 체계적으로 잘 구성되어 무언가 공부를 하는 맛이 있다는 것이다. 도선사 시험을 보는 선장들에게는 필독서로 자리를 잡았다.

이제 6판을 준비했다. 해양안전심판원의 2018년에서 2022년까지 재결을 반영했다. 사례 약 30여개가 추가되었다. 저자는 4년간 해양안전심판원의 재결 평석위원회 위원장으로 있다. 1년에 두 차례씩 열리는 이 회의에서 많은 것을 배운다. 이 때 논의된 것도 많이 추가했다. 많은 사고는 어선과 연결되어 있다. 전국에 5만척에 가까운 어선을 운항하시는 분들은 제대로 체계적인 항법을 공부할 기회를 갖지 못했다. 무역항에 적용되는 특별항법이 있듯이 어항에도 특별항법을 만들어야 한다는 것이 저자의 소신이다. 가장 기본적인 항법 5가지만 두어도 충돌사고는 많이 피할 수 있을 것으로 본다. 이들에 대하여도 추가하였다.

제6판에서는 선박충돌과 관련하여 최근의 사례를 몇 가지 추가했다. 여수광양제1항로에서 발생한 두큼호 충돌 사건에서 선박입출항법상 항로를 따르는 선박을 진입하는 선박이 피해야 하는 의무와 관련 광주고등법원의 판결이 나왔다. 중앙해심과 고등법원의 판결은 동일한 결론이다. 한림훼리9호·민호호 충돌 사건에서 협수로 항법과 관련 중앙해심의 재결과 대법원의 판결이 서로 달리 나왔는데 이를 소개했다. 횡단항법의 적용요건 중에서 정침요건의 결여에 대하여 중앙해심은 아주 엄격하게 보아 결국 횡단항법이 적용되지 않고 선원의 상무규정을 적용해 왔는데 대법원은 이를 달리 본 것이다.

제6판을 준비하면서 고려대학교 일반대학원 석사과정에 재학 중인 손동우 항해사가 자료의 준비 등 큰 역할을 해주었다. 제6판 출간을 허락해 주신 도서출판 三宇社의 조병철 사장께도 감사드린다. 이 책 제6판이 항해사, 선장 그리고 도선사들의 항해의 필독서로서 많이 활용되기를 기대한다. 나아가 해상변호사 및 보험법무 실무자들에게도 참고가 되길 바란다.

2023. 8. 15.

광복절 새벽 화정의 서재에서

선장/교수 **김인현**

제5판 서 문

2012년 10월 제4판을 낸 다음 무려 5년 반 이상의 시간이 흘렀다. 해상에서 필자의 책을 애독하시는 선장님과 도선사 시험 등을 준비하시는 분들에게 송구한 마음이 앞선다. 개정작업이 너무 늦었기 때문이다. 그 사이에 항법의 큰 축을 이루고 있는 개항질서법이 「선박의 입항 및 출항 등에 관한 법률」로 법의 명칭이 바뀌면서 변화가 있었다. 그럼에도 본서는 현재 이러한 변화를 담지 못하고 있기 때문에 필자로서 부끄러운 마음이 항상 앞섰다. 제5판의 출간이 지연된 다른 이유는 고려대 로스쿨이 해상교통법의 강좌가 개설되지 않다 보니 본서의 개정작업이 우선순위에서 밀렸기 때문이기도 하다.

그 사이에 필자에게 연구를 더 하도록 하는 여건도 더 마련되었다. 첫째, 고려대에서는 해상교통법 과목 자체가 없지만, 필자는 2014년부터 선박충돌법 강좌를 개설하여 장차 해상변호사가 될 학생들에게 최소한의 항법을 익히도록 조치하였다. 그리고 일반대학원에도 선박충돌법 강좌를 개설하였다. 둘째, 2015년부터 해양안전심판원 재결평석회의 위원회의 위원장을 맡게 되어 해상교통법에 대한 책임감이 더 가중되었다. 셋째, 수협중앙회의 용역을 하면서 어선의 항법에 대한 관심을 더 깊이 가지게 되었다. 네 번째, 해양안전심판원의 심판관 조사관 교육을 2015년부터 해마다 고려대에서 실시하면서 더 공부가 필요했다.

2018년 4월에 들어서 그 동안 수행하였던 한국해법학회 회장, 재경영해중고동문회 회장 등의 임기를 마치면서 시간이 났다. 본서에 대한 개정작업을 더 이상 미룰 수가 없어서 작업을 4월부터 당장 시작하였다. 항법에 대한 체제는 문제가 없기 때문에, 2012년에서 5년 동안 해양안전심판원의 재결이나 법원의 판례가 나온 것을 꼼꼼히 살펴보고 추가하는 작업이 개정작업의 주를 이루었다. 개정작업을 통하여 5년 동안 해양안전심판원은 아주 다양하고 풍부한 재결을 만들어 내었음을 알게 된 것도 기쁨이었다. 해심원이 고민에 고민을 거듭한 흔적도 많이 발견할 수 있었다. 이러한 재결 약 100여개를 해상교통법에 추가하였다.

개정작업이 이루어진 내용은 아래와 같다.

첫째, 통항분리수역, 통항불방해의무, 좁은 수로, 정면상태, 범선 등 그 동안 사례가 없어서 법규정에 대한 설명만하고, 사례를 넣지 못했던 부분을 해심재결로서 채워넣게 되었다.

둘째, 어로작업 중인 선박에 대하여 아주 자세한 추가를 하게 되었다. 연안자망, 연승작업, 쭈꾸미 작업, 오징어 채낚기 등 그림을 추가하여 독자들의 이해를 도왔다.

셋째, 조금은 이론적인, 그렇지만 다툼이 있는, 선원의 상무규정, 합의의 항법, 정류선 등에 대하여 해심과 법원의 재결례를 넣고 필자의 입장을 달아 독자들의 이해를 돕도록 했다.

어려운 출판환경에서도 제5판의 출간을 결정하고 손수 교정작업을 보아주신 도서출판 삼우사 조병철 사장님께 감사드린다. 아무쪼록 본서가 바다에서 선박충돌을 피하여 안전항해를 하는 좋은 길잡이가 되길 기대한다. 해사고등학교, 해양대학교 해사대학의 학생들을 위한 교재로서, 일선의 항해사 및 선장님들, 해양안전심판 담당 조사관 및 심판관님들, 그리고 해상클레임을 처리하는 해상변호사와 선박회사·보험회사의 담당자들에게도 변함없는 지침서가 되길 빈다.

2018년 5월 10일
안암동 연구실에서
선장/교수 **김인현**

제4판 서 문

2012년 4월 18일부터 구 「해상교통안전법」은 「해사안전법」이라는 이름으로 법률의 명칭이 변경되게 되었다. 구 해상교통안전법하에서 항법규정(해상교통법)은 실제 내용상 큰 변화는 없지만 다음 몇 가지 해석상 변화를 가져오게 되었다.

첫째의 변화는 조문번호의 변경이다. 해사안전과 관련된 여러 제도들이 새롭게 도입됨으로써 제3장에 존재하던 항법규정은 제6장으로 이동되었고 이에 따라 조문의 번호가 새롭게 주어졌다. 「국제해상충돌예방규칙」(이하 '국제조약')의 조문에 58을 더하면 해사안전법상의 대응되는 조항을 찾을 수 있다. 내용상으로는 국제조약 및 구 해상교통안전법상의 조문의 내용에서 변화가 없다.

둘째, 구 해상교통안전법 제4조(개항질서법의 우선적용) 및 제5조(국제조약의 우선적용)가 삭제되어 해석상 어떤 변화가 있을지 관심의 대상이 되었다. 특별법우선의 원칙 혹은 신법우선원칙에 따라 모두 해결될 것이기 때문에 항법 적용상 문제는 없을 것으로 생각된다.

셋째, 교통안전특정해역제도가 구 해상교통안전법하에서는 제3장 제6절에 있던 것이 해사안전법에서는 제3장으로 이동되어 항법규정인 제6장에 속하는 것이 아니라 독립된 장에 존재하여 과연 제6장의 내용이 적용될 것인지 하는 의문이 제기되게 되었다. 그러나 이러한 체계에도 불구하고 역시 특별법우선 규정의 적용에 따라 제6장의 내용과 충돌이 되면 제3장의 교통안전특정해역의 항법이 적용되고, 또한 제6장의 내용이 보충적으로 적용되어야 하는 해석에는 변함이 없다고 판단된다. 이와 관련된 변화의 내용을 모두 제4판에 담았다.

2011년과 2012년에 내려진 해양안전심판 및 민사재판에서 항법의 적용과 관련하여 중요한 재결 및 판결을 개정판에 반영하였다.

본 개정 제4판이 나오기까지 자료정리를 도와 준 고려대학교 법학석사과정의 1등항해사 출신 양희정 양에게 감사드리며 이번 개정판 출간을 허락하여 준 도서출판 삼우사 조병철 사장에게도 감사드린다.

2012년 10월 1일 (추석 다음 날)
화정동 서재에서
선장/법학박사 **김 인 현**

제3판을 내면서

2007년 4월에 개정판을 낸지 4년만에 제3판을 출간하게 되었다. 그 사이 필자는 정든 국립목포해양대학교를 떠나 부산대학교 법과대학을 거쳐서 2009년 3월부터 고려대학교 법과대학(법학전문대학원)에서 상법 교수로 재직중이다. 이제 더 이상 해기사 및 선장이 될 학생들에게 해상교통법 강의를 할 수 없게 된 것은 참으로 아쉬운 점이다. 그러나 해상교통법이라는 교재를 통하여 독자로서 해양대학교의 학생 및 실무의 해기사, 선장 및 도선사들과 만날 수 있다는 점을 다행스럽게 생각한다.

강의에서 실제로 설명을 할 수 없기 때문에 교과서를 좀더 쉽게 쓰고 알기 쉽게 하여야겠다는 생각을 하게 되었다. 구체적인 사례를 많이 들어주면 이해에 더 도움이 될 수 있기 때문에 해양인진심판원 재결 및 법원의 판례를 가능한 많이 추가하려고 노력하였다. 이렇게 하여 추천항로의 법적 의미, 횡단항법과 정면상태의 구별, 추월에도 충돌의 위험이 있어야 하는지, 등화 및 형상물 게시의 법적 의미, 선원의 상무 그리고 정류선에 대한 재결과 판례가 많이 추가되었다.

충돌예방규칙을 포함한 해상교통법은 법률이기 때문에 법적 의미를 먼저 파악하는 것이 중요하다. 따라서 본격적인 항법의 설명에 앞서 해상교통법 일반론으로서 해상교통법의 법원(法源), 항법(航法)위반의 법적 의미 등과 같은 것을 제1장에서 먼저 설명하였다. 특히 충돌사건이 발생하면 충돌사고의 원인을 조사하고 항법을 적용하여 해기사들에게 징계를 가하는 해양안전심판에 대하여 자세한 설명을 하게 되었다. 해상교통법에서 정한 항법은 주의의무를 항해사들에게 부과한 것이고, 이에 위반하면 민사상의 손해배상책임이 발생하기 때문에 민사법원의 기능도 알아야 한다. 특히 과실비율 산정에 대한 구체적인 내용을 추가하게 되었다.

부디 이번 제3판도 해양대학의 해사대학의 학생들 및 일선의 항해사 및 선장 등에게도 애독되길 바란다. 안전 항해를 기원한다.

2011년 2월 14일
안암동 연구실에서
김 인 현

개정판을 내면서

2003년에 해상교통법을 펴낸 지 3년 반 만에 다시 개정판을 내게 되었다. 3년 반 동안 해상교통법에 대한 필자의 공부가 축적되었다. 첫째는, 2003년과 2004년 사이에 1년 동안 미국의 University of Texas at Austin에서 법학석사과정을 이수하였다. 여기에서 미국의 불법행위와 해상법에 대한 강의를 들으면서 해상교통법의 기초가 되는 공부를 하게 되었다. 둘째는, 미국의 대표적인 해상교통법에 대한 책인 Farwell의 책이 University of Washington의 C. Allen 교수에 의하여 새로 단장되어 나온 것이다. 또한 영국의 대표적인 충돌관련 책인 Mardsen의 책의 제13판이 출간되었다. 셋째, 위의 알렌 교수는 물론, 일본의 해상보안대학교의 마쓰모도 교수, 고베 상선대학의 스즈키 교수, 도다법률사무소의 다카하시 해사보좌인 등과의 항법에 대한 논의를 하면서 항법해석의 통일성에 대한 공부가 되었다. 넷째, 2005년도에 이어 2006년도에도 도선사 시험의 출제, 2005년의 현대상선(해영선박)의 선장 재교육, 2006년의 목포해대 해양산업연구소 주최 선장을 위한 해상법/해상교통법강좌 등을 처리하면서 일선의 선장과 직접·간접적인 대화를 통하여 현장에서의 해상교통법 적용에 대한 새로운 수요를 알게 된 것이다. 다섯째, 2005년 여수지역 교통안전특정해역의 항법이 개정되었고 필자가 이에 자문을 하였고, 2006년 해양안전심판원에서 실시하는 선박충돌원인제공비율산정작업에 자문을 하면서 의견을 개진하게 된 것이다.

이러한 3년 반 사이의 필자의 연구와 현실에의 참여는 본서에 대한 개정작업을 불가피하게 만들었다. 그리하여 여름방학을 맞이하여 약간의 손질을 하고자 하였다.

개정된 부분은 아래와 같다. 첫째, 국제규칙 제2조 “선원의 상무”에 대한 내용에 대한 설명을 2면 정도 넣었으며, 추천항로, 추월항법, 정면상태의 항법 등에 필자의 견해를 추가하였다. 둘째, 협수로항법 등에 대한 대법원의 판례를 보충하였다. 셋째, 개정된 여수(광양)지역교통안전특정해역의 항법을 추가 설명하였다. 넷째, 새로운 과학의 발전에 따른 이론이 항법에 추가되었다. 예컨대, AIS의 설치는 상대선박과의 교신을 쉽게 한다. 다섯째, 2003년판의 오타와 불명확한 부분에 대하여 수정하여 그 의미를 명확히하였다.

필자의 해상교통법이 항해사 선장들에게 전달하고자 하는 의미는 항법은 우리에게 주의의무를 부과하고 있고, 이 주의의무의 위반은 과실이 되고 이에 따라 해기사들은 법적인 책임을 부담하게 된다는 것이다. 강조하건대, 항법은 항해중 선박충돌을 피하기 위하여 선장과 항해사들이 지켜야 할 주의의무를 부과하고 있다는 점을 명심하여야 한다. 해상교통법이 민사책임이나 형사책임을 부과하고 논하는 과목은 아니다. 다만, 그 책임발생의 성립요건의 하나인 과실의 원천이 된다는 점이다. 법적인 책임을 부담하지 않기 위하여는 항법규정을 준수하여야 한다는 것이 된다. 적어도 항법의 이러한 법적 체계와 지위를 인식하고 해상교통법을 바라다보고 공부하고 적용하는 것이 긍정적이고 발전적인 해상교통법 공부방향이라고 필자는 본다. 해상교통법은 독자적이고 분리된 단순한 기술법이 아니라 민법, 형법 등 책임을 다루는 과목의 기초로서의 기능을 하고 있다고 할 수 있다. 이러한 점을 좀더 부각시키고자, 항법의 위반이 어느 정도의 과실비율이 되는지에 대하여도 개정판에는 조금 언급하였다. 아무쪼록 이 개정판이 해양대학교의 학생들은 물론이고 실무를 담당하는 항해사, 선장, 해양경찰, 해양안전심판원의 심판관과 조사관에 이르기까지 공부와 업무에 도움이 되었으면 한다.

본서의 정확성과 풍부함을 위하여 일독을 하고 의견을 제시한 한기철 선장과 정선철 박사에게 감사를 전한다.

다시 개정판을 내어주신 삼우사의 조병철 사장님께 감사드리며, 지금도 가족과 국가를 위하여 자신을 희생하면서 묵묵히 대양을 누비는 일선의 선장, 항해사 그리고 도선사들의 안전항해를 기원한다.

2007. 2. 13.

화정의 서재에서

저 자

머리말

필자는 2001년 8월 『海上交通法講義』라는 서명으로 본서를 출간한 다음, 2002년 7월에 제2판을 출간한 바 있다. 제2판의 내용을 보충하여 출간하는 『海上交通法』은 두 가지 면에서 초판 및 제2판과 다르다. 먼저 초판과 제2판은 필자의 자비로 출간한 것이었다. 자비 출판은 필자에게 여러 가지 불편함을 주었다. 우선 연구에 몰두하여야 하는 필자가 여러 가지 사무적인 일에 관여하지 않을 수 없었고 이러한 점은 피하였으면 하는 것이 그간 필자의 심정이었다. 그러던 차에 필자의 『海商法研究』라는 책을 출간하여 준 도서출판 삼우사의 조병철 사장이 본서에 대한 출간을 희망하여 이러한 불편을 덜게 되었다. 서울의 중견출판사와 출판계약을 체결하여 해상교통법 관련 교과서를 발간하게 된 필자로서는 이전보다 안정감을 가지고 저술작업에 몰두하게 되었다.

『海上交通法』은 내용면에서 제2판을 많이 추가·보충 및 수정하였다. 첫째, 최근의 해상교통법의 개정내용을 추가하였다. 1972년 국제해상충돌예방규칙, 해상교통안전법 그리고 개항질서법은 2001년과 2002년에 개정되었다. 2003년 11월 29일에 발효되는 2001년 제5차 개정 1972년 국제규칙은 표면효과익정(WIG)을 선박에 편입하여 이에 대한 항법을 정하고 있다. 2001년 개정 국제규칙은 발효기간이 많이 남은 관계로 개정내용을 본문에서는 추가하지 않고 부록에만 수록하였다. 2003년 6월 27일에 발효되는 2002년 12월 26일 개정 해상교통안전법은 그간의 국제규칙 개정내용을 법의 내용으로 편입하고 있다. 특히 통항불방해의무선박에 대한 정의 규정을 법에 규정하게 되었다. 2002년 12월 개정 개항질서법은 그다지 중요한 항법상의 개정은 없다. 두 번째, 해양안전심판 재결사례와 민사판례를 본문의 내용에 추가하였다. 필자는, 사례에 대한 공부는 필자의 항법에 대한 연구서인 『선박충돌과 항법』을 통하여 하도록 한다는 생각이었으나, 강의서인 본서에서도 간단하게 이를 다루어주는 것이 좋겠다는 의견이 많아서 이를 취하기로 하였다. 세 번째, 항법이 민사상 과실비율에 미치는 영향에 대하여 추가하였다.

제2판을 출간한 다음, 일본항해학회 해상교통법규연구회의 회원으로 활동하게 되면서 일본 해상보안대학교의 松本 교수를 비롯한 일본학자들 및 Farwell's Rules of the Nautical Road의 개정판을 저술하고 있는 미국 워싱턴주립대학의 C. Allen 교수와 항법에 대한 의견을 교환하게 되었다. 이들과의 논의의 결과 및 다음 학기부터 1년간 해외연수를 하면서 수집하게 될 자료를 취합하여, 다음 개정판에서는 비교법적인 내용을 추가할 생각이다.

너무 이론적으로 치우쳐 실무와 동떨어진 책이 되어서는 아니된다는 점을 염두에 두면서 개정작업을 하였으나, 실무에서 어떻게 평가될지 걱정이 앞선다. 『海上交通法』도 변함없는 사랑을 독자들로부터 받기를 희망한다.

본서를 출간하여 준 도서출판 삼우사의 조병철 사장님과 편집을 맡아준 박지영 부장님에게 감사드리고, 그간 본서의 제2판까지 작업을 하여준 효성출판사의 박중열 사장에게도 감사드린다.

2003년 6월 7일

유달산 자락의 목포해양대학교 연구실에서

필 자

제2판 서 문

2001년 8월에 본서를 출간한 이후 이제 새로이 제2판을 출간하게 되었다. 개정판에는 다섯 가지 부분에서 추가 혹은 보완이 이루어졌다. 첫째, 출간을 서둔 탓에 발생한 오타와 논리적 비약 부분을 바로잡았다. 둘째, 연구의 부족으로 초판에서 언급하지 못한 몇 가지 실무에서 궁금한 항법에 대하여 추가하였다. 예컨대, 도선사 승하선중의 항법, 정지중인 선박의 항법, 합의에 의한 항법 그리고 개항에서의 항법 등이 이러한 범주에 속한다. 셋째, 우리 나라 해양안전심판원의 재결을 사례로서 추가하였다. 학자들의 학설보다도 현실적으로 더 큰 힘을 갖는 것은 법원의 판결이나 해양안전심판원의 재결이다. 우리 나라에서는 법원의 판결은 드물게 나오므로 해양안전심판원의 재결은 항법의 해석에 있어서 아주 중요한 자료가 된다. 넷째, 본서는 기본적으로 해양대학교 학생들의 교과서로 사용되는 관계로 당직근무와 관련되는 국제조약(STCW)의 원문을 번역하여 추가하였다. 다섯째, 일선의 선장이나 도선사 시험을 준비하는 분들의 항법에 대한 이해에 도움이 되도록 하기 위하여 참고자료로서 항법문제 15개를 추가하였다.

본서를 출간한 후 1년 동안 여러 관심있는 분들이 많은 의견을 제시하여 주었다. 해양안전심판원의 심판관, 조사관님과 일선의 선장님들 등 실무가들께서 많은 조언과 지적을 하여 주었다. 특히 3회독을 꼼꼼하게 한 후 본서의 미비점과 오타에 대하여 지적하여 준 동기생인 현대상선의 한기철 선장에게 감사한다.

본서의 미비점이나 오류에 대한 지적을 필자는 언제나 기꺼이 받아들일 것이며, 이를 제3판에 반영하도록 하겠다는 점을 독자들에게 약속하면서 제2판의 서문에 갈음한다.

유달산 자락의 목포해대 연구실에서

2002년 6월 27일

저 자

序 文

필자가 海上交通法에 대한 교과서를 집필하여야겠다는 마음을 굳히게 된 것은 해묵은 일이다. 그러한 계획의 일환으로 필자는 금년초에 『船舶衝突과 航法』이라는 海上交通法에 대한 各論 형식의 책을 출간하였다. 이 책은 그간 필자가 연구하여 발표한 글들을 필자 나름대로의 체계를 세워 편집한 것으로서 선박충돌의 민사적 측면이 강조된 책이다. 의외로 반응이 좋아서 국내 대형선사들이 대량구매를 하여 각 선박에 한 권씩 배포하였고, 제자들이 자신이 근무하는 선박에 올라온 책을 보고 기쁜 마음을 전하기도 하고, 금년 導船士試驗에 합격한 일선의 선장들도 航法의 전반적인 이해에 도움이 되었다는 말을 할 때마다 책을 집필할 때의 괴로움을 능히 보상받고도 남는 보람을 느꼈다. 다시 總論 형식의 『海上交通法講義』라는 본서를 집필하여 해양대학교 학생들의 교과서로서, 일선의 선장이나 도선사 그리고 해양안전심판원의 담당자들에게 實務指針書로서 도움이 되도록 하여야겠다는 생각으로 여름방학을 맞이하여 본격적으로 집필에 매달렸다.

본서의 편제는 제1장 一般論, 제2장 航法一般, 제3장 선박 사이의 航法上 優先權(特別航法), 제4장 燈火 및 音響信號 등으로 나누었다. 제1장 一般論에서는 航法의 법률적인 의미와 海上交通法의 적용과 해석에 대하여 논하고 있다. 제2장 航法一般에서는 航法의 一般原則에 대하여 논하였다. 제3장 航法上 優先權을 갖는 경우는 필자의 獨自的인 航法上의 體系를 소개한 것이다. 상황에 따른 航法上의 優先權을 이해하지 않고는 航法을 완전히 이해하였다고 말할 수 없다. 제4장 燈火와 音響信號 등에서는 별다른 쟁점이 없으므로 조문을 설명하는 형식을 취하였다. 條文解說만으로는 적용법규의 충돌이 많은 航法을 완전히 이해할 수 없다는 것이 필자의 평소 생각이므로, 전체 海上交通法 즉

國際海上衝突豫防規則, 海上交通安全法 그리고 開港秩序法을 종합적으로 풀어서 기술하는 講義書가 되도록 본서의 집필상 체계를 갖추기 위하여 노력하였다.

海上交通法에서는 1972년 國際海上衝突豫防規則이 근간이므로 이를 중심으로 설명하고, 海上交通安全法이나 開港秩序法을 추가로 보완하는 형식을 취하였다. 부록으로 1972년 國際海上衝突豫防規則과 海上交通安全法을 비교하기 좋도록 左右面에 나란히 배치하여 독자들의 이해를 돕고자 하였다. 본서를 집필하면서 필자는 선장, 도선사 혹은 항해사의 입장에서 현재 처한 상황에 적용되어야 할 航法이 어떠한가라는 점에 대하여 초점을 맞추려고 노력하였다. 외국의 판례보다는 해양안전심판원의 재결이나 우리 나라 법원의 판결을 예로 들었다. 그리고 기존의 교과서에서 언급하지 않고 넘어간 내용들에 대하여도 가능하면 개인적인 사견이라도 제시하였다.

어촌의 고등학교를 나온 시골학생이던 필자는 도시로 나오면서 인식의 폭을 넓히는 참으로 소중한 만남을 가지게 되었다. 海技와 리더십을 기른 한국해양대학교와의 4년간의 만남, 필자에게 船長 타이틀을 달아준 산코 라인과의 11년간의 만남, 법학의 기초를 익힌 高麗大學校 法大와의 5년간의 만남 그리고 金&張 법률사무소와의 4년간의 만남 등이 그것들이다. 이들 조직은 각각 나름대로의 의미를 필자에게 부여하였지만, 그 중에서 金&張과의 만남은 필자에게 또 다른 의미가 있다. "자신이 확실하게 이해하지 못한 것은 보고서에 적지 말라"는 선배 변호사님들의 가르침은 필자를 철저한 프로페셔널로 나아가게 했다. 완전하게 소화된 다음에야 비로소 金&張의 법률의견이 되어야 한다는 철저한 프로정신을 몸에 익히게 되기까지 필자는 선배들로부터 많은 질타를 받았고 필자 또한 그러한 정신을 몸에 배게 하려는 노력을 아끼지 않았다. 이러한 프로정신은 필자가 대학 교수라는 자리에 있으면서 학문을 함에 있어서도 예외없이 하나의 지침이 되고 있다. 본서를 집필하면서도 이러한 지침에서 벗어나지 않으려고 노력하였지만, 아직 필자의 海上交通法에 대한 이해가 淺薄한 까닭으로 군데군데 의견대립의 소개나 의문의 제기로 만족한 곳도 있다. 改訂版에서 보완을 약속하면서 독자들의 海諒있기를 희망한다.

금년에 『船泊衝突과 航法』, 『船員의 法的 責任과 保護』 그리고 이제 『海

上交通法講義』라는 책을 잇달아 출간하게 되었다. 마지막으로 편집중인 『海商法研究』라는 책을 금년중 출간하게 되면 필자의 10년 된 꿈은 일단 완성된다. 참으로 오랜 시간이었다. 필자가 어린 나이에 선장으로 책임을 맡았던 선박을 잃어버린 지 만으로 10년이 넘었다. 다시 이런 아픈 추억을 序文에 넣는 것은 선후배 선장들에게 安全航海에 대한 注意를 늦추지 말 것과, 선장으로서 법률적인 기초소양을 반드시 갖추라는 조언을 하고자 함이다. 선박운항과 관련된 法的 素養을 갖추고 있으면 위기상황에서 선장은 더 슬기롭게 위기를 탈출할 수 있을 것이며, 현장에서 법적 책임을 피하기 위하여 노력할 것이고, 이는 결과적으로 사고를 未然에 방지하는 긍정적인 효과를 가지고 올 것이다. 필자는 위에서 언급한 4권의 책에 이러한 필자의 念願을 담으려고 많은 시간과 정열을 바쳐왔다. 약간 어려운 내용도 있겠지만, 진정한 船長이라면 4권의 책에 담긴 내용은 어느 정도 이해하고 있어야 한다는 것이 필자의 所信이다.

後學들이 경계하여야 할 것 중의 하나가 先輩들의 업적을 과소평가하는 것이다. 선배들의 업적이 있기에 後學들은 이를 바탕으로 발전적인 의견을 제시할 수 있는 것이다. 해상교통법 분야에서 민성규·임동철 은사님, 윤점동 은사님 그리고 박용섭 은사님께서 좋은 해설서를 출간하셨고, 이 책들은 1970년대부터 현재에 이르기까지 30여년 동안 해양대학교 학생들을 위한 교과서로서 혹은 실무의 지침서로서 사용되어 왔다. 또한 한국해양대학교의 황석갑 교수님과 한국해양수산연구원의 지상원 교수님도 해상교통법에 관련된 많은 논문을 발표하셨다. 이들 선배님들에게 감사의 말씀을 올리는 바이다.

필자의 航法에 대한 관심과 이해는 金&張 법률사무소와 법무법인 世慶에 바탕을 두고 있다. 필자는 金&張 법률사무소에서 50여건의 선박충돌사건을 처리하였고, 법무법인 世慶에서는 대학으로 자리를 옮긴 후 자문을 통하여 10여건의 선박충돌사건에서 의견을 제시하였다. 이러한 과정에서 변호사님들과의 토론을 통하여 필자의 항법에 대한 이해는 깊어졌다. 토론의 장을 통하여 애정어린 지도를 아끼지 않으신 金&張의 장수길 대표변호사님, 정병석·이진홍 변호사님과 世慶의 최종현·김창준 변호사님 그리고 정동국제법률사무소의 서동희 변호사님에게 감사드린다. 특히 世慶에서는 필자의 집필을 위하여 시간적·공간적인 여유를 제공하여 주었다.

언제나 인자하신 모습으로 제자의 장래를 걱정하여 주시고 韓國海運의 발전을 위하여 애쓰시는 高麗大學校 法大의 채이식 은사님께 머리 숙여 감사와 존경의 마음을 전한다. 은사님은 여름방학을 이용하여 佛語를 더 완벽하게 구사할 수 있도록 파리에서 2개월간 학원에 다니시겠다는 말씀으로 제자의 나태해지려는 마음에 일침을 가하시고는 지난 6월말 홀연히 파리로 떠나셨다.

필자를 바른 길로 가도록 인도하여 주신 조부모님과 네 분 부모님들, 어려운 시기에 묵묵히 인내하여 준 나의 사랑스런 아내 김남지와 세 딸들인 명화·성화·일화, 막내사위를 자랑스럽게 생각하시는 장모님, 그리고 필자가 학자의 길을 가는 데 정신적인 지원을 아낌없이 주셨던 장인어른과 기타 가족들에게도 감사드린다.

필자의 海技와 海事法을 접목시키려는 작업은 쉼없이 계속될 것임을 필자 자신과 독자들에게 약속한다. 해상생활을 통하여 인연을 맺게 된 필자의 선후배 선장님들과 과거 산코 라인의 OB들에게도 안부를 전한다. 오대양 육대주를 누비는 선원들의 안전항해와 선원 가족 여러분들의 안녕을 기원하면서 序文에 갈음한다.

고하도의 용머리를 90노로 선회하는
船舶의 舷燈의 변화를 바라볼 수 있는
유달산 자락의 목포해대 연구실에서
2001년 8월 26일
金 仁 顯

차 례

제1장 해상교통법 일반론

제 2 장 항법 일반

제 3장 선박 사이의 항법상 우선권

제4장 등화 및 음향신호

부 록: 관련 해상교통법규

참고자료

표 차례

그림 차례

Korean Marine Traffic Law

제1장

해상교통법 일반론

제 1 절 해상교통법의 의의

Ⅰ. 서 론

해상교통법은 해상을 항행하는 선박이 준수하여야 하는 교통질서에 관련되는 공법적(公法的)인 법규범을 의미한다. 해상교통법은 수범자인 선장, 도선사 및 항해사들이 선박항해와 관련하여 지켜야 할 규범으로서 항법(航法) 관련 각 규정은 업무상 주의의무에 해당한다.

본서에서 말하는 해상교통법(海上交通法)이란 「국제해상충돌예방규칙」(國際海上衝突豫防規則), 「해상교통안전법」(海上交通安全法), 「선박의 입항 및 출항 등에 관한 법률」(이하 '선박입출항법'으로 약칭함) 등을 포함하는 개념이다. 그리고 새로이 시행령으로 운항규칙이 포함된 「유선(遊船) 및 도선사업법(渡船事業法)」과 「수상(水上)레저안전법」의 일부 규정도 해상교통법에 포함된다.

Ⅱ. 국제해상충돌예방규칙

1. 의 의

국제해상충돌예방규칙은 선박의 국제항행성에 비추어 해상에서 적용되어야 할 교통법을 통일하고자 제정된 국제조약이다.

선박 사이의 충돌방지를 위한 성문법 중에서 가장 먼저 제정된 것은 1863년 영국의 「해상에서의 충돌예방을 위한 규칙」(Regulation for Preventing Collisions at Sea)이다. 1889년 미국은 해상에 있어서 인명과 안전을 증진하기 위한 통일규칙을 만들기 위한 최초의 국제해사회의를 워싱턴에서 개최했다. 28개국 대표자가 참석한 이 회의에서는 당시 국제적으로 시행되고 있던 영국 정부의 1863년 규칙을 상세하고 명확하게 개정하여 세계공통의 「국제해상충돌예방규칙」이 처음으로 성립되었다. 그러나 이 규칙은 국제조약으로 성립되지는 아니하였다.[1)]

---

1) 민성규·임동철, 『새국제해상충돌예방규칙』(한국해양대학교 해사도서출판사, 1976), 1면.

1912년 4월 타이타닉호 침몰사건에 자극되어 1913년 「국제해상인명안전협약」이 체결되었고, 동 협약은 위의 국제해상충돌예방규칙을 개정하였으나 제1차 세계대전의 발발로 실패로 돌아갔다. 1929년 국제해상인명안전협약의 제2부속서로 1929년 국제해상충돌예방규칙이 규정되었으나 제2차 세계대전 발발로 역시 발효되지 못하였다. 1889년 규칙을 명백히 하고 단순화한 1948년 국제해상충돌예방규칙이, 1948년 국제해상인명안전협약 의정서의 제2부속서 형식으로서 국제적인 조약으로는 처음으로 성립하여 1954년 1월 1일부터 1965년 9월 1일까지 시행되었다. 1960년 정부간해사자문기구(IMCO)는 1948년 국제해상인명안전협약과 국제해상충돌예방규칙을 개정하여 의정서 제2부속서로서 1960년 국제해상충돌예방규칙을 성립시켰고 1965년 9월 1일부터 국제적으로 실시되었다.[2)] 1972년 정부간해사자문기구는 국제회의에서 「1972년 국제해상충돌예방규칙」(International Regulations for Preventing Collisions at Sea, 1972)(이하 '국제규칙')을 성립시켰다. 1972년 국제규칙은 1977년 7월 5일부터 효력이 발생되었고, 1981년 11월 19일 1차 개정, 1987년 11월 19일 2차 개정, 1989년 10월 19일 3차 개정, 1993년 11월 4일 4차 개정이 있었고, 최근의 개정은 2001년 11월 29일에 IMO 제22차 총회에서 통과된 제5차 개정으로, 2003년 11월 29일에 발효되었다.

우리나라는 1977년 7월에 1972년 조약을 비준하여 사용하기 시작하였고, 이를 바탕으로 1986년 12월 31일 「해상교통안전법」을 국내법으로 제정하고, 2011년 12월 26일 「해사안전법」으로 전부 개정·시행하였고 이후 이를 「해사안전기본법」과 「해상교통안전법」으로 이원화하여 2024년 1월 26일부터 시행하고 있다.

2. 적용범위

해상교통법의 적용범위는 적용 수면(水面)과 적용 선박이라는 두 가지 측면이 있다. 국제규칙은 외양항행선(外洋航行船)이 항행할 수 있는 해양과 이와 접속한 모든 수역의 수상에 있는 모든 선박에 적용한다(국제규칙 제1조 a항). 그러나 이 규칙은 해양과 접속되어 있고 외양항행선이 항행할 수 있는 묘박지(錨泊地, anchoring basin, anchorage), 항내, 하천, 호수 및 내수로에 관하여 관할관

2) 위의 책, 2~3면.

청이 제정한 특별규칙의 시행을 배제하지 않는다(제1조 b항 전단). 그러나 이 경우에도 항법은 가능하면 국제규칙과 일치하도록 하여야 한다(제1조 b항 후단). 공해는 물론 영해나 내수(internal water)[3]에도 국제규칙이 적용됨에는 의문의 여지가 없다. 그러므로 항내에도 국제규칙이 적용된다. 외양항행선이 항행할 수 있는 해양과 접속한 모든 수역에 적용되므로, 외양항행선이 항행할 수 없는 한강의 부분 혹은 충주호 등 내수로에는 국제규칙은 적용되지 않는다. '항내 등에 관할관청이 제정한 특별규칙의 시행을 배제하지 않으므로', 즉 항내 등에 각국 정부가 정한 특별규정이 있으면 그 특별규정이 국제규칙에 우선하여 적용된다(제1조 b항). 따라서 우리나라의 무역항인 경우에는 「선박의 입항 및 출항 등에 관한 법률」이 우선적용된다.

본 규칙이 적용되는 선박은 국제규칙 제3조 a항의 정의규정에 따른 선박만이다. "수상수송(transportation on water)의 수단으로서 사용되거나 될 수 있는 모든 수상용구(水上用具)"를 말하며, 무배수량(無排水量) 용구와 수면비행선박(WIG선) 및 수상항공기를 포함한다. 일반적인 선박에 대한 개념요소인 추진력을 갖지 않는 선박인 범선(帆船, sailing vessel) 및 노도선(櫓櫂船, 노와 상앗대로 운전하는 선박)도 본 규칙의 선박에 포함된다.[4] 이 점에서 그 적용대상에서 제외되는 해상법(海商法)과 다르다(상법 제741조 제2항).

군함이나 선단의 형태로 어로작업에 종사하는 선박에 대하여 각국은 특별규정을 둘 수 있다(제1조 c항). 특별한 구조나 목적을 갖는 선박이기 때문에 등화의 숫자, 위치, 광달거리(光達距離) 등에 관한 본 규칙을 따를 수 없는 경우는 체약국이 별도로 정한 규칙을 따를 수 있으나, 체약국은 가능하면 본 규칙과 유사하게 하여야 한다(제1조 e항).

3. 1972년 국제규칙의 개요

1972년 국제규칙은 A, B, C, D, E, F 여섯 개 장(part)으로 되어 있다. 제1장은 총칙, 제2장은 항법으로 16개 조문으로 구성되어 있으며 항법을 '시계(視界)'

3) 내수(內水)란 영해를 측정하는 기선(基線, base line)으로부터 육지 측을 말한다(1982년 유엔해양법협약 제8조 제1항).

4) R.H.B. Stuart, *The Collision Regulations*(LLP, 1991), p.10.

를 중심으로 나누어, '모든 시계상태에서의 항법', '상호시계 안에서의 항법', '제한시계에서의 항법'으로 분류하고 있다. 상호시계 안에서의 항법에서는 조종성능이 열등한 선박 순으로 우선권을 부여하고 있다. 제3장은 12개 조문으로 각종 선박이 표시하여야 할 등화(燈火)와 형상물(形象物)에 대하여 기술하고 있다. 제4장은 6개 조문으로 선박조종시에 상황에 따른 발광신호와 음향신호에 대하여 규정하고 있다. 제5장은 적용유예 또는 면제에 대한 규정이다. 제6장은 협약규칙 이행에 대한 검증규정이다.[5] 1972년 국제규칙은 4개의 부속서를 가지고 있다. 제1부속서는 등화와 형상물의 위치 및 구조의 규격, 제2부속서는 근접하여 어로작업 중인 선박의 부가등화신호, 제3부속서는 음향신호장치의 구조규격에 대하여 그리고 제4부속서는 조난신호에 대하여 규정하고 있다.[6]

4. 1972년 국제규칙과 1960년 국제규칙의 차이점

1972년 국제규칙은 1960년 국제규칙과 다음과 같은 차이가 있다.

첫째, 협수로(Narrow Channels) 항법(국제규칙 제9조)에서 수로를 따라 진행하는 대형선이 횡단선에 대하여 우선권을 가지게 되었다. 그리고 추월상태에서 추월선과 피추월선의 기적 사용에 대하여 규정하고 있다.

둘째, 통항분리방식이 처음으로 도입되었다(동 규칙 제10조).

셋째, 유지선에게 최후순간의 협력동작에 추가하여 피항선이 적절한 조치를 취하고 있지 아니하다고 판단되는 경우에는 좌현변침을 제외하고 충돌을 피하기 위한 피항동작을 취할 수 있도록 하였다(동 규칙 제17조 a항 ii호).

넷째, 각종 선박의 조종성능 및 책임상의 우열순위를 정하였다(동 규칙 제18조).

다섯째, 제한된 시계에서의 항법에서 정횡(正横)의 후방에 있는 선박을 향하여 변침하지 말 것을 정하고 있다. 정횡의 전방에서 무중(霧中)신호를 들었을 경우에는 기관을 정지하여야 한다는 1960년 국제규칙의 규정은 침로(針路)를 유

---

5) 2013년 개정된 내용이다. IMO에서 회원국의 해사행정기관의 구성과 작용에 대해 직접 평가하는 제도인 IMO 회원국 감사제도(IMSAS)를 실시하기 시작했다. 이에는 IMO협약의 이행 여부가 포함된다. 1972년 국제규칙(COLREG)을 협약 이행의 검증 대상으로 삼기 위해 제6장을 두게 되었다. 자세한 내용은 김인철·정대율, 『해상교통법규원론』(도서출판 두남, 2020), 308면 이하.

6) 자세한 내용은 김인철·정대율, 위의 책, 316면 이하.

지할 수 있는 최저의 속력으로 감속하도록 변경되었다(동 규칙 제19조).

여섯째, 등화의 가시거리가 증대되었다(동 규칙 제22조).[7]

5. 국제규칙 2001년 11월 29일 개정내용(2003년 11월 29일 발효)

(1) 선박에 대한 정의(제3조)

WIG(Wing-In-Ground) 비행기를 선박의 범주에 추가하기로 하였다. 국제규칙 제3조 a항은, 선박이란 수상수송의 목적으로 사용되거나 혹은 사용될 것이 가능한 선주류[무배수량선, 표면효과익정(表面效果翼艇) 및 수상항공기를 포함한다]를 말한다고 하여 표면효과익정을 추가하였다. 표면효과익정이란 표면효과를 이용하여 수면에 접근하여 비행하는 것이 주 운항형태인 다형태 운송수단의 선주류(船舟類)를 말한다(제3조 m항). 현행 우리 해사안전기본법에서는 수면비행선박(水面飛行船舶)이라고 불린다(제3조 제2호).

(2) 충돌을 피하기 위한 동작(제8조)

국제규칙 제8조 a항은, 선박은 다른 선박과의 충돌을 피하기 위한 동작을 취할 경우에는 될 수 있는 대로 충분한 시간적 여유를 두고 적절한 선박의 운용상의 관행에 따라(with due regard to the observance of good seamanship) 적극적으로 취하여야 한다고 되어 있었다. 이번 개정에서는 이 장의 규정에 따라야 한다(shall be taken in accordance with the Rules of this Part)는 조건을 추가하였다. 개정 전 제8조 a항은 적절한 선박의 운용상의 관행이란 선원의 상무(常務)를 의미하는 것으로 해석되었다. 피항동작을 취할 때에 개정 전 국제규칙에 의하면 선원의 상무가 우선하는 것으로 해석될 여지가 있었지만, 개정 국제규칙은 국제규칙상의 항법과 선원의 상무가 동시에 고려되어야 함을 확실하게 하였다고 생각된다.

(3) 선박 사이의 책무(제18조)

수면비행선박은 이·착륙을 할 때, 그리고 표면 근처를 비행하는 경우에는 모든 다른 선박에서 멀리 떨어져야 하고 그들의 항행을 방해하여서는 아니된다(f항 i호)고 하고, 수면에서 운항하는 수면비행선박은 일반 동력선으로서 이 장의 규정을 준수하여야 한다(f항 ii호)는 내용을 추가하였다. 수면비행선박은 초

---

7) 同旨: 민성규·임동철, 앞의 책, 5~7면.

고속 비행선으로서 조종성능이 뛰어난 고속선이므로 동 선박에 통항불방해의무를 부과하였다(해상교통안전법 제83조 제8항).

(4) 수면비행선박의 규정등화(제23조)

수면비행선박은 이륙·착륙과 표면 근처를 항행하는 경우에는 제23조 a항(항해 중인 동력선의 마스트등)에서 정한 등화에 추가하여 사방을 비출 수 있는 고광도의 홍색 섬광등 1개를 표시하여야 한다(c항; 해상교통안전법 제88조 제3항).

(5) 수상항공기의 등화(제31조)

개정 전 국제규칙 제31조는, 수상항공기는 이 절에서 규정하는 특성을 가진 등화 및 형상물을 표시할 수 없거나, 규정된 위치에 표시할 수 없는 경우 그 특성과 위치에 관하여 될 수 있는 대로 이 절에서 규정하는 것과 유사한 등화 또는 형상물을 표시하여야 한다고 정하고 있었다. 이 조항의 주체인 수상항공기에 수면비행선박을 추가하였다(해상교통안전법 제96조).

(6) 음향신호설비(제33조)

개정 전 국제규칙 제33조는, 길이 12미터 이상의 선박은 기적 및 호종(號鐘)을 비치하여야 하고, 길이 100미터 이상의 선박은 여기에 추가하여 징을 추가 비치하여야 한다고 정하고 있었다. 개정 국제규칙은 길이 100미터 이상의 선박에 대하여는 기적, 호종 및 징을 비치하는 것은 변경하지 않고, 12미터 이상의 선박은 기적만을 구비하도록 하고, 20미터 이상의 선박은 기적과 호종을 비치하도록 하고 있다. 그러므로 길이 12미터에서 20미터 사이의 선박은 기적 하나만 설치하면 되고, 길이 20미터에서 100미터까지의 선박은 기적과 호종을 설치하여야 한다. 즉, 개정 전에 비하여 길이 12미터에서 20미터 사이의 선박이 호종을 설치하던 의무는 면제되게 되었다.

(7) 제한된 시계에서의 음향신호(제35조)

개정 전 국제규칙 제35조 i항에 의하면 길이 20미터 미만의 선박은 위 규정에 의한 신호를 하지 아니할 수 있다고 정하고 있었다. 그런데 개정규칙은 제33조의 규정과 일치시키기 위하여 길이 12미터 이상 20미터 미만의 선박은 g항에서 h항까지에서 정한 호종신호를 하지 않아도 된다는 규정을 추가하였다.

6. 기타 문제점

1972년 국제규칙은 제한시계, 근접상태, 안전속력 그리고 조종성능제한선박 등을 정의함에 있어서 확실한 기준을 제시하지 못하여 많은 부분을 법원이나 법률가의 해석에 맡겨 두고 있다. 고속선인 컨테이너 선박의 등장과 같은 선박 환경의 변화를 충분히 반영하고 있지 못하다. 예컨대, 50미터 이상의 선박이라면 마스트 정부등(頂部燈)이나 현등(舷燈)의 최소 시인거리(視認距離)는 모두 동일하나, 선박의 속력에 따라서 충돌의 위험이 시작되는 거리가 달라질 것이므로 이들에 차이가 있어야 할 것이다.

Ⅲ. 해상교통안전법

1. 의 의

해상교통안전법은 해상에서 일어나는 선박항행상의 모든 위험을 방지하고 장해를 제거함으로써 해사안전(海事安全)의 증진과 선박의 원활한 교통을 확보함을 목적으로 한다(제1조).

우리나라는 1914년 「海上衝突豫防을 朝鮮에 施行하는 件」에 따라서 일본의 해상충돌예방규칙을 그대로 적용하다가, 1961년 12월 30일 공포된 「해상충돌예방법」에 의하여 1948년 국제규칙의 내용을 전면적으로 채택하였다. 그 뒤 우리나라는 1965년 12월 8일 조약 제187호로 공포된 1960년 국제규칙을 국내법으로 수용하여 시행하였다. 헌법 제6조 제1항의 규정에 의하여 비준된 조약은 국내법과 동일한 효력이 있으므로 해상충돌예방법을 1973년 2월 5일 폐지하였다. 1977년 7월부터 효력이 발생된 1972년 국제규칙을 1977년 9월 3일로 비준(조약 제602호)하여 별도의 국내법을 제정하지 않고, 국내에서도 이를 그대로 사용하다가 1986년 12월 31일 「해상교통안전법」을 제정하게 되었다(「해사안전법」으로 2012. 4. 18일 시행하였으며, 이후 2024. 1. 26일부터 「해상교통안전법」으로 변경되었다).

해상교통안전법은 대한민국의 영해 내와 대한민국 국적 선박에 대하여 국제규칙보다 우선적용되는 법이다.

2. 적용범위

이 법이 적용되는 선박은, 개정 전에는 수상수송용(水上輸送用, transportation on water)으로 사용되거나 사용될 수 있는 선주류(船舟類, 수상에서 이동할 수 있는 수상항공기를 포함한다)를 말하였다(제2조). 비록 국제규칙에서 말하는 '모든' 선주류가 아니라 단순히 '선주류'라고 하고 있었으나, 국제규칙의 취지와 동일하게 동력선뿐만 아니라 어선, 범선 및 노도선(櫓櫂船)과 수상항공기도 포함되는 것으로 해석되었다. 그런데 2002. 12. 26일 개정 해상교통안전법은 '수상에서 항행수단으로 사용되거나 사용될 수 있는 선주류(수상에서 이동할 수 있는 수상항공기를 포함한다)'라고 선박의 정의를 변경하였다. 이러한 개정법에 따르면 '수상수송용'에서 '수상항행용'으로 선박에 대한 정의가 넓어진 것으로 해석된다.

해상교통안전법 제3조 제1항은, 이 법은 대한민국의 영해 및 내수(內水; 해상항행선박이 항행을 계속할 수 없는 하천, 호수, 늪 등을 제외한다)에 있는 모든 선박과 대한민국의 영해나 내수가 아닌 해역에 있는 대한민국 선박 등에 대하여 이를 적용한다고 하여 그 적용범위에 대하여 정하고 있다.[8] 즉, 동법은 기본적으로 대한민국의 영해 및 내수에 있는 대한민국의 선박은 물론 외국적 선박에 대하여도 적용하고, 대한민국의 선박에 대하여는 공해에서도 적용한다.[9] 대한민국의 선박이란 「선박법」상의 선박을 말한다.

영해 내에서뿐만 아니라 공해에서 우리나라 국적 선박끼리 조우할 때 지켜야 할 법은 해상교통안전법이 된다. 영해 내에서 우리나라 국적 선박과 외국적 선박이 충돌한 경우에도 해상교통안전법이 준거법이 된다(국제사법 제95조 제1항). 반면, 공해상에서 우리나라 선박과 외국선박이 충돌하면 섭외사건이 되어 만약 우리나라가 관할권을 가지면 가해선박의 해상교통법이 준거법이 된다(국제사법 제95조 제2항).

---

8) 일본 海上衝突豫防規則 제2조는 "이 법률은 해양 및 해양에 접속하여 항행선이 항행할 수 있는 수역의 수상에 있는 다음 제3조에 규정된 선박에 대하여 적용한다"고 정하고 있다.

9) 박용섭 교수는 해상교통법은 상호성을 기본적인 특질로 하므로 상대선박도 해상교통관계의 규칙을 알고 있어야 하는데, 이 법을 공해에 적용하는 것은 우리나라 선박과 항행관계를 형성한 외국선박이 이 법의 내용을 알고 있음을 전제로 하는 경우에만 성립 가능하므로, 이 법의 적용범위를 영해 이내의 해역으로 제한하고 우리나라 선박에 대한 공해상의 적용은 삭제하는 것이 합리적이라고 한다. 박용섭, 『해상교통법론』(형설출판사, 1998), 860~861면.

해상항행선박이 항행을 계속할 수 없는 하천, 호수, 늪 등을 제외한다고 되어 있으므로, 국제규칙에서와 마찬가지로 해상교통안전법은 한강의 일부나 충주호 등에는 적용되지 않는다. 경인 아라뱃길이 열렸기 때문에 한강의 일부도 국제규칙이나 해상교통안전법이 적용되게 될 것이다.[10)]

현 해사안전법의 개정 과정

1. 구 해상교통안전법의 개요

제1장 총칙, 제2장 해상안전관리, 제3장 해상교통관리, 제4장 해상질서유지, 제5장 보칙 그리고 제6장 벌칙으로 구성되어 있었다. 이 법은 처음에는 국제규칙과 유사한 내용의 구 해상교통안전법만을 내용으로 하고 있었으나, 1999년 2월 국제안전관리규약(ISM Code)의 내용을 포함하게 되면서 체계가 복잡하게 되었다.

좁은 의미의 해상교통법이란 해상교통안전법 제1장 총칙과 제3장 해상교통관리 편만이다. 국제규칙은 집행상의 문제로 벌칙규정이 없으나 해상교통안전법에는 벌칙규정이 있다.

2. 구 해상교통안전법 2002. 12. 26일 개정내용(2003. 6. 27. 발효)

(1) 선박에 대한 정의(제2조)

2002년 개정 해상교통안전법(이하 '개정법'이라고 한다)은, 선박(船舶)이라 함은 수상(水上)에서 '항행수단으로' 사용되거나 사용될 수 있는 모든 선주류(수상에서 이동할 수 있는 수상항공기를 포함한다)를 말한다(제2조 제1호)고 개정하였다. 개정 전은 '수상수송용으로' 사용되거나 사용될 수 있는 선주류였다. 국제규칙은 as means of transportation on water로 되어 있다. 국제규칙이나 개정 전은 수송수단이었으나 개정법은 항행수단으로 변경하였으므로, 용어 자체로는 그 범위가 넓어지게 되었다고 생각된다. 본래의 의미로서 수송수단이란 여객이나 화물의 운송을 목적으로 건조된 선박을 말하므로, 수상레저를 목적으로 하는 수상레저기구는 해상교통안전법상의 선박의 범위에 속하지 않는 것이어야 하나, 해상교통안전법의 목적이 해상에서의 안전항행을 도모하는 데에 있고, 국제규칙에서도 '모든 선주류'를 적용대상으로 하므로 수상레저기구 중에서 모터보트, 수상오토바이, 요트 등은 선박에 포함되는 것으로 확대해석하고자 한다.

2002년 개정법은, 흘수제약선이라 함은 '가항수역의 수심 및 폭'과 선박의 흘수

10) 同旨: 김인철·정대율, 앞의 책, 38면.

와의 관계에 비추어 볼 때 그 진로로부터 벗어날 수 있는 능력이 매우 제한되어 있는 동력선을 말한다(제2조 제9호)고 개정하였다. 개정 전은 단순히 선박의 흘수와 수심만의 관계가 고려사항이었으나, 개정법은 국제규칙과 동일하게 가항수역의 폭을 고려요소로 추가하였다.

(2) 통항불방해의무선박(제16조 제6항과 제7항)

2002년 개정법은 통항불방해의무선박과 그 상대선박의 항법에 대하여 추가하였다. 국제규칙 제8조 f항에는 이것이 존재하였으나 해상교통안전법에는 이를 추가하지 아니하여 문제가 있었으나, 개정법은 이를 명문화하여 국제규칙과 동일한 체제를 취하게 되었다. 이 개정법에서는 통항불방해의무선박 관련규정은 제16조 제6항과 제7항으로 분리되어 "이 법의 규정에 따라 다른 선박의 통항 또는 안전한 통항을 방해하여서는 아니되는 선박은 다음 각호의 사항을 준수 및 유의하여야 한다. 1. 다른 선박의 안전한 통항을 위한 충분한 여유수역이 확보될 수 있도록 조기에 동작을 취할 것, 2. 다른 선박에 접근하여 충돌의 위험이 생긴 경우에는 그 책임을 면할 수 없으며, 피항동작을 취할 때에는 이 장의 규정에서 요구하는 동작에 대하여 충분히 고려할 것(이상 제16조 제6항). 이 법의 규정에 따라 다른 선박으로부터 통항의 방해를 받지 아니하도록 되어 있는 선박은 다른 선박과 서로 접근하여 충돌의 위험이 생긴 경우에 이 장의 규정에 따라야 한다(제16조 제7항)"고 규정되었다.

그런데 제16조 제6항 제1호는 충돌의 위험이 발생하기 전의 통항불방해의무선박의 주의의무를, 제2호는 충돌의 위험이 발생한 후의 의무에 대하여 규정하고 있는 것으로 이해하여야 한다. 제7항은 상대선박의 주의의무이다.

(3) 통항분리방식(제18조)

1) 적용범위

통항분리방식에 대하여 개정전 법은 국제해사기구가 채택한 통항분리방식이 적용되는 수역에서 이 조의 규정을 적용한다고 정하고 있었다(구 해상교통안전법 제18조 제1항; 해사안전법 제68조 제1항). 그러므로 국제해사기구가 채택하지 아니한 우리나라 연안의 통항분리방식에 대하여는 제18조가 적용되지 아니한다는 결과가 되었다. 2002년 개정법은 이러한 우리나라 연안의 통항분리방식에 대하여도 제18조를 적용하기 위하여 국토해양부령으로 정하는 수역에도 본조가 적용된다고 명문화하였다(제18조 제1항 제2호; 현행 해사안전법 제68조 제1항 제2호로 존치되고 있다).

2) 구체적인 항해

개정전 법 제18조 제3항에서는 부득이한 사유로 통항로를 통과하는 선박은 '직각에' 가깝도록 횡단하도록 되어 있어서 직각을 만드는 기준이 불명확하였으나, 2002년 개정법은 국제규칙과 동일하게 "그 통항로와 선수 방향이" 직각에 가깝도록 횡단하도록 개정하였다. 그러므로 항적이 아니라 당시의 선수 방향이 통항로와 직각이면 되게 되었다.

연안통항대를 사용할 수 있는 선박의 경우를 국제규칙과 동일하게 하였다. 즉, 1. 길이 20미터 미만의 선박, 2. 범선, 3. 어로에 종사 중인 선박, 4. 인접한 항구로 입출항하는 선박, 5. 연안통항대 안에 있는 해양시설 또는 도선사의 승·하선 장소에 출입하는 선박, 6. 급박한 위험을 피하기 위한 선박(제18조 제4항)을 추가하였다.

통항분리수역에서 어로에 종사하는 선박은 다른 선박에 대하여 통항불방해의무를 부담한다(국제규칙 제10조 j항). 그런데 개정전 법은 분리대 안에서 어로에 종사하는 선박이라고 함으로써 국제규칙과 다른 취지의 규정을 두고 있었으나, 개정법은 이를 국제규칙 규정과 일치시켜 통항분리수역 안에서 어로에 종사하는 선박은 통항로를 따라 항행하는 다른 선박의 항행을 방해하여서는 아니된다고 정하였다(제18조 제6항).

(4) 추월규정(제21조 제1항)

개정전 법은 추월선은 '이 장'의 다른 규정에 불구하고 피추월선의 진로를 피하여야 한다고 규정함으로써(제21조 제1항), 마치 제한시계에서도 추월규정이 적용되는 것처럼 오해를 일으킬 여지를 남겨 두고 있었다. '이 장'이란 제1절, 제2절 그리고 제3절까지를 모두 포함하는 것이므로, 제3절 제한시계의 항법에 추월규정이 적용된다는 취지가 되는 것이었다. 이는 국제규칙과는 다른 내용이므로 해석상 문제가 되었다.

2002년 개정법은 제21조 제1항(해사안전법 제71조 제1항)에 '이 장 제1절 및 제2절의' 다른 규정에 불구하고 라고 개정하여 국제규칙과 동일하게 규정하였다. 그러므로 추월의 규정은 제한시계 내에서는 적용되지 않는 것이 해상교통법상 분명하게 되었다.

(5) 유지선의 동작(제25조 제4항)

개정전 법 제25조는 국제규칙 제17조 d항의 내용을 도입하지 않고 있었다. 동 d항은 유지선의 의무에도 불구하고 피항선은 피항의무를 그대로 갖는다는 내용이다. 그렇다고 하여도 법 제5조에 의하여 국제규칙 제17조 d항이 적용되므로 별

다른 어려움은 없었다.

2002년 개정법은 이를 명문화하여 제2항 및 제3항의 규정은 피항선에게 진로를 피하여야 할 의무를 면제하는 것은 아니다는 규정(제25조 제4항; 해사안전법 제75조 제4항)을 신설하여 국제규칙과 일치시키게 되었다.

(6) 어선의 등화(제33조)

개정전 법 제33조 제1항 및 제2항 제1호 단서는 길이 20미터 미만의 선박은 이 형상물에 가름하여 바구니 1개를 표시할 수 있도록 하고 있었다. 그런데 이들의 모법(母法)인 국제규칙 제26조 b항 1호 및 동 c항 1호는 1993년 11월 4일 개정에서 단서규정을 삭제하였다. 2002년 개정법도 국제규칙에 일치되도록 이를 삭제한 것이다.

개정전 법 제33조 제3항은 "어로에 종사하고 있는 선박의 바로 부근에서 어로에 종사하고 있는 선박은 제1항 및 제2항의 규정에 의한 등화 외에 해양수산부령으로 정하는 추가신호를 표시할 수 있다"고 정하고 있었다. 이는 국제규칙 제26조 d항을 옮긴 것이었다. 그런데 2002년 개정법 제33조 제3항(해사안전법 제84조 제3항) "트롤망 어로 및 선망어로(旋網漁撈)에 종사하고 있는 선박에는 제1항 및 제2항의 규정에 의한 등화 외에 해양수산부령이 정하는 추가신호를 표시하여야 한다"고 개정하였다.

2002년 개정법에 따르면 추가신호의 표시가 임의규정에서 강제규정으로 변경되었으며, 그 의무이행의 주체도 어로작업선박의 부근에 있는 선박에서 트롤망 어로 및 선망어로에 종사하는 선박으로 변경되었다.

(7) 유조선의 통항제한에 대한 규정(제49조의2)

유조선통항금지해역 안에서 유조선 등의 항행을 금지한다는 취지를 분명히하기 위하여 문구를 개정하였다(제49조의2 제1항; 해사안전법 제14조).

선장이나 선박소유자에게 의무를 부과하는 규정들을 개정전 법에서는 시행령에 규정하였으나, 2002년 개정법은 이를 법에 명시하였다(제49조의2 제1항 및 제4항). 운항사항보고, 운항항적의 기록유지에 위반한 경우에는 과태료에 처하게 되므로 이는 위임입법이 되어야 할 것이나, 구체적인 위임이 없어서 문제가 있다고 지적된 사항이다.

3. 구 해상교통안전법 2009년 개정(2010. 6. 30일 시행) 내용

(1) 선원의 상무 규정 추가

선원(船員)의 상무(常務)규정은 국제해상충돌예방규칙(이하 '국제규칙') 제2조에는 있지만, 이를 국내법화한 우리 해상교통안전법에는 이것이 없었기 때문에 그 적용이 문제되었다. 우리나라는 국제규칙을 비준하였기 때문에 이를 적용함에는 문제가 없었다. 개정 해상교통안전법은 이를 추가(제39조의2; 해사안전법 제96조)하여 국제규칙과 같이 하였다. 그러나 국제규칙 제2조(a)항의 "선원의 상무"(ordinary practice of seamen)를 삭제한 상태이기 때문에 여전히 해석상 선원의 상무 규정이 우리 해상교통법에 도입되었는지 의문이 남게 되었다. 개정 해상교통안전법에 추가된 내용은 아래와 같다.

제3절의2(특수한 상황에서 선박의 항법)

제39조의2(절박한 위험이 있는 특수한 상황)

① 선박, 선장, 선박소유자 또는 해원(海員)은 다른 선박과의 충돌위험 등 절박한 위험이 있는 모든 특수한 상황(관계 선박의 성능의 한계에 따른 사정을 포함한다. 이하 같다)에 합당한 주의를 하여야 한다.

② 제1항에 따른 절박한 위험이 있는 특수한 상황에 처한 경우에는 그 위험을 피하기 위하여 제3장 제1절부터 제3절까지에 따른 항법을 따르지 아니할 수 있다.

③ 선박, 선장, 선박소유자 또는 해원은 이 법의 규정을 태만히 이행하거나 특수한 상황에 요구되는 주의를 게을리함으로써 발생한 결과에 대하여는 면책되지 아니한다.

(2) 수면비행선박(WIG선)의 추가

2009년 개정 해상교통안전법은 2003년 국제규칙에서 추가된 WIG선에 대한 규정을 신설하게 되었다.

① '수면비행선박'이란 표면효과 작용을 이용하여 수면에 근접하여 비행하는 선박을 말한다(제2조 제35호 [정의]규정; 해사안전법 제2조 제4호).

② 수면비행선박은 선박의 통항을 방해하지 아니하도록 모든 선박으로부터 충분히 떨어져서 비행(이륙 및 착륙을 포함한다)하여야 한다. 다만, 수면에서 항행하는 때에는 이 법에서 정하는 동력선의 항법을 따라야 한다(제38조 제7항 [항법]; 해사안전법 제76조 제7항).

③ 수면비행선박이 비행하는 경우에는 제1항에 따른 등화에 덧붙여 사방을 비출 수 있는 고광도 홍색섬광등 1개를 표시하여야 한다(제42조 제3항 [수면비행선박이 표시하여야 할 등화]; 해사안전법 제81조 제3항).

④ 수상항공기 및 수면비행선박은 이 절에서 규정하는 특성을 가진 등화와 형상물을 표시할 수 없거나 규정된 위치에 표시할 수 없는 경우 그 특성과 위치에 관하여 될 수 있으면 이 절에서 규정하는 것과 비슷한 등화나 형상물을 표시하여야 한다(제50조 [수상항공기 및 수면비행선박이 표시하여야 할 등화]; 해사안전법

제89조).

(3) 조문 번호의 변경

해상안전관리 편에서 조문이 추가되어 조문이 변경되게 되었다.

4. 2012년 해사안전법(2012. 4. 18일 시행)상의 항법규정 개정 사항

국토해양부는 난파물제거 등 해사안전에 관한 폭넓은 사항을 모두 포섭하는 제도를 기존의 해상교통안전법에 도입하게 되었고 이에 따라 법률의 명칭을 해사안전법으로 개칭하고 항법에 대한 규정도 수정을 하게 되었다.

(1) 구 해상교통안전법 제4조의 삭제

구 해상교통안전법 제4조에서 구 개항질서법은 특별규정으로서 해상교통안전법의 규정보다 우선적용된다는 내용을 입법화한 것이었다. 그런데, 해사안전법에서는 이를 삭제하였다. 삭제하였다고 하더라도 동일한 해석이 가능하다. 개항질서법의 적용대상으로 하는 개항은 해사안전법이 적용대상으로 하는 우리나라 영해 및 내해(개항 포함)를 포함한다. 구 개항질서법은 개항에서의 항법만을 정하고 있다. 따라서 특별법우선원칙에 따라 개항질서법의 항법과 해사안전법상의 항법이 충돌하는 것이 있으면 개항질서법이 우선적용되고, 개항질서법에 없는 규정은 해사안전법상의 규정이 적용된다.

(2) 구 해상교통안전법 제5조의 삭제

구 해상교통안전법 제5조("선박의 충돌방지와 안전관리 등에 관하여 조약에 다른 규정이 있는 경우에는 그 규정에서 정하는 바에 따른다")는 해상교통안전법의 항법규정과 국제조약인 1972년 선박충돌예방규칙(COLREG)과의 관계를 정한 것이었다. 서로 다른 내용이 있으면 국제조약이 우선적용된다는 내용이었다. 그런데, 이에 대한 해석이 문제되었다. 해사안전법에서는 이를 삭제하였다. 해사안전법하에서는 국제조약과 국내법과의 관계에 대한 일반이론에 따라서 해결되게 된다. 헌법 제6조 제1항은 우리나라가 비준한 국제조약은 국내법과 동일한 효력을 가진다고 한다. 우리나라가 비준한 1972년 국제조약은 결국 국내법과 동일한 효력을 가진다. 즉, 해사안전법과 국제조약은 동일한 법률로서 효력을 가진다. 그런데, 신법우선의 원칙에 따르면 국제조약보다 늦게 제정 혹은 개정된 내용이 우선적용된다. 한편, 국제조약우위설에 따르면 국제조약과 다른 국내법의 내용이 있다면 국제조약의 내용이 앞서는 효력을 가진다는 결론에 이른다. 현재 여러 번의 개정작업을 거쳐서 국내법인 해사안전법상의 항법규정과 국제조약과 서로 다른 내용은 없는 것으로 보이고, 다만 (i) 국제조약에는 없지만 해사안전법에 추가된 내용과 (ii) 국제조약에는 있지만 해사안전법에 없는 내용이 몇 가지 존재한다. (i)의 경우에는 해사안전법, (ii)의 경우에는 국제조약의 내용이 적용된다.

(3) 항로 개념의 삭제

구 해상교통안전법에 있었던 항로의 개념이 삭제되었다.

> 구 해상교통안전법 제2조[정의] 제36호
> '항로'란 다음 각목의 어느 하나에 해당하는 수로를 말한다. 가. 개항질서법 제2조 제7호에 따른 항로, 나. 제57조에 따른 교통안전특정해역안의 항로, 다. 제62조에 따라 고시된 좁은 수로 등에서의 항로

위 규정은 구 해상교통안전법 제29조 좁은 수로의 항법 제1항에 좁은 수로나 항로를 따라 항행하는 선박에 제29조가 적용됨을 정하고 있었고, 항로의 정의에 포함되는 위 세 가지의 경우에는 좁은 수로 항법이 적용될 수 있었다는 점에 의의가 있었다. 해사안전법하에서도 제76조에 여전히 구 해상교통안전법 제29조 제1항과 동일한 항로라는 용어가 사용되고 있기 때문에 개항질서법상 항로, 교통안전특정해역에서의 항로에 좁은 수로의 항법을 적용할 수 있을지 의문이 제기되게 되었다. 예컨대, 개항질서법상 항로에 적용되는 항법에 규정되지 않은 사항은 좁은 수로 항법이 보충적으로 적용되어야 하는 바, 이제는 더 이상 보충적으로 적용되지 않는지 하는 점이다.

규정되어 있지 않다고 하더라도 해석상 항로에 해당하면 좁은 수로의 항법이 적용된다고 보아야 할 것이다. 입법자의 의도는 한정적인 예시를 삭제함으로써 항로를 위 세 가지에 국한하지 않고 해석에 일임하여 더 탄력적으로 처리하자는 의도로 보이지만, 법적 안정성의 측면에서 후퇴한 것이 아닌가 생각된다.

(4) 항법 관련 조문 위치 변경

1) 전체적인 조문

국제조약과 비교할 때 몇 가지를 제외하고 58을 더하면 해사안전법의 규정이 된다. 예컨대 좁은 수로의 항법은 국제규칙의 조문번호가 9조이기 때문에 현 해사안전법에서는 67조가 된다.

2) 교통안전특정해역

구 해상교통안전법하에서 항법규정의 일부로서 존재하던 교통안전특정해역이 해사안전법에서는 제3장 수역안전관리 중 제2절(제10조에서 제13조)로 독립되어

편제되었다. 구 해상교통안전법하에서 제3장에서 하위규정으로서 다른 일반항법 규정과 나란히 하나의 조문으로서 존재하였기 때문에 일반항법의 적용이 됨은 쉽게 이해할 수 있었다. 해사안전법하에서는 항법규정인 제6장보다 앞서는 제3장에 항법의 규정이 있기 때문에 교통안전특정해역에서 항행하는 선박들에게 적용되는 항법상 지위가 어떠한 것인지 의문이 제기될 수 있다. 예컨대, 제12조 제1항 교통안전특정해역에서 어로작업에 종사하는 선박은 항로지정제도에 따라 그 교통특정안전해역을 항행하는 다른 선박의 통항에 지장을 주어서는 아니된다는 규정과 제76조 선박 사이의 책무에서 어로작업에 종사하고 있는 선박과 일반동력선이 조우한 경우의 항법은 일부 서로 충돌된다. 이 경우에 어느 항법을 우선적용할 것인지 문제된다. 비록 다른 장에 규정되게 되었다고 하더라도 제3장의 교통안전특정해역은 적용수역이 한정되는 것이고, 제6장의 항법규정은 모든 수역에 적용되는 것이기 때문에 체제상 의문점에도 불구하고 여전히 교통안전특정해역은 특별규정이라고 볼 수 있다. 따라서 제12조가 제76조보다 우선적용된다고 해석하여야 한다.

3) 선원의 상무 규정의 이동

구 해상교통안전법에서는 제3장 제3절의2 특수한 상황에서의 선박의 항법으로 2009년 신설되었던 선원의 상무 규정(국제조약 제2조)은 해사안전법하에서 제6장 제6절 제96조로 이동되게 되었다. 전자의 경우에는 제3절 항법규정과 제4절 등화와 형상물 사이에 위치하여 국제조약과 다른 입장을 취하고 있었다. 국제조약은 이를 일반규정에 둠으로써 국제조약의 모든 경우에 적용된다고 해석이 가능하였지만, 우리 법은 제4절 등화와 형상물 앞에 배치되어 이 경우에는 적용이 없는 것으로 해석될 위험도 있었다. 전체 항법규정의 마지막에 배치함으로써 국제조약과 동일하게 선원의 상무 규정은 모든 경우에 적용됨이 더 명백하게 되었다.

4) 안전한 속력

구 해상교통안전법 제26조 제2항에서 안전한 속력의 결정요소들은 국토해양부령으로 정하도록 되어 있어서 국제조약과 다르게 되어 있었다. 해사안전법은 제64조 제2항에서 이를 구체적으로 규정하여 입법체계가 개선되었다.

제64조 제2항은 "제1항에 따른 안전한 속력을 결정할 때에는 다음 각호(레이더를 사용하고 있지 아니한 선박의 경우에는 제1호부터 제6호까지의) 사항을 고려하여야 한다. 1. 시계의 상태, 2. 해상교통량의 밀도, 3. 선박의 정지거리·선회성능, 그 밖의 조종성능, 4. 야간의 경우에는 항해에 지장을 주는 불빛의 유무, 5. 바

람·해면 및 조류의 상태와 항해장애물의 근접상태, 6. 선박의 흘수와 수심과의 관계, 7. 레이더의 특성 및 성능, 8. 해면상태·기상, 그 밖의 장애요인이 레이더 탐지에 미치는 영향, 9. 레이더로 탐지한 선박의 수·위치 및 동향"이라고 정하고 있다.

5) 등화와 관련된 정의규정

구 해상교통안전법하에서 제2조 정의규정에 다른 법률용어와 함께 존재하던 용어(예컨대 마스트등, 현등, 선미등, 예선등, 전주등, 섬광등, 양색등 그리고 삼색등 등)들이 제6장 선박의 항법 제4절 등화와 형상물로 이동되어 제79조에 존재한다. 또한 음향신호와 발광신호와 관련된 법률용어(단음, 장음)도 제93조로 이동되어 편제되었다.

(5) 용어의 변경

'통항분리방식'이 '통항분리제도'로, '초대형선'이 '거대선'으로 변경되었다.

3. 기타 문제점

(1) 법률의 명징

일본은 해상교통법으로서 「해상충돌예방법」(海上衝突豫防法), 「해상교통안전법」(海上交通安全法) 그리고 「항칙법」(港則法)이 있다. 이 해상충돌예방법은 일본 영해와 일본 선박 사이에서 적용되는 법률이다. 그리고 해상교통안전법은 도쿄완(東京灣), 이세완(伊勢灣), 세토나이카이(瀬戸內海) 등 세 곳에 적용되는 특수한 항법을 정하고 있다. 항칙법은 우리나라의 「선박의 입항 및 출항 등에 관한 법률」에 해당한다. 그러므로 우리나라 「해상교통안전법」은 기본적으로는 일본의 해상충돌예방법에 해당하고, 해상교통안전법 중에서 교통안전특정해역의 항법은 일본의 해상교통안전법에 해당한다. 우리나라도 해상교통안전법의 충돌예방 관련 규정은 독립하여 해상충돌예방법으로 하고, 교통안전특정해역 등과 관련된 규정들만을 해상교통안전법 혹은 특정해역에서의 항법 등의 명칭으로 하여 특별법으로 하는 것이 법체계상 이해하기 좋을 것이다.

(2) 적용범위

적용범위에 있어서 해상교통안전법 제3조 제1항은 해상항행선박이 항행을 계속할 수 없는 하천(河川) 및 호수, 늪 등은 제외한다고 명시하고 있으므로, 하천이나 호수에서 해상교통안전법은 적용되지 않는다. 그렇다고 하여 국제규칙이 적용될 수는 없다. 국제규칙도 또한 해양과 접속한 모든 수역에서 적용되고 호수는 해양과 접속되어 있지 않으므로 국제규칙이 적용되지 않는다.11) 그러므로 우리나라의 하천이나 호수 등에서는 적용법규가 존재하지 않았다. 그러나 현재는 유선 및 도선사업법(제31조) 시행령(제25조)에 새로이 운항규칙이 제정되어, 이것이 하천이나 호수 등에서의 적용법규가 되게 되었다. 그러나 이 법은 유선 및 도선에만 적용되므로 유선이나 도선이 아닌 화물운반선에 적용되는 규정은 여전히 공백상태로 남아 있다.

(3) 법조문 배열

미국의 경우에는 「내해항행법」(内海航行法)은 국제규칙과 동일하게 조문배열을 하고 특별한 규정을 두어야 할 경우에만 이를 변경하고 있다. 그러므로 국제규칙과의 비교가 쉽다. 일본의 해상충돌예방법도 조문배열이 기본적으로 국제규칙과 동일하다. 영국의 경우에는 국제규칙을 schedule로 도입하여 8.1, 8.2, 8.3으로 조문배열을 시키고 있으므로 법조문이 국제규칙과 동일하다.

우리나라 해상교통안전법도 국제규칙과 동일한 조문배열이 되어야 해상교통법의 이해에 도움이 될 것이다. 우리나라 현행 해상교통안전법의 조문은, 제5장 항법규정에서는 국제규칙의 조문(국제규칙 제4조에서 20조까지)에 65를 더하면 된다. 즉, 횡단항법에 대한 규정은 국제규칙에서는 제15조이나 해상교통안전법에서는 여기에 65를 더한 제80조가 된다.

우리나라 해상교통안전법은 하부규정인 시행령, 시행규칙에서도 항법을 정하고 있다. 그러므로 수범자들은 시행령과 시행규칙까지를 모두 숙지하여야 한다. 특히, 교통안전특정해역의 항법이 그러하다. 그러므로 이들을 별도의 단행법으로 하여 항법을 알기 쉽게 기술하는 것이 좋다고 본다.

(4) 낚시어선법

「낚시 관리 및 육성법」 제29조의2(운항규칙)에서는 해상항행선박이 항행을 계속할 수 없는 하천·호소 등 「해상교통안전법」을 적용받지 아니하는 장소에서의 낚시어선의 운항규칙을 대통령령으로 정한다고 한다.

---

11) 충주호에서 발생한 어선 충주호·어선 밍계호 충돌 사건(인해심 제98-39호)에서 해사안전법의 횡단항법을 적용한 해난심판원의 재결은 의문이다. 『해난심판사례집』(1999), 111면.

「낚시 관리 및 육성법 시행령」 제18조의2에는 운항규칙을 정하고 있다. 해상교통안전법과의 관계가 문제된다.

제18조의2(운항규칙) ① 낚시어선업자와 선원이 준수해야 하는 법 제29조의2 제1항에 따른 낚시어선 운항규칙은 다음 각 호와 같다.

1. 주위의 상황 및 다른 선박과의 충돌의 위험을 충분히 판단할 수 있도록 시각·청각 및 당시의 상황에 적합하게 이용할 수 있는 모든 수단을 이용하여 항상 적절한 경계를 하여야 한다.
2. 다른 선박과의 충돌을 피하기 위하여 적절하고 유효한 동작을 취하거나 당시의 상황에 적합한 거리에서 선박운항정지(정선)할 수 있도록 항상 안전한 속력으로 운항해야 한다.
3. 시계(視界)를 제한받는 때나 교량 등의 부근 및 하천 폭이 좁은 구역에서는 속도를 줄여 운항하여야 한다.
4. 시계가 제한된 구역에서 앞쪽에 다른 선박이 있는 경우 왼쪽으로 진로를 변경해서는 아니 된다.
5. 다른 선박과 마주칠 때에는 진로를 오른쪽으로 변경하여야 한다.
6. 다른 선박과 같은 방향으로 운항하는 경우에는 근접하거나 경쟁적으로 운항해서는 아니 된다.
7. 다른 선박을 앞지르기하려는 경우에는 앞지르기당하는 선박을 완전히 앞지르기하거나 그 선박에서 충분히 멀어질 때까지 그 선박의 진로를 방해해서는 안 된다.
8. 낚시어선과 다른 선박이 서로 진로를 횡단하는 경우에 충돌의 위험이 있을 때에는 다른 선박을 오른쪽에 두고 있는 선박이 그 다른 선박의 진로를 피하여야 한다.
9. 선착장 등으로 들어오는 낚시어선은 선착장 등의 밖으로 나가는 다른 선박의 진로를 방해해서는 아니 된다.
10. 낚시가 금지되어 있는 장소에 정박하거나 승객을 승선·하선시켜서는 아니 된다.
11. 야간운항을 하는 경우 안전 운항 및 승객의 승선·하선에 필요한 불빛을 표시하여야 한다.

제1호~제2호는 일반규정이고, 제3호~제4호는 제한시계의 항법, 제5호~제

8호는 상호시계 내의 항법에 해당한다. 제9호는 입항선은 출항선을 피하라는 규정이다. 이 규칙은 낚시어선에만 적용되고 해상교통안전법은 모든 선박에 적용되므로 본 규정은 특별법으로서 기능한다. 해상교통안전법과 충돌되는 규정이 있다면 낚시어선법이 먼저 적용된다. 그런데 지리적 적용범위를 항해선이 항해할 수 없는 하천과 호소로 한정되었으므로 해상교통안전법의 항법과는 무관하게 되었다. 입항선이 출항선을 피하는 규정은 선박입출항법에 의한 무역항에만 적용되지만, 본 법에서도 규정하고 있기 때문에 낚시어선은 하천과 호소에서 입항선은 출항선을 피해야 한다. 그러나 일반 어항에서 어선은 이런 의무가 부과되어 있지 않다. 그러나 해양안전심판원 재결은 이런 의무를 일부 어항에서도 부과하고 있다.

Ⅳ. 선박입출항법

1. 의 의

선박입출항법은 무역항의 수상구역등에서 선박교통의 안전 및 질서를 유지함을 목적으로 한다. 이 법 제3장은 항로 및 항법에 대하여 규정하고 있다. 무역항등에서의 선박교통의 안전 및 질서를 유지함을 목적으로 하는 법이므로 해사안전법에 대하여 특별법적인 지위에 있다(해상교통안전법 제4조).[12] 우리나라 구 개항질서법은 1961년에 제정되었고, 일본의 항칙법(港則法)과 유사하다. 2002년 12월 11일 개정되었고, 그 후 우리말로 쉽게 순화하기 위하여 2009년 5월 27일 개정되었지만 내용상의 개정은 없었다. 2011년 6월 15일 일부 내용상의 개정이 있었고 이는 2011년 12월 16일부터 시행되었다. 현「선박의 입항 및 출항 등에 관한 법률」은 2015. 2. 3. 제정(법률 제13186호, 2015. 8. 4. 시행)되어 그 후 일부 개정되었다.

2. 적용범위

선박입출항법의 적용범위는 적용수면과 적용선박이라는 두 가지 요소가 있다.

---

12) 同旨: 박용섭, 앞의 책, 864면.

이 법 제1조는 "이 법은 무역항의 수상구역 등에서 선박의 입항·출항에 대한 지원과 선박운항의 안전 및 질서 유지에 필요한 사항을 규정함을 목적으로 한다"고 정하고 있다. 그러므로 무역항의 수상구역 등의 항계 밖에서는 동법이 적용되지 않고 해상교통안전법이나 국제규칙이 적용된다. 무역항의 수상구역 등과 그 범위는 동법 제2조(제1~2호)에서 규정하고 있다. 우리나라의 무역항은 부산항, 인천항, 목포항, 포항항, 태안항 등을 포함한 32개 항이다(항만법 시행령 제3조 제1항 별표 1의 무역항). 선박입출항법은 제4조에서 지정항에까지 그 적용범위를 확대시키고 있다.

선박입출항법은 해상교통안전법에 대하여 특별법적 성격을 가지므로, 이 법과 해상교통안전법에 상충하는 내용이 있으면 이 법이 우선적용되고, 이 법에 없는 규정은 해상교통안전법의 규정이 보충적으로 적용된다. 구 해상교통안전법 제4조는 "개항 및 지정항의 항계 안에서 선박의 충돌방지를 위하여 지켜야 할 항법, 신호 기타 운항에 관하여 개항질서법에 다른 규정이 있는 때에는 그 규정에서 정하는 바에 의한다"고 하여 이를 분명히 하고 있었다. 그런데, 2011년 개정에서 삭제되었다. 그럼에도 불구하고 해석상 선박입출항법은 해상교통안전법의 특별법적 성격을 가지므로 특별법우선원칙에 따라 동일하게 해석된다.

적용선박에 대한 정의규정으로는 우선피항선(優先避航船, 잡종선)만 존재한다. 일반선박에 대한 정의규정은 해상교통안전법의 규정이 적용된다. 우선피항선이란 주로 노와 삿대(상앗대)로 운전하는 선박, 예선(曳船), 선박법 제1조의2에 따른 부선(艀船)[예인선이 부선을 끌거나 밀고 있는 경우의 예인선 및 부선을 포함하되, 예인선에 결합되어 운항하는 압항부선(押航艀船)은 제외한다], 항만운송사업법 제26조의3 제1항에 따라 항만운송관련사업을 등록한 자가 소유한 선박, 해양환경관리법 제70조 제1항에 따라 해양환경관리업을 등록한 자가 소유한 선박 또는 해양폐기물 및 해양오염퇴적물관리법 제19조 제1항에 따라 해양폐기물관리업을 등록한 자가 소유한 선박(폐기물해양배출업으로 등록한 선박은 제외한다), 이 규정에 해당하지 아니하는 총톤수 20톤 미만의 선박을 말한다. 선박입출항법(제2조 제5호)은 우선피항선이라는 정의규정을 둠으로써 해상교통안전법의 선박보다 적용범위가 넓다고 생각된다.

3. 선박입출항법의 개요

선박입출항법은 제1장 총칙, 제2장 입항·출항 및 정박, 제3장 항로 및 항법, 제4장 선박교통관제(<삭제>), 제5장 예선, 제6장 위험물 관리 등, 제7장 수로의 보전, 제8장 불빛 및 신호, 제9장 보칙 그리고 제10장 벌칙으로 구성되어 있다. 제3장 항로 및 항법에 규정되어 있는 주요 내용은 다음과 같다.

첫째, 우선피항선 외의 선박은 무역항의 수상구역등에 출입하거나 무역항의 수상구역등을 통과할 때에는 해양사고를 피하기 위한 경우 등 해양수산부령으로 정하는 사유가 있는 외에는 관리청이 지정·고시한 항로를 따라 항행하여야 한다(제10조 제2항).

둘째, 항로 밖에서 항로에 들어오거나 항로에서 항로 밖으로 나가는 선박은 항로를 항행하는 다른 선박의 진로를 피하여야 한다(제12조 제1항 제1호). 선박은 항로에서 나란히 항행하지 못한다(동 제2호). 선박이 항로에서 다른 선박과 마주칠 우려가 있는 경우에는 오른쪽으로 항행하여야 한다(동 제3호). 선박은 원칙적으로 항로에서 다른 선박을 추월하여서는 아니된다(동 제4호). 모든 선박은 항로를 항행하는 위험물운송선박 또는 「해상교통안전법」 제2조 제12호 규정에 따른 흘수제약선의 진로를 방해하여서는 아니된다(동 제5호). 「선박법」 제1조의2 제1항 제2호에 따른 범선은 지그재그(zigzag)로 항행하지 아니할 것(동 제6호).

셋째, 무역항의 수상구역등에 입항하는 선박이 방파제 입구 등에서 출항하는 선박과 마주칠 우려가 있는 경우에는 방파제 밖에서 출항하는 선박의 진로를 피하여야 한다(제13조).

넷째, 선박이 무역항의 수상구역등에서 해안으로 길게 뻗어나온 육지 부분, 부두, 방파제 등 인공시설물의 튀어나온 부분 또는 정박 중인 선박(이하 '부두등'이라 한다)을 오른쪽 뱃전에 두고 항행할 때에는 부두등에 접근하여 항행하고, 부두등을 왼쪽 뱃전에 두고 항행할 때에는 이와 멀리 떨어져서 항행하여야 한다(제14조).

> **일반화물선 천주호·유조선 제9새한호 충돌 사건**(부해심 제1999-144호)에서 부산지방해심은 양 선박이 우현측에 위치한 잔교 또는 정박선에 접근하여 항행하지 아니한 것을 충돌의 원인으로 판단하였다.[13)]

---

13) 『해양안전심판사례집』(2000), 257면.

다섯째, 무역항의 수상구역등이나 무역항의 수상구역 부근에서 우선피항선은 다른 선박의 진로를 방해하여서는 아니된다(제16조 제1항). 동법 제41조 제1항에 따라 공사 등의 허가를 받은 선박과 제42조 제1항에 따라 선박경기 등의 행사의 허가를 받은 선박은 무역항의 수상구역등에서 다른 선박의 진로를 방해하여서는 아니된다(제16조 제2항).

여섯째, 누구든지 무역항의 수상구역등에서 선박교통에 방해가 될 우려가 있는 장소 또는 항로에서는 어로(어구 등의 설치를 포함한다)를 하여서는 아니된다(제44조).

4. 1972년 국제규칙, 해상교통안전법과의 차이

선박입출항법은 국제규칙 및 해상교통안전법에 대하여 특별법적인 성격을 가지므로 이들과 아래와 같은 차이가 있다.

첫째, 국제규칙과 해상교통안전법에 따르면, 상호시계 안에서는 자신의 우현쪽에 접근하는 선박을 두고 있는 선박이 피항선이 된다(국제규칙 제15조; 해상교통안전법 제80조). 그런데 선박입출항법에서는 우선피항선은 항상 나른 신박의 진로를 피하여야 하며(제16조 제1항), 항로 밖에서 항로에 들어오거나 항로에서 항로 밖으로 나가는 선박은 항로를 항행하는 다른 선박의 진로를 피하도록 규정되어 있다(제12조 제1항 제1호). 방파제 입구 또는 입구 부근에서도 입항하는 동력선은 방파제 밖에서 출항하는 선박의 진로를 피하도록 되어 있다(제13조). 그러므로 무역항의 수상구역등에서는 횡단관계가 형성된다고 하여도 선박입출항법상의 각 특칙이 우선적용되어 횡단규정의 적용이 배제되므로, 조우자세에 관계없이 우선피항선은 동력선을, 항로에 출입하는 선박은 항로를 항행하는 선박을, 그리고 방파제 입구 또는 입구 부근에서 입항하는 선박은 출항하는 선박을 피하여야 한다.

둘째, 국제규칙과 해상교통안전법은 앞지르기를 원칙적으로 인정하고 추월선과 피추월선의 권리와 의무에 대하여 규정하고 있으나(국제규칙 제13조; 해상교통안전법 제78조), 선박입출항법에서는 항로에서 추월 자체가 원칙적으로 제한되어 있고(제12조 제1항 제4호), 항로에서 나란히 항행하는 것(병렬항행)도 금지된다(제12조 제1항 제2호).

셋째, 국제규칙과 해상교통안전법에 따르면 협수로(좁은 수로)에서 길이 20미터 미만의 선박이나 범선은 '항로 안쪽에서만' 동력선이나 모든 선박에 대하여 통항불방해의무를 부담하나(국제규칙 제9조(b); 해상교통안전법 제74조 제2항), 선박입출항법에서는 우선피항선, 예인선 및 통선 등은 '무역항의 수상구역등이나 무역항의 수상구역 부근에서' 다른 선박의 진로를 방해하여서는 아니된다(제16조: 진로방해의 금지).

넷째, 국제규칙이나 해상교통안전법에서는 어로작업 중인 어선은 좁은 수로에서 통항불방해의무를 부담할 뿐이나(국제규칙 제9조(c); 해상교통안전법 제74조 제3항), 선박입출항법에서는 무역항의 수상구역등에서 원칙적으로 어로작업(어구 등의 설치 포함)이 금지된다(제44조: 어로의 제한).

구 개항질서법의 개정 내용

1. 개항질서법 2002년 12월 11일 개정내용(2003. 6. 10일 발효)

(1) 항로지정권자의 변경(제11조; 현 제10조)

개정전 법은 개항의 항계 안에 출입하거나 개항을 통과하는 우선피항선 외의 선박은 대통령령이 지정하는 항로를 따라 항행하도록 하였다. 그런데 개정법은 이를 국토해양부장관이 지정·고시로 정하도록 하였다.

(2) 항로에서의 정박 등 금지(제12조; 현 제11조)

개정전 법은 제1항에서 항로 안에 정박할 수 있는 상황으로서 '운전의 자유를 상실한 때'를 그 하나로 정하고 있었으나, 개정법은 '선박의 고장 그 밖의 사유로 조종이 불가능한 때'로 변경하였다.

또한 개정전 법 제2항은 1. 해양사고를 피하고자 할 때, 2. 운전의 자유를 상실한 때, 3. 인명 또는 급박한 위험이 있는 선박의 구조에 종사할 때에는 모두 해상교통안전법의 규정에 의하여 운전이 자유롭지 못한 선박이 게양하는 표지를 하도록 하고 있었으나, 개정법은 제2호의 선박에만 해사안전법 제85조의 규정에 의한 표시를 하도록 정하고 있다.

(3) 방파제, 부두 등 부근의 항행(제16조; 현 제13조)

개정전 법이 규정 중에서 조사를 잘못 사용하고 있었던 부분을 개정하였다. 즉, 개정법 제16조는 선박이 개항의 항계 안에서 방파제, 부두, 해안으로 길게 뻗어나온 육지부분, 잔교 등 인공시설물의 튀어나온 부분 또는 정박 중인 선박을 우현에 두고 항행할 때에는 이에 접근하여 항행하고, 방파제 등을 좌현에 두고 항행할 때에는 이와 멀리 떨어져서 항행하여야 한다고 개정하였다.

(4) 항행 선박 간의 거리(제19조; 현 제18조)

개정전 법의 "개항의 항계 안에서 2척 이상의 선박이 항행할 때에는 서로 '상당한 거리를' 유지하여야 한다"는 문장을 '충돌을 예방할 수 있는 상당한 거리'로 변경하였다. 즉, 개정법은 "개항의 항계 안 등에서 2척 이상의 선박이 항행할 때에는 서로 충돌을 예방할 수 있는 상당한 거리를 유지하여야 한다"고 개정하였다.

2. 구 개항질서법 2011년 6월 15일 개정 내용(2011. 12. 16일 시행)

(1) 법률용어의 변경

잡종선이라는 용어는 '우선피항선'으로 변경되었다. 제2조 제2호는 우선피항선이란 주로 개항의 항계 안에서 운항하는 선박으로서 다른 선박의 진로를 피하여야 하는 다음 각 목의 어느 하나에 해당하는 선박을 말한다.

가. 부선, 나. 단정, 다. 주로 노와 삿대로 운전하는 선박, 라. 예선, 마. 예인선과 부선(예인선에 결합되어 운항하는 압항부선은 제외한다), 바. 항만운송사업법 제26조의3 제1항에 따라 항만운송관련사업을 등록한 자가 소유한 선박, 사. 해양환경관리법 제70조 제1항에 따라 해양환경관리업을 등록한 자가 소유한 선박(폐기물해양배출업으로 등록한 선박은 제외한다), 아. 가.목부터 사.목까지의 규정에 해당하지 아니하는 총톤수 20톤 미만의 선박

아.목을 추가함으로써 부선으로서 총톤수가 200톤이 되어도 잡종선에 해당함이 분명하게 되었다.

(2) 항로의 추월항법의 변경

구 개항질서법 하에서는 추월이 금지되었다. 이는 항로의 가항폭이 좁은 때문이었다. 그런데 개정법 하에서는 특별한 조건을 갖추면 추월도 가능하게 되었다. 피추월선을 눈으로 볼 수 있고 안전하게 추월할 수 있다고 판단되는 경우에 좁은 수로 항법에서 추월의 방식대로 추월이 가능하게 되었다.

제13조(현 제12조) 제1항 제4호
선박은 항로에서 다른 선박을 추월하여서는 아니할 것. 다만, 추월하는 선박을 눈으로 볼 수 있고 안전하게 추월할 수 있다고 판단되는 경우에는 현 해상교통안전법 제74조 제5항 및 제78조에 따른 방법으로 추월할 것.

5. 기타 문제점

선박입출항법 내에서 충돌위험이 있을 경우에 횡단규정, 제한시계에서의 항법이 적용되는지에 대하여 구 개항질서법은 명시하지 않고 있었다. 예컨대, 동일한 출항선이 횡단관계에 조우된 경우에는 횡단규정이 적용되는지, 무중(霧中)이라면 어떻게 되는지에 대하여 개항질서법에 언급이 없다.

선박입출항법은 법의 제목이 말하여 주듯이 무역항의 수상구역등에서만 적용되므로 무역항의 수상구역등이 아닌 항에서는 이 법의 일반법인 해상교통안전법이 적용되어야 한다. 무역항의 수상구역등이 아닌 항구에서도 이 법의 특별한 규정이 준용될 수 있는 규정을 두는 것이 좋다고 본다. 왜냐하면 무역항의 수상구역등이 아니라고 하더라도 방파제 입구의 항법 등은 적용되어야 하기 때문이다.

다른 해상교통법에는 구별되어 있는 개념인 '진로를 피하여야 한다'와 '통항을 방해하지 말아야 한다'는 의무가 선박입출항법에는 구별되어 있지 않다. '진로를 방해하지 말아야 한다'는 규정은 위의 어느 것인지 분명하지 않다.[14)]

개항이지만, 개항질서법의 내용을 적용할 수 없는 경우에는 구 해사안전법을 적용하여야 한다는 재결로는 중앙해심 제2015-005호(**화물선 홍아자카르타·유조선 에스리더호 충돌 사건**)가 있다.

> 동 사건은 광양항 제1항로와 제2항로 및 제3항로가 분기 합류하는 수역에서 발생하였다. 중앙해심은 이러한 경우에는 해사안전법의 규정에 따른 항법이 적용되므로 횡단항법이나 마주치는 항법이 적용되어야 하지만 항법에 대한 합의가 있었기 때문에 합의의 항법이 적용된다고 판시하였다.
>
> "이 충돌사건은 광양항 항계 안의 항로 상에서 발생하였기 때문에 개항질서법상 항법이 우선적으로 적용되어야 한다. 따라서 항로를 따라 항행하는 선박에게 진로우선권이 부여되고, 항로를 따라 항행하는 양 선박이 서로 마주칠 우려가 있는 경우에는 우현변침하여 좌현 대 좌현으로 통항하여야 한다. 그러나 이 충돌 사건은 광양항 제1항로와 제2항로 및 제3항로가 분기 합류하는 수역에서 발생하였고, 개항질서법 등 관련 규정에서는 별도로 이들 항로 간의 진로우선권을 정하고 있

---

14) 처음에는 "진로를 피하여야 한다"고 규정되었다가, 1991년 3월 8일 개정을 하면서 "진로를 방해하지 말아야 한다"로 문구가 바뀌었다.

지 않기 때문에 동법에 따른 항법을 적용하는 것은 다소 무리가 있다. 개항질서법은 해사안전법의 특별법으로서의 항계 내의 항법에 관하여 규정하고 있는 바, 이 법에서 특별한 정함이 없는 경우에는 해사안전법의 규정을 따라야 한다. 따라서 양 선박은 개항질서법의 규정에 따른 항법을 준수하면서 동시에 해사안전법의 규정에 따른 항법에 따라 상대 선박과의 충돌을 피해야 한다. 다만, 이 충돌사건에서 양 선박은 일반적인 항행방법과는 다른 우현 대 우현을 합의하였다. 당시의 근접한 상황을 고려할 때 비록 그 합의시간이 적절하다고 볼 수 없지만 양 선박의 합의는 VHF 교신을 통하여 자유로운 의사의 합치로 합법적이고 실행 가능한 합의로 판단된다. 이 경우는 해사안전법 제96조 제2항의 규정에 의한 특수한 상황에 해당되는 바, 양 선박 간에는 합의된 항법이 적용되어야 한다"(2016년 사례집, 284면).

V. 유선 및 도선사업법

1. 의 의

유선(遊船) 및 도선사업법(渡船事業法)은 유선사업 및 도선사업에 관하여 필요한 사항을 정하여 유선 및 도선의 안전운항과 유선사업 및 도선사업의 건전한 발전을 도모함으로써 공공의 안전과 복리의 증진에 기여함을 목적으로 한다(제1조). 1961년의 「유선영업단속법」과 1967년 「도선업단속법」을 통합하여 1980년 「유선 및 도선업법」으로 개정하였다가 1993년 12월 27일 「유선 및 도선사업법」으로 전문개정 및 이후 여러 번 개정을 거쳐 2024년 2월 15일 시행되고 있다.

2. 적용범위

유선 및 도선사업법 제2조에 의하면 '유선사업'이란 유선 및 유선장을 갖추고 수상에서 고기잡이, 관광, 그 밖의 유락(遊樂)을 위하여 선박을 대여하거나 유락하는 사람을 승선시키는 것을 영업으로 하는 것으로서 「해운법(海運法)」의 적용을 받지 아니하는 것을 말한다고 하고, '도선사업'이란 도선 및 도선장을 갖추고 내수면 또는 대통령령으로 정하는 바다목에서 사람 또는 사람과 물건을 운송하는 것을 영업으로 하는 것으로서 해운법의 적용을 받지 아니하는 것을 말한다고 한다.

나아가 법 제31조(운항규칙)는 "① 「해상교통안전법」을 적용받지 아니하는 유·도선의 운항규칙에 관하여 필요한 사항은 대통령령으로 정한다. ② 유·도선 사업자 및 선원은 운항규칙을 준수하여야 한다"고 정하고 있다. 그리고 해상교통안전법은 제3조 제1항 제1호에서 해상항행선박이 항행을 계속할 수 없는 하천, 호수, 늪 등에 있는 선박과 해양시설을 적용에서 제외한다고 정하고 있다.

그러므로 동법은 법 제2조에 따라 해운법의 적용을 받지 않는 유선 및 도선에 적용되지만, 운항규칙만은 '해상교통안전법의 적용을 받지 아니하는' 유선과 도선에 적용된다. 즉, 해상항행선박이 항행을 계속할 수 없는 하천, 호소 등을 운항하는 유선 및 도선에 적용된다. 그러므로 목포유역에서 도서를 운항하는 유선 및 도선에는 해상교통안전법이 적용되고, 한강이나 영산강 및 충주호 등에는 유선 및 도선사업법 제31조 및 동법 시행령 제25조의 운항규칙이 적용된다고 하겠다. 해상교통안전법의 경계와 충돌의 위험 등의 규정은 조리 혹은 선원의 상무로서 유선 및 도선의 운항에도 적용된다고 생각한다.

3. 유선 및 도선의 운항규칙

유선 및 도선사업법 시행령 제25조(운항규칙)에 따른 유선 및 도선의 운항규칙은 다음과 같다.

첫째, 유·도선(遊·渡船)은 주위의 상황 및 다른 선박(유·도선을 포함한다)과의 충돌의 위험을 충분히 판단할 수 있도록 시각·청각 및 당시의 상황에 적합하게 이용할 수 있는 모든 수단에 의하여 항상 적절한 경계를 하여야 한다(제1호). 유·도선은 다른 선박과의 충돌을 피하기 위하여 적절하고 유효한 동작을 취하거나 당시의 상황에 적합한 거리에서 정지시킬 수 있도록 항상 안전한 속력으로 운항해야 한다(제2호). 유·도선은 시계를 제한받는 때나 교량, 유·도선장 등의 부근 및 하천 폭이 좁은 좁은 구역에서는 감속운항하여야 하며, 특히 추진기관이 설치되지 아니한 제10조에 따른 소형 유·도선의 운항에 지장이 없도록 그 운항구역에 접근하지 아니하거나 저속으로 운항하여야 한다(제3호).

둘째, 유·도선은 시계가 제한된 구역에서 앞쪽에 다른 선박이 있는 경우 왼쪽(좌현 쪽)으로 진로를 변경하여서는 아니된다(제4호).

셋째, 유·도선이 다른 선박과 마주칠 때에는 진로를 오른쪽으로 변경하여야 한다(제5호). 유·도선이 다른 선박과 같은 방향으로 운항하는 경우에는 근접하거나 경쟁적으로 운항하여서는 아니된다(제6호). 유·도선이 다른 선박을 앞지르기하고자 하는 경우에는 앞지르기당하고 있는 선박을 완전히 앞지르기하거나 그 선박에서 충분히 멀어질 때까지 그 선박의 진로를 방해해서는 안된다(제7호). 유·도선과 다른 선박이 서로 진로를 횡단하는 경우에 충돌의 위험이 있을 때에는 다른 선박을 오른쪽에 두고 있는 선박이 그 다른 선박의 진로를 피하여야 한다(제8호).

넷째, 제10조에 따른 소형 유·도선이 내수면을 횡단할 때에는 다른 대형선박의 진로를 방해하여서는 아니된다(제9호).[15] 유·도선장 또는 선착장으로 들어오는 유·도선은 유·도선장 또는 선착장 밖으로 나가는 유·도선의 진로를 방해하여서는 아니된다(제10호).

다섯째, 유·도선은 사업의 면허 또는 신고시에 정해진 유·도선장 또는 선착장 외의 장소에 정박하거나 승객을 승선·하선시켜서는 아니된다(제11호).

여섯째, 야간운항을 하는 유·도선은 운항 및 승객의 승선·하선에 필요한 불빛을 표시하여야 한다(제12호).

일곱째, 길이 12미터 이상이거나 관할관청의 장이 지정한 유·도선은 기적 또는 호종(號鐘, 선박의 위치 알림 종) 등 음향신호를 설치하여 나음의 방법으로 음향신호를 해야 한다(제13호).

가. 다른 선박과 서로 시계 안에 있는 경우에 오른쪽으로 진로를 변경하는 때에는 단음 1회, 왼쪽으로 진로를 변경하는 때에는 단음 2회, 후진할 때에는 단음 3회

나. 다른 선박의 오른쪽을 앞지르기할 때에는 장음 2회 후 단음 1회, 왼쪽으로 앞지르기할 때에는 장음 2회 후 단음 2회

다. 다른 선박의 주의를 환기하기 위하여 필요할 때에는 단음 5회 이상

여덟째, 유·도선이 조난을 당하여 구원을 요청하는 경우에는 국제해사기

---

15) 시행령 제10조에 의한 소형 유·도선이란 총톤수 5톤 미만의 선박 중 관할관청의 장이 당해 영업구역의 수심, 수세, 운항거리 등을 고려하여 승객 등 및 승선자가 구명조끼를 착용할 필요가 있다고 인정하여 지정하는 선박이다. 그러므로 본 운항규칙에서 말하는 소형 유·도선이란 기본적으로 총톤수 5톤 미만의 선박으로 보인다.

구(IMO)가 정하는 신호를 하여야 한다(제14호).

4. 문제점

유선 및 도선사업법 시행령 제25조는 제1호에서 제14호에 이르기까지 항법을 일렬로 나열하고 있다. 즉, 제4호에서는 시계가 제한된 구역에서의 항법에 대하여 좌현변침을 금지한다고 정하고 있고, 다시 제5호에서는 정면상태에서의 항법, 제7호에는 추월항법 그리고 제8호에서는 횡단항법에 대하여 규정하고 있다. 따라서 제한시계 안의 항법과 상호시계 안의 항법을 구분하지 않고 있음으로써 마치 제한시계 안에서도 횡단규정 등이 적용되는 것으로 오해를 낳을 수 있다. 이는 해상교통법의 대원칙에 반하는 것이다. 국제규칙이나 해상교통안전법과 같이 모든 시계상태에서의 항법, 상호시계 안에서의 항법 그리고 제한시계 안에서의 항법으로 구분하여 항법을 정하는 것이 좋다.

낚시어선법과 선박입출항법에서도 입항선·출항선을 피하도록 하고 있으므로 유선 및 도선에도 동일한 의무를 부과하는 것이 좋다. 충돌을 피하기 위한 동작을 취할 때에는 충분한 시간적 여유를 두고 적절한 선박의 운용상의 관행에 따라 적극적으로 취하여야 한다는 조항(국제규칙 제8조 및 해상교통안전법 제73조 제1항)을 추가하는 것이 동법 시행령 제25조 제1호와의 관계상 좋을 것이다.

동법에는 등화와 형상물에 대한 규정이 없다. 다만, 고시형식인 설비기준에 이에 대하여 언급되어 있으나 법으로 근거규정을 마련하는 것이 좋겠다.

Ⅵ. 수상레저안전법

1. 의 의

수상레저안전법 제1조는, 이 법은 수상레저활동의 안전과 질서를 확보하고 수상레저사업의 건전한 발전을 도모함을 목적으로 한다고 정하고 있다. 수상레저에 사용되는 기구들은 해상교통안전법상의 선박이 아니라서 그 적용대상이 아니므로 수상레저활동자들에게 적용할 항법이 필요하게 된다. 수상레저안전법은 이 점에서 의의가 있다. 8개 장 및 64개 조항의 본문과 부칙으로 구성되어 있으며, 법률 제5910호로 1999년 2월 8일 제정·공포되어 2000년 2월 8일부터 시행되고 있다. 이후 수차례 개정을 거쳐 2022년 6월 10일 전부 개정되었다.

2. 적용범위

동법 제21조(운항규칙 등의 준수)는 "수상레저활동을 하는 사람은 대통령령으로 정하는 바에 따라 운항방법, 기구의 속도 및 「수상레저기구의 등록 및 검사에 관한 법률」 제16조 제2항에 따른 운항구역 등에 관한 사항을 준수하여야 한다"고 정하고 있다. 그러므로 수상레저기구를 이용하여 수상레저활동을 하는 자에게 수상레저안전법상의 운항규칙이 적용된다. 수상레저기구는 국제규칙이나 해상교통안전법 및 선박입출항법상의 선박이 아니므로 이들 법의 적용을 받지 아니하고 본법의 적용을 받는다.

이 법의 적용을 받는 수상레저기구(동법 제2조 제4호; 동법 시행령 제2조 제1항)는 1. 수상오토바이(personal watercraft), 2. 모터보트(motor boat), 3. 고무보트(rubber boat), 4. 세일링요트(sailing yacht, 돛과 기관이 설치된 것), 5. 스쿠터(scooter), 6. 공기부양정(hovercraft), 7. 수륙양용기구, 8. 그 밖에 제1호부터 제7호까지의 규정에 따른 수상레저기구와 비슷한 구조·형태·추신기관 또는 운진방식을 가진 것으로서 해양경찰청장이 정하여 고시하는 것이다. 동법 제2조 제5호에서 '대통령령으로 정하는 것'이란 다음 해당하는 수상레저기구를 말한다. 1. 수상스키(water ski, 케이블 수상스키를 포함), 2. 파라세일(parasail), 3. 조정(rowing boat), 4. 카약(kayak), 5. 카누(canoe), 6. 워터슬레이드(water sled), 7. 수상자전거(pedal boat), 8. 서프보드(surf board), 9. 노보트(paddle boat), 10. 무동력 요트, 11. 윈드서핑(windsurfing), 12. 웨이크보드(wakeboard, 케이블 웨이크보드를 포함), 13. 카이트보드(kite board), 14. 공기주입형 고정식 튜브(tube), 15. 플라이보드(fly board), 16. 패들보드(paddle board), 17. 그 밖에 제1호부터 제16호까지의 규정에 따른 수상레저기구와 비슷한 구조·형태 또는 운전방식을 가진 것으로서 해양경찰청장이 정하여 고시하는 수상레저기구.

동법 제2조 정의에서 수상이란 해수면 및 내수면을 말하고, 해수면이란 바다의 수류 또는 수면을, 내수면이란 하천, 댐, 호수, 저수지 그 밖에 인공으로 조성된 담수나 기수(汽水; 하구부의 해수)의 수류 또는 수면을 말한다고 한다. 해수면에서도 본법이 적용되므로 해상교통안전법 및 선박입출항법과의 항법상 경합이 문제되고, 내수면에서는 유선 및 도선사업법의 항법과 경합이 문제된다.

항계 안이거나 하천·호수 이외의 해수욕장 등에서 수상레저를 운항할 때에는 지리적으로는 선박입출항법이나 해상교통안전법의 적용대상이 되는지가 의문이다. 그러나 레저용 보트 등 수상레저기구는 좁은 의미로는 해상교통법상의 선박이 아니다. 왜냐하면, 해상교통안전법상의 선박이란 수상수송수단으로 사용되는 선주류(船舟類)이나, 동법 시행령 제2조에 나와 있는 수상레저기구들은 특별한 사정이 없는 한 모두 수상수송수단이 아니라 레저의 수단으로 사용되기 때문이다. 그러나 해상교통안전법의 개정으로 선박에 대한 정의규정이 확대되었고, 수상레저기구활동의 확대로 말미암아 국제규칙상의 선박에 대한 정의를 넓게 해석할 필요가 있으므로 동력수상레저기구들은 해상교통안전법상의 선박에 포함된다고 해석하고자 한다.[16]

3. 수상레저안전법의 운항규칙

동법 시행령 제20조의 운항방법 등의 준수(동법 제21조에 따른 별표 11 운항방법 및 기구의 속도 등에 관한 준수사항)는 다음과 같다.

1. 운항방법에 관한 사항

가. 주위의 상황 및 다른 수상레저기구 또는 선박(이하 이 별표에서 "수상레저기구등"이라 한다)과의 충돌위험을 충분히 판단할 수 있도록 시각·청각과 그 밖에 당시의 상황에 적합하게 이용할 수 있는 모든 수단을 이용하여 항상 적절한 경계를 해야 한다.

나. 다른 수상레저기구등과 정면으로 충돌할 위험이 있을 때에는 음성신호·수신호 등 적절한 방법으로 상대에게 이를 알리고 우현(뱃머리를 향하여 오른쪽에 있는 뱃전) 쪽으로 진로를 피해야 한다.

다. 다른 수상레저기구등의 진로를 횡단하는 경우에 충돌의 위험이 있을 때에는 다른 수상레저기구등을 오른쪽에 두고 있는 수상레저기구가 진로를 피해야 한다.

라. 다른 수상레저기구등과 같은 방향으로 운항하는 경우에는 2미터 이내로 근접하여 운항해서는 안 된다.

16) 同旨; 福井淡, 『圖說 海上衝突豫防法』(海文堂, 2003), 3頁.

마. 다른 수상레저기구등을 앞지르기하려는 경우에는 앞지르기당하는 수상레저기구등을 완전히 앞지르기하거나 그 수상레저기구등에서 충분히 멀어질 때까지 그 수상레저기구등의 진로를 방해해서는 안 된다.

바. 다른 사람 또는 다른 수상레저기구등의 안전을 위협하거나 수상레저기구의 소음기를 임의로 제거하거나 굉음을 발생시켜 놀라게 하는 행위를 해서는 안 된다.

2. 수상레저기구의 속도 등에 관한 사항

가. 다이빙대·계류장 및 교량으로부터 20미터 이내의 구역이나 해양경찰서장 또는 시장·군수·구청장이 지정하는 위험구역에서는 10노트 이하의 속력으로 운항해야 하며, 해양경찰서장 또는 시장·군수·구청장이 별도로 정한 운항지침을 따라야 한다.

나. 다음의 어느 하나에 해당하는 곳으로부터 150미터 이내의 구역에서는 인위적으로 파도를 발생시키는 특수장치가 설치된 동력수상레저기구를 운항해서는 안 된다. 다만, 동력수상레저기구에 설치된 특수장치를 이용하여 인위적으로 파도를 발생시키지 않고 5노트 이하의 속력으로 운항하는 경우에는 그렇지 않다.

1) 계류장

2) 공기주입형 고정식 튜브 등 수상에 띄우는 수상레저기구 및 설비가 설치된 곳

4. 문제점

동법 시행령 제20조 [별표 11]에서는 정면상태의 항법, 횡단항법, 그리고 추월항법을 정하고 있다. 이들 항법이 상호시계 안에서 적용되는 것인지 아니면 제한시계에서도 적용되는지에 대한 언급이 없다. 근접운항의 한계치로서 2미터는 동력수상레저기구에게는 너무 좁은 거리이다. 여러 상황이 있을 수 있으므로 '상당한 거리' 혹은 '안전한 거리'로 바꾸는 것이 좋다고 본다. 1. 마.에서 '진로를 방해하여서는 아니된다'고 되어 있으나, 혼동될 수 있으므로 다른 해상교통법과 같이 '진로를 피하여야 한다'고 정하는 것이 좋을 것이다.

충돌을 피하기 위한 동작을 취할 때에는 충분한 시간적 여유를 두고 적절한 선박운용상의 관행에 따라 적극적으로 취하여야 한다는 조항(국제규칙 제8조;

해상교통안전법 제73조 제1항)을 추가하는 것이 시행령 제20조 [별표 11] 1. 가.와의 관계상 좋을 것이다.

일반선박과 수상레저기구가 조우하였을 때에 적용되어야 할 항법이 무엇인지 의문이 제기된다. 이 법에서는 여기에 대하여 정하고 있지 않다. 무역항의 수상구역등에서는 수상레저기구들은 우선피항선에 해당하는 것으로 보아 선박입출항법 제16조에 따라 수상레저기구가 일반선박을 피하여야 하는 것으로 해석할 수 있을 것이다. 왜냐하면 선박입출항법은 주로 노와 삿대(상앗대)로 운전하는 선박 등을 우선피항선의 범주에 넣고 있기 때문이다(제2조 제5호). 수상레저기구를 해상교통안전법상의 선박으로 해석한다고 하더라도 해상교통안전법상 이 경우에 대한 항법규정이 없다. 수상레저기구는 고속이고 기동성이 뛰어나므로 일반선박을 피하여야 하는 것은 선원의 상무에 해당된다고 생각된다. 입법론으로는 수상레저안전법에 "수상레저기구는 일반선박의 안전한 통항을 방해하여서는 아니된다"라는 규정을 삽입하는 것이 좋다고 본다.

낚시어선 백상어호·레저보트 케이제이에스호 충돌 사건(인해심 제2016-002호)에서 인천해심은 "이 충돌 사건은 시정이 양호한 상태에서 양 선박이 진로를 횡단하는 상태로 항해 중 피항선인 백상어호가 상대선을 초인 후 지속적이고 체계적인 관찰 없이 충돌의 위험성이 없다고 판단하고, 충분한 시간과 거리를 두고 미리 큰 동작으로 상대선의 진로를 피하지 아니하여 발생한 것이나, 유지선인 케이제이에스호가 경계를 소홀히 하여 충돌시까지 상대선을 발견하지 못하고 적절한 피항 협력동작을 취하지 아니한 것도 일인이 된다. 피항선임에도 충돌시까지 피항동작을 전혀 취하지 못한 백상어호가 60%, 경계소홀로 충돌시까지 상대선을 발견하지 못하고 적절한 피항 협력동작을 취하지 못한 케이제이에스호가 40%인 것으로 배분한다"고 재결하였다(2017년 사례집, 112면).

어선 덕일호·레저보트 해강호 충돌 사건(인해심 제2015-036호)에서 해강호(총톤수 2.28톤, 길이 8.40미터, 너비 3.64미터, 깊이 1.24미터)는 가솔린 선외기 1기를 장치한 인천시 등록의 강화플라스틱(FRP) 재질의 레저보트(동력수상레저기구)로, 2015. 1. 일본국 소재 야마하 패스트에서 건조 진수되었고 선박안전기술공단으로부터 수상레저기구 안전검사를 받아 유효한 수상레저기구 안전검사증을 가지고 있었다. 해강호 조정자는 모 해상에 도착하여 주기관을 정지하고 닻을 내리지 않고 정선한 상태로 암초 근처에서 우럭낚시를 시작하였고, 낚시를 시작한 지 약 15분 정도 경과하였을 때 약 100미터 정도 거리에서 상대선박이 접근하여 오는 것을 발견하였다. 어선 덕일호와의 충돌에 이르렀는데 인천해심은 해사안전법의 항법을 적용하였다(2016 사례집, 161면).

어선 킹스타호·수상오토바이 2017제이에프51호 충돌 사건(부해심 제2022-012호)에서 부산해심은 다음과 같이 판시했다. "이 충돌사건은 시계가 양호한 주간에 침로 약 180도, 선속 약 15노트로 항해하던 킹스타호와 침로 약 100도, 속력 약 24노트로 항해하던 2017제이에프51이 서로 횡단상태로 접근하다가 발생한 것으로, 「해사안전법」 제73조(횡단하는 상태)를 적용된다. 따라서 '다른 선박을 우현 쪽에 두고 있는 선박'인 킹스타호는 피항선이 되어 2017제이에프51의 진로를 피하여야 하고, 2017제이에프51은 유지선이 되어 충돌을 피하기 위하여 충분한 협력을 하여야 한다. 킹스타호는 2017제이에프51을 우현 쪽에 두고 2017제이에프51과 횡단하는 상태로 접근 중인 선박으로서, 이용할 수 있는 모든 수단으로 적절한 경계를 하여 충돌의 위험을 조기에 파악하고 충돌의 위험이 있다고 판단될 때에는 충분한 시간 여유를 두고 적극적으로 피항동작을 취하여야 한다. 그러나 킹스타호 선장은 무리를 지어 진로 전방을 횡단하는 수상오토바이들을 보고도 충돌의 위험성을 인지하지 못하고 만연히 수상오토바이가 피해갈 것이라고 생각하고 그 사이로 진입하였다. 또한 킹스타호 선장은 횡단상태로 우현 쪽에서 접근하는 2017에이에프51를 포함한 수상오토바이들을 보고서도 그 동대를 관찰하지 아니하다가 충돌 직전에야 뒤늦게 상대 선박을 다시 인지하고 기관을 정지하였지만 충돌에 이르렀는바, 이는 이 사건 충돌사고의 주요 원인이 되었다고 판단된다. 원인 제공 비율은 킹스타호 측이 65%, 2017제이에프51 측이 35%인 것으로 각각 배분한다."

Ⅶ. STCW협약과 선원법

1. STCW협약

우리나라도 「선원의 훈련·자격증명 및 당직근무의 기준에 관한 국제협약」(STCW: The International Convention on Standards of Training, Certification and Watchkeeping for Seafarers)에 가입한 체약국이다. 헌법에 의하여 STCW협약은

국내법과 동일한 효력을 갖는다. STCW협약은 기본적으로 해기사(海技士)의 해기면허와 관련된 법규정이지만, 선박충돌과 관련된 규정도 가지고 있다.

특히, 무중(霧中)과 관련된 규정이 중요하다. 무중의 경우에 해기사들이 취하여야 할 내용은 중요한 의미를 갖는다. 시정(visibility)이 제한되었거나 제한될 것이 예상될 때에는 항해당직사관은 다음의 조치를 취하여야 한다(STCW협약 부속서2 A편 협약부속서의 규정에 관한 강제기준 제8장 당직근무에 관한 기준 제45조).

① 선장에게 보고할 것

② 적절한 경계자를 비치할 것

③ 항해등을 점등할 것

④ 레이더를 작동시켜서 사용할 것

⑤ 수동조타를 할 것

2. 선원법

국내법으로서 선원법에 따르면 선장은 재선의무(제10조)와 직접지휘의무(제9조)가 있다.

Ⅷ. 선원의 상무

1. 의 의

해상에서 선박이 운항될 때에는 선박은 여러 가지 다양한 상황에 처하게 된다. 그러나 이러한 모든 상황에 대비한 법규범을 만들기는 어렵다. 해상교통법에 규정되지 않은 내용이라도 항해사들은 각 상황에 따라 충돌을 방지하기 위한 최선의 노력을 다하여야 한다는 선원(船員)의 상무(常務, ordinary practice of seamen) 원칙에 따라서 행동하여야 한다. 선원의 상무는 '통상의 선원이라면 당연히 알고 있어야 할 지식, 경험, 관행'[17]으로서 해상에서 선원이 행하도록 기대되는 일반적인 행동원칙, 즉 조리(條理)의 일종이라고 할 수 있다.

해상교통법은 원래 '선원의 상무' 가운데 기본적인 것을 명문화한 법률이라고 말하여진다. 국제규칙은 이를 제2조에서 정하고 있으나 우리나라 구 해상교

17) 海上交通法令研究會, 『海上衝突豫防法の解說』(東京: 海文堂, 1999), 145頁.

통안전법은 이에 대한 구체적인 규정을 두지 않고 있었으나 2009년 개정시 이를 추가하였다(구 해상교통안전법 제39조의2; 현 해상교통안전법 제103조). 일본도 해상충돌예방법 제39조에 선원의 상무규정을 두고 있다.[18] 좁은 개념으로는 국제규칙 제2조 a항을 말하고, 넓은 개념으로는 제2조 b항도 포함한다. 선원의 상무규정은 명문규정이 있는 일반항법을 적용하기가 어려운 경우에 예외적으로 적용되어야 한다. 이것은 법적 안정성을 기하기 위함이다.

2. 선원의 상무(제2조 a항)

국제규칙 제2조 a항은 "이 규칙의 어떠한 규정도 본 규칙을 준수하지 않거나, 선원의 상무(ordinary practice of seamen) 혹은 특별한 상황에 따라 요구되는 주의태만에 대하여 선박, 선주 그리고 선원들로 하여금 그 결과를 면제하지 아니한다"고 정하고 있다(해상교통안전법 제103조 제3항).

이 조항은 두 가지로 나누어서 설명이 가능하다. 하나는 주의의무에 대한 것이고 다른 하나는 책임에 대한 것이다.

첫째, 선박충돌과 관련된 주의의무는 본 규칙의 것뿐만 아니라, 선원의 상무 혹은 특별한 상황에 따라 요구되는 주의도 포함된다는 것이다. 선원의 상무 혹은 특별한 상황에 따라 요구되는 주의는 넓은 의미로 선원의 상무로 표현이 가능하다. 그러므로 선박을 운항함에 있어서 국제규칙에 있는 규정 이외에도 선원의 상무로서 요구되는 주의의무도 다하여야 하고, 이에 위반하면 주의의무 위반, 즉 과실이 된다는 것이다.

둘째, 위의 주의의무를 위반하면 그 결과에 대하여 선박, 선주 그리고 선원들이 모두 책임을 부담하게 된다는 것이다. 그 결과란 형사상 책임, 민사상 책임 그리고 행정법상의 책임이 있다. 예컨대, 항법 위반으로 충돌이 발생하여 상대선박을 침몰하게 하였다면 손해배상책임(민사책임)을 부담하는 것과 같다. 책임의 주체에 대하여 선원 이외에 선박, 선주가 언급된 것에 대하여 살펴본다. 선주는 선원의 사용자로서 여러 가지 책임을 부담한다. 민사책임에서 선원의 과실에 대하여 선주는 사용자책임을 부담한다(민법 제756조 혹은 상법 제845조~제847조). 영미법에서는 선박을 의인화하여 취급한다. 선박충돌사고의 경우에

18) 일본법의 내용은 김종성, 『일본항법해설』(좋은 디자인, 2006), 18면 이하를 참고 바람.

선주와 선원이 책임의 주체가 되는 이외에 선박 자체도 책임의 주체가 되어 피해자를 보호하는 기능을 하게 된다. 선박 자체가 책임의 주체가 되어 피고가 되는 것을 영미법에서는 대물소송(action *in rem*)이라고 한다.

구 해사안전법 제96조 제3항은 "선박, 선장, 선박소유자 또는 해원(海員)은 이 법의 규정을 태만히 이행하거나 특수한 상황에 요구되는 주의를 게을리함으로써 발생한 결과에 대하여는 면책되지 아니한다"고 정하고 있었다. 그런데, 국제규칙 제2조 a항과 달리 '선원의 상무'라는 단어가 삭제되어 있기 때문에 국제규칙과 동일하지 않았다. 2024. 7. 26. 시행 해상교통안전법은 제103조 제3항에 '일반적인 선원에게 요구되는 통상적인 주의나'를 추가하여 국제규칙과 동일하게 선원의 상무가 추가되게 되었다. 이 제3항은 "… 선박, 선장, 선박소유자 또는 해원은 이 법의 규정을 태만히 이행하거나 일반적인 선원에게 요구되는 통상적인 주의나 특수한 상황에 요구되는 주의를 게을리함으로써 발생한 결과에 대하여는 면책되지 아니한다"로 되었다.

> **화물선 홍아자카르타·유조선 에스리더호 충돌 사건**(중해심 제2015-005호)에서 항법 적용에 대하여 중앙해심은 다음과 같이 국제규칙의 선원의 상무규정을 적용할 수 없다고 재결하였다.
> "종래 우리나라 및 일본에서는 일반적인 항법을 적용하기 어려울 경우 통상 국제해상충돌예방규칙 제2조의 규정에 따른 선원의 상무를 많이 적용하여 왔다. 제1심 및 제2심 조사관의 의견진술에서도 이 사건은 일반적인 항법을 적용하기 어려우므로 선원의 상무를 적용해야 한다고 판단하였다. 그러나 국제규칙의 내용을 수용한 해사안전법에서는 선원의 상무에 관한 내용을 수용하지 않았으며, 동 조약을 국내에서 직접 적용할 수 있는 규정도 삭제된 상태에 있었다. 이에 따라 우리 원은 국제조약의 규정이라고 하더라도 명확하게 국내법에 수용되지 아니한 선원의 상무는 입법부의 의사를 존중하여 더 이상 적용하지 않는 것이 바람직하다"고 재결하였다(중해심 제2015-001, 엘피지 운반선 오션어스호·어선 대광호 충돌 사건). 이 사건에서도 선원의 상무를 적용할 수 없음은 물론이다(2016년 재결서, 281면).

아래에서 선원의 상무 규정이 인정되는 사례들을 살펴본다.[19]

---

19) 선원의 상무 규정의 적용범위에 대해서는 제28회(2023. 6. 9) 재결평석회의에서 크게 다루어졌다.

3. 적용사례

(1) 묘박선

묘박선(錨泊船) 혹은 묘박선과의 항법에 대하여는 해상교통법에 명시적으로 규정된 바가 없다. 항행 중인 선박은 묘박선에 대하여 국제규칙 제2조 a항 선원의 상무상의 피항의무를 부담한다.[20] 묘박선은 조종성능이 제로(0)에 가까우므로 조종성능이 우수한 항행 중인 선박이 묘박선을 피하는 것이 일반적인 원칙이다.

목조어선 만승호·선망운반선 제1재성호 충돌 사건에서 목조어선 만승호가 조업준비를 위하여 정박하고 있던 중 선망운반선 제1재성호에 의하여 충격당하여 침몰하였다. 대법원(대법원 1987. 9. 8. 선고 86다카530판결)은 만승호의 선장은 정박등을 밝히고 항로에서 벗어난 등대 부근에서 정박하였으며, 재성호가 다가오는 것을 선장이 발견하였으나 기관을 정지하고 닻을 내린 채 정박 중이었으므로 충돌을 피하기 위한 어떠한 조치를 취할 여유가 없었으므로 피해선박인 만승호에게 어떠한 과실도 없다고 판시하였다.

칭다오 익스프레스호 충돌 사건(중해심 제98-8호)에서 중앙해심원은, 닻 정박 중이던 칭다오 익스프레스는 규정의 정박등을 표시하고 있었고 항해당직에 준하는 정박당직체계를 유지하고 있었으며, 투묘하기 위하여 자선의 좌현 쪽 가까운 거리에서 선수방향으로 진행하는 후아쿤에 대하여 주의환기신호를 울렸으며, 정박선으로서 안전에 관한 주의의무를 지켰다고 인정된다고 하면서 후아쿤의 일방과실로 재결하였다.

어선 신성3호·부선 포스5000호 충돌 사건에서 중앙해심원(중해심 제2009-27호, 2009. 11. 12)은 정박선(포스5000호)과 항행선(어선 신성3호)간의 충돌사고에서 항행선과 정박선의 지위가 바뀔 만한 특별한 사유가 없는 한 정박선에 비하여 조종성능이 우월한 항행선의 정박선을 피하여야 한다고 재결하였다.

탱커선 가스포춘호·일반화물선 순하이호 충돌 사건(중해심 제2010-12호, 2010. 11. 23)에서 중앙해심원은 도선사가 승선하고 양묘(揚錨, 닻을 감아올린 것)하여

---

20) 同旨: A.N. Cockcraft & J.N.F. Lameijer, *A GUIDE TO THE COLLISION AVOIDANCE RULES* (Heinemann Newnes, 1990), p.22.

항해하던 중 공선상태의 순하이호가 강한 북서풍이 부는 울산항 정박지에서 외력영향과 조종성능에 대한 고려 없이 조선하다가 주기관 사용시기를 놓치는 바람에 압류되어 정박 중이던 가스포츈호를 피하지 못했다고 보아 국제규칙 제2조를 적용하여 순하이호에게 100% 원인이 있다고 재결하였다.

어선 제3대광호·어선 영창호 충돌 사건(인해심 제2021－032호)에서 인천해심은 "이 충돌사고는 시정이 양호한 야간에 항행 중이던 제3대광호와 정박 중인 영창호 사이에 발생하였다. 현행 「해사안전법」에는 항행선과 정박선에 관한 항법이 별도로 규정되지는 않았으나 「국제해상충돌예방규칙」에 의한 선원의 상무로 요구되는 항행원칙에 따라 특별한 이유가 없는 한 항해하고 있는 선박이 정박하고 있는 선박을 피하여야 한다. 상대적으로 조종성능이 우수한 항행 중인 동력선 제3대광호는 충돌의 위험성, 기타 항행상의 위험을 철저히 평가하기 위하여 시각·청각 및 기타 당시의 사정과 조건에 알맞은 이용 가능한 모든 수단으로 계속적인 경계의 상태를 유지하여야 하고, 정박 중인 선박들(대경호, 명진호, 영창호)를 관측하여 충돌의 위험이 있을 때에는 미리 충분한 거리에서 진로를 변경하는 등 피항동작을 취했어야 한다. 영창호는 정박선으로서 항행 중인 타 선박과 충돌의 위험이 있는지 여부를 확인하기 위하여 계속적으로 적절한 경계를 유지하고, 필요시 경계요원을 배치하여 다른 선박이 접근하여 충돌의 위험이 생기는 경우 주의환기신호를 하는 등 충돌을 피하기 위한 적절한 조치를 취했어야 한다"고 재결하였다.

어선 제69해동호·산적화물선 오션레전드호 충돌 사건(목포해심 제2021－042호)에서 목포해심은 "이 충돌사건은 제한된 시계상태에서 항행 중인 제69해동호가 경계 소홀 등 무중항법 위반과 부적절한 조선으로 지정 정박지에 정박 중인 오션레전드를 피하지 않아 발생한 것이나, 오션레전드가 정박당직을 소홀히 하고 적절한 피항협력동작을 취하지 아니한 것도 일인이 된다. 이 충돌사건은 보슬비가 내리고 안개가 끼어 시정이 6~7미터로 극히 제한된 상태이었으므로
먼저 '제한된 시계상태에서 선박의 항법'이 적용된다. 또한 제69해동호는 당시 침로 212~242도 및 속력 11.1~11.6노트로 항행 중이었으므로 항법상 '대수속력을 가지고 항행 중인 동력선'에 해당하고, 오션레전드는 여수항·광양항의 지정된 정박지인 D－1 정박지에 정박 중이었으므로 항법상 '정박선'에 해당한다. 따라서 이 충돌사건은 '대수속력을 가지고 항행 중인 동력선'과 '정박선' 사이에 발생하였으므로 「국제해상충돌예방규칙(COLREG)」 제2조의 규정에 따라 '선원의 상무'

규정도 적용되어 제69해동호가 오션레전드를 피하여야 한다"고 재결하였다.

묘박선은 자선의 주위를 지나는 선박에 위험을 야기하여서는 아니되는 주의의무를 선원의 상무상 부담한다. 또한, 다른 선박에 너무 가까이 접근하여 묘박하여서도 아니된다. 강한 바람이나 조류가 있을 때에는 묘박하려는 선박은 이미 묘박 중인 선박의 선수를 지나지 아니할 주의의무가 있다.[21)]

유류 및 액체화학품산적운반선 와이엔오션호·어선 305광림호 충돌 사건(부해심 제2022-016호)에서 부산해심은 다음과 같이 판시했다. "이 충돌사건은 시계가 양호한 야간에 울산항 E-1 묘박지에서 침로 약 020도, 속력 약 10노트로 항해 중이던 305광림호와 우현 닻을 내리고 묘쇄 6절을 내어 정박하고 있던 와이엔오션 사이에서 발생하였다. 305광림호는 '항해 중인 선박'이고 와이엔오션은 '정박 중인 선박'이므로 조종성능이 우수한 선박이 조종성능이 열등한 선박을 피하여야 한다는 '선원의 상무(국제해상충돌예방규칙 제2조)'에 따라, 항행 중인 305광림호가 와이엔오션을 피하여야 하고, 와이엔오션은 305광림호가 너무 가깝게 접근할 때는 주의환기신호 등의 피항협력동작을 하여야 한다. 하지만, 305광림호는 사고항차 충남 신진항 출항 후 사고시까지 약 4일간 선장 혼자 선교에서 계속 근무함으로써 피로가 쌓여 정상적인 항해 당직을 수행하지 못하고 목적지까지 침로를 설정하고 사동조타로 항해하면서 의자에 앉은 채 졸음에 빠졌다. 울산항해상교통관제센터에서 두 선박 간의 충돌위험을 인지하고 305광림호를 VHF로 호출하고 선장 휴대폰으로 통화를 시도하였으나 이루어지지 않았고, 305광림호는 사전에 선장이 설정한 침로를 따라 속력 변화 없이 그대로 진행하다 충돌에 이르렀다. 따라서 305광림호의 졸음으로 인한 경계 소홀과 피항조치 미이행이 이 충돌사건의 주요 원인이다. 와이엔오션은 선교 당직자가 근무 교대 시간이 다가오자 항해일지를 정리하느라 주위 경계를 소홀히 하고, 울산항해상교통관제센터와 VHF 통화로 상대선이 충돌의 위험을 안고 접근하는 사실을 인식한 후 경고신호를 울리지 아니하고 VHF로 상대선을 호출하였고 그 사이 상대선은 그대로 다가와 충돌하였다. 닻을 내리고 주기관을 작동하지 않는 선박이 단시간에 닻을 올리거나 기관사용 준비를 하여 직접적인 피항동작을 하는 것은 현실적으로 불가능하다. 하지만, 와이엔오션은 경계를 소홀히 하여 충돌위험을 안고 접근하는 상대선을 미

21) 福井淡, 앞의 책, 173頁.

리 발견하지 못하고 주의환기신호도 울리지 못했다. 와이엔오션이 경계 소홀과 주의환기신호 미취명 등 피항협력동작을 하지 아니한 것도 이 사건의 일부 원인이 된다. 항해 중이던 305광림호가 피로가 쌓여 졸아 정박 중이던 와이엔 오션을 발견하지 못한 점과, 정박 중이던 와이엔오션이 주위 경계를 소홀히 하고 경고신호를 울리지 아니한 점 등을 종합적으로 고려하여, 이 충돌사고에 대한 양 선박의 원인제공 정도는 305광림호가 95%, 와이엔오션 측이 5%인 것으로 각각 배분한다."

(2) 레이더가 없는 선박

작동 가능한 레이더가 없는 선박의 무중(霧中)에서의 항해는 극히 위험하므로 이러한 선박은 무중에서는 묘박(錨泊)하여야 할 선원의 상무상 주의의무를 부담한다.

(3) 역조를 받는 선박

특히 미국의 법원에서는 조류가 강한 강에서 두 선박이 마주치는 경우 역조(逆潮)를 받는 선박은 순조(順潮)를 받는 선박이 지나갈 때까지 기다려야 할 선원의 상무상의 주의의무를 부담한다고 판시하고 있다.22)

(4) 천수(shallow water)와 측벽 영향

수로가 좁은 곳에서 천수(淺水)의 영향을 받으면 선박의 선수가 측면에서 멀어지고 선미는 측면으로 향하므로 좁은 수로에서는 충돌위험이 있다. 선박은 이러한 영향을 고려하여 항해하여야 할 선원의 상무상 주의의무를 부담한다.23)

(5) 3척의 선박이 한곳에 모이는 경우

3척의 선박이 한 점에 모이는 경우는 각 선박이 타 선박의 동정에 주의하며 조기에 적절한 충돌회피동작을 취하여야 한다.24) 이 경우에는 각 선박은 다른 선박에 대하여 모두 피항선과 유지선의 지위에 있기 때문에 일반항법을 적용하기가 곤란하기 때문이다.

유조선 범일호·화물선 경북호 충돌 사건에서 중앙해심원(중해심 제95－10호)은

---

22) Cockcraft, *op. cit.*, pp.23 & 83.

23) Cockcraft는 흘수의 1.5배의 수심이 확보되지 않으면 천수의 영향이 있다고 한다.

24) 福井淡, 앞의 책, 170頁; 윤점동, 『국제해상충돌예방규칙 및 관련된 국내법규 해설』(세종출판사, 1996), 56면.

제3선박의 개입으로 두 선박 사이에 행동의 제약을 받는 경우에는 두 선박 사이에 적용하는 횡단관계의 항법규정은 적용되지 않고 국제규칙 제2조의 규정을 적용하여 선원의 상무에 따라 진행을 멈추거나 침로를 변경하여 충돌을 피하여야 한다고 재결하였다.[25]

(6) 합의에 의한 항법

정면상태에서 양 선박은 동일한 주의의무를 부담하므로 양 선박은 모두 우현변침하여 상대선박을 피하여야 할 것이다. 그런데 어떠한 사정이 있어서 일방의 선박(甲)이 우현 대 우현 통과를 상대선박(乙)에게 희망하게 되고, 상대선박이 이에 동의하였다면 어떠한 항법이 적용되는지가 의문이다. 예컨대, 甲 선박은 약속대로 좌현변침하였으나, 乙 선박은 항해사가 좌현변침을 명하였음에도 불구하고 조타수가 이를 부당하다고 여겨 우현변침하는 것이 올바른 항법이라고 판단하여 우현변침하였고 그 결과로 충돌이 발생하였다고 하자. 그러면 甲 선박은 합의에 의하여 자신은 좌현변침을 하였다고 주장할 것이고, 乙 선박은 자신은 항법에 따라 우현변침하였다고 주장할 것이다. 이때 합의에 의한 항법이 해상교통법의 규정을 배제하느냐는 문제가 발생한다.

여기에 대하여는 해상교통법에 규정이 없다. 그러나 도로교통법에서도 수기에 의한 교통이 일반 도로교통법의 규정에 우선하므로, 해상교통에 있어서도 합의에 의한 항법은 해상교통법의 규정을 배제한다고 생각된다. 중앙해양안전심판원도 이런 취지의 재결을 내리고 있다.

부산항 내에서 발생한 **디에스알 아메리카호·엠씨 에머랄드호 충돌 사건**(중해심 제96－22호)에서 중앙해심원은, 관련 선박이 국제규칙 또는 항행규정에 반대되는 통항방법을 합의한 경우 이들 선박은 새로운 법률관계가 형성되어 진로권을 주장할 수가 없다(국제규칙 제2조 제2항 특수한 사정에 대한 주의의무와 예외조치). 하물며 이들 두 선박은 좌현 대 좌현의 정상통항방법을 합의하였으므로 개항질서법 제19조를 충실히 이행하여 두 선박 간에는 안전거리(통상 선체 길이)를 두고 통과하여야 한다고 재결하였다.[26]

---

25) 『해난심판사례집』(1996), 439면.

26) 『해난심판사례집』(1997), 423면. 오션트레이더호·투란도트호 충돌 사건(중해심 제2001－19호, 2001. 12. 20)도 상호합의가 있었으므로 합의에 따른 항법이 적용된다는 취지의 재결이다.

합의의 항법은 상대방의 확인 및 제3자와의 관계에서 오해를 불러올 수 있으므로 불가피한 상황이 아니면 피하여야 할 항법이다. 이때에 적용되어야 할 규정은 역시 국제규칙 제2조 a항의 선원의 상무규정이다. 그러나 해상교통법의 각 규정은 강행규정으로서 당사자의 합의가 제3자에게까지 영향을 미치지는 아니한다고 해석하여야 한다. 그러므로 위에서 좌현변침을 한 甲 선박은 이로 인하여 발생한 다른 선박과의 충돌에 대하여 해상교통법 위반의 책임을 면할 수 없다.

미국의 법원에서는 항법의 변경에 합의한 경우에는 국제규칙 제2조의 특별한 상황의 항법을 적용하여 우선권은 더 이상 인정되지 않는다고 한다. Learned Hand 판사는 횡단관계에서 각자의 의무를 지키지 않아도 된다고 합의한 경우에 충돌이 발생하면 각자는 모두 피항할 의무를 부담한다고 설명하였다.27)

화물선 홍아자카르타·유조선 에스리더호 충돌 사건(중해심 제2015-005호)에서 중앙해심은 "합의의 항법이란 항해하는 선박 사이의 합의에 의하여 일반적인 항법의 적용을 배제하고 합의에 따라 정한 항법으로 정의할 수 있다. 이와 같은 일반항법의 배제는 우리 해사안전법에서 인정되고 있고(제96조 제2항), 학설도 이 규정을 보충적 규정으로 해석하고 있다. 따라서 선박 사이에 항법 합의가 이루어지면 강행규정에 의한 유지선과 피항선의 의무가 사라지고, 합의한 선박들은 합의에 의하여 생성된 새로운 위험부담을 명시적으로 수용한 것으로 간주된다. 그 결과 합의한 당사자들은 합의에 따른 부담을 감수하여야 하며, 합의 이전의 관계에 의한 상대방의 항법위반을 주장할 수 없다. 또한 합의의 결과 제3자에게 손해를 입혔을 경우 합의에 참가한 양 선박은 책임을 회피할 수 없다. 합의항법에 의한 우리 원의 판례는 아래와 같다. 즉, 합의한 양 선박은 다른 항법규정에 우선하여 상호 합의한 바에 따라 적합한 동작을 취하여야 한다(중해심 제2001-19호, 오션트레이더호·투란도트호 충돌 사건; 중해심 제2005-004호, 승해호·정양호 충돌 사건). 또 국제규칙 또는 항행규칙에 반대되는 통항방법을 합의한 경우에는 새로운 법률관계가 형성되므로 진로권 주장을 할 수 없다(중해심 제96-22호, 디에스알 아메리카호·엠씨 에머랄드호 충돌 사건). 다만, 충돌 전 강행법규에 따른 운항합의는 새로운 항법관계를 형성하지 아니한다"(중해심 제2009-019호, 경일

27) The Newburgh-The Robert McGuirl, 273 F. 436(2d Cir. 1921); C.H. Allen, *Farwell's Rules of the Nautical Road*, Nautical Institute Press, 2020, p.98.

호·키란아시아호 충돌 사건)고 재결하였다(2016년 사례집, 281면).

시정이 7마일로 양호한 상태에서 광양항 항계 안에서 컨테이너부두 제12선석을 출항하여 제3항로를 따라 항행하고 있던 출항선 흥아자카르타호와 여수항 W정박지를 떠나 광양항 GS칼텍스 제2제품 부두에 접안하기 위하여 광양항 제1항로에서 제2항로로 접근하고 있던 입항선 에스리더가 충돌 약 3분 전에 VHF로 "우현 대 우현" 통항을 교신한 후 흥아가 충돌 약 2분 전 우현변침하여 양 선박 사이에 충돌이 발생하였다. 중해심(제2015－005호)은 "이 충돌사건은 흥아자카르타가 강제도선 규정을 위반하고, 광양항 제3항로를 따라 출항하면서 규정된 속력을 준수하지 아니하고, 합의한 항법을 준수하지 아니하여 발생한 것이나, 에스리더가 일방적으로 미리 좌현 변침을 하고, VHF 교신으로 뒤늦게 항법제안을 함으로써 양 선박을 충돌의 위험에 노출시킨 것도 일인이 된다. 흥아는 공문서를 위조하여 강제도선면제규정을 위반, 항계에서 규정된 속력을 위반하였으며, 합의된 항법을 이행하지 아니하였으며, 선교자원 간의 적절한 정보교환이 부적절하였다. 에스리더는 항법을 합의하기도 전에 미리 좌현 변침을 함으로써 양 선박을 충돌의 위험에 노출시킨 책임이 있다. 흥아 측에 80%, 에스리더 측에 20% 배분한다"고 재결하였다(2016년 사례집, 291면).[28]

일반화물선 일출봉호·어획물운반선 리셩호 충돌 사건(부해심 제2019－043호)에서 부산해심은 "이 사건은 제한된 시계 상태에서 양 선박이 횡단 모습으로 조우 중, 우현 대 우현으로 항과 하자고 합의한 상태에서 리셩호가 충돌 직전까지 변침하지 않아 충돌한 것이나, 일출봉호가 소극적으로 변침한 채 주의를 소홀히 한 것도 일인이 된다. 이 건 충돌사고에 대한 원인 제공정도는 리셩호 측이 75%, 일출봉호 측이 25%인 것으로 각 배분한다. 양 선박이 피항 항법을 합의하였을 경우라도 상대선이 합의를 제대로 지키고 있는 경계를 철저히 하고 상대선의 동정에 의문이 있을 경우에는 본선의 피항 조치만으로 충돌의 방지가 가능하도록 대각도 변침 또는 기관을 사용하여야 한다. 양 선박은 충돌 10분 전 VHF를 이용하여 우현 대 우현으로 항과하기로 합의하였다. 기본적인 항과 원칙은 좌현 대 좌

28) 흥아는 항로를 따라 출항하는 선박이고 에스리더는 변침하여 입항하여야 하는 선박이다. 이러한 경우는 에스리더가 기관을 줄이고 좌현 대 좌현으로 흥아가 출항하기를 기다려야 하는 것이 선원의 상무이다. 그럼에도 불구하고 에스리더의 제안으로 우현 대 우현 합의의 항법이 성립되었다고 한다. 비록 흥아가 좌현으로 변침하여 충돌에 이르렀지만, 에스리더의 출항선에 대한 진로 양보가 충돌의 원인이 된 것이기 때문에 양자의 과실비율은 50:50이라고 보아야 할 것이다.

현 통항이지만, 양 선박의 항해사가 우현 대 우현으로 합의하였다면 이는 해당 선박이 충돌을 피하기 위하여 지켜야 할 준거가 된다. 다만, 일방 또는 쌍방이 합의를 어겨 충돌이 발생하였다면, 합의에 대한 준수 여부의 정도가 양 선박의 과실 비율을 정하는 데 있어 척도가 될 것이다. 합의항법의 최종 목적은 변침 그 자체가 아니라 충돌방지가 되어야 한다. 따라서 합의대로 우현 대 우현 항과를 위해 일방 선박이 좌현으로 소극적으로 변침하였다고 하여 그것 자체가 바로 합의를 준수한 것은 아니다. 따라서 합의를 한 항해당직자는 충돌방지를 위해 1차적인 자기의 의무를 다하고 상대 선박 또한 원래의 합의에서 의도한 바와 같이 적극적으로 행동을 하고 있는지 지켜보아야 한다. 사안을 보건대, 일출봉호가 우현 대 우현 항과를 위해 좌현으로 변침한 사실은 인정된다. 그러나 일출봉호는 1차적인 행위만을 한 채 적극적으로 상대 선박의 동정을 살피지 않았다. 만약 상대 선박을 주의 깊게 관찰했더라면 좌현 변침을 더 하여 상대 선박과 충분한 거리를 유지할 수 있었을 것이다. 이러한 일출봉호의 합의항법 준수 불철저는 이 사건의 일부 원인으로 작용하였다. 리셩호는 시계가 50~200m로 제한된 상태에서 이 선박 우측의 어선에 신경쓰느라 원래 합의한 대로 좌현으로 변침하지도 않고 육안으로 상대선을 확인한 뒤에야 급히 좌현으로 변침하였다. 이러한 리셩호의 합의항법 미준수는 이 사건의 주요한 원인으로 작용하였다"고 재결하였다.

(7) 도선사 승선·하선시의 적용 항법

도선사의 승선·하선시에는 각 선박은 속력을 낮추고 침로를 자주 변경한다. 그러므로 경우에 따라서는 일반항법을 적용하지 못하고 선원의 상무에 따라서 양 선박이 모두 주의 깊게 항해하여야 할 경우가 있을 것이다. 단순히 조우자세만으로 횡단관계에서 피항선의 위치에 있다고 하여 그 선박이 피항선이 되는 것이 아닌 경우가 있을 수 있다.

오션트레이더호 충돌 사건에서 중앙해심원(중해심 제2001－19호)은, 도선점에 먼저 도착한 투란도트호는 도선사를 도선선에 내리는 작업을 진행 중에 있었고, 오션트레이더호는 도선점으로 계속 접근하고 있는 상황이라면, 이 경우 양 선박이 공히 도선점으로 접근하는 상황에서는 비록 양 선박의 접근자세가 서로 침로를 횡단하는 모습이었지만 도선사 승·하선 작업의 성격상 침로와 속력의 변경이 불가피하므로 국제규칙 제15조의 횡단항법을 적용할 수 없고 동 규칙 제2조

> 제2항이 규정하는 “이 규칙을 벗어나야 할 필요가 있는 특수한 사정”에 해당되므로, 양 선박은 특별한 주의를 기울여야 하고 충돌의 위험이 있으면 최선의 방법으로 피항동작을 취하여야 한다. (중략) 국제규칙 제18조의 규정에 따라 오션트레이더호는 조종성능제한상태에 놓인 투란도트호의 진로를 피하여야 한다고 재결하였다.[29]

그러나 이러한 선원의 상무규정을 적용하는 것은 제한적으로 해석하여야 할 것이다. 즉, 특별한 항법의 적용이 가능한 경우에는 이것이 우선적으로 적용되어야 한다고 본다. 예컨대, 도선사를 기다리다가 항로에 진입하여 항로를 따라 내려오는 선박과 충돌한 경우에는 그 선박이 항로에 진입하였으므로 책임을 부담하여야 할 것이다(Troll River호·Shavit호 충돌 사건).[30] [31]

(8) 무역항이 아닌 어항에서의 항법

선박입출항법은 무역항에 적용되는 법률이다. 선박입출항법에는 우선피항선 등과 같이 어선에 대한 특별한 항법이 규정되어 있다. 대부분의 어선이 기항하는 곳은 무역항이 아닌 어항(漁港)이다. 이 경우 해상교통안전법의 일반규정이 적용될 뿐이다. 그러나 선박입출항법의 적용대상인 무역항과 어항들은 좁고 폐쇄적인 수역을 사용한다는 점에서 유사성이 있다. 그러므로 선박입출항법의 특별규정(방파제 항법, 우현 접현 항법 등)을 준용할 여지도 있다. 그 근거규정은 선원의 상무 규정이 될 것이다.

어선 재승호·어선 스마일호 충돌 사건(중해심 제2016-002호)에서 중해심은 아래와 같이 재결하였다.

> 녹동항은 어촌어항법에 따라 국가어항으로 지정되어 있고, 선박의 안전과 항해하는 선박의 흐름을 유도하기 위하여 항료표지가 설치되어 있다. 이 충돌사고가

29) 『해난심판사례집』(2002), 210면.

30) Buzek & Holdert, *Collision Cases Judgments and Diagrams*, LLP, 1990, p.175.

31) 통항분리수역에서 도선사를 막 하선시킨 후 아킬리우스호가 상대선박인 신데렐라호가 사용하여야 하는 항로에 들어가서 충돌사고가 발생한 사안에서 영국 법원은 아킬리우스호가 횡단관계에서 피항선이었고, 더구나 통항분리대를 횡단한 과실을 인정하여 70%의 과실을 인정하였다. 나아가 신데렐라호는, 아킬리우스호가 선속을 가진 채 신데렐라호의 선수를 횡단하려는 것을 인지하지 못하였고 충돌을 피하기 위하여 감속하지 아니한 과실이 있음이 인정되어 30%의 과실비율을 부담하게 되었다. *Ibid.*, p.183; [1985] 2 Lloyd's Reports, p.338.

발생한 고흥군 도양읍 소재 녹동항은 국가어항으로서 개항질서법이 적용되는 항만은 아니다. 그리고 어촌어항법 제35조의 규정에 따라 "제정된 고흥군 어항관리 및 사용료 징수에 관한 조례"에도 선박의 통항과 관련된 규정이 없다. 따라서 이 사건은 녹동항 내에서 우선 적용되는 항법 규정이 없으므로 해사안전법과 국제규칙이 적용된다. (중략) 양 선박 간의 해사안전법 제72조의 마주치는 상태 또는 제73조의 횡단하는 상태의 적용을 우선검토해야 한다. 그러나 양 선박이 충분한 시간과 여유를 가지고 접근하여야 한다는 항법의 성립요건이 충족되지 않으므로 이 규정들을 적용할 수 없다. 따라서 이 충돌사고는 해사안전법 제96조(절박한 위험이 있는 특수한 상황) 또는 국제규칙 제2조 선원의 상무규정을 적용해야 한다. 재승호측은 통상적인 출항항로에 반하여 수로의 왼편으로 치우쳐 항행하면서 안전한 속력을 준수하지 아니한 것과 조타실 앞 상갑판 상에 작업등을 훤하게 켠 채 조타실 전방 시야가 극히 제한된 상태로 항행하면서 경계를 소홀히 한 점, 그리고 스마일호측은 충돌 직전에 도착지를 향하여 대각도 좌현변침을 한 것이 각각 이 충돌사고의 원인이라는 점을 고려하여 충돌사고의 원인제공 정도에 대하여 재승호 55%, 스마일측이 45%로 배분한다(2017년 사례집, 353면).

(9) 출항하여 곧장 충돌사고가 발생한 경우

일반적으로 항법을 적용하기 위하여는 다른 선박의 진로와 속력을 파악하여 충돌의 위험이 있는지 판단하기 위한 시간적 여유와 피항조치를 취할 수 있는 시간적, 공간적 여유가 있어야 한다. 출항 후 바로 충돌이 발생한 경우가 대표적인 예이다. 이러한 경우에는 선원의 상무 규정이 항법 적용의 근거규정이 된다.

레저보트 씨레이2호·어선 수성호 충돌 사건(중해심 제2014-005호)에서 씨레이2호가 계류지에서 급가속하여 출발한 후 50미터를 항해한 상태에서 충돌사고가 발생하였다. 중앙해심은 일반항법을 적용하는 것은 적절하지 않다고 보아, 국제규칙 제2조의 선원의 상무 규정을 적용하였다.

낚시어선 은빛나래호·어선 금성호 충돌 사건(중해심 제2014-012호)에서 금성호가 견유항을 출항하여 약 300미터 약 1분 정도 항해한 지점에서 충돌하였다. 중앙해심은 "양 선박이 충분한 시간과 여유를 가지고 접근한 것으로 볼 수 없으므로 … (중략) … 횡단상태의 항법을 적용할 수 없고, 국제규칙 제2조 선원의 상무

규정을 적용하여, 가능한 항로의 오른쪽 끝단으로 항해하고 좌현 대 좌현 통과할 수 있도록 항해했어야 한다"고 재결하였다.

(10) 부두에 계류 중인 경우

어선 300형빈호·어선 동백호 충돌 사건(중해심 제2022-008호)에서 중앙해심은 다음과 같이 판시했다. "이 충돌사건은 시계가 양호한 주간에 성산항에 입항하던 동백호가 부두에 접근하는 과정에서 부두에 접안하여 어획물을 하역하고 있던 300형빈호와 충돌한 사건이다. 양 선박의 지위는 '항행 중인 동력선'과 '접안 중인 선박'으로 「국제해상충돌예방규칙」 제2조의 '선원의 상무' 규정을 적용하여, 조종성능이 상대적으로 좋은 선박이 그렇지 못한 선박의 진로를 피하여야 하는 일반적인 항법 원칙에 따라 '항행 중'인 동백호가 '접안 중'인 300형빈호를 피해야 하는 것이 타당하다고 판단된다. 300형빈호는 사고 당시 선수부를 부두에 붙인 채 어획물을 하역하고 있던 상황으로, 계류줄 등을 이용해 이 선박을 부두에 매어 놓은 상태는 아니었지만, 부두에 선수부를 접안된 형태로 붙여놓기 위해 계속 주기관을 사용하고 있었으므로 조종성능이 제한되어, 사실상 부두에 계류 중인 상태로 판단된다. 이 충돌사건은 동백호 선장의 부적절한 조선 및 경계 소홀이 원인이 되어 발생한 것으로 동백호 측이 100%의 원인을 제공한 것으로 판단한다."

4. 기타 특별상황(제2조 b항)

국제규칙 제2조 b항은 "본 규칙의 규정들을 해석하고 적용함에 있어서, 항해와 충돌에의 위험 그리고 개입된 선박들의 제한상황을 포함하여 모든 특별한 상황을 적절히 고려하여야 한다. 이 경우에는 급박한 위험을 피하기 위하여 본 규칙의 규정들을 지키지 않는 것이 가능하다"고 한다. 이 조항은 본 규칙의 항법 규정을 해석·적용함에 있어서 고려되어야 하고, 그리고 항법규정을 지키지 않아도 되는 예외적인 상황을 언급하고 있다. 흔히 사용되는 것은 후자의 경우이다.

좁은 수로를 따라 항행하던 두 선박이 있다. 甲 선박은 우측통항을 하고 있는데, 반대방향에서 오던 乙 선박이 조타기가 고장이 나서 갑자기 甲 선박의 선수를 향하여 들어왔다고 하자. 이 경우에도 甲 선박은 우전타를 하여야 할 것이나, 우전타를 하면 좌초되기 때문에 기관 후진만 사용하였다. 이때 우전타를 하지 않은 것은 비난의 대상이 되지 않는다는 것이다. 예견 가능성 혹은 회피 가능성이 없기 때문에 주의의무 위반이 되지 않는다.

항법 적용과 준수로부터 면제되도록 명시된 요건은, 첫째, 항해와 충돌에의 위험의 존재 그리고 둘째, 개입된 선박들의 제한상황을 포함한 모든 특별한 상황의 존재이다. 셋째, 반드시 급박한 위험이 있어야 한다는 것이다.

해상교통안전법 제103조(특수한 상항에서의 항법 등)는 제1항과 제2항으로 나누어 국제규칙 제2조 b항을 반영하게 되었다. 즉, 제103조에 "① 선박, 선장, 선박소유자 또는 해원은 다른 선박과의 충돌 위험 등 모든 특수한 상황(관계 선박의 성능의 한계에 따른 사정을 포함한다. 이하 같다)에 합당한 주의를 하여야 한다. ② 제1항에 따른 특수한 상황 등에서의 위험을 피하기 위하여 제1절부터 제3절까지에 따른 항법을 따르지 아니할 수 있다"라고 규정하게 되었다.

(1) 항해와 충돌에의 위험

항해의 위험(dangers of navigation)이란, 항법을 따라 정상적인 항해를 함에 있어서 위험한 상황이다. 예컨대, 우전타를 하고자 하지만 해도에 보니 우측에 천수(shallow water)가 존재하는 경우, 혹은 굴곡부가 있어서 상대선박이 보이지 않는 상황이다.

충돌의 위험(dangers of collision)이란, 항법을 따라 정상적인 항해를 하게 되는 경우에 충돌이 발생하게 되는 경우이다. 예컨대, 선수에서 내려오는 선박(甲)을 피하기 위하여 乙 선박이 우전타를 하였는데, 추월하던 다른 제3의 선박(丙)과 충돌하게 되는 경우이다. 이러한 경우에는 특별한 상황으로서 오히려 조기에 좌전타 혹은 속력의 감속이 더 좋은 항법일 수 있다. 이러한 상황을 고려하여 항법을 적용하라는 것이 본 조항의 취지이다.

(2) 개입된 선박들의 제한상황을 포함한 모든 특별한 상황

개입된 선박들의 제한상황(limitations of the vessels involved)이란 자신의 선박을 포함하여 다른 선박의 항해에 있어서 제한된 상황을 말한다. 위의 예에서 유지선인 甲 선박은, 乙 선박과 丙 선박은 추월관계로서 乙 선박이 우전타를 취하기가 어려운 상황을 고려하여 오히려 좌전타를 한다는 것이다. 乙 선박의 우전타가 어려운 상황이 바로 '개입된 선박의 제한상황'이 된다.[32] 여기서 말하는 모든 특별한 상황(any special circumstances)이란 항해와 충돌에의 위험을 제외한 항법을 적용함에 고려하여야 할 모든 상황이 될 것이다.

미국의 판례에 나타난 특별한 상황을 Farwell의 해상충돌예방법은 아래와 같이 다섯 가지를 예시하고 있다: (i) 물리적 상황이 하나의 혹은 둘 사이의 규칙의 적용을 불가능하게 하는 경우: 안개 다발지역에서 조류가 강한 경우에 감속을 하지 않은 것은 허용된다, (ii) 두 척 이상의 선박이 조우한 경우, (iii) 규칙에서 정하지 않은 상황: 도크에 입항·출항하는 경우, 선박이 항행 중이지만 정선하여 대수속력(對水速力)이 없는 경우, 선박이 후진하는 경우, (iv) 한 선박이 다른 선박에 항법규정과 다른 항법을 제안하였고 상대선박이 이에 응한 경우, (v) 극한상황: 제17조 b항과 유사하게 유지선이 충돌을 피하기 위하여 마지막 순간에 동작을 취하는 것.[33]

(3) 급박한 위험이 있는 경우

항법규정을 준수하지 않아도 되는 경우는 급박한 위험(immediate danger)이 있는 경우에만 가능하다. 당해 선박이 항법을 준수하여서는 자신에게 충돌 등에 대한 급박한 위험이 있어야만 항법규정의 이탈이 가능하다. 급박한 위험에 대한 입증은 당해 선박이 부담한다.

급박한 위험은 충돌의 가능성(possibility)은 물론 개연성(probability)보다도 높은 충돌의 위험이 있는 경우로서 제7조의 위험보다도 더 위험한 상황이다.

(4) 항법규정의 실행이 불가능할 것

위 (1)과 (2)에서 예시한 상황에 처하여 있고 급박한 위험이 있기만 한다고 하여 항법규정을 준수하지 않아도 되는 것은 아니다. 항법규정의 실행으로서는 충돌을 피할 수 없는 경우에만 본조는 적용되는 것으로 해석된다.

5. 국제규칙 제2조 a항과 b항의 관계

넓은 의미에서 제2조 전부를 선원의 상무라고 부를 수 있다. 그러나 엄밀

---

32) 동 문구를 "개입된 선박의 성능상의 제한을 포함한다"고 하면서 수상항공기를 비롯한 에어쿠션선박 등 특수한 또는 이상한 구조를 가진 선박류에 대하여 이 규칙의 적용을 받기 위함이라고 설명하는 견해가 있다. 민성규·임동철, 앞의 책, 28면. 필자의 견해는 이보다 더 넓다.

33) C.H. Allen, *op. cit.*, p.99.

하게 말한다면 a항은 충돌방지를 위한 항법규정, 즉 주의의무를 확장하는 기능을 한다. 국제규칙 이외에 선원의 상무가 항법규정으로서 해상교통법의 법원(法源)이 되는 것이다. 따라서 항해사 등이 이를 준수하지 않으면 주의의무 위반이 되어 과실에 대한 책임을 부담하게 된다.[34)]

이에 반하여 b항은 특별한 상황에서 충돌을 방지하기 위하여 국제규칙상의 항법규정을 준수하지 않아도 되는 상황을 말하고 있다. 따라서 특정한 국제규칙상의 항법규정의 위반을 상대방이 주장하지 못하게 된다. 즉, 주의의무 위반이 아니게 되는 상황이 된다.

그러므로 양 조항은 서로 다른 방향으로 향하면서 국제규칙을 탄력적으로 운용하게 하는 기능을 한다. 그러나 법적 안정성을 위하여 제2조는 제한적으로 운용되고 해석되어야 한다.

제 2 절 해상교통법의 적용순서

I. 서 론

법규에는 최고규범인 헌법(憲法)이 있고 다음에 국회가 입법한 법률(法律), 다음으로 행정권에 의하여 정립되는 법을 총칭하는 명령(命令)[35)]으로 대통령령(大統領令)과 부령(部令) 등이 있다. 효력의 순서를 보면 헌법, 법률, 대통령령 그리고 부령이 된다. 일반적으로 법규가 서로 중첩되고 충돌하는 경우에는 신법(新法)우선원칙, 일반법에 대한 특별법우선(特別法優先) 원칙 등이 있다.

위에서 본 바와 같이, 해상교통법과 관련하여서는 국제조약인 「국제해상충돌예방규칙」과 법률인 「해상교통안전법」, 「선박의 입항 및 출항 등에 관한 법률」, 「유선 및 도선사업법」 그리고 「수상레저안전법」 등이 있고, 이들에는 각각 대통령령인 시행령과 해양수산부령인 시행규칙이 있다. 이러한 국제규칙, 해

34) 同旨: 민성규·임동철, 앞의 책, 32면.

35) 명령에는 위임받은 사항을 정하는 위임명령(委任命令)과 상위명령을 집행하기 위한 집행명령(執行命令)이 있다.

상교통관련법과 시행령 등이 어떠한 관계에 있는지 살펴본다.

Ⅱ. 각 법규 사이의 적용순서

1. 해상교통법 상호간

「국제해상충돌예방규칙」은 그 명칭이 비록 규칙이라고 되어 있으나, 이는 국제해사기구가 주축이 되어 만든 조약이다.36) 그리고 우리나라는 1977년에 1972년 국제규칙을 비준하였으므로, 우리 헌법 제6조 제1항37)에 따라 국제규칙은 국내법과 같은 효력을 가진다고 하겠다.38) 그러므로 국제규칙, 해상교통안전법과 선박의 입항 및 출항 등에 관한 법률은 법률로서 모두 동등한 효력을 가진다.

「해상교통안전법」은 우리나라 영해에 대하여 특별히 적용되는 법이므로 공해를 포함한 체약국의 영해에서도 적용되는 국제규칙에 대하여 특별법적인 지위를 가지고 있다. 「선박의 입항 및 출항 등에 관한 법률」은 무역항의 수상구역등에서의 항법을 정한 것으로서, 우리나라의 영해 내를 적용범위로 하는 해상교통안전법에 대하여는 특별법이라고 할 수 있으므로 무역항의 수상구역등에서는 이 법이 우선적용되어야 한다.39)

어떤 선박이 해상교통안전법에 따르면 횡단관계에서 유지선의 지위에 있다고 하더라도 무역항의 수상구역등의 항로 안에서 상대선박이 항로를 따라 항행하고 있다면, 그 선박은 조우자세에 관계 없이 피항선이 된다(선박입출항법 제12조). 이는 선박입출항법이 해상교통안전법보다 우선적용되는 경우이다. 구 해상교통안전법 제4조도 개항 및 지정항의 경계 안에서 선박의 충돌 방지를 위하여 지켜야 할 항법 등에 관하여 구 개항질서법에 다른 규정이 있는 때에는 그 규정에서 정하는 바에 따른다고 하여, 개항 등에서는 구 개항질서법이 해상교통안전법보다 우선적용됨을 밝히고 있었다(이 규정이 삭제된 현 해상교통안전법 하에서도 동일하다).

---

36) 우리나라 구 해상교통안전법에서도 국제규칙을 조약이라고 칭하고 있다(제5조).

37) 헌법에 의하여 체결·공포된 조약과 일반적으로 승인된 국제법규는 국내법과 같은 효력을 가진다(헌법 제6조 제1항).

38) 국제법·국내법 동위설이 통설이다. 박윤흔, 『최신 행정법강의(상)』(박영사, 1996), 71면.

39) 同旨: 박용섭, 앞의 책, 864면.

예인선 유진2호의 피예인부선 삼원301호·어획물운반선 제108한일호 충돌 사건 (중해심 제2018-011호)에서 중앙해심은 "이 충돌사건은 무역항인 인천항의 수상구역 안에서 발생하였으므로 「선박의 입항 및 출항 등에 관한 법률(이하 '선박입출항법'이라 한다)」이 최우선적으로 적용되고, 「선박입출항법」에서 규정하고 있지 않는 사항에 대하여 「해사안전법」상 규정이 보충적으로 적용된다. 「선박입출항법」상 유진2호·삼원301호 예인선열은 우선피항선에 해당하고(법 제2조 제5호 참고), 어획물운반선 제108한일호는 총톤수 39톤이므로 우선피항선 외의 선박으로서 '대수속력을 가지고 항행 중인 동력선'에 해당한다. 반면에 「해사안전법」상 유진2호·삼원301호 예인선열과 제108한일호는 '대수속력을 가지고 항행 중인 동력선'으로서 법적 지위가 동일하다"고 판시하였다.

구 해상교통안전법 및 현 해상교통안전법은 통항불방해의무를 부담하는 선박의 길이를 인천항 출입항로의 경우 30미터 미만으로 정하고 있다(시행규칙 제6조 제1항 [별표 4] 비고). 그러므로 국제규칙 제9조와 제10조의 길이 20미터 이하는 길이 30미터 이하로 확대적용되게 되었다. 미국의 내해항법은 오대호에서는 강을 횡단하는 선박이 강을 따라 올라가거나 내려오는 선박에 대하여 피항의무가 있다고 정하고 있다.[40] 이 경우에는 오대호 항법이 국제규칙 제15조 상의 횡단항법의 적용을 배제한다.

「유선 및 도선사업법」은 모든 유선과 도선에 적용되나, 항법과 관련하여 특별히 의미를 갖는 것은 한강이나 충주호 등과 같이 외항항해선이 계속 항행할 수 없는 수역이고 여기에서는 해상교통안전법이 적용되지 않으므로, 유선 및 도선사업법의 항법이 다른 해상교통법과 충돌되는 경우는 없을 것이다. 다만, 적용법규가 없을 경우에 다른 해상교통법의 규정을 준용할 수 있는지가 문제된다.

2. 구 해상교통안전법 제5조의 문제점

구 해상교통안전법에서 가장 문제가 되는 것은 제5조였다.[41] 동법 제5조는

40) 미국 내해항법 제15조 b항: Notwithstanding paragraph (a) on the Great Lakes, Western Rivers, or water specified by the Secretary, a power-driven vessel crossing a river shall keep out of the way of a power-driven vessel ascending or descending the rivser.

41) 박용섭 교수도 동 제5조의 문제점에 대하여 지적하고 있다. 앞의 책, 864~866면.

조약의 적용이라는 제목 하에 "선박의 충돌방지와 안전관리 등에 관하여 조약에 다른 규정이 있는 때에는 그 규정에서 정하는 바에 따른다"고 정하고 있다.[42] 여기에서 말하는 '선박의 충돌방지와 안전관리 등에 관한 조약'은 국제규칙이다. 우리나라는 국제규칙을 비준하였으므로 국제규칙은 우리나라 헌법 제6조에 따라 국내법과 동등한 효력을 가지고 있다. 그러므로 우리나라는 국제규칙과 해상교통안전법 두 개의 적용법규가 있는 셈이다.

이 규정은 두 가지의 경우를 상정한 것이라고 볼 수 있다. 첫 번째는 구 해상교통안전법과 국제규칙의 내용이 상충하는 경우이고, 두 번째는 해상교통안전법에 아예 규정이 없으나 국제규칙에는 규정이 있는 경우이다.

두 번째 경우를 살펴본다. 예컨대, 국제규칙 제2조 소위 선원의 상무규정은 해상교통안전법에는 규정된 바가 없다.[43] 묘박선의 주의의무는 선원의 상무규정인 국제규칙 제2조에서 도출할 수 있다. 그러므로 우리나라의 영해 안에서 발생한 묘박선과 일반동력선 사이의 충돌에 대하여 적용법규는 구 해상교통안전법 제5조 그리고 국제규칙 제2조에 따라 선원의 상무규정이 될 것이다.[44] 또한 구 해상교통안전법과 구 개항질서법에는 통항불방해의무선박에 대하여 정하고 있다(현 해상교통안전법 제74조 제2항·제3항, 제75조 제6항·제10항, 제9조 제1항 등). 통항불방해의무선박의 주의의무에 대하여도, 구 해상교통안전법은 1987년 국제규칙의 개정내용을 수용하지 못하여 공백상태로 남아 있었다. 국제규칙은 제8조 f항에서 이에 대하여 규정하고 있다. 그러므로 인천항의 동수도나 서수도를 따르던 일반동력선과 어로작업 중인 선박이 충돌하였다면 적용되어야 할 규정은 구 해상교통안전법 제59조(현 제9조)이고, 이때 통항불방해의무선박의 주의의무는 구 해상교통안전법 제5조에 의거하여 국제규칙 제8조 f항이 되었다[2002년 해상교통안전법 개정으로 법 제28조 제6항과 제7항(현 제73조 제6항·제7항)을 바로 적용할 수 있게 되었다]. 그러나 본조가 없더라도 헌법 제6조 제1항에 따라 국제규칙의 적용이 가능하므로 이러한 입장을 취한다면 이 조항은 당연한 것을 주의적으로 규정한 것이 된다.

---

42) 우리나라 「선박안전법」 제5조도 동일한 내용의 규정이 있다.

43) 2009년 개정 뒤에도 '선원의 상무'에 대하여는 여전히 국제규칙의 내용에 미치지 못한다.

44) 우리나라는 1972년 국제규칙을 비준하였고 국제규칙이 국내법과 동일한 효력을 가지고 있으므로 국제규칙 제2조를 적용할 수도 있다.

한편, 첫 번째의 경우를 상정하였다면 국제법·국내법 동위설에 따르면 국제규칙과 해상교통안전법이 서로 충돌하게 되므로 이를 해결하기 위하여 국제규칙 우선원칙을 정한 것이라고 할 것이다. 한편, 국제법 우위설에 따르면 이는 당연한 것을 규정한 것이 된다. 그러나 이는 해상교통안전법의 입법취지상 부당한 것이라는 생각이 든다. 우리나라의 특수한 사정에 의하여 국제규칙과 다른 규정을 만들어 두었음에도 이것이 국제규칙과 다른 경우에는 그 국제규칙을 적용한다고 하면 이는 모순이기 때문이다. 이러한 태도는 국제규칙이 스스로 인정하고 있는 것이기도 하다. 즉, 국제규칙 제1조 b항은 "이 규칙의 어떤 규정도 해양과 접속되어 있고 외항항행선이 항행할 수 있는 묘박지, 항내, 하천, 호소 및 내수로에 관하여 관할관청이 제정한 특별규칙의 시행을 배제하는 것은 아니다"라고 정하고 있다. '관할관청이 제정한 특별규칙'으로는 해상교통안전법 제57조(현 제7조)의 교통안전특정해역의 항법이 있다. 동법 제57조 제1항 및 동법 시행규칙 제8조 제4항(현 제6조 제1항 제3호)에 따르면 광양만 출입항로에서는 흘수제약선끼리 충돌의 위험이 있을 경우에는 입항선박이 출항선박의 진로를 피하여야 한다.

한편, 국제규칙 제18조에는 조종성능의 우열에 따른 항법은 규정되어 있지만, 동등한 조종성능을 가진 선박 사이의 항법에 대하여는 규정한 바가 없다. 해석상 상호시계 안이라면 조우자세에 따른 항법이 적용되어야 한다.[45] 마주치는 상태가 될 것이므로 양 선박 모두 피항의무가 있다(국제규칙 제14조)고 해석될 것이다. 여기에 구 해상교통안전법 제5조를 문자 그대로 엄격하게 해석한다면, 위의 흘수제약선 사이의 특별항법규정은 국제규칙과 다른 것이므로 국제규칙 제14조가 적용되어 양 선박 모두 피항의무가 있다고 하여야 할 것이다(그러나 이 내용은 2005년 개정으로 삭제되었다). 해상교통안전법의 입법취지는 특별항법을 특별히 규정한 것이므로 이러한 해석이 잘못된 것으로 생각된다.[46] 이러한 경우에는 신법우선원칙이 적용되어 신법인 해상교통안전법을 적용하여야 한다. 그러나 해상교통안전법을 제정하면서 그 의미를 잘못 이해하여 번역한 경

45) 同旨: 윤점동, 앞의 책, 179면.

46) 구 해상교통안전법 제30조 제6항(현 제75조 제6항; 통항분리수역에서 어로에 종사하는 선박의 경우)이 그 예라고 생각한다.

우에는 국제규칙을 적용하여야 할 것이다.

이 조문은 정반대의 내용으로 당연히 개정되어야 한다는 지적이 있지만,[47] 이는 국제법·국내법 동위설의 입장에서 잘못된 국내입법에 대하여 국제규칙을 적용하여야 한다는 것으로 제한해석되는 한 의미 있는 규정이라 하겠다.

2012년 해사안전법에서는 구 해상교통안전법 제5조 규정을 삭제하여 헌법 제6조 제1항과 일반해석론에 따르게 되었다.

Ⅲ. 법규 내부의 적용순서

1. 동일 법규 내부의 충돌

동일한 법규 내에서 항법 조문이 상호 충돌되는 경우가 있다. 이에는 그 적용순위가 명시적으로 정하여진 경우도 있고 그렇지 아니한 경우도 있다. 적용순서가 명시된 경우에는 그 순서를 따르면 된다. 적용순서가 명시되어 있지 아니한 경우에는, 특별한 목적을 가진 규정이 있는 경우에는 일반규정에 앞서서 특별규정이 우선적으로 적용되게 되거나 신법이 우선적용되는 일반원칙이 있다.[48]

2. 적용순서가 명시된 경우

국제규칙 제18조는 "제9조, 제10조, 제13조에서 달리 규정한 경우를 제외하고" 조종성능우열 선박 사이의 항법이 적용된다고 정하고 있다. 그러므로 제18조의 내용보다 제9조, 제10조, 제13조의 규정이 우선된다고 하겠다. 즉, 제18조에 따르면 상호시계 내에서 어로작업 중인 선박은 일반동력선에 대하여 우선권을 갖지만 어로작업 중인 선박이 일반동력선을 추월하게 되면 국제규칙 제18조에 따라 추월선인 어로작업 중인 선박이 피항선이 된다.

3. 적용순서가 명시되지 아니한 경우

무역항의 수상구역등에 입항하는 선박은 총톤수 10만톤 규모의 대형 유조선이고 출항하는 선박은 우선피항선인 경우에 적용되는 항법은 무엇이어야 하

47) 윤점동, 앞의 책, 379면.
48) 박윤흔, 앞의 책, 72면.

는가? 이에 대하여는 적용항법이 선박입출항법에 명시된 바가 없다. 동법 제13조는 무역항의 수상구역등에 입항하는 선박이 방파제 입구 등에서 출항하는 선박과 마주칠 우려가 있는 경우에는 방파제 밖에서 출항하는 선박의 진로를 피하여야 한다고 하여 출항선 우선원칙을 천명하고 있다. 이는 입항하는 선박은 출항하는 선박에 비하여 여유수역과 시간적 여유가 충분하므로 입항선박에 피항의무를 부과한 것이라고 해석된다. 한편, 선박입출항법 제16조 제1항에 의하면 무역항의 수상구역등이나 무역항의 수상구역 부근에서 우선피항선은 다른 선박의 진로를 방해하여서는 아니된다고 정하고 있다. 입법취지상 제16조 제1항이 우선적용되어 비록 우선피항선이 출항선일지라도 우선피항선이 입항선의 진로를 피하여야 할 것이다.49)

해상교통안전법 제83조 제5항은 흘수제약선이 우선권을 갖는다고만 규정되어 있고, 동등한 조종성능을 가진 흘수제약선 사이의 항법에 대하여는 규정된 바가 없다. 이러한 경우에는 상호시계 안에서의 조우자세에 따른 항법이 준용될 수도 있다.50) 즉, 마주치는 상태라면 동법 제79조가 적용되어 양 선박 모두 피항의무가 있게 된다. 그러나 해상교통안전법 제7조의 시행규칙 제6조에 따르면 광양만 출입항로에서는 흘수제약선끼리 충돌의 위험이 있을 경우에는 입항선박이 출항선박의 진로를 피하여야 한다. 교통안전특정해역에서의 항법은 특정 해역에서의 선박통행의 안전을 도모하기 위하여 특별히 정한 규정이므로 이 규정이 우선적으로 적용된다. 그러므로 입항선박인 흘수제약선이 출항선박인 다른 흘수제약선을 피하여야 한다.

Ⅳ. 재결, 판례 및 학설의 지위

사실관계를 법률에 적용하여 법률효과를 도출하는 것이 재결과 재판이라고 할 수 있다. 피항선의 지위에 있던 선박이 피항조치를 전혀 취하지 않은 충

49) 이와 같은 상황에서 출항하는 100톤 규모의 선박이 입항하는 2만톤 선박의 진로를 피하여야 한다는 주장이 있다. 윤점동, 앞의 책, 444면. 그러나 100톤 규모의 선박이 제16조 제2항에서 말하는 예인선, 급수선, 급유선 및 통선(通船)과 공사 또는 작업에 종사하는 선박의 범주에 속하는 경우에만 이러한 주장이 가능하다고 할 것이다. 100톤 규모의 선박이 우선피항선(잡종선)이 아닌 한 톤수에 관계 없이 입항선이 피항의무를 부담한다.

50) 同旨: 윤점동, 앞의 책, 179면.

돌사건에서 피항선은 해상교통안전법 제81조를 위반하게 되고 그 효과로서 당직항해사는 해양사고심판법에 따라 업무정지를 당하게 되고 민사상 손해배상책임을 부담하게 된다.

이렇게 책임을 부과하게 하는 근거가 법률이다. 대표적인 것으로 국내법으로는 해상교통안전법, 선박입출항법, 선원법 등이 있다. 그리고 국제조약으로는 국제해상충돌예방규칙(COLREG)이 있다. 그런데, 문제되는 것은 제정법이 아닌 재결, 판례 혹은 학설이 그러한 근거가 되는가이다. 재결, 판례는 법적인 근거가 되지 않는다. 판례법 국가인 미국과 영국에서는 판례가 곧 법이 된다. 그러나 제정법 국가인 우리나라는 제정법만이 재판의 근거가 된다. 판례, 재결과 학설은 법률 해석에 참조가 되는 것이다.

선박충돌과 관련된 사안에서는 사실상 판례, 재결 혹은 학설이 법률과 유사한 기능을 하기도 한다. 예컨대, 정박선이 어떠한 주의의무를 부담하는지가 문제될 때 재결, 판례와 학설이 법원이나 해양안전심판원에서 인정되는 내용은 국제규칙 혹은 해상교통안전법의 '선원의 상무 규정'을 통하여 적용되게 된다.

판례, 재결 혹은 학설이 법률규정의 해석에 도움을 주는 경우와 바로 법률로 적용하는 경우는 서로 다른 것임을 유의하여야 한다. 예컨대, 선원법에 선장에게만 직접지휘의무 및 재선의무가 부과되어 있음에도(제9조 및 제10조) 1등항해사도 직접지휘의무 및 재선의무가 있다는 학설을 근거로 1등항해사에게 책임을 묻는 것은 위법이다.

제3절 항법의 법적 의의와 관련자의 책임

Ⅰ. 서 론

항법(航法)은 선박의 안전한 해상통행을 위한 지침이므로, 이를 위반하게 되면 해기사는 각종 법적 책임을 부담하게 된다. 항법은 수범자인 선장 등 해기사들에게 안전항해를 위한 주의의무를 부과하였다. 그러므로 항법 위반은 주의의무 위반이 되고 주의의무 위반은 곧 과실(過失)이 된다. 따라서 항법을 위반하게 되면 선장, 도선사(導船士) 혹은 항해사인 해기사(이하 '해기사')들은 민사상·형사상·행정법상 책임을 부담하게 된다.

Ⅱ. 해상교통법상의 주의의무 위반(과실)

해상교통법상 정하여진 항법의 각 규정은 수범자인 해기사에게 주의의무를 부과한다. 이러한 주의의무는 과실 판단의 기초가 된다. 해상교통법상 어느 선박이 피항선(避航船)이 되면 그 선박에는 피항선으로서의 주의의무가 부과된다(국제규칙 제15조). 충돌사고가 발생하면 이 선박은 피항선으로서의 주의의무를 다하였는지가 문제된다. 유지선(維持船)도 마찬가지이다. 이때 피항선은 적극적으로 유지선을 피하여야 할 주의의무가 있으나, 유지선은 침로(針路)와 속력을 유지하다가 피항선의 동작만으로 피항이 불가피할 경우에는 스스로도 협조동작을 취할 의무만이 있으므로(국제규칙 제17조), 주의의무는 피항선이 훨씬 높다고 하겠다.

조종성능이 제한된 선박과 일반동력선이 위험을 내포하고 조우하는 경우에는 조종성능제한선박은 선박의 조종능력이 상당히 제한되므로 최후의 순간의 피항조치도 취하기가 어렵다. 그러므로 충돌사고가 발생하면 피항선인 일반동력선은 위의 조종성능제한선박보다 훨씬 높은 주의의무를 부담한다고 하겠다. 그러므로 해양안전심판원에서 당해 사건에 있어서 항법 적용을 잘못하게 되면 그 잘못된 항법이 주의의무 판단의 기준이 되므로 과실비율 산정에 악영향을 미치게 된다.

형사상·민사상 그리고 행정상의 주의의무 위반, 즉 과실의 범위와 개념은 약간씩 차이가 있다. 형사책임에 있어서는 과실은 고의와 엄격히 구별된다. 그러나 민사상의 과실은 고의와 엄격히 구별하지 않는다. 즉, 형사책임에서는 고의범만 처벌하는 것이 원칙이고 과실범은 처벌되지 않음에 반하여 민사책임에 있어서는 고의나 과실은 모두 손해배상책임을 발생시키는 점에서는 차이가 없다. 다만, 중과실과 경과실은 구상권 행사의 여부 등에서 그 법적 효과는 차이가 있다. 행정법상 책임에 있어서는 과실행위자를 처벌하는 점에서 민사상 과실과 유사하다.

고의(故意)란 일정한 결과가 발생하리라는 것을 알면서 감히 이를 행하는 심리상태를 말한다.[51] 과실(過失)이란 일정한 결과가 발생한다는 것을 알고 있었어야 함에도 불구하고 부주의, 즉 주의를 게을리하였기 때문에 그것을 알지 못하고서 어떤 행위를 하는 심리상태를 말한다. 선박충돌에 있어서는 고의충돌은 없을 것이고 과실로 인한 충돌사고가 대부분이다.

선박충돌에 있어서 과실 판단을 위한 주의의무의 기준은 국제규칙이나 해상교통안전법 그리고 선원의 상무 등 조리(條理)가 될 것이다. 국제규칙 등 해상교통법 이외에도 STCW협약상 항해당직과 관련된 주의의무도 과실 판단의 기준이 된다. 예컨대, 제한된 시정(視程)에서는 항해당직사관의 일차적인 책임은 1972년 국제규칙의 관계규정을 준수하는 것이며, 특히 무중신호의 취명(吹鳴)에 주의하면서 안전한 속력으로 항행하고, 즉각적인 조종을 위하여 기관을 준비하여야 한다. 이에 부가하여 항해당직사관은 첫째, 선장에게 보고하고, 둘째, 적절한 경계원을 배치하고, 셋째, 항해등을 점등하고, 넷째, 레이더를 작동하여 사용하여야 하는 등의 조치를 취하여야 한다(STCW협약 제45조).[52] 다섯째, 수동조타를 하여야 한다.

선박충돌의 경우에 과실에 대하여 법률상 추정을 인정하는 규정은 없으나 국제규칙이나 해상교통안전법 등을 위반하여 선박충돌이 발생한 경우에 그 선박의 과실은 사실상 추정된다.[53]

1. 주의의무의 구성요소

형사법에서는 주의의무위반행위, 즉 과실을 예견의무와 결과회피의무로 나누어서 보고 있다. 자동차운행과 관련하여 본다면, 운전자는 반대편 차선에서 상대차가 넘어올 수 있다는 것을 주의하고, 만약 상대차가 중앙선을 침범하는 경우는 경고음을 울리거나 속력을 줄이고 핸들을 우측으로 돌리는 행위를 하여야 한다. 전자는 예견의무에, 후자는 결과회피의무에 관련된다. 이러한 예견의무와 결과회피의무는 예견 가능성과 결과회피 가능성을 그 전제로 하고 있다.

---

51) 곽윤직, 앞의 책, 630면.

52) 여기에 대하여는 김인현, "선박충돌과 관련한 해기사의 주의의무 일반," 『목포해양대학교 논문집』, 제9집(II)(2001. 12. 28), 29면 이하 참고.

53) 대법원 1970. 9. 22. 선고 70다1448판결; 채이식, 『상법(Ⅳ)』(박영사, 2001), 364면.

따라서 그러한 가능성이 없다면 주의의무 위반이 없는 것이 된다.

이를 선박에 적용시켜 본다. 좁은 해역에 통항로가 설정되어 있는 경우라면 우측 통항로를 따라 항행하는 선박은 좌측의 통항로를 항행하던 선박이 갑자기 좌전타하여 진입하면 기적을 울리고 속력을 줄인다고 하더라도 우측의 여유수역이 협소하므로 우현전타한다면 오히려 좌초사고가 발생하므로 대각도 변침을 못하게 된다. 여기에서, 상대선박이 갑자기 좌현전타하여 진입할 것을 예견할 수 없는 정도의 좁은 수로라면, 그 선박은 예견 가능성이 없으므로 주의의무 위반이 없다고 할 것이다. 또한 좌초 사고의 우려 때문에 대각도 변침을 못할 상황이라면 회피 가능성이 없으므로 역시 주의의무 위반이 없다고 할 것이다.[54)]

2. 형사상의 주의의무 위반

형사법에서 주로 논의되고 있는 인식 없는 과실, 인식 있는 과실, 미필적 고의와 확정적 고의의 구별과, 이들이 선박충돌에서 갖는 의미를 생각해 본다. 인식 없는 과실이란 결과 발생을 예견하지도 못한 경우이다. 경계를 전혀 하지 아니하여 상대선박의 접근 사실을 아예 인식하지 못한 것과 같다. 인식 있는 과실이란 결과 발생을 예견하였으나 결과 발생을 인용하지 않은 것이다. 즉, 경계를 충분히 행하여 상대선박의 위험한 접근상태를 인식하고 충돌을 피할 수 있다고 생각한 경우이다. 충돌위험을 알았으나 조타동작이 부적절하여 충돌사고

---

54) 영국의 판결에서 인정되고 있는 최후순간의 고통항변(the defence of the last moment)도 이러한 맥락에서 파악할 수 있다. 영국의 법원은 충돌 1~2분 전의 양 선박의 행위는 최후순간의 어쩔 수 없는 상황에서의 행위로 보아 이를 과실 판단의 기준에서 제외하고 있다. 한편, **하모니 라이즈호 충돌 사건**(서울중앙지법 2017. 9. 15. 선고 2015가합529336판결)에서 서울중앙지법은 "원고 선박이 충돌사고 직전에 원고 선박의 우측에 있는 피고 선박을 발견하고 좌현 변침을 한 것은 이른바 최종순간의 고통(항법에 위반되는 피항조치가 충돌과 근접한 시간에 취해지는 경우에는 회피 가능성이 없음을 이유로 이를 비난할 수 없다는 이론)에 의한 것으로서 원고 선박에 그러한 행동의 회피 가능성이 없으므로, 이를 원고 선박의 과실로 평가할 수 없다고 주장한다. 그러나 급박한 순간의 잘못된 행동이 회피 가능성이 없었다는 이유로 면책되기 위해서는 적어도 행위자에게 그러한 급박한 순간을 초래한다는 과실이 없어야 한다. 위에서 본 바와 같이 원고 선박은 경계의무, 충돌을 피하기 위한 조치의무 등을 위반하여 피고 선박과 충돌위험이 있는 근접상태에 이르게 된 점, 원고 선박은 피고 선박과 근접상태에 이른 04:51경 피고 선박과 좌현 대 좌현으로 통과하기로 약속하기도 한 점 등에 비추어 보면, 원고 선박이 좌현 변침을 한 행위가 이른 바 '최종순간의 고통'에 의한 것이라는 이유로 원고 선박에 과실이 없다고 볼 수 없다"고 판시하였다.

가 발생한 것과 같은 것이다. 확정적 고의란 결과 발생을 예견하면서 결과 발생의 인용을 확정적으로 인용한 것이다. 즉, 상대선박을 충돌하여 침몰시켜 버리자는 생각으로 충돌을 야기한 경우이다. 미필적 고의란 결과 발생을 예견하고 결과 발생을 인용하였으나 확정적이 아니라 소극적으로 충돌되어도 어쩔 수 없다는 정도의 인용만 한 것이다.

선박매몰죄(船舶埋沒罪)는 고의인 경우에는 법정형이 무기 또는 3년 이상의 징역이다(형법 제187조). 반면 업무상 과실선박매몰죄는 법정형이 3년 이하의 금고이다. 인식 있는 과실까지는 과실범으로 처벌을 받으나 미필적 고의가 있는 경우에는 고의범으로 더 무거운 형으로 처벌되게 된다. 재물손괴죄는 과실범은 처벌되지 않는다. 따라서 도선사나 선장이 인천항의 갑문을 통과하면서 갑문을 파손시켰다면 인식 있는 과실인 한은 재물손괴죄로 처벌받지 않는다.

3. 민사상의 주의의무 위반

형사에서는 고의범 처벌이 원칙이고 과실범은 특별한 경우가 아니면 처벌되지 않으므로 고의와 과실의 구별실익이 있으나 민사에서는 고의뿐만 아니라 과실만으로도 불법행위가 성립하므로 양자의 구별실익은 없다. 다만, 구상청구에 있어서는 그 구별실익이 있다. 예컨대, 선장의 과실로 인한 사고에 있어서 선박소유자는 피해자에게 손해배상을 한 후 민법 제756조 제3항의 구상청구를 선장에게 할 수 있다. 국가배상법의 경우는 공무원이 고의 혹은 중과실이 있는 경우에만 국가는 공무원에 대하여 구상청구가 가능하다. 동 규정을 민법 제756조 제3항에 유추적용하는 입장에서는 선장에게 경과실만 있는 경우에는 선장은 구상당하지 않게 된다. 술에 취한 상태에서 조타기를 조작하는 행위는 중과실(重過失)로 볼 수 있을 것이다.

불법행위에서 보통 과실이라고 하는 때에는 추상적 경과실(輕過失)을 가리킨다. 추상적 과실이란 추상적으로 평균인·표준인에게 요구되는 주의를 게을리한 것을 말한다.[55] 추상적 과실의 기준이 되는 것은 일반인·평균인의 주의 정도이다. 즉, 사회공동생활의 한 사람으로서 요구되는 정도의 주의이다. 그러나 한편 그것은 추상적인 일반인·평균인 또는 추상적으로 상정되는 사회공동생활

55) 곽윤직, 앞의 책, 631면.

의 일원이라는 것은 아니며, 그때그때의 구체적인 사례에 있어서의 표준인·보통인이라는 것이다. 따라서 과실의 인정에 있어서는 그 사람의 직업이나 지위, 사건의 환경 등이 당연히 고려된다. 뿐만 아니라 그 사고로부터 생기는 위험의 대소 또는 피침해이익의 대소에 의하여 주의의무의 정도가 변한다. 예컨대, 생명·신체에 직접 어떤 피해를 줄 위험이 큰 의사, 운수사업자, 식품제품판매업자 등은 무거운 주의의무를 지는 것이 되고, 기본적 인권이 관련되는 체포, 수색 등을 하는 경찰관의 주의의무도 무겁다고 한다.[56)]

4. 해양안전심판에서의 주의의무 위반

해양안전심판원에서의 주의의무 위반이 민사나 형사와 달라야 할 이유는 특별히 없다. 그러나 해양안전심판원에서는 사고와 인과관계가 없는 주의의무 위반에 대하여도 이를 재결서의 원인판단에 명기하여 징계에 참고한다는 점이 민사나 형사에서의 입장과 다르다. 예컨대, 묘박 중인 선박이 묘박시에 반드시 게양하도록 되어 있는 형상물을 게양하지 않은 상태에서 충돌사고가 발생하였다고 하자. 그럼에도 불구하고 항해 중인 일반동력선은 묘쇄(錨鎖, 닻에 연결된 사슬)가 나가 있는 것과 레이더를 통하여 동 선박이 묘박선임을 알고 있었다면, 민사에서는 형상물 불게양이 사고와 인과관계가 없는 것이 되어 이는 책임귀속의 요소가 되지 않는다. 그러나 동 선박은 항법의 규정을 위반하였으므로 해양안전심판원에서는 이러한 사실을 재결서에 기록하고 이러한 과실에 대하여 적어도 권고재결을 내릴 것이다.

> 마스트 정부등은 225도의 수평의 호(弧)를 비추게 되어 있다. 그런데 어선에서 360도의 수평을 비추는 전주등을 설치하였다. 정면상태에서 충돌이 발생한 Victory호 사건에서 영국 해사법원은 전주등이 정면에서 접근하는 선박에는 어떠한 영향도 미치지 아니하였으므로 사고와 인과관계가 없다고 판시하였다.[57)] 그러나 이는 국제규칙 제20조 b항 위반이다.

해양안전심판에서의 주의의무기준은 일반적으로 민사에서의 그것보다 높

---

56) 위의 책, 633면. 여객선의 선장과 일반화물선의 선장의 주의의무가 달라지게 된다.
57) The “Victory”, [1996] 2, Lloyd’s Reports, p.488.

은 것으로 보인다.58) 천일호 사건에서는 천일호는 전혀 과실이 없는 것으로 서울고등법원(서울고법 1999. 8. 17. 선고 98나46145판결)과 대법원(대법원 2000. 11. 28. 선고 99다55557판결)은 판시하였으나, 중앙해난심판원은 이보다 앞서 천일호의 행위는 사고의 한 원인이 된다는 재결을 하였었다(중해심 제97-31호, 1997. 12. 11).59)

> 선미 쪽으로 지나가려던 상대선박이 3분 전 진행방향을 돌려 횡단상태로 되어 충돌이 발생한 본 사안에서, 대법원은 충돌에 이르는 3분 동안에 3항사가 취할 수 있는 조치는 다 취하였으므로 과실이 없다고 하였으나, 중앙해심원은 천일호의 3등항해사가 최근접통과거리 예측 및 동정 감시를 소홀히 한 것도 사고의 일인이 된다고 하였다.

Ⅲ. 해기사의 법적 책임

선박운항과 관련하여 해기사(海技士)는 형사상·민사상 그리고 행정법상의 책임을 부담한다. 형사상의 책임이란 해기사가 형벌법규에 위반하여 범죄행위를 한 경우에 형사처벌을 받게 되는 것을 말한다. 민사상의 책임이란 선박충돌이라는 불법행위와 관련하여 해기사가 부담하게 되는 손해배상책임을 말한다.60) 행정법상의 책임이란 선박충돌과 관련하여 과실이 있는 해기사가 해양안전심판원이나 해양수산부로부터 행정상의 징계, 업무정지나 면허의 취소, 과태료를 부과받는 것을 말한다.

이러한 해기사에 대한 책임부과는 해기사에게 주의의무 위반, 즉 과실을 필요로 한다. 이때 과실 판단의 기준이 되는 것이 해상교통법이다.

---

58) 여기에 대하여는 김인현, "民事的 시각에서 고찰한 해양안전심판원의 船舶衝突過失比率算定," 『한국해법학회지』, 제22권 제1호(2000. 4), 123면 이하 참고.

59) 여기에 대하여는 김인현, "2000년도 국내 해사관련 주요 판례소개," 『해양한국』, 2001년 6월호, 174면을 참고 바람.

60) 해기사의 불법행위는 민법 제750조에 기한 자신의 직접적인 책임뿐만 아니라 민법 제756조 혹은 상법 제878조 내지 제879조에 기한 선주의 사용자책임을 발생하게 한다. 보통은 손해배상능력이 큰 선주에게 손해배상청구가 제기되고 선주가 손해배상을 부담하게 된다. 그러나 이 경우에도 선주는 선원에 대하여 구상청구를 할 수 있다.

1. 형사상 책임

(1) 기초개념

우리 형법은 고의범만 처벌하는 것을 원칙으로 하고, 특별한 경우에만 과실범을 처벌한다. 과실범이 처벌되는 경우로는 실화죄(제170조), 과실일수죄(過失溢水罪, 제181조), 과실교통방해죄(제189조 제1항), 과실치상죄(제266조), 과실치사죄(제267조) 등이다.

범죄가 성립하기 위하여는 행위가 구성요건해당성, 위법성, 책임을 모두 갖추어야 한다. 구성요건에는 위법성과 책임이 포함되어 규정되어 있고, 먼저 구성요건에 해당하고 소극적으로 위법성조각사유와 책임조각사유가 없으면 범죄가 성립하므로 구성요건에 해당하는지의 여부가 범죄의 성립에 있어서 가장 중요하다. 구성요건은 형법이나 특별형법 등 형벌규정에 기술되어 있다.[61]

선박운항과 관련하여 문제가 되는 형사상의 책임으로는 형법 제268조상 업무상 과실치사상죄, 형법 제189조 제2항의 업무상 선박매몰·파괴죄 등이 있다. 이들은 모두 행위자의 과실만으로도 처벌이 되는 과실범 처벌 규정들이다. 이외에 행정형법으로 해양환경관리법 제126조 및 제127조의 유류오염처벌 조항과 해상교통안전법 제113조의 음주운항처벌 조항[62]이 있다. 이들이 각각 일죄(一罪)로서 범죄가 되기도 하지만, 보통의 경우에는 한 번의 행위로 여러 개의 범죄가 성립되는 상상적 경합이 된다. 예컨대, 1995. 7. 24일 시프린스호 사고에서 선장은 해양오염방지법 위반, 업무상 과실치사, 업무상 과실치상, 업무상 과실선박파괴죄에 해당하였으나 상상적 경합으로서 법정형이 가장 높은 업무상 과실치사죄로 처단되어 징역 1년을 선고받았다.

(2) 형법 규정

선박운항과 관련된 형법상의 범죄로는 형법 제268조상 업무상 과실치사상죄, 형법 제189조 제2항의 업무상 선박매몰·파괴죄, 교통방해죄 등이 있다. 이

---

61) 위법성조각사유로는 정당방위, 긴급피난, 자구행위, 정당행위 등이 있다. 책임조각사유로는 형사미성년자, 기대불가능성 등이 있다. 선원들은 특별한 사정이 없는 한 책임능력을 가지고 있으므로 책임조각사유는 없다고 보아야 한다.

62) 해상교통안전법 제39조(술에 취한 상태에서의 조타기 조작 등 금지)를 위반하면 동법 제113조 각 호에 따라 징역 또는 벌금에 처하게 된다.

들은 모두 과실범이 처벌되는 규정들이다. 이 외에 형법 제250조의 살인죄, 형법 제257조의 상해죄, 형법 제271조의 유기죄, 형법 제366조의 재물손괴죄 등이 있을 수 있다. 이들은 모두 고의범만 처벌되는 규정들이다. 대표적인 것 몇 개만 살펴본다.

1) 업무상 과실치사상죄

형법 제268조는 "업무상 과실 또는 중대한 과실로 사람을 사망이나 상해에 이르게 한 자는 5년 이하의 금고 또는 2천만원 이하의 벌금에 처한다"고 정하고 있다. 본조에서 말하는 업무라 함은 '사람이 사회생활상의 지위에 기하여 계속하는 사무'로서 특히 생명·신체에 위험을 초래하는 업무라고 할 수 있다. 선박의 충돌·접촉·좌초·전복·침몰·화재를 일으켜 사람의 행방불명·부상·사망이 발생하면 본죄의 적용을 받는다.[63]

2) 유기죄

형법 제271조 제1항은 "나이가 많거나 어림, 질병 그 밖의 사정으로 도움이 필요한 사람을 법률상 또는 계약상 보호할 의무가 있는 자가 유기한 경우에는 3년 이하의 징역 또는 500만원 이하의 벌금에 처한다"고 정하고 있고, 제3항은 "제1항의 죄를 지어 사람의 생명에 위험을 발생하게 한 경우에는 7년 이하의 징역에 처한다"고 한다. 본죄의 주체는 도움이 필요한 사람을 보호할 법률상·계약상 의무가 있는 자이다. 본죄가 성립하기 위하여는 주관적인 구성요건으로서 고의가 있어야 하며, 자기가 보호의무자이며 도움이 필요한 사람(요부조자)을 유기한다는 인식과 의사가 있어야 한다. 본죄로 인하여 사람을 사망에 이르게 하거나 상해에 이르게 하면 유기치사상죄[64]가 성립하며, 애초에 상해 또는 살해의 고의가 있었을 때에는 상해죄 또는 살인죄가 성립될 뿐이다.[65]

충돌사고가 발생하였음을 모르고 계속 항해하였다면 고의가 없으므로 본죄가 성립하지 않는다. 선박의 선장이나 항해사가 해상에서 조난자를 발견하

---

63) 『해양범죄백서』(부산지방검찰청, 1997), 243면.

64) 형법 제275조 제1항은 "제271조 또는 제273조의 죄를 범하여 사람을 상해에 이르게 한 때에는 7년 이하의 징역에 처한다. 사망에 이르게 한 때에는 3년 이상의 유기징역에 처한다"고 정하고 있다.

65) 이재상, 『형법각론』(박영사, 2000), 103면.

고도 구조하지 않은 것이나, 충돌 후 침몰 직전의 상대선박에서 선원들을 구조하지 않는 것은 본죄에 해당한다. 이 경우에 선장이나 항해사는 선원법 제12조(선박충돌시의 조치)[66] 혹은 제13조(조난선박 등의 구조)[67] 규정에 의한 법률상 보호의무가 있다고 보아야 한다. 다만, 선원법 제162조[68]와 제163조[69]에도 유기죄를 처벌하는 규정이 있으므로 법조경합으로 선원법의 규정이 우선 적용된다.

3) 재물손괴죄

형법 제366조는 "타인의 재물 문서 또는 전자기록 등 특수매체기록을 손괴 또는 은닉 기타 방법으로 그 효용을 해한 자는 3년 이하의 징역 또는 700만원 이하의 벌금에 처한다"고 정하고 있다. 재물이란 유체물뿐만 아니라 관리할 수 있는 동력을 포함한다. 타인의 재물에는 선박이 포함된다. 재물손괴죄는 고의범만 처벌할 뿐이고 과실범을 처벌하는 규정이 없다.[70] 그러므로 선박조종상의 과실로 인천항의 갑문을 파손한 도선사나 선장은 재물손괴죄의 구성요건에 해당하지 아니하여 처벌되지 아니한다. 업무상 과실로 인한 충돌사고로 선박을 침몰시킨 행위는 고의범이 아니므로 재물손괴죄에 해당하지 않고 업무상과실

---

66) 선원법 제12조는 "선박이 서로 충돌하였을 때에는 각 선박의 선장은 서로 인명과 선박을 구조하는 데 필요한 조치를 다하여야 하며, 선박의 명칭·소유자·선적항·출항항 및 도착항을 상대방에게 통보하여야 한다. 다만, 자기가 지휘하는 선박에 급박한 위험이 있는 경우에는 그러하지 아니하다"고 정하고 있다.

67) 선원법 제13조는 "선장은 다른 선박 또는 항공기의 조난을 알았을 때에는 인명을 구조하는 데 필요한 조치를 다하여야 한다. 다만, 자기가 지휘하는 선박에 급박한 위험이 있는 경우 등 해양수산부령으로 정하는 경우에는 그러하지 아니하다"고 정하고 있다.

68) 선원법 제162조(벌칙) 제12조 본문을 위반한 사람은 다음 각 호의 구분에 따라 처벌한다.
1. 인명을 구조하는 데 필요한 조치를 다하지 아니하여 사람을 사망에 이르게 한 선장: 무기 또는 3년 이상의 징역
2. 인명을 구조하는 데 필요한 조치를 다하지 아니하여 사람을 상해에 이르게 한 선장: 1년 이상 5년 이하의 징역
3. 선박을 구조하는 데 필요한 조치를 다하지 아니한 선장: 1년 이하의 징역 또는 1천만원 이하의 벌금

69) 선원법 제163조(벌칙) 선장이 다음 각 호의 어느 하나에 해당할 때에는 3년 이하의 징역 또는 3,000만원 이하의 벌금에 처한다.
1. 제13조를 위반하여 인명을 구조하는데 필요한 조치를 다하지 아니하였을 때
2. 선박을 유기(遺棄)하였을 때
3. 외국에서 해원(海員)을 유기하였을 때

70) 이재상, 앞의 책, 430면.

선박매몰죄에만 해당한다.

4) 선박매몰·파괴죄 및 업무상 과실·중과실 선박매몰·파괴죄

형법 제187조는 "사람이 현존하는 기차, 전차, 자동차, 선박 또는 항공기를 전복, 매몰, 추락 또는 파손한 자는 무기 또는 3년 이상의 징역에 처한다"고 한다. 이는 고의범을 처벌하는 규정이다. 사람이 현존한다는 사실만으로 위에 열거한 교통수단에 대한 공격은 교통안전과 공공의 위험을 해하는 정도가 현저히 증가한다고 할 것이므로, 일반교통방해죄나 기차, 선박 등 교통방해죄[71]에 비해 형을 가중하였다.[72] 사람이 현존하는 시기는 실행행위를 개시할 때에 있으면 족하다.

매몰(埋沒)은 선박을 침몰시키는 것이다. 침몰은 좌초(坐礁)와 구별된다. 따라서 침몰의 의사로 좌초하게 한 때에는 본죄의 미수에 불과하며, 좌초로 인하여 선박이 파괴된 때에는 파괴에 해당하게 된다.[73] 파괴는 교통기관으로서의 기능의 전부 또는 일부를 불가능하게 할 정도의 파괴임을 요한다고 해석된다.[74] 그러므로 선박충돌로 인하여 선수(船首) 윗부분이 약간 파손되었으나 항해에 지장이 없는 정도의 손상은 본조에서 말하는 파괴에 해당하지 않아서 구성요건에 해당하지 않게 된다.[75]

---

71) 형법 제185조(일반교통방해) 육로, 수로 또는 교량을 손괴(損壞) 또는 불통하게 하거나 기타 방법으로 교통을 방해한 자는 10년 이하의 징역 또는 1,500만원 이하의 벌금에 처한다. 본죄는 교통방해죄의 기본적 구성요건으로서 고의범만을 처벌하는 규정이다. 형법 제186조(기차, 선박 등의 교통방해) 궤도, 등대 또는 표지를 손괴하거나 기타 방법으로 기차, 전차, 자동차, 선박 또는 항공기의 교통을 방해한 자는 1년 이상의 유기징역에 처한다. 객체가 중요한 교통기관에 제한되어 있다는 점에서 일반 교통방해죄에 비하여 불법이 가중된다고 볼 수 있다.

72) 이재상, 앞의 책, 501면.

73) 위의 책, 502면.

74) 대법원 1970. 10. 23. 선고 90도1611판결에서는 "형법 제187조에 정한 파괴의 뜻은 기차, 자동차, 선박 또는 항공기 등의 교통기관으로서의 용법의 전부 또는 일부를 불가능하게 할 정도의 파손을 의미하는 것이고 경미한 손괴를 포함하지 않는다고 해석함이 상당하다"고 판시하였다. 이재상, 앞의 책, 502면.

75) 2007. 12. 7. 허베이 스피리트호 오염 사고에서 허베이 스피리트호의 선장 등이 동 선박에 대한 업무상 과실 선박 파괴죄를 범하였는지 문제가 되었다. 대법원은 "총 길이 338m, 갑판 높이 28.9m, 총톤수 146,848톤, 유류탱크 13개, 평형수 탱크 4개인 대형유조선인 허베이 스피리트호가 이 사건 충돌로 인한 손상은 좌현 1, 3, 5번 유류탱크에 각 한군데씩 구멍(1번 탱크 0.3m×0.03m, 3번 탱크 1.2m×0.1m, 5번 탱크 1.6m×2m)이 생기는 등 파손

그리고 형법 제189조 제2항은 "업무상 과실 또는 중대한 과실로 인하여 제185조 내지 제187조의 죄를 범한 자는 3년 이하의 금고 또는 2,000만원 이하의 벌금에 처한다"고 하여 과실범도 처벌함을 규정하고 있다. 업무상 과실로 인한 선박충돌로 선박이 침몰하였다면 업무상 과실 선박매몰죄가 성립되고, 선박이 파괴되었다면 업무상 과실 선박파괴죄가 성립한다.

(3) 기타 단행법(행정형법)

1) 「해양환경관리법」

선박의 충돌로 상대선박 혹은 자신의 선박으로부터 기름 혹은 유해액체물질이 유출되게 되면 고의 혹은 과실이 있는 해기사 등은 해양환경관리법 위반으로 처벌을 받게 된다.

해양환경관리법 제22조(오염물질의 배출금지 등) 제1항은 "누구든지 선박으로부터 오염물질을 해양에 배출하여서는 아니된다. … "고 한다. 오염물질은 해양에 유입 또는 해양으로 배출되어 해양환경에 해로운 결과를 미치거나 미칠 우려가 있는 폐기물, 기름, 유해액체물질 및 포장유해물질을 말한다(제2조 제11호). 해양환경관리법은 형사처벌 규정을 고의범과 과실범으로 나누고, 또 기름인 경우와 다른 오염물질인 경우로 나누어서 규정하고 있다.

제22조 제1항 및 제2항의 규정을 위반하여 선박 또는 해양시설로부터 기름, 유해액체물질, 포장유해물질을 배출한 자는 5년 이하의 징역 또는 5천만원 이하의 벌금에 처한다(제126조). 제22조 제1항 및 제2항의 규정을 위반하여 선박 또는 해양시설로부터 폐기물·유해액체물질·포장유해물질을 배출한 자에 대하여는 3년 이하의 징역 또는 3천만원 이하의 벌금에 처한다(제127조). 이것은 고의범을 처벌하는 규정이다.

과실로 제22조 제1항 및 제2항의 규정을 위반하여 선박 또는 해양시설로부터 기름 등을 배출한 자에 대하여는 3년 이하의 징역 또는 3천만원 이하의 벌금에 처한다(제127조). 과실로 제22조 제1항 및 제2항의 규정을 위반하여 선박 또

된 정도에 불과하여, 형법 제187조에서 정한 선박의 '파괴'에 이를 정도라고 보기 어렵고, 이는 유류탱크에 생긴 구멍에서 기름이 누출되어 이를 수리할 때까지 기름을 운송하는 유조선으로서의 기능을 정상적으로 수행할 수 없었다고 하여 달리 볼 것도 아니다"고 판시하여 업무상 과실 파괴죄를 인정한 원심을 파기하였다(대법원 2009. 4. 23. 선고 2008도11921판결).

는 해양시설로부터 폐기물을 배출한 자는 2년 이하의 징역 또는 2천만원 이하의 벌금에 처한다(제128조 제1호). 이것은 과실범을 처벌하는 규정이다.

법인의 대표자나 법인 또는 개인의 대리인, 사용인, 그 밖의 종업원이 그 법인 또는 개인의 업무에 관하여 제126조부터 제129조까지의 어느 하나에 해당하는 위반행위를 하면 그 행위자를 벌하는 외에 그 법인 또는 개인에게도 해당 조문의 벌금형을 과(科)한다. 다만, 법인 또는 개인이 그 위반행위를 방지하기 위하여 해당 업무에 관하여 상당한 주의와 감독을 게을리하지 아니한 경우에는 그러하지 아니하다(제130조). 따라서 선주도 제130조의 양벌규정에 따라서 형사처벌을 받게 되지만 벌금형이 부과된다.

한편, 외국인 해기사 등의 경우에는 제131조의 외국인에 대한 벌칙 적용의 특례가 적용된다. "① 외국인에 대하여 제127조 및 제128조의 규정을 적용함에 있어서 고의로 우리나라의 영해 안에서 위반행위를 한 경우를 제외하고는 각 해당 조의 벌금형에 처한다. ② 제1항의 규정에 따른 외국인의 범위에 관하여는 「배타적 경제수역에서의 외국인어업 등에 대한 주권적 권리의 행사에 관한 법률」 제2조의 규정을 적용하고, 외국인에 대한 사법절차에 관하여는 동법 제23조 내지 제25조의 규정을 준용한다". 따라서 동일한 사고에서 외국인 해기사의 경우에는 벌금형으로만 처벌된다.

> 경계를 소홀히 하여 선박충돌을 야기하거나, 혹은 선박에서 연료유를 보급받다가 밸브 조작을 잘못하여 오염사고가 발생한 경우 선원은 과실로 인한 기름배출행위로 해양환경관리법 제127조에 따라 처벌된다. 2007. 12. 7일 허베이 스피리트호 오염사고에서 유류오염과 관련하여 삼성중공업측 주예인선 선장 징역 2년 3월, 부예인선 선장 징역 8월, 부선선두(艀船船頭) 징역 1년 3월, 삼성중공업 벌금 3천만원 그리고 허베이 스피리트호 선장 벌금 2천만원, 1등항해사 벌금 1천만원, 선주 벌금 3천만원에 처하여졌다(대전지방법원 2009. 6. 11. 선고 2009노988판결).

2) 「해상교통안전법」

해상교통안전법 제113조 제1항에서는 "제39조 제1항을 위반하여 술에 취한 상태에서 「선박직원법」 제2조 제1호에 따른 선박[총톤수 5톤 미만의 선박과 같은 호 나목 및 다목에 해당하는 외국선박을 포함하고, 시운전선박(국내 조선소에서 건조 또는 개조하여 진수 후 인도 전까지 시운전하는 선박을 말한다)을 포함한다. 이하 이 조 및 제40조에서 같다]의 조타기(操舵機)를 조작하거나 조작할 것을 지시하는 운항자 또는 도선을 한 사람은 다음 각 호에 따라 처벌한다"고 한다.

동법 제114조는 "다음 각 호의 어느 하나에 해당하는 자는 1년 이하의 징역 또는 1,000만원 이하의 벌금에 처한다"고 하고, 제9조 제2항의 규정에 위반한 자(제4호), 제11조 제1항의 규정에 위반하여 유조선통항금지해역에서 항행한 자(제6호)를 여기에 포함시키고 있다. 동법 제9조 제2항은 "교통안전특정해역에서는 어망 또는 그 밖의 선박의 통항에 영향을 주는 어구 등을 설치하거나 양식어업을 하여서는 아니된다"고 한다. 제11조 제1항은 "다음 각 호의 어느 하나에 해당하는 석유 또는 유해액체물질을 운송하는 선박(이하 "유조선"이라 한다)의 선장이나 항해당직을 수행하는 항해사는 유조선의 안전운항을 확보하고 해양사고로 인한 해양오염을 방지하기 위하여 대통령령으로 유조선의 통항을 금지한 해역(이하 "유조선통항금지해역"이라 한다)에서 항행하여서는 아니된다. 1. 원유, 중유, 경유 또는 이에 준하는「석유 및 석유대체연료 사업법」제2조 제2호 가목에 따른 탄화수소유, 같은 조 제10호에 따른 가짜석유제품, 같은 조 제11호에 따른 석유대체연료 중 원유·중유·경유에 준하는 것으로 해양수산부령으로 정하는 기름 1,500킬로리터 이상을 화물로 싣고 운반하는 선박, 2.「해양환경관리법」제2조 제7호에 따른 유해액체물질을 1,500톤 이상 싣고 운반하는 선박"이라고 정하고 있다.

3)「선박입출항법」

동법 제47조(출항의 중지)는 "관리청은 선박이 이 법 또는 이 법에 따른 명령을 위반한 경우에는 그 선박의 출항을 중지시킬 수 있다"고 정하고, 이에 위반한 자는 제55조 제11호에 따라 1년 이하의 징역 또는 1,000만원 이하의 벌금에 처하여진다.

무역항의 수상구역등에 출입하는 경우 또는 무역항의 수상구역등을 통과하는 경우 우선피항선 외의 선박은 관리청이 지정·고시한 항로를 따라 항행하여야 함에도 불구하고(동법 제10조 제2항 본문) 이를 위반하거나, 특별한 사유 없이 항로 안에 정박한 경우에 위반한 자는 동법 제56조 제8호에 따라 500만원 이하의 벌금형에 처하여진다. 동법 제12조 제1항에 따른 항로에서의 항법에 위반한 자 등은 동법 제57조 제1호에 따라 300만원 이하의 벌금에 처하여진다.

(4) 형사상 책임의 처리과정

선박충돌과 같은 해양사고가 발생하게 되면 해양경찰은 사건보고를 받고 이를 조사하여 범죄의 혐의가 있다고 보면 범인인지(입건)를 하고 인지보고를 검사에게 하면서 검사의 수사지휘를 받게 된다. 긴급체포된 피의자로서 선원들은 검사가 청구하여 판사가 발부하는 구속영장에 의거하여,[76] 해양경찰의 유치장에 구속되거나 혹은 불구속상태에서 해양경찰의 조사를 받게 된다. 구속영장이 발부되기 전 피의자는 형사소송법 제201조의2에 따라 영장실질심사(구속전피의자심문제도)청구를 할 수 있다. 구속된 피의자 등은 관할법원에 구속적부심을 청구할 수 있다(형사소송법 제214조의2). 구속된 피의자는 10일 이내에 경찰에서 검찰에 송치되고(동법 제202조), 검사는 피의자를 구속한 때 또는 사법경찰관으로부터 피의자의 인치를 받은 때에는 10일 이내에 공소를 제기하지 않으면 피의자를 석방하여야 한다(동법 제203조). 수사의 종결로서 담당검사는 공소의 제기[77] 혹은 불기소 처분을 내리게 된다. 기소를 하면서 검사는 판사에 대하여 구약식(求略式)[78] 혹은 구공판(求公判)을 구하게 된다. 다음은 법원에서 판사가 약식명령으로 벌금을 부과하거나 정식재판에서 형을 결정하게 된다.

한편, 1996. 6. 15일 폴리뎁키스호와 안나스피라토우호 충돌 사고에서 발생한 오염사고에 대하여 가해선인 폴리뎁키스호의 선장과 선주는 각 벌금 3,000만원에 구약식(求略式)되었다.[79]

---

76) 형사소송법 제212조에 따라 현행범인의 경우에는 누구든지 영장 없이 체포할 수 있다.

77) 형사소송법 제246조(국가소추주의)는 "공소는 검사가 제기하여 수행한다"고 정하고 있다.

78) 형사소송법 제448조에 따르면 지방법원은 그 관할에 속한 사건에 대하여 검사의 청구가 있는 때에는 공판절차 없이 약식명령으로 피고인을 벌금, 과료 또는 몰수에 처할 수 있다. 보통 해양환경관리법 위반으로 인한 형사사건에 있어서는 약식절차로 처리된다. 검사는 공소를 제기하면서 구약식(求略式, 약식기소)을 서면으로 하게 된다(형사소송법 제449조). 약식명령의 고지는 검사와 피고인에 대한 재판서의 송달에 의하여야 한다(형사소송법 제452조).

79) 부산지방검찰청, 앞의 책, 185면.

2. 민사상 책임

(1) 기초개념

1) 불법행위로서의 선박충돌

선박충돌은 전형적인 불법행위의 하나이다. 불법행위란 법률의 근본목적에 어긋나고 법률질서를 깨뜨리는 행위로서, 법률이 그 본질상 이를 허용할 수 없는 것으로 평가하는 행위이다.[80] 우리 민법 제750조는 고의 또는 과실로 인한 위법행위로 타인에게 손해를 가한 자는 그 손해를 배상할 책임이 있다고 정하고 있다. 따라서 불법행위가 성립하기 위하여는 가해자의 고의 또는 과실 및 위법행위와, 그로 인한 손해의 발생과, 그 위법행위와 발생한 손해 사이에 인과관계가 있어야 한다. 그리고 책임능력도 필요하다.[81] 불법행위는 법률사실로서 법률요건이 되고 선박충돌이라는 불법행위가 성립하면 그 법률효과로써 피해자에게 손해배상청구권이 인정된다. 실제 선박충돌에서 적용되는 규정은 상법 제878조, 제879조 그리고 제880조이다.

2) 불법행위의 성립요건

위법이라는 것은 실정법규와 사회질서에 위반하는 것을 뜻한다.[82] 위법성이 구체적으로 인정되는 경우로는 소유권, 점유권, 제한물권, 광업권·어업권 등 재산적 이익의 침해가 있는 때와 생명, 신체, 명예 등 비재산적 이익의 침해가 있는 때로 크게 나눌 수 있다.[83] 선박충돌은 상대선주의 선박에 대한 소유권 침해가 동반되게 되므로 이는 위법행위가 된다.

귀책사유로서의 고의·과실이 있어야 한다. 선박충돌사고에 있어서 고의충돌이란 거의 찾아보기 힘들 것이다. 주의의무 위반, 즉 과실로 인한 충돌사고에 대하여는 장을 바꾸어서 보도록 한다.

불법행위가 성립하려면 가해행위에 의하여 손해가 발생하여야 한다(민법 제750조). 그리고 그 손해는 현실적으로 발생한 것에 한하여 배상된다. 선박충돌

---

80) 곽윤직, 『채권총론』(박영사, 1992), 601면.

81) 불법행위가 성립하려면 행위자가 책임능력이 있어야 하나, 선박충돌의 경우에 해기사라면 누구나 책임능력이 있다고 추정되므로 여기에 대한 논의는 생략한다.

82) 곽윤직, 앞의 책, 651면.

83) 위의 책, 653~657면; 김상용, 『불법행위법』(법문사, 1997), 81면.

은 선체의 손상이나 침몰 혹은 인명의 손상을 동반하므로 불법행위가 성립되는 손해의 발생이 있게 된다. 가해자가 배상하는 손해는 가해자의 가해행위로 피해자가 입은 손해여야 하므로, 가해행위와 손해의 발생 사이에는 인과관계가 있어야 한다. 어떤 위법한 행위와 손해의 발생이 인과관계가 없다면 그 손해를 행위자에게 귀속시킬 수 없다. 인과관계란 원인행위와 그 원인행위로 인하여 발생한 결과 간의 관계를 말하며, 불법행위에 있어서는 가해자의 가해행위가 없었더라면 피해자에게 손해가 발생하지 않았으리라고 인정되는 관계를 말한다.[84] 이 인과관계의 범위는 상당인과관계에 한한다(민법 제763조, 제393조). 예컨대, 선박충돌로 인하여 선수의 일부분이 파손되었어도 항해에는 아무런 지장이 없었던 상황에서 예인 도중에 폭풍우를 만나서 예인선과 함께 그 선박이 침몰하게 되었다면, 그 선박의 침몰에 대하여는 행위자의 충돌행위와 침몰은 상당인과관계가 없으므로 행위자는 책임을 부담하지 않게 된다.

(2) 선박충돌로 인한 해기사의 손해배상책임

해기사는 불법행위자로서 민법 제750조의 불법행위책임을 부담한다. 사용자책임을 부담한 선주는 민법 제756조 제3항에 근거하여 해기사에게 이론상 구상청구가 가능하다. 해기사들은 상법상 책임제한제도 및 기타 면책제도의 원용이 가능하다(상법 제774조 제1항 제3호).

(3) 민사상 책임의 처리과정

충돌사고가 발생하면 사고현장에 제일 먼저 도착하는 사람이 보험회사에서 지명한 검정인(surveyor)이다. 이들은 사고현장을 확인하고 손해사실을 입증할 보고서를 작성하게 된다. 보험회사는 변호사 및 심판변론인(구 해사보좌인) 등 해사자문인을 지명하여 그들을 현장에 보내어 선원들에 대한 인터뷰를 하게 하고 증거를 보전하는 등 향후의 민사상의 처리를 시작하게 된다. 검정인이나 변호사들이 선주와 보험회사에 사고의 내용을 보고하고 변호사들은 향후의 사고처리 방향에 대하여 의견을 제시하게 된다.

甲 선박과 乙 선박이 쌍방과실로 서로 피해를 보았다고 하자. 선주가 보험에 가입하고 있는 경우에는 선주는 자신의 손해배상을 보험을 통하여 처리하게

---

84) 김상용, 위의 책, 95면.

되고, 보험회사는 선주가 가지고 있던 모든 손해배상청구권 등을 대위(代位)하게 되고(상법 제682조) 보험회사가 구상권을 행사하게 된다. 甲 선박의 보험회사는 甲 선박의 선주에게 선체수리비 등을 지급하고 나서 상대방에 대하여 과실비율에 따른 정산을 하게 되는데, 이때 甲 선박의 보험회사는 乙 선박의 선주와 그 선장에 대하여 甲 선박의 선주로부터 대위(代位)받은 민법 제750조와 상법 제879조에 기한 손해배상에 대한 구상청구를 하게 된다.

해양안전심판원의 원인재결은 과실비율이나 사고원인으로서의 권위를 인정받아, 민사에서의 과실비율 산정의 기초가 된다.

3. 행정법상 책임

(1) 기초개념

해기사가 부담하는 행정법상의 책임은 행정처분의 주체를 기준으로 보면 국토해양부와 해양안전심판원으로 나누어 볼 수 있다. 해기면허를 소지하고 있는 해기사가 해양사고를 야기한 경우에, 면허를 발급한 해양수산부가 행정상의 징계조치를 취하거나 해양안전심판원에서 사고의 원인을 조사하여 해기사에 대하여 업무정지 등 징계를 취하게 된다. 해기사의 행정법상의 책임은 해기면허의 취소, 업무정지, 견책, 혹은 범칙금 및 벌과금의 부과로 나타난다.

(2) 법률규정

1) 해양사고의 조사 및 심판에 관한 법률(이하 '해양사고심판법')

해양안전심판의 목적은 해양사고의 원인규명과 해양사고의 방지에 있다. 이를 위하여 해양안전심판에서는 원인재결(原因裁決)과 징계재결(懲戒裁決)을 하게 되는 바, 해양사고심판법 제5조(재결) 제1항은 "심판원은 해양사고의 원인을 밝히고 재결로써 그 결과를 명백하게 하여야 한다"고 하고, 제2항은 "심판원은 해양사고가 해기사나 도선사의 직무상 고의 또는 과실로 발생한 것으로 인정할 때에는 재결로써 해당자를 징계하여야 한다"고 정하고 있다. 그러므로 해양안전심판원은 직무상 과실로 충돌사고를 야기한 해기면허소지자에 대하여 해양사고심판법에 따른 징계를 할 수 있다.

징계재결은 ① 면허의 취소, ② 업무의 정지, ③ 견책 등 3종이고, 업무의 정지기간은 1개월 이상 1년 이하로 한다(동법 제6조 제1·2항). 해기면허를 소지하지 않고 있는 선주나 어로장(漁撈長) 등에 대하여는 시정명령을 내릴 수밖에 없다(동법 제5조의2). 이 외에 과태료 등을 부과하는 규정들이 있다.

2) 「도선법」

도선법 제9조 제1항은 "해양수산부 장관은 도선사가 다음 각호의 어느 하나에 해당할 때에는 면허를 취소하거나 6개월 이내의 기간을 정하여 업무의 정지를 명할 수 있다. (…) 8. 도선 중 해양사고(해양사고의 조사 및 심판에 관한 법률 제2조 제1호에 따른 해양사고)를 낸 경우. 다만, 그 사고가 불가항력으로 인한 것인 경우에는 그러하지 아니하다. (…)"고 정하고 있다. 도선사가 도선 중 선박충돌사고를 야기하게 되면 항법상의 주의의무 위반 정도에 따라 해양수산부 장관으로부터 면허취소 또는 업무정지 처분을 당하게 된다. 도선법에 따른 면허취소나 업무정지의 처분권자는 해양수산부 장관이다. 도선사도 해기사면허를 소지하고 있기 때문에 해양사고가 발생하면 해양안전심판원의 조사와 심판을 받게 되고 과실이 있는 경우에는 징계를 받는다.

3) 「선박직원법」

선박직원법 제9조 제1항은 "해양수산부 장관은 해기사가 다음 각 호의 어느 하나에 해당할 경우에는 면허를 취소하거나 1년 이내의 기간을 정하여 업무의 정지를 명하거나 또는 견책을 할 수 있다. 다만, 해당 사유와 관련된 해양사고에 대하여 해양안전심판원이 심판을 시작하였을 때에는 그러하지 아니하다. (…) 4. 선박직원으로서 직무를 수행할 때 비행이 있거나 인명 또는 재산에 위험을 초래하거나 해양환경 보전에 장해가 되는 행위를 한 경우 (…)"라고 정하고 있다. 해양수산부 장관은 해기사가 업무를 수행함에 있어 충돌사고로 인명 또는 재산에 위험을 초래하거나 해양환경 보전에 장해를 미친 경우에는 면허취소 또는 업무정지 등의 처분을 할 수 있다.

(3) 행정법상 책임의 처리과정

1) 해양안전심판원

선박충돌 등 해양사고가 발생하게 되면 해양안전심판원의 조사관이 사고를 조사하게 된다. 각 담당 지방해양안전심판원의 조사관이 조사를 하게 되는 바, 우리나라의 지방해양안전심판원은 인천, 목포, 부산, 동해 등 4곳에 있다. 조사관의 조사를 거친 후 조사관은 사건에 대하여 심판 불요처분(不要處分)을 하거나 심판청구를 하게 되고, 사건은 심판관의 재결을 거치게 된다. 이때 해양사고와 관련된 해기사들은 해양사고관련자(구 수심인)로서, 선주 등도 해양사고관련자(구 지정해난관계인)로 참석하게 된다.

보통 조사관의 모두진술(冒頭陳述), 심리(2회 정도), 조사관의 의견진술 그리고 재결 등의 과정을 거치고 조사관의 사건재결신청에서 재결까지는 보통 2개월이 소요된다. 이 과정에서 해양사고관련자가 형사입건되어 구속되어 있으면 이동심판을 열기도 한다.[85)]

해양사고관련자, 조사관 등은 지방심판원의 재결(특별심판부의 재결 포함)에 불복하는 경우에는 제2심 청구를 중앙해양안전심판원에 할 수 있다(해양사고심판법 제58조 및 제59조). 중앙해양안전심판원의 징계재결에 불복하는 경우 재결에 대한 취소소송을 중앙심판원의 소재지를 관할하는 고등법원(대전고등법원)에 제기할 수 있다(해양사고심판법 제74조 제1항).

이러한 해양안전심판원에서의 해양사고관련자들의 이익을 대변하여 주기 위하여 재결과정에 참여하는 사람을 심판변론인(구 해사보좌인)이라고 한다(제27조, 제28조).

2) 해양수산부

해양사고가 있으면 해양수산부에서 담당자가 별도의 사고조사를 하고 도선법이나 선박직원법에 규정된 근거에 입각하여 해기사에 대하여 징계를 한다.

1995. 11. 18일 여천시 호남정유 제2번 부두에서 발생한 호남 사파이어호 오염사고와 관련하여 도선사는 중앙해양안전심판원에 의하여 도선사업무가 2개월 정지되었고, 도선법 제9조 제1항 제5호에 근거하여 여수지방해운항만청에 의하여 도선사면허가 취소되었다가, 1998. 12. 8일 대법원의 도선사면허취소처분 취소의 판결에 의하여 면허취소는 취소되게 되었다.[86)]

---

85) 해양안전심판은 행정심판의 일종이므로 민사재판과는 달리 당사자주의가 아니라 직권탐지주의를 채택하고 있다. 그러므로 심리의 주도권을 심판부와 조사관이 가지고 있다. 해양사고관련자가 주장하지 않는 사실이나 내용을 심판부와 조사관은 직접 찾아서 사고의 원인을 밝히는 역할을 한다.

86) 이와 관련한 대법원 판결에 대하여는 김인현, “1998년 해사관련 주요판례 소개 ①,” 『해양

Ⅳ. 선주의 법적 책임

선박충돌사고를 야기한 행위자는 해기사이므로 해기사가 법적 책임을 부담하는 것은 당연하지만, 우리 법은 피해자를 보호하고 사고를 방지할 목적으로 해기사의 사용자인 선주에게까지 일정한 법적 책임을 부과하고 있다.

1. 민사상 책임

선박충돌에 대하여는 민법의 불법행위 규정이 적용되는 것이 아니라, 민법의 특별법인 상법의 충돌규정이 적용된다. 우리 상법 제878조~제880조에서는 선박충돌로 인한 손해배상은 선주가 부담한다고 정하고 있다. 그렇다고 하더라도 불법행위자인 선원의 책임이 면제되는 것은 아니다. 쌍방과실일 경우에는 물적 손해에 대하여는 과실비율에 따른 분할책임을 원칙으로 하고 인적 손해에 대하여는 연대책임을 원칙으로 정하고 있다(상법 제879조). 즉, 양 선박의 물적 손해에 대하여는 양 선박의 소유자가 각 선박의 과실비율에 따라서 손해배상책임을 부담하나, 인적 손해에 대하여는 양 선박의 소유자는 피해자에 대하여 각자 100%씩의 손해배상책임을 부담한다. 그러나 어느 일방이 손해배상을 하고 나면 그 다음 다른 선주에 대한 구상청구는 과실비율에 의하게 된다.

그러므로 상법상 선박충돌로 인한 손해배상책임은 과실비율에 따르게 되고 과실비율 산정의 기초는 해상교통법상 주의의무 위반의 정도가 된다. 이러한 의미에서 해상교통법이 갖는 기능은 상당히 크다고 할 것이다.

상법은 선주 및 운송인으로 하여금 자신의 손해배상책임을 제한 또는 면제받을 수 있는 제도를 마련하고 있다. 선주책임제한제도(총체적 책임제한제도; 상법 제769조), 운송인의 개별적 책임제한제도(상법 제797), 항해과실면책(상법 제795조 제2항) 등이 그것이다. 그런데 이러한 책임의 제한과 면책은 선주 및 운송인이 미필적 고의가 없거나 감항능력주의의무를 다할 것을 전제로 하고 있다. 충돌사고의 행위자가 항법을 전혀 모르고 있었다거나 이를 알면서 승선시킨 경우에는 이러한 전제조건을 충족시키지 못한 것이 되어 선주나 운송인은 자신에게 주어진 이익을 향유하지 못하게 된다. 이러한 점에서 해상교통법은 민사상

한국』, 1999년 5월호, 91면 참고.

중요한 기능을 한다고 볼 수 있다.

2. 형사상 책임

선주는 대부분 법인 형태로 되어 있고, 특별형법이나 행정형법에서 법인이 처벌되는 소위 양벌규정이 있다. 범죄주체와 형벌주체가 동일한 것이 원칙이지만, 입법정책상의 목적으로 중요한 범죄의 경우에 범죄자의 사용자도 처벌하는 소위 양벌제도가 형법에 도입되어 있다. 시프린스호 사고에 있어서 소유자인 호유해운은 해양환경관리법상 양벌규정에 의하여 벌금 3,000만원에 처하여졌다. 해기사의 항법위반에 따라 형사처벌을 받게 되면 선주도 양벌규정에 근거하여 처벌을 받는 경우가 있다. 대표적인 것으로 해양환경관리법 제130조87)가 있다. 해기사가 충돌사고를 야기하여 오염을 발생시키게 되면 선주도 형사처벌을 받게 된다.

3. 행정법상 책임

해기사의 과실로 인한 충돌사고라고 하더라도 선주측의 과실이 사고와 관련이 되면 선주도 해양사고관련자로 권고재결의 대상이 된다. 해양사고가 여객운송사업자의 고의 또는 중대한 과실에 의하거나 선장의 선임·감독에 관하여 주의의무를 게을리함으로써 발생한 경우에는 해양수산부 장관은 해운법 제19조에 따라 영업정지처분을 여객운송사업자인 선주에게 내리기도 한다.

제 4 절 해양안전심판원과 법원

Ⅰ. 해양안전심판원

1. 기능과 조직

해양안전심판원(海洋安全審判院, 이하 '해심원')은 「해양사고의 조사 및 심판

87) "법인의 대표자나 법인 또는 개인의 대리인, 사용인, 그 밖의 종업원이 그 법인 또는 개인의 업무에 관하여 제126조부터 제129조까지의 어느 하나에 해당하는 위반행위를 하면 그 행위자를 벌하는 외에 그 법인 또는 개인에게도 해당 조문의 벌금형을 과한다. …"라고 한다.

에 관한 법률」(이하 '해심법')에 의하여 설립되고 운용되는 국가기관이다. 해심원은 해양사고의 원인을 판단하는 것을 주기능으로 한다. 부차적으로 고의 또는 과실로 해양사고를 야기한 해기사 혹은 도선사를 징계하는 기능도 한다(해심법 제5조 제2항).

해심원은 부산, 목포, 인천 그리고 동해에 지방해심원을 설치하고 있다. 제1심에 불복하는 자는 중앙해심원에 2심을 신청할 수 있다(해심법 제58조). 해심원은 심판부와 조사부로 구성된다. 지방해심원의 심판관은 4급별정직 공무원이고 지방해심원장은 2급별정직 공무원이다. 중앙해심원의 심판관은 2급별정직 공무원이다. 조사관은 행정직 공무원이다. 중앙해심원의 수석조사관은 3급 이상의 일반직 국가공무원이고, 지방수석조사관은 4급이고 일반조사관은 5급공무원이다. 심판관과 조사관의 자격은 해심법에 규정되어 있다(해심법 제9조, 제9조의2, 제16조, 제16조의2).

2. 운 용

조사관이 사고에 대한 조사를 한 다음 심판에서 대심(對審)구조로 사고조사와 심리를 한다. 3인 혹은 5인의 심판관이 사고의 원인을 판단하거나(원인재결) 징계를 내리게 된다(징계재결).

3. 재결의 의미

해심원이 내리는 재결은 행정심판으로서의 의미를 가진다. 원인재결과 달리 징계재결은 관련 해양사고관련자의 해기면허 행사에 영향을 미치므로 행정행위가 된다. 지방해심원에서 내리는 징계재결은 행정처분이 된다. 이 처분에 대하여 불복을 구하는 것은 행정심판이 된다.

이러한 징계재결은 행정법상의 문제로서 해심원의 결정이 민사 혹은 형사 법원을 구속하지 못한다. 그러나 재결은 형사 및 민사에서의 사실관계에 그대로 인용되기도 한다. 특히, 해심원에서 제공하는 선박충돌 사건에서 원인제공정도는 민사의 손해배상에 큰 영향을 미친다. 사건의 당사자들은 이를 근거로 합의를 하기도 하고 민사재판에 자료로서 제출한다. 법원은 해심원의 재결에 구속될 법적 근거는 없다.

4. 원인제공비율 제공

우리나라는 영국과 같은 해사법원(Admiralty court)이 없었기 때문에 실무에서 선박충돌의 경우에 과실비율은 해심원의 재결을 활용하는 관행이 생기게 되었다. 충돌에 대한 원인재결은 주인과 일인의 형식이었고 이를 해상변호사, 심판변론인 혹은 해사자문인이 이를 민사의 과실비율로 환원하여 사용하게 되었다.

> 예컨대, **예인선 서린 201호의 피예인부선 서린 202호·일반화물선 아이다호 충돌사건**에서 예인선 서린 201호(총톤수 110톤)가 피예인선인 서린 202호(총톤수 813톤)를 200미터의 예인삭으로 선미예인하여 가던 중 자신의 우현에 일반동력선인 아이다호를 보고 서로 진로를 횡단하는 관계에서 충돌이 발생하였다. 이 관계에서 횡단규정이 적용되면 서린호측이 피항선이 된다. 서린호측은 자신은 조종성능제한선박이므로 아이다호가 피항의무선이라고 주장하였고 아이다호는 이를 부인하였다. 중앙해심원(중해심 제97-26호, 1997. 11. 4)은 "이 충돌사건은 서로 진로를 횡단하는 상태에서 피항선인 서린호측이 상대선의 진로를 피하지 아니한 것으로 인하여 발생한 것이나, 아이다호 측이 경계소홀로 서린 201호의 피예인부선 서린 202호를 발견하지 못함으로써 충돌을 피하기 위한 협력동작은 취하지 아니한 것도 원인이 된다"고 하여 일반항법을 적용하여 예인선단인 서린호측이 피항의무선이라고 한 것이다.
>
> 아이다호측의 소송대리인들은 중앙해심원의 재결결과를 법원에 제출하였고 부산지방법원 제5민사부(1998. 2. 11. 선고 97가합7786판결)는 "해상교통안전법 제23조에 따라 서린호측이 피항의무선의 지위에 있었고 이 사고는 적극적인 피항조치를 취하지 아니한 서린 201호의 선원들의 과실과 주위를 운항하는 선박의 경계를 소홀히 하여 피예인부선인 서린 202호를 발견하지 못한 아이다호 선원들의 과실이 경합하여 발생한 것으로 보이고 각 선원들의 과실비율은 6 : 4 정도로 봄이 상당하다"고 판시하였다.

그런데, 실무에서는 한걸음 더 나아가서 정확한 수치로 표시된 과실비율을 적시하여 줄 것을 해심원에 요구하였고, 해심원도 해심원의 업무영역의 일환으로서 이를 받아들여 1998. 12. 개정된 「해양사고의 조사 및 심판에 관한 법률」은 제4조 제2항에서 "심판원은 제1항에 따른 해양사고의 원인을 밝힐 때 해양사고의 발생에 2명 이상이 관련되어 있는 경우에는 각 관련자에 대하여 원인의 제공 정도를 밝힐 수 있다"는 규정을 신설하였다. 해심원은 당사자가 희망하는 경우에만 원인제공비율을 제공하다가 이제는 모든 충돌의 경우에 원칙적으로 원인제공비율을 제공하고 있다. 해심원은 통일적인 적용을 위하여 원인제공비율 적용기준을 작성하여 이용하고 있다. 이후 해심원은 양 당사자가 희망하는 경우에만 원인제공비율을 적시하는 단계를 거치게 되었다.

마린피스호·하이평 2021호 충돌 사건에서 중앙해심원(중해심 제2003-3호)은, 이 충돌사건은 짙은 안개로 시계가 제한된 협수로를 서로 거의 마주치는 상태로 통과하는 양 선박이 안전속력을 유지하지 아니한 채 경계를 소홀히 한 것과 하이평 2021호가 수로의 좌측으로 치우쳐 항해하면서 근접상황에서 좌변침함으로써 발생한 것이나, 마린피스호가 하이평 2021호에 대한 동정 파악이 정확하지 못하여 적절한 피항동작을 취하지 못한 것도 일인이 되었고, 사고발생원인의 제공 정도를 비율로 표시하면 3대 7(하이평 2021호) 정도가 된다고 재결하였다.

지방해심원마다 다른 원인제공비율에 부담을 느낀 해심원은 통일적인 시행을 위하여 지침을 마련하게 되었다. 2007. 1. 1일부터 시행된 「충돌사고 원인제공비율 산정 지침」은 아래와 같다.

중앙해심원은 일단 기본적인 조건을 제시하고 여기에 부합하는 경우에 원인제공비율이 얼마인지 기준을 정하였다(지침 제2조 제2항; 제4조 원인제공비율 기준에 열거된 기본적인 경우에 해당되지 않는다고 판단되는 때에는 이 지침을 적용하지 아니한다). 그 산정방법은 지침 제4조의 원인제공비율기준에 열거된 기본적인 경우를 전제로 하여 여기에 다른 항법 위반 및 기타의 여러 사항을 고려하여 가감하기로 하였다(다음 <표 1> 참조). 그리고 원인제공비율을 가감 산정함에 있어서 고려할 사항은 당해 충돌사고와 인과관계가 있는 것에 한한다.

Ⅱ. 법 원

1. 민사소송

선박충돌로 인한 손해배상의 청구는 민사법원이 담당하게 된다. 민사사건

〈표 1〉 원인제공비율 산정 기준

구 분	선 박	
	원인제공비율(%)	원인제공비율(%)
1. 모든 시계상태에서의 항법		
가. 좁은 수로(협수로)		
○ 다른 항로에 진입한 경우	진입 선박	항로 항행 선박
	85	15
○ 갑작스럽게 전타(급회전)를 한 경우	전타 선박	항로 항행 선박
	100	0
나. 통항분리수역		
○ 다른 항로에 진입한 경우	진입 선박	항로 항행 선박
	85	15
○ 갑작스런 전타를 한 경우	전타 선박	항로 항행 선박
	100	0
다. 개항의 항계 안 등		
○ 항로에 진입한 경우	전타 선박	항로 항행 선박
	80	20
2. 상호시계 안의 항법		
가. 횡단상태		
○ 양 선박 모두 동작을 취하지 않은 경우	피항선	유지선
	65	35
나. 정면상태		
○ 양 선박 모두 동작을 취하지 않은 경우	일방	일방
	50	50
다. 추월상태		
○ 양 선박 모두 동작을 취하지 않은 경우	추월선	피추월선
	85	15
라. 조종성능의 우열		
○ 일반 동력선과 운전부자유선	일반 동력선	운전부자유선
	90	10
3. 제한시계에서의 항법		
가. 아무런 조치를 하지 않은 경우	일방	일방
	50	50
4. 선원의 상무		
가. 부두 접안 중 선박	항행 중인 선박	접안 선박
	100	0
나. 묘박 중인 선박	항행 중인 선박	묘박선
	95	5

의 1심법원은 지방법원 단독 혹은 합의부의 담당이다. 1심재판에 불복하면 지방법원합의부나 고등법원에 소를 제기하게 된다. 이에 불복하면 대법원에 상고한다. 우리나라는 1심법원과 2심법원이 모두 사실심을 하지만 대법원에서는 법률심만 하는 곳이다. 따라서 국민들은 적어도 두 번에 걸쳐서 법관에 의한 사실판단을 받을 기회가 주어진다.

민사법원은 선박충돌에서 손해배상의 문제를 처리하기 위하여 우선 사실관계를 확정하여야 한다. 그 다음 항법을 적용하여 과실비율을 정한다. 우리나라 상법에 따르면 쌍방충돌의 경우 물적 손해에 대하여는 분할책임을 부담한다. 즉, 양 선박은 자신의 과실비율에 따른 책임만 부담한다. 쌍방충돌은 공동불법행위이기 때문에 연대책임을 부담하여야 하지만, 상법은 분할책임으로 변경하고 있다. 따라서 양 선박이 선박충돌에서 과실비율이 얼마인지는 대단히 중요한 의미를 갖는다. 선박충돌에서 과실은 주의의무 위반이고 이는 항법상 부과된 의무로부터 도출할 수 있다.

민사법원의 판사들이 항해에 전문적인 경험이 없기 때문에 여러 가지 방법으로 조력을 받게 된다. 한 가지 유력한 방안이 전문기관이 해심원의 재결 내용을 참고하는 것이다. 대체로 해심원에서 재결된 원인재결의 사실관계와 원인제공비율이 그대로 인용된다. 그러나 민사법원은 독자적인 사실판단과 과실비율 산정을 위하여 전문심리위원의 진술과 감정을 통하여 조력을 받기도 한다.

2. 행정소송

행정소송은 국가의 행정처분에 대하여 국민이 이의 당부를 법원에 구하는 것이다. 행정소송도 민사소송과 같이 1심에서 3심에까지 거칠 수가 있다. 그런데, 특별한 행정기관이 있는 경우에는 예외적으로 2심으로 혹은 단심으로 끝나는 경우도 있다. 해양안전심판의 경우에 해기사들이 업무정지처분을 받게 되면 승선할 수 없게 된다. 즉, 국민의 권리와 의무에 영향을 받게 된다. 이 경우에 행정소송을 제기할 수 있다. 지방해심원의 징계재결은 행정처분의 일종이다. 중앙해심원에서 내리는 재결은 행정처분에 대한 당부를 구하는 것으로 행정심판이다. 이에 불복하게 되면 법원에 행정소송을 제기하게 된다. 우리나라는 해심원을 거친 행정소송은 단심으로 종료되는 제도를 가지고 있었으나, 2014년부터 고등법원과 대법원을 거치게 되었다(해심법 제74조). 일본과 같은 국가는 해심원을 거친 사건은 하급법원의 판결을 한번 더 받은 다음 최고재판소의 판단을 받게 된다.

3. 형사재판

선박충돌사고 등으로 해기사들이 범죄행위를 하게 되면 형사처벌을 받게 된다. 업무상 과실치사죄, 업무상 과실 선박매몰죄, 해양환경관리법 위반 등은 모두 형사처벌의 대상이 된다. 3심제로 운영된다. 이 경우에도 형사법원은 선박충돌 등의 사고에 전문성이 없기 때문에 전문기관인 해심원의 재결을 존중한다.

Ⅲ. 해심원의 재결과 민사법원 판결의 관계

1. 이동(異同)

해심원이 재결을 내리는 과정은 형사재판의 구조와 매우 유사하다. 심판관은 판사와, 조사관은 검사와, 심판변론인은 변호사와 유사한 기능을 한다. 대심구조를 통하여 정확한 사고의 원인을 판단하게 된다. 해심원이나 민사재판에서 과실이 있는 경우에만 징계를 받고 손해배상의 책임을 부담한다.

해양안전심판원은 행정심판의 일종으로서 선박충돌과 같은 해양사고의 원인을 규명하고 부차적으로 해기사들에게 징계를 가하는 국가기관이다(해심법 제4조 및 제5조). 해심원에서 해양사고관련자로서 처벌되기 위하여는 해기사나 도선사의 직무상 고의 또는 과실이 있어야 한다(해심법 제5조 제2항). 민사에서도 손해배상을 하기 위하여는 가해자의 과실이 있어야 하는 점(민법 제750조 및 제756조)에서 양 제도는 동일하다.

그러나 해심원은 해기사의 과실 유무를 판단함에 있어서 민사재판의 경우보다 높은 기준을 적용하여 쉽게 과실이 있다는 판단을 내리게 된다. 인과관계가 있어야만 책임을 부담하게 되지만, 인과관계가 없는 경우에도 해심원은 책임을 인정하는 경우도 있다. 이것은 해심원의 목적이 사고의 재발 방지에 있기 때문이다. 따라서 해심원의 재결과 민사재판이나 형사재판의 결과는 반드시 동일하지 않게 된다. 특히, 형사재판에서 유죄가 되기 위하여는 '의심할 바 없는 정도'의 입증이 있어야 하지만 해심원에서 징계를 받기 위한 과실의 존재는 이와 같지 않다는 점도 차이점이다.

2. 과실비율

해심원이 내린 선박충돌의 과실비율을 민사법원이 수용하여 대체로 동일하게 판단을 하는 경향이 있지만 반드시 그렇지는 않다. 이것은 심리의 과정에서 사실관계가 달라지는 경우도 있고, 법원과 해심원의 주의의무와 인과관계 등에 대한 기준이 다르기 때문에 발생하기도 한다.

(1) 해심원과 민사법원의 판단이 유사한 경우

대다수의 충돌사건은 해심원에서의 원인제공 정도와 민사재판에서의 과실비율이 대체로 유사하게 나타난다.

① 베라호 충돌 사건(중해심 제95-1호, 1995. 1. 27; 서울지법 1997. 1. 24. 선고 95가73446판결)에서 중앙해심원은 베라호가 주인, 예인선 서해5호는 일인이라고 보았고, 법원은 70:30으로 과실비율을 판단하였다.

② 태영썬호 충돌 사건(중해심 제2000-3호, 2000. 5. 10; 광주지법 2002. 11. 15. 선고 2000가합5758판결)에서 선박의 책무규정이 적용되어, 어로에 종사 중인 대어호의 진로를 피할 의무를 부담하는 일반 동력선인 태영썬호는 80%의 과실책임을 부담하게 되었다.

③ 한포호 충돌 사건(중해심 제2002-1호, 2002. 1. 8; 부산지법 2002. 8. 14. 선고 2001가합10307판결)에서 횡단항법이 적용되어 유지선인 한포호의 과실비율이 40%로 인정되었다.

④ **유조선 두쿰호·화물선 포춘 미라클호 충돌 사건**(목포해심 제2013-020호; 중해심 제2014-013호; 광주고등법원 2018. 8. 10. 선고 2017나15873판결)에서 광양항제1항로를 선회하며 진입하던 두쿰호는 개항질서법 제13조 제1항(현 선박입출항법 제12조 제1항 제1호)의 항로를 따르는 선박을 항로에 진입하는 선박이 피해야 한다는 규정을 위반하였다고 재결 및 판시하였다. 두쿰호의 과실비율이 60% 인정되었다.

(2) 해심원과 민사법원의 판단이 서로 다른 경우

그러나 해심원의 재결과 달리 판단된 사례도 있다.

① 천일호 충돌 사건에서 중앙해심원(중해심 제97-31호, 1997. 12. 11)은 사고에 대하여 천일호측에 일인이 있다고 인정하였지만, 민사법원(서울고등법원 1999. 8. 17. 선고 98나46145판결)에서는 갑작스런 경비정의 움직임을 예상할 수 없었다는 것을 이유로 천일호의 과실이 없다는 판단이 나왔다.

② 화물선 101태룡호와 유조선 제9남성호 충돌 사건에서 중앙해심원(중해심 제92-6호, 1992. 3. 30)은 주인과 일인으로 재결하였지만, 대법원은 제9남성호의 일방과실로 판단하였다(대법원 92추55, 93추205판결).

③ 포스 브레이버리호와 모닝 익스프레스호 충돌 사건에서 중앙해심원(중해심 제2005-006호, 2005. 5. 16)은 횡단항법을 적용하기 위하여는 선박이 정침하고 있어야 하지만, 본 사안의 경우에는 정침하고 있지 않았기 때문에 일반항법을 적용할 수 없고 선원의 상무규정을 적용한다고 하여 원인제공비율을 50:50 정도로 보았지만, 서울중앙지방법원(2008. 10. 24. 선고 2007가합15313판결)은 횡단항법을 적용하여 피항선의 지위에 있던 포스 브레이버리호가 65%, 유지선의 지위에 있던 모닝 익스프레스호가 35%의 과실을 부담한다고 판시하였다.

④ **카페리 여객선 한림 페리9호·어선 민호호 충돌 사건**에서 중앙해심원(중해심 제2018-022호)은 여수시 돌산도와 화태도 사이의 수역을 좁은 수로로 보지 않고 정침요소를 갖추지 않았다고 보아 선원의 상무규정을 적용했다. 그 결과 막 출항을 한 한림 페리9호가 70%의 원인제공을 부담했다. 대법원은 2020. 1. 6. 선고 2019두54092 판결에서 동 수역을 좁은 수로로 보아 항로의 좌측을 통행한 민호호가 중대한 과실이 있다고 보았다.

3. 해양안전심판과 민사재판에서의 과실비율

해양안전심판에서는 선박충돌사고에 대한 각 선박의 원인제공 정도를 정한다. 민사에서는 이를 손해배상 산정을 위한 과실비율의 기초자료로 사용한다. 양자에서 과실이란 주의의무 위반으로 동일한 개념이어야 할 것이지만, 우리나라의 해양안전심판은 사고의 원인 파악과 재발 방지에 그 목적이 있으므로 민사에 비하여 주의의무의 기준이 높고, 사고와 인과관계가 없는 경우에도 해기사의 과실로 인정되는 경향도 있다. 이 점에서 해양안전심판에서의 원인제공 정도는 민사의 과실과 일치되지 않는다. 더구나 징계재결에 나타나는 징계량은 주의의무 위반의 정도뿐만 아니라 사고의 크기 등도 고려하므로 이것은 민사의 과실비율 산정의 절대적인 기준이 되어서는 아니된다.

요컨대, 민사에서의 과실비율 산정을 위하여는 해심원의 원인재결 내용을 민사의 시각에서 다시 검토하여야 한다. 이 점에서 본서에서 소개하는 해심원의 재결과 민사판결의 과실비율은 서로 다른 시각이라는 것을 강조하고자 한다.[88)]

88) 여기에 대하여는 김인현, "선박충돌에서 과실비율과 해양안전심판재결과의 관련성에 대한 고찰," 『법조』, 제562권(2003. 7) 참고.

Korean Marine Traffic Law

제 2 장

항법 일반

제 1 절 항법 통칙

Ⅰ. 의 의

항법(航法)을 항법 일반과 항법상 우선권이 부여된 경우로 나누어 본다. 항법을 조문별로 나열하여서는 항법을 체계적으로 이해하기가 어려우므로 여기서는 일단 기본적인 항법에 대하여 기술하고, 이에 대한 이해를 바탕으로 항법상 우선권이 부여된 경우를 따로 기술하기로 한다. 그러므로 본서에서 말하는 항법 일반이란 항법상 우선권이 부여되는 경우의 반대개념이라고 볼 수 있다.

Ⅱ. 종 류

기본항법은 모든 시계상태에서의 항법, 선박이 서로 시계 안에 있는 때의 항법(상호시계 안에서의 항법) 그리고 제한된 시계에서의 항법으로 나누어진다. 이 장의 제3절 항법상 일반적 주의의무는 모든 시계상태에서 적용된다(국제규칙 제4조). 제한시계가 되면 모든 선박이 레이더를 장비하고 있는 것도 아니고, 조종성능이 제한되는지의 여부를 레이더로 파악할 수 없으므로 상호시계 안에서의 항법과는 달리 피항선과 유지선의 개념을 해상교통법에는 두지 않고 있다.[1]

상호시계 안에서의 항법에서는 원칙적으로 조종성능이 우수한 선박이 더 많은 책임을 부담하게 된다.[2] 항법상 선박이 갖는 우선권으로는 진로우선권과 통항우선권이 있다.

Ⅲ. 항법상 대원칙

항법의 대원칙으로는 우측원칙, 좌현 대 좌현 통과원칙, 우현변침 원칙 및 조종성능우수선박의 피항의무부담이 있다.

---

1) Cockcraft, *op. cit.*, p.102.

2) *Ibid.*

1. 우측원칙(starboard hand rule)

미국에서는 우측에 있는 선박(starboard hand vessel, 아래 [그림 1]에서 B선박)이 유지선이 되는 것을 우측원칙이라고 한다. 이를 달리 표현하면 좌측에 있는 선박(port hand vessel, [그림 1]에서 A선박)이 피항선이 된다.[3] 결국 상대선박을 자신의 우현측에 두고 접근하는 선박이 피항신이 된나는 원칙이 된다.

국제규칙 제15조는 이를 반영한 구체적인 규정이다. 동조는 두 척의 동력선이 서로 진로를 횡단할 경우에 충돌의 위험이 있을 때에는 다른 선박을 우현측에 두고 있는 선박이 다른 선박의 진로를 피하여야 한다고 정하고 있다(해상교통안전법 제80조).

2. 좌현 대 좌현 통과 및 우현변침 원칙

선박이 조우하게 되면 좌현(左舷)과 좌현이 마주보면서 통과하도록 정한 원칙이다. 좌현 대 좌현 통과를 하여야 하므로 선박은 피항동작으로 우현변침(右舷變針)을 하게 된다([그림 2]). 이러한 좌현 대 좌현 통과는 우리나라 등 여러 국가의 육상교통과 동일하다. 그러나 일본과 영국은 육상교통에 있어서는 오히려 우현 대 우현 통과를 원칙으로 하고 있다.

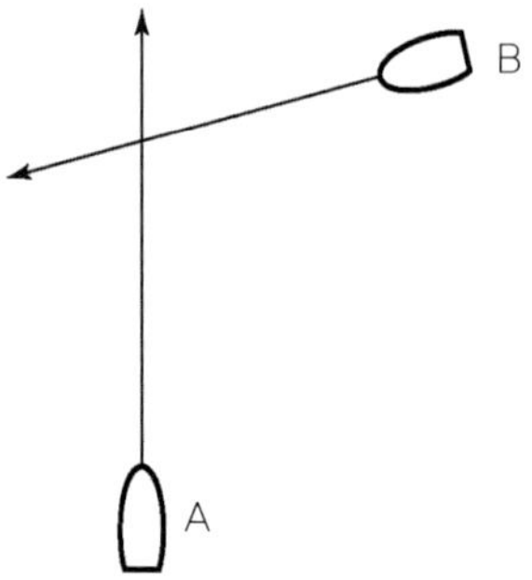

[그림 1] 우측원칙

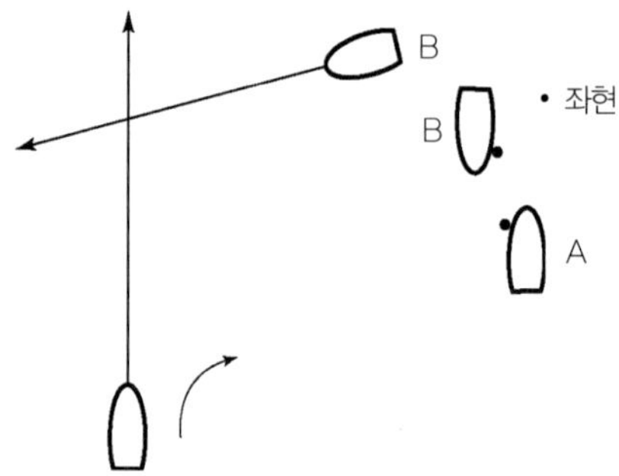

[그림 2] 좌현 대 좌현 통과 및 우현변침 원칙

3) N.J. Healy & J.C. Sweeney, "The Starboard Hand Rule under the 1972 Collision Regualtions", *Journal of Maritime Law & Commerce*, Vol. 23, No. 2, April 1992, p.263; *The Law of Marine Collision*, Cornell Maritime Press, 1997, p.188.

국제규칙 제9조의 규정이 이를 구현하는 대표적 규정이라고 할 수 있다. 국제규칙 제9조 a항은 협수로나 항로를 따라 진행하고 있는 선박은 안전하고 실행 가능하면 그 선박의 우현측에 위치한 수로 혹은 항로의 외연(outer limit) 가까이를 항행하여야 한다고 정하고 있다. 또한 통항분리방식에 따른 항로의 설정도 좌현 대 좌현 통과가 되도록 되어 있다. 그리고 「선박의 입항 및 출항 등에 관한 법률」 제12조 제1항에 있어 선박이 항로에서 다른 선박과 마주칠 우려가 있는 경우에는 오른쪽으로 항행하여야 한다(제3호)는 규정도 이러한 원칙을 따른 것이다.

3. 조종성능우수선박의 피항의무 부담

조종성능이 열등한 선박이 조종성능이 우수한 선박을 피하는 것은 물리적으로 어려운 일이다. 그러므로 해상교통법은 조종성능우수선박이 열등한 선박을 그 성능의 우열에 따라 차례로 피하도록 규정하고 있다. 구체적 규정으로는 국제규칙 제18조(해상교통안전법 제83조)가 있다. 이 규정에 따르면 조종불능선, 조종제한선, 어로작업 중인 선박, 범선, 일반동력선의 순서로 진로우선권이 부여된다.

좁은 수로에서의 항행과 같은 지리적 제약 때문에 조종능력이 제한되는 선박에 대하여 길이 20미터 미만의 선박, 범선, 어로작업에 종사하고 있는 선박이 통항불방해의무를 부담하는 것(예컨대, 국제규칙 제9조 b항 및 c항)도 이러한 원칙에 입각한 것으로 보인다.[4)]

---

4) 미국의 내해항행법 중 오대호 등에서 순조(順潮)를 받으면서 강을 내려오는 선박이 마주치는 상태라고 할지라도 우선권을 갖는 것도 이러한 원칙에 입각한 것이라고 할 수 있다(미국 내해항행법 제14조 d항:
Notwithstanding paragraph (a) of this Rule, a power-driven vessel operating on the Great Lakes, Western Rivers, or waters specified by the Secretary, and proceeding downbound with a following current shall have the right-of-way over an upbound vessel, shall propose the manner of passage, and shall initiate the maneuvering signals prescribed by Rule 34(a)(i), as appropriate).

제 2 절 용어의 정의

Ⅰ. 선박 관련 용어

1. 선박, 동력선 및 범선

선박이란 무배수량선과 수면비행선박(WIG선), 수상항공기를 포함하여 수상의 수송수단으로 사용하거나 또는 사용할 수 있는 모든 종류의 수상선(水上船)을 말한다(국제규칙 제3조 a항). 동력선(動力船)이란 기관으로 추진되는 모든 선박을 말한다(동조 b항). 그러므로 범선이나 노도선(櫓櫂船)은 동력선이 아니다.

범선(帆船)은 돛을 사용하여 추진하는 선박이다(동조 c항). 돛과 기관을 설치한 기범선(機帆船)이라도 돛만을 사용하여 추진하는 때에는 범선이다. 돛과 기관을 동시에 사용할 때에는 동력선이다.[5] 수상레저용 요트 사이의 항법은 수상레저안전법에서 정하고 있다. 수면비행선박(WIG CRAFT)은 표면효과를 이용하여 해수면에서 90노트 정도의 고속으로 항행하는 비행기 모양을 갖는 선박으로서 2001년 11월 제5차 개정으로 국제규칙에 포함되게 되었고, 모든 선박에 대하여 통항불방해의무를 부담한다.

조종성능제한선박 등은 동력선일 수도 있고 범선일 수도 있다. 다만, 국제규칙 제18조에서 말하는 피항의무를 가장 많이 부담하는 동력선은 좁은 의미의 동력선으로서 조종성능제한선박 등을 제외한 개념이다.

2. 어로에 종사하고 있는 선박

조종성능을 제한하는 그물·낚싯줄·트롤망 기타 어구를 사용하여 어로작업을 하고 있는 선박을 말한다(국제규칙 제3조 d항). 조종성능이 제한되지 않는 어구를 사용하는 경우는 여기에 해당하지 않는다(국제규칙 제3조 d항 후단). 그러므로 단순한 낚시작업을 행하고 있는 어선은 일반동력선으로 취급된다. 어로작업에 종사하고 있는 선박은 국제규칙 제18조에 따라 항법상 일반동력선과 범선

---

5) 박용섭, 앞의 책, 183면.

에 대하여 우선권을 갖는다. 한편 좁은 수로, 통항분리제도 및 해상교통안전특정해역 등에서 일정한 경우 어로작업에 종사하고 있는 선박(이하 '어로작업 중인 선박')은 통항불방해의무를 부담하기도 한다(국제규칙 제9조 및 제10조; 해상교통안전법 제9조).

3. 수상항공기 및 수면비행선박

수상항공기란 물 위에서 이동이 가능하도록 설계된 항공기이다(해상교통안전법 제2조 제2호). 수상항공기는 비록 항공기이지만 국제규칙 제3조 정의규정 e항에 포함됨으로써 국제규칙상의 선박이므로 항법 적용을 받게 된다. 수상항공기는 고도의 조종성능을 가지고 있으므로,[6] 모든 선박의 통항을 방해하지 아니할 주의의무를 부담한다(국제규칙 제18조 e항).

수면비행선박이란 표면효과 작용을 이용하여 수면 가까이 비행하는 선박을 말한다(국제규칙 제3조 정의규정 m; 해사안전기본법 제3조 제2호).

4. 조종성능제한선박

선박의 조종성능을 제한하는 작업에 종사하고 있어 다른 선박의 진로를 피할 수 없는 선박을 말한다. 그 예로는 해저전선의 부설 및 준설작업에 종사하는 선박, 그리고 진로로부터의 이탈능력이 심히 제한되는 예인작업에 종사하는 선박 등이 있다. 해상교통안전법에서는 조종제한선이라고 한다(제2조 제11호).

국제규칙 제3조 g항에 따르면 (i) 항로표지·해저전선 또는 해저 파이프라인의 부설·보수 및 인양 작업, (ii) 준설·측량 또는 수중 작업, (iii) 항행 중 보급, 사람의 이송 또는 화물의 이적, (iv) 항공기의 발착작업, (v) 기뢰제거작업, (vi) 진로로부터의 이탈능력을 매우 제한받는 예인작업 등에 종사하는 선박 등을 조종성능제한선박으로 열거하고 있고, 여기에 제한되지 않는다. 항법상 일정한 우선권을 갖는다.

우리나라 해양안전심판원에 의하면 해묘(海錨, sea-anchor)를 내리고 있는 오징어 채낚기 어선도 여기에 속한다.

---

6) 민성규·임동철, 앞의 책, 117면.

5. 운전부자유선

선박의 조종성능을 제한하는 고장 기타와 같은 예외적인 상황 때문에 침로와 속력의 변경이 불가능하게 되어 다른 선박의 진로를 피할 수 없는 선박을 말한다(국제규칙 제3조 f항). 기관 고장 혹은 조타기 고장상태에 있는 선박 등이 여기에 해당한다.[7] 묘(錨, 닻)를 해저에 내렸으나 완전히 놓이지 아니한 상태와, 바람이 없는 상태의 범선도 운전부자유 상태로 간주된다.[8] 그러나 단순히 입항시간을 기다리기 위하여 기관을 준비한 상태로 정선하고 있는 선박은 운전부자유선이 아니다. 레이더만 고장난 선박은 침로와 속력의 변경에 지장이 없으므로 역시 운전부자유선이 아니다.

이들 선박은 국제규칙 제18조상 일반동력선이나 범선 그리고 어로작업 중인 선박에 대하여 항법상 우선권을 갖는다. 조종부자유선이라고도 하나, 해상교통안전법에서는 조종불능선이라고 한다(제2조 제10호).

6. 흘수제약선

흘수제약선(吃水制約船)이란 선박의 흘수와 수심 및 가항수역(可航水域)의 수심 및 폭과 선박의 흘수와의 관계에 비추어 볼 때 그 진로에서 벗어날 수 있는 능력이 매우(severely) 제한받고 있는 동력선을 말한다(국제규칙 제3조 h항; 해상교통안전법 제2조 제12호). 흘수제약선은 수심과의 관계뿐만 아니라 가항수역의 폭과의 관계에서 침로로부터의 이탈능력이 매우 제한받고 있어야 한다. 1987년 국제규칙 개정시에 가항수역의 폭도 한 가지 고려요소로 추가되었다. 그러므로 적당한 가항수역의 폭이 있는 심흘수선(深吃水船)은 흘수제약선이 아니다.[9]

흘수제약선은 조종성능이 제한되므로 통항우선권을 부여받고 있다(국제규칙 제18조 d항 및 해상교통안전법 제83조 제5항). 그러나 미국의 「내해항행법」은 이를 인정하지 않고 있다.[10] 우리나라 구 해상교통안전법 제2조 제9호는 '가항수역의 폭'을 누락시켜 둔 채로 있었으나, 2002. 12. 26일 개정에서 이를 추가하

---

7) 同旨: Farwell, *op. cit.*, p.57.

8) Cockcraft, *op. cit.*, p.27.

9) *Ibid.*, p.30.

10) 미국은, 흘수제약선의 인정은 매우 주관적 요소에 좌우되게 되므로 항법규정의 적용을 불안정하게 한다는 의회에서의 논의에 따라 이를 입법화하지 않았다고 한다. Farwell, *op. cit.*, p.36.

였다(현 해상교통안전법 제2조 제12호). 광양만 출입항로의 출입항법에 따르면 흘수제약선은 진로우선권을 갖는다(해상교통안전법 시행규칙 제7조 제1항 [별표 4]).

7. 항행 중

항행 중(underway)이란 정박(碇泊),[11] 항만의 안벽(岸壁) 등 계류(繫留)[12] 시설에 매어 놓은 상태[계선부표(繫船浮標)나 정박하고 있는 선박에 매어 놓은 경우를 포함], 얹혀 있는 상태에 해당하지 아니하는 상태를 말한다(국제규칙 제3조 i항; 해상교통안전법 제2조 제19호). 그러므로 대수속력(對水速力)이 있는 경우는 물론 대수속력이 없는 정류(停留)[13]도 항행 중이다.[14] 일반적으로 항행 중이란 실제로 대수속력이 있는 경우를 말하지만, 해상교통법에서는 국제규칙 제35조 b항 항행 중인 선박의 신호로서 대수속력이 없는 경우도 포함하고 있으므로, 항행 중이란 일반적인 경우보다 넓은 개념으로서 정선(停船)하여 대수속력이 없는 경우도 포함한 개념임을 알 수 있다.[15] 묘박(錨泊)하여 파주력(杷駐力)이 있는 경우에만 묘박 중으로 인정되고, 강에서 선회(旋回)를 위하여 묘(錨, 닻)를 사용하고 있는 경우에는 항행 중이 된다.[16]

주묘(走錨)되고 있는 경우도 국제규칙상으로는 항행 중이 된다.[17] 엄밀히 말하면 주묘 중인 선박은 항행 중 운전부자유선박이 된다고 할 것이다.[18] 그런

11) 해상교통안전법에서는 정박이라는 용어를 사용하고 있으나, at anchor는 계류의 반대개념으로 사용되고 있으므로 at anchor란 묘박(錨泊)이 더 정확한 표현이라고 생각한다. 정박의 사전적인 의미는 묘박과 동일한 것으로 되어 있으나, 정박은 묘박과 계류를 포함하는 개념으로 통념적으로 사용되고 있기 때문이다. 한편, 선박입출항법은 정박이라 함은 선박이 해상에서 닻을 바다 밑바닥에 내려놓고 운항을 멈추는 것을 말한다고 한다(동법 제2조 제6호). 민성규·임동철 교수는 at anchor를 정박으로 표현(앞의 책, 167면), 윤점동 교수는 묘박 혹은 정박(앞의 책, 64면, 255면)으로 표현하고 있다. 해상교통법에서 말하는 정박이란 모두 묘박을 의미하므로 이 책에서는 묘박으로 사용하기로 한다.

12) 선박입출항법상 '계류'란 선박을 다른 시설에 붙들어 매어 놓는 것을 말한다(제2조 제9호).

13) 선박입출항법상 '정류'란 선박이 해상에서 일시적으로 운항을 멈추는 것을 말한다(제2조 제8호).

14) 海上保安廳警備救難部 航行安全課 監修,『圖解 海上衝突豫防法』(成山堂書店, 1998), 7頁; Cockcraft, *op. cit.*, p.31; Farwell, *op. cit.*, p.60; 김종성, 앞의 책, 40면.

15) IMO의 해사안전위원회는 1987년 지침서를 통하여 '항행 중'(underway)의 개념을 적용함에 있어서는 제35조 (b)항의 대수속력이 없는 경우도 있음을 고려하여야 한다고 정하고 있다(MSC/Cir.473(1987). Farwell, *ibid.*, p.60.

16) 同旨: 윤점동, 앞의 책, 70면; Cockcraft, *ibid.*, p.31.

17) 同旨: Cockcraft, *ibid.*, p.31.

18) Farwell은 운전부자유선으로 본다. *Op. cit.*, p.57.

데 여전히 묘박의 한 형태로 보는 견해[19]도 있다. 그러나 주묘 중인 선박(A선박)은 이미 닻이 끌려 선박이 움직이고 있으므로 항행 중이라고 보아야 한다. 만약, 여전히 묘박의 한 형태로 본다면 주묘하지 않고 있는 다른 묘박선(B선박)과 충돌한 경우에도 A선박과 B선박 모두 조종성능이 동등한 묘박선이므로 과실비율은 동등할 것이다. 그러나 주묘 중인 A선박을 항행 중 운전부자유선으로 본다면, 선원의 상무상 A선박이 조종성능이 더 열악한 묘박 중인 B선박을 피하여야 할 지위에 있게 되고 주묘 중인 A선박의 과실이 많아진다. 주묘 중인 선박을 항행 중으로 보지 않는다면 묘박선의 등화만 켤 수 있고, 현등을 켜지 못하여 자신의 상태를 나타낼 수 없는 불합리함이 있다.

적어도 한 척의 선박이 항행 중이어야 항법이 적용된다. '항행 중'과 '항행 중이 아닌 경우'는 규정 등화와 형상물이 달라진다. 원칙적으로 항행 중인 선박이 항행 중이 아닌 선박을 피하여야 하는 것이 선원의 상무이다.

8. 선박의 길이와 폭

이 규칙에서 말하는 선박의 '길이'와 '폭'은 선박충돌의 목적에 사용되는 것이므로 전장(全長, LOA: Length Over All)과 최대폭을 말한다(국제규칙 제3조 j항; 해상교통안전법 제2조 제20·21호).

9. 우선피항선

부선(艀船)·단정(端艇) 및 총톤수 20톤 미만의 선박과 주로 노와 삿대(상앗대)로 운전하는 선박, 예선(曳船, Tug boat)과 「선박법」 제1조의2 제1항 제3호에 따른 부선[예인선이 부선을 끌거나 밀고 있는 경우의 예인선 및 부선을 포함하되, 예인선에 결합되어 운항하는 압항부선(押航艀船)은 제외한다], 「항만운송사업법」 제26조의3 제1항에 따라 항만운송 관련 사업을 등록한 자가 소유한 선박, 「해양환경관리법」 제70조 제1항에 따라 해양환경관리업을 등록한 자가 소유한 선박 또는 「해양폐기물 및 해양오염퇴적물관리법」 제19조 제1항에 따라 해양폐기물관리업을 등록한 자가 소유한 선박(폐기물해양배출업으로 등록한 선박은 제외한다)을

---

19) 윤점동 교수는 이를 묘박 이하의 안전상태에 있는 묘박의 한 형태라고 한다. 윤점동, 앞의 책, 71면.

말한다(선박입출항법 제2조 제5호). 부선 및 단정은 총톤수의 제한 없이 우선피항선(優先避航船)이 되나, 일반동력선은 총톤수 20톤 미만의 선박은 모두 우선피항선이 된다. 이들 선박은 무역항의 수상구역등이나 무역항의 수상구역 부근에서 다른 선박의 진로를 방해하여서는 아니된다(동법 제16조 제1항). 구 개항질서법 개정으로 '잡종선'이라는 용어는 '우선피항선'으로 변경되었다.

Ⅱ. 시계상태

1. 상호시계

선박이 서로 시계 안에 있는 상태, 즉 상호시계(相互視界) 안이란 레이더 등을 이용하지 않고 시각적으로 상대선박을 볼 수 있는 상태를 말한다(국제규칙 제3조 k항). AIS(Automatic Identification System)로 상대선박의 존재를 알고 있다고 하더라도 시각적으로 상대선박을 볼 수 없다면 여기에 해당되지 않는다. 양선바이 상대선박읍 시각적으로 확인할 수 있는 상태였으나 서로 경계를 소홀히 하여 상대선박을 인지하지 못하고 충돌이 발생한 경우에도 객관적으로 상호시계 안이므로 상호시계 안의 항법을 적용함에 있어 아무런 지장이 없다. 소극적으로 정의하면 시계상태 중에서 제한시계가 아닌 상태를 상호시계 상태라고 할 수 있다.

상호시계 안에서만 국제규칙 제2장 제2절(해상교통안전법 제5장 제2절)의 추월항법, 마주치는 상태(정면상태), 횡단항법 그리고 선박 사이의 책무 규정 등이 적용된다.

2. 제한시계

제한시계(制限視界)는 안개·연기·눈·비·모래 바람 기타 이와 유사한 사유로 인하여 시계가 제한되어 있는 상태를 말한다(국제규칙 제3조 제l항). '기타 유사한 사유'로는 자신의 선박이나 다른 선박으로부터의 연기나 황사현상이 여기에 포함된다.[20]

제한시계는 주변상황에 따라 다를 것이지만, 박용섭 교수는 1977년 이전까

---

20) Cockcraft, *op. cit.*, p.32.

지는 현등(舷燈)의 시인거리(視認距離)인 2해리 이내이면 제한시계 안이라고 하였으나, 그 이후에는 대형선의 경우 현등의 법정 최소시인거리가 3해리이기 때문에 시정(視程)이 3해리 이내가 되면 시정이 나쁜 상태로 보아야 한다고 한다.[21] 그러나 해양안전심판원의 재결을 보면 시계가 3마일인 경우에 상호시계 안의 항법규정인 국제규칙 제18조가 적용되었고(부해심 제1999−107호, 1999. 8. 11),[22] 시계가 1~1.5마일로 제한된 상태를 제한된 시계로 보아 무중항법(霧中航法)을 적용한 재결도 있다(부해심 제1999−104호, 1999. 8. 4).[23] 한진 마드라스호 사건에서도 시계가 1.5~3마일로 제한된 상태를 제한시계로 보았다(인해심 제96−51호, 1996. 11. 12).[24]

제한시계가 되면 항법 적용이 달라지는 점에 커다란 차이가 있다. 즉, 상호시계 안에서는 횡단항법 등이 적용되어 피항선·유지선의 의무를 각 선박이 부담하지만, 제한시계가 되면 양 선박 모두가 동등한 의무를 부담하게 된다(국제규칙 제19조).

로그 북(logbook)에 기재되는 시정계급표는 <표 2>와 같다.

〈표 2〉 시정(시계) 계급표

계 급	최대 가시거리	설 명
0	50m 미만	Dense fog
1	50~200m	Thick fog
2	200~500m	Fog
3	500~1,000m	Moderate fog
4	1~2km	Thin fog or mist
5	2~4km	Visibility poor
6	4~10km	Visibility moderate
7	10~20km	Visibility good
8	20~50km	Visibility very good
9	50km 이상	Visibility exceptional

21) 박용섭, 앞의 책, 193면.
22) 『해양안전심판사례집』(2000), 157면.
23) 위의 책, 164면.
24) 『해난심판사례집』(1997), 93면.

Ⅲ. 항 로

1. 해상교통안전법 및 선박입출항법

구 해상교통안전법은 제2조 제16호에서 "통항로(通航路)란 선박의 항행안전을 확보하기 위하여 한쪽 방향으로만 항행할 수 있도록 되어 있는 일정한 범위의 수역"이라고 정하고 있었다(현 해상교통안전법 제2조 제16호로 변경됨). 또한 제2조 제36호에서 "항로란 다음 각 목의 어느 하나에 해당하는 수로를 말한다. 가. 개항질서법 제2조 제7호에 따른 항로, 나. 제57조에 따른 교통안전특정해역 안의 항로, 다. 제62조에 따라 고시된 좁은 수로등에서의 항로"라고 정하고 있었다(현 해상교통안전법에서는 삭제됨).

국제규칙에서는 항로에 대한 정의규정은 없다. 굳이 구 해상교통안전법에 왜 항로에 대한 정의규정을 두었는지 의문이었다. 이러한 정의규정이 없어도 해석상 항로를 정할 수 있다. 예컨대, 무역항의 항로는 부이(buoy)로 표시되어 있으므로 항로로서 충분히 인식 가능하다. 무역항이 아니라고 하더라도 선박항행에 어려움이 있는 좁은 수로의 일정 대역은 항로로 인정할 수 있는 것이다. 무역항이 아닌 한 좁은 수로나 항로나 적용항법은 국제규칙 제9조(구 해상교통안전법 제29조)의 좁은 수로등의 항법이다. 생각건대, 좁은 수로등의 항법의 적용범위에 논란이 될 수 있는 교통안전특정해역 등을 확정적으로 항로로 하여 구 해상교통안전법 제29조를 적용하기 위하여 항로에 대한 정의규정을 두었다고 보았다. 그러므로 동법 제2조 제36호의 항로에 대한 정의는 제한적 열거규정이 아니라 예시규정이라고 보았다. 그런데, 현 해상교통안전법에서는 동 제2조 제36호 항로 정의규정이 삭제되었기 때문에 이러한 해석이 변경되는지 의문이 든다. 정의규정 없이도 해석상 항로에 대한 판단은 가능하다.

항로를 따르는 선박은 항로의 협소함으로 인하여 항법상 우선권이 부여되는 것이 일반적이다. 그런데 선박입출항법상 항로와 해상교통안전법의 좁은 수로등 및 통항분리제도에서의 항로를 따르는 선박의 우선권은 차이가 있다. 예컨대, 선박입출항법상 항로의 횡단은 금지되어 있는 것으로 해석되어(제10조 제2항), 횡단선은 항로를 따르는 선박을 절대적으로 피하여야 할 의무를 부담한다

(제12조 제1항). 협수로에서는 수로나 항로 안에서 선박의 안전한 통항을 방해하는 경우에는 횡단이 금지되어 있다(국제규칙 제9조 d항). 그러므로 통항을 방해하지 않는 한 횡단도 가능하다. 즉, 횡단선박은 협수로 등의 안쪽에서만 안전하게 항행할 수 있는 선박에 대하여 통항불방해의무를 부담한다. 통항분리방식에서는 가능하면 통항로의 횡단은 피하여야 한다(국제규칙 제10조 c항). 통항로를 횡단하여야 할 사유가 있으면 횡단은 가능하다. 이 경우에 통항로를 따르는 선박도 자신의 우측에 상대선박을 두고 있으면 자신이 피항선(避航船)이 되는 경우도 있다(국제규칙 제10조 a항).

협수로 항법은 좁은 수로나 항로(narrow channel or fairway)에 적용되는 것이므로(국제규칙 제9조 a항 및 해상교통안전법 제74조 제1항), 항로로 인정되는 곳이라면 협수로 항법을 적용하거나 준용할 수 있다는 점에서 항로의 정의는 중요하다고 할 것이다.

한편 구 개항질서법 제2조 제7호는 '항로'라 함은 선박의 입·출항 통로로 이용하기 위한 수로를 말한다고 정하고 있었으나, 현 선박입출항법에서는 '항로'란 선박의 입항·출항 통로로 이용하기 위하여 동법 제10조에 따라 해양수산부장관이 지정·고시한 수로를 말한다고 되었다.

2. 추천항로

일본에서는 추천항로(推薦航路)라는 개념이 사용되고 있다. 추천항로란 지형, 해조류 기타 자연적 조건을 고려하여 항행의 안전을 위하여 수로도지(水路圖誌)의 발행자가 추천하는 항로를 말한다. 법적 구속력에 대하여는 긍정설과 부정설이 있다. 일본의 해난심판청은 등부표(燈浮標, lighted buoy)가 설치된 해도상의 추천항로에 대하여는 추천항로선의 우측을 항행하는 것이 선원의 상무라고 본다. 일본의 학설도 동일하다.[25]

우리나라의 부산지방해심은 **일반화물선 피아리더호·일체형압항선 쇼신마루호 충돌 사건**(부해심 제2002-24호)에서, "여기서 말하는 추천항로란 당해 해역의 해도를 발간한 일본국 해상보안청이 항행안전을 위하여 과거의 항해실적, 지형, 조류, 기타 자연적 조건을 고려하여 항해자에게 안전항로 선택의 지침을

25) 小川洋一, 『船舶衝突の裁決例と解說』(成山堂書店, 2002), 80頁.

추천한 해도상의 항로에 불과하지만, 추천항로의 우편측을 따라 항해하는 것이 통항량이나 지형 등을 감안할 때 가장 합당한 통항방법일 뿐 아니라 일본 내해에서는 이미 관행으로 굳어져 있으므로 양 선박의 상대위치를 불문하고 국제규칙 제2조에 따라 추천항로를 횡단하는 선박이 선원의 상무로서 요구되는 주의의무를 다하여 추천항로를 따라 항행하는 선박의 진로를 방해하지 말아야 할 것이다"라고 재결하였다.

캐미컬탱커 삼호헤런호·화물선 골든윙호 충돌 사건(중해심 제2010-7호, 2010. 9. 14)에서 중앙해심원은 일본 내해(內海)의 추천항로의 법적 효력에 대하여 아래와 같이 판단하였다.

> 일본국 해상보안청이 발간한 해도에는 항행선박들의 마주치는 상황을 감소시키기 위하여 일본 내해의 주요 항로에 대해 추천항로를 표시하고 이를 따라 항해하도록 권고하고 있다. 이 항로는 수로도지 발행자인 일본국 해상보안청이 지형, 조류 등 자연조건을 고려하여 항해의 안전을 위해 일정 간격으로 등부표를 설치하고, 해도상에 실선 또는 점선으로 표시한 다음 이를 따라 항해하도록 추천하는 의미의 항로이다.
>
> 우리나라 및 일본의 판례에 따르면 "일본 내해에 설정된 추천항로가 법적 구속력은 없지만 오랜 기간 동안 항해사들이 관행으로서 추천항로의 우측을 따라 항해하는 것이 가장 합당한 통항방법이라는 확신을 가지고 있기 때문에 양 선박의 상대위치를 불문하고 이를 준수하여야 하며 국제해상충돌예방규칙 제2조에 따라 추천항로를 따라 항해하는 선박의 진로를 방해하지 말아야 한다"고 설명하고 있다(일본 헤이세이 17년 히로시마심 제103호; 부해심 제2002-24호 참조). 결론적으로 일본 내해의 추천항로는 법적 강제성은 없지만 특별한 사정이 없는 한 추천항로의 우측으로 항해하는 것이 항해자의 일반적인 관행이고, 오랜 경험과 전통으로 확립되어 있어 현실적으로 해기사의 책임과 의무로서 이를 준수하여야 한다고 판단된다. 따라서 모든 선박은 추천항로의 우측으로 일정 거리만큼 떨어져 항해하는 것이 선원의 상무라고 볼 수 있다.
>
> 이 사건은 시계가 양호한 야간에 진침로 약 041도, 속력 약 12.6노트로 항해하던 삼호헤런호와 진침로 약 231도, 속력 약 12.0노트로 항해하던 골든윙호가 접근하다가 충돌한 것으로, 항법 적용 시점인 충돌 약 10분 전부터 두 선박의 선수방향 침로 교각이 약 10도 정도였고, 두 선박 모두 양현등을 보지 못한 상태였음으로

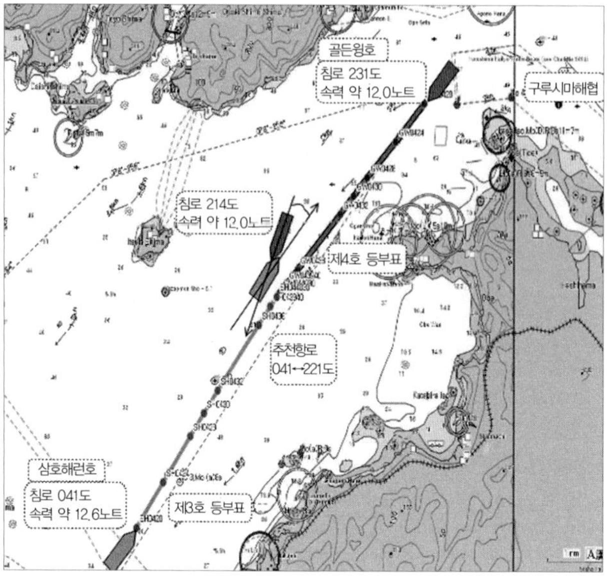

[그림 3] 케미컬탱커 삼호헤런호·화물선 골든윙호 충돌상황도 (자료: 중앙해양안전심판원)

위 가)~다)에서 검토한 바와 같이 두 선박은 국제해상충돌예방규칙 제15조의 횡단항법(일본 해상충돌예방법 제15조)을 적용하여야 한다. 따라서 삼호헤런호가 골든윙호의 진로를 피하여야 하며 골든윙호는 필요한 피항협력동작을 취하여야 한다. 또한 추천항로가 설정된 구간에서는 선원의 상무로서 추천항로의 항법을 준수하여야 하며 이를 지키지 아니할 경우에는 비난받아 마땅하다. 해양사고 관련자 A와 B가 제1심에서 사고발생 원인의 제공 정도를 밝혀 달라는 요청이 있어 「해양사고의 조사 및 심판에 관한 법률」 제4조 제2항의 규정에 따라 원인의 제공 정도를 표시하면, ① 삼호헤런호는 접근하는 상대선을 레이더로 확인하였지만 지속적인 경계를 소홀히 하였고, 횡단상태로 접근하는 상대선에 대하여 사전에 적절한 피항동작을 취하지 아니하였으며, 선위확인을 소홀히 하여 추천항로의 우측으로 항해하여야 함에도 불구하고 좌측으로 편향되어 항해한 잘못이 있다. ② 골든윙호는 앞서가는 제3의 선박을 추월하는 데에만 신경을 쓰느라 경계를 소홀히 하여 접근하는 상대선의 존재를 인식하지 못하였고, 피항협력동작 대신 상대선박이 접근하는 진로 전방으로 좌현변침하여 항해한 잘못이 있다. 이에 따라 양측의 사고발생원인비율은 삼호헤런호가 60%, 골든윙호가 40% 정도인 것으로 배분한다. 중앙해양안전심판원은, 일본 내해에 설정된 추천항로는 법적 강제성이 없는 권고사항이나 항해자의 오랜 관행으로 굳어져 사실상 해기사가 준수해야 할 선원의 상무로서의 주의의무가 있으므로 특별한 사정이 없는 한 추천항로의 항법을 지켜야 한다고 하였다.

그런데 일본의 내해를 항행하는 경우에 우리나라의 많은 항해사와 선장은 추천항로를 강행적인 의무를 부과하는 것으로 보지 않고, 권고적인 의미로 생각하고 있다. 일본 내해는 일본 법이 적용되는 곳이고 여기를 항행하는 선박은 일본 해상교통법의 적용을 받고 추천항로는 일본 법의 입장에 따라 적용되어야 하므로, 우리나라 상선도 추천항로에 대한 이러한 일본 법의 입장을 충분히 고려하여 항해하여야 한다.[26)]

한편, 우리나라에도 2004년 추천항로가 도입되었다. 남해의 완도 근처의 섭도에서 어령도에 이르기까지 해도에 점선으로 표시되고 등부표가 설치된 추천항로가 설정되어 있다. 이는 지방해양항만청장이 구 해상교통안전법 제62조의 규정에 의하여 고시(목포지방해양수산청 고시 제2004-8호, 2004. 2. 16)한 것이다. 제1조에 의하면 고시의 목적이 추천항로를 권고함으로써 선박의 교통실서를 확립하고 교통원활을 도모하여 해양사고를 예방함에 있다.

일본의 추천항로와 달리 우리나라의 추천항로는 고시의 형태를 취하고 있는 점에서 차이가 있다. 고시 제1조에서는 "추천항로를 권고함으로써"라고 하고 제5조에서는 추천항로를 따르는 선박은 "…하여야 한다"고 규정함으로써[27)] 상반된 내용을 가지고 있다. 목포지방해양안전심판원은 법적 구속력을 인정하는

---

26) 자세한 내용은 김인현, 『선박충돌과 항법연구』(다솜출판사, 2006), 275면 이하 및 김인현 "선박충돌과 관련한 항법에 대한 비교법적 연구", 『해사법연구』, 제18권 제2호(2006. 9), 78면 이하 참고.

27) 제5조(항법) 이 고시에 의한 추천항로를 따라서 항행하는 선박은 다음 각 호의 항법을 준수하여야 한다.

1. 주위의 상황에 적절한 경계를 유지하여야 하며, 경계해역 및 항로의 출입구 부근에서는 특히 주의하여 항행하여야 한다.
2. 해사안전법 제64조(현 해상교통안전법 제71조)의 규정에 의한 안전한 속력으로 항행하여야 한다.
3. [별표 1]의 추천항로에 근접하여 항행하여야 하며 가급적 항로로부터 멀리 벗어나지 않고 추천항로에 근접하여 항행하되 추천항로선의 오른편으로 항행하여야 한다. 만약 두 척의 동력선이 마주치거나 거의 마주치게 되어 충돌의 위험이 있을 때에는 해사안전법 제72조[현 해상교통안전법 제79조(마주치는 상태)]의 규정에 따라야 한다.

재결을 내렸다. 추천항로가 설정되어 있으면 그 우측을 따라 항행하여야 한다는 것이다(뉴웨이브호·제31강동호 충돌 사건, 목포해심 제2005-8호).[28] 필자의 견해로는 제1조의 목적에서 본 고시의 추천항로는 권고적인 성격을 가진다고 하고 있으므로 법적 구속력이 없다고 생각한다. 관습법으로서 법적 구속력을 갖추기 위하여는 항해사들의 반복되는 관행과 법규범으로서의 확신이 있어야 하지만, 아직 그러한 단계에는 이르지 못하였다고 생각된다.

제 3 절 항법상 일반적 주의의무

Ⅰ. 경계(look-out)의무

1. 국제규칙 제5조

국제규칙 제5조는 "모든 선박은 시각, 청각은 물론 그 당시의 사정과 상태에 적절한 기타 모든 유효한 수단을 동원하여, 당시의 상황 및 충돌의 위험을 충분히 평가할 수 있도록 항상 적절한 경계를 유지하여야 한다"고 정하고 있다.

해상교통안전법 제70조도 동일한 내용이다.

2. 의 의

충돌을 피하기 위하여는 접근하는 상대선박의 존재를 인지하고 그 동작을 파악할 필요가 있다. 이러한 일련의 행위를 경계라고 하고, 선박운용술에서 제1원칙이라고 불릴 만큼 중요하다.[29]

이러한 경계는 모든 선박에 있어서 항상 계속되어야 한다. 경계의무는 시계상태에 관계 없이 적용되는 규정이다. 항행 중 뿐만 아니라 묘박 중에도 당직자에게 경계의무는 계속된다.[30] 이와 같은 경계의무를 다하지 아니하였다면 이

28) 『해양안전심판사례집』(2006), 297면.

29) 同旨: 민성규·임동철, 앞의 책, 41면.

30) 同旨: 위의 책, 43면; Cockcraft, *op. cit.*, p.41; 海上交通法令研究會, 『海上衝突豫防法の解說』, 海文堂, 1999, 18頁.

는 주의의무 위반이 되고 충돌을 야기한 해기사는 법적 책임을 부담하게 된다.

> 경계의무를 다하지 아니하였다고 하여 과실이 인정된 사례로는 **태영 자스민호·구오파호 충돌 사건**이 있다. 중앙해심원(중해심 제97－15호)은 이 충돌사건은 횡단상태의 항법관계에서 피항선인 태영 자스민호측이 경계 태만으로 상대선의 동정을 잘못 판단하여 피항동작을 늦게 취한 데다 피항동작에 있어서도 오히려 상대선의 진행방향을 향하여 좌현변침함으로써 발생한 것이나, 구오파호측이 유지선이라는 사실에 지나치게 집착한 탓으로 피항협력동작을 늦게 취한 것도 일인이 된다고 재결하였다.
>
> 영국의 **로즈라인호 충돌 사건**에서도 제한시계 내에서의 엘레니호의 좌현변침이 60%의 과실로 인정되었으나, 로즈라인호의 레이더 경계 불철저도 40%의 과실이 있다고 판시하였다.31)

STCW협약 부속서 2(선원의 훈련, 자격증명 및 당직근무 코드) 제A편 제8장(당직근무에 관한 규정) 제2절 제13조에서 제16조까지는 경계에 대하여 특별히 규정하고 있다.

3. 경계의 수단

시각에 의한 유효한 수난을 동원하여 경계한다는 것은 경계원의 눈 및 쌍안경(binocular)을 이용하여 경계하는 것을 말하고, 청각에 의한 유효한 수단을 동원한다는 것은 경계자의 청각을 이용하여 상대선박의 기적 소리 등을 듣고서 그 존재를 파악하게 되는 것을 말한다. 쌍안경을 이용하면 육안으로 경계를 할 때보다 훨씬 멀리까지 볼 수 있다. 상대선박의 기적신호를 듣기 위하여는 브리지(선교) 양 측면의 문을 항상 열어 두어야 한다. 특단의 사정이 없는 한 항행 중에 브리지의 양 측면 문을 열어 두는 것은 이 때문이다. 기타 모든 유효한 수단을 이용하여 경계한다는 것은 레이더, 섀도 핀(shadow pin), 육상 레이더 기지 그리고 VHF 등의 항해장비를 이용하여 상대선박의 존재를 파악하는 것을 말한다.

레이더나 알파(ARPA; Automatic Radar Plotting Aids)도 경계를 위한 아주 중요한 장비이다. 특히 제한시계가 되면 레이더를 통한 경계가 가장 유효한 수단이

31) 『해난심판사례집』(1998), 411면; The "Roseline", [1981] 2 Lloyd's Reports, 410; C. Hill, *Maritime Law*, LLP, p.262.

된다. 상호시계 안이라고 하더라도 연안항해를 하거나 선박의 통항이 많은 경우에는 레이더를 사용할 필요가 있다. 레이더 경계를 하면서도 플로팅(plotting)을 통하여 상대선박의 동작을 확실히 파악하도록 하여야 한다. 선교의 중앙에 설치된 자이로 리피터(gyro repeater)에 꼽혀 있는 섀도 핀도 경계를 위한 확실한 보조수단이다. 이것을 통하여 상대선박의 방위 변화를 지켜보아 변화가 없디면 충돌코스임을 알 수 있다.

영국 법원은 충돌의 위험이 있는 경우에 VHF를 사용하는 위험성에 대하여 경고하고 있다.32) VHF 통화는 상대선박의 존재를 잘못 알고 신뢰하게 되거나, 통화의 결과로 경계를 소홀히 하게 될 수 있다.33)

VHF 통화가 비난받은 재결로는 일반화물선 **제19금진호·어선 결성호 충돌 사건**(인해심 제2015-006호)이 있다. 유지선인 금진호가 VHF로 상대선을 호출하는 등 충돌을 피하기 위한 협력동작을 취할 시기를 실기하여 발생한 것도 일인이 된다고 지적하고 있다(2016년 사례집, 83면).

일반화물선 일출봉호·일반화물선 삼진럭키호 충돌 사건(중해심 제2017-022호)에서 중앙해심은 다음과 같이 재결하였다. "이 사건은 '완도항 출입 및 횡단항로'에서 양 선박이 서로 진로를 횡단하던 중 피항선인 삼진럭키호가 경계를 소홀히 한 채 부적절한 피항동작을 하여 충돌한 것이나, 유지선인 일출봉호가 충돌을 피하기 위한 충분한 협력동작을 하지 아니한 것도 일부 원인이 된다. … 선박이 상대선박과 교행방법에 대해 VHF로 협의할 경우에는 기본적으로 충분한 시간 전에 교신하여야 하며, 반드시 호출할 선박의 위치와 선명을 AIS 등으로 확인하여야 하며, 상대선박에서 자선의 선명을 호출하여 응답할 경우에도 호출하는 선박의 위치와 선명을 AIS 등으로 확인하여야 한다. 삼진럭키호는 피항선으로서 충분한 시간 전에 대각도로 변침 등을 하여 피항조치를 하여야 하며, 상대선박의 선수 방향을 횡단하여서는 아니 된다. 또한 삼진럭키호 선장은 당시 우현 쪽에서 자선의 진로를 횡단상태로 접근하는 선박 2척이 있었으므로 경계를 더욱 철저히 하여야 한

32) Simon Gault, *MARSDEN Collision at sea*, Thomson Sweet & Maxwell, 13th ed., 2003, p.212; 예컨대 The "Maloja Ⅱ", [1993] 1 Lloyd's Reports Rep.367 at 370; IMO도 결의서 954(23)호에서 VHF 사용의 위험성을 경고하고 있다. 자세한 내용은 김인철·정대율, 앞의 책, 71면.

33) **케미컬탱커 씨에스크레인·케미컬탱커 제3여수파이오니아 충돌 사건**(부해심 제2015-609호)에서 충돌 2분 전 VHF 통화로 시간을 소모한 여수파이오니아 항해사의 행위가 사고 발생 원인이 된다고 부산해심은 지적하고 있다(2016년 사례집, 215면).

다. 그러나 삼진럭키호 선장은 충돌 약 6분 전 우현 선수 방향에서 자선의 진로를 횡단하는 선박 2척(일출봉호, 아이리스T호) 중에서 1척(아이리스T호)이 VHF로 '좌현 대 좌현'으로 교행방법을 교신한 경우 상대선박의 위치와 선명을 정확히 확인해야 함에도 이를 소홀히 하여 아이리스T호를 일출봉호로 착각하였으며, 우현으로 변침하여 아이리스T호와 충돌위험을 피한 후 다시 원래 침로로 복귀하기 위해 좌현변침하여 직진하던 중 우현에서 횡단상태로 접근하고 있는 일출봉호를 뒤늦게 발견하고 일출봉호가 충돌을 피하기 위해 회두하고 있는 우현 쪽으로 변침함으로써 충돌위험을 초래하였을 뿐만 아니라 당시 변침 시에도 소각도로 서서히 우현변침을 하여 상대선박에 큰 혼란을 주었다. 일출봉호는 유지선으로 피항선이 적절한 피항동작을 취하지 아니할 때에는 경고 신호나 경고 기적(단음 5회)을 울리고, 피항선의 동작만으로 충돌을 피할 수 없을 때에는 충돌을 피하기 위한 최선의 협력동작을 하여야 한다. 그러나 일출봉호 2등항해사는 충돌 약 6분 전 서로 진로를 횡단하는 선박 2척(아이리스T호, 삼진럭키호)이 VHF로 '좌현 대 좌현'으로 교행할 것이라는 교신을 청취하고 자선도 삼진럭키호와 '좌현 대 좌현'으로 통과할 것으로 예단하고 침로 및 속력을 유지하고 있었으나, 삼진럭키호가 우현변침을 하여 '아이리스T호'의 충돌 위험을 제거한 후 충돌 약 3분 전 좌현변침을 하여 충돌 위험이 발생되었을 때 일출봉호 2등항해사는 충돌 위험을 야기한 삼진럭키호에 기적 등으로 경고신호를 하지 않는 등 충분한 피항협력동작을 하지 않았다."

최근에 탑재가 상용화·법제화되고 있는 AIS(Automatic Identification System, 선박자동식별장치)도 유용한 경계수단이 된다.[34] 만약, 선장이 장착된 AIS를 사용하지 않고 꺼둔 상태에서 이것이 충돌에 영향을 미쳤다면 선장은 국제규칙 제2조 선원의 상무 규정 위반으로 책임을 부담하게 될 수 있다. 레이더 자체보다 AIS 정보를 더 신뢰하여서는 아니된다. 즉 AIS가 레이더 경계를 소홀히 하게 하여서는 아니된다.[35]

경계임무를 이행하고 있는 선원은 적당한 연령과 상당한 경험을 가진 유자격 선원이어야 한다. STCW협약에서는 소형선이 아닌 한 경계원 및 조타수의 임무를 분리하여야 하고, 조타수는 조타 중에는 경계원이라고 생각하여서는 아

34) Farwell, *op. cit.*, p.136.

35) I.P.A. Stitt, "AIS and Collision Avoidance," *The Journal of Navigation*, Vol. 57, No. 2(May 2004), p.172; Farwell, *op. cit.*, p.136.

니된다고 한다(제8장 제2절 제15조). 그러므로 무중(霧中)에는 조타수 외에 경계원을 추가로 배치하여야 한다.

4. 기타 유의사항

컨테이너 선박의 경우에는 갑판의 높은 부뷴까지 컨테이너를 적재함으로써 시야가 제한되는 경우가 있으며, 선교(bridge) 옆부분의 창문이 시야를 가리는 경우가 있다.[36] 선장 등은 이러한 사각(死角)을 염두에 두고 가능하면 넓은 시야를 확보하여 철저히 경계를 하여야 할 것이다.

선박의 후미(後尾)까지도 경계하여야 하는지에 대하여 논란이 있다. 비록 육상의 자동차의 백미러(back mirror)와 같은 것이 선박에는 장착되어 있지 않다고 하더라도, 앞지르기당하는 선박은 유지선으로서의 의무가 있기 때문에 선박은 후미까지도 관측하여야 할 의무가 있다고 보는 것이 최근의 경향이다.

최근 GPS가 확실한 위치확인장치로 자리를 잡자, 연안항해를 하면서도 항해사들이 선박의 위치를 레이더나 물표를 통한 방위선으로 구하지 않고 GPS로 구하여 경계에 문제가 발생하게 된다.[37] 15분마다 한 번씩 레이더나 방위선으로 위치를 구하게 되면 쉽게 레이더 화면이나 시야에 나타나는 물표를 확인할 수 있게 된다. 15분에 한 번씩 레이더나 방위선으로 구한 위치의 흔적이 해도에 남아 있다면 충돌사고가 발생한 경우에 경계를 철저히 하였다는 증거가 될 수 있고, 항해사는 해양안전심판이나 기타 민사·형사소송에서 유리한 위치를 점할 수 있다. GPS 혹은 GPS 플로터를 이용하여 항해한다고 하더라도, 반드시 15분에 한 번씩 레이더 혹은 자이로 리피터를 이용하여 본선의 위치를 구하고 이를 해도에 기입하여야 한다.[38]

---

36) 이러한 경우에는 선박 자체의 결함으로 선장의 경계를 원천적으로 방해하는 구조의 결함으로서 선박의 감항성이 문제가 될 수도 있다.

37) GPS는 화면에 나타난 위도·경도만을 얻을 수 있을 뿐이지 주위 선박의 존재를 읽을 수 없다.

38) 2020. 7. 25. 일본 MOL 소속 일반 선박인 와카시오호가 모리셔스에 좌초되어 유류오염 사고가 발생했다. 선장은 wi-fi가 잘 잡히도록 섬에 5마일까지 접근하였고 당직자인 1등항해사는 친척과 전화 통화를 위해 핸드폰을 조작하고 ECDIS도 너무 큰 스케일이라서 섬에 접근하는 것을 몰랐다. 이것이 사고의 큰 원인이었다. 자세한 내용은 고려대학교 해상법연구센터 해상법 주간브리핑 제61호(2023. 7. 23) 참고.

Ⅱ. 안전속력

1. 국제규칙 제6조

국제규칙 제6조 본문은 "모든 선박은 충돌을 피하기 위하여 적절하고 유효한 동작을 취할 수 있고 그 당시의 사정과 상태에 알맞는 거리에서 정선할 수 있도록 항상 안전한 속력으로 항행하여야 하고, 안전속력(safe speed)을 결정함에 있어서는 다음 요소를 고려하여야 한다; (a) 모든 선박에 대하여는 (i) 시정의 상태, (ii) 어선 혹은 기타 선박들의 밀집을 포함한 교통폭주의 정도, (iii) 정지거리와 선회성능을 고려한 선박의 조종성능, (iv) 야간에 육상 등화 또는 자선의 등화의 역산광(逆散光)으로부터 오는 것과 같은 배경광선의 존재 여부, (v) 바람, 해면 및 조류의 상태 그리고 항해장애물의 근접상태, (vi) 이용할 수 있는 수심과 흘수의 관계를; (b) 레이더 사용 가능 선박은 위의 여섯 가지에 포함하여 다음을 고려하여야 한다. (i) 레이더 장비의 특성, 성능 및 한계, (ii) 사용되는 레이더 레인지에 의한 제약, (iii) 해면상태, 기상 및 기타의 장애요인이 레이더 탐지에 미치는 영향, (iv) 소형선, 유빙, 기타의 부유물은 적당한 거리 내에서 레이더에 의하여 탐지가 아니될 수도 있다는 사실, (v) 레이더에 의하여 탐지된 선박의 척수, 위치 및 이동상태, (vi) 부근의 선박이나 기타의 목표물의 거리를 측정하기 위하여 레이더를 사용할 경우에는 더욱 정확한 가시거리의 판단이 가능하다는 사실."

해상교통안전법 제71조가 이에 해당한다.

2. 의 의

1960년 국제규칙에서는 모든 선박은 제한시계에서 적당한 속력(moderate speed)으로 항해할 것이 요구되었으나,[39] 1972년 국제규칙에서는 모든 시계상태에서 안전한 속력으로 항해할 것이 요구되는 것으로 변경되었다. 안전속력으로 항행할 의무를 부담하는 선박은 모든 선박이다. 그러므로 일반동력선뿐만

---

39) 1960년 국제규칙 제16조 a항에서는 "시정이 제한된 상태에 있는 경우에는 그 당시의 사정과 조건에 충분히 주의하여 적당한 속력(moderate speed)으로 진행하여야 한다"고 정하였다.

아니라 범선도 이 조항의 의무를 부담한다.

이 조항은 모든 시계상태에서 적용된다. 그러므로 상호시계 안에서는 물론 제한된 시계에서도 적절하게 유효한 동작을 취할 수 있고 당시의 사정과 상태에 알맞은 거리에서 정선할 수 있도록 안전한 속력으로 항행하여야 한다. 대체로 상호시계 안에서는 제한시계보다 고속으로 항행할 수 있지만 상호시게 안이라고 하더라도 전속력이 무조건 허용되는 것은 아니다.40)

충돌을 피하기 위한 방법으로는 몇 가지 방법이 있다. 첫째는 속력을 낮추는 방법이고, 두 번째는 전타(轉舵, 변침)하여 선박의 진행방향을 변경하는 것이고, 세 번째는 위 두 가지를 동시에 이행하는 것이다. 12노트로 정면상태로 접근하는 선박들이 있다고 하자. 이들 선박은 각각 5분에 1마일씩 진행한다. 그러므로 정면상태의 두 선박 사이에 2마일의 거리가 있다면 충돌에 이르기까지는 5분의 여유밖에는 없다. 그러나 만약 양 선박이 6노트로 각각 진행한다면 각 선박은 10분에 1마일씩 진행하고, 2마일의 거리에 대하여 충돌에 이르기까지 10분의 여유가 있다. 그러므로 속력을 낮추는 것은 상대선박의 동작에 대한 평가에 도움이 될 뿐만 아니라 충분한 거리에서 전타(변침) 조치가 가능하도록 한다. 따라서 감속은 충돌 방지를 위한 가장 효과적인 방법이라고 한다.

안전한 속력 결정의 요소로서 이 조항에 열거되어 있는 사항들은 제한적 열거규정이 아닌 예시규정으로서 이 외에도 중요한 사항이 있으면 참고하여야 한다.

3. 안전속력의 의미

안전한 속력이란 일의적으로 말할 수 없는 불확정한 개념으로서 충돌을 피하기 위하여 후진기관을 넣었을 때 충돌하지 않고 정선이 가능한 현재 선박의 속력이다.

국제규칙이나 해상교통안전법에서는 안전한 속력이 얼마라는 식으로 확정하여 두지는 않고 있다. 이는 당시의 시정(視程), 선박의 크기, 주위의 선박통항 정도 그리고 여유수역에 따라서 안전한 속력이 달라질 것이기 때문이다. 대양에서 단 한 척의 선박을 충분한 거리에서 만난 경우에 안전한 속력은 통상의 항

---

40) Cockcraft, *op. cit.*, pp.42~43.

행속력인 12노트가 될 것이다. 즉, 이 선박이 상대선박을 만나자마자 감속을 하여야 할 주의의무는 없다고 할 것이다. 이때에는 전타(轉舵)만으로도 피항동작으로 충분하다고 할 것이다.

동일한 상황에서 무중(霧中)이라면 어떠할까? 이때에도 항행속력인 12노트면 충분하나 기관을 언제나 사용할 수 있는 준비는 되어 있어야 주의의무를 다하였다고 할 것이다. 연안항해의 경우에 선박이 폭주하는 곳에서는 선박이 서로 시계 안에 있는 때라고 하더라도 기관중속(half ahead, 대략 8노트)은 되어야 할 것이고, 무중이라면 기관미속(slow ahead, 대략 5노트)은 되어야 안전한 속력이라고 할 것이다.

10마일 정도의 거리에서 무중(霧中)이라도 기관이 즉시 사용될 수 있도록 준비되어 있으면 전속이라도 안전한 속력이라는 판시되었고,[41] 14노트가 전속인 로즈라인호에 있어서는, 무중에서 상대선박과 접근하여 충돌 30분 정도의 거리에서부터는 6~8노트가 안전속력이라고 판시되었다.[42] 또한 무중에서 3마일 정도의 거리에 있는 상대선박의 움직임을 레이더에서 놓친 경우에는 타효유지 최저속력으로 감소하여야 한다는 판결이 있다.[43]

해경정 P－75정·모터보트 스트라이퍼200호 충돌 사건(인해심 제2017－060호)에서 인천해심은 다음과 같이 재결하였다. "시계가 제한된 수역 또는 그 부근에서 항행하는 선박은 무중신호를 울려야 하며, 적절한 경계, 특히 레이더를 통한 체계적인 관측을 통해 충돌위험을 방지할 주의의무가 있다. 또한 모든 선박은 시계가 제한된 그 당시의 사정과 조건에 적합한 '안전한 속력'으로 항행하여야 하며, 이때 '안전한 속력'이란 다른 선박과의 충돌을 피하기 위하여 적절하고 유효한 동작을 취하거나 당시의 상황에 적합한 거리에서 정지할 수 있는 속력을 말한다. 그러나 스트라이퍼200호는 무중신호를 울리지 않았을 뿐만 아니라 레이더 사용에 미숙하여 상대선박을 충돌 직전까지 발견하지 못한 채 상대선박의 진행 방향으로 항해함으로써 이 사고를 유발하였다. 또한 시정이 극히 제한된 상태에서 안전한 속력이라고 보기 어려운 약 13노트로 항해하여 충돌을 피하지 못한 바 이

41) The "Aleksandr Marinesko and Quint Star", [1998] 1 Lloyd's Reports, 265~282; 김인현, 앞의 책, 129면.
42) The "Roseline", [1981] 2 Lloyd's Reports, 416.
43) 김인현, 앞의 책, 135면. The "Maloja II", [1993] 1 Lloyd's Reports, 48.

는 이 사고의 원인이 되었다고 판단된다.
시계가 제한된 수역 또는 그 부근에서 항행하는 선박은 2분을 넘지 아니하는 간격으로 장음 1회의 음향신호를 울려야 하며, 적절한 경계, 특히 레이더를 통한 체계적인 관측을 통해 충돌위험을 방지할 주의의무가 있다. 또한 모든 선박은 시계가 제한된 그 당시의 사정과 조건에 적합한 '안전한 속력'으로 항행하여야 한다. 그러나 P-75정은 무중신호를 울리지 않았을 뿐만 아니라 레이더를 통한 경계를 철저히 하지 않아 자선의 전방에 있는 선박만 주시하다가 우현 선미 쪽에서 자선을 향하여 빠른 속력으로 다가오는 선박을 충돌 직전까지 발견하지 못하였으며, 시정이 극히 제한된 상태임에도 안전한 속력이라고 보기 어려운 약 10노트로 항해하여 충돌을 피하지 못한 바 이는 이 사고의 일부 원인이 되었다고 판단된다."

안전속력을 말할 때, 속력이 대수(對水)속력인지 대지(對地)속력인지에 대한 명시가 없다.44) 항행 중의 상황을 대수속력이 있을 때와 없을 때로 나누어 표시하도록 등화를 정하고 있는 점으로 미루어 보아 국제규칙에서 말하는 속력이란 대수속력을 말하는 것으로 보인다.45)

어떤 선박이 잠시 기관 정지 중에 있으나 5노트의 조류가 뒤에서 밀어 주고 있다면 이 선박은 대수속력은 0이나 대지속력으로 5노트로 움직이면서 상대선박을 향하여 거리를 좁혀 가고 있는 상태가 된다. 대수속력이 없이 정선하고 있는 선박(운전부자유선 제외)은 묘박 또는 계류 중이거나 좌초상태가 아니므로 항행 중(underway)이 되어 만약 조종성능이 제한되는 어로작업 중인 선박과 충돌의 위험을 안고 접근하게 되면 이 선박은 국제규칙 제18조에 따라 어로작업 중인 선박을 피하여야 한다.

---

44) 속력에는 대수속력(speed over the water)과 대지속력(speed over the ground)이 있다. 대수속력이란 선박이 추진장치에 의하여 해수에 대하여 가지는 속력이다. 즉, 아무런 외력이 없는 수조에서 달리는 속력을 말한다고 할 수 있다. 그러므로 선미에서 바람이 2노트 불어서 해도상 선박이 14노트를 항주하였다고 하면, 대지속력은 14노트가 되지만 대수속력은 12노트이다. 선박이 정선하고 있으나 뒤에서 조류가 2노트 있다면, 대지속력은 2노트이나 대수속력은 0이다.

45) **JEP-II호 사건**에서 서울고등법원은(서울고법 2000. 1. 19. 선고 98나31792판결) 예항증서에 나와 있는 속력은 대수속력이라고 판시하였다. 자세한 내용은 김인현, "2000년도 국내 해사관련 주요판례 소개", 『해양한국』, 2001년 6월호, 166면 이하 참고.

4. 안전속력 결정시 고려사항

(1) 모든 선박

국제규칙은 안전한 속력을 결정하는 요소로서 모든 선박에 대하여는 다음을 예시하고 있다.

1) 시계의 상태

제한시계 상태에서 고속으로 항행하면 근거리에서 상대선박을 발견한 경우에 적절하게 유효한 동작을 취할 수 없게 된다. 그러므로 제한시계에서는 감속하여야 한다. 시계상태가 안전속력 판단의 가장 중요한 요소로 생각된다. 국제규칙 제19조에서는 시계가 제한되어 선수에서 기적신호를 들을 경우에는 타효(舵效)유지 최소속력으로 항해하기를 요구하고 있다.

2) 어선 혹은 기타 선박들의 밀집을 포함한 교통폭주의 정도

주위에 통항하는 선박이나 어로작업 중인 어선이 많은 경우에는 충돌의 위험성이 높아지므로 그렇지 않은 경우에 비하여 저속항해를 하여야 할 것이다.

3) 정지거리와 선회성능을 고려한 선박의 조종성능

대형선박은 소형선박보다 정지거리가 크다. 그러므로 충돌을 피하기 위하여는 대형선박은 소형선박에 비하여 미리 감속하여야 한다.

선박의 조종성능은 공선시와 만재시에 따라 다르고, 여유수심이 작을 때는 선회경이 커진다. 이러한 요소들을 고려하여 안전속력을 정하여야 한다. 일반적으로 공선시에 비하여 만재시에, 수심이 깊을 때보다 얕을 때에 상대적으로 더 감속하여야 한다.

4) 야간에 육상 등화 또는 자선의 등화의 반사등에 의한 배경광선의 존재 여부

항구에 접근하면 항구의 네온사인 등이 배경에 깔려 있으므로 상대선박의 등화가 잘 보이지 않게 된다. 이 경우에는 충분한 시간적 여유를 가지고 다른 선박의 존재를 식별할 수 있도록 감속하여야 한다.

5) 바람, 해면 및 조류의 상태 그리고 항해장애물의 근접상태

바람이 강하고 해면이 거칠면 선박 조종에 지장이 있으므로 그렇지 않은 경우에 비하여 감속하는 편이 좋다. 장애물이 근접하여 있으면 속력을 낮추는 것이 피항동작시 선회경이 줄어들므로 유리하다.

6) 이용할 수 있는 수심과 흘수의 관계

수심이 얕으면 천수(淺水, shallow water)의 영향을 받고, 수로에서는 육안영향(陸岸影響, wall effect 혹은 bank effect)[46]을 받으므로 속력을 낮추어 이들의 영향을 줄이는 것이 좋다.

Pelopidas호 사건에서 영국 해사법원은 동 선박은 육안효과(bank effect)를 감안하여 감속하지 않은 과실이 있다고 판시하였다.[47]

(2) 레이더 사용 가능 선박

레이더 사용이 가능한 선박은 위의 6가지를 포함하여 아래 사항을 안전속력을 결정함에 고려하여야 한다.

1) 레이더 장비의 특성, 성능 및 한계

레이더에 알파(ARPA)가 탑재된 선박이 있다. 알파는 상대선박에 대한 정보를 플로팅의 필요 없이 바로 얻을 수 있는 반면, 재래식 레이더는 상대선박에 대한 정보를 얻기 위하여는 플로팅 시간이 필요하므로 재래식 레이더만을 장착하고 있는 선박은 알파탑재 선박에 비하여 저속으로 항행하여야 할 필요가 있다.

2) 사용되고 있는 레이더 레인지에 의한 제약

장거리 레인지(예컨대 12마일)를 사용하고 있으면 물표의 발견시간은 빠르나 작은 물표는 화면에 나타나지 않을 것이고, 단거리 레인지(예컨대 3마일)를 사용하고 있으면 작은 물표라도 잘 나타나지만 물표 발견 시간이 너무 늦게 된다. 단거리 레인지만을 사용할 수 있는 경우에는 장거리 레인지를 사용할 수 있는 경우보다 감속하여야 할 것이다.

3) 해면상태, 기상 및 기타의 장애요인이 레이더 탐지에 미치는 영향

비가 강하게 내릴 때나 파도가 높을 때에는 레이더에 반사파가 많이 잡히

46) 선체가 근접된 측벽과 작용하여 선수 쪽은 수위가 높아지고 선미를 향하여 수위가 낮아짐과 동시에 현측의 유속이 강하여짐으로써 선수가 조금만 틀어지면 육안(陸岸)으로부터 반발작용을 받고 선미는 흡인작용을 받게 된다. 이를 측벽영향(또는 육안영향)이라고 한다. 윤점동, 『선박운용의 이론과 실무』(세종출판사, 1997), 203면.

47) The "Pelopidas", [1999] 2 Lloyd's Reports, 676; 김인현, 앞의 책, 68면.

어 큰 물표라도 식별이 어렵게 된다. 이 때에는 STC(해면반사 억제기능)와 FTC [우설반사(雨雪反射) 억제기능]를 사용하여야 하지만, 물표가 가까이 있을 가능성이 있으므로 감속하는 것이 좋다.

4) 소형선, 유빙, 기타의 부유물은 적당한 거리 내에서도 레이더에 의하여 탐지가 아니될 수도 있다는 사실

소형선으로서 목선이나 FRP선박은 근거리에서도 레이더 탐지가 되지 않는 경향이 있으므로 이를 발견하여도 효과적인 피항동작을 취할 시간적인 여유가 충분하지 않은 경우가 많다. 그러므로 목선이나 FRP선박이 나타날 우려가 있는 지역에서의 안전속력은 그렇지 않은 경우보다 낮아야 할 것이다. 유빙(流氷)도 레이더파에 대한 반사가 잘 되지 않는 물체이므로 위와 같다.[48]

5) 레이더에 의하여 탐지된 선박의 척수, 위치 및 동향

탐지되는 선박의 척수가 많으면 충돌의 위험이 높아지므로 감속할 필요성이 있다. 선미보다 선수에 선박이 많이 있으면 더 위험하다.

6) 부근에 있는 선박이나 기타 물건과의 거리를 레이더로 측정하면 정확한 시정의 판단이 가능하다는 사실

현재의 시정(視程)이 얼마인지를 알기 어려운 경우가 많다. 이때 부근의 선박이나 물체와의 거리를 측정하면 시정이 얼마인지 알 수 있다. 예컨대, 레이더상으로 2마일에 나타난 선박이 육안으로 겨우 보이는 상태라면 시정은 최대 2마일이 된다.

Ⅲ. 충돌의 위험

1. 국제규칙 제7조

국제규칙 제7조는 “(a) 모든 선박은 충돌의 위험(risk of collision)의 유무를

---

48) 국제해사기구 제8차 총회에서 총톤수 100톤 미만의 모든 선박에 레이더 리플렉터를 부착하도록 결의한 것도 레이더 탐지성능을 높이기 위한 것이다. IMO Resolution A 277(iii), November 1973. SOLAS 제5장의 개정으로 2002년 7월 1일부터는 이후로 건조되는 150톤 미만의 소형선박은 레이더 리플렉터의 장착이 의무화되지만, 그 실시는 각국 정부에 위임되었다.

판단하기 위하여 당시의 사정과 상태에 적절한 모든 유용한 수단을 이용하여야 한다. 만일 의심스러우면 그와 같은 위험이 있다고 보아야 한다. (b) 레이더를 장비하고 이것이 작동 가능하면, 충돌의 위험에 대한 조기경보를 얻기 위한 장거리 주사(走査), 레이더 작도(plotting), 또는 같은 효과를 얻을 수 있는 탐지된 물체의 체계적인 관측 등을 포함하여 레이더 장비를 올바르게 사용하여야 한다. (c) 불확실한 정보, 특히 레이더에 의한 불확실한 정보에 근거를 두고 억측하여서는 아니된다. (d) 충돌의 위험 유무를 결정함에 있어서는 다음 사항을 고려하여야 한다. (i) 만일 접근 중인 선박의 컴퍼스 방위(compass bearing)가 현저히 변화하지 않을 때에는 충돌의 위험이 있다고 보아야 한다. (ii) 그와 같은 위험은 방위의 변화가 충분한 경우에도 있을 수 있으며, 특히 거대선이나 예인선열에 접근하거나 근거리에서 다른 선박에 접근하는 경우도 그러하다"고 정하고 있다.

해상교통안전법 제72조도 동일한 내용이다.

2. 의 의

국제규칙을 적용하기 위하여는 먼저 충돌의 위험이 존재하고 있어야 한다. 국제규칙 제12조·제14조·제15조 그리고 제19조는 이를 명문화하고 있다. 국제규칙의 입법목적은 단지 충돌을 방지하는 것이 아니라 충돌의 위험을 방지하는 데에 있다.[49] 충돌의 위험이란 사고 발생의 우려성을 말하며, 충돌의 가능성(possibility)이 아니라 충돌의 개연성(probability)이 있는 상태이다.[50] 즉, 충돌의 위험이란 현 상태가 계속된다면 충돌이 발생할 개연성이 있는 경우를 말한다.

국제규칙에는 risk of collision, danger of collision, immediate danger 등의 용어가 사용되고 있다. 그럼에도 불구하고 이에 대한 정의규정이 없다. 충돌에 이르는 단계로 보아 시간적으로 risk of collision → danger of collision → immediate danger로 이어진다. 제2조에 언급된 immediate danger는 급박한 위험으로 번역하여도 무리는 없다. risk of collision과 danger of collison을 해상교통안전법은 각각 충돌할 위험과 충돌할 위험성(예컨대, 국제규칙 제19조 e항; 해상교통안전법 제84조 제6항)으로 옮겨 놓고 있다. 그러나 학자들에 따라서는 오히려 반대로 risk of

49) 박용섭, 앞의 책, 250면.
50) 위의 책, 251면.

collision을 충돌의 위험성으로 사용하고 있다.[51] '위험'과 '위험성'은 큰 차이가 없는 것 같다. 해상교통안전법도 스스로 risk of collision을 충돌할 '위험' 혹은 '위험성'으로 혼용하고 있다(제72조). 여기에서는 충돌의 위험으로 번역하기로 한다. 어쨌든 danger of collision의 상태는 양 선박이 더욱 접근한 상태이므로 risk of collision보다 충돌이 발생할 가능성이 더 농후한 상태이다.

선장 등이 이 조항에서 말하는 아래와 같은 방법으로 충돌의 위험을 판단하지 않았다면 이는 주의의무 위반이 된다. 예컨대, 무중(霧中)에서 재래식 레이더를 사용하는 선박의 항해사가 체계적인 레이더 플로팅(radar plotting)을 하지 않아서 상대선박의 동작을 제대로 파악하지 못한 경우나, 아예 상대선박의 방위 변화를 확인하지 않은 경우에 이는 주의의무 위반이 되어 당해 항해사 등은 충돌사고에 대한 법적 책임을 면할 수 없다. 항행 중인 선박뿐만 아니라 묘박선의 당직자도 이 조항에 따라 충돌의 위험을 판단할 주의의무가 있다고 생각된다.

3. 충돌의 위험 판단의 수단

(1) 육안 등 기타

충돌위험 판단의 수단으로는 증원된 선교(船橋) 당직자, 육안(肉眼), 쌍안경, VHF, 레이더 등이다. 선박의 통항이 많아서 철저한 경계가 요구될 때나 제한시계가 되면 추가 경계원을 배치하여야 하고 이들은 충돌위험 판단에 도움이 된다. 시계가 약간 불량할 때에 물표를 더욱 분명하게 파악하기 위하여는 쌍안경이 필요하다. 시계가 제한된 경우에는 레이더가 충돌위험 판단의 유효한 수단이 되지만 선박이 서로 시계 안에 있는 때에는 육안이 가장 좋은 수단이 된다.

(2) 레이더

국제규칙 제7조 b항과 c항은 레이더의 적절한 사용을 요구하고 있다.

제7조 b항은 조기정보를 얻기 위한 장거리 주사를 행하기를 요구하고 있다. 레이더는 48마일, 24마일, 12마일, 6마일, 3마일 그리고 1.5마일 등의 레인지가 있다. 양 선박이 12노트로 정면상태로 항행 중이라면 6마일은 15분에 충돌에 이르고 12마일은 30분에 충돌에 이른다. 그러므로 처음에는 12마일 레인지에서

51) 위의 책, 248면; 황석갑, "해상교통법상 충돌의 위험과 당직근무자의 주의의무에 관한 고찰", 『한국항해학회지』, 제17권 제1호(1993년 3월), 3면.

조기에 물표를 잡고 그 선박이 접근함에 따라 레인지를 6마일 그리고 3마일로 내려 확실한 영상을 보면서 레이더 경계를 하는 것이 좋다.

레이더에 의한 불확실한 정보에 근거를 두고 억측을 하여서는 아니된다(c항). 상호시계 안에 있을 때에는 상대선박의 조우자세나 동작을 직접 육안으로 확인할 수 있다. 그러나 제한시계가 되면 레이더만으로 상대선박의 조우자세나 동작을 파악할 수밖에 없다. 레이더에 나타난 물표의 움직임을 잘못 해석하면 충돌이 발생할 가능성이 높다. 물표가 반사파에 의하여 보이지 않게 되었음에도 이미 본선을 비켜간 것으로 착각하는 것 등이 그 예이다. 물표가 우측에서 방위변화 없이 접근하고 있다면, 이때 이 선박의 진침로는 본선을 횡단하는 방향이다. 그럼에도 상대선박이 본선의 우측에 있다고만 생각하여 좌현변침하여 피항하려고 하면 충돌의 위험은 사라지지 않고 오히려 증대한다.

레이더는 제한시계가 되었을 때 가장 효과적인 경계의 수단이 된다. 그러나 상호시계 내에서도 레이더의 적절한 사용이 필요할 때가 있다.

레이더에는 상대운동(지시식) 레이더(relative motion radar)와 진운동(眞運動, 지시식) 레이더(true motion radar)가 있다. 상대운동 레이더는 레이더 스코프 중심이 자선의 고정위치가 되고, 이 고정위치로부터 측정된 상대선박과의 거리와 방위가 계속적으로 나타나는 바, 이들은 자선의 운동량과 상대선박의 운동량이 합성되어 상대적 운동으로 나타난다. 그러므로 상대선박의 진운동을 알기 위하여는 레이더 플로팅이라는 기법이 필요하게 된다. 이에 반해 진운동 레이더는 자선과 상대선박의 운동을 그대로 나타내 준다. 진운동 레이더는 자선의 위치가 레이더 스코프상의 중심에 고정되어 있는 것이 아니라 자선과 상대선박이 각각 진침로와 진속력으로 스코프상에 그대로 나타난다. 육지와 같은 고정물표는 스코프에 그대로 정지상태로 표시되고, 자선이 레이더 스코프를 가로질러서 운동을 하고 있기 때문에 자선의 위치를 주기적으로 다시 설정·이동시켜야 한다.[52] 연안항해 등 선박이 많은 경우에는 진운동 레이더를 사용하면 상대선박의 움직임을 더욱 쉽게 알 수 있는 장점이 있다. 선박에 두 대의 레이더가 설치되어 있으므로 한 대는 진운동 레이더로, 다른 한 대는 상대운동 레이더로 사용하는 것이 바람직스럽다.

---

52) 위의 책, 263면.

레이더에는 선수(船首) 표시의 방법에 따라 진방위 지시방식(north-up mode)과 상대방위 지시방식(head-up mode)이 있다. 진방위 지시방식은 레이더 스코프 원주에 자이로컴퍼스 리피터가 장치되어 있어서 레이더의 진북 방향을 위로 하여 지표상의 진북 방향과 일치함으로써 스코프상의 물표의 방위를 진방위로 읽을 수 있다. 그래서 해도와 대비하여 물표를 판단하기가 쉽다. 상대방위 지시방식은 선수미선(船首尾線)을 위로 하여 스코프상에 영상을 나타나게 함으로써 선수를 중심으로 대비하여 물표를 비교할 수 있어서 선박조종에 유리하다.[53)]

레이더를 올바르게 사용하지 않으면 레이더의 영상을 잃어버리거나 찾지 못하게 된다. 특히, 감도조정노브(gain과 tune)를 잘 조정하여야 한다. 감도가 낮으면 어선과 같은 작은 물체는 놓치기 쉽다. 그리고 해면반사가 심하고 안개 등이 많이 끼었을 때에는 STC/FTC 노브를 잘 조정하지 않으면 본선의 중심에서 1~2마일 쪽에 잡음이 많이 끼게 되어 그동안 감시해 오던 물표를 잃어버리게 된다. 또한 레이더는 X-band와 S-band가 있으므로 그 기능에 맞추어서 사용하여야 할 것이다.[54)] 각 성능에 맞는 밴드를 사용하지 않아 물표 확인에 문제가 있었고 이것이 사고의 원인이 되었다면 항해사는 과실이 인정될 수 있다.

4. 충돌의 위험 여부 판단방법

(1) 컴퍼스 방위의 불변화

상대선박과의 방위(方位)가 변함이 없을 때에는 충돌의 위험이 있다고 보아야 한다(d항). 다음 [그림 4]에서 오른쪽 그림에서는 상대선박과의 방위가 점차 작아져서 ④에서는 B선박은 이미 A선박의 선수를 지나는 지점에 있게 된다. 반면, 왼쪽 그림에서는 상대선박과의 방위는 변화가 없고 ④에서 충돌이 발생하게 된다. 거대선이나 예인선열과 접근하는 경우에는 방위측정의 개인차(error) 때문에 약간의 방위변화에도 불구하고 충돌의 위험이 있을 수 있다. 양 선박이

---

53) 위의 책, 292면.

54) 레이더에는 통상 주파수가 9,375MHz(X-band)와 3,000MHZ(S-band) 두 가지가 있다. X-band(파장 3cm)는 근거리 고분해용으로 사용되고, S-band(파장 10cm)는 원거리탐지용으로 사용된다. 그러나 비나 파도가 심할 때에는 X-band 레이더에는 고분해성능을 가지고 있으므로 작은 빗방울까지도 많이 잡히어 오히려 물표를 구별하기가 어렵다. 따라서 이 경우에는 S-band 레이더를 사용하는 것이 좋다. 김우숙, 『레이더항법과 알파』(해문출판사, 1996), 46면; Cockcraft, *op. cit.*, p.50.

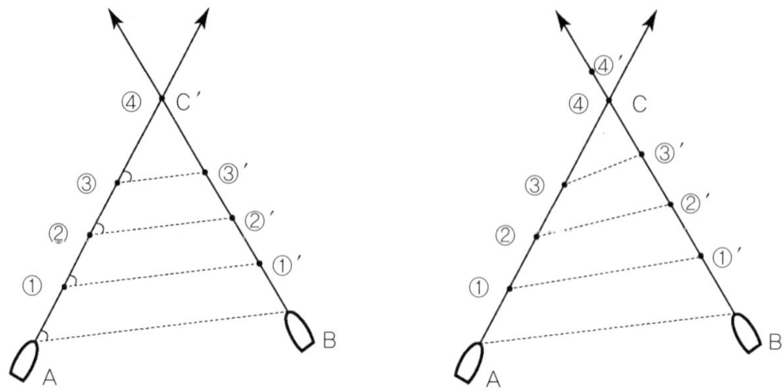

[그림 4] 컴퍼스 방위의 변화와 충돌의 위험

상당히 접근한 경우에 상대선박과의 방위변화는 현저하게 크게 나타나므로, 비록 방위변화가 있다고 하더라도 충돌의 위험이 없는 것으로 평가하여서는 아니된다. CPA가 0.1마일 정도라면 2마일에서 1마일로 접근하면 방위변화가 5도 정도이다. 그러나 0.1마일 CPA는 충돌의 위험이 극히 높은 상태이다.55) 또한 먼거리에서 방위변화가 있다고 하더라도 상대선이 연속적인 변침을 하는 경우가 있으므로 안심하여서는 아니된다.

(2) 육안에 의한 방법

가장 원시적이면서도 확실한 충돌위험의 판단방법은 시각으로 하는 경계이다. 즉, 육안으로 상대선박의 방위를 체크하여 둔다. 이 방위는 상대선박과 본선 사이의 상대적인 운동에 의한 접근방위이므로 이 방위의 변화가 없다면 곧 충돌이 된다. 이러한 목적으로 선박에는 브리지 앞쪽 중앙에 레이더 자이로 리피터에 섀도 핀(shadow pin)을 설치하여 두고 있다. 섀도 핀으로 상대선박의 방위를 측정하여 그 방위의 변화를 읽을 수 있다. 갑판상의 마스트 또는 브리지의 창틀을 기준선으로 하여 상대선박의 운동상황을 판단할 수도 있다.56) 그러나 이 방법은 제한된 시계상태가 되면 사용할 수 없다. 육안으로도 충분히 충돌의 위험을 판단할 수 있다면 레이더를 반드시 사용할 필요는 없다.57)

55) Cockcraft, *ibid.*, p.62.

56) 同旨: 박용섭, 앞의 책, 280면.

57) R.H.B. Stuart, *The Collision Regulations*(LLP: London, 1991), p.44; The Olympus Camera

(3) 레이더 플로팅

재래식 레이더에 의한 충돌위험 판단방법은 레이더 플로팅을 필요로 한다. 가장 기초적인 것은 상대동작모드(relative mode)에 두었을 때, 접근하는 선박과의 사이에서 방위의 변화가 있는지를 확인하는 것으로, 방위변화가 없으면 충돌의 위험이 있는 것이 된다.

플로팅이란 일정한 시간간격으로 상대선박의 레이더 영상 위에 형광펜으로 마크를 하여두어 그 움직임을 파악하는 것을 말한다. 0400시에 상대선박을 발견하고 3분 뒤인 0403시 그리고 또 다시 3분 뒤인 0406시에 플로팅을 하였다고 하자. 이 3개의 플로팅점이 이루는 직선이 상대선박의 상대침로([그림 5]에서 a)가 된다. 그리고 각 점들 사이의 접근거리로부터 상대속력을 구할 수 있다.

진침로(眞針路)와 진속력(眞速力)을 구하기 위하여는 플로팅에 의한 작도가 필요하다. 6분간의 플로팅 점의 직선([그림 5]에서 a)에서 본선의 침로와 속력(그림에서 b)만큼의 벡터를 감하여 주면 상대선박의 진침로와 진속력([그림 5]에서 c)이 나온다. 레이더상에 나타나는 상대선박의 접근거리와 침로는 양 선박의 상대적인 운동의 결과이므로, 본선의 속력과 침로의 벡터를 감하여 주어야 상대선박의 진동작을 얻는다. 레이더 플로팅을 3분마다 하는 것은 계산의 편리를 위함이다. 보통의 선박은 대체적으로 10~12노트가 경제속력이다. 그러므로 10노트가 현재의 속력이라면 6분 동안 선박은 1마일을 진행한다. 그러므로 정면상태에서 접근하는 선박이 두 번의 플로팅에서 2마일만큼 접근하였다면 상대선박의 속력도 10노트임을 알 수 있다.

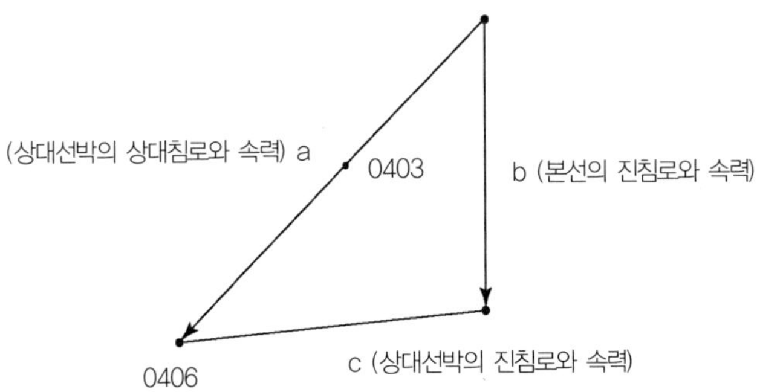

[그림 5] 레이더 플로팅

(1984) AMC, 943.

접근하는 선박의 플로팅의 점이 이루는 직선이 본선의 중심을 앞에서 지나가면 상대선박이 본선을 앞서 지나는 것이므로 충돌의 위험은 없다. 이때 적어도 상대선박이 본선의 1마일 앞을 지나야(CPA가 1마일) 안전하다고 할 것이다. 접근하는 선박의 플로팅의 점이 이루는 직선이 본선의 중심을 향하여 달리고 있으면 이는 충돌침로이므로, 본선은 우현변침하여 피항하여야 한다.

커서(cursor)를 물표에 겹쳐 두어 커서 위를 물표가 움직이면 충돌의 위험이 있다.

(4) 알파(ARPA)

알파는 위의 인위적인 레이더 플로팅에 의한 충돌위험에 대한 정보를 레이더가 자동으로 계산하여 항해사에게 알려 주는 것이다.

상대동작모드에서는 상대선박의 상대침로가 화살표 등의 선으로 나타난다. 그러므로 이것이 본선의 중심으로 향하고 있으면 충돌의 위험이 있는 것이다. 이 화살표의 길이는 상대속력을 나타낸다. 그러므로 정면상태에서 접근하는 상대선박의 화살표의 길이가 본선의 그것보다 2배가 되면 본선과 동일한 속력임을 알 수 있다. 본선의 화살표와 같으면 이는 상대선박이 정지하고 있다는 것이다. 보다 더 정확한 정보를 얻기 위하여는 '정보' 버턴을 누르면 된다.

따라서 알파를 작동하는 경우에는 재래식 레이더에 의한 플로팅을 할 필요가 없어졌다고 할 수 있다. 레이더 플로팅에서 얻을 수 있는 모든 정보를 자동으로 얻을 수 있기 때문이다. 그러나 육안에 의한 경계의 의무는 면제되지 아니한다. 적어도 섀도 핀으로 상대선박의 방위가 변화하고 있는지를 파악하는 작업을 게을리하여서는 아니된다. 이는 이중확인의 기능을 한다.

Ⅳ. 충돌을 피하기 위한 동작

1. 국제규칙 제8조

국제규칙 제8조는 "(a) 충돌을 피하기 위한 모든 동작은 이 장의 규정에 따라야 하며, 사정이 허락하는 한 적극적으로 또 충분한 시간을 두고 적절한 선박운용술(good seamanship)에 따라 행하여야 한다.

(b) 충돌을 피하기 위한 침로와 속력의 동시변경, 침로 또는 속력만의 변경

(any alteration of course and/or speed)은 사정이 허락하는 한, 육안이나 또는 레이더에 의하여 자신을 관찰하고 있는 상대선박이 즉시 명백하게 알 수 있도록 충분히 크게 행하여야 한다. 연속적이고 작은 침로와 속력의 변경, 침로 또는 속력만의 변경은 피하여야 한다.

(c) 만일 충분한 여유수역이 있고 적시에 충분하게 행하고 다른 근접상태(close-quarters situation)가 형성되지 아니한다면, 침로만의 변경도 근접상황을 피하는 가장 유효한 동작이 될 수 있다.

(d) 다른 선박과의 충돌을 피하기 위하여 취하는 동작은 안전한 거리를 두고 그 선박을 통과할 수 있는 것이어야 한다. 다른 선박이 완전히 항과(航過)할 때까지 그 동작의 효과를 주의 깊게 확인하여야 한다.

(e) 충돌을 피하기 위하여 또는 상황을 판단하기 위한 시간적 여유를 얻기 위하여 필요하다면 선박은 감속을 하거나 또는 모든 타력을 없애기 위하여 기관을 정지하거나 역전(逆轉)하여야 한다.

(f) (i) 이 규칙의 어느 규정에 의하여 다른 선박의 통항 또는 안전한 통항을 방해하지 않도록 요구되는 선박은 그 당시의 사정이 요구하는 때에는 다른 선박의 안전통항을 위한 충분한 여유수역이 부여될 수 있도록 조기에 동작을 취하여야 한다. (ii) 다른 선박의 통항 또는 안전통항을 방해하지 아니하도록 요구되는 선박이 충돌의 위험을 안고 다른 선박에 접근하는 경우에도 위의 의무는 면제되지 않는다. 따라서 동작을 취할 때에는 이 장의 규정이 요구하는 동작에 대하여 충분한 고려를 하여야 한다. (iii) 통항의 방해를 받지 않도록 되어 있는 선박은 두 선박이 충돌의 위험을 안고 접근할 때에는 이 장의 규정을 충실하게 이행할 의무가 있다"고 정하고 있다.

구 해상교통안전법에서 2002. 12. 26일 개정시에 이를 제6항과 제7항에 추가함으로써 구 해상교통안전법 제27조는 국제규칙 제8조와 동일하게 되었다. 2001년 국제규칙 개정시에 "이 장의 규정에 따라야 한다"는 내용이 a항에 추가되었다. 현 해상교통안전법에서는 제73조로 조문번호가 변경되었다.

2. 의 의

국제규칙 제7조는 충돌의 위험의 유무 판단과 그 판단의 수단에 대하여 규정하고 있다. 국제규칙 제8조는 그 다음 단계로 충돌의 위험이 있을 때 그 위험을 피하기 위한 실천적인 동작에 대하여 정하고 있는 것이다. 충돌의 위험을 피하기 위한 동작은 기본적으로 충분한 시간적 여유를 가지고 적극적으로 취하여져야 한다. 그 방법으로는 변침(變針)과 감속이 있다. 변침만의 혹은 감속만의 동작도 유효하나, 변침과 감속을 동시에 사용하는 것이 효과적이다.

위험을 피하기 위한 동작은 선박운용상의 적절한 관행(적절한 선박운용술)에 따라 행하여야 한다(제8조 a항). 적절한 선박운용술은 현재의 상황에 있어서 선박으로서 어떠한 동작을 취하는 것이 최선인지에 대하여 사안별로 장기간 축적된 경험칙으로 확립된 것을 말한다. 예컨대, 국제규칙 제17조 제3항의 유지선(維持船)의 최선의 협력동작으로서는 추진기관을 정지하거나 후진기관을 사용하여 항행속력을 줄이는 것이다. 또, 협수로와 항내를 항행하는 경우에는 투묘준비를 하고 기관 사용 준비를 하는 등 다른 선박이 갑자기 나타나는 경우에 대비하여 적절한 동작을 취할 수 있도록 준비하는 것이다.[58] 제8조의 적절한 선박운용술은 국제규칙 제2조의 ordinary practice of seamanship과 동의어로서, 이들은 모두 선원의 상무의 다른 표현으로 보인다. 2001년 개정 국제규칙은 피항동작을 취할 때에는 선원의 상무뿐만 아니라 이 장의 규정을 동시에 고려하도록 개정되었다(a항).

제8조 f항은 1987년에 추가된 것으로 통행불방해의무에 대하여 정하고 있다.

3. 구체적인 피항방법

(1) 적극적이며 조기의 피항조치

국제규칙 제8조 a항은 적극적으로 조기에 피항조치를 취할 것을 명하고 있다. 피항동작에 있어서 무엇보다 중요한 것은 충분한 시간을 두고 조기에 동작을 취하는 것이다. 5분 전에 전타하여 피항하는 것보다 10분 전에 전타하는 것이 훨씬 더 많은 여유수역을 가지고 안전하게 피항하게 된다. 12노트의 속력으로 접근하는 두 선박이 있고 한 선박이 5분 전에 우현전타하였다면 이때 양 선박의 거리는 2마일이다. 이때 상대선박도 좌현전타를 하게 되면 양 선박은 충돌코스로

58) 『海上衝突豫防法の解說』, 27頁.

치닫게 된다. 만약, 10분 전에 이러한 사태가 야기되었다고 한다면 양 선박의 거리는 4마일이나 떨어져 있으므로 충분히 한 바퀴를 돌아서 나올 수도 있다.

피항조치를 취하기 전에 첫째, 근접상태를 피하고(c항), 둘째, 안전한 통과거리(safe passing distance)로 최종적으로 통과할 것을 고려하여야 한다(d항).[59]

(2) 큰 동작의 변침과 감속

국제규칙 제8조 b항은 속력이나 침로의 변경은 '사정이 허락하면' 상대선박이 쉽게 알 수 있도록 큰 동작을 취할 것을 요구하고 있다. 조타동작으로 피항동작을 취할 때에는 상대선박이 이를 확실하게 알 수 있도록 대각도(大角度, bold angle) 변침을 하여야 한다. 여기에서의 대각도 변침이란 원침로에서 변침량이 적어도 30도 정도의 변침을 말한다.[60] 60도에서 90도 정도의 변침이 바람직하다.[61] 작은 소각도로 변침을 하게 되면 상대선박이 본선의 동작을 알지 못하므로 유지선의 지위에 있는 상대선박이 피항동작을 취하게 됨으로써 또 다른 충돌위험을 야기하게 된다. 충돌사고가 발생한 선박 항해사의 피항동작을 보면 10도 이내의 변침이 많다.

소각도 변침이 과실로 인정된 사례로는 크레도호 사건이 있다. 크레도호 사건에서 이네즈호의 5도씩의 두 번의 소각도 변침과 다음의 20도 변침은 제8조 b항에 대한 명백한 위반이라고 영국 해사법원은 판시하였다.[62] 특히 주니어사관들은 미리 확정된 침로에 따르는 것을 절대적인 의무인 것으로 생각하는 경향이 있다. 그러나 어느 선장도 30도 변침으로 10분간의 항해가 항정(航程)이 증가되어 나쁘다고 말하지 않는다. 과감한 대각도 변침이 피항동작에서는 절대적으로 중요하다. 피항선은 상호시계 안의 야간에 있어서는 자신의 녹등(綠燈)이 홍등(紅燈)으로 바뀌고 있음을 유지선에 보여 줄 필요가 있다.[63]

'사정이 허락하면'이란 주위에 여유수역이 없어서 대각도 변침을 할 수 없는 경우를 염두에 둔 것이다.

---

59) C. Hill, *op. cit.*, p.263.

60) 同旨: Cockcraft, *op. cit.*, p.65; 박용섭, 앞의 책, 290면.

61) 同旨: 박용섭, 위의 책, 290면.

62) The "Credo", [1989] 1 Lloyd's Reports, 593; [1990] 2 Lloyd's Reports, 390.

63) 同旨: Cockcraft, *op. cit.*, p.66.

(3) 변침과 감속

국제규칙 제8조 c항은 사정에 따라서는 침로(針路)만의 변경도 근접상태(close-quarters situation)를 피할 수 있는 가장 유효한 동작이 될 수 있음을 지적하고 있고, e항은 피항동작으로서 혹은 상황판단을 위한 시간적 여유를 갖기 위한 수단으로시 감속이나 기판 익선이 필요함을 지적하고 있다. 여유수역이 충분히 있으면 변침만으로도 충분한 피항동작이 된다. 그러나 가능하면 감속과 변침을 동시에 사용하는 것이 원칙이다(b항). 제8조 b항에서 말하는 any alteration of course and/or speed는 침로와 속력 중 일방의 변경과 침로와 속력의 동시변경을 의미한다.[64] 감속을 하게 되면 상대선박을 미리 자신의 선수를 지나갈 수 있도록 하므로 횡단관계의 형성 등을 피할 수 있다. 감속은 상대선박이 본선의 정횡(正横)에서 접근하는 경우, 충분한 여유수역이 없거나, 우현에 다른 선박이 있는 경우 등에 피항을 위한 유효한 수단이 된다. 또한 상황판단을 위한 시간을 더 많이 갖기 위하여, 특히 짧은 거리에서 선박을 발견한 경우 감속하는 것이 좋다.

그런데 해상교통안전법 제73조 제2항에서는 국제규칙 제8조 b항의 'any alteration of course and/or speed'를 '침로나 속력'만의 변경으로 옮겨 두어서, 변침과 감속이 동시에 이루어질 수 있음을 간과하고 있다. 또한 동법 제73조 제3항도 국제규칙과는 달리 "넓은 수역에서 충돌을 피하기 위하여 침로를 변경하는 경우에는 적절한 시기에 큰 각도로 침로를 변경하여야 하며, 그에 따라 다른 선박에 접근하지 아니하도록 하여야 한다"고 하여 변침만을 장려하는 듯한 취지로 규정되어 있으나, 국제규칙은 충분한 여유수역이 있고 또 다른 근접상태를 야기하지 않으며 조기에 대각도 변침이 이루어진다는 조건하에서 변침동작만으로도 가장 효과적인 피항동작이 된다고 한다.[65] 즉, 그렇지 않은 때에는 감속도 함께 행하라는 것이 국제규칙의 취지인 것으로 보인다.

근접상태(close-quarters situation)란 2척의 선박이 아주 가까이 접근하여 양 선박 사이의 거리가 좁아져서 충돌을 피하기 위한 동작을 곧 바로 실행하지 아니하면 안전하지 못한 상태이다. 피항동작을 취할 때에는 근접상태가 발생하지

64) 同旨:『海上衝突豫防法の解說』, 28頁.
65) 위의 책, 28頁.

않도록 주의하여야 한다.[66] 시정이 좋은 날씨에 외해에서는 1해리~1.5해리 거리가 있는 상태, 시정이 제한된 때에는 음향신호가 들릴 수 있는 거리인 2해리를 말한다.[67] [68] Cockcraft는 무중(霧中)에 대양에서는 대형선박의 기적의 가청(可聽)거리인 2마일을 일반적인 최소거리로 본다고 하면서도, 레이더 관측상의 오류를 고려하여 최소 3마일을 근접상태가 시작되는 거리로 보고 있다.[69]

(4) 안전통과

국제규칙 제8조 d항은 선박의 피항동작은 항상 안전한 거리를 두고 항과(航過)가 가능하도록 요구하고 있다. 즉, 안전통과거리를 충분히 두고 피항동작을 취할 것을 명하고 있다. 대양에서 무중에는 대략 2마일,[70] 상호시계 안에서는 1마일이 최소 CPA(Closest Point of Approach)가 된다. 협수로나 선박이 폭주하는 곳에서는 CPA는 이보다 훨씬 줄어들 것이다.

Cockcraft는 정면상태 또는 추월의 경우 정횡(正橫) 통과시는 자선 선박 길이의 4배, 횡단상태에서 타선을 횡단할 때에 정선수(正船首) 통과시에는 자선 선박 길이의 12배, 선미 통과시에는 자선 선박 길이의 4배가 최소안전통과거리라고 한다.[71] 그러나 정면상태에서 정횡 통과시 자선 선박 길이의 4배는 너무 작다고 생각되고 8배 정도가 적당하다고 생각한다.

제8조 d항은 또한 상대선박이 완전히 본선을 통과할 때까지 상대선박의 동작을 주의 깊게 확인할 것을 요구하고 있다. 본선이 피항선으로서 우현변침을 늦게 취하여 상대선박이 좌현변침을 하게 되는 경우가 있다. 그럼에도 불구하고 우현변침 후의 상대선박의 동작을 확인하지 않으면 상대선박이 본선의 선수측으로 돌진하는 형상이므로 충돌사고가 발생한다. 본선이 유지선으로서 감속하여 상대선박이 본선의 선수를 지나도록 의도하였으나, 본선의 좌측에 있던 피항선이 우현변침하였다면, 본선은 원래대로의 속력으로 증속하여야 할 필요

---

66) C. Hill, *op. cit.*, p.263.

67) 박용섭, 앞의 책, 293면.

68) 황석갑 교수는 대체로 2~3마일이면 근접상태로 볼 수 있다고 한다. 이는 양 선박의 속력을 최고 20노트 최저 10노트로 보고 서로 반대방향에서 접근한다고 가정하였을 때 충돌 6분 전 정도의 거리라고 한다. 황석갑, 앞의 논문, 6면.

69) Cockcraft, *op. cit.*, p.146.

70) The "Aleksandr Marinesko and Quint Star", [1998] 1 Lloyd's Reports, 278.

71) 『海上衝突豫防法の解說』, 28頁.

가 있으므로 상대선박의 동작에 대하여 주의하여야 한다.72)

영국의 판례로 **Selat Arjuna호 충돌 사건**에서 약 최대 1마일의 CPA로 우현 대 우현 통과가 가능한 경우에 컨트쉽 석세스호가 점진적 소각도로 우전타를 하여 충돌이 발생한 경우에 Selat Arjuna호는 무과실로 판시되었다. 만약, 약 1마일의 CPA를 충돌의 위험이 있는 거리로 보았다면 Selat Arjuna호에도 과실이 있는 것으로 판시되었을 것이다.73)

4. 통항불방해의무선박의 주의의무

(1) 의 의

가항수역(可航水域)이 제한된 곳인 협수로나 통항분리방식에서의 항법인 국제규칙 제9조·제10조 하의 어로작업 중인 선박, 길이 20미터 미만의 선박, 범선 그리고 제18조의 흘수제약선의 상대선박 등은 다른 선박의 안전한 통항을 방해하지 말아야 할(shall not impede the safe passage of the vessel) 의무를 부담한다.74) 예컨대, 어로작업 중인 선박으로부터 길게 뻗쳐 있는 어망의 존재는 일반동력선의 항해에 큰 지장을 초래한다. 일반동력선의 안전한 항행을 보장하려면 어선의 어로작업을 금지시키면 될 것이나, 어선의 어로작업권도 보장되어야 한다. 그러므로 해상교통법의 입법자들은 협수로 등에서 어로작업을 허용하면서도 이들에게 다른 선박들의 안전한 통항을 방해하지 않도록 하는 의무를 부과함으로써 합의점을 도출한 것이다.

이러한 통항을 방해하지 말아야 할 선박의 주의의무가 과연 무엇인가에 대하여 상당한 논란이 있어 왔다. 1982년 국제해사기구(IMO)는 국제규칙의 올바른 해석을 위하여 해석지침서75)를 만들면서, 통항불방해의무선박의 주의의무에 대하여 "다른 선박의 통항을 방해하지 않을 것이 요구되는 선박은 가능하면 충돌의 위험이 발생하지 않도록 항해하여야 한다. 그러나 만약 충돌의 위험이 발생한 경우에는 해당 항법규정을 준수하여야 한다"고 정의하였다.76) 계속되는

72) Cockcraft, *op. cit.*, p.69.

73) The "Selat Arjuna", [2000] 1 Lloyd's Reports, 627.

74) 이와 달리 피항선은 다른 선박을 피하여야 한다(shall keep out of the way of the vessel)고 규정되어 있다. 그리고 피항선의 주의의무는 국제규칙 제16조에 규정되어 있다.

75) NAV 26 Wp.9, October 14, 1982.

토의의 결과 1987년 국제해사기구에서는 제8조 f항을 추가하여 통항불방해의무선박의 주의의무에 대하여 규정하여 그 의미를 분명히 하였다.77) 78)

우리나라 해상교통안전법 제73조 제6항과 제7항에 국제규칙 제8조 f항을 나누어서 규정하였다.

(2) 통항불방해의무선박의 종류

통항불방해의무선박은 두 가지 유형으로 나누어 볼 수 있다. 하나는 모든 시계상태에서 적용되는 것으로서 좁은 수로, 통항분리방식, 교통안전특정해역에서의 통항불방해의무선박이 있다. 이들은 시계제한 여부에 관계 없이 통항불방해의무를 부담한다. 좁은 수로나 항로 등에서는 대형선의 안전항행을 보호하기 위하여 소형선이나 어로작업 중인 선박에도 제한시계에서도 통항불방해의무를 부과한 것으로 보인다. 다른 하나는 상호시계 안에서만 적용되는 것으로서 국제규칙 제18조상의 흘수제약선의 상대선박과 수상항공기, 수면비행선박이 있다.

(3) 통항불방해의무에 대한 의견 대립

통항불방해의무선박에 대하여는 종래 소극적 주의의무설과 적극적 주의의무설이 대립되어 왔다. 소극적 주의의무설은 통항불방해의무에 대하여 해당 선박은 충돌의 위험이 발생하지 않도록 항해하고, 충돌의 위험이 발생한 경우에는 관련 항행규정을 준수하여야 하는 것으로 이해하는 입장의 학실이다. 1982년 국제해사기구의 지침서의 내용과 동일하다. 적극적 주의의무설은 '방해하지 않는다'는 것을 '진로를 피한다'는 것보다 엄격한 운항상의 안전성을 보장하는 것으로 보아 단순한 피항의무뿐만 아니라 변침 기타 안전항행을 저해하는 모든 행위를 금지하는 것으로 본다.79) 1982년 국제해사기구의 지침서의 지침은 소극

---

76) 지침서 제3항에 나와 있는 영문 내용은 다음과 같다: When a vessel is required not to impede the passage of another vessel, such vessel shall so far as practicable navigate in such a way as to avoid the development of risk of collision. If, however, a situation has developed so as to involve risk of collision, the relevant Steering and Sailing Rules shall be complied with.

77) 지상원, "해상교통안전법상 통항방해배제에 관한 해석론적 고찰", 『한국항해학회지』, 제19권 제3호(1995), 67면 이하.

78) 국제규칙 제8조 f항은 1987년 11월 19일 IMO Resolution 626(15)로 채택되어 1989년 11월 19일자로 발효된 규정이다.

79) 박용섭, 앞의 책, 326~327면.

적 주의의무설의 입장이었다.

필자의 견해로는, 국제규칙 제8조 f항은 충돌의 위험이 발생한 후에도 조기에 충분한 여유수역을 확보해 주어야 하는 것이라는 점에서, 충돌의 위험이 발생한 후에는 통항불방해의무는 적용되지 않고 피항의무만 적용된다는 소극적 주의의무설과도 맞지 않고, 통항불방해의무는 피항의무와는 별개의 것이라는 점에서 적극적 주의의무설은 현 규칙의 내용과 맞지 않다고 본다. 1972년 국제규칙의 태도는 소극적 주의의무설과 적극적 주의의무설의 중간 형태의 것이라고 생각한다.

(4) 통항불방해의무선박과 통항우선권선박 사이의 항법

국제규칙 제8조 f항에 의하면, 통항불방해의무선박의 주의의무는 선박의 접근거리에 따라 두 가지로 나누어진다. 즉, 시간적으로 충돌의 위험이 발생하지 않은 경우와 충돌의 위험이 발생한 후의 경우이다.

상호시계 안의 횡단관계에서 피항선의 주의의무가 발생하는 것은 충돌의 위험이 발생한 경우이다.[80] 그러나 충돌의 위험이 발생하기 전이라고 할지라도 통항불방해의무선박은 상대선박의 안전한 통항을 위하여 조기에 충분한 여유수역을 확보하여 주어야 할 주의의무를 부담한다(f항 i호; 해상교통안전법 제73조 제6항 제1호). 다시 양 선박이 접근하여 충돌의 위험이 발생한 경우에도 통항불방해의무선박은 위와 동일한 주의의무를 부담한다고 정하고 있다(f항 ii호 전단; 해상교통안전법 제73조 제6항 제2호 전단). 이 점이 1982년 지침과는 다른 것으로서, 충돌의 위험이 발생한 다음에도 통항불방해의무선박은 조기에 충분한 여유수역을 마련하여 줄 통항불방해의무를 계속 부담하게 된다.[81]

다음으로 이때 우선권을 갖는 상대선박(피통항불방해의무선박, 통항우선권선박)도 충돌의 위험이 발생한 경우에는 다른 일반항법 규정에 따른 주의의무를 다하여야 한다(f항 iii호; 해상교통안전법 제73조 제7항). 통항불방해의무선박의 상대선박이 일반항법에서, 예컨대 상호시계 안에서 피항선의 지위에 있다면 피통항불방해선박(통항우선권선박)도 진로를 피할 의무를 부담한다는 것이다.[82] 제

80) 同旨: Cockcraft, *op. cit.*, p.74.

81) 同旨: 福井淡, 앞의 책, 201頁; 김인철·정대율, 앞의 책, 106면.

82) 同旨: Cockcraft, *op. cit.*, p.74; 福井淡, 앞의 책, 201頁; 이철환, "항법상 선박의 진로우선권에 대한 연구", 목포해양대학교 석사학위논문(2001. 2), 41면.

한시계에서는 근접상태를 피하기 위하여 조기에 피항조치를 취할 의무가 있다. 이때는 제8조 f항과 제19조가 동시에 적용된다.[83] 통항불방해의무선박도 충돌의 위험이 발생한 후에는 유지선의 지위에 있으면 국제규칙 제17조 a항 (i)호 혹은 a항 (ii)호 그리고 b항의 유지선으로서의 의무를 부담하게 된다(f항 ii호 후단; 해상교통안전법 제73조 제6항 제2호 후단).

(5) 피통항불방해선박(통항우선권선박)의 의무

통항우선권선박의 의무도 단계별로 나누어 볼 수 있다. 제8조 f항 iii호는 충돌의 위험이 발생한 경우에 이 장의 규정을 준수하여야 한다고 한다. 따라서 충돌의 위험이 발생하기 전에는 통항우선권선박의 행동은 자유롭다. 다음으로 충돌의 위험이 발생하게 되면 이 장의 규정을 준수하면 되므로, 상호시계 안이라면 조우자세에 따라 통항우선권선박은 피항선 혹은 유지선의 의무를 부담한다. 제한시계라면 국제규칙 제19조의 규정에 따라 피항조치를 취하여야 한다.

그러므로 종합하면 충돌의 위험이 발생하기 전에는 통항우선권선박은 통항을 방해받지 아니할 권리를 가지고, 충돌의 위험이 발생한 후에는 그러한 통항우선권을 보유할 뿐만 아니라 상황에 따라서는 피항의무를 함께 부담하게 된다.

(6) 통항불방해의무와 진로를 피할 의무의 차이점

통항불방해의무와 진로를 피할 의무의 차이점을 살펴보면, 첫째, 통항불방해의무는 충돌의 위험이 있기 이전부터 발생하여 위험이 발생한 후에도 존속되지만(다음 [그림 6]에서 ①과 ②), 진로를 피할 의무는 충돌의 위험이 발생한 후에만 적용된다([그림 6]에서 ②).[84]

둘째, 통항불방해의무는 '조기에 충분한 여유수역'을 통항우선권선박에 부여하여 줄 의무를 부담하나, 진로를 피할 의무는 상대선박의 진로를 피하여 줄 의무를 부담한다. 즉, 피항의무에서 피항선은 유지선이 침로와 속력을 그대로

83) 同旨: Cockcraft, *op. cit.*, p.75; 이철환, 위의 학위논문, 41면.

84) 和田 교수는 1987년 국제규칙의 개정내용을 충분히 고려한 통항불방해의무는, 다른 선박과의 충돌의 위험 전·후를 막론하고 "다른 선박이 안전하게 통항할 수 있도록 충분히 넓은 수역을 열어 주는 것"이고, 피항의무는 다른 선박과의 충돌의 위험이 있을 경우에만 유지선의 진행방향의 수역을 열어 주는 것이라는 점에서 양자는 차이가 있다고 한다. 和田啓史, "1972年國際海上衝突豫防規則第8條(f)について", 『廣島商船高等専門學校紀要』(第22號, 2000年 3月), 5頁; 同旨: 福井淡, 앞의 책, 201頁.

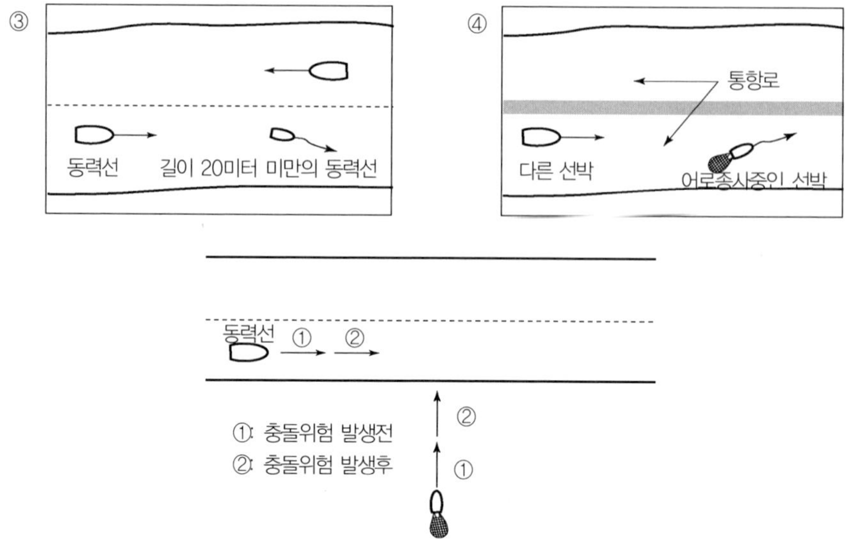

[그림 6] 통항불방해의무

유지할 수 있도록 하는 여유만 남기도록 피하면 되지만, 통항불방해의무는 통항우선권선박의 정상적인 침로를 취할 때의 진로 앞은 물론이고 의무선박 자체뿐만 아니라 그물 등에 의하여서도 방해받지 않도록 여유수역을 확보하여 주는 것이다. 그러므로 어로작업 중인 선박은 자신의 선박에서 나온 그물이 통항우선권선박이 사용하는 통항로 우측 방향에 있어서는 아니되고, 소형선은 협수로 등에서 대형선이 지날 수 있도록 항로 우측편의 여유를 확보하여 주어야 하는 것이다([그림 6]의 ③, ④).[85]

셋째, 진로를 피할 의무는 제2절 상호시계 내의 항법에 기술되어 있지만, 통항불방해의무는 모든 시계상태에서 적용되는 항법인 제1절 제8조에 기술되어 있다는 점이다.

넷째, 통항불방해의무는 피항의무로 보충되어야 완전하게 이행되는 의무이다. 즉, 충돌의 위험이 발생한 뒤에는 다른 항법규정이 적용된다(국제규칙 제8조 f항 ii호 및 iii호).[86]

---

85) 同旨: 김인철·정대율, 앞의 책, 105면.

86) 통항불방해의무에 대하여는 아직도 완전히 해석이 확립되지 않았다는 지적이 있다. Marsden, *op. cit.*, p.233.

제 4 절 모든 시계상태에서의 항법

모든 시계상태에서의 항법은 특수한 목적이나 지리적인 상황에 맞추어 선박의 합리적인 항법을 정한 것이다. 이는 선박이 서로 시계 안에 있는 때이거나 제한된 시계이거나 관계 없이 모든 경우에 적용되는 통칙적인 항법이다. 그 중에서 좁은 수로 등의 항법과 통항분리수역 항법은 지형적인 상황에 따라 교통의 흐름을 통제하기 위한 규정이라고 보아야 한다. 기타 교통안전특정해역 안에서의 항법도 별도의 규정이 없는 경우에는 통항분리수역에서의 항법을 준용한다고 정하고 있으므로(해상교통안전법 시행규칙 제6조 제1항 제3호 별표 4), 모든 시계상태에서의 항법에 속한다고 하여야 할 것이다.

「선박의 입항 및 출항 등에 관한 법률」의 항로와 관련되는 규정도 시계상태에 대하여 특별히 규정하고 있지 않고 있으므로 일반법인 해상교통안전법의 적용을 받고, 항로나 방파제 등은 좁은 수로 등의 항법의 적용범위에 속하므로 모든 시계상태에서 적용된다고 볼 수 있다.87)

Ⅰ. 협수로(narrow channels)

1. 국제규칙 제9조

국제규칙 제9조는 협수로 항법에 대하여 다음과 같이 정하고 있다.

"(a) 협수로나 항로를 따라 항행하고 있는 선박은 안전하고 실행 가능하면 그 선박의 우현측에 위치한 수로 혹은 항로의 외측 가까이를 항행하여야 한다. (b) 길이 20미터 미만의 선박이나 범선은 협수로나 항로 안에서만 안전하게 항행할 수 있는 다른 선박의 통항을 방해하여서는 아니된다. (c) 어로에 종사하고 있는 선박은 협수로나 항로 안에서 항행하고 있는 다른 선박의 통항을 방해하여서는 아니된다. (d) 만일 자신의 횡단이 수로나 항로 안에서만 안전하게 항행

87) 同旨: 이철환, "좁은 수로에서의 항법에 대한 연구", 2001년도 2/4분기 해양안전워크숍(목포해양안전심판원, 2001. 6. 30), 112면; 황의창, "개항의 항계 안에서 충돌을 방지하기 위한 규정의 해설", 『월간 해기』, 1996년 8월호, 15면.

할 수 있는 다른 선박의 통항을 방해한다면 그 선박은 협수로나 항로를 횡단하여서는 아니된다. 다른 선박은 횡단선의 의도가 의심스러울 때에는 제34조 d항에 규정된 음향신호를 사용할 수 있다. (e) (i) 협수로나 항로에서 피추월선이 안전한 통과를 허락하는 동작을 취하여야만 추월이 가능할 때에는 추월하는 선박은 제34조 c항 i호에 규정된 적합한 음향신호에 의하여 자신의 의사를 표시하여야 한다. 피추월선은 추월에 동의하면 제34조 c항 ii호에 규정된 적합한 음향신호를 하고 추월선이 안전하게 통과할 수 있도록 조치를 취하여야 한다. 만일, 의문이 있으면 피추월선은 제34조 d항에 규정된 음향신호를 할 수 있다. (ii) 이 조항은 제13조에 규정된 추월선의 의무를 면제하지 아니한다. (f) 중간에 존재하는 장애물 때문에 타 선박을 볼 수 없는 협수로나 항로의 만곡부 또는 구역에 접근하는 선박은 특별한 경계와 주의를 하여 항행하여야 하며, 제34조 e항에 규정된 적합한 음향신호를 하여야 한다. (g) 사정이 허락하는 한 모든 선박은 협수로 안에서 묘박을 피하여야 한다."

해상교통안전법 제74조가 여기에 해당한다. 해상교통안전법은 협수로를 '좁은 수로'로, 협수로나 항로를 '좁은 수로 등'으로 표시하고 있으므로 주의를 요한다. 구 해사안전법에서는 국제규칙 제9조 d항에서 다른 선박이 횡단선박에 대하여 음향신호를 사용할 수 있도록 한 규정이 누락되어 있었지만 추가되었다(제4항). 국제규칙 제9조 e항 ii호의 추월선의 피항의무계속 규정이 현 해상교통안전법 제74조 제5항에 여전히 누락되어 있다.

2. 협수로와 항로의 의의

협수로란 선박이 자유롭게 충분한 수역을 가지고 통과할 수 없는 수로나 항로를 의미한다. 부이(buoy: 부표)로 표시되어 일정한 항로를 갖는 경우가 고유의 의미의 협수로 혹은 항로이다.

학설로는, 협수로로 인정되기 위하여 일정한 연속적인 길이가 존재할 필요는 없다는 견해[88]와, 협수로의 폭은 선박의 크기에 따라 달라질 것이나 대략 2마일 정도 이내의 경우에는 대형선박에는 협수로가 된다는 견해[89]가 있다.

88) R.H.B. Stuart, *op. cit.*, p.47; Cockcraft, *op. cit.*, p.77.
89) 小川洋一, 앞의 책, 9頁; 박용섭, 앞의 책, 318면; 윤점동, 앞의 책, 104면.

부산지방해심원(부해심 제97－19호)은 양식어장과 정치망어장이 산재하여 가항폭(可航幅)이 120미터 되는 곳에서 용성호가 수로의 좌측을 따라 항행하다 발생한 충돌사건에서 협수로 항법을 적용하여 좁은 수역을 항해하는 경우 수로의 우측을 따라 진행하여야 한다고 재결하였다.[90] 하조도와 장죽도 사이 가항폭이 1.5마일 정도의 좁은 수로에서 무중(霧中)에서 발생한 충돌사건에서 중앙해심원(중해심 제97－27호)은 해상교통안전법 제17조(좁은 수로)와 법 제27조(제한시계항법)을 적용하였다.[91] 그러나 가장 좁은 가항수역의 폭이 1.1마일인 일본의 무쯔레 등대 앞에서 발생한 **홍아도쿄호·선듀크호 충돌 사건**(부해심 제98－100호)에서 부산지방해심원은 이를 협수로로 보지 아니하였다.[92]

멕시코만(Gulf of Mexico)의 2마일 폭의 수로가 협수로로 인정되지 아니하였지만, 보스포러스해협(The Bosporus)과 파라나강(The River Parana) 등은 협수로로 인정되었다.[93]

대체적으로 양 선박이 안전하게 한 바퀴 선회할 수 없다면 협수로로 볼 수 있다. 1만 총톤수의 선박의 선회경은 대략 500미터 정도이므로 양 선박이 마주치면서 동시에 선회할 때의 양 선박의 선회경과 여유수역을 감안하면 1마일 정도의 폭이면 여기에 해당한다고 생각한다. 그러나 대형 컨테이너선의 선회경은 1,000미터에 이르고(509면 ＜참고자료 1＞ 참고), 판례나 재결의 입상을 고려하면 1마일에서 2마일 사이를 협수로의 상한선으로 보는 것이 합리적이라고 본다.

그런데 대형선박과 소형선박의 선회경은 다르기 때문에 선회경을 기준으로 한다면, 대형선박에는 협수로가 되지만 소형선박에는 협수로가 아닌 경우도 있다. 따라서 대형선박은 수로의 오른쪽을 항행할 의무가 있으나 소형선박은 아니게 되는 결과가 된다. 이는 법적 안정성을 떨어뜨리게 된다. 그러므로 한 선박에 협수로가 되면 다른 선박에도 협수로가 되어야 한다고 생각된다.

---

90) 『해난심판사례집』(1998), 12~23면.

91) 위의 책, 454면.

92) 『해양안전심판사례집』(1999), 39면; 협수로의 정의에 대하여는 제16회(2017. 6. 30) 및 제23회(2020. 12. 22) 재결평석위원회에서 다루어졌다.

93) R.H.B. Stuart, *op. cit.*, p.47.

카페리 여객선 한림 페리9호·어선 민호호 충돌 사건(중해심 2018. 12. 27. 선고 제2018－022호 재결; 대전고법 2019. 9. 18. 선고 2019누10342 판결; 대법원 2020. 1. 6. 선고 2019두54092 판결[심리불속행기각])

여수시 돌산도와 화태도 사이의 수역에서 카페리 C(길이 61.27미터)와 길이 7.5 미터인 D가 충돌하였다. D는 수로의 왼쪽을 사용하고 있었다. 중앙해심은 이 사건 사고 수역에 당시 통항선박이 적었고, D의 길이와 당시 해역 상황상 충돌을 피할 수 있는 여유수역이 충분했고, C선박은 수로를 따라 횡단하던 선박이 아니라 부두에서 이안 직후 수로를 횡단하게 된 선박이라는 이유로 좁은 수로에서의 항법을 적용하지 않는다고 판단하였다. C는 부두 이안 후 정침을 위해 침로를 변경하면서 항해 중이었다. 따라서 상당 시간 동안의 정침요건이 없다고 보아 횡단 항법을 적용하지 않고 국제규칙 제2조의 선원의 상무규정을 적용했다. 원인제공 비율은 C가 70%, D가 30%로 보았다.

대전고등법원은 “어떤 수로가 좁은 수로에 해당하는지 여부는 해당 수로의 지리적 조건(가항수역의 폭 등), 통항선박의 종류와 크기 및 교통량, 해당 수역의 자연적 조건(조류의 속도와 세기, 조석의 차 등) 등을 종합적으로 고려하여 결정하여야 한다. 어떤 수로가 좁은 수로로 판단된다면, 사고 선박의 크기와 항해 방향과 관계없이 일률적으로 좁은 수로에서의 항법이 적용되어야 한다. 이와 달리 대형 선박에게는 좁은 수로이지만 소형 선박에게는 좁은 수로가 아니라거나, 수로를 따라 항행하는 선박에게는 좁은 수로이지만, 수로를 횡단하는 형태로 항해하는 선박에게는 좁은 수로가 아니라고 본다면, 항행하는 선박에 따라 항법이 달리 적용되어 법적 안정성을 해하기 때문이다. 이와 같은 기준에 비추어 본다면, 다음과 같은 이유로 이 사건 장소 인근수역은 좁은 수로로 보는 것이 타당하다고 판단된다. (중략) 이 사건 사고장소 인근이 좁은 수로에 해당하는 이상, D는 좁은 수로의 오른편 끝쪽으로 항행할 의무가 있다. D의 선장은 수로의 왼쪽에 붙어서 D를 항행하면서도 전방에 있는 C를 발견하여 침로를 변경하는 등 피항하지 아니하였으므로 좁은 수로에서의 항법을 위반한 중대한 잘못이 있다”고 판시하였다.

〈카페리 여객선 한림 페리9호· 어선 민호호 충돌 사건(중해심 제2020-001호)〉

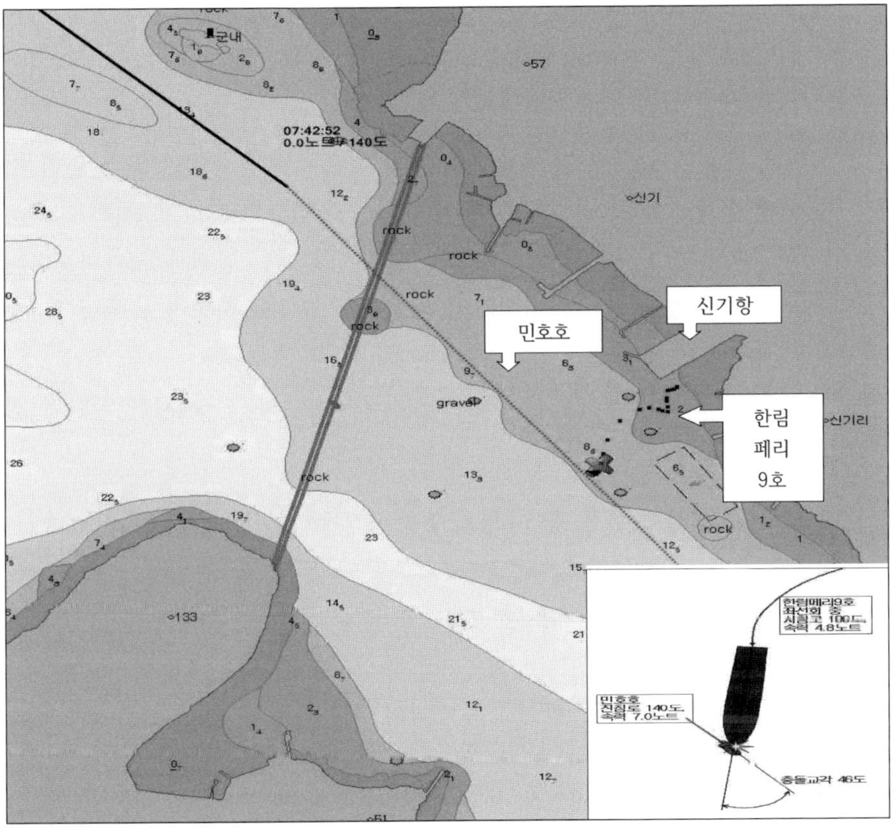

* 사고일시: 2017. 12. 2. 07:47경, 사고장소(세계측지계): 북위 34도 35분 47초/동경 127도 44분 30초(여수시 돌산읍 신복리 신기선착장 앞 0.15마일 해상)

이 결과에 따르면 그 수로를 따르는 가장 대형선을 중심으로 길이의 16배를 계산하여 좁은 수로가 결정되고 소형선은 이를 따라야 하는 결과가 된다. 법적 안정성을 위해서는 훌륭한 판결이지만, 사전에 좁은 수로임을 확정하여 공고할 필요가 있다고 본다.[94]

---

94) 자세한 평석은 김인현, “2020년 중요 해상판례 소개”, 『한국해법학회지』, 제43권 제1호(2021. 5), 469면 이하; 강동화, “좁은 수로에서의 항법 적용에 관한 판례평석”, 『법학논총』, 제44권 제4호, 단국대학교 법학연구소(2020), 339면 이하; 이정원, “좁은 수로 항법과 해기사의 징계의 요건으로서의 과실의 의미”, 『한국해법학회지』, 제43권 제1호(2021. 5), 339면 이하가 있다.

항로(fairway)는 선박이 강이나 수로를 따라 입항 및 출항함에 사용되는 항해 가능한 통항로라고 정의된다. 해상교통안전법상의 정의규정에 따르면 교통안전특정해역의 항로, 선박입출항법상의 항로는 당연히 여기에 포함된다. 이라코 수로(The Irako Channel)와 피래우스 입구도 항로로 인정되었다.95)

이러한 협수로 및 항로는 가항폭(可航幅)이 좁기 때문에 대양과는 달리 정면상태가 많이 발생하게 되어 충돌의 위험을 안고 있으므로, 이를 피하도록 하기 위하여 우측통항 등의 특별한 항법을 정하여 선박의 안전통항을 확보하는 데에 입법취지가 있다. 통항분리수역의 통항로가 좁다고 하더라도 통항분리수역에서는 국제규칙 제10조 통항분리수역 항법이 적용된다.96)

이 조항은 모든 시계상태의 항법이므로(국제규칙 제4조) 시계가 제한된 경우에도 적용된다.

> **유조선 제95경성호·어선 제13대영호 충돌 사건**에서 부산해심(제2014-003호)은 아래와 같이 재결하였다.
>
> 이 건 충돌사고가 발생한 해역은 통영시와 거제시 사이의 견내량해협으로서 그 항로의 가항폭이 약 400미터(약 0.22마일)이며 거제대교와 신거제대교의 교각 사이로 다수의 다양한 크기 및 종류의 선박이 통항하는 해역이다. 좁은 수로에 대한 법적 개념을 구체적으로 정의하고 있는 곳은 없지만, 통상 육안 또는 수심이 낮은 해역 등에 의하여 자연적, 인공적으로 형성된 수역으로서 선박이 자유로이 움직이면서 통항하는 것이 위험하다고 생각될 정도의 좁은 수역을 말하는데, 이러한 수역에서는 마주치는 상태, 선박 사이의 책무 등 일반적인 항법만으로는 선박충돌을 방지하는 것이 충분하지 아니한데다 수역의 제한 등으로 여러 가지 위험을 만날 수 있기 때문에 선박교통의 흐름을 좁은 수로의 오른쪽을 따라 평행하게 항행하도록 할 필요가 있다. 대법원 판례 검토 결과 폭 0.8마일 정도인 거제도 가오도 근해 협수로(대법원 1991. 12. 10. 선고 91추10판결), 폭 0.5마일 정도인 전라남도 여천군 남면 소두리도 남방 0.5마일 해상금오수도(대법원 1993. 6. 11. 선고 92추55판결), 폭 1.5마일 정도인 횡간수도(대법원 2005. 9. 28. 선고 2004추65판결) 등이 좁은 수로로 인정된 사실을 두고 볼 때 견내량해협은 지리적 조건으로서는 좁은 수로에 해당하는 것으로 판단된다(중해심 제2013-007호, 유조선 96신

---

95) *Ibid.*, pp.47~48.

96) Cockcraft, *op. cit.*, p.77.

현호·어선 한진호 충돌 사건 판례 인용)(2015년 사례집, 240면). 이 충돌 사건은 통영과 거제 사이의 좁은 수로인 견내량해협에서 이 해협을 북쪽으로 통과하던 제95경성호와 남쪽으로 통과하던 제13대영호 사이에 발생하였다. 재95경성호가 마스트를 눕혀 항해등 중 마스트등을 규정에 따라 표시하지 아니한 채 좁은 수로의 왼편에 치우쳐 항해하다가 해간도 인근에 있는 좁은 수로의 굽은 부분에서 경계를 소홀히 하여 방파제와 육지의 불빛 등으로 마주치는 제13대영호를 발견하지 못하여 발생한 것이나, 제13대영호가 경계를 소홀히 하여 좁은 수로의 굽은 부분에서 돌아 나오는 제95경성호를 발견하지 못한 것도 일인이 된다. 원인제공정도는 제95경성호가 80%, 제13대영호가 20%인 것으로 한다(2015년 해심사례집, 242면).

카페리선 항로페리호·어선 대운호 충돌 사건(목포해심 제2017－027호)에서 목포해심은 "좁은 수로등에서의 항법이 적용되려면 해당 선박이 '좁은 수로나 항로'를 지나고 있어야 한다. 이 때 '좁은 수로나 항로'는 서로 마주보고 반대 방향으로 진행하는 선박이 자유롭게 항행할 경우 항행상의 위험이나 충돌의 위험에 직면하게 되는 수로나 항로로서, 가항수역이 충분한 수로나 항로에서 적용되는 일반적인 항법만으로는 해당 수로나 항로에서 선박 간의 충돌을 방지하는 것이 불충분한 수로나 항로를 의미한다. 이러한 좁은 수로나 항로에 해당되는지 여부를 판단할 때에는 해당 수로나 항로의 지리적 조건, 통항선박의 크기, 해상교통량, 조석의 차 등을 종합적으로 검토하여 판단하여야 하는데, 이 때 지리적 조건의 경우에는 서로 마주보고 반대 방향으로 진행하는 양 선박이 각각 극좌전타(Hard Port Rudder)나 극우전타(Hard Starboard Rudder)하여도 항행상의 위험이나 충돌의 위험이 발생하지 아니할 정도로 충분한 가항수역이 확보되지 아니할 때[서로 마주보고 반대 방향으로 진행하는 양 선박의 각 좌·우 선회경(旋回徑)을 합친 것 이상의 가항수역이 확보되지 아니할 때] 좁은 수로등에 해당한다고 볼 여지가 있을 것이다(중해심 제2016－003호 재결 참조).

그런데 일반적으로 선박의 선회경은 선박 전장(全長, Length Of All)의 3배 정도이므로(목포해심 제2017－026호 재결 참조), 길이 38.37미터인 항로페리호의 경우 선회경이 115.11미터(＝38.37미터(선박 길이)×3) 정도로 추정되고 항로페리호의 선회경이 일반적인 경우보다 커서 선박 전장의 4배에 이른다 가정하더라도 그 선회경은 153.48미터(＝38.37미터(선박 길이)×4) 이내일 것이다. 따라서 항로페리호 내지 그와 동일한 선박이 서로 반대 방향으로 진행하면서 각각 극좌전타 또는 극우전타로 선회할 경우 가항수역이 613.92미터이면 충분하다 할 것인데,

이 사건의 경우 사고해역의 가항수역은 약 0.95마일(약 1,759.4미터)이므로, 항로페리호의 입장에서 사고해역을 좁은 수로등으로 볼 수 없을 것이며, 이는 항로페리호보다 작은 대운호의 입장에서도 마찬가지라 할 것이다. 그렇다면 사고해역은 좁은 수로등에 해당하지 아니한다 할 것이고, 해양사고관련자의 좁은 수로 항법이 적용되어야 한다는 주장은 이유 없다"고 재결하였다.

3. 협수로에서의 항법

(1) 우측통항 원칙

협수로에서 자신의 우현이 수로의 외측에 가능하면 붙어서 항해하여 반대방향으로 항해하는 상대선박과 좌현 대 좌현 통과가 가능하게 항해하여야 한다(국제규칙 제9조 a항). 여기서 말하는 수로의 외측(outer limit)이란 자선의 흘수와 관련하여 유체역학적인 영향으로 선박의 조종성능이 제한받지 않는 수심을 가진 곳이므로 안전항로대 안에서의 바깥쪽 한계선을 말한다.[97)]

해상교통안전법 제74조 제1항은 단서규정에서 통항분리제도가 적용되는 수역에서는 우측통항 원칙이 적용되지 아니한다고 정하고 있다. 통항분리제도에서는 통항로의 중앙을 따르면 되기 때문이다.

모래채취선 센메리호·액화가스 탱커 제22캐미케리호 충돌 사건(중해심 제97-4호)에서 좁은 수로의 좌측으로 치우쳐 항해한 것이 사고의 원인으로 지적되었다.[98)] **일반화물선 명지호·예인선 오리엔트스타3호의 피예인부선 동방31호 충돌 사건**(중해심 제96-27호)에서 중앙해심원은 시계제한상태에서 오리엔트스타3호 측이 임하도 쪽에 근접하여 항로 우측을 항행하지 아니하고 시아해 입구항로를 비스듬히 가로질러 항해한 것이 과실임을 지적하였다.[99)]

화물선 101태룡호·유조선 제9남성호의 충돌 사건에서 중앙해심원은 제9남성호에 주인이 있다고 판시하였으나, 대법원은 이 사건은 안개가 낀 좁은 수로를 무중항해항법과 좁은 수로 통행방법을 준수하지 아니한 채로 좌측으로 통항하다가 상대선박의 진행방향을 잘못 판별하여 좁은 수로를 우현 대 우현으로 통과하려

97) 同旨: 박용섭, 앞의 책, 321면.
98) 『해난심판사례집』(1998), 353면.
99) 『해난심판사례집』(1997), 445면.

한 제9남성호 선장의 전적인 과실에 의하여 발생한 것으로 판시하였다(대법원 92추55, 93추205 판결).[100)]

스피리트호와 시타렘호 충돌 사고에서 협수로로 인정되는 곳에서 동향이던 스피리트호는 협수로의 남쪽을 항해하고 있었지만, 서쪽을 향하던 시타렘호는 협수로에 진입하면서 수로의 북쪽을 항해하지 않고, 오히려 남쪽 방향으로 침로를 향하여 횡단하는 모양이 되었다. 유지선의 지위에 있었던 스피리트호는 충돌 4분 전부터 좌전타를 하였다(좌현 30도에 거리 1.6마일에 시타렘호가 있음). 충돌지점은 협수로의 남쪽 수역이었다. 영국 법원은 그대로 항해하였다면 CPA가 0.43마일이었지만 충돌의 위험이 있는 것으로 보아 횡단항법이 적용된다고 보았다. 법원은 시타렘호가 협수로에서 잘못된 수로를 사용한 것이 충돌의 주원인임을 인정한 다음, 경계 불량과 피항조치를 취하지 않은 점도 추가로 인정하고, 스피리트호의 1.5마일 거리에서 침로를 유지하지 않고 좌전타를 한 것도 사고의 원인이 된다고 인정하였다. 결론적으로 법원은 시타렘호의 과실이 75%이고 스피리트호는 25%로 산정하였다.[101)]

카페리선 은혜페리2호·어선 청운호 충돌 사건에서 목포해심(제2015-043호)은 "이 충돌 사건은 짙은 안개로 시계가 약 20미터로 극히 제한된 비금도, 도초도, 안좌도, 괄금도 및 암태도 등으로 둘러싸인 수역의 좁은 수로 안에서 레이더의 작동상태가 불량한 은혜페리2호가 무중항법을 준수하지 않은 채 좌현 변침을 하여 좁은 수로의 왼쪽으로 진입하여 무리하게 항행함으로써 발생한 것이나, 청운호가 무중항법을 준수하지 아니하여 경계를 소홀히 한 것도 일인이 된다. 은혜훼리2호 측 80%, 청운호 측이 20% 배분한다"고 재결하였다(2016년 사례집, 260면).

조종성능제한선박이 우측통항 원칙을 지키지 않은 경우에, 국제규칙 제18조(해상교통안전법 제83조)의 우선권을 주장할 수 있는가가 문제된 사안에서, 대법원은 국제규칙 제10조(해상교통안전법 제75조)는 특별항법으로서 우측통항 원칙이 우선적용되어야 하고 이 항법을 위반한 선박이 다른 규정의 우선권을 주장할 수 없다는 취지의 판결을 내렸다(대법원 2005. 9. 28. 선고 2004추65판결).

좁은 수로등은 항행할 수 있는 여유수역이 협소한 관계로 선박의 우측통항

---

100) 『법원공보』(1993), 2033면.

101) The "Sitarem", [2001] 2 Lloyd's Reports, 107.

은 절대적으로 필요하다. 그러므로 이 항법은 일반항법 규정에 비하여 특별한 항법으로 이해할 수 있을 것이다.

(2) 길이 20미터 미만의 선박, 범선

협수로나 항로 등은 요트, 모터보트 등의 레저보트에 의하여 레크리에이션의 장으로 이용되고 있고, 이들은 그 사용목적이 오락에 있을 뿐만 아니라 운동성능이 뛰어난 특징이 있고, 진행방향이 반드시 일정하지 않고 지그재그로 항행을 하는 경우도 많아서, 이러한 선박이 대형선박의 통항을 저해할 가능성이 많고 이를 방지하기 위하여 제9조 b항을 두었다는 견해[102]가 있다. 협수로와 항로는 가항폭(可航幅)이 좁으므로 대형선박의 안전한 통항을 위하여 소형선에 통항불방해의무를 부과하였다고 생각한다.

길이 20미터 미만의 선박(이하 '소형선')과 범선은 협수로나 항로 안에서만 안전하게 항행할 수 있는 선박의 통항을 방해하여서는 아니된다(제9조 b항). 소형선으로 하여금 통항불방해의무를 부담하게 하는 상대선박은 '협수로나 항로 안에서만 안전하게 항행할 수 있는 다른 선박'이다. 그러므로 협수로를 벗어나서도 안전하게 항행할 수 있는 일반동력선은 적용대상에서 제외되고, 심흘수선(深吃水船) 등의 특수한 대형선에 대하여 소형선이 통항불방해의무를 부담한다. 협수로 등에서만 안전하게 항행할 수 있는 대형선박에 대하여 소형선과 범선은 충돌의 위험을 기다릴 것 없이 조기에 충분한 여유수역을 확보해 주어야 할 주의의무를 부담한다. 그러나 그 대형선박도 상호시계 안에서 소형선이나 범선을 추월하는 경우 국제규칙 제13조의 규정에 따라서 피항의무를 부담한다.[103]

그런데 20미터 미만의 선박을 어떻게 파악할 것인지 대형선박에는 부담스럽다. 이에 대한 특별한 형상물이나 신호에 대한 의무규정도 없기 때문이다.

예인선 강남티-3호의 피예인부선 강남5001호·어선 남용호 충돌 사건에서 중앙해심(제2014-002호)은 통항방해금지의무에 대하여 아래와 같이 설명하였다.
"좁은 수로의 제한적 성질에 의하여 대형선박은 조종성능이 제한될 수밖에 없는데, 바다의 이용도가 다양하여 선박의 통항로 기능뿐만 아니라 어장의 기능도 있

102) 『海上衝突豫防法の解說』, 40頁.
103) Cockcraft, *op. cit.*, p.79.

기 때문에 많은 선박이 운항하게 되고 이에 따라 통항선박 사이의 상호 간섭과 운항 방해효과가 나타나게 되는 바, 특히 항로가 제한되는 대형선박의 안전한 통항을 위한 진로권의 보장이 필요함에 따라 좁은 수로에서는 소형선과 범선, 어로에 종사하는 선박 및 수로를 횡단하는 선박으로 하여금 다른 선박의 통항을 방해해서는 아니되는 '통항방해금지의무'를 정한 항법규정을 두고 있다. 이러한 통항방해금지의무는 충돌 위험이 있는 경우에도 면제되지 아니하며, 또한 통항을 방해받지 아니하여야 하는 선박도 충돌 위험이 생긴 경우에는 항법규정을 지켜야 하는 의무가 있으므로 좁은 수로를 따라 항행하고 있을지라도 오른쪽으로 피항할 여유수역이 있다면 통항을 방해받지 아니하는 선박으로 볼 수도 있으므로 조우자세 또는 선박 사이의 책무규정에 따른 피항의무를 부담하여야 할 것이다."

"이 충돌 사건은 좁은 수로를 따라 항행하던 강남티-3호 예인선열과 수로를 횡단하던 남용호(총톤수 1.71톤, 길이 7.27미터)가 경계를 태만히 하여 서로 충돌의 위험이 있는 상태로 접근하는 것을 알아차리지 못하여 발생한 것이다. 양 선박이 모두 좁은 수로 해역을 항행하면서 경계를 태만히 한 과실, 남용호측이 수로를 따라 항진하는 강남티-3호 예인선열의 통항을 방해하는 상태로 좁은 수로를 횡단한 과실, 강남티-3호 예인선열측이 충돌을 피하기 위한 동작을 하지 아니한 과실, 강남5001호의 적절한 등화를 표시하지 아니한 과실 등에 터잡아 양측의 이건 충돌사고에 대한 원인제공 정도는 강남티-3호 예인선열측과 남용호측이 각각 50%인 것으로 한다"(2015년 재결시례집, 233면).

(3) 어로작업 중인 선박

1960년 국제규칙 제26조는 어로작업에 종사 중인 선박은 다른 선박에 의하여 사용되는 항로를 폐쇄할 권리를 갖는 것은 아니다고 정하고 있었다. 1972년 국제규칙은 어로에 종사하고 있는 선박은 협수로나 항로 안에서 항행하고 있는 다른 선박의 통항을 방해하여서는 아니된다(제9조 c항)고 정하였다. 협수로나 항로에서 어로작업에 종사하면 협수로를 항행하는 다른 선박의 안전한 통항이 위협받으므로 어로작업 중인 어선에 통항불방해의무를 부과한 것이다.

어로작업 중인 선박으로 하여금 통항불방해의무를 부담하게 하는 상대선박은 협수로나 항로 안에서 항행하고 있는 모든 선박이다. 어로작업시의 그물 때문에 항해에 대한 위험이 소형선의 경우보다 크므로 대상 선박을 제9조 b항의 소형선의 경우보다 확대하여 협수로와 항로 안에서 항행하는 모든 선박으로 정한 것으로 보인다. 따라서 어로작업 중인 선박은 자신이 충분한 시간에 통로를 열어 줄 수 있을 정도로 다른 선박의 접근을 조기에 인지할 수 있을 때에만 협수로 등에서 어로작업이 허용된다고 하겠다.[104] Cockcraft도 이 조문을 항로가 사용되지 않을 때 어로작업이 허용된다는 취지로 해석하고 있다.[105]

(4) 횡 단

협수로를 횡단하는 페리 보트(ferry boat)의 수가 증가하여 협수로를 따르는 대형선과 횡단관계에 놓이게 되는 경우에, 국제규칙 제15조가 적용된다면 대형선이 피항선이 되는 경우도 있다. 이 경우 대형선으로서 흘수가 깊은 선박이 피항선이 되면 가항수역이 좁으므로 이 선박은 피항동작에 제약을 받게 되므로 이러한 위험을 방지하기 위하여 이 항을 두었다.[106]

협수로나 항로 내에서의 횡단은 원칙적으로 금지하여야 안전한 통항이 보장될 것이다. 그러나 지리적인 특성상 횡단의 필요가 있을 때에는 협수로를 따르는 선박이 지난 후에 횡단선박이 횡단하면 될 것이다.[107] 그러므로 국제규칙은 협수로 등에서만 안전하게 통항할 수 있는 다른 선박의 통항을 방해하지 않는 한 횡단을 허용하였다(제9조 d항). 즉, 횡단선과 협수로 등에서만 안전하게 통항할 수 있는 선박 사이의 항법은 횡단항법이 적용되는 것이 아니라, 횡단이 안전한 통항을 방해하면 통항이 금지되므로 횡단선이 절대적인 피항의무를 부담하게 된다.[108] 횡단선은 그러한 선박이 지난 다음에 횡단하여야 한다. 이렇게 함으로써 협수로 등에서의 위험을 감소시킬 수 있다.[109]

그러나 제9조 d항을 반대해석하면 협수로 등의 밖에서 안전하게 항행할 수 있는 선박은 자신의 우현에서 횡단하는 선박이 있으면 자신이 피항선이 된다.[110]

---

104) 同旨: Cockcraft, *ibid.*, p.80; 박용섭, 앞의 책, 328면.
105) Cockcraft, *op. cit.*, p.80.
106) 『海上衝突豫防法の解說』, 39頁.
107) 同旨: 박용섭, 앞의 책, 329면.
108) 박용섭 교수는 이 경우 대형선박의 안전항행을 우선적으로 보장시켜야 하는 선박교통의 기본원칙에 따라서 교차관계가 성립하지 않는다고 한다(위의 책, 329면); 초판에서 "횡단선이 통항불방행의무를 부담한다"는 표현은 어감상 차이가 있으므로 본문과 같이 변경한다.
109) Cockcraft, *op. cit.*, p.80.
110) 同旨: 박용섭, 앞의 책, 330면.

통항분리수역의 경우와는 달리 협수로는 항로를 따르는 선박에 피항의무를 지울 수 있는 여유수역이 없으며, 따라서 국제규칙 제10조 a항과 같은 규정은 두지 않고 있다.111)

교통안전특정해역의 항로에도 이 규정이 적용된다고 해석된다. 그러므로 인천항의 동수도나 서수도를 따르는 선박과 횡단선이 교차하면 횡단선이 통항 불방해의무를 부담한다.

(5) **추월**(앞지르기)

협수로는 선박의 자유로운 통항이 방해받을 정도의 좁은 수로이므로 천수(淺水)의 영향, 육안(陸岸)효과(wall effect or bank effect) 및 선박간섭작용(interaction between vessels)을 받으므로 선박의 추월은 위험하다. 그러므로 피추월선의 동의가 있는 경우에만 추월이 허락된다(제9조 e항). 추월에 동의한 선박은 가능하면 우측 끝단으로 이동하여 항행하고 감속하여 병행항행시간을 줄이는 것이 선원의 상무이다.112)

문제가 되는 것은 피추월선이 동의한 경우에 충돌사고가 발생하면 피추월선은 어느 정도의 주의의무를 부담하는가에 있다. 추월에 동의한 경우에는 "합의가 성립하면 합의된 내용이 바로 항법의 효력을 발휘하고 양 선박은 그 합의 내용을 이행할 의무가 있고, 합의내용은 서로 최선을 다하여 협력동작을 취하면서 추월을 당하고 추월하자는 것, 즉 피추월선은 피추월선이 누리는 국제규칙상의 우월한 지위를 스스로 포기하고 추월선에 어떤 이익을 주자는 데 동의한 것이다. 따라서 양 선박은 항법규칙상 서로가 피하여야 하는 동등한 위치에 놓이게 된다"고 하면서 오히려 제9조 e항 ii호를 대단히 애매한 규정이라고 비판하는 견해113)가 있다. 그러나 필자의 견해로는 원칙적으로 협수로에서는 추월이 금지되므로 피추월선의 동의가 없음에도 불구하고 추월을 한다면 이는 무단추월이므로, 추월선은 피추월선을 피하여야 할 절대적인 책임을 부담한다. 그리고 피추월선이 동의를 하게 되면 이때 비로소 제13조의 규정이 적용되어 추월선은 제13조의 추월선으로서의 주의의무를 부담하고, 피추월선은 제17조 하

111) 무역항의 항로 안에서는 횡단은 완전히 금지된다는 점을 유의하여야 한다.

112) Cockcraft, *op. cit.*, p.82.

113) 윤점동, 앞의 책, 108면.

의 유지선의 주의의무를 부담한다고 본다. 이러한 취지를 명문화한 것이 제9조 e항 ii호라고 생각한다. 무단추월의 경우가 동의추월의 경우보다 추월선의 주의의무가 크다고 보아야 할 것이다. 요컨대, 피추월선이 추월에 동의한다고 하더라도, 양 선박이 동등한 주의의무를 부담하게 되는 것이 아니라, 추월선은 여전히 피항선의 지위에 있다는 것이 필자의 사견이다.

그런데 협수로에서의 추월규정이 상호시계 안에서만 적용되는지 아니면 제한시계에서도 적용되는지가 의문이다. 협수로 등의 항법은 모든 시계상태의 항법이므로 원칙적으로 제한시계에도 적용되어야 할 것이다. 그런데 제9조 e항에서 정한 음향신호는 제34조 c항 i호의 것이고, 이것은 상호시계 안에서만 적용되는 신호이므로 추월은 상호시계 안에서만 허용된다.[114] 가항폭(可航幅)이 좁은 협수로 등에서 시계가 제한된다면 추월은 더욱 위험하므로 추월이 금지되는 것으로 국제규칙은 정하고 있다고 생각된다.[115]

(6) 기 타

중간에 존재하는 장애물로 인하여 상대선박을 볼 수 없는 협수로나 항로의 만곡부에서 모든 선박은 특별한 경계와 주의를 하여야 하고, 국제규칙 제34조 e항에서 정하는 장음 1회의 기적신호를 하여야 한다(국제규칙 제9조 f항). 서로 마주치며 만나는 경우에 역조(逆潮)를 받는 선박(the vessel stemming the tide)이 순조(順潮)를 받는 선박을 기다리는 것이 선원의 상무이다.[116]

사정이 허락하면 모든 선박은 협수로 안에서 묘박을 피하여야 한다(국제규칙 제9조 g항). 협수로나 항로 안에서 묘박을 하게 되면 다른 선박의 안전한 통항을 방해하기 때문이다.

Ⅱ. 통항분리방식

1. 국제규칙 제10조

국제규칙 제10조는 "(a) 이 조의 규정은 본 기구가 채택한 통항분리방식

114) 同旨: 민성규·임동철, 앞의 책, 65면; 박용섭, 앞의 책, 330면; Cockcraft, *op. cit.*, p.82.
115) 同旨: 박용섭, 위의 책, 333면.
116) Cockcraft, *op. cit.*, p.83.

(Traffic Seperation Scheme)에 적용하며 어떤 선박에도 다른 규정에 의한 의무를 면제하는 것은 아니다.

(b) 통항분리방식을 사용하는 선박은: (i) 정해진 항로 내에서 그 통항로의 일반적인 진행방향을 따라서 진행하여야 한다; (ii) 가능한 한 통항분리선 또는 분리대에서 멀리 떨어져야 한다; (iii) 통상적으로 지정통항로에 합류하거나 이탈할 때에는 통항로의 출입구에서 출입하여야 한다. 그러나 통항로의 옆쪽에서 출입하는 경우에는 일반적인 진행 방향에 대하여 가능한 한 소각도로 출입하여야 한다.

(c) 선박은 가능한 한, 통항로를 횡단하는 것을 피하여야 하지만, 부득이한 경우에는 일반적인 진행 방향에 대하여 자신의 선수 방향이 가능한 한 직각에 가깝게 횡단하여야 한다.

(d) (i) 인접한 통항분리방식 내에 있는 정하여진 통항로를 안전하게 사용할 수 있는 선박은 연안통항대를 사용하여서는 아니된다. 그러나 길이 20미터 미만의 선박, 범선 및 어로에 종사 중인 선박은 연안통항대를 사용할 수 있다; (ii) d항 i호의 규정에도 불구하고 인접한 항구로 출항·입항하는 선박, 연안통항대 안에 위치하여 있는 기지, 구조물 또는 도선사 승선·하선 장소에 출입하는 선박이나 급박한 위험을 피하기 위한 선박은 연안통항대를 사용할 수 있다.

(e) 통로를 횡단하는 선박 또는 통로에 진입하거나 통로를 떠나는 선박 이외의 선박은 아래의 경우를 제외하고는 통상적으로, 분리대 안에 들어가거나 분리선을 횡단하여서는 아니된다; (i) 절박한 위험을 피하기 위하여 긴급한 경우, (ii) 분리대 안에서 어로에 종사하고자 하는 경우.

(f) 통항분리방식의 출입구 부근을 항해하는 선박은 특별한 주의를 기울여 항행하여야 한다.

(g) 선박은 통항분리방식 안 혹은 그 출입구 부근의 해역에서 가능한 한 묘박을 피하여야 한다.

(h) 통항분리방식을 이용하지 아니하는 선박은 가능한 한 넓은 여지를 두고 그것을 피하여야 한다.

(i) 어로에 종사 중인 선박은 통항로를 따라 진행하는 모든 선박의 통항을 방해하여서는 아니된다.

(j) 길이 20미터 미만의 선박이나 범선은 통항로를 따라 진행하는 동력선의 안전한 통항을 방해하여서는 아니된다.

(k) 통항분리대 안에서 항해의 안전을 유지하기 위한 작업에 종사 중이기 때문에 기동성이 제한되어 있는 선박은 그 작업을 수행하는 데 필요한 범위 내에서 이 규칙의 준수가 면제된다.

(l) 통항분리대 안에서 해저전선의 부설, 보수, 또는 인양작업에 종사하기 때문에 기동성이 제한되어 있는 선박은 작업을 수행하는 데 필요한 범위 내에서 이 규칙의 준수가 면제된다"고 정하고 있다.

해상교통안전법 제75조가 여기에 해당하며, 다음에서 보는 바와 같이 몇 가지 점에서 차이가 있다.

2. 의 의

협수로는 아닐지라도 선박의 통항이 많거나, 지리적인 특성상 횡단상태·정면상태가 형성되어야만 하는 해역에서 선박의 흐름을 한 방향으로 획정하여 선박의 안전한 통항을 확보하고자 설치한 제도가 통항분리방식이다. 통항분리방식에서는 보통 일방의 통항로의 폭이 2마일 정도로서, 선박입출항법상의 항로, 좁은 수로보다 선박 통항의 가항폭(可航幅)이 넓다는 점에서 지리적인 특성을 찾을 수 있고, 이 점이 항법에도 반영되어 있다.

통항분리방식은 1898년 북대서양에서 여객선의 추천항로를 운영하면서 채택되었고, 국제해사기구가 1964년 해사안전위원회에서 도버해협에서 통항분리방식을 설정할 것을 결의한 다음 1967년부터 도버해협에서 이 제도가 실시되었다. 국제해사기구는 제8차 총회에서 결의안 제284호(A. 284 VIII)로서 전세계의 해상에 적용할 수 있는 통항분리방식 제도를 채택하였다.117) 다음 국제해사기구는 결의안 A 378(X)에서 선박항로에 관한 일반규정(general provisions on ship's routeing)을 채택하였다.

이 조항이 적용되는 곳은 국제해사기구가 승인한 통항분리방식이 적용되는 수역이다(제10조 a항). 통항분리방식이 설정된 대표적인 곳은 영국의 도버해협, 싱가포르해협 등이다. 우리나라도 옹도해역, 맹골수도 등에 통항분리방식을

---

117) 박용섭, 앞의 책, 345면.

설치하였으나 모두 국제해사기구가 승인한 곳은 아니다.[118] 그러나 이 해역들은 모두 우리나라 영해 내이므로 해상교통안전법의 적용을 받게 된다. 이 법 제75조 제1항이 적용되는, 해양수산부령이 지정한 통항분리방식이 적용되는 수역으로는 홍도항로, 보길도항로 그리고 거문도항로가 있다(동법 시행규칙 제66조 [별표 20]).

국제규칙 제10조 a항 후단의 규정은 1987년 개정시에 추가된 것으로 통항분리방식에서는 다른 항법규정도 적용됨을 정하고 있다. 통항로를 따르는 선박끼리 추월하면 제13조의 추월규정에 따라 추월선이 피항의무를 부담한다. 또한 통항로를 따르는 일반동력선과 횡단관계에 있는 일반동력선 사이에는 국제규칙 제15조의 횡단규정이 적용된다.

3. 통항분리방식에서의 항법

통항분리방식에서의 항법은 통항분리방식을 사용하는 선박과 그렇지 않은 선박으로 나누어서 살펴보면 이해하기 쉽다. 통항분리방식의 사용은 강제화되어 있는 것은 아니다.

(1) 통항분리방식 사용 선박의 항법

선박은 해도 등에 지시된 대로 통항분리방식의 통항로를 따르면 된다. 통항분리방식도 좌현 대 좌현 통과가 가능하도록 설치되어 있다. 즉, 지정된 통항로 내의 일반적인 교통흐름을 따라서 진행하여야 하고(제10조 b항 i호), 가능한 한 통항분리선 또는 분리대에서 멀리 떨어져서 항행하여야 한다(제10조 b항 i호).

보스포르스 해협의 통항분리방식에서 다른 통항로에 진입하여 항행함과 동시에 속력제한의무를 어긴 발바로사호에 80%의 과실이 인정되었다.[119]

캐미칼탱커 대산 파이오니어호·일반화물선 씨디마산호 충돌 사건(부해심 제95－117호)에서 대산 파이오니어호 측이 일본 간몬항로의 서행항로를 항행하면서 선위확인을 소홀히 함으로써 항로를 이탈하여 동행항로를 따라 반대방향으로 항해 중인 마산호의 침로 전방으로 진입한 것이 충돌의 주원인으로 재결되었다.[120]

---

118) 연안국은 해상교통의 안전과 연안국의 안전을 위하여 해양항로와 통항분리방식 제도를 설치할 수 있다(1982년 유엔해양법협약 제22조).

119) The “Barbarossa”, [2000] 2 Lloyd’s Reports, 297.

120) 『해난심판사례집』(1996), 59면.

다다넬스 해협의 통항분리수역을 항해하던 선박 사이의 충돌 사건에서 영국 해사법원은 북쪽을 향하면서 충돌 3분 전에 남향통항로에 진입한 비타스타호에 75%의 과실을 부과하고, 충돌 3분 전에 분리대에 근접하여 남향통항로의 우측으로 더 붙어서 항해하지 아니한 시보에바호에 25%의 과실을 부과하였다.[121)]

그러므로 협수로 등에서는 가능하면 항로의 오른쪽 끝단을 항행하여야 하나, 통항로를 따르는 선박은 결국 통항로의 중앙을 항행하게 된다. 통항로에 진입하거나 이탈할 때에는 통항로의 출입구에서 출입하여야 하나, 그렇지 않은 경우에는 가능하면 일반적인 진행방향에 소각도(小角度)로 통항로에 진입하여야 한다(제10조 b항 iii호, 1981년에 개정됨). 통항분리방식의 통항로를 안전하게 사용할 수 있는 선박은 연안통항로를 사용하여서는 아니된다(제10조 d항 i호). 그러나 길이 20미터 미만의 선박, 범선 및 어로에 종사 중인 선박은 연안통항대를 사용할 수도 있다(제10조 d항 ii호).

(2) 통항분리방식 사용이 제한된 선박의 항법

1) 횡단의 경우

통항분리방식에서는 가능한 한 통항로를 횡단하여서는 아니되지만, 부득이 한 경우에는 횡단시간을 최소화하기 위하여 일반적인 진행방향에 직각이 되게 횡단하여야 한다(제10조 c항). 선수 방향(on a heading)이란 실제 항적이 분리대와 이루는 각도가 아니라 현재 취하고 있는 침로를 말한다.[122)] 횡단이 허용되는 경우란, 횡단을 하지 않으면 상당한 우회를 하여야 하는 경우로서 싱가포르에 입항·출항하기 위하여는 통항로에 진입하여야 하는 싱가포르해협과 같이 횡단이 지리적으로 예견되어 있는 곳을 말한다.[123)] 이러한 경우에는 일반항법이 통항분리방식 항법과 중첩적으로 적용되어 통항로를 따르는 선박이 상호시계 안에서 우측에 접근하는 횡단선을 두고 있으면 자선이 피항의무를 부담한다(제10조 a항 후단 및 제15조).[124)] 횡단이 허용되지 않는 경우에는 횡단금지의 규정이

121) The "Siboeba", [2002] 2 Lloyd's Reports, 215.

122) Cockcraft, *op. cit.*, p.91.

123) 도버해협도 마찬가지이다. Cockcraft, *ibid.*, p.92.

124) 김인현, "센츄리돈호 사건"(The "Century Dawn", [1994] 1 Lloyd's Reports, 138), 『해양한국』, 1997년 4월호, 118면을 참고; 同旨: 김인철·정대율, 앞의 책, 137면.

적용되어, 무단횡단선과 일반상선이 조우하는 경우에 일반상선은 언제나 유지선(維持船)이 되고 무단횡단선이 피항선이 된다.

신데렐라호·아킬리우스호 충돌 사건에서 신데렐라호는 통항로를 따라 항행하고 있는 가운데, 아킬리우스호는 신데렐라호를 자신의 우현에 두고 통항분리대의 횡단을 시도하였다. 이 상황에서는 아킬리우스호가 피항선이고 신데렐라호는 유지선의 지위에 있다. 양 선박 모두가 경계가 불량한 것이 인정되는 가운데 아킬리우스호의 인정될 수 없는 통항분리대의 횡단과 피항의무 위반이 충돌을 야기한 원인이 된다고 하여 해사법원은 아킬리우스호에 70%의 과실을 부과하였다.[125]

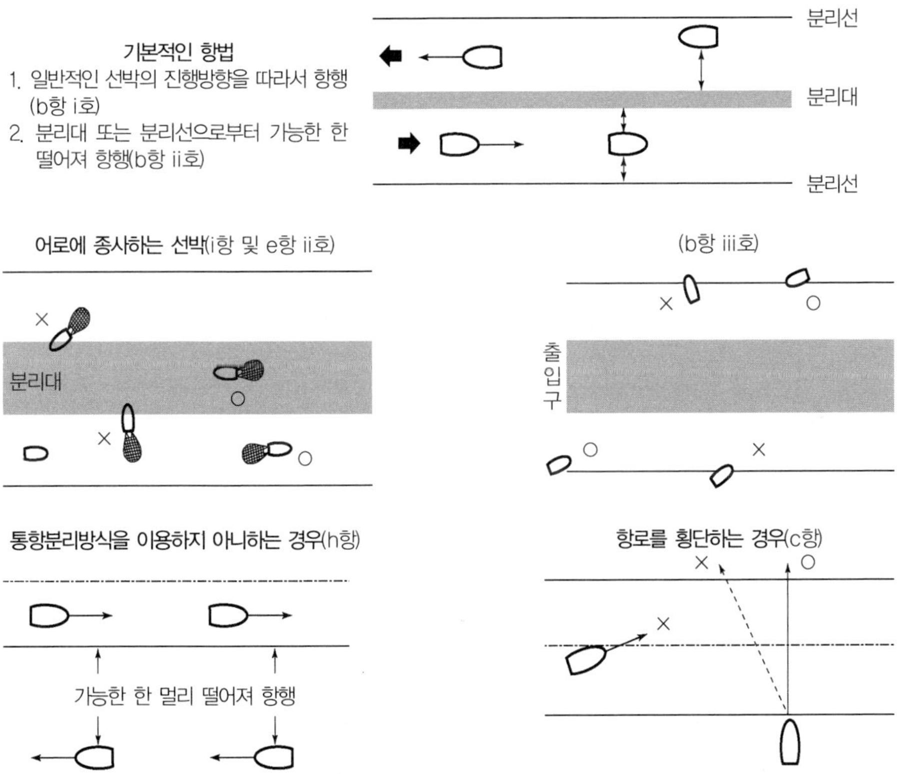

[그림 7] 통항분리방식에서의 항법

125) The "Archillius", [1985] 2 Lloyd's Reports, 338.

해상교통안전법 제75조 제3항이 “선박은 통항로를 횡단하여서는 아니된다”는 문장으로 시작하고 있지만 국제규칙의 내용보다 강화된 의미로 이해되어서는 아니된다고 본다.

2) 통항불방해의무선박

어로에 종사하는 선박과 길이 20미터 미만의 선박이나 범선은 통항로를 따라 진행하는 모든 선박과 동력선의 통항을 각각 방해하여서는 아니된다(제10조 i항 및 j항). 통항로에서 어선의 어로작업은 허용되나 통항로의 일반적인 교통흐름의 방향과 반대방향으로 어로작업을 하여서는 아니된다.[126]

20미터 미만의 선박을 그 이상의 선박과 쉽게 구분할 수 없기 때문에 횡단관계에 놓이게 될 때 대형선박이 초기에 피통항불방해선박으로서 우선권을 갖는지가 애매한 상태가 된다. 그러나 충돌의 위험이 발생한 순간부터는 자신이 피항선의 지위에 놓이게 된다면 적극적인 피항동작이 필요하다.

어로작업 중인 선박이 분리대 안에서 작업을 할 때에는 그물이 통항로에 뻗혀 나가서 통항로 안을 통항 중인 선박의 통항을 방해하여서는 아니된다.[127]

3) 기 타

통항분리방식을 이용하지 아니하는 선박은 가능한 한 이를 멀리 떨어져서 항해하여야 한다(제10조 h항). 통항분리방식의 출입구 부근을 항해하는 선박은 통항로에 입항·출항하는 선박과 마주칠 우려가 있으므로 특별한 주의로 항행하여야 한다(제10조 f항). 또한, 선박은 통항분리방식 안 혹은 그 출입구 부근에서 가능한 한 묘박을 피하여야 한다(제10조 g항). 특별한 경우를 제외하고 분리대 출입과 횡단도 금지된다(제10조 e항). 분리대 안에서 작업 등으로 조종성능이 제한되는 선박은 이 규칙의 준수가 면제된다(제10조 k 및 l항).

유조선 뉴스텔라호·어선 제307금창호 충돌 사건에서 세월호 사고시 수색작업에 동원된 제307금창호(120톤)가 수색 현장에서 정류 대기하고 있다가 조류의 영향으로 밀려 통항분리수역 안에 들어가 있는 것을 모른 채로, 노즐 교체를 위하여 정선하여 주기관을 정지하고 주기관 4번 기통의 노즐 교체작업을 시작하였다.

---

126) 그러나 분리대 안에서의 어로작업은 일정한 방향이 없다. Cockcraft, *op. cit.*, p.95.
127) 同旨: 박용섭, 앞의 책, 386면.

목포해심(제2015-021호)은 아래와 같이 재결하였다.

매물수도에 설정된 통항분리제도는 목포지방해양수산청장이 2012. 3. 30. 매물수도 등 항해안전에 관한 고시(목포청장은 "매물수도 항해안전에 관한 고시"로 명칭을 개칭하고 내용변경 없이 2015. 4. 1. 재고시하였다)를 하였다. 이 고시는 해사안전법 제31조의 규정에 의하여 특정해역이 아닌 해역으로서 해양사고가 발생할 위험이 많다고 인정되는 해역을 항행하는 선박의 안전에 관한 사항을 규정함을 목적으로 제정하였다. 또한 이 고시에 의해 지정된 항로 내 항법은 선박이 북쪽으로 항해할 때에는 동항로로 항행하여야 하고, 남쪽으로 항행하고자 할 때에는 서항로로 항행하여야 하며, 기타 항법에 대하여는 해사안전법 제68조(통항분리제도)의 규정에 의한 통항분리해역에서의 항법을 준수하도록 규정하고 있다(2016년 사례집, 234면).

이 충돌사고는 안개로 시계가 제한된 매물수도 통항분리수역의 통항로 안에서 양 선박이 무중신호를 울리지 않는 등 무중항법을 위반하고, 침로 304-307도, 속력 12.6-13.4노트로 항행 중인 뉴스텔라호의 선장이 직접 조선을 하지 아니하고 당직 항해사가 해도실에 머무르며 경계를 소홀히 한 것과, 통항분리수역을 벗어나 항해하여야 할 제307금창호가 대수속력이 없이 정류 중 주기관 수리를 위하여 인위적으로 조종불능상태에 놓인 후 경계를 소홀히 함으로써 발생한 것이다. 원인제공비율은 각각 50%로 한다(2016년 사례집, 249면).[128)]

4. 국제규칙 제18조의 적용

통항분리방식이 적용되는 해역에서 어로작업 중인 선박이 충돌의 위험을 안고 횡단을 시도하는 경우에 통항로를 따르는 일반동력선과 어로작업 중인 선박 사이에 적용되는 항법은 무엇일까? 일반항법에 따르면 국제규칙 제18조에 의하여 일반동력선이 피항의무를 부담하는 것은 의문의 여지가 없다. 그러나 통항분리수역에서는 국제규칙 제18조의 단서규정, 즉 "제9조, 제10조 그리고 제13조에서 달리 규정하고 있는 경우에는 적용이 배제된다"는 규정에 의하여 제18조의 조종성능의 우열에 따른 항법의 적용이 배제된다. 즉, 제10조 i항과 j항의 어로작업 중인 선박이나 범선은 제18조에서 말하는 '제10조에서 달리 정한

128) 통항분리수역에서 묘박은 정선은 허용되지 않으므로, 제307금창호의 과실비율이 70%는 되어야 한다고 생각한다.

경우'에 해당하므로 제18조의 적용이 배제되고 제10조 i항과 j항이 우선적으로 적용된다. 그러므로 어로작업 중인 선박이 통항불방해의무를 부담한다. 다만, 어로작업 중인 선박이 통항분리방식의 일반적인 흐름에 따라서 항해를 하여 일반동력선의 안전한 통항에 방해를 주지 아니하는 한은 제18조의 규정이 적용되어 일반동력선이 피항선이 된다. 이 경우에도 어로작업 중인 선박은 통항로 횡단이 불가피하지 아니하였다면 통항로 횡단을 시도한 항법 위반이 있게 된다.

5. 해상교통안전법상의 문제점

(1) 국제규칙 제10조 a항과 해상교통안전법 제75조 제1항

통항분리방식은 국제해사기구가 채택하여 통항분리제도가 적용되는 수역에 적용한다고 제10조 a항에서 정하고 있다. 즉, 제10조의 통항분리방식 항법은 국제해사기구가 채택한 경우에만 적용함을 의미한다.

그러면 우리나라 연안의 통항분리방식은 어떠한가? 우리나라의 통항분리방식은 국제해사기구에서 채택한 것은 하나도 없다. 그러면 여기에서의 항법은 어떠하여야 하는가? 비록 국제해사기구에서 채택되지 아니하였다고 하더라도, 통항분리방식이 정하여진 해역은 모두 우리나라 영해 안이므로 우리나라의 해상교통안전법이 적용되어야 한다. 또한 동법 제75조는 국제규칙 제10조와 거의 동일한 내용을 가지고 있다. 그러므로 법규 적용에 문제점은 없다고 하겠다. 그런데 2008년 개정 전 구 해상교통안전법 제18조는 제1항에서 "이 조의 규정은 국제해사기구가 채택한 통항분리방식이 적용되는 수역(이하 "통합분리수역"이라 한다)에 대하여 적용한다"고 규정함으로써 문제를 야기시키고 있었다. 즉, 국제해사기구가 채택하지 않은 우리나라 영해 안의 통항분리수역은 동법 제18조가 적용될 수 없다는 결론에 이르렀다. 그러므로 엄격하게 해석하자면 우리나라 영해 안의 통항분리수역 안에서의 항법은 일반항법을 적용하여야 한다는 결론이 되었다. 이는 입법취지와는 전혀 다른 결과를 낳았다(2008년 개정 해상교통안전법 제30조 및 현 해상교통안전법 제75조 제1항 제1호도 동일하다).

그러므로 입법론적으로는 국제해사기구에서 통항분리수역이 채택됨과 동시에 이를 실행하든가 제18조 제1항의 '국제해사기구가 채택하여'라는 문구를 삭제하는 것이 좋다고 이 책 제2판에서 지적한 바 있다. 현 해상교통안전법은

"해상교통량이 아주 많아 충돌사고 발생의 위험성이 있어 통항분리제도를 적용할 필요성이 있는 수역으로서 해양수산부령으로 정하는 수역"에도 적용한다고 하였다(제75조 제1항 제2호). 그런데 동법 시행규칙 제66조([별표 20])에 따르면 옹도해역, 맹골수도는 동 수역에서 배제되어 있기 때문에 문제가 있다. 이들 해역은 해상교통안전법 제75조 제1항 제1호의 통항분리제도로 이해된다. 외국 선박들이 국제해사기구의 승인을 받지 않은 수역이므로 통항분리수역 항법이 적용되지 않는다고 주장할 수 있기 때문에 국제해사기구의 승인을 받도록 하는 것이 좋겠다.

국제규칙 제10조 a항 후단의 "어떤 선박에도 다른 규정에 의한 의무를 면제하는 것은 아니다"는 개정내용이 해상교통안전법 제75조 제1항에는 여전히 누락되어 있다. 해상교통안전법에 그 내용이 누락되어 있는 것이므로 국제규칙 제10조 a항 후단이 적용되어야 할 것이다.

(2) 어로에 종사하고 있는 선박

개정 전 구 해상교통안전법 제18조 제6항은 "분리대 안에서 어로에 종사하는 선박은 통항로를 따라 항행하는 다른 선박의 항행을 방해하여서는 아니된다"고 하여 국제규칙의 규정과는 다르게 기술되어 있었다. 즉, 국제규칙은 제10조 i항에서는 아무런 제한 없이 '어로에 종사하는 선박'이라고만 되어 있다. 개정 전 규정은 통항분리수역에서는 '분리대 안'에서만 어로작업이 허용된다는 취지로 해석될 수 있었다. 그러나 국제규칙 제10조 i항은 통항로에서도 어로작업은 허용되나 이들 선박은 통항불방해의무를 부담할 뿐인 것으로 해석된다. 그러므로 '분리대 안에서' 어로에 종사하는 선박이 아니라 '통항분리방식에서 어로에 종사하는 선박은'으로 바꾸어야 할 것이라고 필자는 제2판에서 지적한 바 있다. 현행 해상교통안전법은 제75조 제6항을 '통항분리수역에서'라고 규정하여 국제규칙과 동일하게 되었다.

(3) 연안통항대의 사용

국제규칙 제10조 d항 i호는 단서에서 통항분리수역을 사용할 수 있는 선박의 연안통항대(沿岸通航帶) 사용을 금지시킨 다음, 길이 20미터 미만의 선박, 범선과 어로작업 중인 선박은 연안통항대를 사용할 수 있다(may use the inshore traffic zone)고 정하고 있으나, 개정 전 구 해상교통안전법 제18조 제4항은 단서에서 "범선과 길이 20미터 미만의 선박은 그러하지 아니하다"고만 하여 어로작업에 종사 중인 선박은 여기에 포함시키지 않고 있었다. 그러므로 어로작업에 종사 중인 선박은 역시 연안통항대 사용이 금지되어 국제규칙과 상충되게 되었다. 어로작업 중인 선박의 연안통항대 사용을 특별히 금지시킬 이유가 없으므로, 국제규칙 제10조 d항 i호와 일치시키는 것이 좋을 것이라고 필자는 제2판에서 지적하였다. 2002. 12. 26일 개정 해상교통안전법은 제4항(현 해상교통안전법 제75조 제4항)에 이를 추가하였다.[129)]

Ⅲ. 교통안전특정해역

1. 해상교통안전법 제7조 및 제9조

해상교통안전법 제7조 제1항은 "해양수산부장관은 다음 각 호의 어느 하나에 해당하는 해역으로서 대형 해양사고가 발생할 우려가 있는 해역(이하 '교통안전특정해역'이라 한다)을 설정할 수 있다. 1. 해상교통량이 아주 많은 해역, 2. 거대선, 위험화물운반선, 고속여객선 등의 통항이 잦은 해역"이라고 하여 교통안전특정해역(이하 '특정해역')에 대한 근거를 마련하고 있다.[130)]

동법 제9조(어업의 제한 등)는 제1항에서 "교통안전특정해역에서 어로작업에 종사하는 선박은 항로지정제도에 따라 그 교통안전특정해역을 항행하는 다른 선박의 통항에 지장을 주어서는 아니된다"고 하고, 제2항에서 "교통안전특정해역에서는 어망 또는 그 밖에 선박의 통항에 영향을 주는 어구 등을 설치하거나 양식업을 하여서는 아니된다"고 정하고 있다.

---

129) 이 외에도 국제규칙 제10조 j항에서 길이 20미터 미만의 선박이나 범선은 통항로를 따라 진행하는 일반동력선(power-driven vessel)에 대하여 통항불방해의무를 부담하지만, 해상교통안전법에서는 이를 '다른 선박'으로 확대하고 있다.

130) 동법 제7조 제3항에서 "교통안전특정해역의 범위는 대통령령으로 정한다"고 하고, 특정해역의 범위에 대하여는 해상교통안전법 시행령 제5조 [별표 1]에서는 인천구역, 부산구역, 포항구역, 여수구역 그리고 울산구역에 대하여 특정해역을 지정하여 두고 있다.

2. 의 의

해상교통량이 아주 많거나 거대선, 위험화물운반선 또는 고속여객선 등의 통항이 빈번하여 대형해난이 발생할 우려가 있는 해역으로서 해상교통안전법 제7조에 의거하여 해양수산부령으로 정한 해역을 교통안전특정해역이라고 한다. 특정해역의 설정은 무원칙의 연안항로를 제도적으로 정형화시켜서 선박충돌의 위험성을 제거하기 위한 기초를 형성하자는 것이다.[131]

이 제도는 1986년 12월 31일 해상교통안전법이 제정되면서 도입되었고, 특정해역의 범위는 1988년 2월 2일 동법 시행령에서 정하여졌다. 동법 시행규칙 제8조 제1항의 항로 및 제4항에 의한 항로지정방식은 인천지역과 여수·광양지역에 대하여는 1989년 3월 25일(교통부령 제901호)로 제정되었고, 부산항에 대하여는 1991년 4월 17일(교통부령 제949호)에 제정되었다(512~514면 <참고자료 3>).

특정해역의 항법은 해상교통안전법 제2장 제2절 「교통안전특정해역 등의 설정 및 관리」 편에 규정되어 있고, 그 입법목적이 특정해역을 관리하기 위함이므로, 우리나라 영해를 일차적으로 관리하기 위한 해상교통안전법 전체에 대하여는 특별규정으로서의 지위를 갖는다고 하겠다. 그러므로 특정해역항법 규정은 일반규정인 해상교통안전법 제5장 제1, 2, 3절에 대하여는 우선적 효력을 갖는다. 예컨대, 어로작업 중인 선박과 항행 중인 동력선이 만난 경우에는 해상교통안전법 제9조 제1항이 다른 규정보다 먼저 적용된다.

그러나 특정해역항법에 규정되어 있지 않는 항법은 해상교통안전법의 일반규정이 적용되어야 한다. 예컨대, 경계의무(제70조)와 안전한 속력(제71조) 등과 같은 것이 그것이다. 이들은 통칙적인 규정이므로 어느 경우에나 적용된다고 하겠다. 그런데 시행규칙 제6조 제1항 제3호 [별표 4]에서 통항분리제도의 규정을 준용한다고 하였으므로 통항분리제도 항법에서 정한 것이 있으면 일반규정보다도 그 규정이 우선 적용된다. 예컨대, 통항로의 횡단은 가능하면 허락되지 않으므로(제75조 제3항) 특정해역의 횡단도 가능하면 피하여야 할 것이다. 상호시계 안의 항법이나 제한시계에서의 항법도 특정해역에서 적용된다.

---

131) 박용섭, 앞의 책, 903면.

3. 교통안전특정해역에서의 항법

(1) 항로지정방식에 따른 항해

교통안전특정해역을 항해하려는 선박은 법에서 정한 항로지정방식에 따라 항행하여야 한다(해상교통안전법 시행규칙 제6조 제1항 제1호 [별표 2]).

인천항 출입항로(폭이 500에서 1,000미터에 이르고 총 길이는 약 17마일이다)에서는, 입항선은 동수도 항로를, 그리고 출항선은 서수도 항로를 항행하여야 한다.132) 길이 30미터 미만의 선박 또는 범선은 동수도 및 서수도 항로를 따라 항행하는 다른 선박의 안전한 통항을 방해하여서는 아니된다(특정해역과 항로지정방식에 대하여는 512~514면 <참고자료 3>의 그림 참조).133)

부산항 출입항로(항로폭이 0.3에서 0.8마일에 이르고 총길이는 1.5마일이다)에서는, 입항선은 입항항로를, 출항선은 출항항로를 항행하여야 한다. 20미터 미만 선박이나 범선은 부산항 입항항로의 바깥 해역을 이용하여 부산항 입항·출항이 가능하다. 그러나 이들은 항로를 따라 항행하는 다른 선박의 안전한 통항을 방해하여서는 아니된다. 즉, 항로를 따를 때에는 물론 바깥 해역을 이용하다

132) 1980년 11월 10일 인천지방해운항만청 고시 제78호로 제정되고 1981년 9월 8일 고시 제42호로 개정된 동수도 항로(입항선용 통항로)와 서수도 항로(출항선용 통항로) 및 그 주변해역에 대하여 적용하였던 인천항 출입항로 항행규칙에 따르면, 선박교통방법에 관하여 이 규칙에 정하지 아니한 것은 1972년 국제해상충돌예방규칙(조약 제602호, 1977년 9월 3일)에 따른다(제2조 제2항), 총톤수 500톤 이상의 선박이 인천항에 입항하고자 할 때에는 동수도 항로로 항행하고, 출항하고자 할 때에는 서수도 항로로 항행하여야 한다…(제4조 제1항), 총톤수 500톤 미만의 선박이 인천항에 출입하고자 할 때에는 될 수 있는 한 제1항에 준하여 항행하여야 하고 동항의 규정에 의하여 항로 내를 항행하는 다른 선박의 진로를 방해하여서는 아니된다(제4조 제2항), 항로 밖에서 항로에 들어오거나 항로에서 항로 밖으로 나가는 선박, 항로를 횡단하고자 하는 선박 및 항로 밖에서 항행하고 있는 선박은 항로 내를 항행하고 있는 다른 선박의 진로를 방해하여서는 아니된다(제5조 제1항). 모든 선박은 항로를 횡단하지 말아야 한다. 다만, 부득이한 경우에는 항로방향에 대하여 될 수 있는 한 직각으로 신속하게 횡단하여야 한다(제5조 제3항). 모든 선박은 해난 등 불가피한 경우를 제외하고는 항로상을 항행하는 거대선(길이 200미터 이상 또는 총톤수 25,000톤 이상의 선박)과 위험물적재선의 진로를 방해하여서는 아니된다(제9조). 항로 내에서는 일절의 어로행위를 하여서는 아니된다(제11조 제1항). 주변해역에서는 정치어망이나 이와 유사한 잠정적인 어망을 설치하여서는 아니된다(규칙 제11조 제2항).

133) 인천항 교통안전특정해역에서의 충돌 사건으로는 화물선 케돈호·예선 한강2호의 피예인부선 제9한강호 충돌 사건(중해심 제94-21호)(『해난심판사례집』(1995), 404면) 및 화물선 오션 듀크호·예선 17중앙호의 피예인선부선 19중앙호 충돌 사건(인해심 제93-39호)(『해난심판사례집』(1994), 33면)이 있다.

가 항로 안에 진입하는 경우에는 통항불방해의무를 부담한다고 하겠다.

광양만 출입항로(항로폭이 0.5에서 1.8마일에 이르고 총길이는 13마일이다)에서는, 흘수제약선은 깊은 수심 항로를 따라서, 비흘수제약선은 깊은 수심 항로의 오른편으로 항행하거나 멀리 떨어져서 항행하여야 하였다. 흘수제약선과 비흘수제약선이 충돌위험이 있을 때에는 비흘수제약선이 피항선이 되고, 흘수제약선끼리 충돌의 위험이 있을 때에는 입항선이 피항의무선이 되었다. 그런데 다른 지역의 교통안전특정해역과 달리 출입항로가 수역으로 설정되지 않고 선으로만 설정된 것 등의 문제점이 지적되어 광양만 출입항로의 항법은 아래와 같이 변경되어 2006년 2월 1일부터 효력을 발생하였다.

개정된 사항은 다음과 같다(시행규칙 제6조 제1항 제3호 관련 [별표 4]).

첫째, 선으로만 되어 있던 항로에 일정한 띠를 가지는 출입항로를 설정하였다. 선박이 광양만 출입항로를 항행하고자 할 때에는 입항선박은 입항항로로 항행하여야 하고, 출항선박은 출항항로로 항행하여야 한다(제1호).

둘째, 흘수제약선이 안전하게 항행할 수 있도록 깊은 수심 항로를 설정하였다. 흘수제약선은 깊은 수심 항로가 설정된 수역에서는 동 항로를 따라 항행하여야 하고, 항로 안에서 마주칠 우려가 있는 경우에는 깊은 수심 항로의 오른편으로 항행하여야 하며, 흘수제약을 받지 아니하는 선박은 급박한 위험을 피하기 위한 경우를 제외하고는 깊은 수심 항로를 항행하여서는 아니된다(제3호).

셋째, 흘수제약선에게 우선권을 부여하였다. 제1호의 규정에 의한 항로지정방식에 따라 항행하는 선박이 서로 충돌의 위험이 있을 경우에는 흘수제약을 받지 아니하는 선박이 흘수제약선의 진로를 피하여야 한다(제4호).

넷째, 주의해역을 설정하여 주의해역의 항법을 정하였다. 항로지정방식이 적용되는 주의해역에서 항행하는 모든 선박은 충돌을 회피하기 위한 최상의 조종 준비상태를 유지하여야 하고, 통항로를 따라 항행하는 선박은 주의해역에서도 통상적인 통항 흐름에 따라 항행하여야 한다(제5호).

다섯째, 길이 20미터 미만의 선박이나 범선의 항법을 정하였다. 제1호의 규정에 불구하고 길이 20미터 미만의 선박 또는 범선은 광양만 출입항로의 바깥 해역을 이용하여 입항·출항할 수 있으나, 입항항로 또는 출항항로를 따라 항행하는 다른 선박의 안전통항을 방해하여서는 아니된다(제2호).

따라서 흘수제약선이 아닌 선박은 입항항로 및 출항항로를 사용하고, 흘수제약선은 깊은 수심 항로를 이용하여야 한다. 서로 항로를 따르던 선박이 위험이 있을 경우에는 흘수제약선이 우선권을 가진다.

길이 20미터 미만의 선박 또는 범선은 항로를 따르는 다른 선박의 안전한 통항을 방해하여서는 아니되는 통항불방해의무를 부담한다. 구체적인 통항불방해의무는 국제규칙 제8조 f항 혹은 해상교통안전법 제73조 제6항에 따른다. 우선권을 가지는 선박은 항로를 따라 항행하는 선박이다.

광양만의 항로가 상당히 긴 점과 중간에서 묘박(錨泊)을 하는 경우도 있음을 감안하여 주의해역을 설정하여 이를 통하여 입항·출항이 가능하도록 하였다. 주의해역을 항행하는 선박은 충돌을 피하기 위한 최상의 준비상태를 하여야 한다. 그러므로 선수에 선원들이 비상닻을 놓을 준비가 되어 있어야 할 것이다. 주의해역에서의 항법을 정하기 위하여, 통항로를 따라 항행하는 선박은 통상적인 흐름을 따라야 한다고 하였다.

(2) 통항분리제도 항법의 준용

해상교통안전법 시행규칙 제6조 제1항 제3호 [별표 4]에 규정되지 않는 항법은 통항분리제도에서의 항법을 따른다고 되어 있으므로, 해상교통안전법 제75조의 규정에 의한 항법이 적용된다. 예컨대, 범선과 길이 20미터 미만의 선박은 통항로를 벗어나서 항해하여야 하므로(제75조 제4항), 특정해역에서도 소형선박은 지정된 항로를 벗어나서 항해하여야 한다. 그리고 선박은 부득이한 경우를 제외하고는 특정해역을 횡단하여서는 아니되고, 횡단할 때에는 그 통항로와 선수방향이 직각에 가까운 각도로 횡단하여야 한다(제75조 제3항).

(3) 어로작업에 종사하는 선박에 대한 우선권

항로지정방식에 따라 항해하는 선박은 해상교통안전법 제9조 제1항에 의하여 특정해역에서 어로작업에 종사하는 선박에 대하여 우선권을 갖는다. '통항에 지장을 주어서는 아니된다'는 의미는 '통항을 방해하여서는 아니되는 것'으로 이해된다. 그러므로 해상교통안전법 제73조 제6항 및 제7항 혹은 국제규칙 제8조 f항을 참고하여야 한다. 즉, 통항불방해의무선박은 충돌의 위험이 발생하기 전에는 물론이고, 충돌의 위험이 발생하고 난 다음에도 조기에 상대선박에 충분한 여유수역을 확보하여 주어야 할 주의의무를 부담한다.

토미와카호·5만성호 충돌 사건에서 홍도 통항분리방식의 통항로 안에서 정하여진 진행방향을 따라 항행하던 토미와카호와 이 통항로를 횡단하던 5만성호 사이에 충돌이 발생했다. 1999년 9월 10일 부산지방해심원(부해심 제1999－126호)은, "5만성호는 길이 20미터 미만의 선박이기 때문에 해상교통안전법 제18조 제10항의 규정에 따라 토미와카호의 항행을 방해하여서는 아니된다. 그러나 토미와카호 역시 같은 법 제25조의 규정에 따라 5만성호가 적절한 피항동작을 취하지 아니하는 것으로 판단될 때에는 스스로의 조종만으로 충돌을 피하기 위한 동작을 취할 수 있고, 매우 가까이 접근하여 5만성호의 동작만으로 충돌을 피할 수 없는 경우에는 충돌을 피하기 위하여 충분한 협력을 하여야 한다"고 하여 5만성호는 통항불방해의무를 부담하는 선박임을 밝혔다.[134)]

(4) 상호시계·제한시계 안의 항법의 제한적인 적용

항로지정방식에 따라야 하는 규정은 상호시계 안의 규정보다 특별법적인 성격을 가지기 때문에 특정해역에서는 선박은 항로지정방식에 따라야 한다. 그런데 항로지정방식을 따르는 선박이 다른 선박과 횡단상태에 놓이게 되면 어떤 항법이 적용될 것인지 법에서는 정한 바가 없다. 이 경우에는 국제규칙 제10조 제1항의 규정에 따라(해상교통안전법 제75조 제1항은 국제규칙 제10조 제1항과는 달리, "이 규칙의 다른 의무를 면제하는 것은 아니다"는 문장이 추가되지 않고 있다. 구 해상교통안전법 하에서는 법 제5조를 통하여 국제규칙 제10조 제1항을 적용할 수 있었다. 그러나 현 해상교통안전법 하에서는 이것이 삭제되었기 때문에 헌법 제6조 제1항을 이용하여야 한다) 선박이 서로 시계 안에 있는 때의 항법이 중첩적으로 적용된다. 즉, 항로지정방식을 따를 의무와 피항선 혹은 유지선의 의무가 중첩적으로 적용된다. 항로지정방식을 따르는 선박이 피항선의 지위에 있다면 피항의무를 부담한다. 그런데 이때에도 유지선인 횡단선은 가능하면 횡단을 하지 않아야 되는 주의의무를 추가로 부담한다. 국제규칙 제18조의 조종성능에 따른 항법도 적용된다. 그리하여 예인선단에 대하여 항로지정방식에 따르는 선박은 상호시계 항법상 피항의무를 부담하게 된다.[135)]

---

134) 『해양안전심판사례집』(2000), 252~254면.

135) 이 점에서 이의 적용을 배제하고 있는 일본 해상교통안전법 제3조와는 다르다. 입법상

특정해역은 모든 시계상태에서 적용되는 것이므로 무중항법(霧中航法)도 적용된다. 그러므로 속력을 줄이고 경계원을 추가 배치하는 등의 의무를 추가적으로 부담한다. 제한시계에서 횡단상태가 되면 양 선박 모두가 해상교통안전법 제84조(국제규칙 제19조) 하의 제한시계 안의 주의의무를 부담하나, 횡단선은 가능하면 횡단을 하지 않아야 하는 의무를 부담한다.

그러나 여수지역 특정해역에서는 흘수제약선과 비흘수제약선이 만나는 경우에 비흘수제약선에 피항의무가 부과되어 있는 바, 이 규정이 무중에도 적용되는지가 의문이다. 특정해역 항법은 모든 시계상태에서 적용된다고 한 이상 무중에서도 적용된다고 하여야 할 것이다. 다만, 흘수제약선임을 알 수 있는 방법은 등화밖에는 없으므로 상호시계 안에서만 적용되어야 할 것으로 보이기도 한다. 그러나 거대선의 통보방식을 이용하여 육상국에서 이를 통보하는 방식이 갖추어진 이상(해상교통안전법 제8조 및 시행규칙 제7조) 제한시계 안에서도 적용될 수 있다고 본다.

(5) 경계 등 일반항법의 당연적용

경계의무(해상교통안전법 제70조), 안전한 속력 유지의무(동법 제71조), 충돌을 피하기 위한 동작을 취할 의무(동법 제73조) 등은 일반항법으로서 당연히 적용된다.

4. 문제점

특정해역에서의 항법은 특별한 목적으로 정하여 둔 것이므로 일반항법에 우선하는 효력을 갖는다고 해석된다. 그런데 우리나라는 일본과는 달리 이들을 해상교통안전법에 모두 함께 규정하고 있어서 특정해역에서의 항법과 기타 해상교통법의 일반규정과의 관계를 쉽사리 알기 어렵다. 그리고 특정해역의 항법은 위에서 본 바와 같이 시행령과 시행규칙에 중요한 항법의 대부분이 규정되어 있다. 그러므로 수범자인 항해사들이 이러한 내용을 알기가 쉽지 않다. 엄격히 말하자면 우리나라 해상교통안전법은 일본의 해상충돌예방법에 해당하고, 우리나라의 해상교통안전법상 특정해역에 대한 항법 규정은 일본의 해상교통안

재고를 요한다고 하겠다.

전법의 규정들과 유사하다. 우리나라도 일본과 같이 해상충돌예방법과 해상교통안전법을 분리하여 두 개의 법으로 만드는 것이 좋다고 생각한다. 분리되는 해상교통안전법에는 특정해역, 유조선 안전항로 등에서의 항법을 규정하면 좋을 것이다. 그리고 시행령과 시행규칙에 나와 있는 내용들도 가능하면 법에 규정하여 수범자들이 알기 쉽도록 법규를 정비하는 것이 좋겠다.

일본은 해상교통안전법 제3조에서 횡단항법의 적용을 배제하고 있다. 그러므로 도쿄완(東京灣), 이세완(伊勢灣), 세토나이카이(瀨戶內海) 등 해역에 설치된 11개 항로 안을 항해하는 선박과 횡단상태에 있는 선박 사이에서는 항로를 따라 항행하는 선박이 우선권을 갖고 횡단선이 항상 피항선이 된다. 반면, 우리나라의 경우에는 일본법과 같은 특별한 규정이 없고, 위의 비교에서 본 바와 같이 특정해역에서는 통항분리방식의 항법이 준용된다고 하므로(해상교통안전법 시행규칙 제6조 제1항 [별표 4]), 해상교통안전법 제75조의 통항분리수역에서의 항법이 적용되고, 횡단이 허용되는 지리적인 상황에 있어서는 항로를 따르는 선박도 피항선의 위치에 있게 되면 선박이 서로 시계 안에 있는 때의 항법상의 피항의무를 부담하게 된다(근거규정은 국제규칙 제10조 a항 후단이다).[136] [137] 그러므로 안전한 선박의 통항을 위하여 일본 해상교통안전법 제3조와 같은 규정을 삽입하여 횡단선이 피항선이 되도록 하는 등의 항로항행선박을 보호하도록 하는 방법을 강구할 수 있다고 본다.[138] 다만, 일본의 해상교통안전법이 적용되는 3개의 만의 11개 항로는 기본적으로 한 쪽의 항로의 폭이 700미터이다.[139] 우리나라의 특정해역 중에서 인천지역은 항로의 폭이 500에서 1,000미터에 이르므로 적절하나, 여수지역 특정해역에서는 그 최대폭이 2.5마일로 너무 넓으므로 항로를 좁게 설정하여, 우선권을 갖는 선박의 상대선박의 안전통항권과 어선의 어로작업권 및 소형선·횡단선의 통항권도 보호할 필요가 있다고 본다.

136) 부산항 입구의 출입항 항로를 따르는 선박은 횡단관계에서 피항선이 되는 경우가 허다하여 조선에 어려움이 있고, 인천의 입항·출항로에서도 좁은 수로에 횡단관계에 놓이면 항로를 따르는 대형선박은 피항상 어려움에 봉착한다고 한다.

137) 다만, 협수로 항법의 횡단규정을 적용할 수 있는 경우가 있다. 예컨대, 항로 안에서만 안전하게 통항할 수 있는 대형선박에 대하여 횡단선은 통항불방해의무를 부담한다(해상교통안전법 제74조 제4항; 국제규칙 제9조 d항).

138) 同旨: 윤점동, 앞의 책, 430면.

139) 松本宏之, "航路の法的性格,"『日本航海學會誌』, 平成 6年12月(第122號), 116頁.

해상교통안전법에서 말하는 통항로에는 특정해역에서의 항로도 포함된다고 하고(제2조 제16호), 문리해석상 '좁은 수로나 항로'에 좁은 수로(협수로)등의 항법이 적용되므로 특정해역에서도 좁은 수로등의 항법이 적용될 수 있다. 그런데 시행규칙 제6조 제1항 [별표 4] 비고에서 통항분리제도 항법이 준용된다고 하므로, 좁은 수로등의 항법과 통항분리제도 항법이 서로 충돌하는 경우에는 어떻게 되는지가 의문이다. 예컨대, 특정해역에서 추월의 경우에 동의신호를 조건으로 추월을 하여야 하는지가 의문인 것이다. 특정해역에서도 좁은 수로등의 항법이 적용된다면 이것은 긍정되고, 통항분리제도의 항법이 적용된다면 이는 부정될 것이다. 또 하나의 예를 들면 좁은 수로나 항로에서는 횡단선은 좁은 수로등에서만 안전하게 항행할 수 있는 대형선박에 대하여 통항불방해의무를 부담하므로, 좁은 수로등의 항법이 특정해역에서도 적용된다면 횡단선에 대하여 대형선박은 통항우선권을 갖는다는 해석이 가능하다. 비록 통항분리제도의 항법이 준용된다고 하지만, 인천항의 동수도와 서수도와 같이 가항폭(可航幅)이 좁은 곳에서는 좁은 수로등의 항법이 적용 가능하다고 생각한다. 개정 해사안전법에서는 구 해상교통안전법 제2조 제36호의 '항로'의 정의가 삭제되었지만, 여전히 동일한 해석이 가능하다고 본다.

Ⅳ. 선박입출항법상 항법

1. 선박입출항법 제10조 및 제12조

선박입출항법 제10조는 제2항에서 "우선피항선 외의 선박은 무역항의 수상구역등에 출입하는 경우 또는 무역항의 수상구역등을 통과하는 경우에는 제1항에 따라 지정·고시된 항로를 따라 항행하여야 한다. 다만, 해양사고를 피하기 위한 경우 등 해양수산부령으로 정하는 사유가 있는 경우에는 그러하지 아니하다"고 정하고 있다.

한편, 제12조는 제1항 제1호에서 "항로 밖에서 항로에 들어오거나 항로에서 항로 밖으로 나가는 선박은 항로를 항행하는 다른 선박의 진로를 피하여 항행할 것", 제2호에서 "선박은 항로에서 나란히 항행하지 아니할 것", 제3호에서

"선박이 항로에서 다른 선박과 마주칠 우려가 있는 경우에는 오른쪽으로 항행할 것", 제4호에서 "선박은 항로에서 다른 선박을 추월하지 아니할 것. 다만, 추월하려는 선박을 눈으로 볼 수 있고 안전하게 추월할 수 있다고 판단되는 경우에는 「해상교통안전법」 제74조 제5항 및 제78조에 따른 방법으로 추월할 것", 그리고 제5호에서 "항로를 항행하는 제37조 제1항 제1호에 따른 위험물운송선박(제2조 제5호 라.목에 따른 선박 중 급유선은 제외한다) 또는 「해상교통안전법」 제2조 제12호에 따른 흘수제약선(吃水制約船)의 진로를 방해하지 아니할 것", 제6호에서 "「선박법」 제1조의2 제1항 제2호에 따른 범선은 항로에서 지그재그(zigzag)로 항행하지 아니할 것"이라고 하여 무역항의 수상구역등에서의 항법에 대하여 정하고 있다.

2. 의 의

무역항의 수상구역등에서의 항로는 가항수역(可航水域)이 매우 한정되어 있고 많은 선박들이 통항하여 충돌의 위험이 매우 높다는 특성을 가지고 있다. 그러므로 선박입출항법은 제10조 제2항에서 무역항의 수상구역등에서는 우선피항선 이외의 선박은 관리청이 지정·고시로 정하는 항로를 따라 항행하도록 하여 충돌의 위험을 줄이도록 하고 있다. 또한, 이러한 선박들이 항로를 따라 항행할 때에는 항로 밖에 있는 선박보다 지리적인 여건상 조종성능이 제약받게 되므로 항로 밖에 있는 선박은 항로를 따르는 선박을 피하도록 규정하였고, 항로 안에서 서로 다른 선박이 만나는 경우에도 항로 안에서는 여유수역이 협소하므로 병행항행 금지, 추월제한, 우측통항원칙 등의 규정을 두었다.

선박입출항법은 항법을 적용하기 위한 시계상태에 대하여 특별히 규정하고 있지 않지만, 모든 시계상태에서 적용된다고 해석된다. 무중(霧中)이라고 하여 동법 제10조 제2항의 항로를 따라 항행할 의무가 입항·출항하는 선박에 부여되지 않는다면, 동법의 입법취지가 무색하게 될 것이다. 논리적으로는 해상교통안전법이 선박입출항법의 일반법이고, 항로는 좁은 수로등의 항법이 적용 가능하므로 선박입출항법의 항로에 대한 규정은 모든 시계상태에 적용된다고 할 수 있다.

3. 무역항의 수상구역등에서의 항법

(1) 항로항행

무역항의 수상구역등에 출입하거나 무역항의 수상구역등을 통과하는 우선피항선 외의 선박은 관리청이 지정·고시로 지정하는 항로를 따라 항행하여야 한다(선박입출항법 제10조 제2항). 무역항의 수상구역등에서는 항로를 따라 항행하도록 하고 있으므로, 우선피항선 이외의 선박은 항로의 출입구를 통하여 출입하여야 하고, 항로의 횡단은 불가피한 사유가 없는 한 원칙적으로 하지 말아야 되는 것으로 해석된다.[140] 이 규정의 적용을 받는 선박은 우선피항선을 제외한 선박이다. 반대해석에 의하면 우선피항선은 항로를 사용하지 말아야 할 의무를 부담한다. 항로를 따르는 선박의 항해방법은 선박입출항법 제12조에 규정되어 있다.

(2) 항로진행선박의 우선권

항로에 진입하려는 선박은 항로를 항행하는 다른 선박의 진로를 피하여야 할 주의의무를 부담한다(선박입출항법 제12조 제1항 제1호). 이 규정은 해상교통안전법이나 국제규칙의 특별규정으로서 기능한다. 즉, 이 조항은 항로를 따라 항행하는 선박이 상대선박과 횡단관계에 조우하여 피항선의 위치에 있거나, 양 선박이 마주치는 상태가 되어도 항로를 따라 항행하는 선박이 피항의무를 부담하는 것이 아니라 상대선박이 피항의무를 부담하게 된다는 취지이다.[141] 이러한 항법은 시계가 제한된 경우에도 적용된다.

유조선 제3민우호·일반화물선 럭키호버호 충돌 사건에서 중앙해심원(중해심 제98-11호)은, 이 충돌사고는 짙은 안개로 시계가 극히 제한된 상태에서 울산항 항계 내를 항행 중 발생하였으므로 개항질서법 제11조, 제13조 및 해상교통안전법 제27조(제한된 시계의 항법)가 적용된다고 한 다음, "이 충돌사건은 럭키호버호 측이 짙은 안개로 시계가 제한된 상태에서 입항하던 중 지정된 항로상을 항행 중인 상대선을 피하지 아니하였을 뿐만 아니라 무중신호와 안전한 속력으로 감속을 하지 아니하는 등 시계가 제한된 상태에서 운항이 적절하지 아니하여 발생한 것이나, 제3민우호 측이 안전한 속력으로 감속하지 아니하고 좌변침을 시

140) 同旨: 김진동, 『항내항법과 판례해설』(문원사, 2005), 24면.

141) 同旨: 위의 책, 33면.

도하는 등 시계가 제한된 상태에서 운항이 부적절한 것도 일인이 된다"고 하여 개항질서법상의 규정들을 제한시계 내에서도 적용시키고 있다.[142)]

화물선 제7동경호·어선 제903청룡호 충돌 사건(중해심 제2009-4호)에서 제7동경호(941톤)는 제주 한림항으로 가기 위하여 목포항을 출항하여 장좌도 동쪽 목포항 항로를 따라 남쪽으로 항행 중이었다. 제903청룡호는 대흑산도 근해에서 조업을 마치고 목포항으로 귀항하기 위해 장좌도 서쪽에서 남단을 돌아 항로를 가로질러 진입하던 중이었다. 양 선박은 충돌하였다. 중앙해심원은 개항질서법 제13조 제1항을 적용하고, 제903청룡호가 항로를 가로지르기 위해 항로에 진입하면서 항로를 따라 항행하던 제7동경호를 피하지 아니한 것을 주인으로, 제7동경호가 안전속력을 유지하지 아니하는 등 충돌을 피하기 위한 적절한 조치를 취하지 아니한 것을 일인이 된다고 판시하였다(원인제공비율: 제903청룡호 80%, 제7동경호 20%).

석유제품운반선 신양호·화물선 동진요코하마호 충돌 사건(중해심 제2009-31호, 2009. 12. 29)에서 동진요코하마호는 제7부두를 떠나 12.5노트의 속력으로 제1항로를 따라 출항하고 있었다. 석유제품운반선인 신양호(총톤수 4,206톤)는 부산

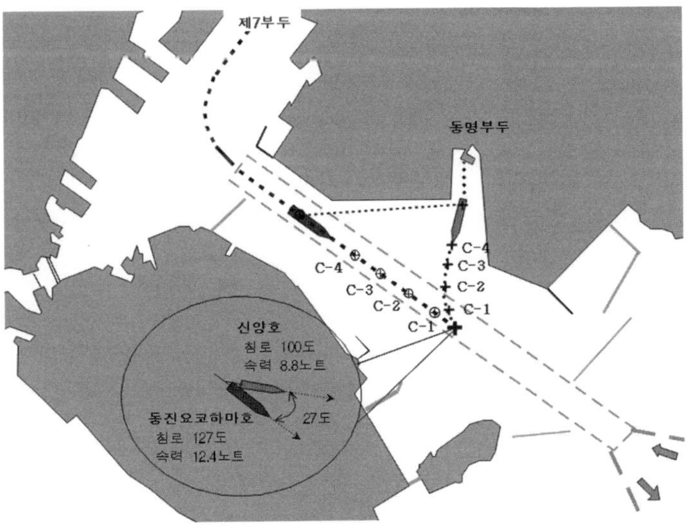

[그림 8] 신양호·동진요코하마호 충돌상황도 (자료: 중앙해심원)

142) 『해양안전심판사례집』(1999), 470면.

북항 동명부두를 떠나 대산항으로 향하기 위하여 부산항 제1항로 중간을 과도한 속력으로 거의 직각으로 진입하였다. 양 선박은 충돌하였다. 중앙해심원은 부산북항 항계 안의 제1항 밖에서 항로로 진입하던 신양호가 과속으로 항해하면서 경계를 소홀히 하여 무리하게 제1항로를 진입하려다가 항로를 따라 출항 중이던 동진요코하마호의 진로를 피하지 못한 것을 주된 원인으로, 경고신호를 하지 않고 최선의 협력동작을 취하지 아니한 동진요코하마호의 조치를 일인으로 판단하였다(원인제공비율: 신양호 70%, 동진요코하마호 30%).

이 외에도 일반화물선 제88금영호·일체형 압항선 선광9호의 압항부선 선광99호 충돌 사건(중해심 제2009－11호), 화물선 경일호·화물선 키란아시아호 충돌 사건(중해심 제2009－19호, 2009. 6. 30), 예인선 신정101호의 피예인부선 포스301호·화물선 하이쿠안호 충돌 사건(중해심 제2009－23호, 2009. 9. 17)도 개항질서법 제13조(현 선박입출항법 제12조) 위반과 관련된 재결이다.

유조선 건설3호·유조선 부에나레이나(BUENA REINA) 충돌 사건(부해심 제2017－061호)에서 부산해심은 "이 충돌사건은 시계가 제한된 상태에서 울산항 제1항로로 들어오려는 건설3호가 항로를 따라 항행하는 부에나레이나의 진로를 피하지 아니하여 발생한 것이나, 부에나레이나가 충돌을 피하기 위하여 충분한 협력동작을 취하지 아니한 것도 일인이 된다. 해양사고관련자 A는 건설3호의 선장으로서 '항로에서의 항법'을 준수해야 할 의무가 있다. 그럼에도 불구하고 이미 제1항로상을 항행하는 부에나레이나의 진로를 피하지 아니하고 건설3호를 조종하며 무리하게 항로 진입을 시도한 것은 이 사람의 직무상 과실이다"고 재결했다.

군함 마라도함·원양어선 제718오룡호 충돌 사건(부해심 제2021－011호)에서 부산해심은 다음과 같이 재결했다. "이 충돌사건은 시계가 제한된 상태에서 영도 경남조선소 수리부두로 입항하기 위해 부산항 제1항로 통항분리수역 항로 밖에서 항로에 재진입 중인 제718오룡호가 부산항 해상교통관제센터의 적절한 지시를 따르지 않고 또 경계를 소홀히 하여 항로를 따라 항행하며 시운전을 마치고 한진중공업 부두로 돌아오는 중인 마라도함을 발견하지 못하여 발생한 것이나, 마라도함이 충분한 피항협력동작을 취하지 못한 것도 일인이 된다. 충돌사고가 발생한 해역은 부산항 제1항로 내 통항분리수역 내 입항항로이다. 이곳은 「선박의 입항 및 출항 등에 관한 법률」 제2조 제2호의 '무역항의 수상구역 등'에 포섭되어 위 법률이 적용된다(부산지방해양수산청고시 "부산항 항법 등에 관한 규칙"

참조). 따라서 수상구역 등을 통과하는 선박은 항로를 따라 항행하여야 하며, 항로 밖에서 항로에 들어오거나 항로에서 항로 밖으로 나가는 선박은 항로를 항행하는 다른 선박의 진로를 피하여야 한다. 마라도함은 부산항 제1항로 입항항로를 따라 침로 292도, 속력 6노트로 항해하고 있었으므로 항로를 따라 진행 방향으로 항행하는 선박으로서의 지위를 가진다. 제718오룡호는 입항항로에서 출항항로로 나갔다가 다시 입항항로로 들어오려고 하고 있었으므로 항로 밖에서 항로에 들어오려는 선박에 해당하여 항로를 따라 항행하는 선박을 피하여야 하는 피항선의 지위를 가진다. 따라서 양 선박 사이에는 「선박의 입항 및 출항 등에 관한 법률」 제12조(항로에서의 항법), 「해사안전법」 제75조(유지선의 동작) 등이 적용되어, 제718오룡호는 마라도함의 진로를 피하여야 하고, 마라도함은 피항협력동작을 하여야 한다. 그러나 양 선박은 그 주의의무 위반의 경중에 차이가 있다고는 하나 아래와 같은 각 의무를 이행하지 아니하였다. 원양어선 제718오룡호 측이 90%, 군함 마라도함 측이 10%인 것으로 각 배분한다."

(3) 병렬항행 금지

선박은 항로에서 나란히 항행하지 못한다(선박입출항법 제12조 제1항 제2호). 항로의 폭은 매우 좁으므로 두 선박이 나란히(병렬로) 항행하는 것은 위험하므로 이를 금지시키고 있다.

(4) 우측항행

선박이 항로에서 다른 선박과 마주칠 우려가 있는 경우에는 오른쪽으로 항행하여야 한다(선박입출항법 제12조 제1항 제3호). 항로의 폭이 매우 좁으므로 마주치는 상태(정면상태)가 형성될 우려가 있는 경우에는 항로의 중앙을 사용하던 선박은 오른쪽으로 이동하여 상대선박과 좌현 대 좌현 통과가 가능하도록 항행하여야 한다. 반대해석에 의하면 항로에서 선박이 마주칠 우려가 없는 경우에는 선박은 반드시 우측통항을 할 필요가 없다.

여객선 남해스타호·어선 영신호 충돌 사건에서, 중앙해심원(중해심 제95-5호)은, 이 사건은 짙은 안개로 시계가 약 300미터로 제한된 대흑산도항의 방파제 입구에서 입항선인 남해스타호가 수로의 좌측으로 치우쳐 과대한 속력으로 운항하여 발생한 것이나, 영신호가 경계 소홀로 충분히 여유 있는 시기에 피항동작을 취하지 아니하고 과대한 속력으로 운항한 것도 그 일인이 된다고 재결하

였다.[143)]

석유제품운반선 글로벌1호·어선 제500수성호 충돌 사건(중해심 제2018－008호)에서 중앙해심은 “이 충돌사건은 시계가 제한된 상태에서 입항 중이던 글로벌1호가 안흥외항 남방파제와 서방파제 사이의 좁은 수로에 진입하면서 경계를 소홀히 한 채 좁은 수로에서의 항법을 위반하여 좁은 수로의 왼편 끝 쪽으로 접근함으로써 발생한 것이나 출항 중이던 제500수성호가 경계를 소홀히 한 채 무중신호를 울리지 않고 과속으로 운항하는 등 제한시계에서의 항법을 준수하지 아니한 것도 일부 원인이 된다. 글로벌1호 측이 70퍼센트, 제500수성호 측이 30퍼센트 정도의 원인 제공을 한 것으로 배분한다. 글로벌1호는 안흥외항을 입항하면서 좁은 수로의 오른편 끝 쪽인 남방파제 쪽으로 진입하여야 함에도 왼편 끝쪽인 서방파제 쪽으로 접근하여 출항하는 선박과 충돌하였다. 특히, 시계가 극히 제한되고 방파제에 가려 출항하는 선박의 관측이 어려운 상황임에도 레이더를 통한 경계를 소홀히 하여 충돌 시까지 상대선박을 발견하지 못한 것은 물론. 시계가 극히 제한된 상태임에도 충돌사고가 발생하기 약 2분 전에야 속력을 줄이기 시작하였고, 속력을 줄인 이유도 자선이 서방파제에 접촉할 위험이 발생하였기 때문이었다. 위와 같이 글로벌1호가 경계를 소홀히 한 채 좁은 수로에서의 항법과 제한된 시계에서의 항법을 준수하지 않는 것이 이 건 사고의 주요 원인이 되었다고 판단된다”고 재결하였다.

원양어선 제38한성호·석유제품운반선 대운호 충돌 사건(부해심 제2021－013호)에서 부산해심은 “안개로 시정이 제한된 가운데 감천항을 출항하던 대운호가 항해거리 단축을 위해 항로 오른쪽이 아닌 왼쪽을 택하여 빠른 속력으로 항해하다가 상대선을 뒤늦게 발견하여 발생한 사건. 대운호는 안개로 인하여 시정이 약 20m로 매우 제한된 가운데 감천항 51번 부두를 떠나 목적지인 부산 남항을 향해 출항 중이었다. 감천항은 무역항으로 ‘선박입출항법’과 ‘부산항 항법 등에 관한 규칙’에 따라 항로가 정해져 있고 그에 따라 준수해야 할 항법과 시계 제한시 안전속력 규정이 있다. 따라서 대운호 선장은 출항시 마땅히 항로 오른쪽을 따라 진행하여야 하고 시계가 제한되었으므로 안전한 속력으로 항해하여야 한다. 하지만 대운호 선장은 목적지까지 항해거리를 단축하기 위해 항로 왼쪽을 택하여

143) 대흑산도항은 개항이나 지정항이 아님에도, 개항질서법 제13조(현 선박입출항법 제12조) 제1항 제3호를 준용한 것으로 보인다. 『해난심판사례집』(1996), 421면.

진행하면서 8노트의 빠른 속력으로 항해하였다. 또한, 레이더 사용범위를 좁게 두어 충돌 약 2분 전인 약 0.5마일 거리에서 상대선을 발견하였을 뿐만 아니라, 상대선 발견시 즉시 피항조치를 취하지 아니하였다. 대운호 선장의 이러한 항법 위반과 안전속력 미준수 등은 이 충돌사고의 주요 원인이다.
즉, 출항선박인 대운호는 항로 오른쪽을 따라 출항하여야 하고 입항선박인 제38한성호도 항로 오른쪽을 따라 입항하여야 한다. 또한, 안개로 인하여 시계가 제한되었으므로 두 선박 모두 다른 선박의 항행에 위험을 미치지 아니하고 필요한 경우 당시 상황에 알맞은 거리에서 선박을 멈출 수 있는 안전한 속력으로 항행하여야 한다. 양 선박의 원인 제공 정도는, 대운호 측이 60%, 제38한성호 측이 40%인 것으로 각각 배분한다"고 판시했다.

여수의 광양항 원유부두는 광양항 제1항로에 접해 있다. 항로에 진입해서 반대 방향에서 항로를 따라 접근하는 선박이 있다면 항로진입선박은 반대편 항행선을 피할 의무가 있다.

유조선 두쿰호·화물선 포춘 미라클호 충돌 사건(목포해심 제2013-020호; 중해심 제2014-013호)은 민사소송으로 진행되었다. 1심법원인 광주지방법원 순천지원(2017. 11. 9. 선고 2016가합10217 판결)은 아래와 같이 판시하였다.

목포해심은 2013. 7. 9. "이 충돌 사건은 광양항 항계 안에서 원고 선박이 원유부두를 이안하여 광양항 제1항로로 진입하던 중 같은 항로를 따라 항해하는 피고 선박의 진로를 피하지 아니함으로써 발생한 것이나, 피고 선박이 과도한 속력 및 타효 저하 등으로 통상적인 항해 항법에서 벗어나 원고 선박을 향하여 접근한 것도 일인이 된다"고 재결하였다. 양 도선사의 업무를 1개월 정지하였다. 중앙해심은 2014. 10. 17. "이 충돌 사건은 원고 선박이 광양항 원유부두에서 출항하여 광양항 제1항로 일부를 선회수역으로 활용하여 선회하면서 같은 항로로 항해하는 피고 선박의 진로를 피하지 아니함으로써 발생한 것이나, 피고 선박이 조류의 영향과 천수영향에 적절하게 대응하지 못하여 원고 선박의 선회수역으로 향하여 접근한 것도 일인이 된다"고 재결하였다.

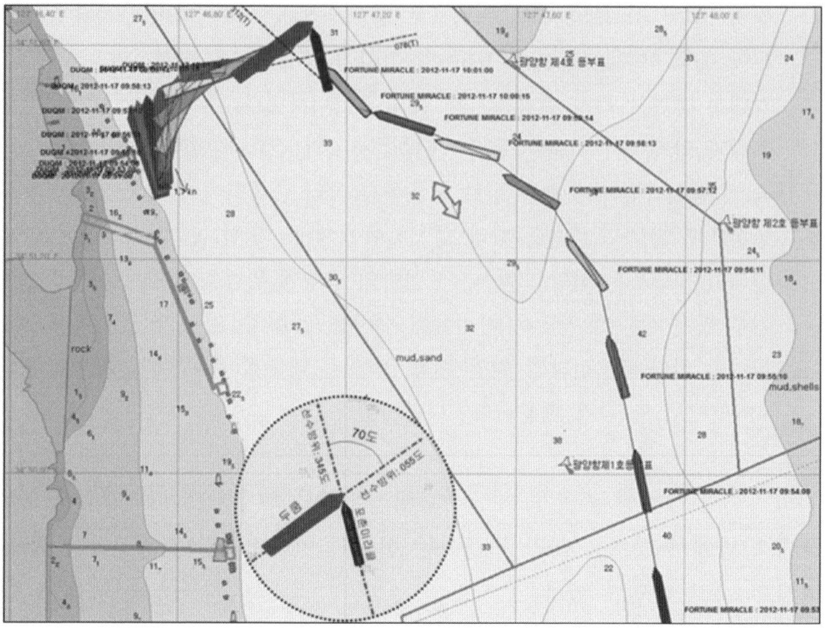

광양항 제1항로는 구 개항질서법(2015. 2. 3. 법률 13186호로 폐지되기 전의 것144)) 규정에 의한 항로이고, 개항질서법 제13조 제1항 제1호는 "항로 밖에서 항로에 들어오거나 항로에서 항로 밖으로 나가는 선박은 항로를 항행하는 다른 선박의 진로를 피하여 항행하여야 한다"고 규정하고 있으므로, 위 인정 사실에 의하면, 항로 밖에서 광양항 제1항로에 들어오는 원고 선박은 항로를 따라 항행하는 피고 선박의 진로를 피하여 항행하여야 함이 상당하다. 이에 대하여 원고 두쿰호는 ① 위 개항질서법 제13조 제1항 제1호는 항로 내에 있는 선박이 항법을 지키며 통상적인 방법에 따라 운항할 것을 전제로 하는데, 피고 선박은 선박 항해기기의 이상으로 인하여 비정상적으로 운항하고 있었던 점, 위 조항은 선박의 항로 진출입 행위 자체로 기존에 항로를 항행하던 다른 선박과의 충돌 위험성이 존재하는 경우에만 적용되는데, 이 사건의 경우 피고 선박이 정상적으로 항행을 하였다면 원고 선박이 제1항로로 진입하더라도 충돌위험이 없었을 것인 점, 원고 선박은 여수 VTS의 출항 허락을 받고 광양항 제1항로에 진입하였던 점 등에 비추어, 개

144) 현재 위 개항질서법과 항만법에 분산되어 있는 선박의 입항 및 출항 등에 관한 규정을 통합하여 「선박의 입항 및 출항에 관한 법률」이 제정되었으나, 이 사건 충돌 사고 당시를 기준으로 위 개항질서법이 적용된다.

항질서법 제13조 제1항 제1호는 이 사건에 적용될 수 없고, ② 개항질서법 제13조 제1항 제3호는 "선박이 항로에서 다른 선박과 마주칠 우려가 있는 경우에는 오른쪽으로 항행하여야 한다"고 규정하고, 여수항도선사회가 광양항의 항로 사정 등을 감안하여 제정한 기본적인 항행 규칙인 'The Pilotage Passage Plan'도 광양항 항로를 운행하는 선박은 우측 항행을 하도록 규정하고 있으므로, 이 사건 충돌 사고에는 위 제1호가 아닌 위 제3호가 적용되어야 한다고 주장한다.

살피건대, 위에서 인정한 광양항 원유부두와 선회수역, 광양항 출입항로, 이 사건 충돌 사고의 경위 등에 비추어 보면, 충돌 사고 당시 원고 선박(두쿰)은 광양항 원유부두 제2번 선석에서 예인선 4척의 도움을 받아 광양항 제1항로를 따라 출항하기 위하여 항로의 일부를 선회수역으로 활용하여 선회하는 상황이었다. 피고 선박은 광양항 원료부두 제6번 선석에 계류하기 위하여 광양항 제1항로를 따라 항행하여 입항하는 상황이었으므로, 개항질서법 제13조 제1항 제1호에 따라 원고 선박은 광양항 제1항로 밖에서 항로에 들어가는 선박으로서 광양항 제1항로를 항행하는 피고 선박의 진로를 피하여 항행할 의무가 있는 선박에 해당한다고 할 것이다. 이와 같이 제1항의 일부를 선회수역으로 사용하여 항로에 들어가는 원고 선박과 제1항로를 항행하고 있던 피고 선박 사이에 충돌의 위험성이 없다고 보기는 어려우므로, 이 사건 충돌 사고에 관하여 개항질서법 제13조 제1항 제1호의 적용이 배제된다고 보기 어렵다. 그리고 이 사건 충돌 사고 당시 피고 선박이 광양항 제1항로를 항행하여 입항하는 과정에서 여수항 도선사들이 통상적인 항해 방법에 따라 항로의 우측으로 항행하지 아니하고 과도한 속력 내지 타효 저하 등으로 좌측으로 항행하여 원고 선박에 접근한 사정이나 여수 VTS의 관제가 있었다는 사정은 이 사건 충돌 사고에 관한 과실비율에서 고려될 수 있을 것이나, 위와 같은 사정들만으로는 개항질서법 제13조 제1항 제1호에 따른 항법의 적용이 배제되어 항로 진입 선박의 피항의무가 면제된다고 보기에 부족하다.

한편, 위 원고들이 이 사건에 우선적으로 적용된다고 주장하는 개항질서법 제13조 제1항 제3호는 하나의 항로를 정상적으로 항행하는 선박 사이에 마주칠 우려가 있는 경우에 적용되는 규정으로서, 가령 양 선박이 항로 안에서 교행하다가 마주치는 경우 상호 우측으로 항행하여 충돌하지 않도록 하여야 한다는 취지이므로, 이 사건과 같이 항로 밖에서 항로에 들어가는 선박과 이미 항로를 항행하고 있는 선박 사이의 항행 관계에 관하여 개항질서법 제13조 제1항 제1호를 배제하고 우선 적용되어야 한다고 보기 어렵고, 여수항도선사회가 정한 'The Rilotage Passage Plan'도 도선 지휘의 편의를 위하여 임의로 정한 것이므로 개항질서법 제13조 제1항 제1호를 배제하고 이 사건에 우선 적용되어야 한다고 보기도 어렵다. 따라서 위 원고들의 위 주장은 모두 받아들이지 아니한다. 과실비율은 원고가 60%이다.

광주고등법원(2018. 8. 10. 선고 2017나15873 판결)은 "원고들이 제출한 증거들만으로는 광양항 제1항로를 운행하는 선박과 선회하기 위하여 제1항로의 일부를 점유하는 선박 사이에 운행하는 선박이 우측으로 통행하여 선회하는 선박을 회피하여야 한다는 일반적인 신뢰관계가 형성되었다고 보기 어렵다. 또한 원고 선박 선회시 여수 VTS의 관제가 있었다는 사정은 이 사건 충돌 사고에 관한 과실비율에서 고려될 수 있을 것이나, 그와 같은 사정만으로는 항로진입선박인 원고의 선박에게 피항의무가 면제되는 것은 아니다"고 추가로 판시하였다. 과실비율은 원고가 60%를 부담하였다.

개항질서법 제13조 제1항의 항로에 진입하는 선박의 피항의무가 다른 항로를 따르는 선박에까지 미치는 것은 인정된다. 그러나 항로를 따르는 선박은 제3항의 진로를 따를 의무가 있다. 이 사안에서는 원고 선박은 자신에게 허용된 수역에서 선회를 하고 있었기 때문에 항로를 따르지 않고 다른 선박의 수역에 진입한 피고 선박이 더 과실이 많다고 보아야 한다. 과실비율은 원고는 30%, 피고는 70%가 되어야 할 사항이다.

(5) 항로 추월 제한

선박은 항로에서 다른 선박을 추월하여서는 아니된다(선박입출항법 제12조 제1항 제4호). 무역항의 수상구역등에서의 항로의 가항폭(可航幅)은 매우 좁으므로 추월에는 상당한 위험이 따른다. 그러므로 선박입출항법은 원칙적으로 항로에서의 추월을 금지시켰다.

그런데 2011년 개정 개항질서법은 추월하려는 선박을 눈으로 볼 수 있고 안전하게 추월할 수 있다고 판단되는 경우에는 해상교통안전법 제74조 제5항 및 같은 법 제78조에 따른 방법으로 추월이 가능하도록 수정되었고, 현행 선박입출항법에서도 동일하다(제12조 제1항 제4호 단서). 이는 상당한 변화이다. 해상교통안전법 제74조는 좁은 수로 등의 규정이므로 추월의 가능성이 있지만 무역항의 수상구역등의 항로에서는 가항폭이 좁기 때문에 추월은 불가하여야 할 것이다. 피추월선은 추월에 동의를 하게 되면 추월선이 안전하게 통과할 수 있도록 할 의무를 부담하게 되었다. 좁은 수로의 경우와 비교하여 상호시계의 경우에만 추월이 가능하다는 점에서 차이가 있다. 속력이 빠른 컨테이너선이 입항 혹은 출항할 때의 어려움을 반영한 것으로 보인다.

화물선 제1영진호·어선 제1구진호 충돌 사건에서 부산해심(제2015−006호)은 "시계가 양호한 상태에서 부산항 제2항로 안에서 충돌 약 6분 전 제1영진호는 침로 357도, 속력 5노트, 제1구진호는 제1영진호의 정횡 후방 약 70도, 약 0.6마일에서 침로 310도, 속력 11노트로 추월하는 상태로 항해하였다. 제1영진호가 항로를 벗어나기 위하여 우현으로 대각도 변침하던 중 뒤따라오던 제1구진호와 충돌하였으므로 개항질서법 제13조(항법) 및 제15조(속력등의 제한)의 규정이 적용되어야 한다. 제1영진호측은 개항의 항로에서 경계를 소홀히 하여 묘박지에서 투묘하기 위해서 대각도로 변침하여 항로를 벗어나면서 항로를 따라 빠른 속력으로 접근하는 상대선을 충돌 직전에 발견함으로써 충돌을 피하기 위한 조치를 취하지 않은 점을 고려하고, 제1구진호측은 개항의 항로에서 상대선의 뒤쪽에서 추월하는 상태로 빠른 속력으로 접근하면서 경계를 소홀히 하여 상대선을 충돌 직전에 발견함으로써 충돌을 피하기 위한 조치를 하지 아니한 점을 감안하여, 양 선박의 사고 발생에 대한 원인제공 정도는 제1영진호측이 65%, 제1구진호측이 35%인 것으로 배분한다"고 재결하였다(2016년 사례집, 310면).

낚시어선 체리피시호·어선 종희호 충돌 사건(목포해심 제2018−021호)에서 목포해심은 "이 충돌사건은 군내항 앞쪽 해상에서 추월선인 체리피시호가 전방경계 소홀로 앞서 가는 종희호를 발견하지 못하여 발생한 것이나, 피추월선인 종희호가 적절한 피항협력동작을 취하지 아니한 것도 일인이 된다. 이 사건에 대한 원인제공비율은, 체리피시호가 '추월 항법'을 위반한 채 경계를 소홀히 하여 충돌할 때까지 종희호를 발견하지 못한 점이 주인인 점과 종희호가 적절한 피항 협력 동작을 하지 못한 것이 일인인 점을 고려하여 체리피시호 측이 90퍼센트, 종희호 측이 10퍼센트로 각각 배분한다"고 재결하였다.

(6) 위험물운송선박과 흘수제약선의 우선권

모든 선박은 항로를 항행하는 위험물운송선박 또는 해상교통안전법 제2조

제12호의 규정에 의한 흘수제약선(吃水制約船)의 진로를 방해하여서는 아니된다(선박입출항법 제12조 제1항 제5호). 위험물운송선박과 진로로부터 이탈능력을 매우 제한받고 있는 흘수제약선이 항로를 항행하는 경우에는 모든 선박은 이들의 진로를 방해하여서는 아니된다. 위험물운송선박은 대형사고의 우려가 있고 흘수제약선은 조종성능이 제약되므로 모든 선박이 그 진로를 방해하지 말도록 규정하였다. 여기서 말하는 위험물운송선박에는 선박입출항법 제2조 제5호 라.목에 따른 선박 중 급유선(給油船)은 포함되지 않는다고 해석된다. 2011년 개정 개항질서법에서 제12조 제1항 제5호에 이를 분명히 하였다.

V. 방파제 부근

1. 선박입출항법 제13조

선박입출항법 제13조는 "무역항의 수상구역등에 입항하는 선박이 방파제 입구 등에서 출항하는 선박과 마주칠 우려가 있는 경우에는 방파제 밖에서 출항하는 선박의 진로를 피하여야 한다"고 정하고 있다.

2. 의 의

방파제 밖은 방파제 안보다 여유수역이 많기 때문에 방파제 밖의 입항선박이 피항하기가 더 용이하다. 그러므로 선박입출항법은 방파제 입구·출구 부근에서 입항선에 피항의무를 부과하였다. 무역항의 수상구역등에서의 항법이므로 상호시계 안에 있건 제한시계에 있건 관계없이 모든 시계상태에서 적용된다.

3. 방파제 부근에서의 항법

방파제의 입·출구에서는 입항하는 선박이 출항하는 선박을 피하여야 한다.

모래채취선 샌드캐리33호·유조선 제7동영호 충돌 사건에서 중앙해심원(중해심 제96-26호)은, 울산항 제1항로 동방파제 입구 부근에서 출·입항하는 양 선박이 마주칠 우려가 있는 상황이므로 개항질서법 제14조에 의하여 입항선이 출항선의 진로를 피하여야 할 경우에 해당한다고 항법의 적용에 대하여 설시한 다음, 이 사건은 울산항 제1항로를 이용하여 울산항 부두로 입항하고 있던 유조선 제7동영호가 약 10노트의 과대한 속력으로 진행하면서 울산항 동방파제 입구 부근에서 출항 중인 샌드캐리33호의 진로를 피하지 아니함으로써 발생한 것이나 샌드캐리33호의 충돌회피동작 부적절도 일인이 된다고 재결하였다.[145]

기본적으로 방파제를 사이에 두고 입·출항하는 경우에는 마주치는 상태가 될 것이지만, 횡단관계가 된다고 하더라도 이 규정이 적용된다고 할 것이다.

"2만톤의 선박이 방파제 입구를 향하여 입항조선을 하고, 항내에서 100톤의 기선이 출항을 하는 경우에는 이 조문은 그대로 적용될 수 없고, 오히려 100톤의 선박이 2만톤 선박의 진로를 피하여 주는 것이 현실적으로 good seamanship에 입각한 충돌회피 방법일 것이다"는 견해[146]가 있다. 이러한 견해는 바람직스럽기는 하지만, 100톤의 선박이 우선피항선(잡종선)의 범주에 포함되어 선박입출항법 제16조상 피항의무를 부담하는 경우가 아닌 한, 톤수에 관계 없이 출항선이 우선권을 갖는다고 보아야 한다. 법은 안정성이 있어야 하고, 획일적으로 적용되어야 하기 때문이다.

항내의 항로가 방파제 바깥까지 연결된 경우에는 선박입출항법 제12조 제1항과 제13조가 충돌되는 경우가 있다. 이러한 경우에는 입항하는 선박은 방파제 바깥에서 피항하거나 통과를 기다릴 여유가 있는 것이 통상이므로 제13조가 우선한다고 생각한다.

Ⅵ. 우선피항선 등의 의무

1. 선박입출항법 제16조

동법 제16조는 "① 우선피항선은 무역항의 수상구역등이나 무역항의 수상구역 부근에서 다른 선박의 진로를 방해하여서는 아니 된다. ② 제41조 제1항에 따라 공사 등의 허가를 받은 선박과 제42조 제1항에 따라 선박경기 등의 행사

145) 『해난심판사례집』(1997), 440면; 방파제 부근의 항법에 대해 제26회(2022. 6. 24) 재결평석회의에서 다루어졌다.

146) 윤점동, 앞의 책, 443면.

를 허가받은 선박은 무역항의 수상구역등에서 다른 선박의 진로를 방해하여서는 아니 된다"고 정하고 있다.

2. 의 의

우선피항선이나 급수선 등은 선박의 크기가 작고 또한 현지사정에 밝으므로 일반동력선에 비하여 안전통항에 유리한 입장에 있다. 그러므로 선박입출항법은 급수선, 통선 등 우선피항선으로 하여금 다른 선박의 진로를 방해하지 않도록 규정하였다.[147) 우선권을 부여받는 다른 선박은 항로를 따라 항행하여야 한다는 등의 제한이 제16조에는 없으므로, 우선피항선 등은 무역항의 수상구역등 안에서의 선박 모두에 대하여 진로불방해의무를 부담한다. 무역항의 수상구역등 안에서의 항법이므로 모든 시계상태에서 적용된다.

우선피항선이란 선박입출항법 제2조 제5호에 규정된 선박으로서 선박법 제1조의2 제1항 제3호에 따른 부선, 주로 노와 삿대로 운전하는 선박, 예선, 항만운송사업법상 급유선·급수선·통선, 해양환경관리법상 유창청소업선·폐기물처리선, 그리고 위에 해당하지 않는 총톤수 20톤 미만의 선박이다.

3. 우선피항선 등의 항법

우선피항선 등은 일반동력선에 대하여 진로불방해의무를 부담한다. 법 규정상 일반동력선이 항로 안에 있지 않다고 하더라도 이 규정은 적용된다. 횡단상태라고 하더라도 이 조항이 우선적용되어 우선피항선은 조우자세에 관계 없이 피항선이 된다.

이 조항에서는 "…진로를 방해하여서는 아니 된다"라고 규정되어 있으므로 이러한 의무가 피항의무인지 통항불방해의무인지에 대하여 의문이 제기된다.[148) 1991. 3. 8일 구 개항질서법 개정을 통하여 피항의무에서 진로불방해의무로 바꾼 것을 보면 통항불방해의무로 이해된다.

---

147) 자세한 내용은 김인현, "선박입출항법상 우선피항선에 대한 연구", 『물류와 법』, 제9집 (2017. 11), 77면 이하 참고.

148) **유조선 제7광만호·어선 제1칠양호 충돌 사건**(중해심 제2006-10호)에서는 중해심이 이를 통항불방해의무로 보았지만, **여객선 한려페리호·어선 제808태양호 충돌 사건**(부해심 제2016-009호)에서 부산해심은 이를 진로불방해의무로 보았다.

여객선 풍양아일랜드호·통선 태양호 충돌 사건(중해심 제2010－6호, 2010. 8. 31)에서 진해시 안골과 거제시 간곡 사이를 정기적으로 운항하는 여객선 풍양아일랜드호(총톤수 498톤)가 안골을 출항하여 웅천대교를 지나 진침로 184도, 11.3노트의 속력으로 항해하고 있었다. 통선 태양호(총톤수 7.93톤)는 같은 날 부산신항 소형선부두를 출항하여 연도선착장을 향해 진침로 240도, 7.0노트로 항해하던 중 부산신항 소형선부두 등대로부터 245도 방향, 약 143미터 떨어진 지점에서 풍양아일랜드호의 선주 좌현 닻과 태양호의 우현 여객실의 창문이 충돌하였다. 중앙해심은 이 충돌사건은 부산신항의 항계 안에서 통선인 태양호가 경계를 소홀히 하여 출항 중인 풍양아일랜드호를 발견하지 못함으로써 진로를 방해한 것을 주된 원인으로, 풍양아일랜드호가 적절한 피항협력동작을 취하지 아니한 것을 일인으로 판단하였다(원인제공비율: 태양호 75%, 풍양아일랜드호 25%).

급수선 제23대원호·어선 대성호 충돌 사건(부해심 제2017－028호)에서 부산해심은 "급수선 제23대원호와 어선 대성호는 「선박의 입항 및 출항 등에 관한 법률」 제2조(정의)에 의한 우선피항선으로서 법적 지위가 동일하다. 따라서 양 선박 간의 항법은 「선박의 입항 및 출항 등에 관한 법률」이 적용되어야 한다"고 판시했다.

여객선 충무훼리호·어선 성원호 충돌 사건(부해심 제2017－042호)에서 부산해심은 "이 충돌사건은 무역항인 통영항 항계 내를 항행 중인 우선피항선 성원호가 입항 중이던 충무훼리호의 진로 전방을 과속으로 횡단하던 중 발생한 것이나, 충무훼리호가 충분한 피항협력동작을 하지 아니한 것도 일인이 된다. 어선 성원호가 우선피항선이었던 점과 지정된 속력 이상으로 과속한 점이 주인이고 여객선 충무훼리호가 충분한 피항협력동작을 하지 않은 것이 일인인 점 등을 고려하여 성원호 측이 85퍼센트, 충무훼리호 측이 15퍼센트 정도로 각각 배분한다"고 재결하였다.

어선 모나코호·어선 수봉1호 충돌 사건(목포해심 제2017－071호)에서 목포해심은 "이 충돌사건은 시계가 약 2마일로 양호한 주간에 목포항의 수상구역인 목포시 북항(1994년 무역항으로 편입)에서 발생하였으나, 이 구역은 항로 지정이나 속력 제한이 되어 있지 않은 곳이다. 사고 당시 총톤수 2.7톤의 모나코호는 조업지에서 조업을 마치고 침로 약 110도, 약 23노트의 속력으로 소형어선물량장을 향해 입항하던 중이었고, 총톤수 1.2톤의 수봉1호는 충돌 약 5분 전 목포항 대반

동 어촌계 선착장에서 출항하여 연승낚시 조업지로 가기 위해 북항 해경부두의 방파제 끝단을 통과한 후, 충돌 약 2분 전 압해대교 쪽을 향해 침로 033도, 약 23노트의 속력으로 항해하던 중 양 선박 사이에 충돌의 위험이 발생하였다. 양 선박은 총톤수 20톤 미만 선박으로 「선박의 입항 및 출항 등에 관한 법률」 제2조 5호 바목에서 규정한 '우선피항선'(優先避航船)에 해당되어 각각 피항의무를 부담하는 선박이며, 양 선박이 서로 상대선박을 볼 수 있는 시간이 충돌 약 2분 전인 점을 고려할 때, 일반항법을 적용하기에는 무리가 있어 「해사안전법」 제96조의 '절박한 위험이 있는 특수한 상황'에서 요구되는 주의의무 규정을 적용하여 양 선박 모두 경계를 철저히 하면서 당시의 사정과 조건에 적합한 안전한 속력으로 항행하여야 할 것으로 판단된다"고 재결하였다.

유조선 제2남성호·어선 삼광호 충돌 사건(부해심 제2018-045호)에서 부산해심은 "이 충돌사건은 시정이 양호한 야간에 무역항인 통영항 내의 동호항에서 입항 중이던 우선피항선인 삼광호가 경계를 소홀히 하여 출항 중이던 제2남성호를 발견하지 못하여 발생한 것이나, 제2남성호가 경계를 소홀히 하여 상대선을 발견하지 못한 것도 일인이 된다. 이 건 충돌사고에 대한 원인제공비율의 정도는 삼광호 측이 65%, 제2남성호 측이 35%인 것으로 각각 배분한다"고 재결했다.

어선 29만복호·예인선 삼성5호의 피예인부선 와이케이에스비6호 충돌 사건(인해심 제2018-040호)에서 인천해심은 "이 충돌사건은 군산항 항로 내에서 우선피항선 삼성5호 예인선열이 항로의 왼쪽으로 치우쳐 항행하면서 마주오는 29만복호의 진로를 피하지 아니하여 발생한 것이나, 29만복호가 경계를 소홀히 하여 충돌을 피하기 위한 적절한 협력동작을 취하지 아니한 것도 일인이 된다. 우선피항선도 다른 선박의 진로를 방해하지 않는 한 무역항 항로를 사용할 수 있다. 그러나 우선피항선은 항로를 항행하는 다른 선박의 진로를 피하여 항행하여야 하고, 다른 선박과 마주칠 우려가 있는 경우 오른쪽으로 항행하여 일반동력선의 진로를 방해하지 않아야 한다. 우선피항선의 진로불방해의무는 충돌의 위험이 발생하기 전부터 미리 큰 동작을 취하여 상대선으로부터 멀리 떨어져야 하는 것이다. 우선피항선인 예인선이 부선의 예인으로 조종성능에 제약을 받았다면 그러한 자선의 조건과 사정을 고려하여 더욱 미리부터 피항동작을 취하여야 하고, 부선을 예인하였다는 이유로 면책되지 아니한다"고 재결하였다.

4. 문제점

우선피항선이 되기 위해서는 첫째, 선박입출항법 제2조 제5호의 각 호에 해당하는 선박이어야 한다. 둘째, "주로 무역항의 수상구역등에서" 운항하는 선박이어야 한다. '주로' 무역항에서 운항하는 선박이라는 요건이 불확정 개념이라서 항법 적용을 어렵게 한다. 무역항에 기항하면서 어로작업에 종사하는 20톤 미만의 어선이 우선피항선인지가 문제된다. 어선은 어로작업이 주가 되므로 주로 무역항에서 운항하는 선박이 아닐 수 있다. 그러나 입법취지는 소형선박은 기동성이 좋으므로 대형선박을 피하라는 것이므로 '주로'라는 단어를 삭제하고 어선도 우선피항선에 포섭하는 것이 좋다고 본다.149) 급수선이기만 하면 100톤이어도 우선피항선이 되지만, 어선의 경우는 그렇지 않기 때문에 의무 선박이 크기에 따라 달라지는 모순이 있다.

예인선은 항만예선도 있고 피예인선을 예인하는 예인선단도 있다. 진로불방해의무를 부담하는 예인선의 범위에 어떠한 예인선이 포함되는지가 의문이다. 입법론적으로는 좀더 명확히게 조문을 개정하는 것이 바람직스럽다. 필자의 견해로는 입법취지가 우선피항선과 유사한 선박에 진로불방해의무를 부과시키는 것이므로 이 조항의 예인선은 항만예인선만을 의미한다고 본다. 같은 취지로 급유신도 항내에서 급유하는 목적을 가진 소형선박을 의미한다고 본다.

제 5 절 상호시계 안에서의 항법

I. 상호시계 안에서의 항법 일반

1. 의 의

선박이 서로 시계(상호시계) 안에 있는 때의 항법관계는 크게 횡단, 정면상태 그리고 추월관계로 나누어 볼 수 있다. 이를 나누어 보는 것은 각각의 항법

149) 자세한 내용은 김인현, 앞의 논문, 87면; 同旨: 이창희, "우선피항선의 범위에 관한 고찰", 『해사법연구』, 제28권 제3호(2016), 63면.

관계에서 각 선박에 부과된 주의의무가 다르고 그 결과에 따라서 충돌에 대한 과실비율이 달라지기 때문이다.

횡단관계에 있는 선박은 피항선과 유지선으로 나누어지고 피항선은 유지선을 피하여야 할 의무를 부담하므로(국제규칙 제15조), 충돌이 발생하면 일견 65~70% 정도의 과실을 피항선이 부담한다고 보아야 한다. 정면상태에서는 양 선박 모두가 각자 상대선박을 피할 의무가 있으므로(국제규칙 제14조), 충돌이 발생하면 50%씩의 과실을 각각 부담하게 된다. 추월관계에서는 양 선박은 추월선과 피추월선으로 나누어지고 추월선이 절대적인 피항의무를 부담하므로(국제규칙 제13조), 충돌사고가 발생하면 80~90% 정도의 과실을 추월선이 부담한다고 해석된다. 그러므로 항해사들의 입장에서는 현재 자신이 상대선박과의 관계에서 어떠한 항법관계에 놓여 있는지를 판단하는 것이 중요하게 된다.

항법의 유형을 확정함에 있어서는 첫째, 양 선박이 추월, 정면상태 그리고 횡단상태 중 어떠한 자세로 조우하고 있는지, 둘째, 충돌위험성의 여부가 필요하다. 단순히 횡단의 모양을 취한다고 하여 충돌의 위험성이 없음에도 횡단규정이 적용되는 것은 아니다.

무중(霧中)상태가 되면 위 각 상태에서의 선박은 무중항법인 국제규칙 제19조의 주의의무를 부담하게 되어 각 선박들은 같은 주의의무를 부담하게 된다.

2. 공통적인 적용요건

(1) 상호시계 안에 있을 것

선박이 서로 시계 안에 있어야 상호시계 안의 항법을 적용할 수 있다(국제규칙 제11조). 일반항법은 크게 상호시계 안의 항법과 제한시계에서의 항법으로 나누어져 있다. 소극적으로 표현한다면, 제한시계가 아닌 경우는 상호시계 안이라고 할 수 있다. 그러므로 제한시계의 상한이 되는 2마일 이상이 되면 상호시계 안이라고 할 수 있다. 상호시계라는 것은 육안으로 상대선박을 볼 수 있는 상황을 말하는 것으로, 실제로 상대선박을 보고 있을 것을 요구하지는 않는다. 상호시계 안의 의미에 대하여, 이는 선박의 항해사가 실제로 시각적으로 보고 있는 상태를 의미하므로, 양 선박 모두가 상대선박의 존재를 몰랐던 경우에는 상호시계 안의 항법이 적용되지 않는다는 재결이 있다.

> **유조선 삼진3호·어선 천일호 충돌 사건**에서 중앙해심원(중해심 제97－14호)은 "당시 항법상으로는 천일호가 피항선의 위치에 있었으나 이는 우연한 항법관계일 뿐 두 선박 다같이 경계를 태만히 하여 서로 미리 상대선을 발견하지 못하여 효과적인 피항동작을 취하지 못한 것이므로 단순히 양 선박의 조우상황만을 가지고 그 과실에 차등을 둘 수 없다"고 재결하였다.[150]

그러나 위 재결은 잘못으로 상호시계 안이란 객관적으로 다른 선박을 눈으로 볼 수 있는 상태에 있었으면 족하다고 보아야 한다(해상교통안전법 제76조). 다만, 장애물 등이 있어서 양 선박이 아주 가까이 접근하였을 때까지 서로 볼 수 없는 경우에는 특수한 사정에 해당하여 상호시계 안의 항법이 적용되지 않고 국제규칙 제2조의 선원의 상무규정이 적용된다.[151]

> **한동1호·낙원호 충돌 사건**에서 양 선박이 모두 상대선박을 충돌시까지 발견하지 못하였다. 그러나 목포해심(제2016－047호)은 횡단항법을 적용하여 피항선인 한동1호에 65%, 유지선인 한동호에 35%의 원인제공비율을 부과하였다(2017년 사례집, 120면).

> **어선 종성호·어선 청일호 충돌 사건**(동해해심 제2017－004호)에서 동해해심은 "종성호 선장은 조업을 마치고 귀항하려고 할 때 좌현 선수 방향에서 떠오르는 태양으로 인하여 자선(自船)의 진로 좌현에서 접근하는 상대선 청일호를 충돌할 때까지 발견하지 못하였다. 청일호 선장은 충돌시까지 종성호를 보지 못했다. 이 충돌사건에서 두 어선 모두 소형 어선이고, 소형 어선의 경우에는 전속으로 항행 중에도 후진기관을 사용하면 언제든지 5~10미터 이내의 거리에서 바로 정지가 가능하며, 선회(旋回) 또한 선박의 길이 이내에서 가능하므로 이러한 특성을 감안한다면 5분 정도의 시간과 약 1마일이 떨어진 상태에서는 서로의 상황을 판단하여 충돌을 피하기 위한 동작을 할 수 있는 시간과 수역은 충분하다고 할 수 있다. 따라서 이 충돌사건은 「해사안전법」 제73조의 규정에 따른 '횡단하는 상태의 항법'을 적용해야 한다"고 판시했다.

---

150) 『해난심판사례집』(1998), 408면.
151) 同旨: 민성규·임동철, 앞의 책, 78면.

(2) 충돌의 위험

충돌의 위험이 있어야 상호시계 안에서의 항법이 적용되어 각 선박은 피항선 혹은 유지선의 주의의무를 부담하게 된다. 그런데 횡단항법과 정면상태에서는 충돌의 위험이 요건으로 명시되어 있으나, 추월항법에서는 이러한 요건이 별도로 규정되어 있지 않다. 추월항법의 경우에도 충돌의 위험이 항법 적용의 요건이 되는지에 대하여는 다툼이 있다.

횡단상태나 정면상태에서는 길이 50미터 이상 선박의 경우에 마스트 정부등(頂部燈)의 최소시인거리인 6마일부터 충돌의 위험이 시작되는 것으로 보는 것이 일반적이다.[152] 이는 12노트의 속력으로 양 선박이 접근하면 충돌에 이르기까지 15분이 걸리는 시간이다.[153]

펠리시티호·하추카리호 충돌 사건에서 부산해심(제2016-020호)은 항법 적용의 기준시점에 대하여 아래와 같이 설시하였다.

다수의 전문가들이 항법의 적용시점으로서 등화의 가시거리를 기준으로 한다(제1회 해양안전심판 재결평석회의 결과보고서). 길이 50미터 이상 선박의 마스트 정부등의 시인거리는 6마일이고, 현장의 해기사들은 충돌의 위험발생시점을 통상 6~7마일 전으로 판단한다. 이러한 점을 종합적으로 판단하여 우리 원은 이 사건에서 6마일과 7마일의 중간지점인 6.5마일을 충돌의 위험발생지점으로 판단한다. 양 선박의 속력이 각각 15.8 및 13노트였다. 6.5마일 지점에서 충돌까지는 13.5분이 걸린다. 이를 충돌시간인 당일 02:08:20에서 역산하면 충돌의 위험이 발생한 시기는 대략 01:55:00가 된다(2017년 사례집, 95면).[154]

(3) 정침(定針)

추월, 정면상태 그리고 횡단상태 등의 항법규정은 상대선박이 일정한 침로

152) 길이 20~50미터 사이의 선박은 5마일, 12~20미터 사이의 선박은 3마일, 그리고 12미터 미만의 선박은 2마일이 될 것이다.

153) 그러므로 속력이 24노트인 컨테이너 선박 두 척이 대양에서 조우하면 12마일이 충돌의 위험이 발생하는 거리로 볼 수 있을 것이다. 따라서 컨테이너선과 같은 고속선은 마스트 정부등의 최소 광달거리(光達距離)는 12마일로, 현등(舷燈)의 그것은 6마일 등으로 확대시킬 필요가 있다고 생각한다.

154) 유지선인 하추카리호가 충돌 약 5분 전 좌현측으로 침로를 소각도 변경하였고 이것이 사고의 한 원인이 된다고 보았다. 원인제공비율은 피항선이 60%, 유지선이 40%가 되었다.

(針路)에서 항행하고 있는 경우에 적용된다.[155]

어떠한 상태 하에 있는지를 파악하기 위하여는, 일방 선박의 입장에서는 상대선박이 어떠한 동작을 취하고 있는지를 파악할 수 있어야 한다. 상대선박이 상당 기간 동안 정침(定針)을 하고 있어야 그 선박의 침로를 알고, 다음의 연속적인 동작을 예상할 수 있을 것이다. 예컨대, 지그재그 침로로 접근한다면 일방의 선박은 상대선박의 의도를 모를 것이므로 항법관계를 판단할 수가 없다. 협수로나 혼잡한 묘박지(錨泊地)에서 혹은 도선사 승·하선 중인 경우에 이러한 일들이 흔히 발생할 수 있다. 영국의 알코아 람블러호 사건에서 지그재그로 접근한 선박은 '침로상'에 있지 않았으므로 횡단규정이 적용될 수 없다고 보았다. 이러한 경우에는 국제규칙 제2조의 선원의 상무 규정이 적용될 것이다.[156]

<알코아 람블러호 충돌 사건>

이 사건에서, 람블러호가 상대선박을 초인한 시간은 09시 14분, 거리는 1,800~2,000피트였다. 람블러호는 상대선박의 좌측에서 155도로, 상대선박은 090도 정도로 항해하며 접근하고 있어서 람블러호가 피항선의 지위에 있을 수 있는 조우자세였다. 람블러호는 09시 15분에 기관을 정지하였고 09시 16분 30초에 전속후진하였다. 충돌시각은 09시 18분이었다. 당시 람블러호의 속력은 0노트 정도였다. 한편, 상대선박은 예인선열을 피하기 위하여 우현전타하였다가 다시 좌현전타, 우현에 묘박 중인 선박이 있어서 다시 좌현전타하였고 예정 묘박지에서 상당히 멀어지게 되었고 이때 람블러호를 발견하고 2,000피트 거리에서 좌현전타하여 정지하였다.

추밀원은 횡단규정이 적용되기 위하여는 첫째, 양 선박이 횡단상태에 있고, 둘째, 충돌의 위험이 존재하여야 한다고 하면서, 상대선박의 동작은 람블러호가 인식할 수 있을 정도로 정침되지 아니하였으므로 횡단규정에서 말하는 '침로상에' 상대선박이 있지 아니하여 첫째 조건을 충족시키지 아니하였고 따라서 횡단항법의 적용은 없다고 판시하였다. 판사는 선원의 상무규정을 적용하여 경계를 전혀 하지 아니하였던 상대선박에 100%의 과실을 인정하였다.[157]

---

155) 민성규·임동철, 앞의 책, 78면.

156) 同旨: 민성규·임동철, 앞의 책, 78면.

157) The "Alcoa Rambler", *Lloyd's List Law Reports*, Vol. 82, No. 9(1949), pp.359~369. 알온소호와 세스트리에르호 사건도 동일한 취지의 사건이다. The "Sestriere", [1976] 1 Lloyd's Reports, 125.

<포스 브레이버리호·모닝익스프레스호 충돌 사건>

서울중앙지방법원(2008. 10. 24. 선고 2007가합15313판결)은 포스 브레이버리호(P)·모닝익스프레스호(M) 충돌사고에서 아래와 같이 횡단항법이 적용될 수 있는지를 살펴보았다.

횡단항법이 적용되기 위해서는 ① 양 선박이 상호시계 내에 있고, ② 상대선박이 일정한 침로를 유지하고 있으며, ③ 양 선박이 항행 중에 있고, ④ 횡단상태에 있어야 하며, ⑤ 충돌의 위험이 있어야 한다. 살피건대, 이 사건 양 선박이 상호시계 내에서, 항행 중에 있었음은 앞서 본 바와 같고, 위 인정사실에 의하면, 사고 당일 04 : 16경 M호가 좌선회하기 시작하면서 04 : 18경 P가 M의 좌현 홍등을 볼 수 있는 위치(정횡으로 부터 후방 22.5도 이하의 위치)에 놓이게 되었으므로, 그 시경부터 양 선박은 횡단상태에 있었다고 할 것이고, 나아가 M의 위와 같은 좌선회로 인하여 양 선박은 충돌의 위험이 발생하였다고 할 것이다. 그런데 유지선의 위치에 놓이게 되는 M이 과연 일정한 침로(Definite Course)를 유지하였다고 할 수 있는지 여부에 관하여 살피건대, 항법 적용의 요건 중 하나로 '상대선박이 일정한 침로를 유지할 것'을 요구하는 이유는, 피항선이 상대방의 침로 및 예상진로를 알 수 있어야 자신이 피항선의 지위에 있음을 알고 피항동작을 취할 수 있기 때문이며, 이러한 취지에 비추어 볼 때, 유지선이 '일정한 침로'를 유지하고 있느냐는, 기계적으로 침로가 일정하게 유지되고 있느냐에 따라 판단할 것이 아니라, 양 선박에 대하여 항법을 적용할 수 있을 정도로 침로가 일정하게 유지되고 있는지의 여부, 즉 상대선박의 침로를 객관적으로 평가하였을 때 피항선이 자신이 피항선임을 인식할 수 있는 상황인지 여부에 따라 규범적으로 판단하여야 할 것이다.

이 사건의 경우, 당시 M이 분당 약 6도의 속도로 좌선회하고 있어 기계적인 침로는 계속 변하였지만, 최소한 일정한 방향과 속도로 선회하고 있었으므로 P는 M의 진로를 어느 정도 예상할 수 있었을 뿐만 아니라, 당시 양 선박이 횡단상태에 놓이게 되며 그 결과 자신이 피항선의 지위에 서게 됨을 인식하는데 특별한 어려움이 없었던 것으로 보인다(이에 대하여 피고는, 당시 P는 M이 우현변침하여 도선점으로 향할 것이라고 예상하였고 실제로도 M에게 전혀 횡단 의도가 없었기 때문에 M의 침로 및 예상진로를 알 수 없는 상태였다고 주장하나, 항법은 법적 안정성 및 사고 예방을 위하여 객관적으로 적용되어야 할 것이지 위와 같은 주관적인 예상이나 판단 또는 횡단 의도까지 고려할 것은 아니므로, 받아들이지 아니한다). 따라서 이 사건에 있어 M은 일정한 침로를 유지하고 있었다고 평가할 수 있어 횡단항법이 적용되기 위한 모든 요건을 갖추었다 할 것이므로, M을 우현 쪽에 두고 있는 선박인 P가 피항선이 되어, 조기에 큰 동작을 취하여 유지선인 M의 진로를 피하여야 할 주의의무를 부담한다.

어선 성훈호·고무보트 솔향호 충돌 사건(중해심 제2017-008호)에서 중앙해심은 다음과 같이 판시하였다. “성훈호와 솔향호가 앞서 검토한 바와 같이 모두 ‘항행 중인 선박’에 해당되고 서로 시계 안에 있었으므로 당시 조우하는 자세에 따라 「해사안전법」 제6장 제2절 선박이 서로 시계 안에 있을 때의 항법을 적용하여야 하지만, 이 항법을 적용하기 위한 전제 조건은 항행 중인 선박의 입장에서 상대 선박이 어떤 동작을 취하고 있는지 파악하고 다음에 어떤 동작을 취할 것인지 예상할 수 있을 정도로 상당 기간 동안 정침한 상태로 일정한 속력을 유지하고 있는 경우에 한하여 적용이 가능한데 조류, 바람의 방향 등에 따라 이동하는 정류 중인 선박은 선수의 방향과 속력을 일정하게 유지한 채 상당 기간 동안 선수와 동일한 방향으로 움직이는 경우를 찾기 어렵다. 특히, 「해사안전법」 제73조(횡단하는 상태)의 적용과 관련하여 정류 중인 선박이 조류 등에 따라 다른 선박을 횡단하고 있는 경우를 가정하더라도 정류선의 선수방위는 수시로 변화하고, 이에 따라 다른 선박이 오른쪽에 있을 수도 왼쪽에 있을 수도 있어 어떤 기준으로 유지선과 피항선을 정할지도 불명확하다. 따라서 정류 중인 선박에 대하여 「해사안전법」의 일반적인 항법 규정을 적용하는 것은 무리가 있다. 이러한 경우에는 통상의 선원이라면 당연히 알고 있어야 할 지식, 경험 및 관행으로서 오랫동안 항해자들이 지켜온 불문율 중 한 가지인 조종성능이 우수한 선박이 그렇지 못한 선박의 진로를 피하여야 한다는 ‘선원의 상무’를 적용하여 상대적으로 조종성능이 우수한 ‘대수속력을 가지고 항해 중인 선박’이 ‘정류 중인 선박’을 피하는 것이 타당하다. 그러나 최근 고무보트, 수상오토바이 또는 소형 어선의 경우 ‘정류 중’인 상태에서 충돌의 위험을 느끼고 주기관을 사용하여 피항 조치를 취하는데 10여초 이내의 시간이면 충분할 정도로 조종성능이 우수하므로 이러한 선박까지 조종성능이 열악하다고 보기는 어려운 실정이다.

따라서 관행상 조종성능이 우수하다고 판단되는 ‘대수속력을 가지고 항해 중인 선박’인 성훈호가 정류한 상태로 낚시하고 있는 솔향호를 피하여야 하고, 솔향호는 주변 경계를 유지하면서 상대선박이 충돌의 위험을 안고 접근하는 경우 충돌을 피하기 위한 적절한 협력동작을 취하여야 한다. 이 사건에 대하여 조타실 앞쪽의 선박 구조물에 의해 사각지대가 발생하는 선박의 특성을 잘 알면서도 진로 전방을 확인하지 않는 등 경계를 소홀히 하여 약 800m 전방에서 정류한 상태로 낚시 중인 솔향호를 피하지 못한 성훈호 측이 60%, 정류한 상태로 낚시를 하면서 경계를 소홀히 하여 성훈호가 충돌의 위험을 안고 접근하는 것을 알지 못하여 충돌을 피하기 위한 협력동작을 취하지 못한 솔향호 측이 40%인 것으로 각각 배분한다."

<일반화물선 3진명호·어선 혜성호 충돌 사건>

이 사건에서 목포해심(제2015－036호)은 침로와 속력의 유지에 대하여 "항법의 적용을 위한 전제조건으로서 양 선박의 침로와 속력이 일정 시간 유지되어야 하나 혜성호의 경우 그러하지 못한 점이 있다. 그러나 3진명호와 혜성호 상호간에는 충돌 9분 전부터 충돌 5분 전까지 일정한 침로와 속력을 유지하며 약 3도의 방위변화가 있었으나 충돌의 위험성이 존재하였고, 이후 양 선박이 충돌할 때까지 여전히 서로 횡단하는 상태로 접근하며 충돌의 위험성이 변경되지 아니하였다. 따라서 횡단항법이 적용된다"고 재결하였다(2016년 사례집, 89면) 그렇지만, 일정한 속력을 유지해야 상호시계 내의 항법이 적용된다는 법칙은 없는 것으로 판단된다.

어선 종성호·어선 청일호 충돌 사건(동해해심 제2017－004호)에서 동해해심은 횡단항법의 적용요건에 대해 다음과 같이 재결하였다. "이 충돌사건은 시계가 양호한 상태에서 조업을 마치고 묵호항을 향하여 침로 약 161도, 약 14노트의 속력으로 5분 정도 항행 중이던 종성호와 조업을 마치고 대진항을 향하여 침로 약 236도, 약 7노트의 속력으로 11분 정도 항행 중이던 청일호 사이에 서로 횡단하는 상태에서 발생하였다. 그러나 횡단하는 상태의 항법(이하 '횡단항법'이라 한다)을 적용하기 위해서는 양 선박이 서로의 상황을 판단하기 위한 상당한 시간과 충돌을 피하기 위한 동작을 취할 수 있는 상당한 수역이 필요하므로, 양 선박이 ① 일정한 침로와 속력을 유지하여야 하고, ② 침로가 교차하여 충돌의 위험성이 있어야 하며, ③ 충분한 시간과 여유를 가지고 접근하고 있어야 하는 성립요건을 충족하고 있는 경우에만 횡단항법을 적용하여야 할 것이다. 상기 요건을 감안하여 이 건 충돌사고를 살펴보면 양 선박은 일정한 침로와 속력을 유지하고 있었고, 양 선박의 침로가 교차상태에 있었으므로 상기 횡단항법의 성립요건 중

①과 ②의 조건은 충족하고 있다고 판단되지만, 양 선박의 교차상태는 거리가 약 1마일 떨어지고 충돌 5분 전에 시작되어 이때부터 충돌지점까지의 거리가 비교적 가깝고 짧은 시간이므로 이 충돌사건의 경우 양 선박이 서로의 상황을 판단하기 위한 ③의 조건인 충분한 시간과 충돌을 피할 수 있는 충분한 수역이 있었는지를 판단할 필요가 있다.

이 충돌사건은 횡단항법의 성립요건을 모두 충족하고 있다고 판단되므로 「해사안전법」 제73조의 규정에 따른 '횡단하는 상태의 항법'을 적용하여 상대선박을 우현측에 두고 항해 중이던 청일호가 피항선으로서 충분한 시간과 거리를 두고 미리 큰 동작으로 종성호의 진로를 피하여야 하며, 종성호는 유지선으로서 침로와 속력을 유지하여야 하나 상대선박이 피하지 않거나 상대선박의 동작만으로는 충돌을 피할 수 없다고 판단되는 경우에는 충돌을 피하기 위한 협력동작을 취하여야 한다."

어선 만선호·어선 진수호 충돌 사건(부해심 제2017－036호)에서 부산해심은, 다음과 같이 재결하였다. "만선호와 진수호가 모두 '항행 중인 선박'에 해당하고 서로 시계 안에 있었으므로 당시 조우하는 자세에 따라 「해사안전법」 제6장 제2절 선박이 서로 시계 안에 있을 때의 항법을 적용해야 한다. 다만, 이 항법을 적용하기 위한 전제 조건은 항행 중인 선박의 입장에서 상대 선박이 어떤 동작을 취하고 있는지 파악하고 다음에 어떤 동작을 취할 것인지 예상할 수 있을 정도로 상당 기간 정침한 상태로 일정한 속력을 유지하고 있는 경우에 한하여 적용이 가능하다(중해심 제2017－008호 참조). 그러나 만선호가 대수속력을 가지는 항행 개시 후 약 1분 만에 충돌이 발생하여 상대방을 탐지하고 충돌의 위험성을 파악하여 충돌을 회피하기 적절한 동작을 취하기에는 무리가 있었다고 판단한다. 따라서 조우 관계에 따른 일반적인 항법 적용이 아닌 '선원의 상무' 규정을 적용하여야 할 것으로 판단된다."

(4) 항행 중

양 선박은 모두 '항행 중'(underway)이어야 한다. 적어도 한 척의 선박은 '항진 중'(way on)이어야 한다.[158] 한 척의 선박은 기관을 준비한 상태로 일시 정지한 채로 정류하고 있고 한 척은 항진 중이라도 상호시계 안의 항법이 적용

158) Healy & Sweeny, *op. cit.*, p.189.

될 수 있다.[159] 두 선박이 모두 항행 중이 아니었다면 항법이 적용될 여지가 없다.

3. 피항선과 유지선의 주의의무

(1) 피항선과 유지선의 의의

피항선(避航船)은 "다른 선박의 진로를 피하여야 한다"고 규정된 법조문에서 그 행위의 주체가 되는 선박을 말한다. 이때 그 다른 선박은 유지선(維持船)이 된다. 이러한 의미에서의 피항선은 국제규칙 제15조 횡단규정에서 자신의 우현에 상대선박을 둔 선박 및 제13조의 추월선이 그 전형이라고 할 수 있다. 정면상태와 제한시계에서는 피항선과 유지선의 개념이 없다.

미국에서는 피항선(give-way vessel)을 port hand vessel, 유지선(stand-on vessel)을 starboard hand vessel이라고도 한다.[160]

(2) 피항선의 주의의무

국제규칙 제16조는 "이 규칙에 의하여 다른 선박의 진로를 피하여야 할 모든 선박은 다른 선박을 확실하게 피할 수 있도록 가능한 한 조기에 큰 동작을 취하여야 한다"고 하여 피항선의 피항의무에 대하여 규정하고 있다. 해상교통안전법 제81조도 위와 동일하다. 조기에 대폭적인 동작을 취하도록 한 것은 자선의 피항동작을 다른 선박에 확실히 알려서 불필요한 의문이 생기지 않도록 하기 위함이다.[161]

피항선은 국제규칙 제16조의 피항의무뿐만 아니라 제5조의 경계, 제6조의 안전속력, 제7조의 충돌의 위험, 제8조의 충돌을 피하기 위한 동작상의 주의의무와 규정등화를 게시할 주의의무를 부담한다. 국제규칙 제2조의 선원의 상무상의 주의의무도 있음은 물론이다. 특히 제8조는 피항선의 피항동작에 대한 지침으로서의 기능을 한다. 즉, 피항선이 피항동작을 취할 때에는 제8조에 따라 적극적이고 조기의 대각도 변침과/혹은 감속을 하여야 하고 안전한 통과거리를

159) *Ibid.*; The City of Camden, 1930 AMC 1822(3rd Cir. 1930).

160) Healy & Sweeny, *op. cit.*, pp.188~198.

161) 『海上衝突豫防法の解說』, 60頁.

유지하여야 한다.[162)]

횡단관계에서 피항선은 사정이 허락하는 한 상대선박의 선수를 횡단하는 것은 피하여야 한다(제15조 후단). 제15조는 좌전타를 하지 말라고 규정하는 것이 아니라 다른 선박의 선수 방향을 횡단하지 말라고 정하고 있다. 이것은 후방교차의 경우 등에도 우전타를 하지 말아야 하는 경우도 있기 때문이다. 보통은 선수 방향을 횡단하지 말아야 한다면 좌현전타를 하지 않아야 한다는 것이 된다.

대양에서 속력이 12노트인 선박 사이의 안전한 통과거리는 무중(霧中)에서는 최소 2마일, 상호시계 안에서는 최소 1마일이라고 할 수 있다.

「선박입출항법」에는 피항선의 주의의무에 대한 명문의 규정이 없고, 해상교통안전법 제81조의 규정이 적용된다.

(3) 유지선의 주의의무

국제규칙 제17조는 유지선의 동작에 대하여 아래와 같이 정하고 있다.

"(a) (i) 두 척의 선박 중에서 한 척이 다른 선박의 진로를 피하여야 할 경우는 그 다른 선박은 그의 침로와 속력을 유지하여야 한다. (ii) 그럼에도 불구하고, 그 다른 선박은 진로를 피하여야 할 선박이 이 규칙의 규정에 따른 적당한 동작을 취하지 않고 있음이 명백하게 되면 곧 자선의 조종만으로 충돌을 피하기 위한 동작을 취할 수 있다. (b) 침로와 속력을 유지하여야 할 선박은, 어떠한 원인으로, 다른 선박에 아주 가까이 접근하였기 때문에 진로를 피하여야 할 선박의 동작만으로는 충돌을 피할 수 없다고 판단되는 때에는, 충돌을 피하기 위하여 도움이 되는 최선의 동작을 취하여야 한다. (c) 동력선은, 횡단하는 상태에 있어서 다른 동력선과의 충돌을 피하기 위하여 이 조의 a항 ii호의 규정에 따라서 동작을 취하는 때에는, 사정이 허락한다면, 자선의 좌현 쪽에 있는 선박을 향하여 좌현 쪽으로 침로를 변경하여서는 아니된다. (d) 이 조의 규정은 피항선으로 하여금 진로를 피하여야 할 의무를 면제시키는 것은 아니다."

개정 전 구 해상교통안전법 제25조는 국제규칙 제17조 a항 ii호와 c항을 한데 묶어서 규정하고 있었고, 국제규칙 제17조 d항이 누락되어 있는 점을 제외하고는 국제규칙과 동일하였다. 2002년 12월 26일 개정에서 d항이 구 해상교통안

---

162) Healy & Sweeny, *op. cit.*, p.192.

전법 제25조 제4항(2009년 개정법 제37조 제4항)으로 추가되었다. 현행 해상교통안전법 제82조도 동일하다.

a항 i호에서 말하는 '다른 선박의 진로를 피하여야 할 선박'은 '피항선'이고, b항에서 말하는 '침로와 속력을 유지하여야 할 선박'은 유지선이다.

유지선은 소극적으로 침로와 속력을 유지하여야 할 소극적 의무뿐만 아니라 상황에 따라서는 적극적인 동작을 취할 주의의무까지도 있다. a항 i호 → a항 ii호 → b항의 순으로 선박이 접근하는 거리에 따라 유지선의 주의의무가 달라지고 있다. 즉, a항 i호에서는 유지선은 현재의 침로와 속력을 유지하면 된다. 이것은 피항선으로 하여금 유지선의 장래의 동작을 예측할 수 있도록 하여 피항동작 결정을 돕기 위한 것이다. a항 ii호에서는 피항선이 피항동작을 취하지 않는 경우에 유지선이 스스로 피항동작을 취할 수 있다고 정하고 있다.163) 이는 강제규정이 아니라 임의규정이다. 다음 단계로 b항은 근접상태가 되어 피항선의 동작만으로 충돌을 피하기가 어렵게 된 경우에는 유지선이 적극적으로 피항동작을 취할 의무를 부과하였다. 이는 강제규정으로서 최선의 협력동작이라고 부른다. 최선의 협력동작에는 기관의 정지 및 후진 그리고 투묘(投錨) 등이 포함된다.164) 피항선과 유지선 사이에서 충돌사고가 발생하였다고 하면 유지선도 이러한 주의의무에 위반하였고 이것이 사고와 인과관계가 있다면 상당한 과실비율을 부담하게 된다.

1960년 국제규칙에서는 a항 ii호가 없었다. 그러므로 위험을 피하기 위하여 미리 피항조치를 취한 유지선은 a항 i호의 유지선의 유지의무(1960년 국제규칙 제21조 전단)에 위반한 것이 되었다. 또한 위험상황임에도 동작을 취하지 아니한 유지선은 b항(1960년 국제규칙 제21조 후단)에 위반한 것이 되어 50%까지의 과실이 부과되기도 하는 불리한 지위에 놓이게 되었다.165) 1972년 국제규칙은 이러한 점을 감안하여 a항 ii호를 추가하였다.

제17조의 c항에서는 a항 ii호의 동작을 취할 때에는 좌현전타(左舷轉舵)를 금지하고 있다. 피항선이 현재 피항동작을 취하지 않고 있어도 장래 피항동작

163) 유지선이 동작을 취할 때에는 국제규칙 제8조의 규정에 따라 침로와/혹은 속력의 변경을 대폭적으로 할 필요가 있다.

164) 『海上衝突豫防法の解說』, 62頁.

165) Healy & Sweeney, *op. cit.*, p.272.

을 취할 때에는 우현전타를 하는 것이 원칙이므로 침로의 좌현전타는 충돌의 위험을 증대시키기 때문에 이를 금지시키고 있다. 이는 a항 ii호의 경우에만 해당하고 b항의 경우에는 해당하지 않는다. 그러나 b항의 경우에도 급박한 위험을 피하는 경우가 아니라면 좌현전타를 하지 말아야 한다. 다만, 영국에는 최후 순간의 고통의 항변(agony of the moment)이라는 원칙이 있어서 마지막 순간의 행동에 대하여는 비난하지 않는다.

d항은 국제규칙 제17조에서 유지선에도 최선의 협력동작 등을 취하여야 할 의무가 부과되어 있는 것이 피항선으로 하여금 피항선의 의무를 감경시키지는 않는다는 것을 천명하고 있다. d항이 구 해상교통안전법에는 누락되어 있어서, 동법 제5조를 통하여 우리나라 영해 내에서 발생하거나 우리나라 국적을 가지는 선박 사이에도 적용되었으나, 2002년 12월 26일 개정으로 해상교통안전법 제25조(2009년 개정법 제37조) 제4항에 d항이 추가되어 해상교통안전법의 동 조항이 직접 적용되게 되었다. 현행 해상교통안전법에서는 조문의 번호가 제82조 제4항으로 변경되었다.

유지선은 국제규칙 제5조의 경계의무, 제6조의 안전속력, 제7조의 충돌의 위험, 제8조의 충돌을 피하기 위한 동작상의 주의의무 및 제2조의 선원의 상무로서의 주의의무도 부담한다. 기본적으로 유지선의 주의의무는 소극적인 의무이므로 피항선보다 그 주의의무가 훨씬 낮다고 하겠다.

이 조항은 양 선박이 상호시계 안에 있지 않거나 충돌의 위험이 내포되지 않은 경우에는 적용되지 않는다. 그러므로 레이더만으로 방위변화 없이 좌현선수 쪽에서 접근하는 선박을 발견하였더라도 이 선박은 유지선이 아니므로 침로와 속력을 유지할 것이 요구되지 않는다.166)

충돌의 위험의 정도에 따라 유지선의 동작을 구별하는 4단계론이 있다. 양 선박이 상호시계 안에서 12노트로 접근할 때 대략 6마일까지는 1단계로, 충돌의 위험이 없어서 어떠한 동작도 양 선박은 취할 수 있다. 6마일에서 4마일까지는 2단계로, 피항선은 피항동작을 취하여야 하는 의무를 부담하고, 유지선은 침로와 속력을 유지하여야 하는 의무를 부담한다. 4마일에서 2마일까지는 3단계로, 유지선은 동 제17조 a항 ii호의 협조동작을 취할 수 있고, 2마일에서 충돌까

166) 同旨: Cockcraft, *op. cit.*, p.122.

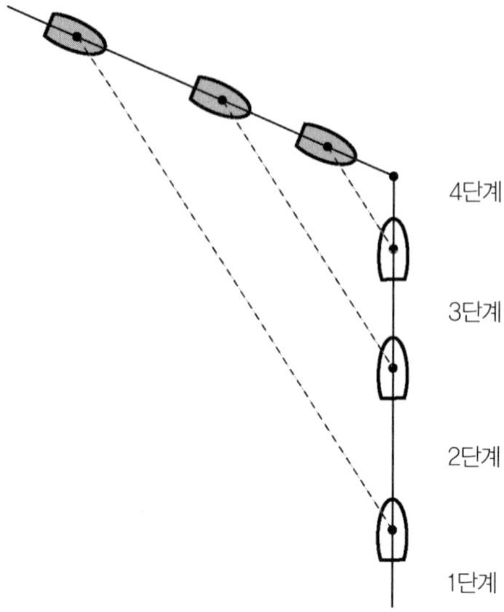

[그림 9] 충돌회피동작에 대한 4단계

지는 4단계로, 유지선은 동조 b항의 최선의 피항동작을 취할 의무가 있다. 좌현전타가 금지되는 것은 3단계에서만이고 충돌이 급박한 4단계에서는 좌현전타는 금지되지 않는다고 해석된다([그림 9] 참조).167)

4단계로서 제17조 제b항의 의무를 위반한 것으로 판시된 영국의 판례로는 Enif호 사건이 있다. 동 사건에서 법원은 충돌 3분 전(양 선박의 속력은 모두 약 12노트 정도)에는 유지선이 극우전타(極右轉舵)를 하든가 아니면 감속하였어야 한다고 판시하였다.168)

목포해심은 **어선 제97임수호·액화석유가스운반선 구이페이호 충돌 사건**(목포해심 제2022-001호)에서 다음과 같이 판시했다. "이 충돌사건은 시정이 5마일 이상인 넓은 바다에서 침로 약 230도, 속력 약 11.4노트로 항행 중이던 구이페이호와 어로에 종사하고 있는 제97임수호 사이에 발생하였다. 이에 적용항법에 대해 살펴보도록 한다. 사고 당시 시정은 5마일 이상이었다. 구이페이호(전장 99.99m)의 현등 가시거리는 3마일이고, 제97임수호(전장 40.74m)의 현등 가시거리는 2마일이다. 따라서 양 선박은 현등 가시거리를 고려할 때 사고 당시 항법상 '서

167) 고속선의 경우에는 이들 거리는 확대되어야 할 것이다.

168) The "Enif", [1999] 2 Lloyd's Reports, 643.

로 시계 안에 있는 상태'에 있었다고 판단된다. 구이페이호의 현등 가시거리, 제97임수호의 예망 상황, 제97임수호 주변 쌍끌이저인망조업선단 등을 고려할 때 양 선박은 거리가 약 3마일이었던 충돌 약 10분 전부터 서로 충돌의 우려가 있는 충돌의 위험성(Risk of Collision)이 있었다. 따라서 이 충돌사건의 항법 적용 시점은 충돌 약 10분 전부터였다고 판단된다. 구이페이호는 충돌 약 10분 전부터 침로 약 214도, 약 11.5노트의 속력으로 항행 중이었으므로 「해사안전법」상 '대수속력을 가지고 항행 중인 동력선'에 해당한다. 그리고 제97임수호는 제98임수호와 함께 한 쌍을 이루어 쌍끌이저인망조업을 하며 예망작업 중이었고, 수직선상에 위 아래로 녹색·흰색 전주등 각 1개를 표시하고 있었으므로 「해사안전법」상 '어로에 종사하고 있는 선박'에 해당한다.

어로에 종사하고 있던 제97임수호는 충돌 15분 전 약 5마일 거리에서 접근하고 있던 구이페이호를 육안으로 처음 보았고, 이후 충돌 10분 전 구이페이호가 약 3마일 거리에서 충돌의 위험성(Risk of Collision)을 안고 접근하자 구이페이호를 향하여 탐조등을 비추고 기적을 울려 피해 가도록 하였다. 이때 제97임수호는 제98임수호와 한 쌍을 이루어 그물을 끌고 저속으로 항행하며 어로에 종사하고 있었으므로 유지선으로서 자선의 침로와 속력을 유지하며 구이페이호에 피해 가도록 한 조치는 적절하였다고 판단된다. 제97임수호는 이후 구이페이호가 피항동작을 취하지 아니한 채 접근하여 충돌의 위험(Danger of Collision) 및 근접 상태에 놓이면 적절한 피항협력 동작을 취하여야 한다. 그러나 제97임수호는 막연히 구이페이호가 자선을 피해 갈 것으로 여기고 침로와 속력을 유지한 채 항행하였고, 충돌 직전 구이페이와 절박한 위험에 직면하자 좌현으로 전타하였다. 당시 제97임수호는 자선의 좌현 쪽에서 약 250미터 간격을 두고 함께 그물을 끌고 있는 제98임수호가 있어 피항협력 동작을 취하는 데 다소 제한을 받고 있었다고 할 수 있을 것이다. 그러나 이러한 점을 고려하더라도 당시 쌍끌이 저인망 조업 중 주선으로서 사전에 제98임수호와 긴밀히 연락하여 피항협력동작을 취하였어야 하고, 충돌 직전에 좌현으로 전타한 조치에 대하여 적절한 피항협력동작을 취하였다고 보기는 어렵다고 판단된다. ① 구이페이호가 레이더 및 육안 경계를 소홀히 하고 적절한 피항동작을 취하지 아니하여 이 충돌사건이 발생했다는 점과 ② 제97임수호가 적절한 피항협력 동작을 취하지 아니한 점을 고려하여 구이페이호 측이 이 건 충돌사고에 대하여 90퍼센트(%), 제97임수호 측이 10퍼센트(%)의 원인을 각각 제공한 것으로 판단된다."

유지선이 피항동작을 취할 때에는 국제규칙 제34조 d항의 신호를 먼저하여야 한다.169)

낚시어선 피싱스타호·낚시어선 청해1호 충돌 사건(인해심 제2017-021호)에서 인천해심은 다음과 같이 판시했다. "「해사안전법」 제73조(횡단하는 상태)에 의하면 2척의 동력선이 상대의 진로를 횡단하는 경우로서 충돌의 위험이 있을 때에는 다른 선박을 우현 쪽에 두고 있는 선박이 그 다른 선박의 진로를 피하여야 하며, 다른 선박의 진로를 피하여야 하는 선박은 부득이한 경우 이외에는 그 다른 선박의 선수 방향을 횡단하여서는 아니된다. 따라서 피싱스타호는 상대선박인 청해1호를 자선의 우현 쪽에 두고 있어 피항선의 지위에 있으므로 충분한 시간과 거리에서 상대선박의 진로를 피하여야 하며, 유지선인 청해1호는 침로와 속력을 유지하되, 상대선박의 동작만으로 충돌을 피할 수 없다고 판단하는 경우 충돌을 피하기 위한 충분한 협력동작을 취하여야 한다. 이 충돌사건의 발생에 피싱스타호 측이 65퍼센트, 청해1호 측이 35퍼센트 정도의 원인을 제공한 것으로 각각 배분한다."

Ⅱ. 범선(sailing vessels)

1. 국제규칙 제12조

국제규칙 제12조는 범선(帆船)의 항법에 대하여 "(a) 두 척의 선박이 서로 접근할 때에 충돌의 위험을 내포하는 경우에는 그 중의 한 범선이 다른 범선의 진로를 피하여야 한다. (i) 각 선박이 다른 현에 바람을 받고 있는 경우에는 좌현에 바람을 받고 있는 선박이 다른 선박의 진로를 피하여야 한다. (ii) 양 선박이 같은 현(舷)에 바람을 받고 있는 경우에는 바람이 불어오는 쪽[風上]의 선박이 바람이 불어가는 쪽[風下]의 선박의 진로를 피하여야 한다. (iii) 좌현에 바람을 받고 있는 선박은 바람이 불어오는 쪽[風上]에 다른 선박을 보고, 그 선박이 바람을 좌현에 받고 있는지 우현에 받고 있는지를 확인할 수 없는 경우에는 다른 선박의 진로를 피하여야 한다. (b) 이 조의 적용에 있어서 풍상측(風上側)이라 함은 주범(主帆)을 펴고 있는 측의 반대측 또는 횡범선(橫帆船)의 경우에는

---

169) Cockcraft, *op. cit.*, p.65.

최대의 종범(從帆)을 달고 있는 쪽의 반대측을 바람이 불어오는 쪽[風上]이라고 본다"라고 정하고 있다.

해상교통안전법 제77조도 동일하다.

2. 적용요건

(1) 공통적인 요건

선박들이 서로 시계 안에 있고, 정침(定針)하고 있고, 두 척의 선박이 항해 중이어야 한다는 요건이 필요한 것은 앞에서 본 바와 같다.

(2) 적용 대상 선박

국제규칙 제12조는 두 척의 선박이 모두 범선일 경우에만 적용된다. 그러므로 한 척의 선박이 범선이지만, 다른 선박이 범선이 아닐 경우에는 제12조가 적용되는 것이 아니라 국제규칙 제18조의 조종성능의 우열에 따른 항법이 적용된다.

(3) 충돌의 위험

국제규칙 제12조 a항에서 정하고 있는 것과 같이 충돌의 위험이 내포된 경우에만 이 조항이 적용된다. 그러므로 충돌의 위험이 없는 경우에는 양 범선은 자유로운 행동이 가능하다.

3. 범선의 항법

(1) 수풍현측(受風舷側)이 다른 경우

바람을 좌현측에서 받는 범선이 다른 범선의 진로를 피하여야 한다(제12조 a항 i호). 범선을 풍하(風下) 쪽으로 돌리는 것이 쉽고 이렇게 하면 좌현 대 좌현 통과가 가능하여 항법의 원칙에 맞기 때문이다(다음 [그림 10]의 ①).[170)]

(2) 수풍현측이 동일한 경우

풍상측(風上側)에 있는 범선이 풍하측(風下側)에 있는 범선을 피하여야 한다(제12조 a항 ii호). 바람을 자유롭게 이용할 수 있는 풍상측의 범선에 피항의무를 부과하였다([그림 10]의 ②).

170) 윤점동, 앞의 책, 127면.

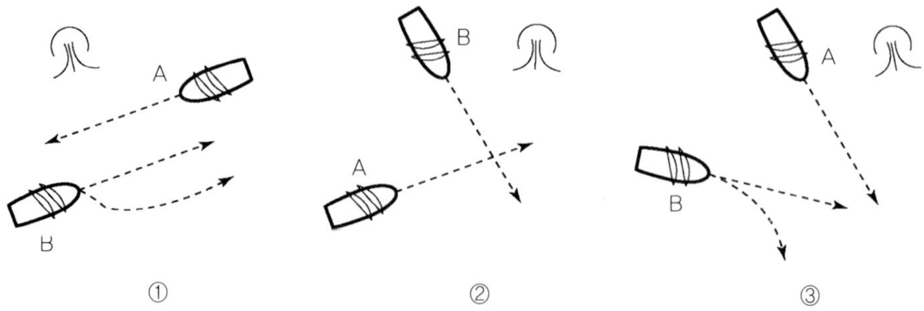

[그림 10] 범선의 항법[171)]

(3) 상대선박의 수풍현(受風舷)이 의심스러울 경우

자신의 좌현측에 바람을 받고 있는 범선이 풍상측(風上側)에 있는 다른 범선을 보고 있으나, 그 범선이 바람을 좌현측에서 받고 있는지 우현측에서 받고 있는지 확인할 수 없는 경우에는 바람을 좌현측에서 받고 있는 그 범선은 다른 범선을 피하여야 한다(제12조 a항 iii호)([그림 10]의 ③).

(4) 다른 규정과의 관계

범선에서는 조우자세에 의하여 피항원칙이 정하여지는 것이 아니고 바람을 받는 현측에 따라서 피항의무를 부과하고 있다. 한 범선이 상호시계 안에서 다른 범선을 추월하게 되면 국제규칙 제13조의 추월규정이 적용되어 추월하는 범선이 추월당하는 범선을 피하여야 한다.[172)]

이 조항은 범선 상호 간의 항법이므로, 조종성능이 다른 선박끼리 만나게 되면 제12조가 적용되는 것이 아니라 별도의 규정이 적용된다. 예컨대, 대양에서 상호시계 안에서 일반동력선과 범선이 조우하면 일반동력선이 피항의무를 부담한다(제18조 a항). 동일한 상황에서 어로작업 중인 선박과 범선이 조우하면 범선이 피항의무를 부담한다(제18조 b항). 협수로에서는 범선은 협수로나 항로 안에서만 안전하게 항행할 수 있는 선박에 대하여 통항불방해의무를 부담한다(제9조 b항).

---

171) 그림 출처: 윤점동, 앞의 책, 128면.

172) 同旨: 위의 책, 129면.

Ⅲ. 추월(overtaking, 앞지르기)

1. 국제규칙 제13조

국제규칙 제13조 추월(追越)규정은 "(a) 다른 선박을 추월하고 있는 모든 선박은, 제2장 제1절과 제2절의 다른 규정에 불구하고, 추월당하고 있는 선박의 진로를 피하여야 한다. (b) 다른 선박의 정횡후방(正橫後方) 22.5도를 넘는 후방으로부터, 즉 추월당하고 있는 선박에 관하여는 야간에 그 선박의 선미등만 볼 수 있고 어느 쪽 현등도 볼 수 없는 위치로부터, 다른 선박을 앞지르고 있는 경우에는, 추월하는 선박이라고 본다. (c) 선박은, 스스로 다른 선박을 추월하고 있는지의 여부에 대하여 의심이 있는 경우에는, 다른 선박을 추월하고 있다고 가정하고 그것에 합당한 동작을 취하여야 한다. (d) 추월하는 경우에 두 선박 사이의 방위에 어떠한 변경이 있더라도, 추월하는 선박은 이 규칙상의 횡단하는 선박으로 만들지도 않고, 또는 추월당하는 선박을 완전히 앞질러 지나가 버릴 때까지 그 선박을 피하여야 할 의무를 면제받는 것이 아니다"고 정하고 있다.

해상교통안전법 제78조가 여기에 해당한다. 2002년 개정 전 해상교통안전법 제21조 제1항에서는 "추월선은 이 장의 다른 규정에도 불구하고 …"라고 정하고 있었다. 이 장이라고 하면, 모든 시계상태에서의 항법, 상호시계 안에서의 항법 그리고 제한시계에서의 항법을 포함하게 된다. 그런데 국제규칙은 제2장 제1절과 제2절이라고만 되어 있다. 즉, 국제규칙은 모든 시계상태와 상호시계 안의 항법만을 말하며, 제한시계에서의 항법은 제외된다. 다시 말하면, 즉 추월규정은 제한시계에서는 적용이 없다. 그런데 구 해상교통안전법은 제한시계까지도 포함하여, 제한시계에도 추월규정이 적용되는 것으로 해석되어 국제규칙과 충돌되었으나, 2002년 개정 해상교통안전법에서 "추월선은 이 장 제1절 및 제2절의 다른 규정에도 불구하고 …"라고 함으로써 제3절 제한시계에는 추월규정이 적용되지 않음이 분명하게 되었다. 현행 해상교통안전법도 동일하다.

2. 적용요건

(1) 공통적인 요건

선박들이 서로 시계 안에 있고, 정침(定針)하고 있고, 양 선박이 모두 항행 중이어야 한다는 요건이 필요한 것은 앞에서 본 바와 같다.

(2) 추월상태

야간에 있어서 피추월선의 선미등만을 볼 수 있고 현등을 볼 수 없는 선박은 추월선이다. 주간에는 다른 선박의 정횡후방 22.5도를 넘는 후방에서 접근하는 경우는 추월선이 된다. 그러나 주간에는 이러한 각도를 파악하는 것이 쉽지 않다. 그러므로 규칙은 추월 여부가 의심스러우면 추월로 알고 조치를 취하라고 정하고 있다. 야간에 선미등이 보이는 광달거리는 길이 50m 이상의 선박에서는 3마일이므로, 주간에도 3마일 거리에서부터 추월이 시작된다고 본다. 그러나 추월이란 후방에서 접근하는 상태(coming up with)라고 하므로 다음 (3)에서와 같은 추가적인 논의가 필요하다.

> **낚시어선 체리피시호·어선 종희호 충돌 사건**(목포해심 제2018-021호)에서 목포해심은 "이 충돌사건은 군내항 앞쪽 해상에서 추월선인 체리피시호가 전방경계 소홀로 앞서 가는 종희호를 발견하지 못하여 발생한 것이나, 피추월선인 종희호가 적절한 피항협력동작을 취하지 아니한 것도 일인이 된다. 이 사건에 대한 원인제공비율은, 체리피시호가 '추월 항법'을 위반한 채 경계를 소홀히 하여 충돌할 때까지 종희호를 발견하지 못한 점이 주인인 점과 종희호가 적절한 피항협력동작을 하지 못한 것이 일인인 점을 고려하여 체리피시호 측이 90퍼센트, 종희호 측이 10퍼센트로 각각 배분한다.
> 항해 중인 선박은 시각·청각 등 모든 수단을 활용하여 항상 주변 경계를 철저히 하여 다른 선박과 충돌의 위험이 있는지를 확인하여야 한다. 특히 추월 시에는 추월선과 피추월선의 방위가 어떻게 변경된다 하더라도 추월선은 추월이 완전히 끝날 때까지 추월당하는 선박의 진로를 피하여야 할 의무가 있으므로 보다 철저한 경계에 임하여야 한다"고 재결하였다.

추월은 후방교차(후방횡단)와의 경계를 가르는 것이 매우 어렵다(510~511면 <참고자료 2>의 샤주호의 경우를 참고하기 바람).

(3) 충돌의 위험

국제규칙 제14조와 제15조에는 충돌의 위험이 적용요건으로 명시되어 있다. 그러나 제13조 추월에는 충돌의 위험이 명시되어 있지 않다.

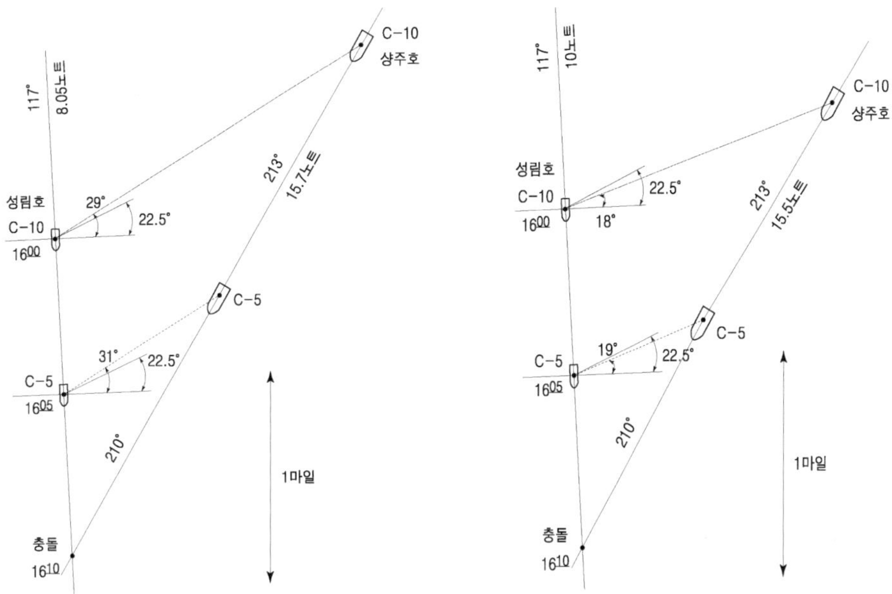

[그림 11] 추월관계(Overtaking)와 횡단관계(Crossing)

추월의 경우에도 충돌의 위험이 그 적용요건이 되어야 하는지에 대하여는 논란이 있다. 즉, 추월항법의 규정이 적용되기 위하여는 추월상태에 추가하여 충돌의 위험이 필요한지가 다투어지고 있다.[173]

1) 충돌의 위험이 요구된다는 입장

박용섭 교수는 추월규정에도 충돌의 위험을 묵시적으로 전제하고 있다고 한다.[174] **오리가호 충돌 사건**에서 추월은 충돌의 위험이 발생한 경우에만 적용된다고 판시되었다. 충돌의 위험 없이 추월 모습으로 접근하던 선박이 갑자기 전타하여 충돌이 발생하였으나, 법원은 횡단항법을 적용하였다.[175]

> 오리가호는 212도, 마뉴엘 캄포스호는 205도로 항진 중이었는데, 마뉴엘호의 우현 쿼터 10도쯤에서 오리가호가 접근하였으므로 침로가 서로 접하는 상태는 아니었다. 이대로 진행하면 CPA 3마일로 통과가 가능한 상태에서, 거리 2~2.5마일

173) 자세한 내용은 김인현, 『선박충돌과 항법연구』, 169면 이하 참고.

174) 박용섭, 앞의 책, 404면.

175) The “Auriga”, [1977] 1 Lloyd’s Reports, 384.

마뉴엘호의 우현 2포인트 후미에서 오리가호가 181도로 변침하여 들어왔고 충돌이 발생하였다. 오리가호는 181도로 변침하기 전까지는 충돌의 위험이 없었으므로 자신은 추월선이 아니었고 오히려 횡단관계에서 유지선이라고 주장하였다. 브랜든 판사는 이를 받아들여 횡단규정을 적용하였으나, 오리가호의 181도 변침이 위험상황을 야기하였고, 국제규칙 제17조의 유지선의 협력동작의무에 위반하였다고 하면서 오리가호에 60%의 과실을 부과하였다.

그러나 이 판결은 피항선의 지위에 놓인 피추월선에 항상 선미도 경계하여야 하는 의무를 부과하므로 부당하고, 충돌의 위험이 없이 추월하는 경우에도 추월규정이 적용되어야만 한다는 비판이 있다.176)

2) 충돌의 위험이 요구되지 않는다는 입장

국제규칙 제13조 b항의 규정에 따라 선박이 다른 선박을 후방에서 접근하여 따라붙는(coming up with) 상태라면 추월항법이 적용된다는 입장이다. 이러한 입장에 따르면 충돌의 위험이 발생하기 전인 상당한 기간 동안 추월항법이 적용되어 양 선박은 구속되게 된다. 즉, 추월선은 피항선으로서 피추월선을 절대적으로 피할 의무를 부담하고 피추월선은 유지선으로서 침로와 속력을 유지할 의무를 부담하게 된다.

영국 항소법원의 **Nowy Sacz호 대 Olympian호 충돌 사건** 판결이 대표적이다. 1심법원에서 브랜든 판사는 충돌의 위험이 요구된다고 정의하면서 동 사건에는 충돌의 위험이 없었으므로 비록 추월하는 관계에 있었지만 추월항법은 적용되지 않고 횡단항법이 적용된다고 보았다. 즉, Nowy Sacz호의 우현 후방에서 Olympian호가 약 4시 방향에서 접근할 때 2마일 이상 떨어져 있고 속력이 2노트 차이일 때에는 충돌의 위험이 없고, 약 1마일까지 접근하면 위험이 있다고 보았다. 그런데 이 지점에서는 조우하는 모습이 정횡후방(正横後方) 22.5도보다 작은 각도가 되어 횡단항법이 적용되게 되었다. 따라서 Nowy Sacz호는 피항선이 되었다. 그러나 항소법원은 뒤에서 추월하면서 접근하는(coming up with) 상태이면 충돌의 위험이 없어도 추월항법이 적용된다고 판시하였다. 따라서 Nowy Sacz호는 피추월선이 되었다.

176) Healy & Swneey, *op. cit.*, p.270.

충돌의 위험이 필요하다는 견해는 추월이 아니면 횡단이 될 것이므로, 우측으로 접근하는지 혹은 좌측에서 접근하는지에 따라 우측으로 접근하면 후방에서 접근하는 선박은 유지선(상대선박은 피항선) 또는 추월선이 되지만, 좌측으로 접근하면 후방에서 접근하는 선박은 피항선(상대선박은 유지선) 또는 추월선이 된다. 따라서 우연한 접근방식에 따라 피추월선이 불리하게 된다. 결국, 추월선은 우측으로 추월하는 것이 유리하게 된다. 이는 피추월선이 우현변침을 하는 경우가 많으므로 좌측을 이용하여 추월하는 것이 좋다는 선원의 상무에 반하게 되는 결과가 된다.

그러나 충돌의 위험이 필요 없다는 견해는 양 선박을 조기에 피항선·유지선으로 묶어 놓아 선박의 자유로운 항행을 억제한다. 그러므로 coming up with에 충돌의 위험도 포함된다고 해석하여, 다른 상호시계 안에서의 항법과 균형을 맞추고자 한다.

결론적으로는 항법의 안정적인 적용에 도움이 되므로 전자의 견해를 취하고자 한다.

3) 충돌의 위험

충돌의 위험이란 그대로 항해하면 충돌이 발생할 우려가 있는 상태일 것이다. 충돌의 위험은 어느 정도의 거리에서 시작한다고 거리 개념으로 쉽게 말할 수 없는 문제이다. 이는 접근하는 두 선박의 크기와 당시의 속력 등에 따라 달라지기 때문이다. 12노트의 속력으로 정면상태로 접근하는 양 선박은 6마일 거리에서부터 충돌의 위험이 있기 시작한다고 볼 수 있다. 이는 충돌 15분 전 상태이다. 그러나 추월선의 경우에는 충돌의 위험이 시작하는 거리는 이보다 훨씬 줄어들어야 할 것이다. 추월의 경우에도 위험이 시작되는 거리를 6마일로 본다면, 피추월선이 정선하고 있고 추월선이 12노트로 항주한다고 하더라도 충돌까지는 30분의 시간적인 여유가 있으므로 6마일 거리는 전혀 맞지 않게 된다. 피추월선이 10노트, 추월선이 12노트로 항주하고 있다면 접근속도는 2노트이므로 6마일 거리라면 충돌까지의 접근속도는 2노트이므로 충돌까지는 3시간이 걸린다. 6마일 거리는 12노트로 항해하면 정면상태에서는 양 선박의 충돌까지는 15분 걸리는 시간이므로, 추월의 경우에도 그대로 항해하면 15분만에 충돌이 발생하는 거리를 충돌의 위험이 있는 것으로 보아야 할 것이다. 따라서 10노트와 12노트로 항해하는 선박이라면 0.5마일 후방까지 접근한 순간부터 충돌의 위험이 시작하게 된다. 따라서 추월 모양이 형성된 뒤에 충돌의 위험이 시작되게 된다. 12노트와 24노트 선박이라면 12노트로 접근하므로 3마일까지 접근하면 충돌의 위험이 있게 된다고 본다.

추월하는 선박의 횡거리도 문제가 된다. 예컨대, 2마일 이상되는 횡거리로 추월하면 이때에는 충돌의 위험이 없기 때문이다.

4) 논의의 실익

이러한 논의의 실익은 피추월선의 침로 변경이 허용되는 거리가 어느 지점에 있는가에 있다. 피추월선은 침로를 유지할 의무가 있고, 피추월선의 의무는 충돌의 위험이 있어야 발생하므로 충돌의 위험이 없는 지점에서는 피추월선은 언제나 자유로운 상태이므로 침로 변경이 가능하게 된다. 예컨대, 양 선박 간의 거리가 1마일인 지점에서 피추월선이 침로를 변경하여 충돌이 발생하였고, 추월규정이 적용되는 상황이라면 피추월선은 침로 유지의 의무가 있으므로 침로를 유지하였어야 함에도 침로를 변경하였으므로 과실이 있게 된다. 이때 추월규정이 0.5마일 거리에서부터 적용된다면 피추월선의 변침은 항법에 위반하지 않은 것이 된다.

또한 충돌의 위험의 필요성 여부는 횡단항법의 적용과 추월항법 적용의 분기점이 되기도 한다. 어떤 선박의 우현측을 후방에서 접근하는 경우에 처음에는 22.5도보다 큰 각도로 추월에 해당할 수 있지만, 더 접근하면 22.5도보다 작은 각도가 되어 횡단에 해당하게 된다. 처음 단계에서 충돌의 위험이 없으므로 추월항법이 적용되지 않으면 충돌에 가까운 순간인 다음 단계에서는 횡단을 이루는 각도에서 충돌의 위험이 있게 되고 후방에서 접근하던 선박은 오히려 유지선이 되게 된다.

여객선 오하마나호·자동차운반선 오렌지 스카이호 충돌 사건(중해심 제2008-002호, 2008. 1. 8)에서, 중앙해심원은 아래와 같이 재결하였다.

> 충돌의 위험은 사고 당시 양 선박의 크기와 속력에 따라 달라질 수 있으므로 어느 시간, 어느 정도의 거리에서 시작한다고 단정하기는 어려운 문제이며, 특히

추월의 규정에는 충돌의 위험이 그 적용요건에 명시되어 있지 아니하나 일반적으로 야간에 길이 50미터 이상의 피추월선의 선미등이 보이는 광달거리 3마일부터 그리고 충돌까지 15분 정도 걸려 충돌이 발생한 거리를 충돌의 위험이 존재하는 것으로 보고 이 때부터 항법의 적용이 시작된다고 본다. 따라서 사고 당시 양 선박의 속력을 감안하면 15분 정도의 거리인 약 4마일 떨어진 시점 내지는 오렌지 스카이호의 선미등 광달거리인 3마일 거리에서 충돌의 위험성이 발생할 수 있다고 볼 수 있다. 양 선박이 운항 중 충돌 전인 같은 해 2월 17일 01시 00분경 진침로 186도 속력 약 19.6노트인 오하마나호가 진침로 약 210도, 속력 약 12.6노트인 오렌지 스카이호를 추월상태로 접근하고 있었으나 이 때에는 양 선박 사이에 충돌의 위험이 없으므로 항법을 적용하지 아니한다.

오하나마호가 오렌지 스카이호의 속력보다 약 7노트 더 빠른 속력으로 항해하면서 오렌지 스카이호 선미등의 광달거리 3마일 경계선 부근까지 접근하였을 때(진입하는 순간)를 국토해양부 항행안전정보팀의 항적기록의 항적작도에 의하여 산정하면 충돌 약 15분 전(사고 당일 01시 02분경)의 위치로서 오하마나호가 오렌지 스카이호의 우현 정횡 후방 22.5도의 뒤쪽에 있다. 즉 01시 02분경 양 선박의 위치를 살펴보면 오하마나호는 오렌지 스카호이 우현 정횡 후방 약 30도 방향, 약 2.95마일 떨어진 거리에서 접근하고 있었다. 그러므로 양 선박은 이 시각에 상대선박의 등화를 시인할 수 있는 위치에 있었으므로 이 시간부터 항법 적용을 하는 것이 타당하다. 양 선박 사이에는 추월규성이 적용되어 오하미나호는 추월선으로서 피항선이 되고 오렌지 스카이호는 피추월선으로서 유지선이 된다.[177]

(4) 협수로, 통항분리수역 및 상호시계 안에서의 적용

국제규칙 제13조 a항은 이 장 제1절과 제2절에도 불구하고 추월규정이 적용된다고 하였다. 이는 추월규정을 우선적용하여 추월선에 피항의무를 부과하기 위함이다. 그러므로 협수로에서 소형선을 대형선이 추월하는 경우에도 대형선은 추월선이 된다. 그러나 소형선이나 어로작업 중인 선박의 통항불방해의무는 존속된다.[178]

---

177) 『해양안전심판사례집』(2009), 19면.

178) Cockcraft, *op. cit.*, p.112.

3. 추월항법(追越航法)

추월선은 가능하면 상대선박의 좌현 쪽을 추월하는 것이 좋다. 이는 상대선박의 우현변침을 방해하지 않도록 하기 위함이다. 추월선은 피추월선을 완전히 통과할 때까지 주의하여 추월하여야 한다. 통과 횡거리는 대양이라면 1마일은 되어야 할 것이다. 피추월선은 침로와 속력을 유지하여야 한다.

스스로 다른 선박을 추월하고 있는지의 여부에 대하여 의심이 있는 경우에는 그 선박은 다른 선박을 추월하고 있다고 가정하고 그것에 합당한 동작을 취하여야 한다(제13조 c항). 피추월선이 이 규정을 지나치게 신뢰하여서는 아니된다. 자신의 우현 선미에서 추월하는 것으로 보이는 선박이 있는 경우가 특히 문제된다. 상대선박이 추월선으로서 추월항법이 적용된다고 믿고 자신은 유지선이라고 간주하여 동작을 취하지 않게 되고, 한편 상대선박도 횡단관계라고 생각하면 상대선박도 유지선의 지위에 있게 되어 양 선박 모두가 동작을 취하지 않게 되는 결과로 충돌이 발생하게 될 우려가 있다.

추월하는 경우에 두 선박 사이의 방위에 어떠한 변경이 있더라도, 추월하는 선박은 이 규칙상의 횡단하는 선박으로 만들지도 않고, 또는 추월당하는 선박을 완전히 앞질러 지나가 버릴 때까지 그 선박을 피하여야 할 의무를 면제받는 것이 아니다(제13조 d항). 한 번 추월관계가 형성되면 추월이 종료될 때까지 방위 변화가 있어서 횡단 등의 모양이 된다고 하더라도 추월선은 계속하여 추월선으로서의 지위에 있다.

여객선 오하마나호·자동차운반선 오렌지 스카이호 충돌 사건(중해심 제2008-002호, 2008. 1. 8)에서 중앙해심원은 "사고 당일 항법의 적용 시점에서 양 선박 사이에 추월항법이 적용된 후 항해를 계속하던 중 피추월선인 오렌지 스카이호가 소각도 우변침함으로써 방위의 변경으로 횡단하는 상태에서 접근하게 될 경우에도 계속 추월항법이 적용되므로 오하나마호는 추월이 완전히 끝날 때까지 오렌지 스카이호의 진로를 피하여야 하므로 양 선박 사이에 새로운 항법이 성립되는 것은 아니다"라고 재결하였다.

어선 영진호·어선 정윤호 충돌 사건(목포해심 제2021-032호)에서 목포해심은 "이 건 충돌사고는 서로 시계 안에 있는 상태에서 영진호가 명천항을 향해 같은 방향으로 항행 중이던 정윤호의 좌현 정횡 후방에서 앞지르기하던 중 정윤호를 완전히 앞지르지 아니한 상태였으나, 정윤호의 위치를 확인하지 않은 채 막연히 정윤호를 충분히 앞질렀다고 생각하고 자선 우현에 있던 정윤호를 향해 갑자기 침로를 변경하는 등 앞지르기 항법을 준수하지 아니한 것이 원인이 되어 발생한 것이다. 영진호가 정윤호의 좌현 정횡 후방에서 정윤호를 앞지르기하던 중 경계를 소홀히 하고, 앞지르기 항법을 준수하지 아니한 것이 이 건 충돌사고의 주된 원인이라는 점을 고려하여 영진호 측이 100퍼센트 이 건 충돌사고 발생 원인을 제공하였다고 판단된다"고 재결했다.

명문의 규정은 없지만, 추월선은 가능하면 피추월선의 좌현측을 추월하는 것이 좋다.

어선 동진호·육군경비정 백룡2호 충돌 사건에서 동해해심(제2016호－033호)은 추월선은 추월당하는 선박의 좌우 어느 쪽으로 추월하든 안전하면 규칙위반은 아니나 추월당하는 선박이 전방에 나타나는 제3의 선박을 피하기 위하여 우전하거나 장애물을 피하기 위하여 역전할 것에 대비한다면 추월당하는 동력선의 좌현측을 추원하는 것이 합리적이라고 판시하였다(2017년 사례집, 86면).

4. 피추월선의 의무

추월관계에 있어서 피추월선(被追越船)의 의무에 관하여는 명문화된 것이 없기 때문에 논란의 여지가 많고 학설도 나뉘고 있다. 종래 추월선의 피항의무의 내용을 기준으로 하여 추월당하는 선박에도 침로와 속력의 유지의무가 있다는 견해를 상대적 책임설(혹은 상대적 피항의무설)이라고 하고, 추월당하는 선박에는 그러한 유지의무가 없기 때문에 추월선에 절대적으로 피항의무가 있다는 견해를 절대적 책임설(혹은 절대적 피항의무설)이라고 한다.

절대적 피항의무설에 대하여 민성규·임동철 교수는 첫째, 국제규칙 제13조 a항에서 "이 절의 다른 규정에도 불구하고"라고 하여 명문상 이 조항이 제17조에 우선하여 적용된다는 점, 둘째, d항에서 양 선박 사이의 방위가 변경되더라도 추월선이 횡단선으로 되는 것이 아니며 완전히 통과하여 지나갈 때까지 추월선의 의무를 진다고 규정한 점, 그리고 셋째, 피추월선에게 그러한 유지의무가 있다고 한다면, 전방에서 오는 제3선을 피하는 등의 조치를 취할 수 없어

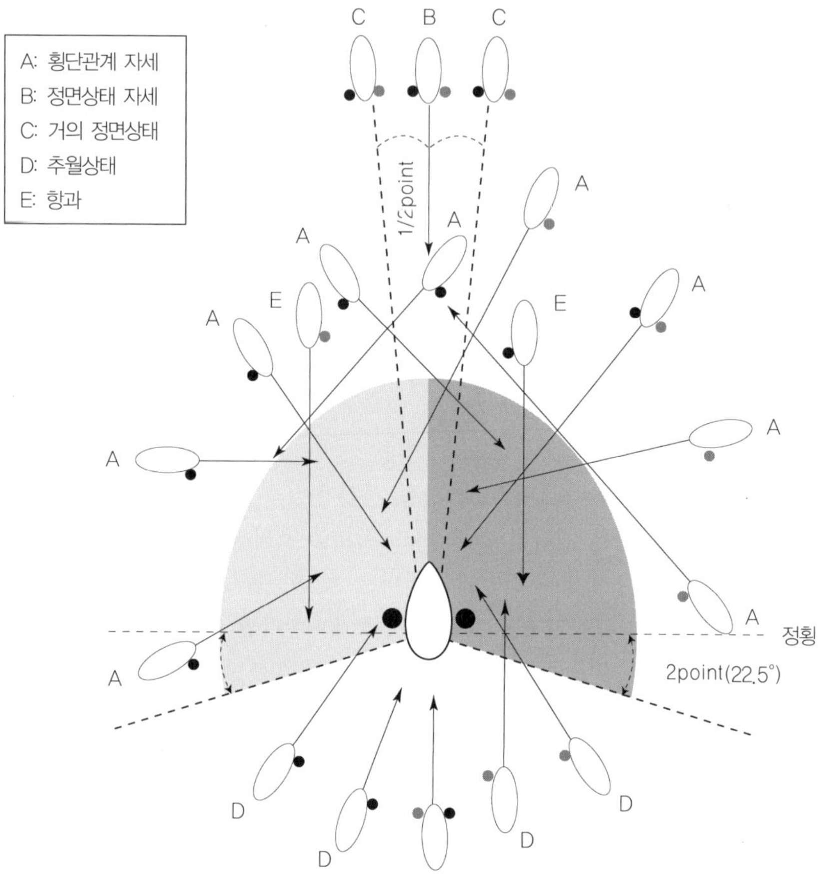

[그림 12] 조우자세에 따른 항법관계

서 불합리하다고 하면서 이를 지지한다.179)

상대적 피항의무설에 대하여 박용섭 교수는 국제규칙 제13조 a항에서 추월선은 피항선의 성질을 가진 것이 분명하기 때문에 피추월선은 유지선으로 보아야 하고, 그렇기 때문에 피추월선은 추월관계가 성립한 이후에는 추월선에 자선의 행위를 올바르게 알리기 위해서 속력과 침로를 유지할 의무가 있다고 한다.180)

179) 민성규·임동철, 앞의 책, 89면.
180) 박용섭, 앞의 책, 410면.

최근의 동향은 피추월선도 침로와 속력 유지의무를 넘어서는 상당한 주의의무를 부담한다는 것이다.[181] 피추월선은 기본적으로 침로와 속력을 현재대로 유지하는 의무가 있을 뿐만 아니라 유지선에 상당하는 주의의무를 진다고 보는 것이 최근의 영국 판례의 경향이다.

양호한 기상상태에서 추월선이 피추월선을 추월하면서 어떠한 조치도 취하지 않았고 1마일 거리에서 피추월선이 경고신호를 주었고, 더 이상 피추월선의 조치가 없는 가운데 충돌사고가 발생하였다. 영국 법원은 피추월선도 국제규칙 제17조 a항 ii호의 의무를 위반하였다고 하여 15%의 과실을 인정하였다.[182]

피추월선의 의무에 관하여, 피추월선은 유지선이므로 유지선으로서의 의무, 즉 국제규칙 제17조를 준수하여야 한다는 것이 **1988년의 이란토랍호 사건**과 **1996년 코스키에르지나호 사건**에서의 영국 법원의 입장이다. 두 사건 모두 피추월선은 아무런 피항조치를 취하지 아니하였다. 만약, 피추월선에 침로와 속력의 유지의무가 없고 추월선이 절대적인 피항의무를 진다는 절대적 책임설에 따른다면 피추월선은 아무런 책임이 없다는 판결이 나왔을 것이고, 피추월선에게 침로와 속력의 유지의무가 있다는 상대적 책임설에 따른다면 침로와 속력을 그대로 유지한 피추월선은 역시 아무런 책임이 없다는 판결이 나왔을 것이다. 그러나 영국 법원은 피추월선도 국제규칙 제17조의 유지선으로서의 최선의 협조동작, 독자적인 피항동작이 필요하다는 입장을 취하였다. 따라서 피추월선에 각기 15%에서 20%에 이르는 과실책임을 부과한 것이다. 즉, 피추월선은 제17조 a항의 i호의 침로와 속력의 유지의무뿐만 아니라 필요한 경우에 제17조 a항의 ii호와 b항의 피항조치까지도 취하여야 한다는 것이다.

우리나라 해양안전심판원도 추월선에 충돌사고의 주인을 인정하는 확고한 입장을 취하고 있다.

민 와이랭3호 충돌 사건에서 부산지방해심원(부해심 제1999－36호)은, 민 와이

181) 심근형, "피추월선의 항법과 혼합책임설", 『해양한국』, 1996년 9월호, 95면. 필자는 동 논문에서 피추월선도 선원의 상무로써 충돌을 피하기 위한 협력의무를 다하여야 한다는 혼합책임설에 찬성하고 있다.

182) The "Koscierzyna", [1996] 2 Lloyd's Reports, 124; 김인현, "피추월선의 주의의무", 『해양한국』, 1997년 5월호, 76~83면.

랭3호 측이 제313국제호를 추월하면서 경계 소홀로 미리 발견하지 못하여 피하지 못함으로써 발생된 것이나, 제313국제호가 경계 소홀로 충돌에 이르기까지 상대선박을 발견하지 못한 것도 일인이 된다고 재결하였다.183)

어선 제903청룡호·어선 제2010대승호 충돌 사건(목포해심 제2022-012호)에서 목포해심은 다음과 같이 판시했다. “이 충돌사고는 서로 시계 안에 있는 주간에 진도 인근 해상에서 제903청룡호가 충돌 3분 전 속력 13.9노트로 항행하며 같은 방향으로 속력 9.8노트로 항행 중인 제2010대승호를 앞지르기하던 중 제903청룡호 선장이 졸음 운항하여 충돌할 때까지 제2010대승호의 진로를 피하지 아니하여 발생한 것이나, 앞지르기당하던 제2010대승호가 제2010대승호 선장의 후방 경계 소홀로 접근하고 있는 제903청룡호를 발견하지 못해 피항협력동작을 취하지 아니한 것도 일부 원인이 된다. 제903청룡호 측은 서로 시계 안에서 다수의 통항 선박이 존재하는 섬 사이 수역에서 항행하면서 충돌 7분 전 제2010대승호에 접근하는 상태로 앞지르기하던 중 앞지르기 항법을 준수하지 아니하고 충돌 3분 전 졸음 운항한 점을, 제2010대승호 측은 후방 경계를 소홀히 하고 피항협력동작을 취하지 아니한 점 등을 종합하여 이 충돌사고의 원인제공비율은 제903청룡호 측이 90%, 제2010대승호 측이 10%인 것으로 각각 배분한다.”

Ⅳ. 정면상태(마주치는 상태)

1. 국제규칙 제14조

국제규칙 제14조는 정면상태(head-on, 마주치는 상태)에 대하여 “(a) 2척의 동력선이 반대되는 방향 또는 거의 반대되는 방향으로 마주치게 되어 충돌 위험이 있을 때에는 각 선박은 서로 다른 선박의 좌현측을 통과할 수 있도록 각기 우현측으로 변침하여야 한다. (b) 서로 다른 선박을 선수 방향 또는 거의 선수 방향에서 보는 경우, 즉 야간에는 다른 선박의 2개의 마스트 정부등(頂部燈)을 일직선 또는 거의 일직선상에서 보며 동시에 양현등(兩舷燈)을 볼 수 있는 경우, 그러한 마스트 정부등이나 또는 양현등만을 볼 수 있는 경우, 그리고 주간에 있어서는 다른 선박의 상응하는 면을 보는 경우에는 정면으로 마주치는 상태가

183) 『해양안전사례집』(2000), 15면.

존재한다고 보아야 한다. (c) 선박은 마주치는 상태에 있는지의 여부가 분명하지 아니한 경우에는 선박은 정면으로 마주치는 상태에 있다고 보고 필요한 조치를 취하여야 한다"고 정하고 있다.

해상교통안전법 제79조도 동일하다. 동법에서는 head-on을 "마주치는 상태"로 표현하고 있다.

2. 적용요건

(1) 공통적인 적용요건

선박이 서로 시계 안에 있고, 정침(定針)하고 있어야 하고, 양 선박이 항행중(underway)이어야 한다는 요건이 기본적으로 필요하다.

잠수함 나대용함·자동차운반선 호그런던호 충돌 사건(중해심 제2022-002호)에서 중앙해심은 다음과 같이 판시했다. "이 충돌사건은 시정이 5마일 이상인 주간에 가덕도 남방 해상에서 출발하여 진해 해군기지를 향해 북서진하던 나대용함과 마산항을 출항하여 중국 텐진항을 향해 남하하던 호그런던호 사이에서 발생하였다. 또한 당시 군함인 독도함이 나대용함의 좌현 전방, 호그런던호의 우현 전방에서 침로 약 90도, 속력 약 4노트로 항해를 하면서 헬리콥터 훈련을 하고 있었다.

나대용함은 2020. 7. 15. 13:40경부터 좌현 변침과 우현 변침을 번갈아 하면서 소위 지그재그 항해를 계속하다가 충돌 직전에 극좌전타를 했고, 호그런던호는 같은 날 13:43경부터 작은 각도 우현변침을 계속(일시 정침 시도)하다가 충돌 직전 극우전타를 하였다. 또한 당시 나대용함의 속력은 같은 날 13:40경 9.8노트에서 충돌 직전 8.7노트까지 미속감소되고 있었고, 호그런던호는 13.6노트에서 18.0노트까지 증가되고 있었다. 이는 양 선박의 방위와 속력이 계속해서 변화하고 있는 상태, 즉 양 선박이 정형적인 항법 적용 요건 중의 하나인 '정침'과 '정속'을 하지 않고 있었다는 것으로, 항법 관계를 판단할 수가 없는 상황이었으므로 '마주치는 상태' 등의 정형적인 항법을 적용할 수가 없다. 그러나 ① 같은 날 13:49경 양 선박 간의 최근접거리는 약 0.8마일이었고, ② 통상적으로 외해(外海)에서 양 선박 간의 최근접거리가 1.0마일 이하인 경우에는 충돌위험이 있다고 보고 있으며, ③ 전투체계관 A도 심판 과정에서 '충돌을 피하기 위해 통상 1마일 이상의 CPA를 두고 항해를 한다'고 진술한 사실 및 ④ 2항사 B가 '13:49경 충돌위험을 느꼈다'

고 진술한 사실 등을 고려할 때, 13:49경부터 나대용함과 호그런던호 간에 충돌 위험이 있었다고 보는 것이 합당하다. 이와 같이, 충돌위험은 13:53경보다 이전인 13:49분경에 발생되었고, 호그런던호 측에서 정침이 시작되었다고 주장하는 13:53경에도 실제로는 우현변침과 증속이 지속되고 있었으며, 정침을 시도한 시간은 약 1분 정도이다. 또한 당시 상대선(나대용함)도 지그재그 항해를 하고 있는 상황으로, 이때 역시 항법 관계를 판단할 수 있는 상당한 시간 동안의 정침과 정속이 있었다 할 수 없으므로 '마주치는 항법'이 적용될 수 없다.

「국제해상충돌예방규칙」 제2조(a)의 '선원의 상무'(Ordinary Practice of Seamen)가 적용되는 것이 합당하다. 따라서 선박 사이의 충돌을 방지하기 위해 항해자들이 오랫동안 해사관습으로 지켜 내려오는 불문율 중의 하나인 "두 선박이 충돌의 위험이 있는 상태로 조우시에는 부득이한 사정이 없는 한 '우현 변침'하여 '좌현 대 좌현' 항과를 하여야 하는 것"이 기본이다. 아울러 이 충돌사건에는 「해사안전법」 제63조(경계)부터 제66조(충돌을 피하기 위한 동작)까지가 함께 적용된다. 그러므로 양 선박은 같은 날 13:49경 충돌위험이 발생했을 때부터 큰 각도 변침, 속력의 감소, 교신을 통한 항행 협의 및 기적을 통한 변침 방향 표시나 주의환기 등의 조치를 취하여 적극적으로 충돌을 피했어야 하고, 부득이한 경우가 아니면 좌현 변침을 하지 않았어야 한다. 원인제공비율은 나대용함이 55%, 호그런던호가 45%인 것으로 배분한다."

(2) 정면상태의 자세

야간에는 다른 선박의 두 개의 마스트 정부등을 일직선 또는 거의 일직선상에서 보며 동시에 양현등(兩舷燈)을 볼 수 있는 경우 혹은 그러한 마스트 정부등이나 또는 양현등만을 볼 수 있는 경우가 정면상태가 된다. 주간에는 다른 선박의 상응하는 면을 보는 경우가 정면상태가 된다([그림 13] 참조).

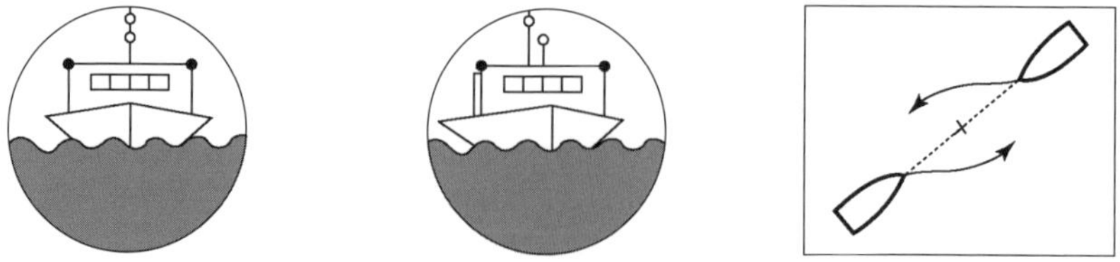

[그림 13] 정면상태

야간에는 상대선박의 등화를 통하여 마주치는 상태를 확정할 수 있다. 즉, 상대선박의 마스트 정부등 2개를 일직선 또는 거의 일직선으로 볼 수 있으며 동시에 양현등을 볼 수 있다면 이는 정면상태이다. 주간에는 상대방의 방위가 좌우 6도 이내, 즉 총 12도 이내에서 존재하면서 접근하면 정면상태이다.

> **어선 제101무림호·유조선 크레인오션호 충돌 사건**(중해심 제93-10호)에서 제101무림호의 진침로가 023.3도이고 크레인오션호의 진침로는 214도이므로 이 두 침로선간의 교각은 10.7도이고 2~3분 동안은 계속 양현등이 보이는 상황이었음을 근거로 중앙해심원은 두 선박은 거의 마주치는 상태에 있었다고 재결하였다.[184]

> **어선 제909승진호·컨테이너선 헬렌호 충돌 사건**(중해심 제2007-013호, 2007. 9. 4)에서 장어통발 투승 중이던 제909승진호는 진침로 090도 8노트의 속력으로 항해하면서 어로에 종사하는 선박임을 나타내는 형상물 표시를 하지 아니하였다. 헬렌호는 진침로 약 279도 약 17노트로 항해 중 충돌사고가 발생하였다. 제909승진호는 자신의 우현에서 헬렌호를 발견하였다. 중앙해심원은 "양 선박의 침로교각이 마주치는 상태의 판단기초가 되는 6도를 초과하므로 같은 법 제35조(횡단상태)의 규정이 적용된다. 제909승진호는 제36조(피항선의 동작)의 규정에 따라 피항선으로서의 필요한 동작을 취하고, 헬렌호는 같은 법 제37조(유지선의 동작)의 규정에 따라 유지선으로서의 필요한 동작을 취하면서 서로 충돌을 피하였어야 한다"고 재결하였다(원인제공비율: 제909승진호 55%, 헬렌호 45%).[185]

위 헬렌호 충돌 사건에서 중앙해심원이 말하는 6도에 대하여 "정선수 방향에서 좌우로 각 3도, 총 6도의 범위 이내에서 양현등을 보는 경우에는 마주치는 상태로 보고 총합 6도를 넘어가는 경우에는 횡단상태로 본다"는 견해[186]가 있다. 필자의 견해로는 좌현에 선박이 있을 때 교각 6도, 우현에 선박이 있을 때 교각 6도까지는 정면상태로 볼 수 있다는 것이다. 의심스러울 때에는 정면상태로 보면 양 선박이 모두 우전타하여 피항할 것이므로 충돌의 예방에 도움이 될 것이라고 생각한다.

캐미컬탱커 삼호 헤런호·화물선 골든윙호 충돌 사건에서 부산지방해심은

184) 『해난심판사례집』(1994), 335면.
185) 『해양안전심판사례집』(2008), 40면.
186) 김종성, 2010년 고려대학교 해상법전문가 강좌 발표자료(2010. 11. 25), 76면.

조우자세에 의한 항법의 판단을 아래와 같이 하고 있다(부해심 제2010-29호, 2010. 6. 8).

> 삼호 헤런호는 진침로 041도 속력 12.6노트로 항해하였고 우현에 상대선박을 두었다. 상대선박인 골든웡호는 컨테이너선으로 진침로 231도, 속력 12.0노트로 항행 중이었다. 양 선박은 세토내해에서 충돌하였다.
>
> '마주치는 상태'란 한 선박이 다른 선박을 정선수 방향(정선수 좌우 3도 이내의 범위) 또는 거의 선수 방향(조타 불량의 영향, 풍조류의 영향, 등화의 장치 불량, 선체의 경사 및 선폭의 크기 등으로 인하여 실행상 정선수 좌우로 각각 6도 이내)으로 보는 경우로서 야간에는 다른 선박의 두 개의 마스트등을 일직선 또는 거의 일직선으로 보며 양현등을 동시에 볼 수 있을 때, 주간에는 다른 선박을 이와 마찬가지의 방향에서 볼 때에는 마주치는 상태로 간주한다. 그리고 마주치는 상황인지 아닌지 의문을 가진 선박은 마주치는 상황에 있다고 가정하고 그에 합당한 동작을 취해야 한다. '횡단하는 상태'란 항행 중인 두 동력선이 정선수 좌우 각 3도 방향(실행상 6도)으로부터 각 현의 정횡후방 22.5도에 이르는 사이에서 침로선이 서로 교차하는 상태로 접근하여 서로 현재의 침로와 속력을 유지하면 동시 또는 거의 동시에 교차점에 이르러서 충돌의 위험이 있는 상태를 의미하며, 상대선을 우현에 두고 있는 선박이 우현변침하여 피하여야 한다. 삼호 헤런호와 골든웡호가 충돌의 위험을 안고 조우한 침로의 교각은 표 1에서 보는 바와 같이 7도~11도이므로 횡단하는 상태로 판단된다.
>
> 마주치는 상태인지 횡단인지 여부의 판단기준이 다루어진 사례로는 부산해심원 제2016-020호(2017년 사례집, 95면)가 있다. 상대선박을 정선수 방향으로 볼 수 있다고 하더라도 상대선박의 침로가 본선 쪽으로 향하지 아니하는 한 마주치는 상태의 항법의 적용은 없다고 판시하였다.

그러나 동일한 사건에서 중앙해양안전심판원(중해심 제2010-7호, 2010. 9. 14)은 이보다 좁게 보고 있다. 마주치는 상태와 횡단상태의 구별은 항법 적용에 매우 중요한 요소임에도 구체적인 구별의 기준이 정해져 있지 않다. 그러나 이제까지의 국·내외 판례 및 학설 등을 종합하여 보면 대체적으로 정선수 방향에서 좌우로 약 3도 이내의 범위에서 다른 선박의 양현등을 보는 경우는 마주치는 경우로 보고 있다. 따라서 현등의 차광장치가 불완전하고, 현등의 불빛이 양현에서 선수를 가로 건너 약 1~3도까지 비치게 되며, 또 조타 불량, 풍조류의 영향, 선수가 좌우로 흔들리는 현상(Yawing) 등을 감안하면 정선수 방향에서 좌우로 각 3도, 총 6도 범위 이내에서 양현등을 보는 경우에는 마주치는 상태로 보고, 총합 6도를 넘어가는 경우에는 횡단상태로 보아야 한다(중해심 제2007－013호; 일본 헤이세이17년 히로시마심 제112호 참조). 다만, 예외적으로 조타 불량, 풍조류의 영향 등에 따라 6도를 넘어가더라도 양현등을 볼 수 있는 경우에는 마주치는 상태로 본 경우도 있다(중해심 제1993－10호 참조). 중앙해심원은 횡단상태로 판단하여 피항선인 삼호 헤런호에 60%의 원인제공비율을 인정하였다.

위 재결에서는 삼호 헤런호에서 보았을 때 교각이 10도이기 때문에 정면상태가 아니라 횡단상태가 된다. 횡단상태에서와 같이 길이 50m 이상의 선박에서는 마스트 정부등(頂部燈)의 시인(視認)거리인 6마일 거리에서부터 정면상태가 시작된다고 보는 것이 안전할 것이다.[187]

조우자세의 시작과 충돌의 위험이 발생하기 시작하는 거리는 반드시 일치하지는 않는다. 예컨대, 12노트 속력의 두 선박이 정면상태로 접근하면 6마일은 충돌에 이르기까지 15분에 상당하는 거리이며, 적어도 이때부터 마스트 정부등이 보이기 시작한다. 충돌의 위험이 시간상으로 충돌에서 적어도 15분 이전부터 발생한다는 필자의 견해에 따르면, 이 경우에는 조우자세의 시작과 충돌 위험의 시작이 동시에 일어난다고 볼 수 있다. 그러나 만약 6노트 속력을 가진 두 선박이 정면상태로 접근하면 6마일은 충돌에 이르기까지 30분에 상당하는 거리이다. 이때에는 조우자세의 시작은 6마일 지점에서부터이지만, 충돌의 위험은 충돌 발생 15분 전인 3마일 지점에서 시작될 것이다. 따라서 조우자세의 시작은 충돌위험의 발생보다 먼저 일어난다.

(3) 충돌의 위험

서로 충돌의 위험이 발생하는 침로로 접근하는 경우에 비로소 정면상태의 항법이 적용된다. 충돌의 위험이 없다면 정면상태의 규정이 적용되지 않고 양

---

187) 그러나 고속선인 경우에는 정면상태의 시작거리는 달라질 것이다.

선박은 자유로운 행동이 가능하다. 충돌의 위험을 파악함에는 접근하는 거리뿐만 아니라 최소통과거리(CPA)도 판단의 중요한 요소가 된다. 대양에서 상호시계에서는 최소통과거리가 1마일 이내로 예상된다면 충돌의 위험이 있다고 보아야 한다.

(4) 선박의 종류

정면상태로 접근하는 두 선박 모두 동력선이어야 한다. 조종성능에 우열이 있는 선박끼리 조우한 경우에는 국제규칙 제18조가 적용되기 때문이다. 그러나 제18조상 조종성능이 제한되는 선박으로서 동일한 우열군(優劣群)에 속하는 선박 사이에는, 예컨대 어로작업 중인 선박이 서로 마주치는 경우에는 정면상태의 항법이 적용된다고 볼 수도 있으나, 법문상 '동력선'이라고만 되어 있으므로 이때에는 국제규칙 제2조가 적용된다.

3. 정면상태의 항법

(1) 좌현 대 좌현 통과

자신의 선수에서 좌·우현으로 각각 6도 정도(총 12도)로 방위 변화 없이 접근하는 경우에는 마주치는 상태가 되어 양 선박 모두가 피항의무를 부담하게 된다. 이때에는 피항선·유지선의 개념이 없고 양 선박 모두가 피항의무를 부담하게 된다. 이 경우는 양 선박 모두가 우현변침하여 좌현 대 좌현 통과를 하여야 한다. 우현(右舷) 변침은 조기에 취하는 대각도(大角度) 변침이어야 한다.

(2) 정면상태에서 우현전타의 한계

좌현 대 좌현 통과가 항상 좋은 것은 아니다. 우현 대 우현으로 통과할 수 있는 거리가 충분한 경우에도 무리하게 우전타를 하게 되면 상대선박의 진로를 막아서는 결과가 된다. 그러므로 정면상태에서는 좌현 대 좌현 통과와 우현 대 우현 통과의 한계치를 정하는 것이 중요하게 된다.

그러나 우현 대 우현 통과가 가능하다고 생각하면서 좌전타를 하여 통과거리를 벌리겠다고 동작을 취하는 경우, 이는 선장의 입장에서는 충돌의 위험이 있다고 보는 것이다. 그러므로 이때에는 조기에 극우전타하여 피하여야 한다. 한 선박이 좌전타를 하게 되면 다른 선박은 동 상황을 충돌의 위험이 있는 상황으로 보아 우전타를 하게 되면 충돌이 발생하게 된다.

미국 제2항소원에서 약 600야드의 거리를 두고 통과가 가능한 경우에 우현 변침을 하였고 상대선박이 그대로 내려와서 충돌이 발생한 경우에 우전타를 한 선박이 100% 과실이라는 판결[188]이 나왔다. 이에 대하여 Allen 교수는 이러한 판결은 국제규칙 제14조 a항을 잘못 적용한 것으로 이 판결은 선박들을 좌전타 하여 통과거리를 벌리게 하는 위험한 것으로, 선박의 우현전타는 올바른 것이고 다만 동 선박이 제8조에서 요구하는 조기에 충분한 동작을 취하지 않은 것이 과실이라고 하면서 동 판결의 내용을 비판하고 있다.[189]

필자도 평소에 이러한 견해를 견지하여 왔다. 최근의 중앙해심원의 재결에서도 CPA가 1마일 정도인 상황에서 우전타를 한 선박에 대하여 더 많은 과실을 부과한 재결이 있었는 바, 이는 잘못된 재결로서, 상호시계 안이라면 일단 CPA 1마일은 충돌의 위험이 있는 것으로 보고, 국제규칙 제14조에 따라 양 선박은 우전타를 하여 좌현 대 좌현 통과를 하여야 한다. 다만, 일방(A)이 우전타를 하였음에도 상대선박(B)이 그대로 내려와서 충돌이 발생하였다면 일방은 국제규칙 제8조에서 정한 조기에 대각도(大角度) 변침을 하지 못한 과실이 있고, 상대선박은 아예 우전타를 하지 않은 과실이 있기 때문에 과실비율은 동등하거나 혹은 A가 적어야 한다. 그럼에도 A가 좌전타를 하지 않고 우전타를 하여 상대선박의 진로를 막아선 것이 충돌의 원인이라고 하여 A가 70% 정도의 과실을 부담하는 재결은 잘못된 것이라고 본다.[190]

다만, 어느 정도까지의 CPA를 가지는 경우에 충돌의 위험이 있는 것으로 보아 우전타가 허용되는가에 대하여 판례와 재결의 입장을 살펴보아야 한다.

영국의 판례에서 상호시계 안에서 최대 1마일의 CPA에서 상대선박의 존재를 전혀 알지 못하고 다른 선박을 피하기 위하여 점진적인 우전타를 한 선박에 대하여 100% 과실을 인정하였다. 그러므로 동 판결에서는 1마일이 이러한 한계치가 됨을 알 수 있다.[191]

---

188) Acacia Vera Nav. Co., Ltd. v. Kezia, Ltd(The Blue Cloud－The Omina), 1996 AMC 2592(5th Cir. 1996).

189) Farwell, *op. cit.*, p.313.

190) 여기에 대한 자세한 내용은 김인현, 『선박충돌과 항법연구』, 155면 이하 참고.

191) The "Selat Arjuna", [2000] 1 Lloyd's Reports, 627.

4. 효 과

정면상태에서는 양 선박 모두가 피항의무를 부담하므로 이들이 갖는 주의의무의 정도는 동일하다. 그러므로 양 선박이 아무런 조치를 취하지 않고 정면상태에서 충돌하였다면 과실비율은 50 : 50이 될 것이다.

> **어선 신영호·어선 화성호 충돌 사건**(중해심 제2018-015호)에서 중앙해심은 다음과 같이 판시했다. "이 충돌사건은 시계가 양호한 야간에 다대항 부근에서 입항 중이던 신영호와 출항 중이던 화성호가 서로 경계를 소홀히 하여 상대 선박을 피하지 못해 발생한 것이다. ① 사건 발생 당일의 부산항 VTS 레이더 영상자료에서 확인된 충돌 발생 전 신영호의 항해 경로, ② 신영호와 화성호가 충돌 직전에 각기 자선의 선수 정면 방향에서 접근하는 상대 선박을 초인했지만 두 선박 모두 충돌 발생 순간까지 침로를 변경하지 않았다는 신영호 및 화성호 선장의 진술, ③ 신영호와 화성호 두 선박의 선수 부분에 남은 충돌 흔적 등을 근거로 판단할 때 신영호와 화성호는 근접거리에서 서로 상대 선박에 정면으로 접근하다가 충돌한 것으로 판단된다. 따라서 이 충돌사건에는 「국제해상충돌예방규칙」 제2조(책임)의 규정에 의한 '선원의 상무'가 적용되며, 신영호와 화성호는 당시의 사정에서 요구되는 경계를 철저히 하고 자선의 선수 방향에서 접근하는 선박이 있는 경우 각각 우현으로 변침하여 상대 선박을 피할 피항의무가 있다. 신영호와 화성호가 서로 경계를 소홀히 하여 상대 선박을 피하지 못해 발생한 것이므로 원인제공비율은 신영호가 50%, 화성호가 50%인 것으로 각각 배분한다."

마주치는 침로선 간의 교각이 좌우 각각 6도를 넘어서면 횡단상태가 되게 되고, 자신의 우측에 상대선박을 두고 있는 선박이 피항선, 상대선박은 유지선이 된다. 이때 피항선이 부담하는 상대적인 주의의무의 정도는 60~70%이므로 양자는 큰 차이가 있게 된다.

정면상태의 충돌은 보통 한 선박은 우현 변침하였으나, 상대선박이 좌현 변침함으로써 발생한다. 좌현 변침한 상대선박이 충돌의 주원인을 제공한 것이 된다.

청명한 날씨에 야간에 맨체스터 십 운하에서 발생한 **아르고호프호·베빙턴호 충**

돌 사건에서 영국 해사법원은 정면상태에서 아르고호프호의 좌현전타가 충돌의 직접적인 원인이 되었다고 하여 85%의 과실을 부과하였다.[192)]

정면상태에서 발생한 **예인선 현대108호·일반화물선 광양9호 충돌 사건**에서 중앙해심원(중해심 제98－17호)은 현대108호 측이 경계를 소홀히 하고 좌현변침을 한 것이 주인이라고 재결하였다.[193)]

어선 어린호·어선 경선호 충돌 사건에서 부산해심(제2014－020호)은 "이 충돌사건은 시계가 양호한 통영항 내에서 야간에 입항선인 어린호와 출항선인 경선호가 마주치는 상태에서 경계를 소홀히 하여 서로의 진로를 피하지 아니하여 발생한 것이다. 어린호가 50%, 경선호가 50% 각각 배분한다"고 재결하였다(2015년 사례집, 213면).

Ⅴ. 횡 단

1. 국제규칙 제15조

국제규칙 제15조는 횡단(crossing)에 대하여 "두 척의 동력선이 서로 진로를 횡단하는 경우에 충돌의 위험이 있을 때에는 다른 선박을 자신의 우현측에 두고 있는 선박이 다른 선박의 진로를 피하여야 하며, 사정이 허락하는 한 다른 선박의 전방을 횡단하여서는 아니된다"고 정하고 있다.

해상교통안전법 제80조도 동일한 내용이다.

2. 적용요건

(1) 공통적인 적용요건

상호시계 안에 있고, 정침하고 있어야 하고, 양 선박 모두 항행 중(underway)이어야 하는 요건은 정면상태나 추월에 있어서와 같다.

정면상태, 추월과 마찬가지로 횡단에 있어서도 양 선박이 시각적으로 서로 상대방을 볼 수 있는 경우에만 횡단규정이 적용된다. 레이더만으로 상대방을

---

192) The "Argo Hope", [1982] 2 Lloyd's Reports, 559; C. Hill, *op. cit.*, p.269.

193) 『해양안전심판사례집』(1999), 488면.

확인할 수 있는 경우에는 횡단규정이 적용되지 않는다.[194] 이때에는 국제규칙 제19조의 제한시계에서의 항법이 적용된다.

유지선이 항행 중이고 정침하고 있어야 횡단규정이 적용된다. 항내에서 지그재그로 계속 변침하고 있는 상태에서는 횡단규정이 적용될 수 없다. 그러나 이것은 유지선의 침로가 전혀 변화가 없어야 한다는 의미는 아니다. 만곡부를 따르는 경우는 정침(定針)하고 있다고 본다. 양 선박 모두가 항행 중이어야 한다. 한 선박이 기관을 준비한 상태로 정선(lying stopped) 중일 경우(정류 중)에도 횡단규정이 적용된다.[195] 그리하여 정류 중인 선박은 자신의 우현에서 접근하는 항진 중인 선박에 대하여 피항의무를 부담하게 된다. 그러나 기관고장이 난 선박은 국제규칙 제18조에 따라 우선권을 갖게 된다.

(2) 횡단의 자세

소극적으로 표현하면 횡단상태는 정면상태가 아니면서 추월상태도 아닌 경우로서 두 선박이 X자형으로 교차하며 접근하는 경우이다. 정횡 후방에서 충돌 코스로 접근하는 경우, 즉 다른 선박의 정횡으로부터 22.5도 이내의 각도를 가지고 접근하는 경우도 횡단상태이다. 이를 후방효과[후방교차(後方交叉)]라고도 한다. 횡단상태이면 야간에는 한쪽 선박은 반드시 상대선박의 마스트 정부등과 한쪽 현등을 서로 볼 수 있는 자세가 된다. 그리고 낮에는 양 선박은 반드시 각기 서로 상이한 현측(舷側)을 보면서 접근하게 된다. 다음 [그림 14]에서 피항선인 A선박이 B선박을 보는 경우에 조우자세에 따라서 등화의 모습이 달라 보인다.

조우자세의 시작과 충돌의 위험의 시작은 반드시 일치하지 않음은 정면상태에서 본 것과 같다.

---

194) Healy & Sweeny, *op. cit.*, p.264.

195) *Ibid.*, p.265; 김인현, "정류중인 선박에 대한 항법적용", 『해사법연구』, 제14권 제2호 (2002. 12), 87면 이하.

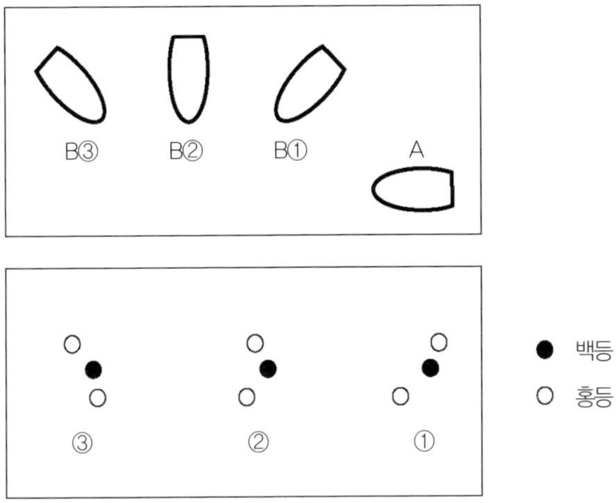

[그림 14] 횡단상태에서의 조우자세에 따른 등화시인 상태

예인선 통운5호의 피예인부선 통운3001호 · 어선 성광호 충돌 사건(중해심 제2009－10호, 2009. 4. 14)에서 예인선 통운5호(총톤수 74톤)는 부선 통운3001호(1,441톤)를 옆으로 붙여 예인하고 있었다. 연안통발어선 성광호(3.86톤)의 위 선박이 충돌하였다. 성광호(215도)는 통운3001호(052도)를 자신의 침로교각 17도를 이루면서 자신의 우현에 두고 있었다. 중앙해심원은 횡단항법을 적용하여 피항선의 지위에 있었던 성광호에 원인제공비율을 70% 인정하였다.

코렉스챔프호 · 제116별하호 충돌 사건에서 중앙해심(제2015－015호)은 후방교차의 경우 충돌의 위험에 대하여 아래와 같이 재결하였다.

> 학계 및 판례에서 접근하는 양 선박의 방위가 전혀 변하지 않거나 또는 변화량이 작은 경우에는 사실상 충돌위험이 있다고 간주하고 있으며, 충돌위험의 발생시기에 대해서는 앞 방향의 횡단상태의 경우에는 양 선박의 상대적 접근상태가 빠르기 때문에 양 선박의 마스트등이 보이는 때부터 적용하고, 옆 방향 및 후방향 횡단상태의 경우에는 현등이 보이는 때부터 적용하는 것이 합리적이라고 본다. 이 사건의 경우 양 선박이 후방향 횡단상태로 접근하는 상황에서 발생한 것으로 현등의 가시거리(코렉스챔프호 2마일, 코렉스 2001호 3마일, 제116별하호 2마일) 이내에 접근한 시기를 충돌위험이 발생한 시기로 볼 수 있다. 코렉스챔프호 예인선열이 같은 날 15:34경 침로 189에서 195도로 변침함으로써 침로 224도 6.9노트

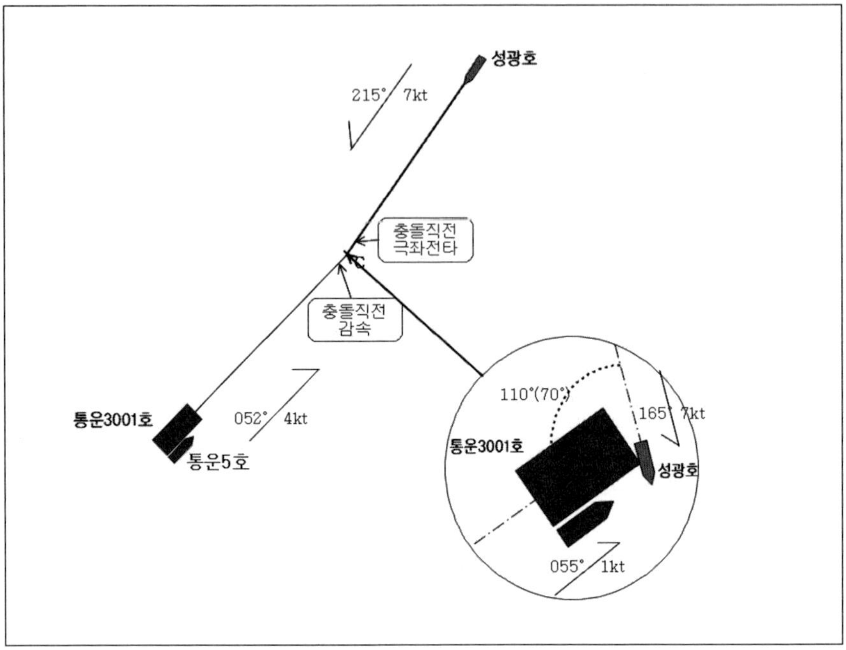

[그림 15] 통운3001호·성광호 충돌상황도 (자료: 중앙해심원)

로 항해 중인 제116별하호와 충돌위험 상태가 되었고, 당시 양 선박 간 거리는 1.25마일로 양 선박의 현등 최소가시거리인 2마일 이내이므로 이 때부터 충돌위험이 있었다고 판단된다(2016년 사례집, 26면).

(3) 충돌의 위험

충돌의 위험이 없을 정도로 서로 멀리 떨어져 있는 경우에는 횡단규정이 적용되지 않는다. 이때에는 양 선박은 자유로운 동작이 가능하다. 양현등이 보이는 광달거리는 길이 50m 이상의 선박에서는 3마일이고, 마스트 정부등의 경우는 6마일이다. 현등은 시인(視認)할 수 있어야 접근하는 선박의 확실한 동작을 알 수 있으나, 마스트 전부(前部) 정부등과 후부(後部) 정부등으로도 어느 정도 접근하는 선박의 조우자세를 알 수 있으므로 주간에도 적어도 6마일에서부터는 횡단상태가 시작된다고 보는 것이 안전할 것이다.

(4) 선박의 종류

횡단상태로 충돌의 위험을 안고 조우하고 있는 두 선박 모두 동력선이어야 한다. 한 선박이라도 국제규칙 제18조상의 조종성능 우열에 따른 우선권을 갖는 선박이라면, 국제규칙 제18조에 따라 조우자세에 관계없이 이들 선박이 우선권을 갖고 다른 선박은 피항선이 되기 때문이다.[196]

3. 횡단항법

자신의 우현에 상대선박을 두고, 그 상대선박이 자신의 선수 진행방향을 가로지르면서 내려오면(야간에는 상대선박의 홍등이 보이는 상태) 이는 횡단상태로 자신이 피항선이 되므로 우현변침하여 유지선의 선미를 통과하여야 한다([그림 16]의 ①). "사정이 허락하는 한 다른 선박의 전방을 횡단하여서는 아니된다"에서 다른 선박이란 유지선을 의미하고 피항선은 유지선을 자신의 우현에 두고 있으므로 다른 선박의 전방을 횡단하지 않으려면 예외적인 경우([그림 16]의 ③)가 아닌 한 좌현변침은 하지 말고 우현변침을 하여야 한다는 것이 된다.

태영 자스민호·구오파호 충돌 사건에서 중앙해심원(중해심 제97-15호)은 피항선인 태영 자스민호가 상대선박의 진행방향으로 향하여 좌현변침한 것을 과실로 지적하였다.[197]

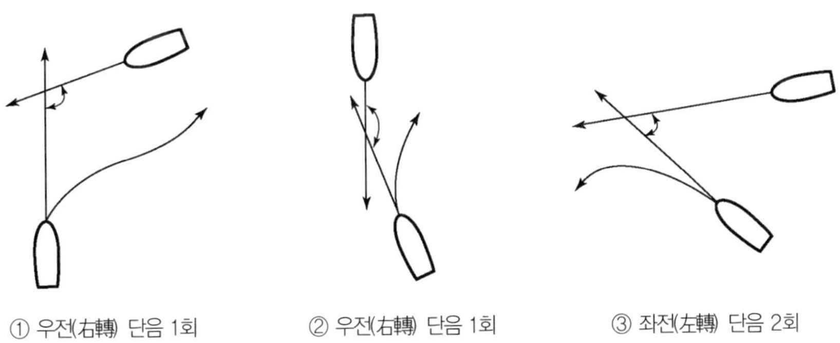

[그림 16] 피항방법

196) 同旨: 민성규·임동철, 앞의 책, 98면.
197) 『해난심판사례집』(1998), 414면.

낚시어선 피싱스타호·낚시어선 청해1호 충돌 사건(인해심 제2017-021호)에서 인천해심은 "「해사안전법」 제73조(횡단하는 상태)에 의하면 2척의 동력선이 상대의 진로를 횡단하는 경우로서 충돌의 위험이 있을 때에는 다른 선박을 우현 쪽에 두고 있는 선박이 그 다른 선박의 진로를 피하여야 하며, 다른 선박의 진로를 피하여야 하는 선박은 부득이한 경우 이외에는 그 다른 선박의 선수 방향을 횡단하여서는 아니된다. 따라서 피싱스타호는 상대선박인 청해1호를 자선의 우현 쪽에 두고 있어 피항선의 지위에 있으므로 충분한 시간과 거리에서 상대선박의 진로를 피하여야 하며, 유지선인 청해1호는 침로와 속력을 유지하되, 상대선박의 동작만으로 충돌을 피할 수 없다고 판단하는 경우 충돌을 피하기 위한 충분한 협력동작을 취하여야 한다"고 재결하였다.

낚시어선 화성호·낚시어선 뉴웨이브호 충돌 사건(중해심 제2021-011호)에서 중항해심은 "이 충돌사건은 시계가 양호한 주간에 양 선박이 횡단하는 상태에서 피항선인 뉴웨이브호가 경계를 소홀히 하여 유지선인 화성호를 피하지 아니하여 발생한 것이나, 유지선인 화성호가 경계를 소홀히 하여 적절한 피항협력동작을 하지 아니한 것도 일인이 된다"고 판시하였다. 뉴웨이브호 선장 B는 진침로 301도, 속력 18노트로 항해하면서 낚시 어선군이 있는 예정지에 거의 도착할 무렵 항로 전방에 있는 저수심 구역이 있는 것을 알고 선속을 낮추려고 할 때 선미 갑판에 있던 낚시승객들이 우현 쪽에서 접근하는 상대선박(충돌 후에 '화성호'인 것을 확인함)을 발견하고 고함치는 소리를 듣고 우현 1시~2시 방향에서 접근하는 상대선박을 발견하고 급히 조타기를 좌현전타하였으나, 화성호와 충돌하였다.

우현 변침할 때에는 조기에 30도 이상의 대각도로 변침하여야 한다(국제규칙 제15조).

엔젤릭 스피리트호·와이마리너호 충돌 사건에서, 와이마리너호는 횡단상태에서 피항선이었음에도 조기에 대각도(大角度) 변침을 하지 않고 탐지되기 어려운 소각도(小角度) 변침을 좌현으로 하였다. 영국 해사법원은 이것을 이유로 와이마리너호가 70%의 과실비율을 부담한다고 판시하였다.198)

석유제품운반선 한유코리아호·일반화물선 삼진럭키3호 충돌 사건(부해심 제

198) The "Angelic Spirit", [1994] 2 Lloyd's Reports, 607.

2020-063호)에서 부산해심은 "시계가 양호한 야간에 제주 우도 북북서방 해상에서 항행 중인 석유제품운반선과 일반화물선이 충돌한 사안. 피항선인 일반화물선이 경계를 소홀히 하여 충분한 시간을 두고 대각도로 변침하지 아니한 것에서 충돌의 주요한 원인이 되었다"고 판시하였다.

이등항해사 B는 이 선박의 진로 앞에 있는 어선 약 5~6척에 신경 쓰다가 결국 이 선박 우현에서 항해하고 있던 한유코리아호에 대한 경계를 제대로 하지 못했고, 자동조타로 항해를 계속하였다. 그러나 충돌 40초 전 이등항해사 B는 한유코리아호가 항해 중인 선박임을 알게 되었고 또한 이미 충돌은 피할 수 없다고 생각하여 좀 더 피해가 적을 것으로 생각한 좌현 변침을 시도하였다.

조우자세가 예각(銳角)인 경우에는 근접항과(近接航過)시에 우현 변침에는 위험이 따르므로 오히려 조기에 좌현 변침하여 피항하는 것이 선원의 상무에 합당한 항법이다(앞의 [그림 16]의 ③).[199] 필요에 따라서는 기관의 속도를 증감하여야 한다.

선수 방향의 횡단을 금지하는 이유는 유지선이 침로와 속력을 유지할 의무를 부담하고 있으므로, 유지선의 불안감을 덜어줌으로써 유지의무의 이행을 촉구하기 위함이다.[200] 이러한 의무를 다하지 못하면 회피의무를 위반하는 것이 된다.[201]

영국의 Enif호 충돌 사건에서 180도로 향하던 에니프호와 알렉시아호 사이의 충돌에서 알렉시아호는 피항선의 지위에 있었지만 충돌 1분 전에야 이 사실을 알았다. 유지선인 에니프호는 경계를 하였지만 통과거리를 잘못 판단하였고, 유지선은 협력동작을 취하지 않은 과실이 인정되었다. 피항선으로서 적극적으로 피항조치를 취하지 아니한 알렉시아호에 70%의 과실이 인정되었다.[202]

4. 효 과

횡단상태에서는 피항선은 조기에 대각도로 피항조치를 취할 주의의무를 부담하고, 유지선은 침로와 속력을 유지할 의무에 더하여 협력동작을 취할 주

199) 민성규·임동철, 앞의 책, 101~102면.

200) 위의 책, 100면.

201) 어선 제27성림호·컨테이너선 샹주호 충돌 사건(중해심 제1999-8호), 『해양안전심판사례집』(2000), 132면.

202) The "Enif", [1999] 1 Lloyd's Reports, 643.

의의무를 부담한다. 그러므로 이러한 내용에 따르면 피항선이 부담하는 상대적인 주의의무의 정도는 60~70% 된다고 이해된다. 그리하여 양 선박이 아무런 조치를 취하지 아니하여 충돌사고가 발생한 경우에는 피항선에 사고의 주 원인이 인정되고, 과실비율의 65% 정도가 부담된다.

아이다호 충돌 사건(부산지법 1998. 2. 11. 선고 97가합7786판결)에서 부산지방법원은 해상교통안전법 제27조에 따라 서린호 측이 피항의무선의 지위에 있었다고 한 다음, 이 사건은 적극적인 피항조치를 취하지 아니한 서린201호 선원들의 과실과, 주위를 운항하는 선박의 경계를 소홀히 하여 피예인부선인 서린202호를 발견하지 못한 아이다호의 선원들의 과실이 경합하여 발생한 것으로 보이고 각 선원들의 과실비율은 6:4로 봄이 상당하다고 판시하였다.

또한 **한포호 충돌 사건**(부산지법 2002. 8. 14. 선고 2001가합10307판결)에서 부산지방법원은 "한포호의 우현을 항해하던 천왕성호가 피항선으로서의 주의의무를 다하지 못하여 충돌하기 1분여 전에서야 비로소 한포호를 발견하고 좌변침한 잘못이 사고발생의 주원인이나, 한포호도 선교를 비운 채 자동조타하여 항해함으로써 충돌을 피하려는 어떠한 조치도 취하지 아니하고 그대로 항해한 잘못도 사고발생에 상당한 영향을 미쳤는 바, 한포호의 과실은 40%이다"라고 판시하였다.

일반화물선 광양7호·어선 해동호 충돌 사건(부해심 제2022-036호)에서 부산해심은 다음과 같이 판시했다. "이 충돌사건은 시계가 양호한 주간에 침로 약 010도, 속력 약 9.5노트로 항해하던 광양7호와 침로 약 280도, 속력 약 10.5노트로 항해하던 해동호가 서로 상대 진로를 횡단하는 상태로 접근하다가 발생한 것으로, 「해사안전법」 제73조(횡단하는 상태)가 적용된다. 따라서 '다른 선박을 우현 쪽에 두고 있는 선박'인 광양7호가 피항선이 되어 해동호의 진로를 피하여야 하고, 해동호는 유지선이 되어 충돌을 피하기 위한 충분한 협력동작을 하여야 한다. 원인제공비율은 광양7호 측이 65%, 해동호 측이 35%인 것으로 각각 배분한다."

횡단상태에서 유지선이 좌변침하여 들어와 충돌한 경우로는 **제107대양호·현대브릿지호 충돌 사건**(부해심 제2015-022호)이 있다. 부산해심은 아래와 같이 재결하였다.

유지선이었던 제107대양호는 충돌 3분 전에 좌변침을 하기 시작하였고, 피항선인

> 현대브릿지호는 역시 충돌 3분 전부터 우변침을 시작하였다. 대양호는 유지선으로서 야간에 선장 혼자 당직을 수행하고, 경계를 소홀히 하여 상대선박의 동정을 파악하지 아니한 채 좌현으로 전타한 사실, 선박이 좌선회하는 동안 VTS센터 관제사와 통화하느라 상대선박을 지켜보지 않음으로써 상대선박이 우선회하여 충돌의 위험을 안고 접근하는 것을 알지 못하다가 충돌에 임박한 상태에서 인지하여 적절한 피항동작을 취하지 못한 점을 고려하고, 현대브릿지호 측은 피항선으로서 경계를 소홀히 하여 상대선박을 늦게 발견하고, 상대선박과 매우 근접한 상태가 된 후에 피항동작을 취한 점을 감안하여, 양 선박의 사고 발생에 대한 원인제공 정도는 제107대양호 측이 40%, 현대브릿지 측이 60%인 것으로 각각 배분한다(2016년 사례집, 48면).

이 재결은 대양호의 유지선으로서 좌현변침의 충돌의 기여도를 제대로 파악하지 않은 것으로 보인다. 3분 전의 좌전타이고 동시에 피항선이 우변침한 것이므로 대양호가 가만히 있었어도 충돌이 발생하지 않았을 것이다. 그러므로 대양호와 현대브릿지호는 각각 50%로 보아도 좋을 것이다.

Ⅵ. 조종성능에 따른 우선권

1. 국제규칙 제18조

국제규칙 제18조는 선박 상호간의 항법상 우선권에 대하여 "제9조, 제10조 및 제13조에서 달리 규정하는 경우를 제외하고; (a) 항행 중인 동력선은 다음 선박의 진로를 피하여야 한다: (i) 운전부자유선, (ii) 조종성능제한선박, (iii) 어로에 종사하고 있는 선박, (iv) 범선.

(b) 항행 중인 범선은 다음 선박의 진로를 피하여야 한다: (i) 운전부자유선박, (ii) 조종성능제한선박, (iii) 어로에 종사하고 있는 선박.

(c) 어로에 종사하고 있는 선박이 항행 중에 있을 때에는 가능한 한 다음 선박의 진로를 피하여야 한다: (i) 운전부자유선, (ii) 조종성능제한선박.

(d) (i) 운전부자유선 또는 조종성능제한선박 이외의 선박은 상황이 허락하는 한 흘수에 제약을 받아 제28조의 신호를 표시하고 있는 선박의 안전한 통항을 방해하지 아니하여야 한다. (ii) 흘수에 제약을 받는 선박은 자신의 특수한

조건에 충분히 유의하고 특별히 조심하여 운항하여야 한다.

(e) 수면상에 떠 있는 수상항공기는 원칙적으로 모든 선박으로부터 충분히 떨어져서 그들의 항행을 방해하지 아니하도록 하여야 한다. 다만, 충돌의 위험이 있는 경우에는 이 장의 항법규정에 따라야 한다.

(f) (i) WIG선은 이륙, 착륙 및 수면 부근에서 비행할 때 모든 다른 선박의 진로를 피하여야 하고, 그들의 항행을 방해하여서는 아니된다. (ii) 수면에서 움직이는 WIG선은 동력선으로서 이 장의 규칙을 준수하여야 한다"라고 정하고 있다.

2. 적용요건

자세한 것은 이 책 제3장 '선박 사이의 항법상 우선권'에서 후술한다.

3. 조종성능의 우열에 따른 항법

제18조는 조종성능이 우수한 선박이 열등한 선박을 순서대로 피하라는 취지의 규정이다. 즉, 충돌상황에 처하여 피항능력이 뛰어난 선박이 그렇지 못한 선박을 피하라는 것이다. 예컨대, 항행 중인 선박은 기관 사용으로 속력을 증감할 수 있고 타(舵)를 사용하여 선수의 방향을 자유자재로 변경시킬 수가 있다. 그러나 기관 고장으로 표류 중인 선박은 그러하지 못하다. 이 경우에 조종성능이 우수한 항행 중인 선박이 기관 고장으로 표류 중인 운전부자유선박을 피하라는 것이다. 대형 구조물을 예인하는 예인선단은 조종성능이 제한된다. 그러므로 상호시계 안에서 이들 선박이 상대선박을 우현측에 두고 접근하고 있더라도 이 선박이 유지선이 되고 일반동력선이 피항선이 된다.

제18조에는 피항의무의 우열규정과 통항불방해의무 규정이 별도로 기술되어 있다. e항의 단서규정은 1987년 개정에서 국제규칙 제8조 f항에 포함되어 있으므로 삭제하였어야 하나 아직도 존치되어 있어서 동조 f항 iii호와 중복된다.

4. 단서규정의 의미

협수로, 통항분리방식 그리고 추월의 경우에는 다른 규정이 있으면 그 규정이 국제규칙 제18조를 배제하고 우선적용된다는 의미이다. 그러므로 예컨대, 어로작업 중인 선박과 일반동력선이 협수로에서 조우하면 국제규칙 제9조 c항에 따라 상호시계 내에서는 일반동력선이 통항불방해의무선박인 어로작업 중인 선박에 대하여 우선권을 가지게 된다.

5. 동일한 조종성능보유선박 사이의 항법

동등한 우선권을 갖는 선박끼리 횡단하는 상태에 놓이게 되면, 예컨대 어로작업 중인 선박 두 척이 횡단관계로 조우할 때에는 어떤 항법을 적용할 것인지가 문제이다. 이에 대하여 국제규칙에서는 규정된 바가 없다. 이에 대하여도 다음 두 가지 해석이 가능하다.

첫째, 양 선박은 동등한 조종성능을 가진 선박이므로 국제규칙 제15조가 적용되어 한 선박은 피항선, 다른 선박은 유지선이 된다고 해석하는 것이다.[203) 둘째, 횡단규정 등은 일반동력선 사이에만 적용되는 것이므로 국제규칙 제15조를 사안에 적용할 수 없고, 선원의 상무로써 이들 선박 모두가 충돌을 피하기 위한 최선의 동작을 다하여야 한다는 것이다.[204)]

동등한 진로우선권을 갖는 부류의 선박들은 조종성능이 제한된 상태이므로 실제로 피항동작이 어렵고, 정면상태와 횡단상태는 일반동력선만을 적용대상으로 하므로, 위 두 번째의 견해가 옳다고 생각한다. 다만, 추월은 추월선이 조종성능이 우수하고 제13조도, 제14조와 제15조와는 달리, '모든 선박'을 적용대상 선박으로 하고 있으므로 첫 번째 견해와 같이 제13조가 적용된다고 본다.[205)]

제 6 절 제한된 시계에서의 항법

Ⅰ. 의 의

항법 적용의 출발점은 시계상태이다. 제한시계(制限視界)라면 제한시계 안의 항법이 적용되어, 조우자세는 관계가 없게 되기 때문이다.

203) 윤점동, 앞의 책, 179면.
204) Cockcraft, *op. cit.*, p.138; Farwell, *op. cit.*, p.283.
205) Farwell, *ibid.*, p.283.

시계가 제한되면 시각적으로 상대선박을 확인할 수 없어 상대선박의 동작을 파악하기가 어려워지므로, 우측원칙을 적용하기가 곤란하기 때문에 제한시계에서는 상호시계 안에서의 항법과는 달리 양 선박 모두가 동등한 주의의무를 부담하도록 하고 있다. 즉 추월, 정면상태 그리고 횡단항법 등은 선박이 서로 상호시계 안에 있어 상대선박의 동작을 서로 용이하게 식별할 수 있는 경우에만 적용되고, 비록 그러한 조우상태에 선박이 놓여 있다고 하더라도 시계가 제한되면 이러한 항법은 적용되지 않고 제한시계에서의 항법이 적용되게 된다. 알파(ARPA) 레이더를 통하여 횡단상태의 자세임을 알았다고 하더라도 제한시계의 항법이 적용되지 횡단항법이 적용되지 않는다. 이러한 항법규정은 일견 모순이 있는 것처럼 보이기도 한다. 그러나 해상교통법은 획일적으로 항법을 정하여 법적 안정성을 높일 필요가 있다.

비록 제한시계에서의 항법이 한 조문으로 짧게 규정되어 있으나, 이는 국제규칙 제2장 제2절 상호시계 안에서의 항법과 대등한 절(제2장 제3절)로서 위치하고 있으므로 이를 유념하여야 한다. 제1절 모든 시계상태에서의 항법이 제한시계에서의 항법에 적용되는 것은 당연하다.

Ⅱ. 내 용

1. 국제규칙 제19조

국제규칙 제19조는 제한시계에서의 항법에 대하여 "(a) 이 조문은 선박이 상호시계 안에 있지 아니하고 시계가 제한된 상태 하에 있는 수역 또는 그 부근에서 운항하는 경우에 적용한다. (b) 모든 선박은 시계가 제한된 그 당시의 상태에 적합한 안전한 속력으로 항행하여야 한다. 동력선은 기관을 즉시 조작할 수 있도록 기관 사용 준비를 갖추어야 한다. (c) 모든 선박은 이 장 제1절의 항법규정을 이행함에 있어서 시계가 제한된 당시의 상황과 상태에 충분히 유의하여야 한다. (d) 레이더만으로 다른 선박이 있음을 탐지한 선박은 근접상태가 형성되고 있는지의 여부, 그리고/혹은 당해 선박과 충돌의 위험이 있는지 여부를 결정하여야 한다. 그러한 위험이 있으면 충분한 시간을 두고 회피동작을 취하여야 한다. 다만, 그러한 동작이 변침만으로 이루어질 경우에는 가능한 한 다음과 같은 동작은 피하여야 한다: (i) 추월당하고 있는 선박에 대한 경우를 제외하고 자선의 정횡(正橫)보다 전방에 있는 선박을 피하기 위하여 좌현측으로 변침하는 것; (ii) 정횡에 있는 선박 또는 정횡보다 후방에 있는 선박의 방향으로 변침하는 행위. (e) 충돌의 위험이 없다고 인정되었을 경우를 제외하고, 자선의 정횡의 전방으로 믿어지는 곳에서 다른 선박의 무중(霧中)신호를 듣거나 또는 그 정횡의 전방에 있는 다른 선박과 근접상태를 면할 수 없는 모든 선박은 자선의 침로를 유지함에 필요한 최소한도의 속력으로 감속하여야 한다. 필요하다면 모든 타력(惰力)을 없애고 어떠한 경우에도 충돌의 위험(danger of collision)이 사라질 때까지 극도로 조심하여 운항하여야 한다"고 정하고 있다.

해상교통안전법 제84조도 동일한 내용이다.

2. 적용요건

이 규정은 시계(視界)가 제한된 상태에서만 적용된다. 그러므로 시계가 제한되었다고 할 때의 시계가 얼마인지가 의문이다. 국제규칙은 이에 대하여 침묵하고 있다. 각 선박이 처하여 있는 주변상황에 따라서 제한시계의 적용요건이 달라지기 때문일 것이다.

판례나 학설에 따르면 대체로 2마일 이내라면 제한시계라 할 수 있다.[206] 즉, 12노트의 선박이라면 정면상태에서 충돌에 이르기까지 5분의 여유만 있는 거리이다. 이러한 기준에 따르면, 일방의 선박이 24노트의 컨테이너선이고 상대선박은 12노트의 일반동력선이라면 3마일이 제한시계의 한계가 될 것이다.

제한시계 규정도 충돌의 위험이 있어야 적용된다. 다만, 안전한 속력으로 항행할 의무인 제19조 b항은 충돌의 위험이 없을 때에도 적용된다. 무중(霧中)에서 갑자기 상대선박을 만날 우려가 있기 때문이다. 제한시계가 적용되는 원인은 안개뿐만 아니라 폭설, 폭우, 화재로 인한 연기, 황사현상 등이다.[207]

---

206) 小川洋一 변호사(선장)는, 일본해심 재결례에 의하면 시정이 1.4~1.5마일의 경우에도 제한시계항법이 적용되지 않은 사례가 있으므로 1마일 전후가 제한시계항법 적용의 한계가 된다고 한다. 앞의 책, 149頁.

207) R.H.B. Stuart, *op. cit.*, p.63; 인도네시아 등의 산불로 인하여 말라카 해협의 시정이 악화된 경우(중앙일보, 2001. 7. 12) 및 2002년 3월 21~22일 사이에 항공기 결항 사태를 가져온 경기지역의 황사현상도 여기에 해당한다고 할 것이다.

3. 제한시계항법

제한시계에서는 피항선·유지선의 구별이 없다. 즉, 상호시계 안에서의 항법에서만 적용되는 추월, 정면상태, 횡단항법은 적용이 없게 된다. 그러므로 안개가 낀 상태에서 자신의 우현에 상대선박을 두고 접근하는 선박은 자신이 피항의무선이 아니며, 그 상대선박 또한 유지선이 아닌 것이다. 이때 상호시계 안이라면 유지선이 될 수 있는 선박이 자신은 여전히 유지선이라고 오해하여 아무런 조치를 취하지 않고 있다가 충돌사고가 발생하는 경우가 많다. 이를 유의하여야 한다.

STCW협약(제2부속서 A편 제8장 A절 제45조)에 의하면 제한시계에서는 선장에게 그 사실을 보고하고, 항해등을 점등하고, 추가 경계원을 배치하고, 수동으로 조타를 하며, 레이더로 철저한 경계를 하는 등의 추가조치를 필요로 한다고 정하고 있다.

(1) 기관 준비, 안전속력 및 피항조치

모든 선박은 제한시계에서는 안전한 속력으로 항행하여야 하고, 동력선은 기관을 즉시 사용할 수 있도록 준비해 두어야 한다(제19조 b항). 자선의 정횡(正橫)의 전방에서 무중(霧中)신호를 듣거나 정횡 전방에 있는 상대선박과 근접상태를 피할 수 없는 모든 선박은 타효(舵效, rudder effect)유지 가능 최저속력으로 항행하여야 한다(제19조 e항).

제19조 b항의 안전속력은 제6조의 안전속력과 동일하고, 다만 기관 준비가 되어 있어야 한다는 차이점이 있다.[208]

13~14노트로 항해하는 두 선박이 무중(霧中) 상태에서 충돌 30분 전부터는 6~8노트로 항행하여야 한다는 영국 해사법원의 판결[209]과, 3마일 거리에서 물표가 해면반사구간에 숨어버려서 보이지 않게 되면 타효유지 가능 최저속력으로 항행하여야 한다는 판결[210]이 있다. 타효유지 가능 최저속력은 3~4노트로 본다.[211] 타효유지 가능 최저속력으로 항행하여야 하는 이유는 상대선박의 동작을 파악할 수 있는 시간적인 여유를 얻고, 피항동작을 취함에도 여유시간을

208) 同旨: Marsden, *op. cit.*, p.216.

209) The “Roseline”, [1981] 2 Lloyd's Reports, 410.

210) The “Maloja II”, [1993] 1 Lloyd's Reports, 48; 김인현, 앞의 책, 135면.

211) 윤점동, 앞의 책, 187면.

얻기 위함이다.[212]

어선 부성호·어선 보장호 충돌 사건(부해심 제2019－022호)에서 부산해심은 "이 사건은 제한된 시계에서 항행 중인 부성호가 경계를 소홀히 하여 어로 작업 중이던 보장호를 피하지 아니하여 충돌한 것이나, 보장호가 적절한 피항동작을 취하지 않은 것도 일인이 된다. 모든 선박은 시계가 제한된 그 당시의 사정과 조건에 적합한 안전한 속력으로 항행하여야 하며, 동력선은 제한된 시계 안에 있는 경우 기관을 즉시 조작할 수 있도록 준비하고 있어야 한다(해사안전법 제77조). 또한 무중신호(해사안전법 제93조)를 울리며, 충돌을 피하기 위한 경계(해사안전법 제63조)에 만전을 기하여야 한다. 그러나 부성호는 '경계'를 철저히 하지 못했다. 경계는 육안으로 하는 경계 및 레이더 경계를 포함한다. 당시 이 선장은 충돌사고 약 8분 전에 레이더로 상대선박을 초인하였다. 다만, 레이더의 물표가 흐릿하고 출몰을 반복하였는데, 이러한 경우 응당 레이더의 감도를 조정하여 상대선박을 확인하거나 불분명한 경우 속력을 낮춰 안전한 속력으로 항행하여야 했으나 선장은 그렇게 하지 않았다. 또한 제한시계였음에도 무중신호를 울리지 않았다. 보장호는 어로에 종사하고 있었다. 당시 속력은 0～1노트인 상태로 통발을 양망하고 있었으므로, 해사안전법 제77조 제2항의 안전한 속력에 해당함은 분명하다. 그러나 충돌 약 5분 전에 상대선박을 발견했지만 막연히 지나갈 것으로 생각하여 특별한 피항동작을 취하지 않았다. 또한 제한시계였으나 무중신호를 울리지 않았다. 이러한 보장호 측의 과실은 이 충돌사고에 하나의 원인으로 작용하였다. (원인제공비율은) 항행 중인 상태에서 안전한 속력을 준수하지 아니한 부성호가 75%, 적절한 피항동작을 취하지 못한 보장호가 25%인 것으로 각 배분한다"고 재결하였다.

(2) 좌현변침 금지

침로만의 변경으로 피항동작을 취할 때에는 가능한 한 본선의 정횡 전방에 있는 선박을 피하기 위하여 좌현변침(左舷變針)을 하여서는 아니된다(제19조 d항

212) 今西는 무중항법(霧中航法)에 대하여 다음과 같이 기술하고 있다. 1만톤급의 선박의 경우에, 8~12마일에서 상대선박을 레이더로 포착하고, 4~8마일 거리에서 상대선박의 방위의 변화가 현저하지 않으면 대각도 변침하여 상대선박을 피하고, 상대선박이 4마일 이내로 접근하면 안전한 속력으로 감속하여, 상대선박의 동작을 철저히 관찰하고 신중하게 항진하고, 2마일 이내로 접근하면 기관을 정지하고 타력을 완전히 죽이는 조심스런 조종이 필요하다. 今西保彦, 『海難審判の判例』(成山堂書店, 1982), 266頁.

i호)(다음 [그림 17]). 상대선박이 본선의 좌현 선수(船首)에 있든 우현 선수에 있든 관계없이 좌현 변침을 하여서는 아니된다.

무중에서의 좌현 변침이 비난받은 영국 해사법원의 사례로는 **말로자2호 충돌 사고**가 있고,[213] 해양안전심판의 사례로는 **일반화물선 제17홍아호 · 일반화물선 제88현광호 충돌 사건**(중해심 제96－30호)이 있다.[214]

카페리화물선 세주파이오니아호 · 어선 헬시8호 충돌 사건(부해심 제2020－024호)에서 부산해심은 "모든 선박은 시계가 제한된 그 당시의 사정과 조건에 적합한 안전한 속력으로 항행하여야 하며, 동력선은 제한된 시계 안에 있는 경우 기관을 즉시 조작할 수 있도록 준비하고 있어야 한다(해사안전법 제77조 제2항). 또한 다른 선박이 자기 선박의 양쪽 현의 정횡 앞쪽에 있는 경우 좌현 쪽으로 침로를 변경하는 행위를 피하여야 한다(해사안전법 제77조 제5항 제1호).
사안을 보면 세주파이오니아호 당직항해사는 시계가 약 100m로 제한된 상황이었음에도 속력을 기존의 12노트에서 감속하지 아니하였고, 또 상대선박의 크기가 작지 아니함에도 레이더 경계를 소홀히 하여 충돌 직전까지 인지하지 못하였다. 게다가 제한된 시계 상태에서 가능한 한 피하여야 할 좌현 변침을 하여 충돌의 위험을 극도로 증가시켰다. 이러한 세주파이오니아호 당직항해사의 규정 위반은 이 충돌사건의 주요한 원인으로 작용하였다"고 재결하였다.

석유제품운반선 15명진호 · 산적화물선 티안 주이호 충돌 사건(중해심 제2018－001호)에서 중앙해심은 "이 사건은 시계가 제한된 야간에 인천항 수상구역에서 항로를 따라 출항하던 15명진호가 경계 소홀로 자선의 전방으로 접근하는 선박을 뒤늦게 발견하고 이를 피하기 위한 동작으로 급히 좌현 변침하여 티안 주이호의 진로 전방으로 진입함으로써 발생한 것이나, 티안 주이호가 항로에 접근하는 선박들과의 근접상황 발생 가능성에 충분히 대비하지 못한 것과 15명진호의 안전관리가 적절히 이루어지지 못한 것도 일부 원인이 된다. 이 충돌사건의 원인제공비율은 15명진호가 95%, 티안 주이호가 5%인 것으로 각각 배분한다"고 재결하였다.

상대선박이 본선의 우현 선수 쪽에서 본선측으로 내려오고 있다면, 본선이 좌현 변침하는 순간에 상대선박이 항법에 따라 우현 변침하면 충돌코스로 접근

213) The "Maloja II", *op. cit.*, 48.
214) 『해난심판사례집』(1997), 458면.

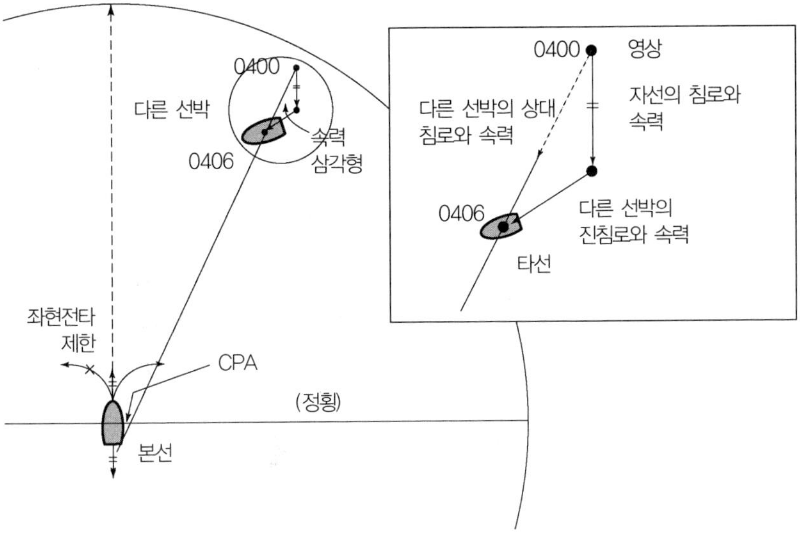

[그림 17] 제한시계에서의 항법과 레이더(상대방위지시방식)

하게 된다. 상대선박이 본선의 좌현 선수 쪽에 있다면 본선이 좌현 변침하고 상대선박이 침로를 그대로 유지한다면 충돌코스가 된다. 이러한 이유로 정횡 전방에 있는 선박에 대하여 좌현 변침을 하여서는 아니된다고 정하고 있는 것이다. [그림 17]에서 다른 선박은 레이더상으로 본선의 우측으로 항해하는 것으로 보이나, 진침로는 본선의 선수를 가로질러 좌현으로 진행하고 있다. 그러므로 좌현 변침하면 충돌이 발생한다.

자선의 정횡에 있는 선박 또는 정횡보다 후방에 있는 선박의 방향으로 변침하여서는 아니된다(국제규칙 제19조 d항 ii호).[215] 이때에는 우현 변침도 물론 금지된다.

(3) 계속 주시할 주의의무

충돌의 위험성(danger of collision)이 사라질 때까지 극도의 주의로 항행하여야 한다(제19조 e항). danger of collision은 risk of collision보다 충돌의 개연성이 더 높은 상태이다.[216] 무중에서의 충돌의 위험은 상호시계 안과는 달리 최대

215) 국제규칙 제19조 d항은 침로만의 변경으로 피항동작을 취할 때 적용되므로 감속과 동시에 이러한 동작을 취할 때에는 좌현 변침도 허락되는지는 의문이다.

216) 『海上衝突豫防法の解說』, 68頁.

12마일 정도까지 확대된다고 본다.[217] 따라서 6~4마일 정도까지는 risk of collision의 단계로서 안전속력(약 8노트)으로 항행하여도 무방하나, 근접상태가 되어 danger of collision 상태가 되면 타효(舵效)유지 가능 최저속력(약 4노트)으로 항행하여야 한다. 무중(霧中)에서의 과도한 속력은 크게 비난받는 사항이다.[218]

(4) 제8조의 적용

각 선박이 취하여야 할 피항동작은 제1절 모든 시계상태에서의 항법에서 정한 사항들로서 제7조(충돌의 위험) 및 제8조(충돌을 피하기 위한 동작) 등이다. 그러므로 모든 선박은 조기에 대각도 우현 변침으로 상대선박을 피하여야 한다.

4. 효 과

선박충돌로 인한 손해배상은 각자의 과실비율에 따르고 기본적으로 상호시계항법에서 유지선이라면 대략 30~40%의 과실비율을 부담하지만, 제한시계에서의 항법이 적용되면 양 선박이 각각 50%의 과실비율을 기본적으로 부담하게 되므로 제한시계가 적용되는 시정(視程)이 얼마인지는 대단히 중요한 의미를 가지게 된다.

제3동광호 충돌 사건에서 부산지방해심원(부해심 제94－99호)은, 이 충돌사건은 시계가 극히 제한된 상태에서 양 선박이 항행 중 제8동광호 측이 안전속력을 지키지 아니하고 무중신호를 울리지 아니하였을 뿐만 아니라 전방의 상대선박을 피하기 위하여 좌현 변침하는 등 시계제한 상태에서의 운용이 부적절한 것과, 제3동광호 측이 안전속력을 지키지 아니하고 무중신호를 울리지 아니하였을 뿐만 아니라 상대선박의 동정을 체계적으로 관측하지 아니하고 조기에 피항동작을 취하지 아니하는 등 시계제한 상태에서의 운용이 부적절한 것이 서로 경합하여 발생한 것이라고 재결하였다.[219]

또한 **제58씨드래건호 충돌 사건**에서 부산지방해심원(부해심 제1999－107호)은,

---

217) 영국의 사례에서는 무중에서의 충돌사건에서 약 12마일부터 항법을 적용하고 있음을 알 수 있다. The "Maloja II", *op. cit.*, 48; 김인현, 앞의 책, 131면 이하.

218) 과도한 속력 때문에 비난받은 사례로는 The "Aleksandr Marinesko and Quint Star", [1998] 1 Lloyd's Reports, 265~282이 있다.

219) 『해양안전심판사례집』(1995), 62면.

이 충돌사건은 제58씨드래건호가 상대선박의 동태에 대한 판단 착오와 경계 소홀로 조업 중인 제11영진호의 진로를 피하지 못함으로써 발생된 것이나, 제11영진호 측이 충돌의 위험을 느끼지 못함으로써 경계를 소홀히 하여 충돌회피협력동작을 취하지 못한 것도 일인이 된다고 재결하였다.[220]

중앙해심은 **어선 성진호·어선 남성호 충돌 사건**(중해심 제2022-018호)에서 다음과 같이 판시했다. "이 충돌사건은 안개로 시계가 제한된 낮에 조업지로 가기 위해 9노트의 속력으로 항해하던 성진호와 어로 작업을 하면서 약 0~2노트의 속력으로 이동하던 남성호 사이에 발생한 사건이다. 따라서 이 사건에는 「해사안전법」 제77조(제한된 시계에서의 선박의 항법)와 제93조(제한된 시계 안에서의 음향신호)가 적용된다. 또한, 같은 법 제63조(경계)에서 제66조(충돌을 피하기 위한 동작)까지의 규정이 적용된다. 남성호는 길이 1,200미터에 이르는 통발 틀을 양승하는 중이었으므로, 「해사안전법」 제2조(정의) 제11호에서 정하는 '어로에 종사하는 선박'이다. 그러나 제한된 시계에서는 같은 법 제2절(선박이 서로 시계 안에 있을 때의 항법) 제76조(선박 사이의 책무)가 적용되지 않으므로, 이 사건 선박 사이에는 피항선과 유지선의 관계가 성립되지 않는다.

성진호는 침로 055도와 속력 9노트로 자동조타 항해하던 중 레이더 화면에서 상대 선박을 발견했지만 아무런 조치 없이 속력과 침로를 그대로 유지하면서 항해를 계속했다. 또한, 성진호는 시계가 제한된 수역을 항해하면서 충돌할 때까지 아무런 음향신호도 하지 않았다. 성진호가 레이더 화면에서 상대 선박인 남성호를 처음 보았던 순간 ① 자동조타를 수동조타로 전환하고, ② 시계가 제한된 당시의 사정에 적합한 안전한 속력으로 항해하면서, ③ 레이더 탐사범위의 적절한 조정과 탐지된 선박에 대한 작도 등을 통해 체계적으로 관측하고 경계하면서 항해했다면, 남성호와의 충돌은 피할 수 있던 것으로 판단된다. 이와 같이 성진호가 시계가 제한된 상황에 적합한 안전한 속력을 지키지 않고 음향신호 없이 경계를 소홀히 하면서 항해한 것은 이 충돌사건 발생의 주된 원인이 된다. 남성호는 제한된 시계에서 음향신호 없이 항해와 어로 작업을 했다. 또한, 조타실 밖의 어로 작업에 집중하여 경계를 소홀히 했고 충돌 직전에 혼스피커를 울리는 동작 외에는 충돌을 피하기 위한 적절한 동작을 하지 못했다. 원인제공비율은 ① 성진호가 안전한 속력을 지키지 않고 경계를 소홀히 한 것이 사고 발생의 주된 원인인 점, ② 남성호가 경계를 소홀히 해 충돌을 피하기 위한 적절한 동작을 하지

220) 『해양안전심판사례집』(2000), 154면.

않은 것이 일부 원인인 점을 고려하여 성진호에 70퍼센트, 남성호에 30퍼센트를 각각 배분한다."

Ⅲ. 다른 규정과의 관계

1. 상호시계 안에서의 항법

국제규칙 제12조의 범선, 제13조의 추월, 제14조의 정면상태, 제15조의 횡단상태 그리고 제18조의 선박 사이의 책무에 대한 규정은 상호시계 안의 절에 포함되어 있는 항법이므로, 이 규정들은 제한시계에서는 적용이 없다. 즉, 시정이 양호한 상태에서는 횡단관계로 충돌의 위험을 내포한 채로 접근하는 경우에 횡단항법이 적용되어 한 선박은 피항선, 다른 선박은 유지선이 된다. 그러나 무중(霧中)이 되어 제한시계가 되면 이러한 개념의 구별은 사라지고 양 선박 모두가 피항선이 된다. 시정이 양호한 상태에서 유지선이 무중이 되면 피항선의 지위에 있게 됨에도 여전히 자신이 유지선이라고 생각하게 되어 상대선박이 피할 것을 고집하다가 충돌사고가 발생하는 경우가 많다.221)

추월의 경우에 국제규칙 제3절 제19조에서의 무중항법(霧中航法)을 적용한다면, 추월상태의 선박과 피추월상태의 선박 모두가 피항의무를 부담하게 된다. 추월은 상호시계 안에서의 경우보다 제한시계의 경우가 더욱 위험하므로 이러한 해석은 불합리하다는 생각이 든다. 추월상태의 선박이 더 큰 주의의무를 부담하는 것이 타당하므로, 제한시계에서의 추월은 원칙적으로 금지된다고 해석하거나, 국제규칙 제2조가 적용되어 추월선이 더 큰 주의의무를 부담한다고 해석하여야 합리적이라고 생각한다. 추월규정만은 제한시계에서도 적용된다고 보는 견해222)도 있다.

어로작업 중인 선박으로 조종성능이 제한되고 있는 선박의 경우라 할지라도 국제규칙 제18조는 상호시계 안에서만 적용되므로 제한시계가 되면 일반동력선과 동일한 피항의무를 부담하게 된다.

---

221) 상호시계 안에서의 항법인 교차상태에서의 항법(횡단항법)을 제한된 시계상태에서도 적용하는 경우가 82.5%로 조사되었다는 보고가 있다. 지상원, "국제해상충돌방지규칙의 개정에 관한 일고찰(하)", 『월간 해기』, 1995년 9월호, 15면.

222) Healy & Sweeny, *op. cit.*, p.203.

그럼에도 불구하고, 무중에서 항행 중이던 일반동력선과 조종성능이 제한되는 선박 사이의 충돌에서 일반동력선에 더 많은 원인제공비율이 부과되는 재결이 잇따르고 있다.

수덕호·스카이피닉스호 충돌 사건에서 부산해심(제2016-014호)은 "사고 당시 시정이 100미터로 제한된 상태였으므로 항행 중인 스카이피닉스호는 어로에 종사하던 수덕호 사이에는 제한된 시계에서의 항법(제77조)이 적용된다. 다만, 이 사건과 같이 어로에 종사하는 선박이 0.3노트의 속력으로 조업을 하는 경우 안전한 속력을 문제삼을 여지가 없고, 또 통항분리수역에서의 조업 등의 특수한 경우가 아닌 경우 스스로 충돌의 위험을 일으킬 여지가 적은 경우, 어로에 종사하고 있는 선박의 경우보다 항행 중인 선박의 주의의무의 정도가 더 크다는 것은 부인할 수 없다"고 하여 스카이피닉스호에 80%의 원인제공비율을 부과하였다(2017년 사례집, 283면).

낚시어선 분점호·어선 장원호 충돌 사건에서 인천해심(제2016-024호)은 "제한된 시계에서 경계를 소홀히 한 채 항해하다가 정선하여 낚시 중이던 분점호를 피하지 못한 장원호가 70%, 제한된 시계에서 정선하여 낚시를 하며 경계를 소홀히 하여 충돌을 피하기 위한 충분한 협력동작을 취하지 아니한 분점호가 30%인 것으로 각각 배분한다"고 재결하였다(2017년 사례집, 296면).

어선 일광호·어선 항구2호 충돌 사건에서 인천해심(제2016-024호)은 "이 충돌 사건은 정선한 상태로 갑판에서 어구를 정리하던 일광호와 작업자를 태우고 풍도로 향하다가 방향을 잃고 무작정 항해하던 항구2호가 충돌한 사건으로 해양사고 관련자 모두 당시 짙은 안개로 충돌시까지 상대선박을 서로 보지 못했다고 하므로 제한시계의 항법이 적용된다. 제한된 시계에서 관련 규정을 어기고 승객을 태운 채 무리하게 항해하다가 정선하여 어구 정리 중인 일광호를 피하지 못한 항구2호가 90%, 제한된 시계에서 정선하여 어구를 정리하며 경계를 소홀히 하여 충돌을 피하기 위한 협력동작을 취하지 아니한 일광호가 10%의 원인제공비율을 가진다"고 재결하였다(2017년 사례집, 304면).

2. 협수로, 통항분리방식, 교통안전특정해역에서의 항법

국제규칙 제9조 및 제10조, 해상교통안전법 제7조 등은 모든 시계상태에서 적용되는 규정이다. 그러므로 제한시계 여부와는 상관없이 선박들은 각 규정에서 정한 바대로 항행하여야 한다. 즉, 좁은 수로등에서는 협수로의 우측으로, 통항분리방식과 특정해역에서는 항로지정방식에 정하여진 지정 통항로를 따라 항행하면 된다. 그러나 이 경우에는 제한시계의 항법이 적용되어 속력을 낮추고 추가 경계원을 배치하는 등의 주의의무가 추가로 부과된다.

3. 선박입출항법

선박입출항법상의 항법은 모든 시계상태의 항법으로 이해된다.[223)]

울산항 항계 내를 항해 중에 발생한 **유조선 제3민우호·일반화물선 럭키호버호 충돌 사건**에서 중앙해심원(중해심 제98－11호)은 해상교통안전법 제27조(제한된 시계에 있어서의 선박의 항법)가 적용된다고 재결하였다.

그러므로 제한시계에 관계없이 모든 선박은 항로를 따라 항행하여야 하고, 항로의 횡단은 금지된다. 선박입출항법은 특별법의 성격을 가지므로 횡단선은 조우관계에 관계 없이 항로를 따르는 선박에 대하여는 피항선이 된다. 제한시계라고 하더라도 횡단선은 절대적인 피항선이 된다고 생각한다.[224)]

---

223) 『해양안전심판사례집』(1999), 472면; 同旨: 일반화물선 서진호·예인선 제201해성호의 피예인부선 202해성호 충돌 사건(중해심 제97－27호)(『해양안전심판사례집』(1998), 452면).

224) 이 점이 중첩적으로 항법이 적용되는 특정해역의 경우와는 다르다.

Korean Marine Traffic Law

제 3 장

선박 사이의 항법상 우선권

제 1 절 우선권 일반론

Ⅰ. 의 의

충돌사고를 효과적으로 피하기 위하여 항법을 규정함에 있어서는 여러 가지 상황을 고려하여야 할 것이다. 선박들이 서로 시계 안에 있는 때 서로 상대선박의 동작을 쉽게 파악할 수 있는 경우가 있는가 하면, 무중(霧中)이 되어 상대선박의 동작을 레이더에 의존하여야 할 경우가 있다. 또한, 선박 자체의 조종성능이 서로 다른 선박끼리 충돌의 위험을 안고 조우하여 조종성능이 열등한 선박은 피항능력이 떨어질 수밖에 없는 경우도 있다. 한편, 지리적인 상황 등과 같은 외적 요인에 따라서 선박의 조종성능이 제한되는 경우도 있다. 이러한 여러 상황이 복합적으로 혼재되어 있는 경우도 있을 수 있다.

국제규칙의 입법자들은 이러한 점을 고려하여 항법을 크게 상호시계와 제한시계에서의 항법으로 나누어, 선박 자체의 조종성능 우열에 따른 항법은 상호시계 안에서의 항법에만 포함시키고, 지리적인 사정에 따라 선박의 조종성능이 제한되는 경우의 항법은 모든 시계상태에서 적용되는 항법에 포함시키고 있다. 우리나라의 「해상교통안전법」과 「선박의 입항 및 출항 등에 관한 법률」(이하 '선박입출항법'이라 한다)도 이러한 국제규칙의 입법태도를 그대로 받아들이고 있다.

그러므로 선박 사이의 항법상 우선권은 (i) 선박 자체의 조종성능에 따른 항법과 (ii) 지리적 상황에 따른 항법으로 나누어 볼 수 있다. 이들 항법은 열등한 지위에 있는 선박에 유지선으로서 우선권을 부여하고 있다는 점에 특징이 있다. 상호시계 안에서의 정면상태, 횡단상태에서의 항법이 일반적인 항법이므로 여기에 대응한다는 의미에서 특별항법으로 칭할 수도 있다.

이러한 특별항법에서의 유지선은 조종성능이 열등하므로 일반항법에서의 유지선보다 주의의무가 낮아서, 선박충돌의 경우에 피항선이 일반항법에서의 피항선보다 높고 유지선은 더 낮은 과실비율을 부담하게 된다는 점에 의의가 있다.

Ⅱ. 종 류

선박 항법상 우선권을 갖는 경우는 국제규칙 제18조(선박 사이의 책무)에서 유추해 볼 수 있다. 즉, 제18조는 상호시계 안에서 조종성능의 우열에 따라 선박이 상대선박의 진로를 피하여야 하는 경우를 정하고 있다. 그리고 제18조 본분 단서에서 제9조(협수로), 제10조(통항분리방식) 그리고 제13조(추월)의 경우에는 이 조항들이 제18조보다 우선함을 정하고 있다. 따라서 국제규칙 제9조, 제10조, 제13조 그리고 제18조의 경우를 항법상 우선권을 갖는 형태로 볼 수 있을 것이다. 제18조에서는 운전부자유선 및 조종성능제한선박, 어로작업 중인 선박, 범선, 일반동력선의 순서로 우선권이 부여되어 있다. 그리고 추월선은 기본적으로 추월한다는 자체가 조종성능이 우수하므로 피추월선은 우선권을 갖게 된다고 생각된다.

항법상 우선권을 갖는 특별항법은 넓은 의미로 파악하면 국제규칙 제18조의 경우뿐만 아니라 협수로, 통항분리대 안에서의 항법, 특정해역 안에서의 항법, 선박입출항법상 항로 안 등의 항법 등도 포함된다.

이들을 유형화하면 두 가지로 나누어 볼 수 있다. 즉, 조종성능제한 원인에 따른 분류가 그 하나이고 우선권의 성질에 따른 분류가 다른 하나이다.

먼저 조종성능제한 원인에 따른 분류를 본다. 여기에는 선박 자체의 조종성능의 우열에 따라 상호시계 안에서 조종성능이 우수한 선박이 열등한 선박을 피하도록, 즉 조종성능열등선박이 항법상 우선권을 갖는 것이 그 하나이고, 선박 외적인 요인, 즉 협수로·항로 등의 특수한 지리적인 환경에 따라 특정 선박에 우선권을 부여하는 것을 다른 하나로 볼 수 있다.

다음으로 우선권의 성질에 따른 분류를 본다. 해상교통법의 각 규정에는 '진로를 피하여야 할 의무'와 '통항을 방해하지 아니하여야 할 의무'가 서로 나뉘어 기술되어 있음을 알 수 있다. 이를 우선권의 관점에서 본다면 어떤 선박의 '진로가 피하여져야 하는' 권리('진로우선권')와 '통항을 방해받지 아니할' 권리('피통항불방해권리' 혹은 '통항우선권') 등 두 가지로 나누어 볼 수 있다.

제 2 절 선박 자체의 조종성능 우열에 따른 우선권

Ⅰ. 서 론

선박 자체의 조종성능의 우열에 따라 우선권이 부여되어 있는 것으로는 국제규칙 제18조의 각종 선박, 추월항법에서 피추월선 그리고 선원의 상무 규정에서 인정되는 각종 선박 등이 있다. 이들 선박들은 상대선박에 비하여 조종성능이 열등하므로 이들 선박에 우선권을 부여하고, 상대선박으로 하여금 이들 선박을 피하거나 통항을 방해하지 않을 의무를 부과하였다.

상호시계 안에서 선박간에 피항의무의 우열을 정한 것은 조종성능의 우열에 따라 피항을 하는 것이 논리적이기 때문이다. 제한된 시계상태에서는 상대선박의 움직임을 파악하는 것이 제한되므로 이러한 우선권은 부여되지 않는다.

Ⅱ. 국제규칙 제18조에 의한 우선권

1. 국제규칙 제18조의 의의

(1) 진로우선권 선박

국제규칙 제18조는 조종성능우수선박이 열등한 선박을 피하라는 취지의 규정이다. 제18조는 제9조, 제10조 및 제13조에서 달리 규정하고 있는 경우를 제외하고, (a) 항행 중인 동력선은 (i) 운전이 자유롭지 못한 상태에 있는 선박, (ii) 조종성능에 제한을 받고 있는 선박, (iii) 어로에 종사하고 있는 선박, (iv) 범선(이하 생략)의 진로를 피하여야 한다고 규정하고 있다(제18조 a항).

제18조에서 선박에 부여한 조종성능의 우열순서는 동력선 > 범선 > 어로작업 중인 선박 > 조종성능제한선박 또는 운전부자유선이다. 즉, 다시 말하면, 운전부자유선 또는 조종성능제한선박, 어로작업 중인 선박, 범선, 그리고 동력선의 순서로 이들은 자신들보다 조종성능이 우수한 선박에 대하여 우선권을 갖는다고 할 수 있다.

일반화물선 한진제다호 · 요트 인샬라호 충돌 사건(부해심 제98−5호)에서 항행 중인 동력선인 한진제다호가 범선에 해당하는 인샬라호의 진로를 피하여야 한다고 부산지방해심원은 재결하였다.1)

제18조에서 말하는 동력선(動力船)은 추진기관에 의하여 추력(推力)을 얻는 선박으로서 범선이나 노도선(櫓櫂船, 노와 상앗대로 운전하는 선박)에 대응되는 개념이다. 그러므로 운전부자유선이나 조종성능제한선박은 일반동력선일 수도 있고 범선일 수도 있다.

운전부자유선(運轉不自由船)이란 기관 고장을 일으켜 표류(漂流)하고 있거나, 조타기 고장 등으로 인하여 조종능력이 없는 선박이다. 항해 중 레이더가 고장난 선박은 운전부자유선박이 아니다.2)

폐기물운반선 영남1호 · 어선 제101대신호 충돌 사건에서 부산지방해심(부해심 제98−51호)은, 시계가 양호한 상태에서 항해 중인 동력선에 해당하는 영남1호가 조종불능선에 해당하는 제101대신호의 진로를 피하여야 한다고 재결하였다.3)

조종성능제한선박(操縱性能制限船舶)이란 조종능력이 있기는 하지만 상당한 정도로 조종성능이 제한되어 쉽게 상대선박을 피할 수 없는 선박을 말한다. 국제규칙 제2조 g항의 정의규정에 따르면 여기에는 해저전선을 부설하고 있는 선박, 준설작업 중인 선박, 항행 중 사람 혹은 화물의 이송작업에 종사하는 선박,4) 대형 구조물을 예인하고 있는 예인선 등이 있다. 다만, 트롤어망을 끌고 있는 선박은 어로작업 중인 선박의 부류에 속하고 있다. 예인선의 10배 정도의 크기인 피예인선을 200미터 정도의 예인줄로 예인 중인 예인선단이 조종성능제한선박에 해당하는지는 다툼이 있다.5)

---

1) 『해양안전심판사례집』(1999), 15면. 그러나 **원목선 팬 그레이스호 · 요트 메린다리호 충돌 사건**(중해심 제97−11호)에서는 횡단항법이 적용되었다(『해양안전심판사례집』(1998), 294면).
2) **어선 제27남영호 · 일반화물선 코노푸스호 충돌 사건**(부해심 제98−160호), 『해양안전심판사례집』(1999), 88면.
3) 『해양안전심판사례집』(1999), 30면.
4) **어선 방주호 · 어선 85대양호 충돌 사건**(중해심 제2013−009호)에서 꽃게통발 어선인 방주호는 어획물 운반선 명진호의 우현측에 계류하여 꽃게상자 이송작업에 종사하고 있었으므로 중앙해심은 해사안전법 제76조(현 해상교통안전법 제83조)를 적용하였다.
5) 이는 국제해상충돌예방규칙의 정의규정(제3조 g항)에서 진로로부터의 이탈능력을 매우 제

어로작업에 종사하고 있는 선박이란 트롤망 등을 끌고 있으므로 인하여 조종성능이 제한되는 선박을 말한다. 따라서 조종성능이 전혀 제한되지 아니하는 단순한 채낚기 어선이나 연승(延繩, 주낙) 등은 조종성능이 제한되는 어로작업에 종사 중인 선박이 아니다. 정치망 어장에서 양망(揚網) 도중에 그물을 뱃전에 실어 둔 경우는 조종성능이 제한되는 선박이지만, 정치망 어장을 향하여 항해하고 있는 선박은 어로작업 중인 선박이 아니다. 어로작업에 종사하고 있지 않는 어선은 일반동력선으로서 어로작업에 종사 중인 어선을 피하여야 한다.[6)]

동진호프호와 키호마루호 충돌 사건에서 부산지방해심원(부해심 제94－25호)은, 이 충돌 사건은 "동진호프호 측 항해당직자가 경계를 태만히 하여 해묘(海錨)를 놓고 어로작업 중인 키호마루호를 발견하지 못하여 발생한 것이나, 키호마루호 측이 경고신호를 울리지 아니한 것도 일인이 된다"고 재결하였다.

범선의 우선권이 인정된 재결로는 **제일호·스칼렛호 충돌 사건**이 있다. 2014. 11. 5~11. 9.까지 5일간 경남 통영시 한산만에서 개최된 제8회 이순신 장군배 국제요트대회에서 스칼렛호는 전혀 기관을 사용하지 못하게 된 대회규칙상 사고 당시 범선으로 인정되었다. 중앙해심(제2016－010호)은 "스칼렛호는 요트대회에 참가하면 돛만을 사용하여 침로 제170도, 속력 0.3노트로 항행 중이었기 때문에 해사안전법상 범선에 해당한다. 이 충돌 사건은 시정이 약 7마일로 양호한 상태에서 발생하였고, 조종성능이 우월한 동력선이 열등한 스칼렛호의 진로를 피하여야 한다"고 판시하였다(2017년 사례집, 164면). 나아가 중앙해심은 "이 충돌 사건은 서로 시계 안에서 결합상태로 항해하던 동력선 제101 및 제102제일호가 경계 소홀로 돛을 사용하여 경기 중인 스칼렛호를 피하지 아니하여 발생한 것이나, 스칼렛호가 접근하는 상대선박들에 대하여 기적 등을 이용하여 경고신호 또는 주의환기신호를 울리지 않은 것도 일인이 된다. 또한 요트대회 주최기관 및 주관단체에서 사전 홍보 및 경기구역 안으로 진입하는 선박에 대한 통제를 소홀히 한 것도 일인이 된다"고 재결하면서 양 선박의 사고 발생에 대한 원인 제공 정도를 제101제일호 측이 95%, 스칼렛호 측이 5%인 것으로 각각 배분하였다(주최기관 및 주관단체에도 시정권고가 나감)(2017년 사례집, 166면).

한받는(severely restricted) 예인작업에 종사하는 경우에 예인선은 조종성능제한선박이 된다고 정하고 있기 때문이다.

6) 어선 창영호·어선 양덕호 충돌 사건(동해해심 제95－9호), 『해난심판사례집』(1996), 121면.

(2) 통항우선권 선박

운전부자유선 또는 조종성능제한선박 이외의 선박은 흘수제약선에 대하여 통항불방해의무를 부담하므로(제18조 d항), 흘수제약선은 피통항불방해선박으로서 통항우선권을 보유하는 선박이다. 흘수제약선은 정의에 따르면 선박의 흘수와 수심 및 가항수역의 폭의 한계에 의하여 그 진로로부터 벗어날 수 있는 능력을 매우 제한받고 있는 동력선을 말한다. 수상항공기는 모든 선박에 대하여 통항불방해의무를 부담한다(제18조 e항). 그러므로 모든 선박은 수상항공기에 대하여 통항우선권을 갖는다.

2. 적용요건

(1) 진로우선권 선박

국제규칙 제18조 피항의무 우열 규정에 의하여 우선권이 인정되기 위하여는 아래와 같은 요건이 필요하다.

첫째, 제18조는 상호시계 안에서 적용되므로 서로 시각적으로 볼 수 있는 시계 안에 있어야 한다. 그러므로 무중(霧中)상태라면, 제18조 대신 무중항법이 적용되어 양 선박이 동일한 주의의무를 부담하게 된다. 양 선박 중 한 선박 혹은 양 선박 모두가 상대방을 보지 못하여 충돌사고가 발생한 경우에도 제18조는 적용된다. 항법이란 객관적으로 주의의무의 위반을 판단하기 때문이다.

둘째, 실제로 선박의 운전이 부자유한 상태, 조종성능이 제한되는 상태, 어로작업에 종사하고 있는 상태, 돛을 사용하는 상태 등에 있어야 한다.[7] 그러므로 어로작업에 종사하지 않고 항해 중인 어선은 이 조항상의 우선권이 인정되지 않는다.

셋째, 피항의무를 부담하는 선박은 반드시 항행 중이어야 한다. 이들이 묘박(錨泊) 중이라면 오히려 이들 선박이 선원의 상무상 우선권을 갖게 된다.

넷째, 양 선박이 서로 충돌의 위험을 내포한 채로 접근하고 있어야 한다. 충돌의 위험이 없다면 항법 적용이 필요 없기 때문이다. 그런데 국제규칙 제18조에는 제14조(정면상태) 및 제15조(횡단상태)에서와는 달리 충돌의 위험이 있어야 한다는 명문의 규정이 없다. 제18조에는 '진로를 피하여야 할 의무'와 '통항을

7) S. Mankabady, *The Law Collision at Sea*, Elsevier Science Publishers B. V. 1987, p.231.

방해하지 말아야 할 의무'가 혼재되어 있다. '통항을 방해하지 말아야 할 의무'는 제8조 f항에 의하면 충돌의 위험이 발생하기 전에도 존재하므로 양자를 달리 보아야 한다. 그러므로 충돌의 위험을 별도로 명기하지 않은 것으로 생각된다.

다섯째, 국제규칙에서 정한 형상물을 표시하여야 한다. 이러한 형상물을 표시하지 않은 경우에는 상대선박이 당해 선박의 그러한 조종성능제한 상태를 알 수 없기 때문이다. 다만, 당해 선박이 형상물을 표시하지 않았다고 하더라도 실제 상대선박이 당해 선박의 조종성능제한 상태를 알았거나 알 수 있었던 경우에는 우선권 부여가 가능하다고 해석하는 것이 합리적일 것이다. 그러나 이는 제한적으로 해석되어야 할 것이다.

태영썬호 충돌 사건에서 중앙해심원(중해심 제2000-3호, 2000. 5. 10)은 형상물을 게양하지 아니한 경우에도 상대선박이 어로작업 중임을 쉽게 알 수 있었다고 하여 국제규칙 제18조를 적용하였다.[8] 대법원(2000. 11. 28. 선고 2000추43판결)에서도 인정되었다.

한편, **폐기물 운반선 영남1호·어신 제101대신호 충돌 사건**(부해심 제98-51호)에서 부산지방해심원은 주기관의 고장으로 표류 중이던 제101대신호가 조종불능선임을 나타내는 형상물을 게양하지 아니한 것은 잘못이나 영남1호가 약 5마일 전방에서 초인한 이래 충돌 직전까지 전혀 경계가 이루어지지 아니하였으므로 비록 이러한 형상물을 게양하였다고 하더라도 이 충돌사고를 피할 수 없었다고 하여, 제101대신호에 우선권을 부여하였다.[9]

어선 제909승진호·컨테이너선 헬렌호 충돌 사건(중해심 제2007-013호, 2007. 9. 4)에서 장어통발 투승(投繩) 중이던 제909승진호는 진침로 090도 8노트의 속력으로 항해하면서 어로에 종사하는 선박임을 나타내는 형상물 표시를 하지 아니하였다. 헬렌호는 진침로 약 279도, 약 17노트로 항해 중 충돌사고가 발생하였다. 제909승진호는 자신의 우현에서 헬렌호를 발견하였다. 중앙해심원은 제909승진호가 어로에 종사하는 선박으로서 우선권을 가지는지를 아래와 같이 판단하였다.

(i) 제909승진호가 사용한 어구는 직경 10.3밀리미터의 PP로프로 된 모릿줄에 약 7.5미터 간격으로 통발 1개씩을 매단 것으로 모릿줄의 길이가 약 60마일에 이르

8) 『해양안전심판사례집』(2001), 636면.
9) 『해양안전심판사례집』(1999), 31면.

며 낚시 대신 통발을 매단 것이 다르긴 하나 연승(주낙)어구와 흡사하므로 낚싯줄 어구에 해당한다. 통발을 투승할 때의 속력이 통상 어로작업 중인 다른 선박보다 빠르다고 하여 통발이 조종성능을 제한하는 어구가 아니라고 할 수는 없다. 따라서 장어통발을 투승하고 있던 제909승진호는 어로에 종사하고 있었다고 보아야 한다.

(ii) 어로에 종사하고 있는 선박으로서의 우선권을 갖기 위해서는 당연히 등화·형상물 표시를 하여야 한다. 그러나 등화·형상물 표시를 하지 않았더라도 어로에 종사 중임을 쉽게 알 수 있는 경우는 제한적으로 어로작업선으로서의 지위를 인정해 주고 있다(중해심 제2000-3호; 대법원 2000추43판결 참조). '쉽게 알 수 있는 경우'란 어선이 거의 정선되어 있거나 아주 저속으로 항해하면서 조업하는 경우, 그물 등 사용 중인 어구를 먼 거리에서도 눈으로 식별할 수 있는 경우, 선단으로 무리지어 조업하는 경우 등 항해자가 선원의 상무로서 요구되는 기본적인 주의만 다하여 경계에 임한다면 어로작업 중인 선박으로 쉽게 인식할 수 있는 경우를 뜻한다고 보아야 한다. (중략) 대형선의 경우 양 선박의 거리가 2~3마일이면 충돌의 위험성이 있는 근접거리로 볼 수 있고, 최소한 근접거리까지는 접근하지 않도록 피항동작을 취할 수 있는 여유를 가질 수 있어야 할 것이다. 제909승진호 선장은 약 1마일 거리에서는 다른 선박이 통발 투승작업을 인식할 수 있다고 주장하고 있다. 제909승진호가 약 8노트로 항해하면서, 선단선 없이 단독으로 통발을 투승하고 있는 상황에서 약 1마일 거리까지 접근한 후에야 어로작업 중임을 확인할 수 있는 정도라면 다른 선박의 항해자가 쉽게 어로작업 중인 선박으로 인식할 수 있는 상태에 있었다고 보기 어렵다. 따라서 제909승진호가 당시 어로작업에 종사하고 있었으나 어로에 종사하고 있는 선박으로서의 우선권을 인정할 수 없는 상태였다고 판단한다.[10]

(2) 통항우선권 선박

국제규칙 제18조에 의한 통항우선권을 보유하는 선박의 규정이 적용되기 위하여는 아래의 요건이 필요하다.

1) 흘수제약선

첫째, 우선권을 부여하기 위하여는 흘수제약선(吃水制約船)으로서 항해에

10) 『해양안전심판사례집』(2008), 40면.

제약을 실제로 받고 있어야 한다.

둘째, 제28조의 신호를 표시하고 있어야 한다.[11] 특별히 흘수제약선에 유독 이를 명문화한 것은, 예컨대 어로작업 중인 선박은 비록 형상물을 표시하지 않았다고 하더라도 저속항행, 그물의 존재, 뱃전의 밧줄 등을 통하여 어로작업 중임을 알 수 있으나, 흘수제약선의 경우에는 흘수가 제약되고 있음을 알 수 있는 다른 방법이 없기 때문일 것이다. 그러나 제28조의 신호를 하지 않았어도 VHF 통화 등으로 흘수제약선임을 의무선이 알았다면 제18조의 적용이 가능하지만, 이는 매우 제한적으로 인정하여야 할 것이다.

셋째, 충돌의 위험이 발생하기 전은 물론 충돌의 위험이 발생한 후에도 적용된다. 이는 통항불방해의무에 대한 해석규정인 국제규칙 제8조 f항을 근거로 한 해석의 결과이다.

넷째, 통항불방해의무는 상호시계 안에서 적용되는 것과 모든 시계상태에서 적용되는 것 등 두 가지 종류가 있으나, 흘수제약선의 경우는 상호시계 안에서만 적용된다. 제한시계가 되면 흘수제약선임을 상대선박이 쉽게 알 수 없기 때문에 이 조항은 상호시계 안에서만 적용되도록 규정되어 있다. 이 점에서 협수로 등에서 통항불방해의무를 부담하는 선박과 다르다. 그러나 제한시계라고 하더라도, VHF 통화 등을 통하여 흘수제약선임을 알았다면 선원의 상무로서 국제규칙 제18조의 준용이 가능할 것이다.

다섯째, 통항불방해의무를 부담하는 선박은 운전부자유선 및 조종성능제한선박 이외의 선박이다. 그러므로 일반동력선, 범선 및 어로작업 중인 선박이 통항불방해의무를 부담한다. 운전부자유선이나 조종성능제한선박에 대하여 흘수제약선은 오히려 피항의무를 부담한다.

여섯째, 위의 의무선박이 항행 중일 것이 명문화되어 있지는 않으나, 항행 중이어야 할 것이다. 일반동력선 등이 항행 중이 아니라면 묘박(錨泊) 중일 것인데, 묘박 중이라면 흘수제약선이 오히려 묘박 중인 일반동력선을 피하여야 할 것이기 때문이다.

---

11) 형상물을 게양하지 않으면 보호를 받지 못한다는 견해로는『海上衝突豫防法の解說』, 65頁이 있다.

2) 수상항공기 및 수면비행선박의 경우

첫째, 통항우선권을 갖는 선박은 어떠한 제한도 없는 모든 선박이다. 통항불방해의무를 부담하는 선박은 수상항공기(제18조 e항) 및 수면비행선박(제18조 f항)이다.

둘째, 충돌의 위험 존재 여부에 관계없이 적용된다. 즉, 충돌의 위험이 발생하기 전은 물론 충돌의 위험이 발생한 후에도 통항불방해의무는 계속된다(제8조 f항 i호 및 ii호).

셋째, 상호시계 안이어야 한다. 국제규칙 제18조는 상호시계 안에서만 적용되는 항법이기 때문이다.

3. 효 과

(1) 진로우선권과 피항의무

운전부자유선, 조종성능제한선박, 어로작업 중인 선박, 범선 그리고 일반동력선의 순서로 피항의무상 우선권을 갖게 된다. 따라서 상호시계 안에서 트롤망을 끌고 있는 어선이 일반동력선을 자신의 우현에 두고, 서로 충돌의 위험을 안고 접근하고 있는 경우에 일반항법에 따르면 이는 국제규칙 제15조의 횡단항법이 적용되어 트롤어선이 피항선이 되고 일반동력선은 유지선이 되지만, 이러한 경우에는 제18조에 따라 어로작업 중인 어선이 일반동력선보다 진로우선권을 가지므로 일반동력선이 피항의무선이 된다.

기관 고장 중인 선박과 트롤망을 끌고 있는 어선이 대양에서 충돌의 위험을 내포한 채로 접근하고 있는 경우에는 기관 고장 중인 운전부자유선이 어로작업 중인 어선보다 조종성능이 열등하므로, 트롤망을 끌고 있는 어선이 조우자세에 관계없이 피항의무를 부담하는 선박이 된다.

피항의무선이 부담하는 피항의무는 국제규칙 제16조상의 것이다.

국제규칙 제5조의 경계의무, 제6조의 안전속력, 제7조의 충돌의 위험, 제8조의 충돌을 피하기 위한 동작상의 주의의무와 규정등화를 표시할 기본적인 의무를 우선권을 갖는 선박이 부담하는 것은 당연하다. 그리고 제2조의 선원의 상무상 주의의무도 우선권을 갖는 선박이 부담함은 물론이다. 우선권을 갖는 선박의 항법상 의무는 제17조상의 유지선이 부담하는 것과 동등한 내용을 갖는 의무인지가 의문이다. 여기에 대하여는 두 가지 해석이 가능하다고 본다. 즉 첫째, 제18조는 "진로를 피하여야 한다"고 하여 피항선으로서의 주의의무를 조종성능우수 선박에 부여하고 있으므로 이들은 피항선이 되므로 우선권보유 선박은 자연스럽게 유지선이 된다는 것이다.[12] 이때 이들이 부담하는 주의의무는 제17조상의 주의의무이다. 둘째, 국제규칙의 조문의 배열을 보면, 제17조는 제18조보다 앞에 위치해 있다. 만약, 제18조의 우선권을 갖는 선박이 제17조상의 유지선이 부담하는 의무를 갖는다는 입법의도였다면 제17조는 제18조 다음에 배치되었어야 한다. 뿐만 아니라 조종불능선이나 어로작업 중인 선박에 제17조상의 유지선으로서의 최선의 협조동작을 기대하기는 무리이다. 물론 제17조 a항의 침로와 속력을 유지할 의무를 이 선박들이 이행할 수는 있다.

필자의 견해로는 두 번째의 견해가 타당하다고 생각한다. 우선권을 갖는 선박이 부담하는 의무는 제2조상의 선원의 상무로서의 의무로서 제17조의 의무보다 한결 낮은 정도의 의무라고 보는 것이다.[13]

(2) 통항우선권과 통항불방해의무

운전부자유선 또는 조종성능제한선박 이외의 선박, 즉 어로작업 중인 선박, 항행 중인 범선, 항행 중인 동력선 등은 상황이 허락하는 한 규정등화나 형상물을 표시하고 있는 흘수제약선(吃水制約船)의 안전한 통항을 방해하여서는 아니된다. 또한 수상항공기는 모든 선박으로부터 충분히 떨어져서 이들의 항행을 방해하지 아니하여야 할 의무를 부담한다. 이들 통항불방해의무선박의 주의의무는 국제규칙 제8조 f항의 기준에 따른다. 충돌의 위험이 발생하기 전은 물론이고 위험이 발생한 후에도 조기에 충분한 수역을 확보하여 줄 의무를 통항불방해의무선박이 부담한다. 충돌의 위험이 발생한 다음에는 제8조 f항 ii호 및 iii호에 따라 이 장의 항법규정이 중첩적으로 적용된다.[14]

흘수제약선(吃水制約船)과 일반동력선이 조우한 경우에는 일반동력선은 충

12) Cockcraft, *op. cit.*, p.137.

13) 그러므로 국제규칙 제15조상의 유지선은 30~40%의 과실비율을 기본적으로 부담하나, 제18조상의 유지선은 20% 정도의 과실비율을 기본적으로 부담한다고 본다.

14) 통항불방해의무와 피항의무는 별개의 것이므로, 통항을 방해받지 않는 한은 흘수제약선은 어로작업 중인 선박을 피하여야 한다. 『海上衝突豫防法の解說』, 65頁.

돌의 위험이 발생하기 전과 후에 모두 통항불방해의무를 부담하고, 충돌의 위험이 발생한 후에는 다시 일반항법에 의한 피항의무 혹은 유지의무를 중첩적으로 부담한다. 횡단상태에서 일반동력선이 좌측에 흘수제약선을 두고 흘수제약선은 일반동력선을 우측에 두고 서로 접근하는 경우에는 상황이 허락하는 한 일반동력선은 흘수제약선의 안전한 통항을 보장하도록 조기에 충분한 여유수역을 확보해 주어야 한다. 충돌의 위험이 발생하면 흘수제약선은 피항선의 주의의무를 부담하고, 일반동력선은 유지선의 의무를 부담하여 제17조상의 동작을 취하여야 한다. 그런데 충돌 위험이 발생하여도 일반동력선은 통항불방해의무를 계속 부담한다.[15)]

수상항공기 및 수면비행선박의 경우에 충돌의 위험이 발생하면 통항불방해 의무와는 별도로 이들은 상호시계 안에서의 항법인 제11조에서 제17조의 규정에 따라야 한다.[16)]

4. 구체적인 적용

국제규칙 제18조와 관련하여 현재 실무에서 논란이 되고 있는 사항은 첫째, 어로작업 중인 선박의 범위, 둘째, 조종성능을 제한받는 예인선단의 범위, 그리고 셋째, 기관 수리 혹은 정지 중인 선박의 지위 등이다.

(1) 어로작업 중인 선박

어선이라고 하여 무조건 우선권이 부여되는 것은 아니다.[17)] 어로작업에 종사하여 조종성능이 실제로 제한되는 선박만이 제18조상의 우선권을 갖게 되는 선박이다. 즉, 조종성능제한선박의 인정 여부는 전적으로 사실상 조종성능이 제한되는지 여부에 따라서 결정되어야 할 문제이다. 그러므로 조종성능이 전혀 제한되지 않는 어선이 그러한 적용을 받기 위하여 형상물을 표시하였다고 하더라도 우선권을 갖는 선박으로 인정되지 않는다.

---

15) Cockcraft, *op. cit.*, p.137.

16) R.H.B. Stuart, *op. cit.*, p.61.

17) 어선의 항법상 지위에 대한 자세한 논의는 김인현, "어선의 항법상 지위와 항법규정 개선방안", 『한국해법학회지』, 제38권 제2호(2016. 11), 299면 이하 참고. 어로에 종사하는 선박의 항법상 지위에 대하여는 제18회(2018. 6. 29) 재결평석회의에서 크게 다루어졌다.

어선 영남호·컨테이너선 이엘비마스터호 충돌 사건에서 부산해심(제2016－035호)은 어선 영남호가 속력 1노트로 항행 중이었고, "조업 준비를 위하여 기관클러치를 중립에 두고 선원들이 그물 점검 및 투망 준비를 하고 있었으나 아직 투망을 한 것은 아니므로 어로작업에 종사하는 선박이 아니며 결국 항해 중인 동력선의 지위를 가진다"고 판시하였다(2017년 사례집, 79면).

1) 종 류

트롤작업 중인 어선과 연승(주낙) 투승작업 중인 어선은 조종성능이 제한되는 대표적인 선박이다. 양망의 경우에도 조종성능이 제한된다. 그러나 단순히 채낚기나 낚시에 종사하는 선박은 조종성능이 제한되지 않고 언제나 피항동작이 가능하므로 제18조상의 어로작업 중인 선박이 아니다. 정치망 어장에서 소위 '물을 보는' 작업을 하는 어선도 그물을 뱃전에 가득 싣지 않고 있어서 쉽게 그물을 다시 물에 넣을 수 있는 상태라면 조종성능이 제한된다고 보기는 어렵다.[18] 묘박 중인 어선은 국제규칙 제2조상의 우선권을 보유하는 선박으로 일반동력선은 묘박선(錨泊船)을 피하여야 한다.

어선 제2005대륙호·컨테이너선 부산익스프레스호 충돌 사건(중해심 제2009－20호, 2009. 8. 13)에서 중앙해심원은 "제2005대륙호(총톤수 29톤, 근해연승)는 통영시 국도 근해에서 신침로 177도, 속력 8~9노트로 투승작업에 종사 중이었고, 부산익스프레스호는 부산항으로 진침로 49도/44도, 속력 23노트로 항해 중 충돌하였는데, 연승(주낙) 투승작업은 어로에 종사하는 경우에 해당한다. 어로에 종사하는 선박이 등화 또는 형상물 표시를 하지 않았더라도 상대선박이 어로에 종사중임을 쉽게 판별할 수 있는 경우 어로에 종사하는 선박으로 간주할 수 있다"고 판시하였다.[19]

---

18) 어로작업 중인 어선이 조종성능이 제한되는 것으로 인정되기 위한 판단기준으로서 첫째, 사용하고 있는 어구가 당해 선박의 크기에 비하여 대규모라서 수중의 저항이 대단히 크기 때문에 어구를 투입한 상태에서는 당해 선박의 침로나 속력 변경이 불가능하거나 시간이 많이 걸리게 되는지 여부, 둘째, 어구의 회수에 시간이 많이 걸리는지 여부가 예시되고 있다. 『海上衝突豫防法の解說』, 13頁.

19) 제2005대륙호는 부산익스프레스호를 자신의 우현에 두고 있었다. 따라서 횡단항법이 적용되면 피항선의 지위에 있었을 것이지만, 어로작업에 종사 중인 선박으로 인정받아 우선권을 가지게 되었다. 원인제공비율은 제2005대륙호가 40%, 부산익스프레스호가 60%로 판정되었다.

유조선 제92명륜호·어선 광명호 충돌 사건(부해심 제2015－062호)에서 통발양승 작업을 하던 광명호는 어로작업 중인 선박으로 인정되었다(2016년 재결서, 132면).

어선 부길호·어선 제2011명성호 충돌 사건(목포해심 제2015－024호)에서 목포해심은 2011명성호는 연승어구(주낙)를 선수 현측에 설치된 양승기를 통해 감아올리는 경우는 "어로에 종사하고 있는 선박"에 해당하고, 동력선인 부길호가 80%, 어로에 종사하고 있는 선박인 명성호가 충돌에 20%의 원인을 제공하였다고 재결하였다(2016년 사례집, 174면).

어선 제135삼화호·어선 대흥호 충돌 사건(동해해심 제2015－021호)에서 대흥호는 투망된 청어자망 그물(1폭 길이 약 60미터, 너비 약 6미터, 총 20폭 1,200미터)을 양망하면서 양망기의 양망속력인 약 1노트로 이동 중 충돌사고가 발생하였다. 동해해심은 대흥호를 어로작업 중인 선박으로 인정하여 해사안전법 제76조(선박 사이의 책무)를 적용하였다(2016년 사례집, 197면).

어선 신화호·어선 순흥호 충돌 사건(인해심 제2015－013호)에서 순흥호는 주꾸미 조업철이 끝남에 따라 주꾸미 통발을 철거하기 시작하여 같은 날 08:00경 주꾸미 통발의 철거를 마치고 이 선박을 주꾸미 통발 고정용 닻의 부표에 선수계류줄을 묶어 고정하고 선수방위 270도를 유지한 채 갑판에서 주꾸미 통발 정리작업을 하던 중 충돌하였다. 이에 대하여 인천해심은 "순흥호는 어구인 주꾸미 통발을 철거한 후 주꾸미 통발 고정용 닻 부표에 계류한 상태에서 주꾸미 통발을 정리하는 작업을 하고 있었으며, 이 선박의 이러한 행위는 어로작업의 일환으로 이 선박의 크기나 성능으로 보아 조종성능이 많이 제한되고 있었다고 판단되므로 항법상 어로에 종사하는 선박에 해당된다. 따라서 해사안전법 제76조가 적용되어 항행 중이던 어선 신화호는 어로작업에 종사하고 있던 순흥호를 피하였어야 한다. 경계를 소홀하여 어로에 종사하던 순흥호를 피하지 아니한 신화호가 80%, 충돌을 피하기 위한 충분한 협력동작을 피하지 아니한 순흥호가 20%인 것으로 각각 원인제공비율을 정한다"고 재결한 바 있다(2016년 사례집, 137면).

어선 풍어1호·어선 대자연호 충돌 사건(인해심 제2014－040호)에서 경계를 소홀히 하여 주꾸미 통발 부표에 계류한 상태로 통발을 양승하는 조업 중이던 대자연호를 피하지 아니한 풍어1호가 80%, 조업 중 경계를 소홀히 하여 충돌을 피하기 위한 충분한 협력동작을 취하지 아니한 대자연호가 20%의 원인제공비율을 부담한다고 인천해심은 재결하였다(2015년 사례집, 205면).

유조선 제이호·어선 대용호 충돌 사건(중해심 제2014－008호)에서 사고 당시 대용호는 사고 전날 투망해 놓은 자망그물 길이 약 1,500미터를 양망하기 위하여 주기관을 시동했으나 클러치는 중립에 놓아둔 채, 주기관과 양망기의 유압펌프를 벨트로 구동하고 약 1노트의 양망속력으로 이동하여 자망그물 약 400미터를 상갑판으로 감아올리던 중에 충돌, 자망그물로 인하여 조종성능이 제한되었다. 중앙해심은 "항해 중인 제이호는 어로에 종사하고 있는 대용호의 진로를 피하여야 한다"고 재결하였다(2015년 사례집, 135면).

어선 화성호·어선 에바다호 충돌 사건(인해심 제2016－006호)에서 꽃게통발 작업 중이던 에바다호와 항해 중이던 화성호가 충돌하였다. 인천해심은 아래와 같이 재결하였다.

(i) 꽃게통발작업 선박의 경우, 투승 및 양승 작업 중은 "어로에 종사하고 있는 선박"에 해당한다(중해심 제2007－013호). 꽃게통발 틀의 부표에 달아매 있는 경우는 "정박 중인 선박"에 해당하고(중해심 제2015－001호 참조), 꽃게통발 틀 사이를 약 10노트의 속력으로 이동하는 중에는 "대수속력을 가지고 항행 중인 동력선"에 해당한다(2017년 재결서, 177면). (ii) 에바다호는 사고 당일 0634분경부터 조업장소에서 투승해 둔 꽃게통발 20틀의 양승 및 투승 작업 중이었고, 꽃게통발 틀의 양끝은 닻에 의해 고정되어있다. 통발 20틀이 약 0.5마일 거리로 설치되어있고, 1틀의 조업에 평균 15분의 시간이 소요되면, 다음 조업을 위하여 평균 약 10분 이동(속력 약 10노트)한다. 그리고 이 건 충돌사고에서 에바다호는 충돌 13분 전 10번째 꽃게통발 틀에서 조업을 마친 후 약 10노트의 속력으로 이동하여, 충돌 6분 전 11번째 꽃게통발 틀의 부표줄을 선수의 양승기에 걸어 맨 상태에서 양승작업 전 포획한 꽃게를 정리하는 작업 중이었기 때문에 정박 중인 선박에 해당한다고 볼 수 있다. 그러나 에바다호는 투승되어 있던 꽃게통발 20틀의 연속적인 양승작업 중 닻에 의해 고정된 11번째 통발 틀의 양승을 위해 통발 틀의 부표줄을 선수의 양승기에 걸어 맨 후 양승작업 전 잠시 포획한 꽃게를 정리하는 작업 중이었고, 이러한 꽃게 정리작업은 조업의 연장선에 있었다고 할 수 있을 것이다. 특히 연속적으로 꽃게통발 조업 중인 어선이 투승·양승작업을 시작하였을 경우 어로에 종사하는 선박에 해당하였다가, 투승·양승작업 전후 잠시 통발 틀의 부표에 달아 메어져 있을 경우에는 정박 중인 선박에 해당한다고 할

경우 법률적 합목적성과 법적 안정성에도 부합하지 아니하다고 할 수 있다. 따라서 항해 중인 동력선인 화성호는 적절한 경계를 하여 어로에 종사하고 있는 선박인 에바다호의 진로를 피하여야 한다(2017년 사례집, 178면).

어선 아림호·예인선 701한일호 충돌 사건에서 어선 아림호는 전어조업을 위한 투망 후 양망작업 중이었다. 부산해심(제2016-065호)은 "제76조의 상호시계 안에서 선박 사이의 책무가 적용된다. 따라서 항행 중인 701한일호 예인선단은 어로에 종사하고 있는 어선 아림호의 진로를 피해야 한다"고 재결하였다(2017년 사례집, 195면).

어선 2013대경호·일반화물선 구오싱1호 충돌 사건에서 꽃게통발을 투승하며 이동하던 2013대경호와 구오싱1호가 충돌하였다. 인천해심(제2016-007호)은 "5~6노트의 속력으로 항해하면서 투승하는 등, 그물 또는 트롤망 등 다른 어구를 사용하는 선박보다 상대적으로 조종성능제한의 정도가 미약하기는 하나 급하게 변침하는 경우 어구가 엉키거나 추진기에 감기는 등의 손상이 일어날 수 있으므로 당시 2013대경호의 경우 조종성능을 제한하는 어구를 사용하고 있었다고 판단한다. 또한 중해심의 판례에 따르면 꽃게통발보다 상대적으로 더 빠르게 이동하여 투승하는 갈치연승과 장어·통발어업에 대해 조종성능을 제한하는 어구를 사용한 어로작업으로 인정하고 있다. 따라서 해사안전법 제76조가 적용되어 항해 중인 구오싱1호는 어로에 종사하고 있는 선박인 2013대경호를 피하였어야 한다"(중해심 제2009-020호, 제2007-013호)고 재결하였다(2017년 사례집, 203면).

연승어구의 조업방식은 2~4노트의 속력으로 항해하면서 현측 통로에 준비해 놓은 연승어구 총 9틀을 한 틀씩 해상으로 뿌리고 일정한 시간 동안 대기한 후, 양승작업은 첫 번째 투승한 어구 위치로 돌아와 주기관을 정지한 채 양승기의 양승속력인 약 2노트로 이동하면서 우현 선수에 설치된 양승기로 한 틀씩 감아올린다. 연승어구 형태는 연승어구 9틀(광주리 18통)을 사용, 1틀은 모릿줄 길이 약 1,248미터 구간에 길이 4.8미터마다 낚시 1개를 연결한 아릿줄을 매달아 낚시 총 260개(광주리 2통, 광주리 1통 130개)로 구성되어 있다. 광주리에 미끼를 낀 연승어구를 담아 보관한다.

삼산1호·천신호 충돌 사건에서 목포해심(제2016-032호)은 연승어구를 투승하고 어구 위치를 표시하기 위하여 부표와 깃발을 투하하던 중 충돌사고가 발생한 경우에 천신호를 어로작업 중인 선박으로 인정하였고 천신호에 원인제공비율 20%가 인정되었다(2017년 사례집, 237면).

2) 오징어 채낚기 어선의 지위

① 항해 중인 경우

오징어 채낚기 작업 중이 전혀 아니므로 어떠한 우선권도 없고 일반 동력선과 동일한 효력이 있을 뿐이다.

② 물풍(물돛)이 없이 단순히 오징어 채낚기 작업을 하는 경우

작업의 형태로 보아서 물풍이 없다면, 낚싯줄 자체가 선박의 조종성능에 영향을 미치지 않는다. 그러므로 우선권을 가지는 어로에 작업 중인 선박으로 볼 수 없다.

③ 물풍(물돛)을 달고 오징어 채낚기 작업을 하는 경우

물풍(해묘)은 닻을 놓은 것과 같은 효과가 있다. 선수의 앞에서 어선의 움직임을 제어하는 것이므로 어선의 조종성능은 제한되게 된다. 따라서 어로작업 중인 선박으로 인정이 가능하다. 물풍을 바로 '조정성능에 영향을 미치는 어구'로 볼 수 있다. 중앙해양심판원의 입장은 상당한 변화를 보여 왔다.

제808갑자호 충돌 사건에서 선원의 상무규정에 따라 우선권을 부여하였다(중해심 제1999-3호). 경진호 충돌 사건에서는 해묘를 어구로 보지 않았고 그 결과 조정성능제한선박으로 보았다. 어로작업 중인 어선보다 더 높은 지위를 부여하였다(중해심 제2003-13호). 상무호 충돌 사건에서는 처음으로 이를 어로작업선으로 보았다(중해심 제2011-20호). 동우호 충돌 사건에서도 이를 어로에 종사하고 있는 선박의 지위를 부여하였다(중해심 제2014-015호).

제808갑자호 충돌 사건에서 중앙해심원(중해심 제1999-3호)은 시-앵커를 달고 오징어 채낚기 작업에 종사하고 있던 선박을 표박(漂迫) 중인 선박으로 보아 어로작업 중인 선박보다는 열등하고 일반동력선보다는 우위의 우선권을 부여하였다. 즉, 중앙해심원은 "오징어 채낚기 어선인 제808갑자호가 집어등을 밝히고 시-앵커를 내려 표박(漂迫) 상태에 있었으나, 작업의 성질이나 선박의 운동성능을 고려할 때 이러한 상태는 표박 하에 표류하고 있으므로 '어로에 종사하고 있

는 선박'의 적용을 받을 수 없다"고 하여 오징어 채낚기 어선은 어로작업 중인 선박이 아니라고 보는 한편, "위와 같은 상태에서는 양 선박 사이에 일반항법을 적용할 수 없으므로 선원의 상무 규정에 따라 양 선박은 특수한 상황에서 오는 충돌의 위험에 대한 주의를 하여야 하고, 충돌의 위험이 있는 경우 항해 중인 보경호는 기동성능이 상대적으로 우수하므로 표박 중인 제808갑자호를 피하여야 하고 표박 중인 제808갑자호는 충돌을 피하기 위한 최선의 협력조치를 취하여야 한다"라고 하였다.

즉, 중앙해심원은 집어등을 켜고 시-앵커(sea anchor, 해묘, 물돛, 물풍)20)를 내려 어로작업에 종사하는 오징어 채낚기 어선을 조종성능이 제한되는 어로작업 중인 선박이 아니므로 국제규칙 제18조를 적용하지 못하고, 제2조의 선원의 상무 규정을 적용하여 표박(漂迫) 중인 선박으로서 일반동력선보다 우선하고 조종성능이 제한되는 어로작업 중인 선박보다는 열등한 지위를 인정하였다.21) 22)

그러나 **어선 제27경진호 충돌 사건**(중해심 제2003－13호)에서 2003년 10월 21일 중앙해심원은 시-앵커를 달고 오징어 채낚기 작업에 종사하는 어선에 대하여 위에서 본 제808갑자호 재결과는 다른 내용의 재결을 하였다. 중앙해심원은 먼저 시-앵커는 어구가 아니라고 판단한 다음, 그러나 동 선박은 시-앵커로 인하여 조종성능이 제한된다고 보았다. 따라서 국제규칙 제3조 정의규정의 어로작업 중인 선박(왜냐하면 조종성능에 제한을 주는 어구가 없으므로)은 아니지만, 조종성능제한선박으로 간주하였다.

---

20) 소위 시-앵커는 어선 등이 일정한 방향으로, 즉 조류만의 힘으로 밀리도록 하는 기구이다. 바람이 있을 때에는 선수 쪽에 낙하산처럼 생긴 시-앵커를 내려 두면 선박은 바람에 밀리지 않고 바람을 선수에 받는 방향을 가리키게 된다. 조류가 있을 때에는 선미에 이를 설치하면 선박은 조류 방향으로 표류하게 된다.

21) 중앙해심원은 "제808갑자호는 사고 당시 비록 조업 중임을 나타내기 위하여 홍색 전주등과 백색 전주등을 켜고 선수에서 시-앵커를 놓고 있었으나, 오징어 채낚기 조업의 작업성질이나 선박의 운동성능을 고려할 때 이러한 상태는 표박하여 표류하고 있는 상태이므로 국제해상충돌예방규칙 및 해상교통안전법에서 규정한 '어로에 종사하고 있는 선박'의 적용을 받을 수는 없다"라고 재결하였다.

22) 平成9年仙台地方海難審判廳第81號 漁船第52昭德丸漁船第18昇龍丸衝突事件에서 일본 센다이 지방해난심판청은 집어등을 켜고 시-앵커를 내리고 오징어 채낚기 작업에 종사하고 있었던 第18昇龍丸를 어로작업 중인 선박으로 인정하지 않고 표박 중인 선박으로 보았다. 『日本海難審判廳裁決錄』, 平成10年4·5·6月分, 1009頁.

중앙해심원은 아래와 같이 재결하였다.

(i) 제27경진호는 항해 중(underway)인 선박이다. 해묘를 투하한 채 표류하는 표박상태의 선박은 항행 중인 선박에 해당한다. (ii) 제27경진호는 어로에 종사하고 있는 선박은 아니다. 해상교통안전법이나 1972년 국제규칙에서도 오징어 채낚기 어선의 해묘를 어구에 포함시킨다는 명시적 규정도 없으므로 항법 적용에 있어서 오징어 채낚기 어선의 해묘를 선뜻 어구에 포함시키기에는 무리이다. (iii) 제27경진호는 조종에 제한을 받는 선박이다. 이 선박이 충돌을 피하기 위한 조종을 하려면 발전기를 주기관으로부터 분리하여야 하며 이 작업은 불과 수분의 비교적 짧은 시간에 가능할 것이다. 그러나 이 선박이 설치한 직경 27cm, 적용톤수 40~70톤의 해묘는 그것이 어구에 포함되는지 여부와 관계 없이 자유로운 조종에 실질적으로 방해가 되며, 굳이 십여 분 간의 긴 시간 동안 이를 감아 올리지 않고 발전기만을 주기관에서 분리한 상태에서 약간의 전진 또는 후진만으로 피항동작을 한다고 하여도 후진시는 해묘의 저항으로 속력을 거의 낼 수 없으므로 전진만 할 수 있을 것이고, 이 경우에도 갑판상 난간에서 해저로 내려진 수많은 채낚기 낚싯줄이 추진기에 감겨 아예 조종불능 상태에 빠질 위험이 높다. 그러므로 채낚기 낚시를 모두 감아 올리고 발전기를 주기관에서 분리하여 집어등을 모두 꺼야 전후진에 의한 피항만이라도 가능할 것이나, 만일 그렇게라도 피항동작을 하여야 한다면 이 선박은 인근 항행선이 지날 적마다 수시로 반복해야 하므로 채낚기 어업 자체가 실질적으로 불가능하게 된다. (…) 그러므로 채낚기 어선의 경우처럼 모든 어구를 완전히 철수하든가 적어도 낚싯줄을 모두 걷어 올려 어업작업을 완전히 중단하여 자유로운 피항이 가능한 선박에게 일체의 피항동작 없이 정선수에 있는 이 선박에 계속 접근하여 충돌하는 항행 중인 동력선과 동일한 피항의무를 부여한다는 것은 전통적인 선원의 상무에도 합당하지 않다. 따라서 채낚기 어선은 어느 정도 조종이 제한된 선박으로 보아 항해의 우선권을 주어야 할 것이다. 결론적으로, 채낚기 어선이 피항동작을 자유롭게 하기 위하여 완전한 조종성능을 확보하려면 해묘를 완전히 감아 올려야 하는데, 여기에 십여 분 간의 시간이 더 소요되어 해묘를 완전히 철수하여야 피항을 위한 조종성능을 갖춘 것으로 본다면 제27경진호는 어느 모로 보나 조종이 제한받는 선박으로 해석함이 타당하다고 판단된다.

결국, 이 재결로써 오징어 채낚기 어선은 조종성능제한선박의 지위를 인정

받게 되어 상호시계 안에서는 어로작업 중인 어선도 오징어 채낚기 어선을 피하여야 하게 되었다.[23)]

컨테이너선 한진유나이티드킹덤호·어선 제3상무호 충돌 사건(중해심 제2011-20호)에서 물돛을 달은 오징어 채낚기 어선을 어로작업 중인 선박으로 인정하였다. "제3상무호는 물돛을 배잡이줄로 연결한 상태(총 길이 약 100m)에서 갑판에는 오징어 집어등을 아주 밝게 밝히고 조상기를 이용하여 오징어 채낚기용 낚싯줄을 내리고 어로작업에 종사하면서 마스트에 홍백의 등화를 점등하여 어로작업 중임을 표시하고 있었다. 그러나 당시 기관을 정지한 채 발전기만 가동하고 있었으므로 주기관 기동에 시간이 걸리고 해묘를 올리는 데 15분의 시간이 소요되므로 실질적으로 조종성능이 제한되고 있었다. 그러나 제3상무호의 항법상 지위는 어로작업선에 해당한다. 따라서 어로에 종사하고 있는 항행 중인 선박인 제3상무호는 조종불능선인 한진유나이트킹덤호의 진로를 피하여야 한다"고 재결하였다(2012년 사례집, 153면).

이러한 입장은 2014년 동우호 충돌 사건에서도 지켜지고 있다.

화물선 장호영호·어선 동우호 충돌 사건(중해심 제2014-015호)에서 중앙해심은 "동우호는 물돛에 의하여 선수방위를 유지한 채 집어등 및 작업등을 켠 채로 오징어 채낚기 자동조상기가 작동되고 있는 상태에서 일부 낚싯줄이 엉키었고, 선장이 조타실을 비우고 엉킨 낚싯줄을 풀고 난 후에 조타실로 돌아오자마자 충돌 사고가 발생하였으므로 어로에 종사하고 있는 선박의 지위를 가질 수 있다고 판단되고 이 선박이 항해 중인 동력선과 비교하여 조종성능이 떨어지는 것은 사실이다(중해심 제2011-20호). 또한 동우호가 집어등 및 작업등을 켠 채로 조업 중에 있었으므로 장호영호가 경계를 소홀히 하지 아니하였더라면 동우호가 어로에 종사 중인 선박임을 인지하고 조종성능이 떨어지는 상태라는 것을 충분히 알 수 있었다고 판단된다. 따라서 항해 중인 선박으로 조종성능이 우월한 장호영호가 표박상태로 어로에 종사 중인 선박으로 조종성능이 상대적으로 떨어지는 동우호를 피하여 항해하여야 한다"고 재결하였다(2016년 사례집, 150면).

23) 여기에 대한 자세한 내용은 김인현·이명규, "오징어 채낚기 어선의 항법상 지위-어선 제27경진호 충돌사건을 중심으로", 『해사법연구』, 제17권 제1호(2005. 3), 23면 이하 참고. 제2회 재결평석위원회(부산지방해심원 주최)(2007. 2. 9)에서 오징어 채낚기 어선의 항법상 지위가 다루어졌다.

④ 물풍만을 달고 어로작업에 종사하지 않는 경우

만장호 사건에서 부산해심은 물풍만을 달고 오징어 채낚기 작업을 하지 않는 경우에도 어로작업 중인 선박으로 보았다. 실제로 어로작업은 하지 않고 해묘만 놓고 있는 선박에 조종제한선박의 지위를 인정하면, 이와 함께 어로작업을 하는 경우보다 이 경우가 더 보호되는 결과가 되어 불합리하다. 그러므로 부산해심의 재결과 같이 이 경우도 어로작업 중인 선박으로 인정하는 것이 합리적이다.

어선 만장호·유조선 루이 양(Rui Yang)호 충돌 사건(부해심 제2015－086호)에서 부산해심은 아래와 같이 재결하였다.

상기의 판례에서는 대체로 해묘를 내리고 어로작업에 종사하고 있는 오징어 채낚기 어선에 대하여는 어로 중의 선박으로 인정하고 있다. 그러나 어로에 종사하고 있지 않으며 해묘를 투하한 선박의 지위에 관하여는 명확하지 않다. 특히 제27경진호 충돌 사건에서는 명확한 근거가 없다는 이유로 해묘를 어구에 포함시키지 않았다. 그러나 이 재결에서는 역시 명확한 규정이 없음에도 불구하고 이 선박을 조종제한선박으로 인정함으로써 논리적인 모순을 드러내고 있다. 이 판례에 따를 경우 다른 어로에 종사하는 선박들은 조종제한선인 오징어 채낚기 어선을 피해야 한다. 이는 특별한 이유 없이 오징어 채낚기 어선에 대하여 지나친 특혜를 줄 소지가 있다. 이에 따라 우리 원은 상무호 충돌 사건 이후 일관되게 오징어 채낚기 어선은 조종성능제한선박이 아닌 어로에 종사하는 선박으로 보고 있다. 오징어 채낚기 어선에서 해묘는 낚싯줄이나 조획기와 같이 직접적으로 고기잡이에 사용되지는 않는다. 그러나 이러한 어선의 조업특성상 해묘는 어로에 사용되며, 다른 용도로 사용되는 경우는 거의 없다. 이러한 현상은 제27경진호 사건에서 "선수방향을 일정하게 유지함으로써 채낚기용 낚시의 방향을 유지토록 하기 위해 설치되는 채낚기 어선의 해묘도 어구에 포함될 수 있을 것으로 볼 수 있다"고 인정된 바 있다. 결국 해묘가 직접적인 어로의 전후 단계에서 활용되고, 투하된 해묘가 선박의 조종성능을 제한한다면, 실질적인 어로작업의 수행 여부와 관계없이 해묘가 투하된 시점부터 해묘를 회수할 때까지 어로에 종사하고 있다고 보는 것이 합리적이라고 할 것이다. 학자의 의견도 오징어 채낚기 어선의 해묘를 어구의 일종으로 보아야 한다고 한다(김인현, 『해상교통법』). 결국, 해묘는 어구로 해석될 수 있고, 해묘의 사용으로 인하여 조종성능이 제한되는 어선 만장호는 어로에 종사하는 선박이 된다. 따라서 항해 중인 동력선인 루이 양호는 선박 사이의 책무에 따라 어로에 종사하는 만장호의 진로를 피하여야 한다(2016년 사례집, 123면).

(2) 예인선단

예인선단(曳引船團)은 예인선과 피예인선으로 구성되어 있고, 추진력이 없는 피예인선을 예인선이 예인삭(曳引索)으로 연결하여 운항한다. 예인선은 후진기관을 사용하는 것이 제한되고, 대각도(大角度) 변침을 하면 피예인선에 과도한 힘이 가하여져서 전복될 위험이 있으므로 침로로부터의 이탈능력이 제한되게 된다. 압항부선(押航艀船)은 예인삭으로 연결되지 않으므로 위와 같은 정도로 조종성능이 제한되지 않는다.

조종성능이 제한되는 예인선단의 정의에 대하여 국제규칙 제3조 g항 ⅳ호는 "침로(針路)로부터의 이탈능력이 심히 제한되는 경우"라고 정하고 있기 때문에 과연 '심히'라는 의미의 해석을 어떻게 할 것인가가 문제이다. 하나의 기준으로 고려할 수 있는 것은 국제규칙 제18조에 의하면 조종성능제한선박이 어로작업 중인 선박보다 더 우선권이 부여되어 있기 때문에 예인선단이 우선권을 부여받기 위하여는 트롤어선보다 더 조종성능이 제한되어야 한다는 것이다. 결국, 이러한 취지를 염두에 두면서 문제의 선박이 처해져 있었던 상황을 구체적으로 살펴보아야 할 것이다. 판단의 기준으로는 예인선단의 총 길이, 예인으로 인한 속력의 저하, 피예인선의 크기 그리고 여유수역 등이 있을 것이다.

미국 판례에서는 바지선이 예인선의 변침에 응하여 제 침로를 잡는 데까지 10분에서 15분 걸린다고 하여도 조종성능제한선박이 아니라고 판시하였다.[24)]

다만, 조종성능이 어로작업 중인 선박보다 적게 제한되는 예인선단의 경우를 제808갑자호에서와 같이 조리(條理)를 이용하여 약간 조종성능이 제한되는 우선권을 부여할 수 있을지가 문제가 된다. 이것이 인정된다면, 결국 예인선단은 일반동력선에 대하여 우선권을 부여받는 결과가 될 것이기 때문에 주의를 요한다.

---

24) *In Re* Shaun Fisheries, Inc.(The Shaun–The Catherine), 1984 AMC 2650(D. Or. 1983); Farwell, *op. cit.*, p.353.

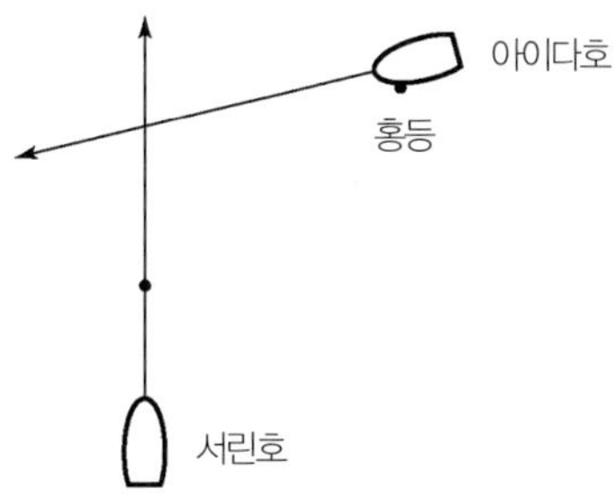

[그림 18] 예인선단과 일반동력선

중앙해심원(중해심 제97-26호)과 부산민사지방법원(1998. 2. 11. 선고 97가합 7786판결)은 **서린호 충돌 사건**에서 예인삭 200미터에 예인선의 총톤수가 약 80톤, 피예인선의 총톤수가 약 800톤 정도에 대양에서 공선(空船) 상태로 예인되고 있던 예인선단은 조종성능제한선박이 아니라는 재결과 판결을 하였다. 본 재결과 판결에서 예인선단은 자신의 우측에 아이다호의 홍등을 보고 접근하고 있었으므로 일반항법이 적용되어 예인선단은 피항선으로서 사고의 주인이 있고 60%의 과실비율을 부담한다고 하였다.[25)]

그러나 구체적으로 왜 침로로부터의 이탈능력이 제한되지 않는 이유를 설명하지 아니하여 이 판결은 논리적이지 못하다는 비판을 받고 있다.[26)]

대법원 판결(대법원 2005. 9. 28. 선고 2004추65판결)은 남서해안에 많이 발견되는 피예인선이 예인선의 10배 크기의 선박이고 예인삭이 200미터인 모래 바지선과 일반동력선이 협수로에서 만나 발생한 충돌사고에서, 예인선단을 국제규칙 제18조에서 말하는 조종성능제한선박으로 판시하여 중앙해심원과 다른 결론을 내리고 있다.

현대7호·현대8호와 부림 제1호 충돌 사건에서 현대7호는 길이 27미터, 총톤수 87톤, 피예인선인 현대8호는 길이 63미터, 총톤수 1,026톤이고 당시 바닷모래 1,350입방미터를 싣고 있었다. 양 선박은 약 200미터의 예인삭으로 선미예인을

25) 중해심 제98-17호 재결은 총톤수 368톤의 예인선 현대108호가 6,070톤의 피예인선을 공선으로 550미터의 예인삭을 이용하여 선미예인하고 있는 예인선단에 대하여 일반항법을 적용하였다. 『해양안전심판사례집』(1999), 488면.

26) 김인현, 앞의 책, 170면.

하고 있었다. 항로의 폭은 약 1.5마일로 인정되었다. 횡간수도에서 부림 제1호는 수도의 위쪽에 붙어서 서쪽으로 향하고 있었고, 현대7호 측은 동쪽으로 향하고 있었지만, 수도의 위쪽을 사용하게 되었다.

중앙해양안전심판원은 사고의 주된 발생원인이 현대7호 예인선열이 좁은 수로 항법을 위반하였다고 하면서 원인제공비율이 현대7호 측이 65%, 부림 제1호 측이 35%라고 재결하였다. 이에 업무정지 2개월을 당한 현대7호의 당직항해사가 업무정지 재결에 대한 취소를 구하는 취소소송을 대법원에 구하게 되었다.

대법원은 "해상교통안전법 제2조 제7호 바목은 진로로부터의 이탈능력을 매우 제한받는 예인작업에 종사하고 있어 다른 선박의 진로를 피할 수 없는 선박을 조종제한선의 하나로 규정하고, 제26조 제2항은 항행 중인 동력선은 조종제한선의 진로를 피하여야 한다고 규정하고 있어 조종제한선은 동력선에 대하여 진로우선권이 보장되어 있는 바, 여기에서의 조종제한선에 해당하는지의 여부는 예인선열의 총 길이, 운항 가능 최대속(예인으로 인한 속력의 저하), 예인선과 피예인선의 크기, 피예인선에 화물을 실었는지 여부, 피항공간 등이 종합적으로 판단되어야 한다"고 한 다음, (중략) "예인선 현대7호가 후진은 물론 각도가 큰 변침을 하기 위해서는 피예인선 현대8호의 전복의 위험이 있어 상당한 정도의 거리를 확보하지 아니하면 어려울 것으로 보이는 점, 이 사건 사고 당시는 야간으로서 현대7호 및 현대8호가 조종제한선의 등화 표시를 하고 있었던 사실, 이 사건 항로는 폭이 1.5마일에 불과하였던 사실을 인정할 수 있고 반증이 없는 바, 이 인정사실에 의하면, 현대7호는 진로로부터의 이탈능력을 매우 제한받는 예인작업에 종사하고 있어 다른 선박의 진로를 피할 수 없는 선박, 즉 조종제한선에 해당한다고 봄이 상당하다"고 판시하여 조종성능제한선박의 지위에 있음을 인정하였다.

그러나 대법원은 결론에 있어서는 "그러나 좁은 수로 항법은 좁은 수로에서의 선박의 충돌을 효과적으로 예방하기 위하여 선박의 종류나 기상상황 등에 관계없이 적용되는 특별항법으로서 조종제한선이라고 하여 적용이 배제되지 아니하므로 좁은 수로에서는 상대선박으로부터 진로우선권을 양보받았다는 등 다른 특별한 사정이 없는 한 조종제한선이라고 하여 좁은 수로 항법을 지키는 선박에 대한 진로우선권이 보장되는 것은 아니라고 할 것이다. 따라서 현대7호가 조종제한선에 해당하더라도 부림 제1호로부터 진로우선권을 양보받았다고 볼 만한 주장과 입증이 없는 이 사건에 현대7호가 부림 제1호에 대하여 진로우선권이 있다고 할 수 없다"고 판시하였다.

이 판결의 결과로, 중앙해심원의 재결은 적어도 협수로에서는 동 예인선단은 조종성능제한선박이 되어 일반동력선에 비하여 유리한 지위에 놓이게 되었다고 할 수 있지만, 대양의 경우에는 아직도 중앙해심원의 입장이 그대로 유지된다고 해석할 수 있다고 본다.

(3) 정지하고 있는 선박(정류선)

정지하고 있는 선박은 그 상태에 따라서 기관 고장 중인 선박과 기관을 준비하고서 단순히 기다리는 선박으로 나누어 볼 수 있다. 전자는 기관 고장으로 표류 중인 선박이 되고, 후자는 정류(停留) 중인 선박이 된다. 기관 고장으로 움직임이 불가능한 선박은 규정등화와 형상물을 표시하면 운전부자유선이 되어 국제규칙 제18조에 따라 항법상 우선권을 갖는다. 그런데 단순히 정류 중인 선박은 기관을 사용할 수 있는 상태에 있으므로 운전부자유선이 아니다.

정류 중인 선박은 항행 중이므로 일반항법의 적용을 받고, 충돌의 위험을 가지고 접근하는 일반동력선을 자신의 우현에서 만나게 되면 결과적으로 피항선이 된다는 견해[27]와, 일반동력선은 정류 중인 선박보다 조종성능이 우수하므로 선원의 상무규정을 적용하여 정류 중인 선박이 우선권을 갖는다는 견해[28]가 대립되어 있다. 사견으로는 정류 중인 선박은 우선권을 인정받는 트롤어선에 종사하는 선박이나 대형 예인선단과 같은 정도로 조종성능이 제한되지 않고, 일반항법을 적용할 수 있을 정도로 선수가 일정한 방향을 가리키고 있으므로 일반항법을 적용할 수 있다는 전자의 견해에 찬성한다. 따라서 항행 중에 해당하는 등화를 켜야 한다고 본다.[29]

미국의 **City of Camden호 사건**에서 City of Camden호는 항행 중이었고 정류 중인 Triton호는 City of Camden호를 자신의 우현에 두고 있었다. 미국 제3항

---

27) Healy & Sweeny, *op. cit.*, p.189; Farnsworth & Young, *Nautical Rules of the Road*, Cornell Maritime Press, 1996, p.55; 어선 제7대선호·어선 3해영호 충돌 사건(중해심 제96-25호) 『해난심판사례집』(1997), 438면.

28) 和田啓史, 『概説海上交通法』(海文堂, 1985), 57頁; 모래운반선 제7대양호·어선 안성호 충돌 사건(중해심 제2002-11호, 2002. 6. 4).

29) 여기에 대하여는 김인현, "정류중인 선박에 대한 항법적용", 『해사법연구』, 제14권 제2호(2002. 12), 87면 이하 참고. 2022년 하반기 제27회(2022. 12) 재결평석회의에서 정류선의 항법에 대한 논의가 이루어졌다. 제10회(2013. 7. 12) 및 제12회(2015. 6. 19)에서도 논의되었다.

소법원은 횡단항법을 적용하여 피항선인 Triton호에 100%의 일방과실을 인정하였다.[30) 31)]

우리나라 중앙해심원은 **모래운반선 제7대양호·어선 안성호 충돌 사건**(중해심 제2002－11호, 2002. 6. 4)을 시작으로 정류선에 우선권을 부여하는 재결을 내리고 있다. 그러나 이에 대하여는 비판적인 견해가 많다.

안성호(3.16톤)는 진침로 20도, 속력 8노트로 정침하여 항행하던 중 어구를 정리하기 위하여 주기관을 정지한 5분 후 우현에서 접근하는 일반동력선인 제7대양호와 충돌하였다. 중앙해심은 “이 경우 국제규칙 제2조 b항에서 규정한 선원의 상무 중 선박의 성능을 포함한 특수한 사정을 감안하고 선박간의 충돌을 방지하기 위하여 오랫동안 관습적으로 항해자들이 지켜 내려온 불문율 중 하나가 조종성능이 우수한 선박이 불량한 선박의 진로를 피하여 주는 원칙에 따라 기관을 정지하고 표류상태에서는 대수속력이 없이 떠 있는 상태이므로 기동성이 좋은 항해 중인 동력선이 표류 중인 선박을 피하여야 할 것이다. 또한 해상교통안전법 제2조(정의) 제9항과 국제규칙 제3조 i항은 정박 중이거나 육안에의 계류 접안 중이거나 얹혀 있는 상태에 있지 아닌 경우를 항해 중(underway)으로 정의하고 있으므로 기관을 정지하고 표류상태의 안성호는 항해 중인 동력선으로 인정되나 이 경우 안성호의 선수 방향이 조류 또는 풍파에 따라 수시로 변하는 상황에서 진로를 유지 못하는 안성호에 횡단선 항법을 적용하기에는 무리가 있다”고 하면서 사고의 주인은 제7대양호에 있다고 재결하였다.

예인선 제303동성호의 피예인부선 동성5001호·어선 세원호 충돌 사건(중해심 제2010－4호, 2010. 4. 22)에서 예인선 제303동성호(총톤수 93톤)가 화물 약 80톤

30) 1930 AMC, 1822.

31) 영국의 **Devotion II호 사건**에서, 디보션 2호는 서쪽으로 7노트로 메이플라워호의 우현을 향하여 접근하고 있었다. 거리가 1/2~3/4마일에서 처음으로 자신의 선수에서 그를 발견하고 이 선박은 천천히 북쪽으로 향하는 것을 잘못 판단하였다. 한편, 쌍끌이 작업을 하다가 정지하고 정류하고 있던 메이플라워호는 디보션 2호를 자신의 우현 1/4마일에서 처음 발견하고, 자신은 기관을 정지하고 항해 중(underway)이지만 운전부자유선박으로 상대선박이 자신을 피할 것으로 생각하였다. 영국의 해사법원은 “1972년 국제규칙에서 항행 중이란 선박이 대수속력이 있는 경우를 가리키고 해상에서 선박이 정류하고 있는 상태는 여기에 포함되지 않는다. 선박이 접근할 때 한 선박이 피항선으로 정하여지고 상대선박은 유지선으로 정하여지지만, 정지하고 있는 선박과의 상황에서는 이와 다르고 이러한 경우에는 적용할 수 있는 항법규정이 없다. 따라서 메이플라워호는 국제규칙 제15조상의 피항선이 되지 않는다”고 판시하였다. The “Devotion II”, [1979] 1 Lloyd’s Reports. 509.

(선박용 타 1개)를 적재한 부선 동성5001호(838톤)를 선미예인하고 부산 감천항을 떠나 통영항으로 향하던 중 약 20분 전 항로 전방 약 2마일 거리에서 정류 중이던 세원호를 발견하고서도 지속적 경계 소홀로 충돌 직전 좌전타하였지만 세원호와 충돌하였다. 중앙해심은 정류 중인 선박도 항법상 항행 중인 선박으로 분류되므로 세원호가 제303예인선열에 대하여 항법상 진로우선권을 가지는 것은 아니지만, 항해 중인 선박이 정류 중인 선박을 피하는 것이 선원의 상무이므로 제303예인선열이 세원호를 피하였어야 한다고 결정하였다(원인제공비율: 제303동성호 60%, 세원호 40%)(2011년 사례집, 325면).

위 재결에서 예인선 제303동성호와 부선 동성5001호는 비록 예인선단이지만 우선권을 인정받지 못하는 예인선단이다. 그러나 예인을 하고 있으므로 어느 정도의 제한은 있을 것이다. 그렇지만 '침로로부터의 이탈능력을 심히 제한' 받아야 조종성능제한선박으로서 우선권을 가진다(국제규칙 제3조 g항 6호). 위 재결에서 인정하는 바와 같이 선원의 상무상 우선권을 정류선이 가지기 위하여는, 정류 중이던 세원호가 과연 동성호 선단 이상으로 조종성능이 제한되어야 한다. 정류 중인 선박은 기관 고장이나 수리 중이 아닌 한은 기관이 상시 사용이 가능하도록 준비해 두어야 할 의무가 있고, 경계만 하고 있다면 기관을 사용하여 피항하기에는 충분한 시간적 여유가 있다고 판단한다. 필자는 위 재결에 대하여 비판적이다.[32)]

어선 덕일호·레저보트 해강호 충돌 사건(인해심 제2015－036호)에서 해강호는 레저보트(동력수상레저기구)이다. 해강호 조정자는 모 해상에 도착하여 주기관을 정지하고 닻을 내리지 않고 정선한 상태로 암초 근처에서 우럭 낚시를 시작하였고, 낚시를 시작한지 약 15분 정도 경과하였을 때 약 100미터 정도 거리에서 상대선박이 접근하여 오는 것을 발견하였다. 인천해심은 아래와 같이 재결하였다. 낚싯대를 이용한 낚시는 낚시하는 동안 다른 선박이 충돌의 위험을 안고 접근하는 경우 기관을 사용하여 선박을 조종하여도 선박의 조종성능을 제한하거나 선체에 손상을 일으키지 않는다. 해강호는 어로작업 중인 선박에 해당하지 않는다. 상호시계의 항법은 일반선박의 입장에서 상대선박이 어떤 동작을 취하고 있는지

32) 정류선의 항법에 대하여는 부산지방해심원 주최의 제3회 재결평석회의(2007. 5. 31)에서 크게 다루어졌다. 심판관들은 우선권을 부여하는 쪽에 찬성하였지만, 학계와 법조계 그리고 실무계에서는 이에 반대하는 견해가 다수를 이루었다.

파악하고 다음에 어떤 동작을 취할 것인지 예상할 수 있을 정도로 상당 기간 동안 정침하고 있는 경우에 가능한데(중해심 제2010-004호) 조류, 바람의 방향 등에 따라 이동하는 정선 중인 선박은 선수의 방향과 속력을 일정하게 유지한 채 상당 기간 동안 선수와 동일한 방향으로 움직이는 경우는 찾기 어렵다. 특히 해사안전법 제73조(횡단하는 상태)의 적용과 관련하여 정선 중인 선박이 조류 등에 따라 다른 선박을 횡단하고 있는 경우를 가정하더라도 정선 선박의 선수방위는 수시로 변화하고, 이에 따라 다른 선박이 오른쪽에 있을 수도 왼쪽에 있을 수도 있어 어떤 기준으로 유지선과 피항선을 정할지도 불명확하다. 따라서 정선 중인 선박에 대하여는 상호시계 내에서의 항법 규정에 따라 유지선과 피항선을 정할 것이 아니라 해사안전법 제66조 제1항의 단서인 "이 법에서 정하는 바가 없는 경우에는 될 수 있으면 조치하여 선박을 적절하게 운용하는 관행에 따라야 한다"는 규정과 선박 사이의 충돌을 방지하기 위하여 오랫동안 해사관습으로 항해자들이 지켜온 불문율 중 한 가지인 조종성능이 우수한 선박이 그렇지 못한 선박의 진로를 피하여야 한다는 선원의 상무, 이와 같은 관습을 명문화한 제76조(선박 사이의 책무)의 취지에 따라 항법을 적용하는 것이 타당하다고 판단된다. 즉 항행 중인 선박과 정선 중인 선박의 관계에 있어서는 조종성능이 우수한 항해 중인 선박이 정선 중인 선박을 피하는 것이 타당하다(중해심 제2014-003호).[33)] 덕일호와 해강호가 모두 항행 중인 선박에 해당되나 약 10노트의 속력으로 항해 중이던 덕일호가 정선한 채 낚시를 하는 해강호보다 상대적으로 조종성능이 우수하기 때문에 덕일호는 해강호를 피하여야 한다. 덕일호는 85%, 해강호는 15% 원인제공비율을 부담한다(2016년 사례집, 163-164면).

낚시어선 뉴경진호·레저보트 미소호 충돌 사건(인해심 제2017-025호)에서 인천해심은 "이 충돌사건은 선박이 서로 시계 안에 있는 상태에서 침로 112도, 속력 약 6.0노트로 항해 중이던 낚시어선 뉴경진호가 주기관 시동을 켜 두고서 선수방위를 약 000도로 향한 채 정류상태로 낚시 중인 레저보트 미소호에 접근하여 발생한 것으로, 이 경우 항법 적용을 위한 전제 조건으로 먼저 낚시 중인 미

33) **낚시어선 길성1호·무등록 레저보트 충돌 사건**(중해심 제2014-003호)에서 무등록 레저보트(고무재질의 동력수상레저기구)는 정선 중이었다. 중앙해심은 "이 레저보트는 선외기를 끈 채로 바람과 조류에 따라 흘러가는 형태로 정류상태였다. 당시 이 레저보트의 방향과 속력은 일정하지 않고 파도, 바람의 방향, 조류 등에 따라 수시로 변하므로 상호시계 안의 일반적인 항법을 적용할 수 없고, 통상의 선원이라면 당연히 알고 있어야 할 지식, 경험, 관행으로서 선원의 상무를 적용함이 타당하다"고 재결하였다(2015년 사례집, 429면).

소호의 항법상 지위에 대하여 살펴본 후 충돌 관련 양 선박에 대한 항법 적용을 판단하고자 한다. 사고 당시 미소호는 닻을 내리지 않고 주기관 시동을 켜 두고서 정류한 상태로 낚싯대를 이용한 낚시를 하고 있었는데, 이러한 경우 낚싯대는 '조종성능을 제한하는 어구'로 볼 수 없어 「해사안전법」상 '어로에 종사하고 있는 선박'에 해당되지 않고, 또한 닻을 내리거나 계류시설에 매어 놓은 상태가 아니므로 「해사안전법」상 '항행 중'(underway)인 선박에 해당한다(중해심 제2017－008호).

뉴경진호와 미소호가 앞서 검토한 바와 같이 모두 '항행 중인 선박'에 해당되고 서로 시계 안에 있었으므로 당시 조우하는 자세에 따라 「해사안전법」 제6장 제2절 선박이 서로 시계 안에 있을 때의 항법을 적용하여야 하지만, 이 항법을 적용하기 위한 전제 조건은 항행 중인 선박의 입장에서 상대 선박이 어떤 동작을 취하고 있는지 파악하고 다음에 어떤 동작을 취할 것인지 예상할 수 있을 정도로 상당 기간 동안 정침한 상태로 일정한 속력을 유지하고 있는 경우에 한하여 적용이 가능한데 조류, 바람의 방향 등에 따라 이동하는 정류 중인 선박은 선수의 방향과 속력을 일정하게 유지한 채 상당 기간 동안 선수와 동일한 방향으로 움직이는 경우를 찾기 어렵다. (…)(중해심 제2017－008호). 특히, 조종성능이 우수한 선박이 그렇지 못한 선박의 진로를 피하여야 한다는 '선원의 상무'를 적용하여 상대적으로 조종성능이 우수한 '대수속력을 가지고 항해 중인 선박'이 '정류 중인 선박'을 피하는 것이 타당하다

따라서 관행상 조종성능이 우수하다고 판단되는 '대수속력을 가지고 항해 중인 선박'인 뉴경진호가 정류한 상태로 낚시하고 있는 미소호를 피하여야 하고, 미소호는 주변 경계를 유지하면서 상대선박이 충돌의 위험을 안고 접근하는 경우 충돌을 피하기 위한 적절한 협력동작을 취하여야 한다. 뉴경진호 측은 자선의 진로 전방 경계를 소홀히 하여 충돌할 때까지 상대선박을 발견하지 못한 채 항해하였던 점, 변침하기 전 새로운 침로상에 선박의 존재 유무를 확인하지 않고서 변침하여 정류한 상태로 낚시 중인 미소호를 피하지 못한 점, 미소호 측은 정류한 상태로 낚시를 하면서 주위 경계를 소홀히 하여 충돌의 위험을 안고 접근하는 뉴경진호와 충돌을 피하기 위한 충분한 협력동작을 취하지 못한 점 등을 종합하여 이 건 충돌사고의 원인제공비율은 뉴경진호 측이 70%, 미소호 측이 30%인 것으로 각각 배분한다"고 재결하였다.

현재 우리나라의 해양안전심판원은 정류선에 대하여 우선권을 부여하고

학계와 실무에서는 대체로 부정적이다. 그러므로 실무에서 항해를 할 때에는 정류선을 만나게 되면 자신이 피항선으로 이해하고 피항조치를 먼저 취하는 것이 좋을 것으로 보인다.[34] 입법적인 해결이 필요한 것으로 본다.

(4) 속력에 따른 우선권

현재 국제규칙의 입장으로서는 수면비행선박을 제외하고는 속력에 따른 우선권은 부여되지 않고 있다. 수면비행선박은 150노트 이상을 달리는 선박이므로 다른 선박의 통항을 방해하지 아니할 의무를 부과시켰다. 합당한 조치이다. 30노트의 컨테이너 선박이나 5노트의 어선이나 모두 동일하게 항법규정이 적용된다.

속력의 차이에 따른 항법상의 지위를 본다면, 계류 중인 선박 → 묘박 중인 선박 → 일반동력선 → 수면비행선박의 순서로 피항의무 혹은 통항불방해의무가 부과되어 있다고 할 수 있다.

그런데 특별한 기관을 장착한 요트 등 유람을 목적으로 하는 선박이 50노트 이상을 달리는 경우에 12노트의 선박으로서는 위험을 판단하는 시간과 피항동작에 어려움이 있다. 그러므로 속력이 빠른 선박에 대하여는 어떠한 별도의 조치가 필요한 것이 아닌가 생각된다. 하나의 제안으로 나온 것은 빠른 속력으로 달리는 선박에 모두 통항불방해의무를 부과할 수는 없지만, 선박을 만나게 되면 2마일 전방부터는 30노트 정도로 감속할 의무를 부과하자는 것이다.[35]

Ⅲ. 피추월선

1. 국제규칙 제13조

국제규칙 제13조에 의하면 추월선은 제2장 제1절 및 제2절에 있는 규칙의 여하한 규정에도 불구하고 추월당하는 선박의 진로를 피하여야 한다고 규정하고 있다. 즉, 제2장(Part B; 항법규정)의 제1절(모든 상태의 시계 안에서의 항법)과 제2절(상호시계 안에서의 항법)의 모든 규정에 우선하여 추월선 규정을 적용한다

34) 이에 대한 논의는 김인현, 앞의 어선의 항법 논문, 331면 참조.

35) R.D. Pike, "Collision Regulations and Fast Craft", *Journal of Navigation*, Vol. 54, No. 3 (Sept. 2001), p.478. 합리적인 방안이라고 생각된다.

고 정하고 있다.[36)]

그러므로 협수로나 통항분리방식에서의 일반항법에 의하여 우선권을 갖는 선박이라고 할지라도 그 자신이 추월을 하게 되면 그는 다시 피항의무선인 추월선이 되고 상대선이 우선권을 갖는 피추월선(被追越船)이 된다. 예컨대, 어로작업 중인 선박과 일반동력선이 대양에서 조우하면 어로작업 중인 선박이 우선권을 갖는다(제18조 a항). 한편, 협수로 내에서는 어로작업 중인 선박은 협수로나 항로 안에서만 항행하는 선박에 대하여 통항불방해의무를 부담하므로 일반동력선이 어로작업 중인 선박에 대하여 우선권을 가지나(제9조 c항), 협수로에서 일반동력선이 어로작업 중인 선박을 추월하면 제13조에 의하여 일반동력선이 추월선으로 피항의무를 부담하고 어로작업 중인 선박은 유지선이 된다. 그러나 추월규정은 충돌의 위험이 있을 경우에만 적용되는 것이고, 이때에도 어로작업 중인 선박은 충돌의 위험이 발생하기 전과 후에 걸쳐서 통항불방해의무를 부담한다.

따라서 피추월선은 대양에서의 추월의 경우와 협수로, 통항분리방식에서의 추월로 나누어 볼 수 있지만, 여기서는 협수로, 통항분리방식에서의 추월에 따른 항법상 우선권을 중심으로 살펴본다.

2. 적용요건

첫째, 추월상태에 있어야 한다. 둘째, 상호시계 안에 있어야 한다. 그러나 협수로나 통항분리방식은 모든 시계상태에서의 항법이므로 여기에 있어서는 제한시계에서도 추월규정은 적용된다는 견해도 있다.

3. 효 과

피추월선은 항법상 우선권을 갖고, 추월선이 피항의무를 부담한다. 그리고 통항분리수역 안에서도 제13조가 적용되므로, 통항분리수역 안의 상호시계 상태 하에서 길이 20미터 미만의 선박과 일반동력선이 항행하는 경우에는 길이 20미터 미만의 선박은 통항불방해의무를 부담하므로 우선권을 갖는 선박은 일

36) 다만, 제3절(제한시계에서의 항법)의 경우에는 추월 규정의 적용에 대하여 언급하지 않고 있다.

반동력선이나, 일반동력선이 추월하면 충돌의 위험이 발생한 후에는 국제규칙 제13조 및 제10조 등의 적용배제 규정에 의하여 길이 20미터 미만의 선박이 진로우선권을 갖는다. 이 경우에도 충돌의 위험이 발생하기 전에는 길이 20미터 미만의 선박은 통항불방해의무를 부담한다. 그리고 충돌이 발생한 경우에 통항불방해의무 위반이 사고와 인과관계가 있으면 과실비율에 영향을 미친다.

이 경우 시계가 제한되면 양 선박의 우선권은 어떻게 되는지가 문제된다. 안개로 인하여 제한시계가 된 상태에서는 추월의 규정은 상호시계 안에서 적용되는 항법이므로 제한시계에서는 적용되지 않고,[37] 금지된다고 해석된다.[38] 그런데 무리하게 추월을 하는 경우에는 협수로나 통항분리수역에서의 추월은 위험하므로 추월항법이 적용된다고 보는 견해[39]도 있다. 필자의 견해로는 국제규칙 제13조를 확장해석하여 제한시계에 적용할 것이 아니라, 협수로 등에서 제한시계 상태에서 추월하게 되면 위험하므로 추월선이 모든 책임을 부담하는 것은 선원의 상무로서 국제규칙 제2조를 적용할 수 있다고 본다.[40]

피추월선이 부담하는 의무는 국제규칙 제17조(해상교통안전법 제82조)의 의무인 점에는 다툼이 없으나, 그 범위에 대하여는 종래 절대적 피항의무설과 상대적 피항의무설로 나뉘었으나, 현재는 혼합설이 다수설로서 상대적 피항의무설에서 말하는 피추월선의 침로 및 속력 유지의무뿐만 아니라(제17조 제1항) 최선의 협력동작을 취할 의무(제17조 제2항과 제3항)까지도 부담한다고 본다.

Ⅳ. 선원의 상무 규정(조리)에 의한 우선권

1. 국제규칙 제2조

항법의 대원칙이 조종성능이 우수한 선박이 열등한 선박을 피하라는 것이

37) 개정 전 해상교통안전법은 제한시계에서도 추월규정이 적용되는 것처럼 규정되어 있었다.

38) 일본「해상충돌예방법」제9조 제7항은 동조 제4항(협수로에서의 추월)의 규정은 상호시계 안에서만 적용된다고 명문화하고 있다. 국제규칙이나 우리나라 해상교통안전법에는 명문의 규정이 없다. 명문규정이 없더라도 국제규칙 제34조 c항의 신호로 보아 상호시계 안에서 적용되는 것이 명백하다는 견해도 있다. 福井淡, 앞의 책, 31頁.

39) Healy & Sweeney, *op. cit.*, p.203.

40) 이 때에도 20미터 미만의 선박은 통항불방해의무를 가지고, 일반동력선이 통항로를 따르는 의무는 계속 부담한다.

므로, 이러한 원칙을 적용한다면 부두에 접안한 상태에 있는 선박은 조종성능이 제로인 상태이다. 그리고 묘박 중인 선박도 조종성능이 제로에 가깝다고 볼 수 있다. 그러나 이러한 선박이 우선권을 갖는다는 명문규정은 없다. 이러한 경우에는 국제규칙 제2조 a항의 선원의 상무 규정을 그 근거규정으로 항법을 적용할 수 있다.

2. 적용요건

첫째, 국제규칙 등에 적용할 명문의 규정이 없어야 한다.[41] 명문의 규정이 있으면 명문의 규정에 따르는 것이 원칙이기 때문이다. 둘째, 모든 시계상태에서 적용이 가능하다.

3. 구체적인 경우

(1) 묘박선(錨泊船)

묘박 중인 선박은 닻을 놓고 있어서 쉽게 선박을 움직일 수가 없다. 그런데 국제규칙은 묘박 중인 선박과 항행 선박의 항법 관계에 대하여 정한 바가 없다. 묘박 중인 선박에 비하여 항행 중인 선박은 조종성능이 뛰어나므로 이를 항행 중인 선박이 피하여야 함은 선원의 상무로서 당연하게 여겨진다.[42] 계류 중인 선박은 더욱 그러할 것이다.

묘박선인 칭따오 익스프레스호·항행선 후아쿤호 충돌 사건을 다룬 중앙해심원(중해심 제98-8호, 1998. 3. 6)에 따르면, 묘박 중이던 칭따오 익스프레스호는 규정등화를 점등하였고 항해당직에 준하는 묘박당직체계를 유지하여 후아쿤호에 주의환기신호를 울렸으므로 묘박선으로서의 안전에 관한 주의의무를 다하였음이 인정되어 과실이 없고 항행 중이던 후아쿤호가 묘박선을 피하여야 한다는 것으로 재결되었다. 즉, 항행선인 후아쿤호가 조종성능이 제로에 가까운 칭따오 익스프레스호를 피하지 아니한 잘못으로 충돌사고가 난 것으로 보아 후아쿤호의 일방과실을 인정하였다. 이때 항행선이 묘박선을 피하라는 의무는 국제규칙 제2

---

41) Jiang Zhao, "Shall the vessel being overtaken give way to the overtaking", [1998] LMCLQ, p.377.

42) 『海上衝突豫防法の解說』, 145頁.

조 선원의 상무규정에서 그 근거를 찾을 수 있다.43)

어선 제107혜원호·산적화물선 현대리더호 충돌 사건(인해심 제2016－046호)에서 인천해심은 "현대리더호는 정박 중인 선박이었는데, 충돌 전 충분한 시간적 여유를 두고 기적을 울리는 등 피항협력동작을 취했다"고 볼 수 있는 점을 감안하여 항행 중이었던 제107혜원호에 100% 원인제공비율을 부과하였다(2017년 사례집, 231면).

산적화물 에프스타호·어선 동진호 충돌 사건(중해심 제2016－024호)에서 중앙해심은 "이 충돌사건은 짙은 안개로 시정이 약 10미터로 제한된 상태에서 정박 중이던 에프스타호와 속력 9~10노트로 항행 중이던 동진호 사이에서 발생하였다. 따라서 정박 중인 선박과 항행 중인 동력선 사이에 발생한 이 건 충돌사고와 관련한 항법에 대하여는 해사안전법에서 별도로 정하고 있지 않지만, 항해자들이 오랫동안 관습적으로 지켜 내려온 불문율 중의 하나가 조종성능이 우수한 선박이 그렇지 못한 선박의 진로를 피하는 것임에 비추어 볼 때 조종성능이 더 우수한 항행 중인 동진호가 정박 중인 에프스타호를 피하여야 하는 것이 타당할 것이다(국제규칙 제2조 선원의 상무규정 적용). 이 충돌 사건은 시정이 극히 제한된 상태에서 어선 동진호가 레이더가 작동되지 아니하고 기적을 울릴 수 없어 적절한 경계를 할 수 없는 상황임에도 안전한 속력을 준수하지 아니한 채 무리하게 항행함으로써 정박 중이던 에프스타호를 발견하지 못하여 발생한 것이나, 에프스타호가 지정고시된 정박지가 아닌 곳에서 정박한 후 무중신호를 울리지 아니하여 레이더 경계를 소홀히 한 것도 일인이 된다. 원인제공비율은 동진호가 80%, 에프스타호가 20%인 것으로 각각 배분한다"고 재결하였다(2017년 사례집, 277면).

조타기가 작동불능 상태로 되어 정박 중이던 선박에 충돌한 경우에도 조타기 고장 선박은 운전부자유선이지만 자신보다 조종성능이 더 열등한 정박 중인 선박을 피하여야 하는 바,44) 이 경우에도 위와 같다.

주묘(走錨: 닻이 끌림, dragging)되어 묘박 중인 선박과 충돌한 경우에도 전

43) 자세한 것은 김인현, "묘박선의 주의의무", 『해양한국』, 1997년 6월호, 120면 이하 참고.

44) 유조선 대원3호·유조선 데이코마루호 충돌 사건(부해심 제94－49호), 『해난심판사례집』(1995), 38면.

자는 항행 중(underway)이 되므로 묘박 중인 선박을 피하여야 할 의무를 부담한다. 태풍이 부는 경우에는 통상은 양 선박 모두가 닻이 끌리게 될 것이지만, 그렇지 않다고 하더라도 닻이 끌리지 않는 선박도 주의의무에 위반될 상황이 증대하게 되어 상당한 과실을 부담하게 될 것이다.

영국의 **펄호 사건**에서 양 선박 모두가 닻이 끌리게 되었고, 상측에 있었던 쟈흐르 벤처호는 사전에 닻이 끌리는 상황을 알지 못한 점과 주묘를 안 다음에도 즉각적인 조치를 취하지 않은 점이 위반으로, 하측에 있던 펄호는 스팀라인을 고장인 상태로 두어서 닻을 사용하지 못하게 된 점이 과실로 인정되어 양 선박은 동등한 과실비율을 부담하게 되었다. 이 판결에서 닻이 끌리기 시작하는 순간에 국제규칙 제3조 (i)의 항행 중이 된다고 판시되었다. 묘쇄를 풀어 주었다면 충돌을 피할 수 있었다는 주장에 대하여, 펄호는 5~7분이나 걸려야 닻의 묘쇄를 풀어 줄 수 있다는 주장이 받아들여져 이 점에는 과실이 없음이 인정되었다.[45]

묘박선의 주의의무로는 정당한 묘박지에 묘박할 것, 규정등화와 형상물을 게양할 것, 경계요원을 배치할 것, 주의환기신호를 발령할 것, 묘쇄(錨鎖, 닻에 연결된 사슬) 조절을 할 것, 기관 사용을 할 것 등이다.

화물선 제니스샤인호·화물선 지펭689호 충돌 사건(중해심 제2009-9호, 2009. 4. 7)에서 중국 칭따오항 입구에 정박하고 있던 중국선적 지펭689호를 항해 중이던 제니스샤인호가 충돌하여 지펭689호가 침몰하였다. 정박지에 진입하던 항행선이 레이더에 의한 경계를 소홀히 하여 정박선을 피하지 못한 것을 주인으로, 지펭689호가 정박등을 켜지 않은 것을 일인으로 판시하였다.

(2) 어로작업 중인 선박

중앙해심원의 **제808갑자호 충돌 사건**(중해심 제1999-3호, 1999. 3. 16)에서 시-앵커를 달고 오징어 채낚기 작업에 종사하고 있던 선박을 표박 중인 선박으로 보아 어로작업 중인 선박보다는 열등하고 일반동력선보다는 우위의 우선권을 부여한 재결도, 그 근거규정은 국제규칙 제2조의 선원의 상무규정이다.

---

45) The “Pearl”, [2003] 2 Lloyd’s Reports, 188.

V. 기타 특정해역 안에서의 흘수제약선

1. 해상교통안전법 시행규칙 제6조

구 해상교통안전법 시행규칙 제8조 제4항 [별표 11]에 의하면 광양만 출입항로에서는 심흘수선박(深吃水船舶)과 심흘수선박 이외의 선박을 위하여 심흘수항로(深吃水航路)를 설정하고 있었다. 심흘수선박의 안전한 통항을 위하여 흘수제약을 받는 선박과 흘수제약을 받지 않는 선박 사이에 있어서는 흘수제약선에 우선권을 부여하고, 흘수제약선 사이에는 출항선에 우선권을 부여하였다. 즉, [별표 11] 제3항 제2호에는 "항로지정방식에 따라 항행하는 선박이 서로 충돌의 위험이 있을 경우에는 흘수제약을 받지 아니하는 선박이 흘수제약선의 진로를 피하여야 하며, 흘수제약선끼리 충돌의 위험이 있을 경우에는 입항선박이 출항선박의 진로를 피하여야 한다"고 정하고 있었다. 2005년 개정법은 [별표 11]을 개정하여 제3항 제2호 전단은 그대로 두고 후단을 삭제하게 되었다. 즉, 흘수제약선이 비흘수제약선에 대하여 진로우선권을 갖지만, 더 이상 흘수제약선 사이의 출항선 우선권제도는 폐지되게 되었다. 이는 입·출항 항로가 새롭게 설정되었기 때문이다.

2. 적용요건

첫째, 여수지역 특정해역의 광양만 출입항로를 따르는 선박 사이에 적용된다. 둘째, 상호시계 안에서는 물론이고 제한시계에서도 적용된다. 교통안전특정해역에서의 항법에 나와 있지 않는 규정은 통항분리수역의 항법을 준용하고, 통항분리수역의 항법은 모든 시계상태에서 적용되기 때문이다. 셋째, 흘수제약선은 규정등화나 형상물을 표시하여야 한다.[46] 국제규칙 제18조(해상교통안전법 제83조 제5항)의 흘수제약선의 규정이 준용되기 때문이다.

제한시계에서는 흘수제약선의 등화를 시각적으로는 볼 수 없겠으나, 특정해역을 항행하는 선박도 무선전화를 개방하여 관제통신을 청취하여야 하고, 해상교통안전법 제8조와 시행규칙 제7조에 따르면 흘수제약선도 운항사항을 해양

46) 同旨: S. Mankabady, *op. cit.*, p.234.

경찰서장에게 통보하도록 되어 있으므로, 흘수제약선의 존재를 청각을 통하여 알 수 있을 것이다.

3. 효 과

일반항법인 정면상태의 항법에 의하면 양 선박 모두가 피항할 의무를 부담하지만, 해상교통안전법 시행규칙 제6조에 따라 흘수제약선박이 우선권을 갖고 흘수제약선박이 아닌 선박이 피항의무를 부담한다.

해상교통안전법 제83조 제5항(국제규칙 제18조 d항 i호) 흘수제약선의 규정이 이와는 별도로 적용되는지가 의문이다. 시행규칙 제6조 제1항 제3호 [별표 4](교통안전특정해역에서 통항분리방식 방법의 준용)의 의무는 피항의무이고 동법 제83조 제5항의 의무는 통항불방해의무로 이들은 서로 다른 성질의 것이므로 [별표 4]의 항법은 동법 제83조 제5항을 배제하지 못한다고 생각한다. 그리하여 어로작업 중인 선박, 범선 그리고 일반동력선은 이 조항의 피항의무뿐만 아니라, 흘수제약선에 대하여 통항불방해의무를 중첩적으로 부담하게 된다. 법조문을 있는 그대로 해석하면 운전부자유선이나 조종성능제한선박 이외의 비흘수제약선은 흘수제약선에 대하여 피항의무를 부담하는 것이 된다.

제3절 지리적 제약에 따른 우선권

Ⅰ. 서 론

지리적인 제약에 따라 어떤 선박에 우선권이 부여되는 경우는 협수로 및 통항분리수역에서의 범선, 길이 20미터 미만의 선박 그리고 어로작업 중인 선박 등이 있다. 이 경우는 우선권이 부여되어 있는 선박 자체의 조종성능이 제한되는 것은 아니나, 가항폭(可航幅)이 좁은 지리적인 특성상 대형선박을 보호하기 위하여 마련되었다. 지리적 조건에 따라 우선권이 부여되는 경우의 우선권은 통항우선권으로서 모든 시계상태에서 적용된다.

Ⅱ. 협수로에서의 우선권

1. 국제규칙 제9조

국제규칙 제9조 b항은 “길이 20미터 미만인 선박이나 범선은 협수로나 항로 안에서만 안전하게 항행할 수 있는 선박의 통항을 방해하여서는 아니된다”, 제9조 c항은 “어로에 종사하고 있는 선박은 협수로나 항로 안에서 항행하는 다른 선박의 통항을 방해하여서는 아니된다”, 그리고 제9조 d항은 “만일, 자선의 횡단이 수로나 항로 안에서만 안전하게 항행할 수 있는 선박의 통항을 방해한다면 그 선박은 협수로나 항로를 횡단하여서는 아니된다”고 정하고 있다.

따라서 협수로나 항로 안에서만 안전하게 항행할 수 있는 선박은 길이 20미터 미만인 선박이나 범선, 횡단선에 대하여 우선권을 갖고, 어로작업에 종사하고 있는 선박 이외의 선박으로서 협수로나 항로를 항해하는 선박은 어로작업에 종사하고 있는 선박에 대하여 우선권을 갖는다.

2. 적용요건

(1) 길이 20미터 미만의 선박, 범선 그리고 횡단선에 대한 경우

첫째, 우선권을 갖는 선박이기 위하여는 협수로나 항로 안에서만 안전하게 항행할 수 있는 선박이어야 한다. 그러므로 선박이 항로를 이탈하여서도 위험 없이 항행할 수 있다면 우선권을 갖지 못한다.

둘째, 의무를 부담하는 선박은 길이 20미터 미만인 선박이나 범선 그리고 횡단선이다. 길이 20미터 미만의 선박이나 범선은 소형선박으로서 기동성이 우수하다. 그러므로 협수로나 항로 안에서만 안전하게 항행할 수 있는 대형선을 쉽게 피할 수 있다. 만약, 일반항법에 의한다면 협수로를 따라 항행하던 선박과 자신의 우측에 횡단선이 조우하게 되면 협수로를 따르는 선박이 피항선이 된다(국제규칙 제15조~제17조). 그러나 협수로는 그 성질상 대형선의 항행의 자유가 제한되어 대형선의 선회(旋回)가 곤란하므로 횡단을 허용하게 되면 충돌의 위험이 증대된다. 그러므로 입법자는 수로나 항로 안에서만 안전하게 항행할 수 있는 선박이 있으면, 그 선박의 안전한 통항을 방해하는 경우에는 횡단을 금지시키고 있다. 즉, 횡단선은 통항불방해가 조건이 된 횡단금지의무를 부담한다.

셋째, 모든 시계상태에서 적용된다. 그런데 일본 해상충돌예방법 제9조에서는 명문으로 국제규칙과 달리 상호시계 안에서만 본 규정을 적용한다고 정하고 있다.[47] 이러한 입법태도에 대하여 일본의 교과서는 이를 의무선박에 피항의무나 통항불방해의무를 부과시켜도 제한시계에서는 서로 상대선박을 시인(視認)하지 못하므로 이러한 의무를 이행하기가 불가능하고, 제한시계에서는 상호 피항의무가 있음에도 불구하고 일방에게 의무를 부과하는 것은 위험하기 때문이라고 설명한다.[48] 그러나 이러한 입법이라면 제한시계에서는 대형선박이나 소형선박이 동일한 주의의무를 부담하게 되어 대형선박의 안전항행을 보장하려는 입법취지가 무색해진다. 오히려 제한시계가 되면 대형선박의 항행이 더욱 보장되어야 하므로 소형선박이나 어로작업 중인 선박에 통항불방해의무를 부과한 것이다. 이들 의무선박은 무중(霧中)이라면 항행을 금지하거나 협수로 안에서 어로작업을 하지 않는 통항불방해 방법을 택하여야 대형선박의 안전통항이 보장될 것이다. 그러므로 위와 같은 명시적인 배제규정이 없는 국제규칙 제9조나 우리나라 해상교통안전법 제74조에서는, 일본의 경우와는 달리, 이 조항은 국제규칙 제4조와 해상교통안전법 제69조에 의거하여 모든 시계상태에서 적용된다고 생각한다.

(2) 어로작업 중인 선박에 대한 경우

첫째, 우선권을 갖는 선박의 대상은 협수로나 항로 안에서 항행하는 선박이다. 위 (1)과 다른 점은 반드시 협수로나 항로 안에서만 안전하게 항행할 수 있는 선박임을 요구하지 않는다는 것이다. (1)과는 달리 우선권을 갖는 선박의 범위를 확장한 것은 어로작업을 하는 경우에는 그물의 존재가 선박의 통항을 쉽게 방해할 수 있기 때문으로 보인다.

---

47) 일본 海上衝突豫防法 제9조(협수로 항법) 제7항은 제2항에서 제6항까지의 규정은 제4조에도 불구하고 선박이 상호시계 안에 있는 경우에만 적용한다고 한다. 동법 제9조 제2항은 국제규칙 제9조 b항의 범선, 제9조 제3항은 동 규칙 제9조 c항의 어로작업 중인 선박, 제9조 제4항은 동 규칙 제9조 e항의 추월선, 제9조 제5항은 동 규칙 제9조 d항의 횡단관계, 제9조 제6항은 동 규칙 제9조 b항의 길이 20미터 미만의 선박에 해당한다. 제4조는 국제규칙 제4조로서 제1절은 모든 시계상태의 선박에 적용한다는 내용이다.

48) 『海上衝突豫防法の解說』, 40頁.

둘째, 의무를 부담하는 선박은 어로작업에 종사하고 있는 선박이다. 어로작업에 종사하는 선박을 국제규칙 제18조에서 말하는 바의 조종성능이 제한받는 선박으로 볼 것인가 아니면 이를 더욱 완화할 것인가가 문제이다. 그물의 존재 등의 위험성 때문에 어선에 통항불방해의무를 부과한 것이므로, 제3조 d항의 정의와 같이 트롤망 등을 끌고 있어서 조종성능을 제한받는 선박으로 본다.

셋째, 모든 시계상태에서 적용된다. 일본 해상충돌예방법에서는 명문으로 상호시계 안에서만 본항을 적용한다고 정하고 있음은 위 (1)에서 본 바와 같다.

3. 효 과

(1) 통항불방해의무 일반론

국제규칙 제9조 b항 및 d항에서 협수로 등에서만 안전하게 항행할 수 있는 선박이 우선권을 갖는 경우 및 제9조 c항의 협수로에서 항행하는 다른 선박이 갖는 우선권은 통항우선권(通航優先權)이다. 반면, 이들 선박의 상대선박인 길이 20미터 미만의 선박, 범선 그리고 어로작업에 종사하는 선박은 통항불방해의무를 부담한다. 제9조 d항의 횡단선은 통항불방해의무를 조건으로 하는 횡단금지의무를 부담한다는 점에서 제9조 b항 및 c항과 다르다.

국제규칙 제8조 f항은 통항불방해의무선박의 의무에 대하여 특별히 규정하고 있으므로 이를 살펴본다. 제8조 i호는 통항불방해의무선박은 상대선박이 안전통항을 위한 충분한 수역을 갖도록 조기에 동작을 취할 것이 요구된다고 하고, ii호에서 충돌의 위험이 내포되도록 상대선박에 접근하였어도 이 의무가 면제되지 않는다고 한다. 또한 iii호에서는 통항을 방해받지 않아야 하는 선박도 충돌의 위험이 발생한 후에는 이 장의 규정을 따라야 한다고 정하고 있다.

> **유조선 96신현호·어선 한진호 충돌 사건**(중해심 제2013-007호)에서 96신현호는 통영 근처 조도 수도를 따라 항행하고 있었고, 한진호(길이 20미터 미만)는 가두리 양식장에서 일을 마치고 조도 수도를 횡단하고 있었다. 96신현호는 수로 중앙을 항해 중 자신의 우현에 한진호를 두고 충돌하였다.
>
> 중앙해심은 "한진호는 길이 20미터 미만의 소형선일 뿐만 아니라 좁은 수로를 횡단하여 항행하여야 하는 선박이므로 좁은 수로의 안쪽에서만 안전하게 항행할 수 있는 다른 선박의 통항을 방해하지 아니하여야 하는 '통항방해금지의무'를 가

진 선박이다. 96신현호가 수로의 중앙을 따라 항행하는 바람에 한진호의 진로를 피하기 위하여 96신현호의 진로를 오른쪽으로 변경할 수 있는 여유수역이 있어서 통항을 완전하게 방해하는 상태는 아닌 것으로 볼 수도 있겠지만, 한진호의 수로를 따라서 항행하는 96신현호에 대한 통항방해금지의무 또한 충돌 위험이 있는 경우에도 면제되지 아니하므로 한진호의 통항방해금지의무가 완전히 없어지는 것으로 보기는 어려울 것이다. 이 충돌 사건은 한진호 측이 좁은 수로를 횡단하는 상태로 접근하면서 경계를 태만히 함으로써 수로를 따라 항행하는 96신현호를 관측하지 못하여 발생한 것이나 96신현호가 수로의 중앙으로 항행하면서 경계를 태만히 함으로써 자선의 우현측으로부터 접근하는 한진호의 진로를 피하기 위한 적절한 동작을 취하지 아니한 것도 일인이 된다. 양 선박 모두 좁은 수로 해역을 항행하면서 경계를 태만히 한 과실, 한진호 측의 통항방해금지의무 미이행, 96신현호 측의 충돌을 피하기 위한 동작 미이행 등의 과실에 터잡아 양 선박의 원인제공 정도는 96신현호 45%, 한진호 55%인 것으로 배분된다"고 재결하였다(2014년 사례집, 233면).

(2) 어로작업 중인 선박과 국제규칙 제18조

1) 어로작업 중인 선박의 의무

통항불방해선박으로서 어로작업 중인 선박은 충돌의 위험이 발생되지 않도록 충분한 여유수역을 보장하여야 할 적극적인 의무를 부담한다. 충돌의 위험이 발생하여도 위 선박의 의무는 그대로 남아 있다고 국제규칙 제8조 ii호에서 정하고 있다. 비록 피통항불방해선박이 충돌의 위험이 발생하여 제8조 iii호에 따라 피항의무를 갖는다고 하더라도, 충돌의 위험이 발생하여도 조기에 충분한 수역을 확보해 주어야 할 주의의무는 여전히 어로작업 중인 선박에 부여되고 있고, 더구나 충돌의 위험이 발생하기 전에는 통항불방해선박인 어로작업 중인 선박에만 주의의무가 있다. 따라서 이를 종합적으로 판단하면 통항불방해의무선박으로서 어로작업 중인 선박의 주의의무가 피통항불방해선박에 비하여 훨씬 크다고 할 것이다.

2) 국제규칙 제18조와의 관계

국제규칙 제18조는 "협수로와 통항분리방식과 추월규정에서 달리 정한 경우를 제외하고"라고 함으로써 협수로의 경우에 제18조의 조종성능의 우열에 따른 원칙의 적용이 배제됨을 선언하고 있다. 즉, 예컨대 협수로의 특별한 경우가 아니라면 어로작업 중인 선박이 일반동력선에 대하여 제18조상의 우선권을 갖는다. 그러나 제18조에서는 이를 배제하는 규정을 두고 있는 것이다. 이것은 바로 협수로에서의 어로에 종사하는 경우를 염두에 둔 것이라고 할 것이다. 따라서 제9조 c항은 제18조를 배제한다.[49]

이를 논리석으로 분석하여 보면 다음과 같이 된다. 즉, 이는 어로작업 중인 선박이 통항을 방해하는 경우와 그렇지 않은 경우로 나누어지고, 전자의 경우는 일반동력선은 피통항불방해선박으로서 우선권을 가짐과 동시에 충돌의 위험이 발생하면 제18조의 적용이 배제되므로 선원의 상무 규정에 따른 주의의무를 부담한다. 후자의 경우는 '선박의 통항을 방해하지 않으므로' 국제규칙 제18조가 적용되어 일반동력선은 어로작업 중인 선박에 대하여 피항선으로서 절대적인 피항의무를 부담한다.

종래 협수로의 좌측이든 우측이든 피통항불방해선박이 통과할 여유만 있다면 통항을 방해하는 것이 아니라는 폐쇄설[50]이 있었지만, 1987년 개정시 추가된 제8조 f항의 취지를 충실히 해석하면, 피통항불방해선박의 일반적 진행방향인 우측 수로가 막혀 있으나 좌측 수로는 비록 여유수역이 있다고 하더라도 선박은 우측통항이 원칙이므로 좌측으로 피하여 항해할 것을 우선권보유선박에 요구할 수 없다고 보이므로, 이는 통항을 방해하는 것이 된다.[51] 이러한 취지에서 제8조 f항은 조기에 '충분한' 여유수역을 확보하여 줄 것을 통항불방해의무선박에 요구하고 있다. 그러므로 실제로는 협수로 등에서 통항을 방해하지 않으면서 충돌의 위험이 발생하여 충돌사고가 발생하는 것은 드물게 된다. 예컨대, 협수로의 일반적 교통의 흐름에 따라 어망을 끌고 있는 어선은 일반동력선의 통항(가항수역폭이 제한을 받는 추월의 경우 제외)을 방해하지 않는 것이 된다. 그러나 만약 협수로를 따라 항행하는 선박이 있음에도 협수로를 횡단하는 방향으로 어망을 끌거나, 일반적인 교통 흐름과 반대방향으로 어망을 끌면 이는 안전

49) R.H.B. Stuart, *op. cit.*, p.52.

50) 찬성 견해로는 『海上衝突豫防法の解說』, 34頁; 이철환, 앞의 학위논문, 47면. 이 설을 취하면 통항방해가 아닌 경우가 쉽게 인정되어 통항불방해의무선박에게 유리하고 피통항불방해선박에는 불리하게 된다.

51) 김인현, 앞의 책, 156면; 同旨: 福井淡, 앞의 책, 30 및 33頁의 그림.

한 통항을 방해하는 것이 될 수 있다.

어로작업 중인 선박과 일반동력선이 상호시계 안에서 통항을 방해함과 동시에 충돌의 위험이 내포되면서 접근하는 경우에 통항불방해의무선박과 피통항불방해선박(통항우선권 선박)이 부담하는 제8조 f항 iii호의 의무가 어떠한 것인가에 대한 의문이 제기된다. “제9조, 제10조 및 제13조의 규정에 의한 경우를 제외하고는 이 조에서 정한 바에 따른다”에서 제9조는 통항을 방해하지 아니할 의무에 관한 것이므로, 이는 통항을 방해하는 경우의 항법에서는 제18조가 적용되지 아니하고 통항을 방해하지 아니하는 경우에는 제18조를 적용한다고 해석된다. 그러므로 통항을 방해하는 경우에 어로작업 중인 통항불방해의무선박과 통항우선권 선박이 부담하는 의무는 국제규칙 제2조 선원의 상무로서의 의무라고 본다.

Ⅲ. 통항분리방식에서의 우선권

1. 국제규칙 제10조

국제규칙 제10조 i항은 “어로에 종사 중인 선박은 통항로를 따라 진행하는 모든 선박의 통항을 방해하여서는 아니된다”, 제10조 j항은 “길이 20미터 미만의 선박이나 범선은 통항로를 따라 진행하는 동력선의 안전한 통항을 방해하여서는 아니된다”고 정하고 있다. 길이 20미터 미만의 선박과 어로작업에 종사 중인 선박은 통항분리방식을 따라 항해하는 선박의 안전한 통항을 방해하여서는 아니된다.[52] 협수로 항법에서와 달리 횡단선은 통항불방해를 조건으로 하는 횡단금지의무를 부담하지 않는다.

2. 적용요건

(1) 어로작업 중인 선박의 경우

첫째, 어로작업 중인 선박에 대하여 통항우선권을 갖는 선박은 통항로를

52) 우리나라 인천이나 광양 혹은 부산에 설치된 특정해역 안에서의 항법은 통항분리방식의 항법이 준용되고 있고, 해상교통안전법 제75조의 규정에 의하여 길이 ‘20미터’ 미만의 선박은 ‘30미터’ 이하로 확대적용되도록 되어 있다(해상교통안전법 시행규칙 제6조 제1항 제3호 [별표 4] 비고).

따라 진행하는 모든 선박이다. 즉, 일반동력선뿐만 아니라 범선에 대하여도 어로작업에 종사하는 선박은 통항불방해의무를 부담한다. 이들 선박은 통항로를 따라 진행하여야 한다. 그러므로 통항분리대를 항행하거나, 통항로 밖을 항행하는 선박에 대하여는 의무를 부담하지 않는다. '통항로를 따라 항행'하는 것은 협수로 항법과는 달리 반드시 우측항행을 하여야 하는 것은 아니다.

둘째, 의무선박은 어로작업에 종사하는 선박으로서 조종성능을 제한하는 어구를 사용하여 어로작업에 종사하는 선박이다.

셋째, 모든 시계상태에서 적용된다. 일본 해상충돌예방법은 상호시계 안에서만 적용된다고 하나,[53] 협수로에서 본 바와 같이 국제규칙과 우리 법은 일본법과는 다른 입장으로 해석된다.

(2) 길이 20미터 미만의 선박이나 범선의 경우

길이 20미터 미만의 선박이나 범선에 대하여 우선권을 갖는 선박은 통항로를 따라 진행하는 일반동력선이다. 통항과 관련한 우선권을 갖는 선박은 일반동력선이다. 그러므로 범선은 제외된다. 운전부자유선이나 조종성능제한선박도 일반동력선인 한은 통항우선권을 갖는다.

3. 효 과

통항로를 따라 진행하는 일반동력선은 길이 20미터 미만의 선박 및 어로작업에 종사하는 선박에 대하여 통항우선권을 갖는다. 통항불방해의무는 앞에서 본 바와 같다. 국제규칙 제8조 f항에 따라서 상호시계 안에서는 충돌의 위험이 발생한 경우에 길이 20미터 미만의 선박에 대하여는 각 조우자세에 따른 항법의 규정이, 어로작업 중인 선박에 대하여는 선원의 상무 규정에 따른 항법규정이 통항불방해의무와 중첩적으로 적용된다. 제한시계에서는 국제규칙 제19조가 중첩적으로 적용된다. 즉, 어로작업 중인 선박과 길이 20미터 미만의 선박은 일반동력선에 대하여 통항불방해의무와 제한시계 항법상의 의무를 추가적으로

53) 일본 해상충돌예방법 제10조는 제9항에서 "전 3항의 규정은 제4조의 규정에도 불구하고 다른 선박의 시야 내에 있는 선박에 대하여 적용한다"고 하여 상호시계 안에서만 이 항의 규정이 적용됨을 명시하고 있다. 전 3항이란 제6항(국제규칙 제10조 j항) 범선, 제7항(국제규칙 제10조 i항) 어로에 종사 중인 선박 그리고 제8항(국제규칙 제10조 j항) 길이 20미터 미만의 동력선과 관련된 규정이다.

부담한다.

우선권을 갖는 선박이 경계 등의 기본적인 의무를 부담하는 것은 당연하다. 이때 우선권을 갖는 선박은 이 장의 규정을 따를 의무가 있다. 충돌의 위험이 발생한 경우에는 길이 20미터 미만의 선박에 대하여는 횡단항법이 적용되고, 피통항불방해선박은 유지선 혹은 피항선으로서 의무를 부담한다. 어로작업 중인 선박에 대하여는 국제규칙 제18조 본문의 적용배제 규정에 의하여 통항분리수역에서의 통항불방해의무에는 적용이 배제되므로, 충돌의 위험이 발생한 경우에 피통항불방해선박에는 선원의 상무 규정이 적용된다.

유의할 것은 추월의 경우에는 국제규칙 제13조에 의하면 어떠한 상황에서도 조종성능이 우수한 추월선이 피추월선을 피하게 되어 있으므로, 일반동력선이 추월하는 경우에는 길이 20미터 미만의 선박에 대하여도 일반동력선은 피항선이 된다. 그러나 이때에도 충돌의 위험이 발생하기 전에 길이 20미터 미만의 선박은 통항불방해의무를 부담한다. 제한된 시계에서는 원래 추월항법의 적용이 없으나, 통항분리방식 안에서의 추월에는 제한시계가 된다고 하더라도 국제규칙 제13조가 적용된다는 견해가 있다.

Ⅳ. 특정해역에서 항로지정제도에 따르는 선박의 우선권

1. 해상교통안전법 제9조 제1항

해상교통안전법 제9조(어업의 제한 등) 제1항은 교통안전특정해역에서 어로에 종사하는 선박은 그 교통안전특정해역에서 제7조 제2항의 규정에 따른 항로지정제도에 따라 항해하는 다른 선박의 통항에 지장을 주어서는 아니된다고 정하고 있다.

가항폭(可航幅)이 좁은 특정해역에서 선박의 안전통항권을 보장하려면 어로작업은 전면적으로 금지되어야 할 것이다. 하지만 어민의 어로작업권도 보장해 주어야 하므로 특정해역 안에서 어로작업은 허용하면서 어로작업 선박에 통항불방해의무를 부과한 것이다.

2. 적용요건

첫째, 통항불방해의무를 부담하는 선박은 특정해역 안에서 어로작업에 종사하여야 한다. 그러므로 통항로는 물론 분리대 안에서의 어로작업도 포함된다. 특정해역 안의 통항로만을 의미하는 것이 아니라 특정해역 전체를 보호하기 위한 규정이므로 특정해역 안이라고 규정하고 있다.

둘째, 보호대상이 되는 선박은 규정된 항로지정제도에 따라 항해하는 다른 선박이다. 그러므로 일반동력선은 물론 범선도 포함된다. '항로지정제도에 따라 항행한다'는 의미는 대체적으로 항로지정제도에 따르면 된다고 해석된다.[54] 인천항 지역 교통안전특정해역에서는 동수도, 서수도를 따라야 하고 여수지역 특정해역에서는 흘수제약선은 깊은 수심 항로가 설정된 수역에서는 동 항로를 따라 항행하여야 한다.

> **태영썬호 충돌 사건**에서 대법원(대법원 2000. 11. 28. 선고 2000추43판결)은 항로지정방식에 따른 항행에 해당하기 위하여는 진로가 위와 같은 깊은 수심 항로의 방향과 '거의 일치'하고 있는 상태라야 하는 것으로 풀이된다고 한 후, 0830경 진로를 135도로 변침하여 깊은 수심 항로의 방향과는 상관 없이 계속 진행하였고, 0900경에는 이 사건 특정해역을 벗어났다. 원고는 이 사건 특정해역에서의 깊은 수심 항로의 방향에 따르지 아니한 채 계속 진행하여 갔던 것이므로, 이러한 항행을 앞서 본 법상의 항로지정방식에 따른 항행이라고 할 수가 없고, 상대선박이 이 사건 특정해역에서 어로에 종사하고 있었다는 점만으로 법 제47조 제1항(개정법 제59조 제1항)에 따라 통항에 지장을 주어서는 아니되는 의무를 부담한다고 할 수 없다고 판시하였다.[55]

셋째, 시계상태에 관계 없이 적용된다. 특정해역의 항법에 대하여 시행규칙에 나와 있지 않은 것은 통항분리제도의 항법에 따르도록 되어 있고(해상교통안전법 시행규칙 제6조 제1항 제3호 [별표 4] 비고), 통항분리제도의 항법은 모든 시계상태에서 적용되는 항법이기 때문이다.

---

54) 이에 대한 반대 견해로는 김인현, 앞의 책, 148면.

55) 위의 책, 147~149면 참고.

3. 효 과

국제규칙 제18조에 따르면 어로작업 중인 선박은 일반동력선에 대하여 피항의무상 우선권을 갖지만, 특정해역 안에서는 어로작업 중인 선박은 항로지정방식에 따라 항행하는 다른 선박의 통항을 방해하지 않을 의무, 즉 통항불방해의무를 부담한다. 통항불방해의무는 앞에서 본 바와 같다.

해상교통안전법 제9조 제1항의 어로작업에 종사하는 선박의 주의의무에 대하여, 동법 제9조 제2항을 유추하여 이를 특정해역 안에서의 어로작업 금지로 보는 견해도 있을 수 있다. 그러나 제9조 제2항에서 금지되는 어구 등의 설치는 고정식 어구라고 해석되고, 제9조 제1항은 일반 어로작업을 말하는 것으로 보인다.[56)]

특정해역 안에서 횡단상태가 형성된다면, 국제규칙 제8조 f항 iii호와, 해상교통안전법 시행규칙 제6조 제1항 제3호 [별표 4]의 비고 규정에 따라 통항분리수역 항법이 준용되고, 통항분리수역 항법에서는 일반항법도 중첩적으로 적용된다고 하므로(국제규칙 제10조 제1항), 특정해역의 항법과 횡단항법이 중첩적으로 적용된다. 즉, 항로지정방식을 따라야 하는 선박은 항로지정방식에서 정한 의무를 부담하고, 또한 횡단항법에 따라서 유지선 혹은 피항선의 의무도 함께 부담한다.

항로를 따르는 일반동력선과 어로작업 중인 선박이 횡단상태에 놓이게 되면, 충돌의 위험이 발생하기 전에는 어로작업 중인 선박은 통항불방해의무를 부담한다. 충돌의 위험이 발생한 후에도 어로작업 중인 선박에 이 의무는 면제되지 않고, 일반동력선은 국제규칙 제2조 선원의 상무로서의 주의의무를 부담한다.

기타 사항은 협수로에서의 우선권에서 본 것과 같다.

---

56) 그러나 원칙적으로 무역항의 수상구역등에서의 항로상의 어로작업은 금지되고(선박입출항법 제44조), 통항분리수역 안에서도 어로작업은 통항분리대 안에서만 허용되는 것으로 해석하는 견해도 있다(국제규칙 제10조)(박용섭, 앞의 책, 386면). 이러한 입장에 선다면 제9조 제1항에 대하여는 특정해역에서 항로를 제외한 수역에서 어로작업이 가능하나, 항로 이외의 특정해역에서 작업을 하던 중 그물이 항로로 흘러들어가서 일반동력선의 통항을 방해하여서는 아니된다는 것을 의미한다는 해석도 가능할 것으로 본다. 그러나 협수로등에서도 어로작업이 금지되는 것은 아닌 점을 감안하면, 위와 같은 견해는 어선에 지나치게 불리한 해석이라고 생각한다.

V. 출항선 우선권

1. 선박입출항법 제13조

동법 제13조는 "무역항의 수상구역등에 입항하는 선박이 방파제 입구 등에서 출항하는 선박과 마주칠 우려가 있는 경우에는 방파제 밖에서 출항하는 선박의 진로를 피하여야 한다"고 정하고 있다.

무역항의 수상구역등의 방파제의 입구 또는 입구 부근에서는 많은 선박이 통항하고 방파제 및 조석의 영향으로 충돌사고의 발생 가능성이 높다.[57] 그러므로 선박교통의 안전을 도모하기 위하여 방파제의 입구 또는 입구 부근에서 출항하는 선박과 마주칠 우려가 있는 입항하는 선박은 방파제 밖에서, 출항하는 선박의 진로를 피하여야 한다고 규정하여 출항선을 우선시키고, 비교적 넓은 수역에 있어 행동이 자유로운 입항선을 방파제 밖에서 기다리게 하도록 출항선에 일방통행권을 인정하고 있다.

2. 적용요건

첫째, 무역항의 수상구역등의 방파제의 입구 또는 입구 부근에서 적용된다. 그러므로 무역항의 수상구역등 아닌 곳에서는 원칙적으로 제13조의 적용이 없다. 다만, 선원의 상무 규정을 근거로 이 원칙을 적용할 수 있다(중해심 제2019-016호, 어선 동광호 사건). 출항하는 선박과 입항하는 선박 사이에 적용되므로 항구를 단순히 통과하고 있는 선박에는 적용이 없다.

어선 동광호·낚시어선 용오름호 충돌 사건(중해심 제2019-016호)에서 중앙해심은 다음과 같이 판시했다. "이 충돌사건은 시계가 양호한 야간에 조업을 마치고 감포항 남·북방파제를 지나 수협어판장 부두로 입항하기 위해 내측 남방파제를 좌현에 두고 좌현 변침 중이던 어선 동광호와 낚시승객을 태우고 감포항 부두를 이안하여 출항 중이던 낚시어선 용오름호가 감포항 내측 남방파제 끝단 부근에서 동광호의 우현 선수부와 용오름호의 좌현 선수부가 충돌하여 발생하였다. 사고가 발생한 감포항은 「어촌·어항법」 제16조에 따라 해양수산부 장관이 지정한 국가어항으로 무역항의 수상구역등에 해당하지 않기 때문에 방파제 부근

57) 海上交通法令研究會, 『港則法の解說』(海文堂, 1998), 75頁.

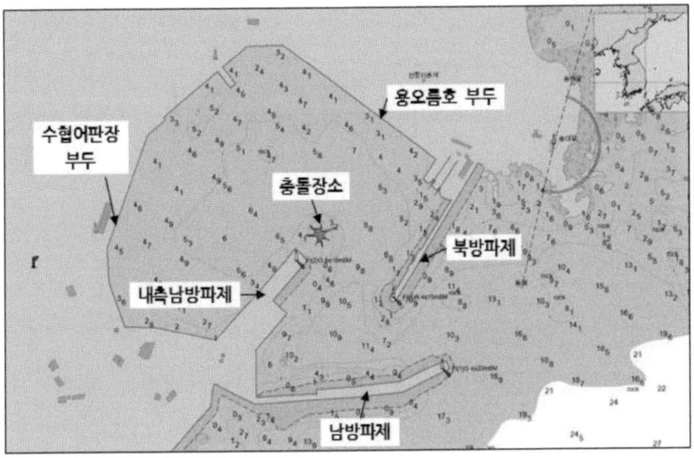

〈감포항 전경과 충돌장소〉

에서 충돌이 발생하였지만「선박의 입항 및 출항 등에 관한 법률」이 적용되지 않는다. 감포항 방파제는 남방파제, 북방파제 및 내측 남방파제로 구성되어 있고 방파제 높이는 약 4~5m, 남방파제와 북방파제 사이의 거리는 약 111m, 북방파제와 내측 남방파제 사이의 거리는 약 130m이나 실제 선박이 항해할 수 있는 가항수역의 폭은 이보다 좁지만 가항수역의 바깥 경계—252—를 자선의 오른쪽 가까이 두고 항행하는 우측통항을 한다면 출입항하는 어선 2척이 서로 교행하는데 충분한 폭을 가지고 있다. 항행 중인 선박이 마주치는 경우 별다른 사정이 없는 한 충돌을 피하기 위해 좌현 대 좌현으로 통과하는 것이 항법의 일반적인 원칙으로「해사안전법」의 '좁은수로등', '마주치는 상태' 및「선박의 입항 및 출항 등에 관한 법률」의 '부두등 부근에서의 항법' 등에서 명문화하고 있다. 이는 방파제 입구와 같이 폭이 제한된 수역을 통과할 때와 같이 특별히 적용할 항법이 없는 경우에도 가능한 한 우측으로 항행함으로써 마주치는 선박과 좌현 대 좌현으로 통과하여 충돌의 위험을 피하도록 하는 관습적인 항행법이며, 이는 해상에서 선원이 행하도록 기대되는 일반적인 행동원칙으로 '선원의 상무'(Ordinary practice of seaman)에 해당한다. 따라서 감포항에 입항하던 동광호는 우현을 가능한 한 북방파제에 가까이 두고 항행하여야 하며, 출항하던 용오름호는 우현을 가능한 한 내측 남방파제와 남방파제에 가까이 두고 항행하였어야 하나 동광호가 우측통항의 원칙을 어기고 항행 거리를 단축하기 위해 내측 남방파제 쪽으로 접근하여

이 충돌이 발생하였다. 동광호 측이 85%, 용오름호 측이 15%의 원인을 제공한 것으로 배분한다."

어선 85대양호·낚시어선 뉴빅토리호 충돌 사건(인해심 제2020−020호)에서 인천해심은 다음과 같이 재결하였다. "이 충돌사고는 비응항 방파제를 빠져나와 출항하던 뉴빅토리호와 비응항에 입항하기 위하여 방파제 부근에서 항행 중이던 85대양호 사이에 발생하였다. 비응항은 「어촌·어항법」 제2조 제5호 나목 및 「항만법」 제2조 제5호 나목에 따른 항만시설 중 기능시설이고, 정식명칭은 「군산·장항항 항만시설운영세칙」 [별표 2]의 '비응어항구'이다. 즉, 비응항은 국가관리무역항인 군산항 항만구역 내 위치한 항만시설에 해당한다. 비록 비응항(비응어항구) 자체가 군산항 항로와 접해 있지는 아니하나, 비응항이 군산항 수상구역에 위치하고 있으므로 비응항 인근 수역에서 해양사고가 발생한 경우 「선박의 입항 및 출항 등에 관한 법률」 중 '무역항의 수상구역'과 관련된 조문이 적용될 수 있다. 85대양호는 비응어항구에 입항하면서 왼쪽 뱃전에 있는 방파제로부터 멀리 떨어져서 항해하거나 뉴빅토리호가 방파제를 안전하게 벗어난 후에 입항하지 않은 잘못이 있고, 뉴빅토리호는 레이더를 사용하지 않고 육안으로만 경계하다가 상대선박을 충돌시까지 발견하지 못한 잘못이 있다고 판단된다. ① 85대양호 측은 방파제 우측이 아닌 정면으로 향하여 뉴빅토리호와 마주치는 위험한 상황을 초래한 점, 상대선박을 발견하고도 상대선박이 피해 갈 것이라고 생각한 나머지 침로나 속력을 변경하지 않고 계속 항해한 점, 부두등 항법을 위반한 것이 이 충돌사고의 주원인이 된 점 등을, ② 뉴빅토리호 측은 복잡한 어항구를 벗어나면서 육안으로만 경계하고 레이더를 사용하지 않은 점, 충돌시까지 상대선박을 발견하지 못하여 아무런 피항협력동작을 취하지 못한 점, 낚시승객 편의를 위해 LED등을 점등하여 상대선박의 육안경계를 방해한 점 등을 고려하여 이 충돌사고의 원인제공 비율은 85대양호 측이 80%, 뉴빅토리호 측이 20%인 것으로 각각 배분한다."

둘째, 상호시계 안에서는 물론 제한시계에서도 적용된다.

셋째, 마주칠 우려에는 정면상태뿐만 아니라 횡단상태도 포함된다.[58] 마주치는 상태(정면상태)를 적용대상으로 하는 선박입출항법 제12조 제1항 제3호와 이 점에서 다르다. 우리 법상 '마주칠 우려가 있는' 경우로 되어 있어서, 이 조항

58) 同旨: 김진동, "개항질서법 제13조와 제14조의 마주칠 우려라는 문구는 개정되어야 한다", 『해양안전』(2002년 여름호), 50면.

이 마치 마주치는 상태만을 의미하는 것으로 보이나, 일본 항칙법(港則法) 제15조는 '만날 우려가 있는 경우'라고 하고 있다. 그러므로 우리 법도 이를 '만날 우려가 있는 경우'로 하여 마주치는 상태와 구별하는 것이 좋다고 본다.

3. 효 과

방파제 부근에서 입항하려는 선박은 출항선을 피하여야 한다. 위의 규정은 외항 방파제와 내항 방파제를 구별하지 않고 있고, 입구 또는 입구 부근에서 마주칠 우려가 있다 함은 방파제 입구 부근의 지세나 복잡 정도 등의 상황, 출입하는 선박의 대소나 흘수 등을 구체적으로 감안하여 입항선이 출항선을 보아 방파제의 입구 또는 입구 부근의 해역에서 마주칠지도 모른다고 예측될 때를 말하는 것이고, 그러한 경우에 입항선에 피항의무를 인정하고 출항선에 우선통행권을 부여하는 것이라고 한다.[59]

모래채취선 샌드캐리33호·유조선 제7동영호 충돌 사건에서 중앙해심원(중해심 제96-26호)은, 이 사건은 울산항 제1항로를 이용하여 울산항 부두로 입항하고 있던 유조선 제7동영호가 울산항 동방파제 입구 부근에서 출항 중이던 샌드캐리33호의 진로를 피하지 아니함으로써 발생한 것으로 재결하였다.[60]

선박입출항법 제13조상 출항선이 갖는 우선권은 진로우선권(進路優先權)이다.

우선피항선(잡종선)이 출항선이고 우선피항선 이외의 선박이 입항선인 경우에는 선박입출항법 제16조가 특별규정이므로 우선피항선이 우선피항선 이외의 선박을 피하여야 한다.[61]

Ⅵ. 무역항의 수상구역등에서의 선박의 우선권

1. 선박입출항법 제16조(진로방해의 금지)

동법 제16조는 제1항에서 "우선피항선은 무역항의 수상구역등이나 무역항

59) 유조선 제1유일호·화물선 동진호 충돌 사건(대법원 1993. 2. 12. 선고 92추79 재결취소판결), 『해난심판사례집』(1994), 438면.

60) 『해난심판사례집』(1997), 442면.

61) 同旨: 『港則法の解說』, 79頁.

의 수상구역 부근에서 다른 선박의 진로를 방해하여서는 아니 된다"고 하고, 제2항에서 "제41조 제1항에 따라 공사 등의 허가를 받은 선박과 제42조 제1항에 따라 선박경기 등의 행사를 허가받은 선박은 무역항의 수상구역등에서 다른 선박의 진로를 방해하여서는 아니 된다"고 정하고 있다.

우선피항선과 급유선 등은 선박의 크기가 작으므로 쉽게 조종이 가능하고 얕은 수심에도 좌초할 염려가 없다. 그리고 이들은 그 항구의 지역적인 지식(local knowledge)을 많이 갖고 있으므로 지형지물의 이용에도 동력선보다 월등한 지위에 있다. 그러므로 입법자는 이들로 하여금 피항선으로서의 의무를 부담하게 하였다.

2. 적용요건

첫째, 무역항의 수상구역등이나 무역항의 수상구역 부근 등이어야 한다. 그러므로 무역항의 수상구역등의 항로에서는 물론 항로 밖이라고 할지라도 항계 안이므로 제16조가 적용된다.

둘째, 모든 시계상태에서 적용된다.

셋째, 제16조 제1항의 우선권을 갖는 선박은 다른 선박이고 피항의무를 부담하는 선박은 우선피항선이다. 반면 제16조 제2항의 우선권을 갖는 선박은 모든 다른 선박이고 피항선은 예인선·급수선·급유선, 통선과 작업선 그리고 총톤수 20톤 미만의 선박 등이다.

유조선 와이엔오션호·통선 제7해주호 충돌 사건(인해심 제2020-015호)에서 인천해심은 다음과 같이 재결했다. "이 건 충돌사고는 서로 시계 상태의 인천항 제1항로에서 출항 중이던 동력선인 와이엔오션호와 입항 중이던 우선피항선인 제7해주호가 마주치는 상태로 조우하여 발생하였는 바 「인천항·경인항 선박통항규칙」 제7조(항법), 「선박의 입항 및 출항 등에 관한 법률」 제10조(항로 지정 및 준수), 제16조(진로방해의 금지) 및 「해사안전법」의 모든 시계상태에서의 항법 규정이 적용된다. 따라서 우선피항선 외의 동력선인 와이엔오션호는 지정·고시된 항로를 따라 항행하여야 하고, 항로를 따라 항행할 때에는 항로의 가상 중심선을 기준으로 진행 방향의 오른쪽을 따라 항행하여야 한다. 우선피항선인 제7해주호는 지정·고시된 항로 밖 수상구역 등에서 다른 선박의 진로를 방해하지 않으며 항행하거나, 항로 안에서 항행할 경우 항로의 가상 중심선을 기준으로 진행 방향의 오른쪽을 따라 항행하여야 한다. 제7해주호는 우선피항선으로서 무역항의 항로 밖 수상구역 등에서 항해하는 경우 「선박의 입항 및 출항 등에 관한 법률」에 따라 다른 선박의 진로를 방해하지 않으며 항행하거나, 항로 안에서 항행할 경우 항로의 가상 중심선을 기준으로 진행 방향의 오른쪽을 따라 항행하여야 한다. 그러나 제7해주호 선장 C는 지피에스플로터를 켜지 않고, 육안 및 레이더를 이용한 선위 확인을 소홀히 하여 자선이 항로 안쪽에서 항해 중임을 알지 못한 채 항로의 가상 중심선을 기준으로 진행 방향의 왼쪽을 따라 항행하였으며, 항행 중 진로 전방에 대한 경계를 소홀히 하여 충돌의 위험을 안고 마주치는 상태로 접근하는 와이엔오션호를 뒤늦게 발견함으로써 제7해주호와 와이엔오션호의 충돌을 피하지 못하였다."

3. 효 과

우선피항선(優先避航船)과 급유선 등은 일반동력선의 진로를 방해하지 않아야 한다. 즉, 일반동력선은 항계 안 등에서 우선피항선 등에 대하여 조우자세에 관계없이 항법상 우선권을 보유한다. 우선피항선이 부담하는 의무가 통항불방해의무인지 아니면 피항의무인지가 의문이다. '통항'을 방해하지 않아야 한다고 하시 않고 '진로'를 방해하지 않아야 한다고 정함으로써 통항불방해의무와 피항의무에 사용되는 용어를 혼용하고 있다.[62] 항계 안 등에서 우선피항선이 비록 추월당하고 있는 경우라고 하더라도, 특별법우선의 원칙에 따라 우선피항선이 일반동력선의 진로를 방해하여서는 아니된다.[63]

62) 일본「항칙법(港則法)」제18조는 잡종선은 항내에 있어서는 잡종선 이외의 선박의 진로를 피하지 않으면 안된다고 하고, 동법 제2항에서 총톤수 500톤을 넘지 않는 범위 내에서 정한 톤수 이하의 선박으로서 잡종선 이외의 선박(이하 소형선)은 특정항 내에서는 소형선과 잡종선 이외의 선박의 진로를 피하여야 한다고 정하고 있다(『港則法の解說』, 83頁). 그러므로 일본에서는 특정 개항에서 500톤 이상의 선박>소형선>잡종선의 순서로 우선권을 갖게 된다. 우리나라의 선박의 입항 및 출항 등에 관한 법률 제16조도 이와 같은 순서로 우선권을 갖도록 조문을 개정하여야 할 것이다.

63) 同旨: 小川洋一, 앞의 책, 38頁.

Ⅶ. 항로진행선박의 우선권

1. 선박입출항법 제12조(항로에서의 항법) 제1항

동법 제12조 제1항은 제1호에서 "항로 밖에서 항로에 들어오거나 항로에서 밖으로 나가는 선박은 항로를 항행하는 다른 선박의 진로를 피하여 항행할 것"을 규정하고 있다.

가항폭(可航幅)이 극히 협소한 무역항의 수상구역등의 항로를 따르는 선박에 안전한 통항을 보장하기 위하여 항로에 진입하려는 선박에 피항의무를 부과하였다.

2. 적용요건

첫째, 진로우선권을 갖는 선박은 무역항의 수상구역등에서 항로를 따라 항행하여야 한다. 항로를 따르지 않는 선박에는 적용되지 않는다.

둘째, 피항의무선박은 항로 밖에서 항로에 들어오거나 항로에서 항로 밖으로 나가는 선박을 말하고 횡단선을 포함한다.[64] 횡단선도 일단 항로에 들어왔다가 항로에서 밖으로 나가는 것이 되기 때문에 제12조의 내용에 포섭된다고 보기 때문이다.[65]

셋째, 모든 시계상태에서 적용된다.

3. 효 과

항로에 진입하려는 선박은 피항의무를 부담하고, 항로를 따르는 선박은 진로우선권을 갖는다. 항로에 진입하려는 선박은 조우관계에 관계없이 항로를 따

64) 同旨: 『港則法の解説』, 71頁.

65) 시계가 제한된 인천항 안에서 제1항로를 따라 미속으로 입항 중인 국제여객선(총톤수 16,000톤) **향설란호**와 연안부두를 떠나 제1항로로 진입하던 총톤수 100톤(길이 23미터)의 연안여객선이 충돌한 사안(인해심 제1999-21호)에서, 인천지방해심원은 "길이 30미터 미만의 소형선과 잡종선은 인천항 제1항로를 횡단시에는 항로내 항행선의 안전한 항해를 방해하여서는 아니된다"고 하여 연안여객선에 대해서 통항불방해의무를 적용하였다(『해양안전심판사례집』(2000), 177면). 인천지방해심원은 특정해역의 항법을 준용한 것으로 보인다. 그러나 사고지점은 항계 안이므로 선박의 입항 및 출항 등에 관한 법률 제12조 제1항을 적용하여 횡단선에 피항의무를 부과하여야 한다고 본다.

르는 선박을 피하여야 한다.[66]

항로에서 항로 밖으로 나오는 선박과 항로 밖에서 항로 안으로 들어가는 선박 사이에는 상호시계 안이라면 해상교통안전법 제80조 횡단규정이 적용된다.

우선피항선이 항로를 따라 진행하고 있고 일반동력선이 그 진로를 횡단하는 경우에도 우선피항선이 우선권을 갖는지가 의문이다. 선박입출항법 제16조 제1항과 제12조 제1항 제1호가 서로 충돌되는 경우이다. 즉, 제12조 제1항 제1호에 의하면 일반동력선은 우선피항선에 대하여 피항의무를 부담하나, 제16조 제1항에 의하면 우선피항선이 오히려 피항의무를 부담하게 된다. 그런데 우선피항선은 부득이한 사유가 없는 한 무역항의 수상구역등에서 항로를 항행하여서는 아니된다(선박입출항법 제10조 제2항). 우선피항선의 의무는 항계 안의 모든 수역에서 적용되는 절대적 의무이므로 제16조 제1항이 우선적용되어 우선피항선은 일반동력선을 피하여야 한다.

어획물 운반선 제507동삼호·기타선 대우호 충돌 사건에서 중앙해심원(중해심 제95 18호)은, 이 충돌사건은 부산 남항 방파제 부근 제2항로에서 제507동삼호가 항로 밖에서 항로에 들어올 때 항행 중인 대우호(3.15톤)의 진로 전방을 통과하는 자세이므로 개항질서법 제13조 제1항의 규정에 따라 제507동삼호는 대우호의 진로를 피하여 항행하였어야 하고, 대우호는 통선과 같은 잡종선이므로 개항의 항계 안에서는 개항질서법 제17조 제1항의 규정에 따라 동력선인 제507동삼호의 진로를 방해하여서는 아니된다고 하면서, 제507동삼호에 사고의 주인이 있고 대우호에 일인이 있다고 하였다.[67]

시멘트 운반선 해정호·냉동운반선 태림로즈호 충돌 사건(중해심 제2016−015호)에서 중해심은 "이 충돌 사건은 무역항인 부산 감천항의 수상구역에서 감천항 제41번 선석을 출항하여 부산항 제3항로에 진입하던 태림로즈호가 제3항로를 항행하면 감천항에 입항 중인 해정호의 진로를 피하여야 하고, 해정호와 항로 안에서 정상적인 항법인 좌현 대 좌현으로 통과하라고 하였기 때문에 실행 가능한 한 빨리 제3항로의 오른편으로 이동하였어야 한다. 제3항로에 진입한 후 해정호에 대한 경계 소홀로 동정을 제대로 파악하지 못하여 해정호의 진로를 억측하여 제

66) 화물선 화평동남호·화물선 세진호 충돌 사건(부해심 제94−62호). 『해난심판사례집』(1995), 42면.

67) 이는 위에서 본 바와 같이 필자의 견해와는 다르다. 『해난심판사례집』(1996), 465면.

3항로를 비스듬하게 항행하며 해정호의 진로 전방으로 좌현 변침함으로써 발생한 것이나, 제3항로를 따라 항행하며 감천항에 입항 중이던 해정호가 제3항로로 진입하는 태림로즈호에 대하여 감천항 동서방파제를 통과한 후 소각도 우현 변침을 하고 충돌 직전에 경고신호를 울리는 등 조기에 피항협력동작을 취하지 아니한 것도 일인이 된다. 태림로즈호 90%, 해정호 측이 10%로 배분한다"고 재결하였다(2017년 사례집, 336면).

Korean Marine Traffic Law

제 4 장

등화 및 음향신호

제 1 절 개 설

국제규칙 제3장은 등화(燈火) 및 형상물(形象物)에 대하여 그리고 제4장은 음향(音響) 및 발광신호(發光信號)에 대하여 규정하고 있다. 이들은 좁은 의미에서는 선박항법은 아니다. 제3장의 등화 및 형상물은 당해 선박의 조우자세 및 현재의 상태를 상대선박에 나타내기 위한 수단들이다. 그리고 제4장의 음향 및 발광신호는 당해 선박이 현재 취하고 있거나 취하기를 원하는 동작을 상대선박에 알려 주는 역할을 하는 수단들이다. 이들은 모두 선박의 항법 이행을 위한 보조수단이라는 점에서 공통점을 갖는다.

이들 규정들을 준수하지 않은 것이 충돌사고와 인과관계가 있는 한은 선장 및 항해사 등은 법적 책임을 면하지 못한다.

제 2 절 등화 및 형상물

Ⅰ. 서 론

1. 의 의

국제규칙은 제2장에서 항법의 원칙을 규정하고 그 다음으로 제3장에서 선박의 등화와 형상물에 대하여 정하고 있다. 자신의 선박이 피항선(避航船) 혹은 유지선(維持船)으로서의 지위에 있는지를 파악하기 위하여는 상대선박과의 조우자세를 알아야 할 필요가 있다. 그러므로 해상교통법의 입법자들은 등화와 형상물로써 선박들의 존재와 상태를 표시하도록 하였다. 야간에는 불빛을 이용하여, 주간에는 형상물을 이용하여 자신의 존재와 상태를 나타낸다.

2. 등화 및 형상물의 법적 의미

이러한 등화와 형상물이 제대로 표시되어 있지 않아서 이것이 사고의 원인이 되었다면 당해 선박은 주의의무 위반이므로 관련자들은 각종 민사상·형사상 그리고 행정법상 책임을 부담하게 된다.

다이에이마루4호·보니오션호 충돌 사건에서 서울지방법원(서울민사지법 1992. 2. 14. 선고 91가합19284판결)은, 다이에이마루4호가 선박의 조타실을 비워 두고 해상에서 정선하는 경우 선박의 마스트에 달아야 하는 검정색 형상물을 달지 아니한 과실이 있음을 인정하여 묘박선이었음에도 불구하고 다이에이마루4호에 10%의 과실을 인정하였다.

코랄1호·닐 암스트롱호 충돌 사건에서 코랄1호는 청명한 야간에 수에즈만의 대기구역에서 묘박등을 점등하지 않았다. 닐 암스트롱호는 과도한 속력으로 입항했다. 영국 해사법원은 묘박등을 점등하지 아니한 코랄1호에 이례적으로 높은 60%의 과실을 부과하였다.[1)]

낚시어선 길성1호·무등록 레저보트 충돌 사건(중해심 제2014−003호)에서 무등록 레저보트는 정선 중인 선박이었으나 야간임에도 등화를 켜지 않았다. 중앙해심은 "양 선박이 모두 야간운항이 금지된 상태에서 야간운항을 하였고, 낚시어선인 길성1호가 야간에 파고 1~5미터인 해상에서 고무재질의 소형 보트를 육안이나 레이더로 발견하기는 쉽지 아니할 것이므로 지속적이고 주의 깊게 관찰을 했어야 한다는 점과 무등록 레저보트가 정류상태에서 아무런 등화도 표시하지 않은 채 선외기의 시동을 끄고 있던 중에 주변 경계를 철저히 하지 않은 점 등을 고려하여 양측에 각각 50퍼센트 정도로 배분한다(2015년 사례집, 426면).

어선 금양호·자동차운반선 트랜스 퓨처1호 충돌 사건(중해심 제2017−013호)에서 중앙해심은 "금양호는 야간 항행 중에는 법정 항해등 이외 경계에 방해가 되는 등화를 켜지 말아야 하나, 신진항 출항시부터 충돌할 때까지 이 선박의 선수 및 선미 상갑판에 작업등을 켜 놓음으로써 자선의 경계를 방해하고 다른 선박에 등화의 혼선을 야기하였으며, 이러한 행위도 이 건 충돌사고의 일부 원인이 되었다고 판단된다"고 재결했다.

또한 등화와 형상물은 선박간에 항법상 우선권을 부여하는 경우에도 요긴하게 사용된다. 자신의 제한된 조종성능을 나타내기 위하여 등화와 형상물을

---

1) The "Coral I", [1982] 1 Lloyd's Reports, 144.

표시하게 한다. 그런데, 이러한 등화와 형상물을 표시하지 않은 경우에도 우선권을 부여받을 수 있는지가 우리나라에서는 큰 쟁점이 되어 왔다.

규정된 등화와 형상물을 게양한 것을 요건으로 하여 우선권을 부여받는다. 그럼에도 이를 게양하지 않은 경우 이들 선박에 우선권을 부여하는지가 쟁점이 되어 왔다. 우리나라의 해양안전심판원과 대법원은 비록 이를 게양하지 않았다고 하더라고 상대방이 쉽게 그러한 사실(예컨대, 어로작업 중)을 알 수 있는 경우에는 우선권을 부여하는 쪽으로 판시하고 있다.

태영썬호 충돌 사건에서 중앙해심원(중해심 제2000-3호, 2000. 5. 10)은 어로작업 중이던 대어호가 비록 형상물을 달지 않았다고 하더라도 시계가 양호한 상태에서 태영썬호가 상대선박이 어로작업 중임을 알 수 있었기 때문에 대어호에 우선권을 부여하였다.[2] 대법원(대법원 2000. 11. 28. 선고 2000추43판결)은 "소정의 형상물을 부착하고 있지는 아니하였지만 그에 연결하여 끌고 있는 어망이 상당 부분 수면 위로 드러나 있었음에도 원고는 이를 미처 발견하지 못한 채 상대선박과 그 후미를 따르고 있는 다른 선박 사이로 빠져나갈 수 있을 것으로 판단하여 …"라고 하면서 어로작업 중이던 대어호 측에 항법상 우선권을 부여해 주었다.

어선 2013대경호·일반화물선 구오싱1호 충돌 사건에서 2013대경호는 어로등을 점등하지 않았다. 인천해심(인해심 제2016-007호)은 "어로에 종사하고 있는 선박으로서의 지위를 갖기 위하여는 어로등을 점등하였어야 하나, 등화 또는 형상물을 표시하지 않았더라도 어로작업 중임을 쉽게 알 수 있는 경우는 중해심 및 대법원에서 어로작업선의 지위를 인정해 주고 있다"(중해심 제2000-003호; 대법원 2000추43 판결)고 하면서 2013대경호에 어로작업선의 지위를 인정하였다(2017년 사례집, 203면).

어선 제305만석호·어선 제3한진호 충돌 사건에서 목포해심(제2021-014호)은 "제3한진호는 사고 당시 주기관 클러치를 중립에 놓고 우현 선수에 있는 양승기에 모릿줄을 걸어 감아올리고 있었다. 제3한진호가 정지한 상태에서 우현 선수에 있는 양승기로 모릿줄을 감아올리던 중 자선을 향해 접근하는 선박을 발견하고 피하기 위하여 증속하거나, 증속하며 변침할 경우 양승기로 감아올리고 있던 모릿줄은 끊어지게 된다. 따라서 정지한 상태에서 양승기로 모릿줄을 감아올리

2) 『해양안전심판사례집』(2001), 636면.

던 중 변침·변속할 경우 어구의 손상이 발생하는 제3한진호는 조종성능을 제한하는 어구를 사용하여 어로작업을 하고 있었던 선박으로서 「해사안전법」 제2조 제11호에서 정한 '어로에 종사하고 있는 선박'에 해당한다고 판단된다.
한편 제3한진호가 어로에 종사하고 있는 선박으로서의 항법상 지위를 갖기 위해서는 당시 주간이었으므로 장고형 형상물을 표시하여야 하나, 이를 표시하고 있지 않았다. 다만 사고 당시 시정이 양호한 주간이었고, 제3한진호가 정지한 상태로 양승작업 중이었는 바 제305만석호가 적절한 경계를 유지하였다면 제3한진호가 조업 중이었다는 것을 충분히 인지할 수 있었다고 판단된다"고 재결하였다.

어선 태진호·어선 기풍어00188호 충돌 사건에서 목포해심(제2020-051호)은, "태진호는 사고 당시 안강망 조업 중으로서 안강망 어구 3틀을 투망한 후 안강망 닻에 연결된 닻줄을 선수 계선주에 묶고, 어구 죔줄을 선미 양현 계선주에 묶은 채 대기하고 있었으므로 「해사안전법」상 '정박 중인 선박'에 해당한다고 할 것이다(중해심 제2015-001호). 한편 트롤망어로에 종사하는 선박 외에 어로에 종사하는 선박은 항행 여부에 관계없이 주간에 장고형 형상물과 야간에 수직선 상에 붉은색(위쪽) 및 흰색(아래쪽) 전주등을 표시하여야 한다. 그리고 이 선박이 대수속력이 있는 경우에는 야간에 현등 1쌍과 선미등 1개를 추가로 표시하여야 한다(「해사안전법」 제84조 제2항). 즉 정박 중인 상태에서 어로에 종사하고 있는 선박은 정박선에 해당하는 등화 및 형상물 대신에 어로에 종사하고 있는 선박에 해당하는 등화와 형상물을 표시하도록 규정하고 있다.
또한 태진호가 어로에 종사하고 있는 선박으로서의 항법상 지위를 갖기 위해서는 당시 주간이었으므로 장고형 형상물을 표시하여야 하나 표시 여부에 대해서는 알 수 없다. 다만 사고 당시 시정이 양호하였고, 충돌장소 부근에 태진호뿐만 아니라 안강망 조업 중인 다른 어선들이 많았다. 그러므로 기풍어00188호는 적절한 경계를 하였다면 태진호가 정지된 상태에서 조업 중에 있다는 것을 충분히 인지할 수 있었다고 판단된다. 따라서 사고 당시 태진호는 안강망 어구를 투망한 후 양망작업을 위해 대기하고 있는 상태로서 항법상 '어로에 종사하고 있는 선박'에 해당한다고 판단된다"고 재결했다.

낚시어선 동성호·부선 제7한강호 충돌 사건에서 부산해심(부해심 제2017-003호)은 "이 충돌사건은 낚시를 마치고 귀항 중이던 동성호가 정박 중인 부선 제7한강호를 피하지 못하여 발생한 것이나, 부선 제7한강호가 규정된 등화를 표시하지 아니한 것도 일인이 된다. 부선 제7한강호는 혼자 선박을 관리하던 선두가 추석 명절 휴가차 하선하면서 해사안전법이 정한 정박등인 백색 전주등 2개를 켜지 아니하고 임의로 설치한 등화인 홍색 점멸등 2개를 작동하였고, 상대선박인 동성호가 충돌시까지 제7한강호를 발견하지 못하고 충돌하였다. 각 선박별 사고 발생 원인제공비율은 항해 중 경계 소홀로 충돌시까지 부선 제7한강호를 발견하지 못한 동성호의 행위가 주인이라는 점과 부선 제7한강호가 정박 중 관리자 부재 및 규정에 의한 등화를 작동시키지 아니한 것이 일인이라는 점을 고려하여 동성호 측이 90퍼센트, 부선 제7한강호 측이 10퍼센트 정도인 것으로 배분한다"고 재결하였다.

필자의 견해로는 형상물을 표시하지 않은 경우에 상대선박이 어로작업 중임을 알았거나 쉽게 알 수 있었음에도 과실로 이를 알지 못한 경우에만 제한적으로 표시의무를 면제하여 주어 우선권을 부여하여야 한다고 생각한다.

3. 적용범위(국제규칙 제20조)

국제규칙 제20조는 "(a) 이 장의 규정은 모든 기후(weathers)에서 적용한다. (b) 선박은 일몰시(日沒時)부터 일출시(日出時)까지 이 법에서 정하는 등화를 표시하여야 하며, 이 시간 내에는 이 법에서 정하는 등화 외의 등화를 표시하여서는 아니된다. 다만, 이 법에서 정하는 등화로 오인되지 아니하는 등화와 이 법에서 정하는 등화의 가시도(可視度) 또는 그 특성의 식별을 방해하지 아니하는 등화 및 적절한 경계를 방해하지 아니하는 등화는 그러하지 아니하다. (c) 이 장에서 정하는 등화를 설치하고 있는 선박은 일출시부터 일몰시까지도 제한된 시계에 있어서는 이를 표시하여야 하며 필요하다고 인정되는 그 밖의 경우에도 표시할 수 있다. (d) 선박은 주간에 이 법에서 정하는 형상물을 표시하여야 한다. (e) 이 장에 규정된 등화 및 형상물은 이 규칙 부속서 I의 규정에 일치하여야 한다"고 정하고 있다.

해상교통안전법 제85조도 동일하다.

등화 및 형상물에 대한 규정은 상호시계 안이건 제한시계 안이건 관계 없이 모든 경우에 적용된다(제20조 a항). 등화의 표시는 원칙적으로 일몰시부터 일출시까지이지만(동조 b항), 제한된 시계에서는 일출시부터 일몰시까지도 이를 표시하여야 한다(동조 c항). 국제규칙 제30조 c항에서는 100미터 이상의 선박이 묘박 중에는 묘박등에 추가하여 작업등을 켜서 갑판을 조명하도록 하고 있다. 그런데 닻을 올린 뒤에도 여전히 이를 켜 두게 되면 묘박 중으로 오인되게 된다.

주간에는 법정 형상물을 표시하여야 한다.

4. 각종 등화에 대한 정의(국제규칙 제21조)

제21조는 아래와 같이 각종 등화에 대한 정의에 대하여 규정하고 있다.

"(a) '마스트등'이라 함은 선수·미(船首·尾)의 중심선상에 설치되어 225도에 걸치는 수평의 호(弧)를 비추되, 그 불빛이 정선수(正船首) 방향으로부터 양쪽 현(舷)의 정횡(正橫)으로부터 후방 22.5도까지를 비출 수 있는 백등(白燈)을 말한다.

(b) '현등(舷燈)'이라 함은 정선수 방향으로부터 양현(兩舷)으로 각각 112.5도에 걸치는 수평의 호를 비추는 등화로서 그 불빛이 정선수 방향에서 좌현 정횡(正橫)으로부터 후방 22.5도까지를 비출 수 있도록 좌현 쪽에 설치된 홍등(紅燈)과 그 불빛이 정선수 방향에서 우현 정횡으로부터 후방 22.5도까지를 비출 수 있도록 우현 쪽에 설치된 녹등(綠燈)을 말한다.

(c) '선미등(船尾燈)'이라 함은 135도에 걸치는 수평의 호를 비추는 백등으로서 그 불빛이 정선미(正船尾) 방향으로부터 양쪽 현의 67.5도까지를 비출 수 있도록 선미부 가까이에 설치된 등화를 말한다.

(d) '예선등(曳船燈)'이라 함은 이 제21조 (c)항에 규정한 선미등과 동일한 특성을 가진 황색등(黃色燈)을 말한다.

(e) '전주등(全周燈)'이라 함은 360도에 걸치는 수평의 호를 비추는 등화를 말한다.

(f) '섬광등(閃光燈)'이라 함은 일정한 간격으로 매분 120회 이상의 섬광을 발하는 등화를 말한다."

해상교통안전법에서는 제86조에서 등화의 종류에 대한 규정이 설명되어 있다. 동법에서는 양색등(兩色燈), 삼색등(三色燈)의 정의가 추가되어 있다. 구 해상교통안전법 하에서 제2조 정의규정에 있던 것을 분리하여 이 조로 이동하였다.

마스트등, 현등, 선미등은 전주등이 아니고 일정한 원주상 가시각(可視角)을 가지고 있다. 마스트등 및 현등과 선미등이 보이는 각도의 합이 360도를 이

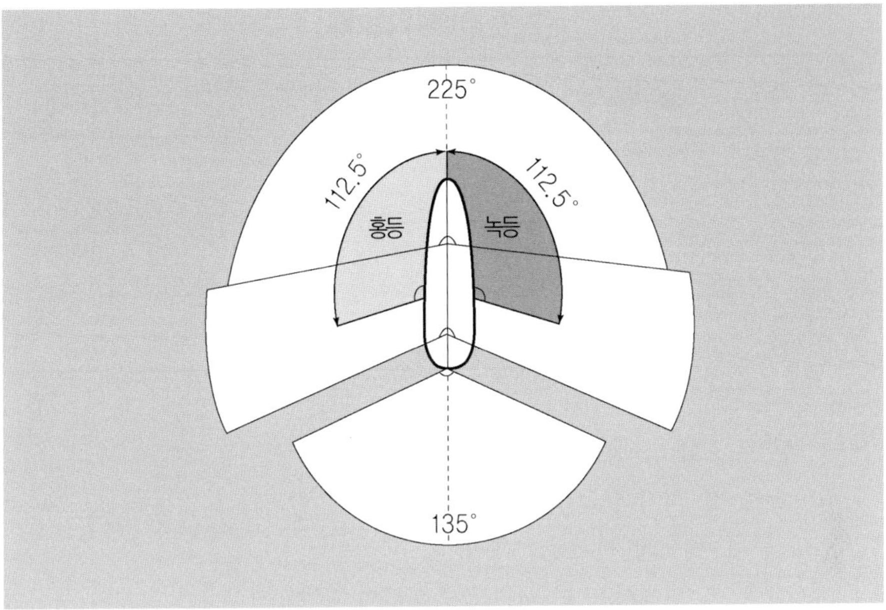

[그림 19] 각종 항해등의 사광(射光) 범위

루도록 정하고 있다. 섬광등은 360도의 호를 비추는 전주등이다. 이들을 그림으로 나타내면 [그림 19]와 같다.

5. 등화에 대한 시인거리(국제규칙 제22조)

국제규칙 제22조는 등화에 대한 시인거리(視認距離)에 대하여 아래와 같이 규정하고 있다.

"이 장에서 규정하는 등화는 다음 최저거리에서 보이도록 부속서 I의 제8절에 규정된 광도(光度)를 가져야 한다.

(a) 길이 50미터 이상의 선박: 마스트 정부등(頂部燈), 6해리; 현등, 3해리; 선미등, 3해리; 예인등, 3해리; 백색·홍색·녹색 또는 황색의 전주등, 3해리.

(b) 길이 12미터 이상 50미터 미만인 선박: 마스트 정부등, 5해리; 20미터 미만의 선박에 있어서는 3해리; 현등, 2해리; 선미등, 2해리; 예인등, 2해리; 백색·홍색·녹색 또는 황색의 전주등, 2해리.

(c) 길이 12미터 미만의 선박: 마스트 정부등, 2해리; 현등, 1해리; 선미등,

〈표 3〉 등화의 시인거리

길 이	50미터 이상	20미터 이상~ 50미터 미만	20미터 미만~ 12미터 이상	12미터 미만
마스트 정부등	6마일	5마일	3마일	2마일
현 등	3마일	2마일	2마일	1마일
선미등	3마일	2마일	2마일	2마일
예인등	3마일	2마일	2마일	2마일
전주등	3마일	2마일	2마일	2마일

2해리; 예인등, 2해리; 백색·홍색·녹색 또는 황색의 전주등, 2해리.

(d) 눈에 잘 띄지 않고 부분적으로 잠수되어 끌려가고 있는(being towed) 선박이나 물체: 백색의 전주등, 3해리."

해상교통안전법에서는 법 제87조에 의하여 해양수산부장관 고시의 형식인 「선박설비기준」에 동일한 내용이 규정되어 있다.

길이 50미터 이상의 선박은 마스트 정부등이 시인되는 거리는 6마일 이상이고 현등의 시인거리는 3마일이다. 이들은 충돌의 위험 판단의 근거가 된다.

> 원목선 팬 그레이스호·요트 메린다리호 충돌 사건(중해심 제97-11호)에서 요트 메린다리호 측의 광력이 충분치 못한 것이 사고의 일인으로 재결되었다.[3)]

이들을 표로 나타내면 위의 <표 3>과 같다.

Ⅱ. 항행 중인 동력선

1. 국제규칙 제23조

국제규칙 제23조는 항행 중인 동력선이 게양하여야 할 등화에 대하여 다음과 같이 정하고 있다.

"(a) 항행 중인 동력선은 다음 각 호의 등화를 표시하여야 한다: (i) 전부(前

---

3) 『해난심판사례집』(1998), 398면.

部)에 마스트 정부등(頂部燈) 1개, (ii) 전부 마스트등보다 후방 높은 위치에 하나의 제2마스트 정부등; 다만, 길이 50미터 미만의 선박은 후부 마스트등을 표시하지 아니할 수 있다. (iii) 양현등,[4] (iv) 선미등 1개.

(b) 수상활공선(水上滑空船, 에어쿠션선박)이 배수량이 없는 상태로 동작할 때에는 이 조문의 (a)항에 규정된 등화에 추가하여 전주를 비추는 황색 섬광등 하나를 표시하여야 한다.

(c) 수면비행선박은 이륙, 착륙 및 수면에 가깝게 비행시에는 이 조의 (a)항에 규정된 등화에 추가하여 고광도의 홍색섬광전주등을 표시하여야 한다.

(d) (i) 길이 12미터 미만의 동력선은 이 조문 (a)항의 규정에 의한 등화에 갈음하여 백색의 전주등 1개와 양현등(兩舷燈)을 표시할 수 있다. (ii) 길이 7미터 미만이고 최대속력이 7노트를 넘지 아니하는 동력선은 (a)항에 규정된 등화에 갈음하여 백색의 전주등 1개만을 표시할 수 있으며, 가능한 경우 양현등도 표시하여야 한다. (iii) 길이 12미터 미만인 동력선에 있어서 마스트등 또는 백색의 전주등을 선수·선미의 중심선상에 표시하는 것이 불가능할 경우에는 그 중심선상으로부터 벗어난 위치에 표시할 수 있다. 이 경우 양현등은 이를 한 개의 등화로 결합하여 선수·선미의 중심선상 또는 그에 가까운 위치에 표시하되 그 표시가 불가능할 경우에는 될 수 있는 한 마스트등 또는 백색의 전주등이 표시된 선으로부터 가까운 위치에 표시하여야 한다."

해상교통안전법 제88조도 동일하다. 다만, 제88조 제1항 제2호에서 길이 20미터 미만의 선박은 양현등(현등 1쌍)에 갈음하여 양색등(兩色燈)을 표시할 수 있다고 정하고 있다.

2. 내 용

항행 중인 동력선이 비추어야 하는 등화는 길이 50미터 이상의 선박의 경우는 마스트등 2개, 양현등(좌현의 홍등과 우현의 녹등) 그리고 선미등(船尾燈) 1개 등 총 4개이다. 길이가 긴 선박일수록 야간에 선박의 모습을 쉽게 알 수 있도록 하기 위하여 마스트등과 선미등이 필요하다. 이러한 등화들은 야간에 그

---

4) 해상교통안전법 제88조 제1항 제2호에서는 길이 20미터 미만의 선박은 현등 1쌍에 갈음하여 양색등(兩色燈)을 표시할 수 있다. 이하 이 절에서 같다고 한다.

조우자세를 쉽게 알 수 있도록 배치되어 있다.

길이 50미터 이상의 선박에 비치되는 후부 마스트 정부등은 전부 마스트 정부등보다 높은 곳에 설치되므로 전부(前部) 마스트등과 후부(後部) 마스트등의 모양을 보면 그 선박이 본선측으로 접근하고 있는지 아니면 멀어지고 있는지 쉽게 알 수 있다.

길이가 12미터 미만인 동력선은 마스트 정부등과 선미등 대신으로 백색 전주등(全周燈) 하나와 현등(舷燈)만을 표시할 수 있다(국제규칙 제23조 c항 i호). 길이가 7미터 미만이고 최대속력이 7노트를 넘지 아니하는 소형 보트는 모든 항해등을 생략하고 백색 전주등 하나만 표시할 수 있다. 그러나 속력이 7노트를 넘으면 제23조 c항 i호의 등화를 표시하여야 한다.

[그림 20]은 길이가 50미터 이상인 선박이 항행 중일 때의 규정등화이다. 다음 [그림 21]은 이 선박을 다른 선박이 선수(a)와 선미(b) 그리고 좌현(c) 및 우현(d)에서 보았을 때의 등화의 모습이다. [그림 22]는 동 선박의 길이가 50미터 이하일 경우의 [그림 21]의 상태이다.

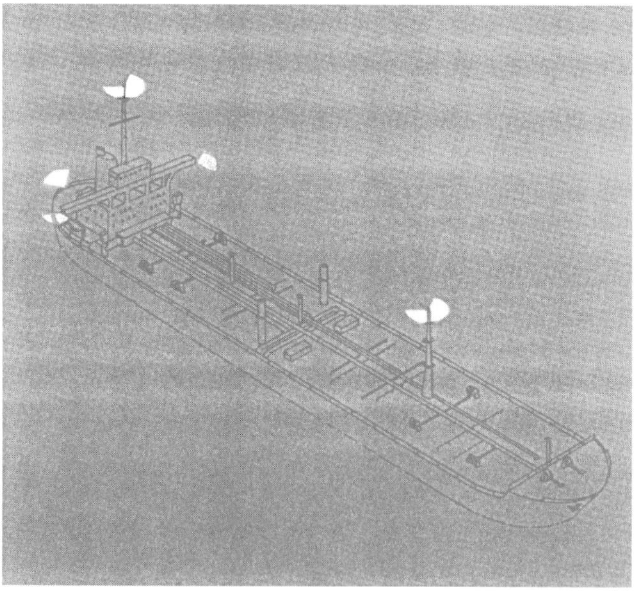

[그림 20] 길이 50미터 이상의 선박이 항해 중일 때 규정등화

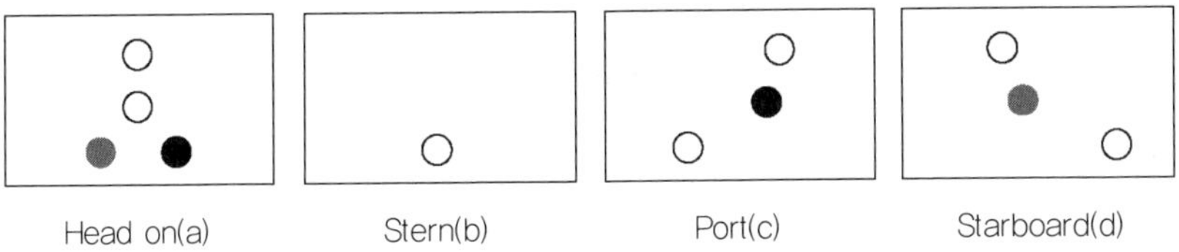

[그림 21] [그림 20]을 다른 선박이 볼 때의 등화 모양

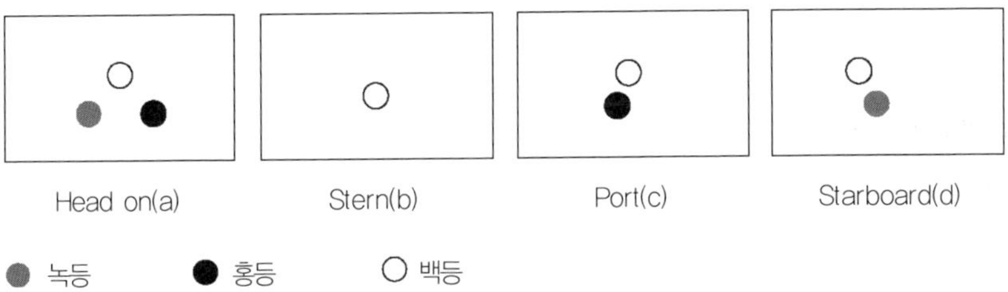

[그림 22] 길이 50미터 미만의 [그림 21] 상태

제23조는 항행 중인 동력선에 적용된다. 항행 중인 선박은 대수속력이 있는 경우도 있고, 그렇지 않은 경우도 있을 것이나 제23조에서는 이에 대한 구별이 없으므로 정선하여 대수속력이 없는 경우라도 제23조의 등화를 표시하여야 한다. IMO의 해상안전위원회는 1987년 지침서를 통하여 항행 중(underway)의 개념을 해석함에는 제35조 b항의 "항행 중"에는 대수속력이 없는 경우도 있음을 유의하여야 한다고 정하고 있다(MSC/Cir. 473(1987)).

Ⅲ. 예인선 및 압항선

1. 국제규칙 제24조

국제규칙 제24조는 예인선(曳引船) 등의 등화에 대하여 다음과 같이 정하고 있다.

"(a) 예인 중인 동력선은 다음 각 호를 표시하여야 한다. (i) 제23조 (a)(i) 또는 (a)(ii)에 규정된 등화 대신에, 동일 수직선상에 마스트 정부등 2개. 다만, 예인선의 선미로부터 피예인선박 또는 물체의 후부 끝단까지 측정한 예인선열의 길이가 200미터를 초과할 경우에는 동일 수직선상에 마스트 정부등 3개, (ii) 양현등, (iii) 선미등 1개, (iv) 선미등의 상부에 수직선상으로 예선등 1개, (v) 예인선열의 길이가 200미터를 초과할 때에는 가장 잘 보이는 곳에 마름모꼴의 형상물 1개.

(b) 밀고 있는 선박과 밀려가고 있는 선박이 견고하게 연결되어 하나의 복합체를 이룬 경우에는 이는 1척의 동력선[압항선(押航船)]으로 취급되며 제23조에 규정된 등화를 표시하여야 한다.

(c) 다른 선박을 밀거나 옆에 붙여서 끌고 있는 동력선은 하나의 복합체인 경우를 제외하고는 다음 각 호의 등화를 표시하여야 한다. (i) 제23조 (a)(i) 또는 (a)(ii)에 규정된 등화에 갈음하여 동일 수직선상으로 마스트 정부등 2개; (ii) 양현등; (iii) 선미등 1개.

(d) 이 조문의 (a) 또는 (c)항이 적용되는 동력선에는 제23조 (a)(ii)도 적용된다.

(e) 피예인선박 또는 물체는 (g)항에 언급한 경우를 제외하고 다음 각 호의 등화 또는 형상물을 표시하여야 한다. (i) 양현등; (ii) 선미등 1개; (iii) 예인선열의 길이가 200미터를 초과할 경우에는 가장 잘 보이는 곳에 마름모꼴의 형상물 1개.

(f) 2척 이상의 선박이 일단이 되어 옆에 붙어서 끌려가거나 밀려갈 경우에는 이를 1척의 선박으로 보고 다음 각 호의 등화를 표시하여야 한다. (i) 앞쪽으로 밀려가고 있는 선박이 복합체가 아닌 경우에는 전부 끝단에 현등 1쌍을 표시하여야 한다. (ii) 옆에 붙어서 끌려가고 있는 선박은 선미등 1개와 그의 전부 끝단에 현등 1쌍을 표시하여야 한다.

(g) 눈에 잘 띄지 않거나, 일부가 물에 잠겨 있는 선박이나 물체 또는 그러한 상태가 혼합된 상태의 선박이나 물체가 끌려가고 경우에는 이들은 다음 각 호의 등화 또는 형상물을 표시하여야 한다. (i) 폭 25미터 미만인 경우에는 전단부나 후단부 또는 그 부근에 백색의 전주등 각 1개. 단, 드래컨(dracone)은 전단부 또는 부근에 등화를 표시할 필요가 없다. (ii) 폭 25미터 이상의 경우에는 그 폭의 양쪽 끝 또는 그 부근에 백색의 전주등 각 1개, (iii) 길이가 100미터를 초과하는 경우에는 i호 및 ii호의 규정에 의한 등화 사이의 거리가 100미터를 넘지

아니하도록 하는 백색 전주등의 추가 표시, (iv) 끌려가고 있는 선박 또는 물체의 후부 끝단이나 그 부근에 마름모꼴의 형상물 1개. 예인선열의 길이가 200미터를 초과할 때에는 가능한 한 전부(前部)의 가장 잘 보이는 장소에 마름모꼴의 형상물 1개를 추가하여 표시한다.

(h) 어떤 충분한 이유 때문에, 끌려가고 있는 선박 또는 물체에 (e)항 또는 (g)항의 규정에 의한 등화 또는 형상물을 표시할 수 없는 경우에는 끌려가고 있는 선박 또는 물체를 조명하거나 적어도 그 존재를 나타낼 수 있는 가능한 모든 조치를 취하여야 한다.

(i) 어떤 충분한 이유 때문에, 통상적으로 예인작업에 종사하지 아니하는 선박이 (a) 및 (c)항에 규정된 등화를 표시할 수 없을 때에는 그러한 선박이 조난선 또는 구원을 요청하는 선박의 예인작업에 종사할 때에는 이들 등화를 표시하지 아니할 수 있다. 이 경우 예인선과 피예인선의 관계를 표시하기 위하여, 예인삭(曳引索)을 탐조등(探照燈)으로 비추는 등 국제규칙 제36조에서 인정하는 모든 조치를 취하여야 한다."

해상교통안전법 제89조도 국제규칙과 제24조와 동일하지만, 나만, 규칙 제24조의 b항은 조문배열상 동법 제89조 제8항에 배치되어 있다.

2. 내 용

예인선단은 피예인선과 예인선의 사이로 다른 선박이 진행할 가능성이 농후하므로 특별히 주의가 요구된다.[5] 이들 선박은 예인 상황을 나타내기 위하여 많은 규정등화를 달도록 하고 있다. 이 조항에서 말하는 예인선단은 반드시 조종성능이 제한되는 선박일 것을 요하지 아니한다. 즉, 모든 형태의 예인선단은 제24조의 등화를 표시하여야 하고, 우선권을 갖는 국제규칙 제18조 하의 예인선단의 등화에 대하여는 국제규칙 제27조에서 정하고 있다.

제24조 d항의 의미는 후부 마스트 정부등이 선택적으로 표시될 수 있다는 것이다. 제24조는 피예인선이 눈에 잘 띄지 않거나 등화표시가 어려운 경우에

---

5) 예인선과 피예인선을 연결하는 예인삭에 선박의 선수가 걸려서 결과적으로 예인선단과 부딪친 사건으로는 오리엔트스타3호 사건(중해심 제96-27호)이 있다. 『해난심판사례집』(1997), 445면.

대하여도 규정하고 있다(g항, h항 및 i항)(제24조의 그림에 대하여는 이 책 끝부분의 <등화 및 형상물> 표를 참조하기 바람).

(1) 선미예인(船尾曳引)의 경우

1) 예인선

예인선이 표시하여야 할 등화는 예인선 선미로부터 피예인선의 선미까지의 길이가 200미터 이하인 경우와 200미터를 초과하는 경우의 두 가지로 나누어서 보아야 한다.

첫째, 예인선열의 길이가 200미터 이하인 경우에 예인선의 길이가 50미터 미만이면 전부 마스트등 2개, 양현등, 선미등 1개, 예선등 1개; 예선의 길이가 50미터 이상이면 전부 마스트등 2개, 후부 마스트등 1개, 양현등, 선미등 1개, 예선등 1개를 표시한다(제24조 a항 i호 본문).

둘째, 예인선열의 길이가 200미터 이상인 경우에 예인선의 길이가 50미터 미만이면 전부 마스트등 3개, 양현등, 선미등 1개, 예선등 1개; 예인선의 길이가 50미터 이상이면 전부 마스트등 3개, 후부 마스트등 1개, 양현등, 선미등 1개, 예선등 1개를 표시한다(제24조 a항 i호 단서).

예인선열의 길이가 200미터를 초과하는 경우에만 흑색 다이아몬드 형상물을 가장 잘 보이는 곳에 단다(제24조 a항 v호).

2) 피예인선

모든 피예인선이나 피예인 물체는 현등 1쌍, 선미등 1개를 표시하고 예인선열의 길이가 200미터를 초과할 때에는 가장 잘 보이는 곳에 흑색 다이아몬드 형상물 1개를 게양한다(제24조 e항).

(2) 밀거나[압항(押航)] 옆에서 끌고가는 예인의 경우

1) 예인선

첫째, 복합체를 이룬 경우에는 1척의 동력선으로 취급되어 국제규칙 제23조의 일반동력선의 등화를 표시한다(제24조 b항).

둘째, 하나의 복합체가 아닌 경우에는 예인선의 길이가 50미터 이상이면 전부 마스트등 2개, 후부 마스트등 1개, 양현등, 선미등 1개 그리고 예인선의 길이가 50미터 이하이면 후부 마스트등 1개가 생략된다(제24조 c항).

2) 피예인선

피예인선은 복합체가 아니면서 밀려가는 경우에는 양현등만을 표시한다. 그리고 옆에서 끌려가는 경우에는 양현등에 추가하여 선미등 1개를 표시하여야 한다(제24조 f항).

Ⅳ. 항행 중인 범선 및 노도선

1. 국제규칙 제25조

국제규칙 제25조는 항행 중인 범선 및 노도선(櫓櫂船)의 등화에 대하여 아래와 같이 정하고 있다.

"(a) 항행 중인 범선은 다음 각 호의 등화를 표시하여야 한다. (i) 양현등, (ii) 선미등 1개.

(b) 항행 중인 길이 20미터 미만의 범선에 있어서는 (a)항의 규정에 의한 등화에 갈음하여 마스트의 꼭대기 또는 그 부근의 가장 잘 보이는 곳에 복합등(삼색등) 1개를 표시할 수 있다.

(c) 항행 중인 범선은 (a)항의 규정에 의한 등화에 부가하여 마스트의 꼭대기 또는 그 부근의 가장 잘 보이는 곳에 전주등 2개를 수직선상의 상하로 표시할 수 있다. 이 경우에 위쪽의 등화는 홍색, 아래쪽의 등화는 녹색이어야 하며 이들 등화는 (b)항의 규정에 의한 복합등(삼색등)과 함께 표시하여서는 아니된다.

(d) (i) 길이 7미터 미만의 범선은 가능한 한 (a) 및 (b)항의 규정에 의한 등화를 표시하여야 한다. 다만, 이를 표시하지 아니할 경우에는 백색의 휴대용 전등 또는 점화된 등을 즉시 사용할 수 있도록 준비하여 충돌을 방지하기 위하여 충분한 기간 동안 이를 표시하여야 한다. (ii) 노도선은 이 조의 규정에 의한 범선의 등화를 표시할 수 있다. 다만, 이를 표시하지 아니하는 경우에는 백색의 휴대용 전등 또는 점화된 등을 즉시 사용할 수 있도록 준비하여 충돌을 방지하기 위하여 충분한 기간 동안 이를 표시하여야 한다.

(e) 범선이 돛을 펴고 진행하지만 동시에 기관을 사용하여 진행하고 있는 경우에는 전부(前部)의 가장 잘 보이는 곳에 원추형으로 된 형상물 1개를 그 정

점이 아래로 향하도록 표시하여야 한다.”

해상교통안전법 제90조도 동일하다.

2. 내 용

범선은 길이가 짧으므로 마스트 정부등(頂部燈)과 선미등(船尾燈)을 이용하여 그 선박의 조우형상을 인식할 필요성이 작다. 그러므로 마스트 정부등은 원칙적으로 존재하지 않는다.

항행 중인 범선은 길이가 20미터 이상인 경우는 양현등(兩舷燈)과 선미등을, 길이가 20미터 미만인 경우는 양현등 및 선미등을 하나의 등각으로 합쳐서 마스트 정부 또는 그 부근의 가장 잘 보이는 곳에 달 수 있다. 길이 7미터 미만의 범선과 노도선은 위와 같이 하거나 손전등을 충분한 시간 동안 비출 수 있다.

항행 중인 범선은 현등(舷燈)과 선미등에 추가하여 마스트 정부등 또는 그 부근의 가장 잘 보이는 곳에 위에는 홍색, 아래는 녹색인 2개의 등화를 수직으로 달 수 있다.

V. 어 선

1. 국제규칙 제26조

국제규칙 제26조는 어선의 등화와 형상물에 대하여 다음과 같이 정하고 있다.

“(a) 어로에 종사 중인 선박은 항행 중이든 묘박(錨泊) 중이든 간에 이 조항에 규정된 등화 및 형상물만을 표시하여야 한다.

(b) 저인망 또는 기타의 어구를 수중에서 끄는 트롤망 어로에 종사하는 선박은 다음 각 호의 등화 또는 형상물을 표시하여야 한다: (i) 수직선상으로 위쪽에는 녹색, 아래쪽에는 백색의 전주등(全周燈) 각 1개 또는 수직선상에 2개의 원추를 그 정점에서 상하로(포개서) 결합한 형상물 1개. (ii) 녹색의 전주등보다 뒤쪽의 높은 위치에 마스트 정부등 1개. 다만, 길이 50미터 미만의 어로에 종사하는 선박은 이를 표시하지 아니할 수 있다. (iii) 대수속력(對水速力)이 있는 경우

에는 이 항에 명시된 등화에 추가하여 양현등과 선미등 1개.

(c) 트롤 이외의 어로에 종사하는 선박은 다음 각 호의 등화 및 형상물을 표시하여야 한다. (i) 수직선상으로 위쪽에는 홍색, 아래쪽에는 백색의 전주등 각 1개 또는 수직선상에 2개의 원뿔을 그 정점에서 상하로 결합한 형상물 1개, (ii) 수평거리로 150미터가 넘는 어구(漁具)를 선박 밖으로 내고 있는 경우에는 어구를 내고 있는 방향으로 백색의 전주등 1개 또는 정점을 위로 한 원뿔꼴의 형상물 1개, (iii) 대수속력이 있는 경우에는 이 항에 규정된 등화에 추가하여 양현등 및 선미등 1개.

(d) 이 규칙 부속서 II에서 규정하는 추가신호는 어로를 하고 있는 다른 선박의 지근거리(至近距離)에서 어로에 종사하고 있는 선박에 적용한다.

(e) 어로에 종사하고 있지 아니하는 선박은 이 조에 규정된 등화 또는 형상물을 표시하여서는 아니되며, 그 선박과 동일한 길이의 선박이 표시하여야 할 등화 또는 형상물만을 표시하여야 한다."

해상교통안전법 제91조도 동일하다.

2. 내 용

다른 종류의 선박과는 달리 어로에 종사하고 있는 선박은 항행 중 여부에 관계 없이 이 조항의 등화 및 형상물을 표시하도록 하고 있다(제26조 a항). 항행 중이 아니라 하더라도 어로작업을 하면 위험하기 때문에 어로작업 여부를 상대 선박에 시인시키도록 하기 위하여 등화 및 형상물을 표시하도록 한 것으로 보인다.

어선이지만 어로에 종사하고 있지 아니하는 선박은 일반동력선으로 취급되므로 국제규칙 제23조의 일반등화나 형상물을 표시하여야 한다(제26조 e항).

어로에 종사하는 선박이라고 하여 모두가 조종성능제한선박은 아니다. 어로에 종사하면서 조종성능이 제한되는 선박은 어떠한 등화를 표시하여야 하는지가 의문이다. 두 가지 해석이 가능한 것으로 판단된다. 첫째는 제26조의 어로에 종사하는 선박이란 조종성능이 제한되어 국제규칙 제18조에 의한 우선권을 인정받을 수 있는 선박을 말한다고 해석하는 것이다. 이렇게 되면 추가의 등화는 필요가 없게 된다. 따라서 오징어 채낚기나 연승(주낙)작업에 종사하는 선박은 제26조의 등화를 달아서는 아니된다.[6] 둘째는 제26조에서 말하는 어로작업 중인 선박은 모든 어로작업 중인 선박을 가리키는 것이라는 해석을 하면, 어로작업 중인 선박 중에서 조종성능에 제한을 받는 경우에는 별도의 등화를 필요로 하게 된다.

필자의 견해에 의하면 첫째, 국제규칙상 조종성능이 제한되는 경우에 별도의 등화를 추가한다는 규정이 없고, 둘째, 예인선단의 경우에 조종성능이 제한되는 예인선단은 일반 예인선단의 등화규정(제23조)에 추가하는 등화규정(제27조 c항)을 별도로 가지고 있으나, 어로작업 중인 선박은 그렇지 않은 점, 셋째, 국제규칙의 정의규정인 제3조 d항에서는 어로에 종사하는 선박이란 조종성능을 제한하는 어구를 달고 있는 선박이라고 하는 점에 비추어 전자로 해석된다고 생각한다.[7] 그러므로 조종성능에 제한을 받지 아니하는 어로에 종사 중인 선박은 일반동력선의 등화를 표시하여야 한다(이 책 마지막의 <등화 및 형상물> 표를 참조 바람).

(1) 트롤망 어로에 종사하고 있는 선박

트롤망 어로에 종사하고 있는 선박은 전주(全周)를 비추는 두 개의 등을 수직으로 위는 녹색, 아래는 백색, 길이가 50미터 이상인 선박은 후부 마스트 정부등을 추가로 표시한다. 주간 형상물은 원뿔의 꼭지를 포개어 이를 수직으로 표시한다.

대수속력이 있을 때에는 양현등과 선미등을 추가한다(제26조 b항).

(2) 트롤망 이외의 어로에 종사하고 있는 선박

트롤망 이외의 어로에 종사하고 있는 선박은 전주를 비추는 등을 수직으로 위는 홍색 아래는 백색, 선박으로부터 수평거리 150미터를 초과하는 어구를 내고 있는 경우에는 어구의 방향으로 전주 백색등 1개 또는 원뿔꼴 형상물 1개의 꼭지를 위로 향하여 표시한다.

대수속력이 있으면 양현등과 선미등을 추가한다(제26조 c항).

---

6) 민성규·임동철, 앞의 책, 154면.

7) 同旨: 박용섭, 앞의 책, 656면.

(3) 어로에 종사하고 있는 선박의 부근에서 어로에 종사하고 있는 선박의 추가신호

1) 트롤망 어선의 경우

길이 20미터 이상의 선박은 심해어구 혹은 표층어구에 상관 없이 외끌이로써 투망(投網)하고 있는 경우에는 수직선상에 백색의 전주등 2개를(부속서Ⅱ, 제2조 a항 i호), 양망(揚網)하고 있는 경우에는 수직선상에 홍색의 전주등 1개와 그 상부에 백색의 전주등 1개(동조 a항 ii호)를, 그리고 어망이 장애물에 걸린 경우에는 수직선상에 홍색의 전주등 2개(동조 a항 iii호)를 추가하여야 한다.

길이 20미터 이상의 선박으로서 쌍끌이의 경우는 외끌이 경우의 등화 외에 야간에는 다른 선박의 전진방향을 비추는 탐조등 1개를 표시하여야 한다(동조 b항). 길이 20미터 미만의 선박은 a항 및 b항에 규정된 등화를 추가할 수 있다(동조 c항).

2) 선망어선(旋網漁船)의 경우

어구에 의하여 조종성능이 제한되는 경우에는 수직선상에 1초마다 번갈아 섬광을 발하며, 꺼지고 켜지는 시간이 동일한 황색 전주등 2개를 추가하여야 한다(부속서Ⅱ, 제3조).

3) 추가신호

부속서Ⅱ의 등화는 제26조 b항 i호와 c항 i호에 규정한 등화보다 낮게 그리고 0.9미터 이상의 간격으로 설치되어야 한다. 또한 이들 등화는 전주등이면서 가시거리는 1해리 이상이어야 하나, 이 규칙에서 정한 어선의 등화의 가시거리보다 짧아야 한다(부속서Ⅱ, 제1조).

Ⅵ. 운전부자유선 혹은 조종성능제한선박

1. 국제규칙 제27조

국제규칙 제27조는 아래와 같이 운전부자유선과 조종성능제한선박이 게양하여야 할 등화와 형상물에 대하여 정하고 있다.

"(a) 운전부자유선은 다음 각 호의 등화 또는 형상물을 표시하여야 한다:

(i) 가장 잘 보이는 곳에 수직선상으로 홍색의 전주등 2개, (ii) 가장 잘 보이는 곳에 수직선상으로 구형 또는 그와 유사한 형상물 2개, (iii) 대수속력이 있는 경우에는 이 조에 규정한 등화에 추가하여 양현등 및 선미등 1개.

(b) 조종성능제한선박은 기뢰제거작업에 종사하고 있는 경우를 제외하고는 다음 각 호의 등화 또는 형상물을 표시하여야 한다: (i) 가장 잘 보이는 곳에 수직선상으로 위쪽과 아래쪽에는 홍색의 전주등, 중간에는 백색의 전주등 각 1개, (ii) 가장 잘 보이는 곳에 수직선상으로 위쪽과 아래쪽에는 구형, 중간에는 마름모꼴의 형상물 각 1개, (iii) 대수속력이 있는 경우에는 (i)호의 규정에 의한 등화에 부가하여 마스트등 1개, 양현등 및 선미등 1개, (iv) 묘박(錨泊) 중에는 (i)호 및 (ii)호의 규정에 의한 등화 또는 형상물에 부가하여 제30조의 규정에 의한 등화 또는 형상물.

(c) 동력선이 진로로부터 이탈능력을 매우 제한받는 예인작업에 종사하고 있는 경우에는 제24조 (a)항에서 규정한 등화 또는 형상물에 부가하여 (b)항 (i)호 및 (ii)호의 규정에 의한 등화 또는 형상물을 표시하여야 한다.

(d) 준설 또는 수중작업에 종사하고 있는 선박이 조종성능을 제한받고 있는 경우에는 (b)항 (i), (ii) 및 (iii)호에 규정된 등화 또는 형상물을 표시하여야 하며, 장애물이 있는 경우에는 이에 추가하여 다음 각 호의 등화 또는 형상물을 표시하여야 한다: (i) 장애물이 있는 쪽을 가리키도록 수직선상으로 홍색의 전주등 2개 또는 구형의 형상물 2개, (ii) 다른 선박이 통과할 수 있는 쪽을 가리키도록 녹색의 전주등 2개 또는 마름모꼴의 형상물 2개, (iii) 묘박 중인 때에는 제30조에서 규정하는 등화 또는 형상물에 갈음하여 이 항에 규정하는 등화 또는 형상물.

(e) 잠수작업에 종사하고 있는 선박은 그의 크기로 인하여 (d)항에서 규정하는 등화 및 형상물을 표시할 수 없는 경우에는 다음 각 호의 표시를 하여야 한다: (i) 가장 잘 보이는 곳에 수직선상으로 위쪽과 아래쪽에는 홍색의 전주등, 중간에는 백색의 전주등 각 1개 등 총 3개의 전주등, (ii) 딱딱한 판에 새긴 높이가 1미터 이상되는 국제신호기 'A'자. 이것은 사방에서 보일 수 있는 조치가 취하여져야 한다.

(f) 기뢰제거작업에 종사하고 있는 선박은 제23조에서 규정하고 있는 동력

선에 관한 등화 또는 제30조에서 규정하고 있는 묘박선(錨泊船)에 대한 등화 또는 형상물에 추가하여 녹색의 전주등 3개 또는 구형의 형상물 3개를 표시하여야 하며, 이들 등화 또는 형상물 중에서 1개는 앞쪽 마스트의 꼭대기 부근에 표시하고, 다른 2개는 앞쪽 마스트의 가름대의 양쪽 끝에 1개씩 표시하여야 한다. 이들 등화나 형상물은 다른 선박이 기뢰제거작업 중인 선박으로부터 1천미터 이내로 접근하면 위험하다는 것을 표시한다.

(g) 길이 12미터 미만의 선박은 잠수작업에 종사하고 있는 경우를 제외하고는 이 조의 규정에 의한 등화와 형상물을 표시하지 아니할 수 있다.

(h) 이 조에 규정된 신호는 조난 및 구조를 필요로 하는 선박의 신호가 아니다. 그와 같은 신호는 이 규칙 부속서 IV에 포함되어 있다."

해상교통안전법 제92조도 (h)항이 누락되어 있는 것을 제외하고 국제규칙 제27조와 동일하다.

2. 내 용

국제규칙 제27조에서는 제18조에서 정하는 조종성능 등에 제한을 받아서 항법상 우선권을 갖는 선박이 표시하여야 할 등화에 대하여 규정하고 있다. 이들 선박들은 이러한 법정등화를 표시한 경우에만 원칙적으로 제18조상의 우선권을 인정받을 수 있다(이 책 마지막의 <등화 및 형상물> 표를 참조할 것).

(1) 운전부자유선

조타기 고장이나 기관 고장으로 정선 중인 선박은 운전부자유선으로 수직선상에 홍색의 전주등 2개를 표시하여야 한다.

유조선 우성호·어선 제90영광호 충돌 사건에서 중앙해심원(중해심 제1999-2호)은 운전부자유선의 등화를 점화하지 아니한 제90영광호에도 사고의 일인이 있다고 재결하였다.[8)]

대수속력이 있으면 현등 및 선미등을 추가한다. 마스트 정부등을 추가로 표시하지 않음을 유의하여야 한다. 주간에는 2개의 구형의 형상물(흑구)을 수직

8) 『해양안전심판사례집』(2000), 264면.

으로 올린다(제27조 a항).

(2) 조종성능제한선박

국제규칙 제18조의 조종성능제한선박은 전주(全周)의 홍등－백등－홍등을 위에서부터 수직으로 표시한다. 대수속력이 있을 때에는 마스트 정부등, 양현등 및 선미등을 표시한다. 주간에는 흑구－흑색 다이아몬드 형상물－흑구의 순으로 일직선상 수직으로 게양한다(제27조 b항).

(3) 조종성능을 제한받는 예인선단(曳引船團)

국제규칙 제24조 a항 예인신호에 추가하여 이 조의 b항 i 및 ii호에 규정된 신호를 표시한다(제27조 c항). 즉, 예선신호에 전주(全周)의 홍등－백등－홍등 신호를 위에서부터 수직으로 표시하고 주간에는 흑구－흑색 다이아몬드 형상물－흑구의 순으로 일직선상으로 수직으로 게양한다.[9]

(4) 준설 또는 수중작업에 종사하는 선박

준설(浚渫) 또는 수중작업에 종사함으로 인하여 조종성능에 제한을 받는 선박은 제24조 b항 신호에 추가하여 장애물이 있는 현측(장애 현)을 가리키기 위하여 그 쪽으로 전주(全周)를 비추는 2개의 홍등 또는 2개의 흑구를 수직선상에 표시한다. 그리고 다른 선박이 통과할 수 있는 쪽으로 2개의 녹등 또는 2개의 흑색 다이아몬드 형상물을 수직선상에 표시한다.

Ⅶ. 흘수제약선

1. 국제규칙 제28조

국제규칙 제28조는 흘수제약선(吃水制約船)의 등화와 형상물에 대하여, "흘수제약선은 제23조에서 규정한 동력선의 등화에 추가하여 가장 잘 보이는 곳에 홍색 전주등 3개를 수직선상으로 표시하거나 원통형의 형상물 1개를 표시할 수

9) 동조 c항의 경우에 1981년 개정시에 국제규칙 제3조 g항 vi호와 일치하도록 문구를 고쳤다. 즉, "such as renders her enable to deviate from her course"를 "such as severely restricts the towing vessel and her tow in their ability to deviate from her course"로 개정하여 예인선과 피예인선이 함께 진로로부터의 이탈능력이 심히 제한되는 경우을 조종성능이 제한되는 예인선단으로 인정하고 있다.

있다"고 정하고 있다.

해상교통안전법 제93조도 동일하다.

2. 내 용

흘수제약선은 국제규칙 제18조 d항에 의하여 피통항불방해 권리를 갖는 선박이다. 이 규정은 강제규정은 아니지만,10) 국제규칙 제18조상의 우선권을 보장받기 위하여는 제28조의 등화와 형상물을 표시하여야 한다. 다른 선박이 흘수제약선임을 알 수 있는 방법은 매우 제한되어 있다. 그러므로 이러한 등화나 형상물을 표시하지 않은 경우에는 국제규칙 제18조상의 항법상 통항우선권을 인정받지 못한다.

흘수제약선은 항행 중인 선박이 표시하여야 하는 등화에 추가하여 홍등 3개를 수직선상으로 주간에는 원통형 형상물 1개를 표시할 수 있다(이 책 마지막의 <등화 및 형상물> 표를 참조할 것). 수심/흘수가 1.25보다 작으면 조종성능이 심히 제한되고, 1.25보다 크나 2.5보다 작으면 선박조선상 여러 가지 곤란이 생기고, 2.5이상이 되면 조종성능에 영향을 받지 않는다고 한다.11)

Ⅷ. 도선선

1. 국제규칙 제29조

국제규칙 제29조는 도선선(導船船)의 등화 및 형상물에 대하여 아래와 같이 정하고 있다.

"(a) 도선업무에 종사하고 있는 선박은 다음 각 호에 규정하는 등화 또는 형상물을 표시하여야 한다: (i) 마스트의 꼭대기 또는 그 부근에 수직선상으로 위쪽에는 백색의 전주등, 아래쪽에는 홍색의 전주등 각 1개 등 총 2개의 등화, (ii) 항행 중에는 (i)호의 규정에 의한 등화에 부가하여 양현등 및 선미등 1개를 추가, (iii) 묘박 중에는 (i)호의 규정에 의한 등화에 추가하여 제30조의 규정에 의한 묘박(錨泊)하고 있는 선박에 관한 등화 또는 형상물.

---

10) Cockcraft, *op. cit.*, p.180; 윤점동, 앞의 책, 250면; 민성규·임동철, 앞의 책, 163면.

11) 윤점동, 위의 책, 251면.

(b) 도선업무에 종사하지 아니하고 있는 도선선은 그 선박과 동일한 길이의 유사한 선박에 대하여 규정된 등화 또는 형상물을 표시하여야 한다."

해상교통안전법 제94조도 동일한 내용이다.

2. 내 용

도선선은 원칙적으로 항법상 우선권을 갖는 선박은 아니지만, 도선사의 승선·하선시에 도선사를 승선·하선시키려는 선박과 도선선 사이의 야간 접선 등에 도움이 되도록 하기 위하여 별도의 등화를 표시하도록 하였다.

도선선은 도선업무에 종사하는 경우와 그렇지 않은 경우가 있다. 제29조에서는 도선선은 도선업무에 종사할 때에만 별도의 등화를 표시하도록 하고 있다. 도선업무에 종사하는 경우란 도선사가 실제로 승선·하선하는 중이거나 도선사의 지시에 따라 도선선이 순시하는 경우도 포함한다.

도선업무에 종사하는 도선선은 마스트 정부(頂部=꼭대기) 또는 그 부근에 전주(全周)를 비추는 2개의 백등-홍등을 위에서부터 수직으로 표시한다. 묘박 중에는 도선등에 추가하여 묘박등(錨泊燈) 또는 묘박 중임을 나타내는 형상물을 표시한다(제29조 a항).

도선업무에 종사하지 아니하는 도선선은 자신의 길이에 해당하는 국제규칙 제23조의 등화 또는 형상물을 게양한다(제29조 b항).

제29조는 도선선이 동력선이든 범선이든 모두 적용된다.

Ⅸ. 묘박선 및 좌초선

1. 국제규칙 제30조

국제규칙 제30조는 묘박선(錨泊船) 및 좌초선(坐礁船)에 대하여 아래와 같이 정하고 있다.

"(a) 묘박하고 있는 선박은 가장 잘 보이는 곳에 다음 각 호의 등화 또는 형상물을 표시하여야 한다: (i) 전부(前部)에 백색의 전주등 1개 또는 구형의 형상물 1개, (ii) 선미 또는 그 부근에 (i)호의 규정에 의한 등화보다 낮은 위치에 백색의 전주등 1개.

(b) 길이 50미터 미만인 선박은 (a)항의 규정에 의한 등화에 갈음하여 가장 잘 보이는 곳에 백색의 전주등 1개를 표시할 수 있다.

(c) 묘박하고 있는 선박은 갑판을 조명하기 위하여 작업등 또는 이와 동등한 등화를 사용할 수도 있으며, 길이 100미터 이상의 선박은 이들 등화를 사용하여야 한다.[12)]

(d) 좌초선은, (a)항 또는 (b)항에 규정한 등화를 표시하여야 하며, 이에 추가하여 가장 잘 보이는 곳에 다음 각 호의 등화 또는 형상물을 표시하여야 한다: (i) 수직선상으로 홍색의 전주등 2개, (ii) 수직선상으로 구형의 형상물 3개.

(e) 길이 7미터 미만의 선박이 협수로, 항로 또는 묘박지의 안 또는 그 부근과 다른 선박이 통상적으로 항행하는 수역이 아닌 장소에 묘박하는 때에는 (a)항 및 (b)항의 규정에 의한 등화 또는 형상물을 표시하지 아니할 수 있다.

(f) 길이 12미터 미만의 선박이 좌초되어 있는 때에는 (d)항 (i)호와 (ii)호에 규정된 등화 또는 형상물을 표시하지 아니할 수 있다."

해상교통안전법 제95조(정박선과 얹혀 있는 선박)도 동일한 내용이다.

2. 내 용

(1) 묘박선(錨泊船)

묘박하고 있는 선박은 항행 중이 아니므로,[13)] 항행 중인 선박은 이들 선박을 피하여서 항해하는 것이 선원의 상무일 것이다. 그러므로 묘박하고 있는 선박은 항해 중인 선박이 자신을 쉽게 알아보고 피할 수 있는 표시를 하여야 한다. 길이 100미터 이상의 선박은 갑판작업등(甲板作業燈)을 반드시 비추도록 하였으며(제30조 c항), 이것이 자신을 나타내는 가장 강력한 수단이 된다.

선박의 길이에 따른 묘박선의 야간등화를 보면 ① 길이 50미터 미만인 선박은 전주등 1개에 갑판작업등은 임의로 사용이 가능하고, ② 길이 50미터에서 100미터까지의 선박은 전주등 2개에 갑판작업등은 임의로 사용이 가능

12) 해상교통안전법 제95조는 "…. 다만, 길이 100미터 미만의 선박은 이 등화들을 사용하지 아니할 수 있다"는 문구를 사용하고 있다(제3항 단서).

13) 닻이 파주력(把駐力)이 있는 동안은 물론이고 닻이 해저를 떠날 때까지 묘박 중은 계속된다. Cockcraft, *op. cit.*, p.182.

하고,[14] ③ 길이 100미터 이상의 선박은 전주등 2개에 추가하여 갑판작업등을 의무적으로 사용하여야 한다. 주간에는 구형 형상물을 게양하여야 한다. 길이 7미터 미만의 선박에 대하여는 수로나 묘박지 안이 아닌 곳에서는 묘박 중 등화와 형상물의 표시가 면제가 가능하도록 하고 있다. 그러나 이들이 수로나 묘박지 안에 묘박한 경우에는 제30조 b항의 등화와 형상물을 표시하여야 한다. 비록 수로나 묘박지가 아닌 곳이라 할지라도 선박충돌의 위험은 있을 수 있으므로 7미터 미만의 선박이 b항에 대체되는 표시를 하도록 하는 것이 좋다고 생각된다(이 책 마지막의 <등화 및 형상물> 표를 참조할 것).

이러한 등화를 표시하지 않은 것이 사고의 원인이 되면 묘박 중인 선박도 상당 부분의 과실을 부담하게 된다.

> **유조선 제7현광호·예인선 제2반도호의 피예인부선 럭키호 충돌 사건**에서 목포지방해심원(목포해심 제95－45호)은 항내에 정박하고 있던 부선 럭키호가 소정의 백색 정박등과 위험물 운송 표시 홍색 전주등을 점등하고 있지 않았던 것이 사고의 원인이 되었다고 재결하였다.[15]

(2) 좌초선

야간에는 좌초선은 묘박등(錨泊燈)과 수직선상에 홍색의 전주등 2개, 주간에는 수직선상에 구형 형상물 3개를 게양하여야 한다(이 책 마지막의 <등화 및 형상물> 표를 참조할 것).

X. 수상항공기 및 수면비행선박

1. 국제규칙 제31조

국제규칙 제31조는 수상항공기에 대하여, "수상항공기 혹은 수면비행선박은 이 장에서 규정된 특성을 가진 등화 및 형상물을 표시할 수 없거나, 규정된 위치에 표시할 수 없는 경우에는 그 특성과 위치에 관하여 가능한 한 이 장에서

---

14) 묘박선의 경우에는 전부(前部) 전주등이 후부(後部) 전주등보다 높음에 유의하여야 한다. 항행 중인 동력선의 마스트 정부등은 전부의 것보다 후부의 것이 더 높다.

15) 『해양안전심판사례집』(1999), 112면.

규정하는 것과 유사한 등화 또는 형상물을 표시하여야 한다"고 정하고 있다.

해상교통안전법 제96조도 동일하다.

2. 내 용

수상항공기 및 수면비행선박(WIG선)은 모든 선박에 대하여 통항불방해의무를 부담한다. 그러나 충돌의 위험이 발생한 경우에는 수상항공기 혹은 수면비행선박에 대하여 일반선박도 피항의무나 유지의무가 있으므로 야간에 자신의 존재를 알려야 할 필요가 있다. 수상항공기 및 수면비행선박은 보통 전부 동체에 마스트 정부등(頂部燈)에 해당하는 백등을 가지고 있으며 양쪽 익단(날개 부분)에 현등(舷燈)을 가지고 있다.[16)]

제 3 절 음향신호와 발광신호

Ⅰ. 서 론

1. 의 의

접근하는 선박과의 조우자세에 따른 피항선·유지선 관계는 상대선박의 등화와 형상물을 보면 알 수 있다. 다음 단계로 선박이 항법에 따른 피항동작을 취할 때에는 상대선박에 자신의 의도를 알릴 필요가 있고 유지선 또한 상대선박의 의도를 파악할 필요도 있다. 이러한 수단으로 규정된 것이 음향신호(音響信號)와 발광신호(發光信號)이다. 이들은 항법 수행을 위한, 즉 충돌회피동작을 취하기 위한 보조수단으로서 의의를 갖는다.[17)]

음향신호를 내는 도구로는 기적(汽笛), 호종(號鐘), 징(동라) 등이 있다. 발광신호는 강제신호는 아니다. 1960년 국제규칙에는 발광신호는 음향신호장치와 연결되어 기적신호와 동시에 불빛이 비추도록 되어 있었으나 1972년 국제규칙

16) 윤점동, 앞의 책, 260면.
17) 同旨: 윤점동, 앞의 책, 262면.

에서는 이것이 폐지되었다.

2. 기적 등의 정의(국제규칙 제32조)

국제규칙 제32조는 "(a) 기적이라 함은 규칙 부속서 III에 명시되어 있는 음을 발할 수 있는 음향신호기구를 말한다. (b) 단음(短音)이란 약 1초간의 취명(吹鳴; 고동소리)을 말한다. 그리고 (c) 장음(長音)이란 4초 내지 6초간의 취명을 말한다"고 정하고 있다.

구 해상교통안전법에서는 제2조 정의규정에 함께 규정하였던 것을 현 해상교통안전법에서는 국제규칙과 동일하게 제97조에 규정하게 되었다.

기적을 통한 음향신호는 여러 가지 경우를 나타내기 위하여 장음과 단음의 조합으로 이루어져 있다. 단음(■)이란 약 1초 정도 계속되는 고동소리이며, 장음(▬)은 4초부터 6초까지의 시간 동안 계속되는 고동소리이다.

3. 음향신호설비의 정의(국제규칙 제33조)

국제규칙 제33조에 의하면 "(a) 길이 12미터 이상의 선박은 기적 1개를 비치하여야 하며, 길이 20미터 이상의 선박은 기적에 추가하여 호종 1개를 비치하여야 한다. 길이 100미터 이상의 선박은 이에 부가하여 호종과 혼동되지 아니하는 음조와 소리를 가진 징을 비치하여야 한다. 기적, 호종 및 징(동라)은 이 규칙 부속서 III에 명시된 것과 일치하여야 한다. 호종 또는 징 또는 이 둘은 각각 이와 동일한 음색을 가지는 다른 장비로 대치될 수 있지만, 이들은 규정신호를 수동으로 항시 낼 수 있어야 한다. (b) 12미터 미만의 선박은 (a)항의 규정에 의한 음향신호설비를 비치하지 아니할 수 있다. 다만, 이들을 비치하지 아니하는 경우에는 유효한 음향신호를 낼 수 있는 다른 기구를 비치하여야 한다"고 정하고 있다.

국제규칙 제33조에 의하면 길이 12미터 이상 20미터 미만의 선박은 기적 1개, 길이 20미터 이상 100미터 이하의 선박은 기적 1개와 호종 1개를 비치하여야 하고 100미터 이상의 선박은 기적 1개, 호종 1개에 징 1개를 추가 비치하여야 한다(제33조 a항). 다만, 길이 12미터 미만의 선박은 이들 음향신호설비를 비치하지 아니하고 다른 기구를 비치할 수 있다(제33조 b항). 이들을 비치하여야 할 선박은 동력선뿐만 아니라 범선을 포함한 모든 종류의 선박이다.

Ⅱ. 조종신호 및 경고신호

1. 국제규칙 제34조

국제규칙 제34조는 선박의 조종 및 경고신호에 대하여 아래와 같이 정하고 있다.

“(a) 항행 중인 동력선이 상호시계 안에 있는 경우에 이 규칙에 의하여 인정되거나 요구되는 조종을 할 때에는 기적으로 다음 신호를 발하여 그 조종을 표시하여야 한다. 단음 1회; ‘침로를 오른쪽으로 변경하고 있다’, 단음 2회; ‘침로를 왼쪽으로 변경하고 있다’, 단음 3회; ‘기관을 후진하고 있다’.

(b) 항행 중인 동력선은 다음의 발광신호를 적절히 반복하여 (a)항의 규정에 의한 기적신호를 보충할 수 있다. (i) 이러한 발광신호는 다음과 같은 의미를 갖는다. 섬광(閃光) 1회; ‘침로를 오른쪽으로 변경하고 있다’, 섬광 2회; ‘침로를 왼쪽으로 변경하고 있다’, 섬광 3회; ‘기관을 후진하고 있다’. (ii) 각 섬광의 지속시간 및 섬광과 섬광 사이의 간격은 1초 정도로 하되, 반복되는 신호 사이의 간격은 10초 이상이어야 한다. (iii) 이 발광신호에 사용되는 등화는 백색의 전주등(全周燈)이어야 하고, 최소한 5해리의 거리에서 볼 수 있어야 하며, 이 규칙 부속서 I의 규정과 일치하여야 한다.

(c) 선박이 협수로 또는 항로 안에서 상호시계 안에 있는 경우: (i) 제9조 (e)(i)의 규정에 의한 기적신호를 행할 때에는 다음 각 호의 규정에 의하여 자신의 의사를 표시하여야 한다: 장음 2회 및 단음 1회의 순서; ‘다른 선박의 우현 쪽으로 추월하고자 한다’, 장음 2회 및 단음 2회의 순서; ‘다른 선박의 좌현 쪽으로 추월하고자 한다’. (ii) 피추월선은 제9조 (e)(i)에 따라 행동할 때에는 기적으로 다음 신호를 하여 자선의 동의를 표시하여야 한다; 장음 1회, 단음 1회, 장음 1회 및 단음 1회의 순서.

(d) 상호시계 안에 있는 선박이 접근하고 있을 경우 한 선박이 다른 선박의 의도 또는 동작을 이해할 수 없거나, 다른 선박이 충돌을 피하기 위하여 충분한

동작을 취하고 있는지의 여부가 분명하지 아니한 때에는 의문을 갖는 그 선박은 즉시 기적으로 단음을 5회 이상 급속히 울려 그 의문을 표시하여야 한다. 이 경우 의문신호는 5회 이상의 짧고 급속한 섬광을 발하는 발광신호로써 보충될 수 있다.

(e) 만곡부(彎曲部) 부근이나 또는 가로막힌 장애물로 인하여 다른 선박을 볼 수 없는 수로나 항로수역에 접근하는 선박은 장음 1회의 기적신호를 울려야 한다. 이 경우 그 선박에 접근하고 있는 다른 선박이 만곡부의 부근 또는 장애물의 뒤쪽에서 그 기적신호를 들은 때에는 장음 1회의 기적신호를 울려 이에 응답하여야 한다.

(f) 100미터 이상의 거리를 두고 둘 이상의 기적을 비치하고 있는 선박이 조종신호 및 경고신호를 울릴 때에는 그 중 하나만을 사용하여야 한다."

해상교통안전법 제99조도 동일하다.

2. 내 용

국제규칙 제34조는 동력선이 상호시계 안에 있을 때, 자신의 변침동작 의사를 기적(a항) 혹은 발광신호(b항)로 나타내는 방법에 대하여 정하고 있다. c항은 협수로 또는 항로 안에서 상호시계 안에 있는 경우의 신호를, d항은 의문신호 그리고 e항은 만곡부(彎曲部) 신호에 대하여 정하고 있다. f항은 100미터 이상 거리를 두고 둘 이상의 기적을 설치하고 있으면서 서로 간섭현상을 일으킬 수 있으므로 기적 하나만을 사용하도록 하고 있다.

b항의 발광신호는 임의신호이나 d항의 의문신호는 강제신호이다. a항은 동력선에만 적용되고 범선에는 적용되지 않지만, 나머지 조항은 모든 선박에 적용된다. 범선도 의문신호를 울려야 한다.[18]

조종신호를 행하기 위하여는 다음의 조건을 구비하여야 한다. 첫째, 동력선이 항행 중일 것, 둘째, 서로 다른 선박의 시야 안에 있을 것. 따라서 무중(霧中)에 있어서와 같이 다른 선박을 목격할 수 없는 때에는 조종신호를 하여서는 아니된다.[19] 셋째, 현재 변침 중 또는 후진 중에 있을 때에만 행할 것, 넷째, 이

18) 同旨: Cockcraft, *op. cit.*, p.188.

19) 그러나 경계 불량으로 다른 선박을 보지 못하였기 때문에 조종신호를 하지 못하였다는 변

규칙의 규정에 의하여 인정되거나 요구되는 변침 또는 후진을 하고 있을 때에만 행할 것 등이다.[20)]

Ⅲ. 제한시계에서의 음향신호

1. 국제규칙 제35조

국제규칙 제35조는 제한된 시계에서의 음향신호에 대하여 아래와 같이 정하고 있다.

“시계가 제한된 수역 또는 그 부근에 있는 모든 선박은 주야를 불문하고 다음 각 호의 규정에 의한 신호를 하여야 한다.

(a) 항행 중인 동력선은 대수속력이 있는 경우에는 2분을 넘지 아니하는 간격으로 장음 1회를 울려야 한다.

(b) 항행 중인 동력선은 정지하여 대수속력이 없는 경우에는 장음 사이의 간격이 2초 정도 연속하여 장음 2회를 2분을 넘지 아니하는 간격으로 울려야 한다.

(c) 운전부자유선, 조종성능제한선박, 흘수제약선, 범선, 어로에 종사하고 있는 선박 또는 다른 선박을 끌고 있거나 밀고 있는 선박은 (a)항 및 (b)항의 규정에 의한 신호에 갈음하여 2분을 넘지 아니하는 간격으로 연속된 3회의 기적(장음 1회에 이은 단음 2회를 말한다)을 울려야 한다.

(d) 어로에 종사하면서 닻을 내리고 있는 선박과 작업을 수행하면서 닻을 내리고 있어서 기동성에 크게 제한을 받는 선박은 이 조문의 (g)항에 규정된 신호 대신에 (c)항에 규정된 음향신호를 발하여야 한다.

(e) 피예인선박 또는 2척 이상의 선박이 끌려가고 있는 경우에는 제일 뒤쪽의 선박은, 승무원이 있을 경우에는 2분을 넘지 아니하는 간격으로 연속된 4회의 기적, 즉 장음 1회에 이어 단음 3회를 울려야 한다. 이 경우 신호는 가능한 한 예인선이 신호를 한 직후에 하여야 한다.

(f) 전방으로 밀고 있는 선박 및 밀리고 있는 선박이 견고하게 연결되어 복합체로 되어 있는 경우, 이들은 1척의 동력선으로 간주되며 이 제35조 (a) 및

명은 인정되지 않는다. Cockcraft, *op. cit.*, p.187.

20) 민성규·임동철, 앞의 책, 175면.

(b)항에 규정된 신호를 하여야 한다.

(g) 묘박하고 있는 선박은 1분을 넘지 아니하는 간격으로 5초 정도 급속히 호종을 울려야 한다. 다만, 묘박하여 어로에 종사하거나 작업 중인 조종제한선은 제3호의 규정에 의한 신호를 울려야 하고, 길이 100미터 이상의 선박에 있어서는 호종을 선박의 앞쪽에서 울려야 하되, 호종을 울린 직후에 뒤쪽에서 징을 5초 정도 급속히 울려야 하며, 접근하여 오는 선박에 대하여 자선의 위치와 충돌의 가능성을 경고할 필요가 있을 경우에는 이에 부가하여 연속 3회, 즉 단음 1회, 장음 1회, 단음 1회의 기적을 울릴 수 있다.

(h) 좌초선은 호종신호 및 요구되는 경우 이 조 (g)항에 규정된 징 신호를 하여야 하며, 이에 부가하여 급속히 울린 호종 음의 직전 및 직후에 각각 분리되어 명확하게 3회 타종하여야 한다. 좌초선은 이에 부가하여 적절한 기적신호를 할 수 있다.

(i) 길이 12미터 이상 20미터 이하인 선박은 이 규칙 (g)와 (h)항에서 정한 호종신호를 울릴 의무는 없다. 그러나 이들 신호를 하지 않는 경우 2분을 넘지 않는 간격으로 다른 효과적인 음향신호를 울려야 한다.

(j) 길이 12미터 미만의 선박은 위의 신호를 의무적으로 할 필요는 없으나 이들 신호를 하지 아니하는 경우, 2분을 초과하지 아니하는 간격으로 기타 유효한 음향신호를 하여야 한다.

(k) 도선업무에 종사하고 있는 경우의 도선선은 이 조 (a)항, (b)항 또는 (g)항에 규정된 신호에 부가하여 단음 4회로 된 식별신호를 할 수 있다."

해상교통안전법 제100조는 국제규칙 제35조 d항의 내용이 제9항에 대응하는 동법 제100조 제1항 제5호에 함께 규정된 것을 제외하고는 동일하다.

2. 내 용

국제규칙 제35조는 제한된 시계에서의 음향신호에 대하여 정하고 있다. 시정이 제한된 수역의 안 또는 그 부근에서는 주야를 불문하고 선박들은 이 조문에서 규정하는 신호를 하여야 한다.

일반적으로 현등(舷燈)의 최소가시거리(2~3마일)로 양 선박이 접근하였을 때를 신호 개시의 시기로 보고 있으나, 구체적으로 주위상황과 선박의 성능 등

을 고려하여야 할 것이다.[21]

이 조항에서는 국제규칙 제18조의 조종성능의 우열에 따른 선박의 우선권과 관련되는 선박에 대하여 특별한 음향신호를 마련하고 있다. 상호시계 안에서는 자신을 알리기 위한 수단으로서는 등화만으로 충분하므로, 이러한 음향신호가 항법상 우선권의 판단에 영향을 주는 것은 아니다고 생각한다. 즉, 국제규칙 제18조에 규정된 음향신호는 보조적으로 자신의 존재를 상대 선박에 알리는 정도의 기능을 할 뿐이지 어느 선박을 피항선이나 유지선으로 만드는 것은 아니다.

기적신호의 간격은 2분을, 호종과 동라(징)는 1분을 넘지 아니하는 간격으로 울리도록 하였다.

(1) 항행 중인 동력선

대수속력이 있는 경우는 2분을 넘지 아니하는 간격으로 장음을 1회 울려야 한다(제35조 a항)(▬▬ 2분 ▬▬).

대수속력이 없는 경우는 2분을 넘지 않는 간격으로 장음을 연속하여 2회 울려야 한다. 장음 사이의 간격은 2초이다(제35조 b항)(▬▬ 2초 ▬▬ 2분 ▬▬ 2초 ▬▬).

(2) 조종성능제한선박 등

항행 중인 운전부자유선, 조종성능제한선박, 흘수제약선, 범선, 어로작업 중인 선박, 예인선 및 이 조의 d항에 규정한 닻을 내리고 작업 중인 선박은 2분을 넘지 아니하는 간격으로 연속한 장음, 단음, 단음을 울려야 한다(제35조 c항)(▬▬ 2초 ▬ 2초 ▬). 이들 선박들이 묘박 중인 때에는 이 조의 g항의 신호를 울려야 한다.

예인선열의 마지막 피예인선은 2분을 넘지 아니하는 간격으로 연속된 장음, 단음, 단음, 단음을 울려야 한다(제35조 e항)(▬▬ 2초 ▬ 2초 ▬ 2초 ▬ 2분).

복합체를 이루고 있는 선박은 1척의 동력선으로 보고 이 조의 a항 또는 b항에 규정된 신호를 하여야 한다(제35조 f항).

(3) 묘박선(錨泊船)과 좌초선(坐礁船)

1) 묘박선

묘박 중인 선박의 길이가 100미터 미만의 선박은 1분을 넘지 아니하는 간

21) 同旨: 위의 책, 183면.

격으로 약 5초 동안 급속히 호종(●)을 울려야 한다(호종을 울리는 것=타종)(●5초간 타종● 1분 이내 ●5초간 타종●)①. 길이 100미터 이상의 선박은 위의 호종을 선박의 선수부에서 울린 직후에 선미부에서 1분을 넘지 아니하는 간격으로 동라(징)(◎)를 약 5초 동안 급속히 울린다(●5초간 타종●◎5초간 타징◎)②.

경고신호로서 선박은 ①, ②에 추가하여 연속한 단음, 장음 및 단음의 기적신호(▬ 2초 ▬▬ 2초 ▬)를 울릴 수 있다(제35조 g항).

2) 좌초선

길이가 100미터 미만의 좌초선은 1분을 넘지 아니하는 간격으로 약 5초 동안 급속히 호종을 울려야 하나 이것의 전후로 명확하게 3회 타종(○)한다(○○○●5초간 타종●○○○ 1분 이내 ○○○●5초간 타종●○○○).

길이 100미터 이상의 좌초선은 1분을 넘지 않는 간격으로 약 5초 동안 급속히 위의 호종을 선박의 선수부에서 울린 직후에 선미부에서 동라(징)(◎)를 약 5초 동안 급속히 울린다. 그런데 선수부의 호종의 전후에 3회 타종한다(○○○●5초간 타종●○○○<이상 선수부>◎5초간 타징◎<이상 선미부> 1분 이내 ○○○●5초간 타종●○○○<이상 선수부>◎5초간 타징◎<이상 선미부>).

(4) 도선선(導船船)

도선업무 종사선은 a, b 혹은 g항의 신호에 부가하여 단음 4회의 식별신호(▬ 2초 ▬ 2초 ▬ 2초 ▬)를 다른 신호의 중간쯤에 적당한 간격을 삽입하면 된다(제35조 j항).

Ⅳ. 주의환기신호

1. 국제규칙 제36조

국제규칙 제36조는 "(a) 모든 선박은 다른 선박의 주의를 환기하기 위하여 필요한 경우에는 이 규칙에서 정하는 다른 신호로 오인되지 아니하는 발광신호 또는 음향신호를 행하거나 다른 선박에 지장을 주지 아니하는 방법으로 위험이 있는 방향에 탐조등을 비출 수 있다. (b) 다른 선박의 주의를 환기시키기 위한 어떤 등화도 항로표지 등으로 오인될 수 없는 것이어야 한다. 제36조의 설치목적을 고려하여, 스트로보 등화(갑자기 반짝이는 등화)와 같은 고광도의 간헐적인 등화 또는 회전등의 사용은 피하여야 한다"고 정하고 있다.

해상교통안전법 제101조도 동일하다.

2. 내 용

자신이 투묘, 양묘 혹은 계류작업으로 운항이 자유롭지 못한 때에는 충돌을 피하기 위한 동작을 충분히 할 수 없는 불안한 상태에 놓이는 경우가 있다. 또한 자신의 주위에 위험물이 있을 때에는 이를 다른 선박에 알릴 필요가 있다. 그럼에도 불구하고 이러한 경우의 신호에 대하여는 국제규칙에서 명기되어 있지 않으므로, 이러한 경우를 위하여 이 조항을 두게 되었다.

주의환기신호는 상호시계 안에서는 물론 제한된 시계에서도 충돌을 방지하기 위하여 필요한 경우에는 이를 행하여야 한다. '이 규칙의 다른 조항에서 인정하는 것으로 오인되지 아니하는 등화와 신호'로는 모르스식 발광신호와 알디스 램프(Aldis lamp) 등이 있다.

제34조 c, d 및 e항의 경고신호는 강제신호이나 본조의 주의환기신호는 임의신호이다.[22]

V. 조난신호

1. 국제규칙 제37조

국제규칙 제37조는 "선박이 조난을 당하여 구원을 요청하는 경우에는 이 규칙 부속서 IV에 규정된 신호를 사용하거나 표시하여야 한다"고 정하고 있다.

해상교통안전법 제102조도 동일하다.

2. 내 용

조난신호(遭難信號)는 엄격히 본다면 선박의 충돌 방지와 관계가 없는 내용이나, 교육적인 효과를 거두기 위하여 1972년 국제규칙에 존치되었다.[23] 조난을

---

22) 同旨: 위의 책, 188면.

23) Cockcraft, *op. cit.*, p.197.

당한 선박은 반드시 조난신호를 하여야 할 의무를 부담한다.

부속서 Ⅳ 제1항에 의하면 (a) 약 1분간의 간격으로 행하는 1회의 발포 기타 폭발에 의한 신호, (b) 무중신호장치에 의한 연속음향신호, (c) 짧은 시간 간격으로 행하는 1회에 1개씩 발사되어 별 모양의 붉은 불꽃을 발하는 로켓 또는 유탄에 의한 신호, (d) 무선전신 또는 그 밖의 신호방법에 의한 모르스 부호 ···－－－···(SOS)의 신호, (e) 무선전화에 의한 '메이데이'(Mayday)라는 말이 포함된 신호, (f) 국제기류신호에 의한 NC기로 나타내는 조난신호, (g) 상방 또는 하방에 구(球) 또는 이와 유사한 것 1개를 붙인 사각형기(四角形旗)로 된 신호, (h) 선상(船上)에서의 발연(發煙; 타르통, 기름통 등의 연소로 생기는) 신호, (i) 낙하산이 달린 적색의 염화 로켓 또는 적색의 수동염화에 의한 신호, (j) 오랜지색의 연기를 발하는 발연신호, (k) 좌우로 벌린 팔을 천천히 반복하여 올렸다 내렸다 하는 신호, (l) 무선전신 경보신호, (m) 무선전화 경보신호, (n) 비상위치 지시를 하는 레디오 비이콘에서 발사하는 신호, (o) 구명정의 레이더 자동응답장치를 포함하여 무선통신장치에 의하여 송신되는 승인된 신호.

Korean Marine Traffic Law

부 록

관련 해상교통법규

Ⅰ. Chapter VIII Standards regarding watchkeeping Part A, Mandatary Standards regarding provisions of the Annex to the Convention, Attachment 2, STCW CODE

Section A-VIII/1 Fitness for duty

1. All persons who are assigned duty as officer in charge of a watch or as a rating forming part of a watch shall be provided a minimum of 10 hours of rest in any 24－hour period.

2. The hours of rest may be divided into no more than two periods, one of which shall be at least 6 hours in length.

3. The requirements for rest period laid down in paragraphs 1 and 2 need not be maintained in the case of an emergency or drill or in other overriding operational conditions.

4. Notwithstanding the provisions of paragraphs 1 and 2, the minimum period of 10 hours may be reduced to not less than 6 consecutive hours provided that any such reduction shall not extend beyond two days and not less than 70 hours of rest are provided each seven day period.

5. Administration shall require that watch schedules be posted where they are easily accessible.

Section A-VIII/2 Watchkeeping arrangements and principles to be observed

PART 1 - CERTIFICATION

1. The officer in charge of the navigational or deck watch shall be duly qualified in accordance with the provisions of chapter II or chapter VII appropriate to the duties related to navigational or deck watchkeeping.

I. 부속서 2 선원의 훈련, 자격증명 및 당직근무 코드, 제A편 협약부속서의 규정에 관한 강제기준, 제8장 당직근무에 관한 기준

A절-8/1조 당직임무에 대한 적합성

1. 당직사관으로서 또는 당직의 일부를 구성하는 부원으로서 임무가 부여된 모든 자는 임의의 24시간 기간 내에 최소한 10시간의 휴식시간을 가져야 한다.

2. 이 휴식기간은 2회로 나눌 수 있으며, 그 기간 중 하나는 적어도 6시간이어야 한다.

3. 비상시 또는 훈련시 또는 기타 중단하기 어려운 작업일 경우에는 제1항 및 제2항에 규정된 휴식기간에 대한 요건을 준수하지 아니할 수 있다.

4. 제1항 및 제2항의 규정에도 불구하고, 동 10시간의 최소기간은 적어도 6연속시간까지 줄일 수 있다. 단, 이러한 휴식기간의 축소는 2일을 초과하여 계속되어서는 안되며, 매 7일의 기간마다 적어도 70시간의 휴식시간을 주어야 한다.

5. 주관청은 당직계획표를 선내의 잘 볼 수 있는 곳에 게시하게 하여야 한다.

A절-8/2조 당직배치와 준수되어야 할 원칙

제1편 - 자격증명

1. 항해 또는 갑판당직을 담당하는 해기사는 제2장 또는 제7장의 규정 중 항해 또는 갑판당직임무에 관련한 규정에 따라 정히 자격을 갖추어야 한다.

2. The officer in charge of the engineering watch shall be duly qualified in accordance with the provisions of chapter III or chapter VII appropriate to the duties related to engineering watchkeeping.

PART 2 - VOYAGE PLANNING

General requirements

3. The intended voyage shall be planned in advance taking into consideration all pertinent information and any course laid down shall be checked before the voyage commences.

4. The chief engineer officer shall, in consultation with the master, determine in advance the needs to the intended voyage, taking into consideration the requirements for fuel, water, lubricants, chemicals, expendable and other spare parts, tools, supplies and any other requirements.

Planning prior to each voyage

5. Prior to each voyage the master of every ship shall ensure that the intended route from the port of departure to the first port of call is planned using adequate and appropriate charts and other nautical publications necessary for the intended voyage, containing accurate, complete and up-to-date information regarding those navigational limitations and hazards which are of a permanent or predictable nature, and which are relevant to the safe navigation of the ship.

Verification and display of planned route

6. When the route planning is verified taking into consideration all pertinent information, the planned route shall be clearly displayed on appropriate charts material, and shall be continuously available to the officer in charge of the watch who shall verify each course to be followed prior to using it, during the voyage.

2. 기관당직을 담당하는 해기사는 제3장 또는 제7장의 규정 중 기관당직임무에 관련된 규정에 따라 정히 자격을 갖추어야 한다.

제2편 - 항해계획

일반적 요구사항

3. 예정된 항해는 모든 관련 정보를 고려하여 사전에 계획되어야 하며, 계획된 침로는 어떤 것이든 항해가 시작되기 전에 확인되어야 한다.

4. 기관장은 선장과 상의하여 연료, 청수, 윤활유, 화학제품, 소모품 및 기타 부속품, 도구, 보급품 및 기타 필요물품의 필요성을 고려하여, 예정된 항해에 필요한 제반 물품을 미리 결정하여야 한다.

매 항해 전의 계획

5. 매 항해 전에 모든 선박의 선장은 예정항해에 필요한 적합한 해도와 제반 항로서지 등을 이용하여 출발항으로부터 최초의 도착항까지의 예정항로의 항해계획이 수립되는지를 확인하여야 한다. 이때 이용되는 해도와 항로서지는 항구적 또는 예견 가능하고 선박의 안전항행에 관계되는 항행제약사항과 항행위험과 관련하여 정확하고 완전한 최신의 정보를 포함하고 있어야 한다.

계획항로의 확인과 표시

6. 모든 관련 정보를 고려하여 항로계획이 확인될 때, 계획항로는 적절한 해도상에 명확히 표시되어져야 하고, 계획항로는 항해 중 당직사관에게 계속 이용 가능하여야 하고, 당직사관은 항해 중 계획항로를 사용하기 전에 각 침로를 확인하여야 한다.

Deviation from planned route

7. If a decision is made, during a voyage, to change the next port of call of the planned route or if it is necessary for the ship to deviate substantially from the planned route for other reasons, then an amended route shall be planned prior to deviating substantially from the route originally planned.

PART 3 - WATCHKEEPING AT SEA

Principles applying to watchkeeping generally

8. Parties shall direct the attention of companies, masters, chief engineer officers and watchkeeping personnel to the following principles which shall be observed to ensure that safe watches are maintained at all times.

9. The master of every ship is bound to ensure that watchkeeping arrangements are adequate for maintaining a safe navigational watch. Under the master's general direction, the officers of the navigational watch are responsible for navigating the ship safely during their periods of duty, when they will particularly concerned with avoiding collision and stranding.

10. The chief engineer officer of every ship is bound, in consultation with the master, to ensure that watchkeeping arrangements are adequate to maintain a safe engineering watch.

Protection of marine environment

11. The master, officers and ratings shall be aware of the serious effects operational or accidental pollution of the marine environment and shall take all possible precautions to prevent such pollution, particularly within the framework of relevant international and port regulations.

계획항로로부터의 변경

7. 항해 중 계획항로상의 도착항을 변경하기로 결정하거나 또는 기타의 사유로 인하여 선박의 계획항로를 크게 변경할 필요가 있는 경우에는, 원래의 계획항로를 크게 변경하기 이전에 수정항로계획을 수립하여야 한다.

제3편 - 항해 당직근무

당직근무에 적용되는 일반원칙

8. 모든 당사국은 안전당직이 항상 유지되는지를 확인하기 위하여 준수되어야 할 다음의 원칙에 관해 회사, 선장, 기관장 및 당직근무자에게 주의를 환기시켜야 한다.

9. 모든 선박의 선장은 당직근무 배치가 안전한 항해당직을 유지하기에 적절한지를 확인하여야 한다. 선장의 총책임 하에, 항해당직사관은 당직기간 중 선박을 안전하게 운항할 책임이 있으며, 충돌과 좌초를 피하는 데에 특별한 주의를 기울여야 한다.

10. 모든 선박의 기관장은, 선장과 상의 하에, 안전한 기관당직을 유지하도록 당직근무 배치가 적절한지를 확인하여야 한다.

해양환경의 보호

11. 본선의 선장, 해기사 및 부원은 해양환경의 운항상 또는 우발적 오염의 심각한 영향을 숙지하여야 하며, 특히 관련 국제협약 및 항만규칙의 범주 내에서 그러한 오염을 방지하기 위하여 취할 수 있는 모든 가능한 예방조치를 강구하여야 한다.

PART 3-1 - PRINCIPLES TO BE OBSERVED IN KEEPING A NAVIGATIONAL WATCH

12. The officer in charge of the navigational watch is the master's representative and is primarily responsible at all times for the safe navigation of the ship and for complying with the International Regulations for Preventing Collisions at Sea, 1972.

Look-out

13. A proper look-out shall be maintained at all times in compliance with rule 5 of the International Regulations for Preventing Collisions at Sea, 1972 and shall serve the purpose of:

.1 maintaining a continuous state of vigilance by sight and hearing as well as by all other available means, with regard to any significant change in the operating environment;

.2 fully appraising the situation and the risk of collision, stranding and other dangers to navigation; and

.3 detecting ships or aircraft in distress, shipwrecked persons, wrecks, debris and other hazards to safe navigation.

14. The look-out must be able to give full attention to the keeping of a proper look-out and no other duties shall be undertaken or assigned which could interfere with that task.

15. The duties of the look-out and helmsperson are separate and the helmsperson shall not be considered to be the look-out while steering, except in small ships where an unobstructed all-round view is provided at the steering position and there is no impairment of night vision or other impediment to the keeping of a proper look-out. The officer in charge of the navigational watch may be the sole look-out in daylight provided that on each such occasion:

제3-1편 - 항해당직 중 준수되어야 할 원칙

12. 항해당직사관은 선장의 대행자이며, 선박을 안전하게 항해하여야 하고 「1972 국제해상충돌예방규칙」을 준수하여야 할 일차적인 책임을 진다.

경 계

13. 「1972 국제해상충돌예방규칙」 제5조에 따라서 항상 적절한 경계가 유지되어야 하며, 경계는 아래 사항을 행하는 것이어야 한다.

.1 운항환경상의 일체의 현저한 변화와 관련하여 시각, 청각 및 기타의 이용 가능한 수단으로 지속적인 경계의 상태를 유지하는 것

.2 충돌의 상황과 위험, 좌초 및 다른 항해에의 위험성을 철저히 평가하는 것

.3 조난선박 또는 조난비행기, 조난자, 표류물, 잔해 및 기타 안전항해상의 위험물을 탐지하는 것

14. 경계원은 적절한 경계의 유지를 위하여 모든 주의를 기울일 수 있어야 하며, 이러한 업무를 방해할 수 있는 일체의 다른 임무를 수행하거나 또는 부여받아서는 아니된다.

15. 경계원과 조타수의 임무는 분리되어야 하며, 조타수는 조타 중에 경계원으로 간주되어서는 아니된다. 단, 조타위치에서 사방의 시야에 제한을 받지 않으며, 또한 야간 경계의 장해 또는 기타 적절한 경계 장해 또는 기타 적절한 경계 유지의 방해가 없는 소형선박의 경우는 예외로 한다.

다음 각 호의 경우, 항해당직사관은 주간에 혼자 경계를 할 수 있다.

.1 the situation has been carefully assessed and it has been established without doubt that it is safe to do so;

.2 full account has been taken of all relevant factors including, but not limited to:

– state of weather,

– visibility,

– traffic density,

– proximity of dangers to navigation, and

– the attention necessary when navigating in or near traffic separation schemes; and

.3 assistance is immediately available to be summoned to the bridge when any change in the situation so requires.

16. In determining that the composition of the navigational watch is adequate to ensure that a proper look-out can continuously be maintained, the master shall take into account all relevant factors, including those described in this section of the Code, as well as the following factors:

.1 visibility, state of weather and sea;

.2 traffic density, and other activities occurring in the area in which the vessel is navigating;

.3 the attention necessary when navigating in or near traffic separation schemes or other routing measures;

.4 the additional workload caused by the nature of the ship's functions, immediate operating requirements and anticipated manoeuvres;

.5 the fitness for duty of any crew members on call who are assigned as members of the watch;

.6 knowledge of and confidence in the professional competence of the ship's officers and crew;

.7 the experience of each officer of the navigational watch, and the familiarity of that officer with the ship's equipment, procedures, and manoeuvring capability;

.8 activities taking place on board the ship at any particular time, including radiocommunication activities and the availability of assistance to be summoned immediately to the bridge when necessary;

.1 상황을 주의깊게 검토하여, 그렇게 하여도 안전하다는 것이 의심 없이 확인되었을 경우

.2 적어도 다음의 모든 관련 요소가 충분히 고려되었을 경우

- 기상상태
- 시정
- 해상교통량
- 항해위험물의 근접성
- 통항분리제도수역 내 또는 그 부근을 항행 중일 때 필요한 주의

.3 상황의 변화에 의하여 필요한 때에는 보조자가 즉시 선교에 호출될 수 있는 경우

16. 적절한 경계를 계속 유지할 수 있게 하기 위해 항해당직의 구성이 적합한지를 결정함에 있어서, 선장은 다음 요소와 이 절의 규정을 포함한 모든 관련 사항들을 고려하여야 한다.

.1 시정, 기상 및 해상상태

.2 해상교통량 및 선박이 항행하게 될 수역에서 일어나는 다른 활동

.3 통항분리제도 또는 다른 통항제도가 시행되는 수역 내 또는 그 인근을 항행할 때 필요한 주의

.4 선박기능상의 특성, 급박한 운항상의 필요 및 예견되는 선박조종으로 야기되는 추가적 작업 부담

.5 당직구성원으로서 배치되어 근무 중인 모든 선원의 당직에 대한 적합성

.6 사관과 부원의 전문적 해기능력에 관한 지식과 이에 대한 자신감

.7 항해당직사관의 경험과 그 사관의 선박장비, 선교절차에 관한 친숙도 및 조선능력

.8 무선통신작업과 필요시 선교에 즉시 호출할 수 있는 지원인력의 이용 가능성을 포함한, 어떤 특정 시점에 있어서 선내에서 일어나고 있는 작업

.9 the operational status of bridge instrumentation and controls, including alarm systems;

.10 rudder and propeller control and ship manoeuvering characteristics;

.11 the size of the ship and the field of vision available from the conning position;

.12 the configuration of the bridge, to the extent such configuration might inhibit a member of the watch from detecting by sight or hearing any external development; and

.13 any other relevant standard, procedure or guidance relating to watchkeeping arrangements and fitness for duty which has been adopted by the Organization.

Watch arrangements

17. When deciding the composition of the watch on the bridge, which may include appropriately qualified ratings, the following factors, inter alia, shall be taken into account:

.1 at no time shall the bridge be left unattended;

.2 weather conditions, visibility and whether there is daylight or darkness;

.3 proximity of navigational hazards which may make it necessary for the officer in charge of the watch to carry out additional navigational duties;

.4 use and operational condition of navigational aids such as radar or electronic position-indicating devices and any other equipment affecting the safe navigation of the ship;

.5 whether the ship is fitted with automatic steering;

.6 whether there are radio duties to be performed;

.7 unmanned machinery space (UMS) controls, alarms and indicators provided on the bridge, procedures for their use and limitations; and

.8 any unusual demands on the navigational watch that may arise as a result of special operational circumstances.

Taking over the watch

18. The officer in charge of the navigational watch shall not hand over the watch to the relieving officer if there is reason to believe that the latter is not capable of carrying out the watchkeeping duties effectively, in which case the master shall be notified.

.9 경보장치를 포함한 선교 계기와 제어장치의 작동상태

.10 타(舵), 프로펠러의 조종 및 선박조종특성
.11 선박의 크기와 조종위치에서 볼 수 있는 시야의 범위
.12 당직구성원이 시각 또는 청각을 통해 외부상황의 변화를 탐지함을 방해할 정도가 되는 선교의 형태

.13 기구가 채택한 당직근무의 배치와 당직임무에 대한 적합성과 관련되는 일체의 모든 관계기준, 절차 또는 지침

당직배치

17. 적절히 자격을 갖춘 부원들을 포함하는 선교당직의 구성을 결정할 때에는 특히 다음 사항이 고려되어야 한다.

.1 한시라도 선교는 비워져서는 아니되는 것
.2 기상조건, 시정 및 주야(晝夜)인지의 여부
.3 항해당직사관에게 추가적인 항행상의 임무를 수행하게 하는, 항해상 위험이 주위에 있는지의 여부
.4 레이더 또는 전자위치표시장치 및 선박의 안전항해에 영향을 미치는 일체의 기타 장치 등과 같은 항해장비의 사용과 그 작동상태

.5 선박에 자동조타장치가 설치되어 있는지의 여부
.6 무선통신임무가 수행되어야 하는지의 여부
.7 선교에 설치된 무인기관구역의 제어, 경보 및 지시장치 그리고 사용절차 및 제한요소
.8 특별한 상황이 존재하는 결과로 야기되는 일체의 비통상적 항해당직의 필요성

당직의 인계

18. 항해당직사관은 당직을 인계받을 사관이 당직임무를 유효하게 수행할 수 없다고 믿을 만한 이유가 있을 경우에는 그에게 당직을 인계하여서는 아니되며, 이러한 사실은 선장에게 보고되어야 한다.

19. The relieving officer shall ensure that the members of the relieving watch are fully capable of performing their duties, particularly as regards their adjustment to night vision. Relieving officers shall not take over the watch until their vision is fully adjusted to the light conditions.

20. Prior to taking over the watch relieving officers shall satisfy themselves as to the ship's estimated or true position and confirm its intended track, course and speed, and UMS controls as appropriate and shall note any dangers to navigation expected to be encountered during their watch.

21. Relieving officers shall personally satisfy themselves regarding the:

.1 standing orders and other special instructions of the master relating to navigation of the ship;

.2 position, course, speed and draught of the ship:

.3 prevailing and predicted tides, currents, weather, visibility and the effect of these factors upon course and speed;

.4 procedures for the use of main engines to manoeuvre when the main engines are on bridge control; and

.5 navigational situation, including but not limited to;

.5.1 the operational condition of all navigational and safety equipment being used or likely to be used during the watch,

.5.2 the errors of gyro and magnetic compasses.

.5.3 the presence and movement of ships in sight or known to be in the vicinity,

.5.4 the conditions and hazards likely to be encountered during the watch. and

.5.5 the possible effects of heel, trim, water density and squat on under keel clearance.

22. If at any time the officer in charge of the navigational watch is to be relieved when a manoeuvre or other action to avoid any hazard is taking place, the relief of that officer shall be deferred until such action has been completed.

19. 인계를 받는 사관은 당직의 구성원이 자신의 임무를 충분히 수행할 수 있는지를 확인하여야 하며, 특히 어둠에 눈이 적응되었는지를 확인하여야 한다. 인계를 받는 해기사는 자신의 눈이 조명상태에 완전히 적응할 때까지 당직을 인계받아서는 안된다.

20. 당직을 인계받기 전에 인계를 받는 사관은 선박의 추정위치 혹은 진위치를 스스로 확인하여야 하며, 선박의 예정항로, 침로와 속력 및 UMS 제어상태를 확인하여야 하고, 당직 중에 조우할 것으로 예상되는 일체의 항해위험물을 숙지하여야 한다.

21. 인계를 받는 사관은 스스로 다음 사항을 확인하여야 한다.

.1 선박의 항행과 관련한 선장의 당직지침 및 기타의 특별지시사항

.2 선박의 위치, 침로, 속력 및 흘수

.3 현재 및 앞으로 예상되는 조석, 조류, 기상, 시정 및 이들 요소가 침로와 속력에 미치는 영향

.4 주기관의 선교 조종시 선박을 조종하기 위한 주기관의 사용설차

.5 최소한 다음을 포함한 항해상황

.5.1 당직 중 사용되고 있거나, 또는 사용될 수 있는 모든 항해장비와 안전장치의 작동상태

.5.2 자이로컴퍼스와 자기컴퍼스의 오차

.5.3 시계내 또는 인근에 있는 것으로 알고 있는 선박의 존재와 움직임

.5.4 당직 중에 조우할 수도 있는 상태와 위험

.5.5 횡경사, 종경사 및 해수밀도의 영향과 선저 수심에 의한 스쿼트 현상

22. 당직교대시각에 위험을 피하기 위한 조종 또는 다른 조치가 취하여지고 있는 경우에는 언제나, 항해당직사관의 교대는 그러한 조치가 완료될 때까지 연기되어야 한다.

Performing the navigational watch

23. The officer in charge of the navigational watch shall:

 .1 keep the watch on the bridge;

 .2 in no circumstances leave the bridge until properly relieved;

 .3 continue to be responsible for the safe navigation of the ship, despite the presence of the master on the bridge, until informed specifically that the master has assumed that responsibility and this is mutually understood; and

 .4 notify the master when in any doubt as to what action to take in the interest of safety.

24. During the watch, the course steered, position and speed shall be checked at sufficiently frequent intervals, using any available navigational aids necessary, to ensure that the ship follows the planned course.

25. The officer in charge of the navigational watch shall have full knowledge of the location and operation of all safety and navigational equipment on board the ship and shall be aware and take account of the operating limitations of such equipment.

26. The officer in charge of the navigational watch shall not be assigned or undertake any duties which would interfere with the safe navigation of the ship.

27. Officers of the navigational watch shall make the most effective use of all navigational equipment at their disposal.

28. When using radar, the officer in charge of the navigational watch shall bear in mind the necessity to comply at all times with the provisions on the use of radar contained in the International Regulations for Preventing Collisions at Sea, in force.

항해당직의 수행

23. 항해당직을 담당하는 해기사는:

.1 선교에서 당직을 수행하여야 한다.

.2 어떠한 상황에서도 적절히 당직이 교대될 때까지 선교를 떠나지 말아야 한다.

.3 선장이 선교에 있다고 하더라도, 선장이 항해당직의 책임을 진다고 자신에게 통보하고 이것을 서로 이해할 때까지는, 그 선박의 안전항해에 대하여 계속 책임을 져야 한다.

.4 선박안전을 위하여 취할 행동에 대하여 의문이 있을 때에는 선장에게 보고하여야 한다.

24. 당직 중, 선박이 계획항로를 따라가고 있는지를 확인하기 위해, 필요하고 가능한 모든 항해장비를 이용하여 조타침로, 선위 및 속력은 충분히 자주 점검되어야 한다.

25. 항해당직사관은 선내의 모든 안전장비와 항해장비의 위치 및 작동에 관하여 숙지하여야 하며, 이들 장치의 작동상의 한계를 인지하고 고려하여야 한다.

26. 항해당직사관은 선박의 안전항해를 방해할 수 있는 어떠한 임무도 부여받거나 또는 수행하여서는 아니된다.

27. 항해당직사관은 자신들이 다루는 모든 항해장비를 가장 효과적으로 사용하여야 한다.

28. 레이더를 사용하고 있을 때, 항해당직사관은 발효 중인 「1972 국제해상충돌예방규칙」에서 규정하는 레이더의 사용에 관한 규정을 항상 준수하여야 할 필요성을 명심하여야 한다.

29. In cases of need the officer in charge of the navigational watch shall not hesitate to use the helm, engines and sound signalling apparatus. However, timely notice of intended variations of engine speed shall be given where possible or effective use made of UMS engine controls provided on the bridge in accordance with the applicable procedures.

30. Officers of the navigational watch shall know the handling characteristics of their ship, including its stopping distances, and should appreciate that other ships may have different handling characteristics.

31. A proper record shall be kept during the watch of the movements and activities relating to the navigation of the ship.

32. It is of special importance that at all times the officer in charge of the navigational watch ensures that a proper look-out is maintained. In a ship with a separate chart room the officer in charge of the navigational watch may visit the chart room, when essential, for a short period for the necessary performance of navigational duties, but shall first ensure that it is safe to do so and that proper look-out is maintained.

33. Operational tests of shipboard navigational equipment shall be carried out at sea as frequently as practicable and as circumstances permit, in particular before hazardous conditions affecting navigation are expected. Whenever appropriate, these tests shall be recorded. Such tests shall also be carried out prior to port arrival and departure.

34. The officers in charge of the navigational watch shall make regular checks to ensure that:

.1 the person steering the ship or the automatic pilot is steering the correct course;

.2 the standard compass error is determined at least once a watch and, when possible, after any major alteration of course; the standard and gyrocompasses are frequently compared and repeaters are synchronized with their master compass;

29. 필요한 경우 항해당직사관은 타(舵), 기관 및 음향신호장치의 사용을 주저하여서는 아니된다. 그러나 관련 절차에 따라 선교에 설치된 무인기관실 제어장치의 사용이 가능하거나 효과적으로 사용할 수 있는 경우에는, 의도하는 기관 속력의 변경은 적시에 통보되어야 한다.

30. 항해당직사관은 정선거리를 포함한 자선의 조종특성을 숙지하고 있어야 하며, 다른 선박들은 다른 조종특성을 가질 수 있음을 인지하고 있어야 한다.

31. 선박의 항해에 관계되어 당직 중에 일어난 움직임과 활동은 적절히 기록되어야 한다.

32. 항해당직사관이 항상 적절한 경계가 유지되고 있는지를 확인하는 것은 매우 중요하다. 별도의 해도실을 가지고 있는 선박에서는, 항해당직사관은 꼭 필요한 경우에 한하여 항해상 필요한 임무수행을 위해 잠시 동안 해도실에 들어갈 수 있다. 그러나 그렇게 하는 것이 안전하고 적절한 경계가 이루어지고 있음이 우선 확인되어야 한다.

33. 선내 항해장치의 작동시험은 실행 가능한 한 또한 상황이 허락하는 경우 특히 항해에 영향을 미치는 위험상태가 예견되기 이전에 자주 실시되어야 한다. 적절한 때에는 언제나 이러한 작동시험의 결과는 기록되어야 한다. 이러한 작동시험은 또한 입항 및 출항 전에 행해져야 한다.

34. 항해당직사관은 다음 사항을 확인하기 위해 규칙적으로 점검하여야 한다.

.1 조타수 또는 자동조타장치가 올바른 침로를 유지하는 것

.2 당직 중에 적어도 한 번, 그리고 가능한 경우 주요 변침 후 자기컴퍼스의 오차를 구하는 것, 자기컴퍼스와 자이로컴퍼스를 자주 비교하고 리피터가 주 자이로컴퍼스와 일치하는 것

.3 the automatic pilot is tested manually at least once a watch;

.4 the navigation and signal lights and other navigational equipment are functioning properly;

.5 the radio equipment is functioning properly in accordance with paragraph 86 of this section; and

.6 the UMS controls, alarms and indicators are functioning properly.

35. The officer in charge of the navigational watch shall bear in mind the necessity to comply at all times with the requirements in force of the International Convention for the Safety of Life at sea. (SOLAS) 1974. The officer of the navigational watch shall take into account:

.1 the need to station a person to steer the ship and to put the steering into manual control in good time to allow any potentially hazardous situation to be dealt with in a safe manner; and

.2 that with a ship under automatic steering it is highly dangerous to allow a situation to develop to the point where the officer in charge of the navigational watch is without assistance and has to break the continuity of the look-out in order to take emergency action.

36. Officers of the navigational watch shall be thoroughly familiar with the use of all electronic navigational aids carried, including their capabilities and limitations, and shall use each of these aids when appropriate and shall bear in mind that the echo—sounder is a valuable navigational aid.

37. The officer in charge of the navigational watch shall use the radar whenever restricted visibility is encountered or expected, and at all times in congested waters having due regard to its limitations.

38. The officer in charge of the navigational watch shall ensure that range scales employed are changed at sufficiently frequent intervals so that echoes are detected as early as possible. It shall be borne in mind that small or poor echoes may escape detection.

.3 자동조타장치를 한 당직에 적어도 한 번 수동으로 시험하는 것

.4 항해등, 신호등 및 기타 항해장치가 적절히 작동하는 것

.5 무선통신장치가 이 절 제86항에 따라 적절히 기능을 발휘하는 것

.6 UMS 제어장치, 경보장치 및 지시장치가 적절하게 기능하는 것

35. 항해당직을 담당하는 해기사는 발효 중인 「1974 해상에서의 인명안전을 위한 국제협약」(SOLAS)의 요건을 항상 준수하여야 함을 명심하여야 한다. 항해당직을 담당하는 해기사는 다음 사항을 고려하여야 한다.

.1 어떠한 잠재적 위험상황에도 안전하게 대처하기 위하여 충분한 시간을 두고, 조타할 자를 배치하여 수동조타로 할 필요성

.2 자동조타 중인 선박에서, 항해당직사관이 도움을 받을 수 없으며 또한 비상조치를 취하기 위해 계속적인 경계를 유지할 수 없는 상태에 이르기까지 상황이 진행되는 것은 매우 위험하다는 것

36. 항해당직사관은 탑재된 모든 전자항해장치의 성능과 한계를 포함한, 사용법을 철저히 숙지하여야 하며, 필요한 경우 이들 장비를 각각 이용할 수 있어야 하고, 음향측심기는 유효한 항해장비임을 명심하여야 한다.

37. 항해당직사관은 시정이 제한되거나 제한될 것이 예상될 때는 언제나 그리고 선박이 폭주하는 수역에서는 레이더의 한계에 관하여 적절히 주의하면서 항상 레이더를 사용하여야 한다.

38. 항해당직사관은 레이더상에서 물표를 가능한 한 빨리 발견할 수 있도록 하기 위해 현재 사용하고 있는 레이더 레인지를 충분히 자주 탐지범위를 변경하여야 한다. 소형 물표의 영상 또는 희미한 영상은 탐지되지 아니할 수 있음을 명심하여야 한다.

39. Whenever radar is in use, the officer in charge of the navigational watch shall select an appropriate range scale and observe the display carefully, and shall ensure that plotting or systematic analysis is commenced in ample time.

40. The officer in charge of the navigational watch shall notify the master immediately:

.1 if restricted visibility is encountered or expected;

.2 if the traffic conditions or the movements of other ships are causing concern;

.3 if difficulty is experienced in maintaining course;

.4 on failure to sight land, a navigation mark or to obtain soundings by the expected time;

.5 if, unexpectedly, land or a navigation mark is sighted or a change in soundings occurs;

.6 on breakdown of the engines, propulsion machinery remote control, steering gear or any essential navigational equipment, alarm or indicator;

.7 if the radio equipment malfunctions;

.8 in heavy weather, if in any doubt about the possibility of weather damage;

.9 if the ship meets any hazard to navigation, such as ice or a derelict; and

.10 in any other emergency or if any doubt.

41. Despite the requirement to notify the master immediately in the foregoing circumstances, the officer in charge of the navigational watch shall in addition not hesitate to take immediate action for the safety of the ship, where circumstances so require.

42. The officer in charge of the navigational watch shall give watchkeeping personnel all appropriate instructions and information which will ensure the keeping of a safe watch, including a proper look-out.

39. 항해당직사관은 레이더의 사용 중에는, 언제나 적절한 탐지범위를 선택하여 주의깊게 화면을 관찰하여야 하며, 충분한 시간적 여유를 두고 플로팅 또는 체계적인 분석이 시작되는지를 확인하여야 한다.

40. 항해당직사관은 다음의 경우 즉시 선장에게 보고하여야 한다:
.1 시정이 제한되거나 또는 제한될 것이 예상될 경우
.2 선박의 통항상태 또는 다른 선박의 이동이 염려스러울 경우
.3 침로의 유지에 어려움이 있는 경우
.4 예정시각까지 육상물표와 항로표지를 발견하지 못하거나 또는 측심을 못하였을 경우
.5 예기치 아니한 육상물표 또는 항로표지를 발견하거나 또는 측심의 변화가 발생하였을 경우
.6 주기관, 추진기의 원격조정정치, 조타장치 또는 일체의 필수 항해장치, 경보장치 또는 지시장치의 고장시
.7 무선통신장치의 고장
.8 악천후 속에서 기상으로 인한 손상의 가능성에 대하여 염려가 되는 경우
.9 선박이 유빙 또는 표류물 등 항행상의 위험물을 조우하였을 경우
.10 기타 모든 비상시 또는 의심이 가는 경우

41. 전항의 상황 하에서 즉시 선장에게 보고하여야 하는 요구에도 불구하고, 항해당직사관은 필요하면, 선박의 안전을 위하여 즉각적인 조치를 주저 없이 취하여야 한다.

42. 항해당직사관은 당직근무자들에게 적절한 경계를 포함한 안전한 당직을 유지하기 위한 모든 적합한 지침과 정보를 제공하여야 한다.

Watchkeeping under different conditions and in different areas

Clear weather

43. The officer in charge of the navigational watch shall take frequent and accurate compass bearings of approaching ships as a means of early detection of risk of collision and bear in mind that such risk may sometimes exist even when an appreciable bearing change is evident, particularly when approaching a very large ship or a tow or when approaching a ship at close range. The officer in charge of the navigational watch shall also take early and positive action in compliance with the applicable International Regulations for Preventing Collisions at Sea, 1972 and subsequently check that such action is having the desired effect.

44. In clear weather, whenever possible, the officer in charge of the navigational watch shall carry out radar practice.

Restricted visibility

45. When restricted visibility is encountered or expected, the first responsibility of the officer in charge of the navigational watch is to comply with the relevant rules of the International Regulations for Preventing Collisions at Sea, 1972 with particular regard to the sounding of fog signals, proceeding at a safe speed and having the engines ready for immediate manoeuvre. In addition, the officer in charge of the navigational watch shall:

.1 inform the master;

.2 post a proper look-out;

.3 exhibit navigation lights; and

.4 operate and use the radar.

In hours of darkness

46. The master and the officer in charge of the navigational watch when arranging look－out duty shall have due regard to the bridge equipment and navigational aids available for use, their limitations, procedures and safeguards implemented.

다른 조건과 다른 수역에서의 당직근무

양호한 기상

43. 항해당직사관은 충돌의 위험성을 조기에 탐지하는 수단으로서, 접근하는 선박의 상대방위를 자주 그리고 정확하게 측정하여야 하며, 특히 거대선 또는 예선에 접근할 때 또는 가까운 거리에 있는 선박에 접근할 때에는 방위의 변화를 인지할 수 있을 때 조차도 그러한 충돌의 위험성이 있을 수 있음을 명심하여야 한다. 또한 항해당직사관은 관련 「1972년 해상충돌방지규칙」에 따라 조기에 적극적인 조치를 취하여야 하며, 그러한 조치가 원하는 대로의 효과를 가지고 오는지를 확인하여야 한다.

44. 양호한 기상시, 가능할 때에는 언제나, 레이더 작동 연습을 실시하여야 한다.

제한된 시정

45. 시정이 제한되었거나 제한될 것이 예상될 때, 항해당직사관의 일차적 책임은 「1972년 국제해상충돌방지규칙」의 관계 규정을 준수하는 것이며 특히 무중신호의 고동소리에 주의하면서 안전한 속력으로 항행하고, 즉각적인 조종을 위해서 기관을 준비하여야 한다. 이에 부가하여 항해당직사관은 다음 소치를 취하여야 한다.

.1 선장에게 보고할 것
.2 적절한 경계자를 비치할 것
.3 항해등을 점등할 것
.4 레이더를 작동시켜서 사용할 것

야 간

46. 경계임무를 배당함에 있어서, 선장과 항해당직사관은 사용 가능한 선교장치와 항행장비, 그들의 한계, 실시되고 있는 작동절차와 안전조치에 대하여 상당한 주의를 하여야 한다.

Coastal and congested waters

47. The largest scale chart on board, suitable for the area and corrected with the latest available information, shall be used. Fixes shall be taken at frequent intervals, and shall be carried out by more than one method whenever circumstances allow.

48. The officer in charge of the navigational watch shall positively identify all relevant navigation marks.

Navigation with pilot on board

49. Despite the duties and obligations of pilots, their presence on board does not relieve the master or officer in charge of the navigational watch from their duties and obligations for the safety of the ship. The master and the pilot shall exchange information regarding navigation procedures, local conditions and the ship's characteristics. The master and/or the officer in charge of the navigational watch shall co-operate closely with the pilot and maintain an accurate check on the ship's position and movement.

50. If in any doubt as to the pilot's actions or intentions, the officer in charge of the navigational watch shall seek clarification from the pilot and, if doubt still exists, shall notify the master immediately and take whatever action is necessary before the master arrives.

Ship at anchor

51. If the master considers it necessary, a continuous navigational watch shall be maintained at anchor. While at anchor, the officer in charge of the navigational watch shall:

.1 determine and plot the ship's position on the appropriate chart as soon as practicable;

연안 및 선박 폭주 수역

47. 최신의 정보에 의해 개정된 당해 수역에 적합한 가장 큰 축척의 해도를 사용하여야 한다. 선위의 측정은 가능한 한 자주 행하여야 하며, 사정이 허락하는 한 한 가지 이상의 방법으로 행하여야 한다.

48. 항해당직사관은 모든 관련 항로표지를 적극적으로 확인하여야 한다.

도선사 승선시의 항해

49. 도선사의 의무와 책임에도 불구하고, 도선사가 승선하고 있다는 사실이 선박의 안전항해를 위한 선장과 항해당직사관의 의무와 책임을 면제하게 하는 것은 아니다. 선장과 도선사는 항해절차, 지역적 조건 및 선박의 특성에 관한 정보를 교환하여야 한다. 선장 및 또는 항해당직사관은 도선사와 긴밀히 협력하여야 하며 선박의 위치와 움직임에 관하여 계속 정확한 확인을 하여야 한다.

50. 도선사의 조치 또는 의도가 의심스러울 경우, 항해당직사관은 도선사로부터 명확한 설명을 구하여야 하며, 그럼에도 불구하고 여전히 의심스러울 때에는 선장에게 즉시 보고하여야 하며, 선장이 도착하기 전이라도 필요한 모든 조치를 취하여야 한다.

정박 중인 선박

51. 선장이 필요하다고 생각하는 경우, 정박 중에도 항해당직은 계속 유지되어야 한다. 정박 중, 항해당직사관은 다음의 조치를 취하여야 한다.

.1 실행 가능한 한 빨리 선위를 구하여 적절한 해도상에 기입하는 것

.2 when circumstances permit, check at sufficiently frequent intervals whether the ship is remaining securely at anchor by taking bearings of fixed navigation marks or readily identifiable shore objects;

.3 ensure that proper look-out is maintained;

.4 ensure that inspection rounds of the ship are made periodically;

.5 observe meteorological and tidal conditions and the sate of the sea;

.6 notify the master and undertake all necessary measures if the ship drags anchor;

.7 ensure that the state of readiness of the main engines and other machinery is in accordance with the master's instructions;

.8 if visibility deteriorates, notify the master;

.9 ensure that the ship exhibits the appropriate lights and shapes and that appropriate sound signals are made in accordance with all applicable regulations; and

.10 take measures to protect the environment from pollution by the ship and comply with applicable pollution regulations.

.2 가능하면, 고정 항해표지 또는 식별이 용이한 육상물표의 방위를 측정함으로써 선박이 정박위치에 변함없이 있는지를 충분히 자주 점검하는 것

.3 적절한 경계가 유지되게 하는 것
.4 선내 순시가 정기적으로 실행되게 하는 것
.5 기상과 조류의 상태 및 해상상태를 관찰하는 것
.6 닻이 끌리는 경우 선장에게 보고하고 필요한 모든 조치를 취하는 것

.7 주기관과 기타 기계의 상태가 선장의 지시에 맞게 되어 있는지 확인할 것

.8 시계가 나빠지는 경우 선장에게 보고하는 것
.9 관련 모든 규칙에 따라 선박이 적절한 등화와 형상물을 표시하고, 적절한 음향신호를 울리고 있는지 확인하는 것

.10 선박에 의한 오염으로부터 환경을 보호하는 조치를 취하고, 관련 해양오염방지규정을 준수하는 것

Ⅱ. INTERNATIONAL REGULATIONS FOR PREVENTING COLLISIONS AT SEA, 1972

Part A - GENERAL

Rule 1 Application.

(a) These Rules shall apply to all vessels upon the high seas and in all waters connected therewith navigable by seagoing vessels.

(b) Nothing in these Rules shall interfere with the operation of special rules made by an appropriate authority for roadsteads, harbours, rivers, lakes or inland waterways connected with the high seas and navigable by seagoing vessels. Such special rules shall conform as closely as possible to these Rules.

(c) Nothing in these Rules shall interfere with the operation of any special rules made by the Government of any state with respect to additional station or signal lights, shapes or whistle signals for ships of war and vessels proceeding under convoy, or with respect to additional station or signal lights or shapes for fishing vessels engaged in fishing as a fleet. These additional station or signal lights, shapes or whistle signals shall, so far as possible, be such that they cannot be mistaken for any light, shapes or signal authorized elsewhere under these Rules.

(d) Traffic separation schemes may be adopted by the Organization for the purpose of these Rules.

(e) Whenever the Government concerned shall have determined that a vessel of special construction or purpose cannot comply fully with the provisions of any of these Rules with respect to the number, position, range or arc of visibility of lights or shapes, as well as to the disposition and characteristics of sound-signalling appliances, such vessel shall comply with such other provisions in regard to the number, position, range or arc of visibility of lights or shapes, as well as to the disposition and characteristics of sound-signalling appliances, as her Government shall have determined to be the closest possible compliance with these Rules in respect to that vessel.

Ⅱ. 해상교통안전법 [시행 2024. 1.26][법률 제19573호, 2023. 7. 25. 제정]

제1장 총 칙

제3조 (적용범위)

① 이 법은 다음 각 호의 어느 하나에 해당하는 선박과 해양시설에 대하여 적용한다.

1. 대한민국의 영해, 내수(해상항행선박이 항행을 계속할 수 없는 하천·호수·늪 등은 제외한다. 이하 같다)에 있는 선박이나 해양시설. 다만, 대한민국 선박이 아닌 선박(이하 "외국선박"이라 한다) 중 다음 각 목에 해당하는 외국선박에 대하여 제46조부터 제52조까지를 적용할 때에는 대통령령으로 정하는 바에 따라 이 법의 일부를 적용한다.
   가. 대한민국의 항(港)과 항 사이만을 항행하는 선박
   나. 국적의 취득을 조건으로 하여 선체용선(船體傭船)으로 차용한 선박
2. 대한민국의 영해 및 내수를 제외한 해역에 있는 대한민국 선박
3. 대한민국의 배타적 경제수역에서 항행장애물을 발생시킨 선박
4. 대한민국의 배타적 경제수역 또는 대륙붕에 있는 해양시설

② 이 법 또는 이 법에 따른 명령 중 선박소유자에 관한 규정은 선박을 공유하는 경우로서 선박관리인을 임명하였을 때에는 그 선박관리인에게 적용하고, 선박을 임차(賃借)하였을 때에는 그 선박임차인에게 적용하며, 선장에 관한 규정은 선장을 대신하여 그 직무를 수행하는 자에게도 적용한다.

③ 이 법 또는 이 법에 따른 명령 중 해양시설의 소유자에 관한 규정은 해양시설을 임대차한 경우에는 그 임차인에게 적용한다.

해사안전기본법 제4조 (국가 등의 책무)

① 국가 및 지방자치단체는 해사안전을 확보하고 해양에서의 국민의 생명·신체 및 재산을 보호하기 위하여 필요한 시책을 수립·시행하여야 한다.

② 국가 및 지방자치단체는 해양사고를 예방하고 해상교통환경의 변화에 대응할 수 있도록 해양시설의 관리, 해상교통망의 구축 및 관리, 해상교통 관련 신기술의 개발·기반조성 지원, 해사 사이버안전 관리 등을 위하여 필요한 시책을 수립·시행하여야 한다.

③ 국가 및 지방자치단체는 해사안전과 관련된 분야에 종사하는 자의 안전을 확보하고 복지수준을 향상시키기 위하여 필요한 시책을 수립·시행하여야 한다.

④ 국가 및 지방자치단체는 국민의 안전한 해양이용을 촉진하기 위하여 국민에 대한 해사안전 지식·정보의 제공, 해사안전 교육 및 해사안전 문화의 홍보를 실시하도록 노력하여야 한다.

⑤ 국가는 외국 및 국제기구 등과 해사안전에 관한 기술협력, 정보교환, 공동 조사·연구를 위한 기구설치 등 효율적인 국제협력을 추진하기 위하여 노력하여야 하며, 해사안전 관련 산업의 진흥 및 국제화에 필요한 지원을 하여야 한다.

Rule 2 Responsibility

(a) Nothing in these Rules shall exonerate any vessel, or the owner, master or crew thereof, from the consequences of any neglect to comply with these Rules or of the neglect of any precaution which may be required by the ordinary practice of seamen, or by the special circumstances of the case.

(b) In construing and complying with these Rules due regard shall be had to all dangers of navigation and collision and to any special circumstances, including the limitations of the vessels involved, which may make a departure from these Rules necessary to avoid immediate danger.

Rule 3 General Definitions

For the purpose of these Rules, except where the context otherwise requires :

(a) The word 'vessel' includes every description of water craft, including non-displacement craft and seaplanes, used or capable of being used as a means of transportation on water.

(b) The term 'power-driven vessel' means any vessel propelled by machinery.

(c) The term 'sailing vessel' means any vessel under sail provided that propelling machinery, if fitted, is not being used.

(d) The term 'vessel engaged in fishing' means any vessel fishing with nets, lines, trawls or other fishing apparatus which restricted manoeuvrability, but does not include a vessel fishing with trolling lines or other fishing apparatus which do not restrict manoeuvrability.

(e) The word 'seaplane' includes any aircraft designed to manoeuvre on the water.

(f) The term 'vessel not under command' means a vessel which through some exceptional circumstance is unable to manoeuvre as required by these Rules and is therefore unable to keep out of the way of another vessel.

(g) The term 'vessel restricted in her ability to manoeuvre' means a vessel which from the nature of her work is restricted in her ability to manoeuvre as required by these Rules and therefore is unable to keep out of the way of another vessel. The term 'vessel restricted in their ability to manoeuvre' shall include but not be limited to ;

제1조 (목적)

이 법은 수역 안전관리, 해상교통 안전관리, 선박·사업장의 안전관리 및 선박의 항법 등 선박의 안전운항을 위한 안전관리체계에 관한 사항을 규정함으로써 선박항행과 관련된 모든 위험과 장해를 제거하고 해사안전 증진과 선박의 원활한 교통에 이바지함을 목적으로 한다.

제6절 특수한 상황에서 선박의 항법 등

제103조 (특수한 상황에서의 항법 등)

① 선박, 선장, 선박소유자 또는 해원(海員)은 다른 선박과의 충돌 위험 등 모든 특수한 상황(관계 선박의 성능의 한계에 따른 사정을 포함한다. 이하 같다)에 합당한 주의를 하여야 한다.

② 제1항에 따른 특수한 상황 등에서의 위험을 피하기 위하여 제1절부터 제3절까지에 따른 항법을 따르지 아니할 수 있다.

③ 제2항에도 불구하고 선박, 선장, 선박소유자 또는 해원(海員)은 이 법의 규정을 태만히 이행하거나 일반적인 선원에게 요구되는 통상적인 주의나 특수한 상황에 요구되는 주의를 게을리함으로써 발생한 결과에 대하여는 면책되지 아니한다.

제2조 (정의)

이 법에서 사용하는 용어의 정의는 다음과 같다.

1. "해사안전관리"란 「해사안전기본법」 제3조 제1호에 따른 안전관리를 말한다

▷ 해사안전기본법 제3조 제1호: "해사안전관리"란 선원·선박소유자 등 인적 요인, 선박·화물 등 물적 요인, 해상교통체계·교통시설 등 환경적 요인, 국제협약·안전제도 등 제도적 요인을 종합적·체계적으로 관리함으로써 선박의 운용과 관련된 모든 일에서 발생할 수 있는 사고로부터 사람의 생명·신체 및 재산의 안전을 확보하기 위한 모든 활동을 말한다.

2. "선박"이란 「해사안전기본법」 제3조 제2호에 따른 선박을 말한다.

▷ 해사안전기본법 제3조 제2호: "선박"이란 물에서 항행수단으로 사용하거나 사용할 수 있는 모든 종류의 배로 수상항공기(물 위에서 이동할 수 있는 항공기를 말한다)와 수면비행선박(표면효과 작용을 이용하여 수면 가까이 비행하는 선박을 말한다)을 포함한다.

3. "대한민국선박"이란 「선박법」 제2조 각 호에 따른 선박을 말한다.

▷ 선박법 제2조: 다음 각 호의 선박을 대한민국 선박(이하 "한국선박"이라 한다)으로 한다.

1. 국유 또는 공유의 선박
2. 대한민국 국민이 소유하는 선박

(i) a vessel engaged in laying, servicing or picking up a navigation mark, submarine cable or pipeline;

(ii) a vessel engaged in dredging, surveying or underwater operations;

(iii) a vessel engaged in replenishment or transferring persons, provisions or cargo while underway;

(iv) a vessel engaged in the launching or recovery of aircraft;

(v) a vessel engaged in mine clearance operations;

(vi) a vessel engaged in a towing operation such as severely restricts the towing vessel and her tow in their ability to deviate from their course.

(h) The term 'vessel constrained by her draught' means a power-driven vessel which because of her draught in relation to the available depth and width of navigable water, is severely restricted in her ability to deviate from the course she is following.

(i) The word 'underway' means that a vessel is not at anchor, or made fast to the shore, or aground.

(j) The words 'length' and 'breadth' of a vessel mean her length overall and greatest breadth.

(k) Vessels shall be deemed to be in sight of one another only when one can be observed visually from the other.

(l) The term 'restricted visibility' means any condition in which visibility is restricted by fog, mist, falling snow, heavy rainstorms, sandstorms or any other similar causes.

(m) The Term Wing-In-Ground (WIG) craft means a multimodal craft which, in its main operational mode, flies in close proximity to the surface by utilizing surface-effect action.

3. 대한민국의 법률에 따라 설립된 상사법인(商事法人)이 소유하는 선박
4. 대한민국에 주된 사무소를 둔 제3호 외의 법인으로서 그 대표자(공동대표인 경우에는 그 전원)가 대한민국 국민인 경우에 그 법인이 소유하는 선박

4. "위험화물운반선"이란 선체의 한 부분인 화물창(貨物倉)이나 선체에 고정된 탱크 등에 해양수산부령으로 정하는 위험물을 싣고 운반하는 선박을 말한다.
5. "거대선"(巨大船)이란 길이 200미터 이상의 선박을 말한다.
6. "고속여객선"이란 시속 15노트 이상으로 항행하는 여객선을 말한다.
7. "동력선"(動力船)이란 기관을 사용하여 추진(推進)하는 선박을 말한다. 다만, 돛을 설치한 선박이라도 주로 기관을 사용하여 추진하는 경우에는 동력선으로 본다.
8. "범선"(帆船)이란 돛을 사용하여 추진하는 선박을 말한다. 다만, 기관을 설치한 선박이라도 주로 돛을 사용하여 추진하는 경우에는 범선으로 본다.
9. "어로"(漁撈)에 종사하고 있는 선박"이란 그물, 낚싯줄, 트롤망, 그 밖에 조종성능을 제한하는 어구(漁具)를 사용하여 어로 작업을 하고 있는 선박을 말한다.
10. "조종불능선"(操縱不能船)이란 선박의 조종성능을 제한하는 고장이나 그 밖의 사유로 조종을 할 수 없게 되어 다른 선박의 진로를 피할 수 없는 선박을 말한다.
11. "조종제한선"(操縱制限船)이란 다음 각 목의 작업과 그 밖의 선박의 조종성능을 제한하는 작업에 종사하고 있어 다른 선박의 진로를 피할 수 없는 선박을 말한다.
    가. 항로표지, 해저전선 또는 해저파이프라인의 부설·보수·인양 작업
    나. 준설(浚渫)·측량 또는 수중 작업
    다. 항행 중 보급, 사람 또는 화물의 이송 작업
    라. 항공기의 발착(發着) 작업
    마. 기뢰(機雷) 제거 작업
    바. 진로에서 벗어날 수 있는 능력에 제한을 많이 받는 예인(曳引) 작업
12. "흘수제약선"(吃水制約船)이란 가항수역(可航水域)의 수심 및 폭과 선박의 흘수와의 관계에 비추어 볼 때 그 진로에서 벗어날 수 있는 능력이 매우 제한되어 있는 동력선을 말한다.
13. "해양시설"이란 「해사안전기본법」 제3조 제3호에 따른 시설을 말한다.

    ▷ 해사안전기본법 제3조 제3호: "해양시설"이란 자원의 탐사·개발, 해양과학조사, 선박의 계류(繫留)·수리·하역, 해상주거·관광·레저 등의 목적으로 해저(海底)에 고착된 교량·터널·케이블·인공섬·시설물이거나 해상부유 구조물(선박은 제외한다)인 것을 말한다.

14. "해상교통안전진단"이란 해상교통안전에 영향을 미치는 다음 각 목의 사업(이하 "안전진단대상사업"이라 한다)으로 발생할 수 있는 항행안전 위험 요인을 전문적으로 조사·측정하고 평가하는 것을 말한다.
    가. 항로 또는 정박지의 지정·고시 또는 변경
    나. 선박의 통항을 금지하거나 제한하는 수역(水域)의 설정 또는 변경

PART B - STEERING AND SAILING RULES

SECTION I - CONDUCT OF VESSELS IN ANY CONDITION OF VISIBILITY

Rule 4 Application

Rules in this section apply in any condition of visibility.

Rule 5 Look-out

Every vessel shall at all times maintain a proper look-out by sight and hearing as well as by all available means appropriate in the prevailing circumstances and conditions so as to make a full appraisal of the situation and of the risk of collision.

Rule 6 Safe Speed

Every vessel shall at all times proceed at a safe speed so that she can take proper and effective action to avoid collision and be stopped within a distance appropriate to the prevailing circumstances and conditions. In determining a safe speed the following factors shall be among those taken into account:

(a) By all vessels:

- (i) the state of visibility;
- (ii) the traffic density including concentration of fishing vessels or any other vessels;
- (iii) the manoeuvrability of the vessel with special reference to stopping distance and turning ability in the prevailing conditions;
- (iv) at night the presence of background light such as from shore lights or from back scatter of her own lights;
- (v) the state of wind, sea and current, and the proximity of navigational hazards;
- (vi) the draft in relation to the available depth of water.

(b) Additionally, by vessels with operational radar:

- (i) the characteristics, efficiency and limitations of the radar equipment;

다. 수역에 설치되는 교량·터널·케이블 등 시설물의 건설·부설 또는 보수
라. 항만 또는 부두의 개발·재개발
마. 그 밖에 해상교통안전에 현저한 영향을 미치는 사업으로서 대통령령으로 정하는 사업

15. "항행장애물"(航行障碍物)이란 선박으로부터 떨어진 물건, 침몰·좌초된 선박 또는 이로부터 유실(遺失)된 물건 등 해양수산부령으로 정하는 것으로서 선박항행에 장애가 되는 물건을 말한다.
16. "통항로"(通航路)란 선박의 항행안전을 확보하기 위하여 한쪽 방향으로만 항행할 수 있도록 되어 있는 일정한 범위의 수역을 말한다.
17. "제한된 시계"(視界)란 안개·연기·눈·비·모래바람 및 그 밖에 이와 비슷한 사유로 시계가 제한되어 있는 상태를 말한다.
18. "항로지정제도"란 선박이 통항(通航)하는 항로, 속력 및 그 밖에 선박운항에 관한 사항을 지정하는 제도를 말한다.
19. "항행 중"이란 선박이 다음 각 목의 어느 하나에 해당하지 아니하는 상태를 말한다.
가. 정박(碇泊)
나. 항만의 안벽(岸壁) 등 계류(繫留)시설에 매어 놓은 상태[계선부표(繫船浮標)나 정박하고 있는 선박에 매어 놓은 경우를 포함한다]
다. 얹혀 있는 상태
20. "길이"란 선체에 고정된 돌출물을 포함하여 선수(船首)의 끝단부터 선미(船尾)의 끝단 사이의 최대 수평거리를 말한다.
21. "폭"이란 선박 길이의 횡방향 외판의 외면으로부터 반대쪽 외판의 외면 사이의 최대 수평거리를 말한다.
22. "통항분리제도"란 선박의 충돌을 방지하기 위하여 통항로(通航路)를 설정하거나 그 밖의 적절한 방법으로 한쪽 방향으로만 항행할 수 있도록 항로를 분리하는 제도를 말한다.
23. "분리선"(分離線) 또는 "분리대"(分離帶)란 서로 다른 방향으로 진행하는 통항로를 나누는 선 또는 일정한 폭의 수역을 말한다.
24. "연안통항대"(沿岸通航帶)란 통항분리수역의 육지 쪽 경계선과 해안 사이의 수역을 말한다.
25. "예인선열"(曳引船列)이란 선박이 다른 선박을 끌거나 밀어 항행할 때의 선단(船團) 전체를 말한다.
26. "대수속력"(對水速力)이란 선박의 물에 대한 속력으로서 자기 선박 또는 다른 선박의 추진장치의 작용이나 그로 인한 선박의 타력(惰力)에 의하여 생기는 것을 말한다.

(ii) any constraints imposed by the radar range scale in use;

(iii) the effect on radar detection of the sea state, weather and other sources of interference;

(iv) the possibility that small vessels, ice and other floating objects may not be detected by radar at an adequate range;

(v) the number, location and movement of vessels detected by radar;

(vi) the more exact assessment of the visibility that may be possible when radar is used to determine the range of vessels or other objects in the vicinity.

Rule 7 Risk of Collision

(a) Every vessel shall use all available means appropriate to the prevailing circumstances and conditions to determine if risk of collision exists. If there is any doubt such risk shall be deemed to exist.

(b) Proper use shall be made of radar equipment if fitted and operational, including long-range scanning to obtain early warning of risk of collision and radar plotting or equivalent systematic observation of detected objects.

(c) Assumptions shall not be made on the basis of scanty information, especially scanty radar information.

(d) In determining if risk of collision exists the following considerations shall be among those taken into account:

(i) such risk shall be deemed to exist if the compass bearing of an approaching vessel does not appreciably change;

(ii) such risk may sometimes exist even when an appreciable bearing change is evident, particularly when approaching a very large vessel or a tow or when approaching a vessel at close range.

Rule 8 Action to avoid Collision

(a) Any action taken to avoid collision shall be taken in accordance the Rules of this part and shall, if the circumstances of the case admit, be positive, made in ample time and with due regard to the observance of good seamanship.

제5장 선박의 항법 등

제1절 모든 시계상태에서의 항법

제69조 (적용)

이 절은 모든 시계상태에서 적용한다.

제70조 (경계)

선박은 주위의 상황 및 다른 선박과 충돌할 수 있는 위험성을 충분히 파악할 수 있도록 시각·청각 및 당시의 상황에 맞게 이용할 수 있는 모든 수단을 이용하여 항상 적절한 경계를 하여야 한다.

제71조 (안전한 속력)

① 선박은 다른 선박과의 충돌을 피하기 위하여 적절하고 효과적인 동작을 취하거나 당시의 상황에 알맞은 거리에서 선박을 멈출 수 있도록 항상 안전한 속력으로 항행하여야 한다.

② 제1항에 따른 안전한 속력을 결정할 때에는 다음 각 호(레이더를 사용하고 있지 아니한 선박의 경우에는 제1호부터 제6호까지)의 사항을 고려하여야 한다.

1. 시계의 상태
2. 해상교통량의 밀도
3. 선박의 정지거리·선회성능, 그 밖의 조종성능
4. 야간의 경우에는 항해에 지장을 주는 불빛의 유무
5. 바람·해면 및 조류의 상태와 항해상 위험의 근접상태
6. 선박의 흘수와 수심과의 관계
7. 레이더의 특성 및 성능
8. 해면상태·기상, 그 밖의 장애요인이 레이더 탐지에 미치는 영향
9. 레이더에 의하여 탐지한 선박의 수·위치 및 동향

제72조 (충돌 위험)

① 선박은 다른 선박과 충돌할 위험이 있는지를 판단하기 위하여 당시의 상황에 알맞은 모든 수단을 활용하여야 한다. 이 경우 의심스럽다면 충돌의 위험이 있다고 보아야 한다.

② 레이더를 설치한 선박은 다른 선박과 충돌할 위험성 유무를 미리 파악하기 위하여 레이더를 이용하여 장거리 주사(走査), 탐지된 물체에 대한 작도(作圖), 그 밖의 체계적인 관측을 하여야 한다.

(b) Any alteration of course and/or speed to avoid collision shall, if the circumstances of the case admit, be large enough to be readily apparent to another vessel observing visually or by radar; a succession of small alterations of course and/or speed should be avoided.

(c) If there is sufficient sea room, alteration of course alone may be the most effective action to avoid a close-quarters situation provided that it is made in good time, is substantial and does not result in another close-quarters situation.

(d) Action taken to avoid collision with another vessel shall be such as to result in passing at a safe distance. The effectiveness of the action shall be carefully checked until the other vessel is finally past and clear.

(e) If necessary to avoid collision or allow more to assess the situation, a vessel shall slacken her speed or take all way off by stopping or reversing her means of propulsion.

(f) (i) A vessel which, by any of these rules, is required not to impede the passage or safe passage of another vessel shall, when required by the circumstances of the case, take early action to allow sufficient sea room for the safe passage of the other vessel.

(ii) A vessel required not to impede the passage or safe passage of another vessel is not relieved of this obligation if approaching the other vessel so as to involve risk of collision and shall, when taking action, have full regard to the action which may be required by the rules of this part.

(iii) A vessel the passage of which is not to be impeded remains fully obliged to comply with the rules of this part when the two vessels are approaching one another so as to involve risk of collision.

Rule 9 Narrow Channels

(a) A vessel proceeding along the course of a narrow channel or fairway shall keep as near to the outer limit of the channel or fairway which lies on her starboard side as is safe and practicable.

(b) A vessel of less than 20 metres in length or a sailing vessel shall not impede the passage of a vessel which can safely navigate only within a narrow channel or fairway.

③ 선박은 불충분한 레이더 정보나 그 밖의 불충분한 정보에 의존하여 다른 선박과의 충돌 위험성 여부를 판단하여서는 아니 된다.
④ 선박은 접근하여 오는 다른 선박의 나침방위에 뚜렷한 변화가 일어나지 아니하면 충돌할 위험성이 있다고 보고 필요한 조치를 하여야 한다. 접근하여 오는 다른 선박의 나침방위에 뚜렷한 변화가 있더라도 거대선 또는 예인작업에 종사하고 있는 선박에 접근하거나, 가까이 있는 다른 선박에 접근하는 경우에는 충돌을 방지하기 위하여 필요한 조치를 하여야 한다.

第73조 (충돌을 피하기 위한 동작)

① 선박은 이 장(章) 제1절부터 제3절까지 및 제6절에 따른 항법에 따라 다른 선박과 충돌을 피하기 위한 동작을 취하되, 이 법에서 정하는 바가 없는 경우에는 될 수 있으면 충분한 시간적 여유를 두고 적극적으로 조치하여 선박을 적절하게 운용하는 관행에 따라야 한다.
② 선박은 다른 선박과의 충돌을 피하기 위하여 침로(針路)나 속력을 변경할 때에는 될 수 있으면 다른 선박이 그 변경을 쉽게 알아볼 수 있도록 충분히 크게 변경하여야 하며, 침로나 속력을 소폭으로 연속적으로 변경하여서는 아니 된다.
③ 선박은 넓은 수역에서 충돌을 피하기 위하여 침로를 변경하는 경우에는 적절한 시기에 큰 각도로 침로를 변경하여야 하며, 그에 따라 다른 선박에 접근하지 아니하도록 하여야 한다.
④ 선박은 다른 선박과의 충돌을 피하기 위하여 동작을 취할 때에는 다른 선박과의 사이에 안전한 거리를 두고 통과할 수 있도록 그 동작을 취하여야 한다. 이 경우 그 동작의 효과를 다른 선박이 완전히 통과할 때까지 주의 깊게 확인하여야 한다.
⑤ 선박은 다른 선박과의 충돌을 피하거나 상황을 판단하기 위한 시간적 여유를 얻기 위하여 필요하면 속력을 줄이거나 기관의 작동을 정지하거나 후진하여 선박의 진행을 완전히 멈추어야 한다.
⑥ 이 법에 따라 다른 선박의 통항이나 통항의 안전을 방해하여서는 아니 되는 선박은 다음 각 호의 사항을 준수하고 유의하여야 한다.
  1. 다른 선박이 안전하게 지나갈 수 있는 여유 수역이 충분히 확보될 수 있도록 조기에 동작을 취할 것
  2. 다른 선박에 접근하여 충돌할 위험이 생긴 경우에는 그 책임을 면할 수 없으며, 피항동작(避航動作)을 취할 때에는 이 장(章)에서 요구하는 동작에 대하여 충분히 고려할 것

(c) A vessel engaged in fishing shall not impede the passage of any other vessel navigating within a narrow channel or fairway.

(d) A vessel shall not cross a narrow channel or fairway if such crossing impedes the passage of a vessel which can safely navigate only within such channel or fairway. The latter vessel may use the sound signal prescribed in Rule 34(d) if in doubt as to the intention of the crossing vessel.

(e) (i) In a narrow channel or fairway when overtaking can take place only if the vessel to be overtaken has to take action to permit safe passing, the vessel intending to overtake shall indicate her intention by sounding the appropriate signal prescribed in Rule 34(c)(i). The vessel to be overtaken shall, if in agreement, sound the appropriate signal prescribed in Rule 34(c)(ii) and take steps to permit safe passing. If in doubt she may sound the signals prescribed in Rule 34(d).

(ii) This Rule does not relieve the overtaking vessel of her obligation under Rule 13.

(f) A vessel nearing a bend or an area of a narrow channel or fairway where other vessels may be obscured by an intervening obstruction shall navigate with particular alertness and caution and shall sound the appropriate signal prescribed in Rule 34(e).

(g) Any vessel shall, if the circumstances of the case admit, avoid anchoring in a narrow channel.

Rule 10 Traffic Separation Schemes

(a) This Rule applies to traffic separation schemes adopted by the Organization and does not relieve any vessel of her obligation under any other rule.

(b) A vessel using a traffic separation scheme shall:

(i) proceed in the appropriate traffic lane in the general direction of traffic flow for that lane;

(ii) so far as practicable keep clear of a traffic separation line or separation zone;

(iii) normally join or leave a traffic lane at the termination of the lane, but when joining or leaving from either side shall do so at as small angle to the general direction of traffic flow as practicable.

⑦ 이 법에 따라 통항할 때에 다른 선박의 방해를 받지 아니하도록 되어 있는 선박은 다른 선박과 서로 접근하여 충돌할 위험이 생긴 경우 이 장에 따라야 한다.

제74조 (좁은 수로 등)

① 좁은 수로나 항로(이하 "좁은 수로등"이라 한다)를 따라 항행하는 선박은 항행의 안전을 고려하여 될 수 있으면 좁은 수로등의 오른편 끝 쪽에서 항행하여야 한다. 다만, 제30조제1항에 따라 지정된 수역 또는 제75조제1항에 따른 통항분리수역에서는 그 수역에서 정해진 항법이 있다면 이에 따라야 한다.
② 길이 20미터 미만의 선박이나 범선은 좁은 수로등의 안쪽에서만 안전하게 항행할 수 있는 다른 선박의 통행을 방해하여서는 아니 된다.
③ 어로에 종사하고 있는 선박은 좁은 수로등의 안쪽에서 항행하고 있는 다른 선박의 통항을 방해하여서는 아니 된다.
④ 선박이 좁은 수로등의 안쪽에서만 안전하게 항행할 수 있는 다른 선박의 통항을 방해하게 되는 경우에는 좁은 수로 등을 횡단하여서는 아니 된다. 이 경우 통항을 방해받게 되는 선박은 횡단하고 있는 선박의 의도에 대하여 의심이 있는 경우에는 제99조제5항에 따른 음향신호를 울릴 수 있다.
⑤ 제78조제2항 및 제3항에 따른 앞지르기 하는 배는 좁은 수로등에서 앞지르기당하는 선박이 앞지르기 하는 배를 안전하게 통과시키기 위한 동작을 취하지 아니하면 앞지르기 할 수 없는 경우에는 기적신호를 하여 앞지르기하겠다는 의사를 나타내야 한다. 이 경우 앞지르기당하는 선박은 그 의도에 동의하면 기적신호를 하여 그 의사를 표현하고, 앞지르기 하는 배를 안전하게 통과시키기 위한 동작을 취하여야 한다.
⑥ 선박이 좁은 수로등의 굽은 부분이나 항로에 있는 장애물 때문에 다른 선박을 볼 수 없는 수역에 접근하는 경우에는 특히 주의하여 항행하여야 한다.
⑦ 선박은 좁은 수로등에서 정박(정박 중인 선박에 매어 있는 것을 포함한다)을 하여서는 아니 된다. 다만, 해양사고를 피하거나 인명이나 그 밖의 선박을 구조하기 위하여 부득이하다고 인정되는 경우에는 그러하지 아니하다.

제75조 (통항분리제도)

① 이 조는 다음 각 호의 수역(이하 "통항분리수역"이라 한다)에 대하여 적용한다.
  1. 국제해사기구가 채택하여 통항분리제도가 적용되는 수역
  2. 해상교통량이 아주 많아 충돌사고 발생의 위험성이 있어 통항분리제도를 적용할 필요성이 있는 수역으로서 해양수산부령으로 정하는 수역
② 선박이 통항분리수역을 항행하는 경우에는 다음 각 호의 사항을 준수하여야 한다.

(c) A vessel shall so far as practicable avoid crossing traffic lanes, but if obliged to do so shall cross on a heading as nearly as practicable at right angles to the general direction of traffic flow.

(d) (i) A vessel shall not use an inshore traffic zone when she can safely use the appropriate traffic lane within the adjacent traffic separation scheme. However, vessels of less than 20 meters in length, sailing vessels and vessels engaged in fishing may use the inshore traffic zone.

(ii) Notwithstanding subparagraph (d)(i), a vessel may use an inshore traffic zone when en route to or from a port, offshore installation or structure, pilot station or any other place situated within the inshore traffic zone, or to avoid immediate danger.

(e) A vessel, other than a crossing vessel, or a vessel joining or leaving a lane shall not normally enter a separation zone or cross a separation line except:

(i) in cases of emergency to avoid immediate danger;

(ii) to engage in fishing within a separation zone.

(f) A vessel navigating in areas near the terminations of traffic separation scheme shall do so with particular caution.

(g) A vessel shall so far practicable avoid anchoring in a traffic separation scheme or in areas near its terminations.

(h) A vessel not using a traffic separation scheme shall avoid it by as wide a margin as is practicable.

(i) A vessel engaged in fishing shall not impede the passage of any vessel following a traffic lane.

(j) A vessel less than 20 metres in length or a sailing vessel shall not impede the safe passage of a power-driven vessel following a traffic lane.

(k) A vessel restricted in her ability to manoeuvre when engaged in an operation for the maintenance of safety of navigation in a traffic separation scheme is exempted from complying with this Rule to the extent necessary to carry out the operation.

(l) A vessel restricted in her ability to manoeuvre when engaged in an operation for the laying, servicing or picking up of a submarine cable, within a traffic scheme, is exempted from complying with this Rule to the extent necessary to carry out the operation.

1. 통항로 안에서는 정하여진 진행방향으로 항행할 것
2. 분리선이나 분리대에서 될 수 있으면 떨어져서 항행할 것
3. 통항로의 출입구를 통하여 출입하는 것을 원칙으로 하되, 통항로의 옆쪽으로 출입하는 경우에는 그 통항로에 대하여 정하여진 선박의 진행방향에 대하여 될 수 있으면 작은 각도로 출입할 것

③ 선박은 통항로를 횡단하여서는 아니 된다. 다만, 부득이한 사유로 그 통항로를 횡단하여야 하는 경우에는 그 통항로와 선수방향(船首方向)이 직각에 가까운 각도로 횡단하여야 한다.

④ 선박은 연안통항대에 인접한 통항분리수역의 통항로를 안전하게 통과할 수 있는 경우에는 연안통항대를 따라 항행하여서는 아니 된다. 다만, 다음 각 호의 선박의 경우에는 연안통항대를 따라 항행할 수 있다.

1. 길이 20미터 미만의 선박
2. 범선
3. 어로에 종사하고 있는 선박
4. 인접한 항구로 입항·출항하는 선박
5. 연인통항대 안에 있는 해양시설 또는 도선사의 승하선(乘下船) 장소에 출입하는 선박
6. 급박한 위험을 피하기 위한 선박

⑤ 통항로를 횡단하거나 통항로에 출입하는 선박 외의 선박은 급박한 위험을 피하기 위한 경우나 분리대 안에서 어로에 종사하고 있는 경우 외에는 분리대에 들어가거나 분리선을 횡단하여서는 아니 된다.

⑥ 통항분리수역에서 어로에 종사하고 있는 선박은 통항로를 따라 항행하는 다른 선박의 항행을 방해하여서는 아니 된다.

⑦ 모든 선박은 통항분리수역의 출입구 부근에서는 특히 주의하여 항행하여야 한다.

⑧ 선박은 통항분리수역과 그 출입구 부근에 정박(정박하고 있는 선박에 매어 있는 것을 포함한다)하여서는 아니 된다. 다만, 해양사고를 피하거나 인명이나 선박을 구조하기 위하여 부득이하다고 인정되는 사유가 있는 경우에는 그러하지 아니하다.

⑨ 통항분리수역을 이용하지 아니하는 선박은 될 수 있으면 통항분리수역에서 멀리 떨어져서 항행하여야 한다.

⑩ 길이 20미터 미만의 선박이나 범선은 통항로를 따라 항행하고 있는 다른 선박의 항행을 방해하여서는 아니 된다.

SECTION II - CONDUCT OF VESSELS IN SIGHT OF ONE ANOTHER

Rule 11 Application

Rules in this Section apply to vessels in sight of one another.

Rule 12 Sailing Vessels

(a) When two sailing vessels are approaching one another, so as to involve risk of collision, one of them shall keep out of the way of the other as follows;
  (i) when each has the wind on a different side, the vessel which has the wind on the port side shall keep out of the way of the other;
  (ii) when both have wind on the same side, the vessel which is to windward shall keep out of the way of the vessel which is to leeward;
  (iii) if a vessel with the wind on the port side sees a vessel to windward and cannot determine with certainty whether the other vessel has the wind on the port or on the starboard side, she shall keep out of the way of the other.

(b) For the purposes of this Rule the windward side shall be deemed to be the side opposite to that on which the mainsail is carried or, in the case of a square−rigged vessel, the side opposite to that on which the largest fore−and−aft sail is carried.

Rule 13 Overtaking

(a) Notwithstanding anything contained in the Rules of Part B, Sections I and II any vessel overtaking any other shall keep out of the way of the vessel being overtaken.

(b) A vessel shall be deemed to be overtaking when coming up with another vessel from a direction more than 22.5 degrees abaft her beam, that is, in such a position with reference to the vessel she is overtaking, that at night she would be able to see only the sternlight of that vessel but neither of her sidelights.

(c) When a vessel is in any doubt as to whether she is overtaking another, she shall assume that this is the case and act accordingly.

⑪ 통항분리수역 안에서 해저전선을 부설·보수 및 인양하는 작업을 하거나 항행안전을 유지하기 위한 작업을 하는 중이어서 조종능력이 제한되고 있는 선박은 그 작업을 하는 데에 필요한 범위에서 제1항부터 제10항까지를 적용하지 아니한다.

해상교통안전법 시행규칙 제66조 (통항분리방식이 적용되는 수역)

법 제75조제1항제2호에서 "해양수산부령으로 정하는 수역"이란 별표 20의 통항분리방식이 적용되는 수역을 말한다.

제2절 선박이 서로 시계 안에 있는 때의 항법

제76조 (적용)

이 절은 선박에서 다른 선박을 눈으로 볼 수 있는 상태에 있는 선박에 적용한다.

제77조 (범선)

① 2척의 범선이 서로 접근하여 충돌할 위험이 있는 경우에는 다음 각 호에 따른 항행방법에 따라 항행하여야 한다.

1. 각 범선이 다른 쪽 현(舷)에 바람을 받고 있는 경우에는 좌현(左舷)에 바람을 받고 있는 범선이 다른 범선의 진로를 피하여야 한다.
2. 두 범선이 서로 같은 현에 바람을 받고 있는 경우에는 바람이 불어오는 쪽의 범선이 바람이 불어가는 쪽의 범선의 진로를 피하여야 한다.
3. 좌현에 바람을 받고 있는 범선은 바람이 불어오는 쪽에 있는 다른 범선을 본 경우로서 그 범선이 바람을 좌우 어느 쪽에 받고 있는지 확인할 수 없는 때에는 그 범선의 진로를 피하여야 한다.

② 제1항을 적용할 때에 바람이 불어오는 쪽이란 종범선(縱帆船)에서는 주범(主帆)을 펴고 있는 쪽의 반대쪽을 말하고, 횡범선(橫帆船)에서는 최대의 종범(縱帆)을 펴고 있는 쪽의 반대쪽을 말하며, 바람이 불어가는 쪽이란 바람이 불어오는 쪽의 반대쪽을 말한다.

제78조 (앞지르기)

① 앞지르기 하는 배는 제1절과 이 절의 다른 규정에도 불구하고 앞지르기당하고 있는 선박을 완전히 앞지르기 하거나 그 선박에서 충분히 멀어질 때까지 그 선박의 진로를 피하여야 한다.

(d) Any subsequent alteration of the bearing between the two vessels shall not make the overtaking vessel a crossing vessel within the meaning of these Rules or relieve her of the duty of keeping clear of the overtaken vessel until she is finally past and clear.

Rule 14 Head-on Situation

(a) When two power-driven vessels are meeting on reciprocal or nearly reciprocal courses so as to involve risk of collision each shall alter her course to starboard so that each shall pass on the port side of the other.

(b) Such a situation shall be deemed to exist when a vessel sees the other ahead or nearly ahead and by night she could see the masthead lights of the other in a line or nearly in a line and/or both sidelights and by day she observes the corresponding aspect of the other vessel.

(c) When a vessel is in any doubt as to whether such a situation exists she shall assume that it does exist and act accordingly.

Rule 15 Crossing Situation

When two power-driven vessels are crossing so as to involve risk of collision, the vessel which has the other on her own starboard side shall keep out of the way and shall, if the circumstances of the case admit, avoid crossing ahead of the other vessel.

Rule 16 Action by Give-way Vessel

Every vessel which is directed to keep out of the way of another vessel shall, so far as possible, take early and substantial action to keep well clear.

Rule 17 Action by Stand-on Vessel

(a) (i) Where one of two vessels is to keep out of the way the other shall keep her course and speed.

(ii) The latter vessel may however take action to avoid collision by her manoeuvre alone, as soon as it becomes apparent to her that the vessel required to keep out of the way is not taking appropriate action in compliance with these Rules.

② 다른 선박의 양쪽 현의 정횡(正横)으로부터 22.5도를 넘는 뒤쪽[밤에는 다른 선박의 선미등(船尾燈)만을 볼 수 있고 어느 쪽의 현등(舷燈)도 볼 수 없는 위치를 말한다]에서 그 선박을 앞지르는 선박은 앞지르기 하는 배로 보고 필요한 조치를 취하여야 한다.
③ 선박은 스스로 다른 선박을 앞지르기 하고 있는지 분명하지 아니한 경우에는 앞지르기 하는 배로 보고 필요한 조치를 취하여야 한다.
④ 앞지르기 하는 경우 2척의 선박 사이의 방위가 어떻게 변경되더라도 앞지르기 하는 선박은 앞지르기가 완전히 끝날 때까지 앞지르기당하는 선박의 진로를 피하여야 한다.

제79조 (마주치는 상태)

① 2척의 동력선이 마주치거나 거의 마주치게 되어 충돌의 위험이 있을 때에는 각 동력선은 서로 다른 선박의 좌현 쪽을 지나갈 수 있도록 침로를 우현(右舷) 쪽으로 변경하여야 한다.
② 선박은 다른 선박을 선수(船首) 방향에서 볼 수 있는 경우로서 다음 각 호의 어느 하나에 해당하면 마주치는 상태에 있다고 보아야 한다.
  1. 밤에는 2개의 마스트등을 일직선으로 또는 거의 일직선으로 볼 수 있거나 양쪽의 현등을 볼 수 있는 경우
  2. 낮에는 2척의 선박의 마스트가 선수에서 선미(船尾)까지 일직선이 되거나 거의 일직선이 되는 경우
③ 선박은 마주치는 상태에 있는지가 분명하지 아니한 경우에는 마주치는 상태에 있다고 보고 필요한 조치를 취하여야 한다.

제80조 (횡단하는 상태)

2척의 동력선이 상대의 진로를 횡단하는 경우로서 충돌의 위험이 있을 때에는 다른 선박을 우현 쪽에 두고 있는 선박이 그 다른 선박의 진로를 피하여야 한다. 이 경우 다른 선박의 진로를 피하여야 하는 선박은 부득이한 경우 외에는 그 다른 선박의 선수 방향을 횡단하여서는 아니 된다.

제81조 (피항선의 동작)

이 법에 따라 다른 선박의 진로를 피하여야 하는 모든 선박(이하 "피항선"(避航船)이라 한다)은 될 수 있으면 미리 동작을 크게 취하여 다른 선박으로부터 충분히 멀리 떨어져야 한다.

(b) When, from any cause, the vessel required to keep her course and speed finds herself so close that collision cannot be avoided by the action of the give-way vessel alone, she shall take such action as will best aid to avoid collision.

(c) A power-driven vessel which takes action in a crossing situation in accordance with sub-paragraph (a)(ii) of the Rules to avoid collision with another power-driven vessel shall, if the circumstances of the case admit, not alter course to port for a vessel on her own port side.

(d) This Rule does not relieve the give-way vessel of her obligation to keep out of the way.

Rule 18 Responsibilities between Vessels

Except where Rules 9, 10 and 13 otherwise require;

(a) A power-driven vessel underway shall keep out of the way of:

 (i) a vessel not under command;

 (ii) a vessel restricted in her ability to manoeuvre;

 (iii) a vessel engaged in fishing;

 (iv) a sailing vessel.

(b) A sailing vessel underway shall keep out of the way of:

 (i) a vessel not under command;

 (ii) a vessel restricted in her ability to manoeuvre;

 (iii) a vessel engaged in fishing;

(c) A vessel engaged in fishing when underway shall, so far as possible, keep out of the way of:

 (i) a vessel not under command;

 (ii) a vessel restricted in her ability to manoeuvre;

(d) (i) Any vessel other than a vessel not under command or a vessel restricted in her ability to manoeuvre shall, if the circumstances of the case admit, avoid impeding the safe passage of a vessel constrained by her draught, exhibiting the signals in Rule 28.

 (ii) A vessel constrained by her draft shall navigate with particular caution having full regard to her special condition.

第82조 (유지선의 동작)

① 2척의 선박 중 1척의 선박이 다른 선박의 진로를 피하여야 할 경우 다른 선박은 그 침로와 속력을 유지하여야 한다.

② 제1항에 따라 침로와 속력을 유지하여야 하는 선박[이하 "유지선"(維持船)이라 한다]은 피항선이 이 법에 따른 적절한 조치를 취하고 있지 아니하다고 판단하면 제1항에도 불구하고 스스로의 조종만으로 피항선과 충돌하지 아니하도록 조치를 취할 수 있다. 이 경우 유지선은 부득이하다고 판단되는 경우 외에는 자기 선박의 좌현 쪽에 있는 선박을 향하여 침로를 왼쪽으로 변경하여서는 아니 된다.

③ 유지선은 피항선과 매우 가깝게 접근하여 해당 피항선의 동작만으로는 충돌을 피할 수 없다고 판단하는 경우에는 제1항에도 불구하고 충돌을 피하기 위하여 충분한 협력을 하여야 한다.

④ 제2항과 제3항은 피항선에게 진로를 피하여야 할 의무를 면제하지 아니한다.

第83조 (선박 사이의 책무)

① 항행 중인 선박은 제74조, 제75조 및 제78조에 따른 경우 외에는 이 조에서 정하는 항법에 따라야 한다.

② 항행 중인 동력선은 다음 각 호의 규정에 의한 선박의 진로를 피하여야 한다.

1. 조종불능선
2. 조종제한선
3. 어로에 종사하고 있는 선박
4. 범선

③ 항행 중인 범선은 다음 각 호에 따른 선박의 진로를 피하여야 한다.

1. 조종불능선
2. 조종제한선
3. 어로에 종사하고 있는 선박

④ 어로에 종사하고 있는 선박 중 항행 중인 선박은 될 수 있으면 다음 각 호에 따른 선박의 진로를 피하여야 한다.

1. 조종불능선
2. 조종제한선

⑤ 조종불능선이나 조종제한선이 아닌 선박은 부득이하다고 인정되는 경우 외에는 제93조에 따른 등화나 형상물을 표시하고 있는 흘수제약선의 통항을 방해하여서는 아니 된다.

(e) A seaplane on the water shall, in general, keep well clear of all vessels and avoid impeding their navigation. In circumstances, however, where risk of collision exists, she shall comply with the Rules of this Part.

(f) (i) A WIG craft, when taking off, landing and in flight near the surface, shall keep well clear of all other vessels and avoid impeding their navigation.

(ii) A WIG craft operating on water surface shall comply with the Rules of this part as a power-driven vessels.

SECTION III - CONDUCT OF VESSELS IN RESTRICTED VISIBILITY

Rule 19 Conduct of Vessels in Restricted Visibility

(a) This Rule applies to vessels not in sight of one another when navigating in or near an area of restricted visibility.

(b) Every vessel shall proceed at a safe speed adapted to the prevailing circumstances and conditions of restricted visibility. A power-driven vessel shall have engines ready for immediate manoeuvre.

(c) Every vessel shall have due regard to the prevailing circumstances and conditions of restricted visibility when complying with the Rules of Section I of this Part.

(d) A vessel which detects by radar alone the presence of another vessel shall determine if a close-quarters situation is developing and/or risk of collision exists. If so, she shall take avoiding action in ample time, provided that when such action consists of an alteration of course, so far as possible the following shall be avoided:

(i) an alteration of course to port for a vessel forward of the beam, other than for a vessel being overtaken;

(ii) an alteration of course towards a vessel abeam or abaft the beam.

(e) Except where it has been determined that a risk of collision does not exist, every vessel which hears apparently forward of her beam the fog signal of another vessel, or which cannot avoid a close quarters situation with another vessel forward of her beam, shall reduce her speed to the minimum at which she can be kept on her course. She shall if necessary take all her way off and in any event navigate with extreme caution until danger of collision is over.

⑥ 흘수제약선은 선박의 특수한 조건을 충분히 고려하여 특히 신중하게 항해하여야 한다.

⑦ 수상항공기는 될 수 있으면 모든 선박으로부터 충분히 떨어져서 선박의 통항을 방해하지 아니하도록 하되, 충돌할 위험이 있는 경우에는 이 법이 정하는 바에 따라야 한다.

⑧ 수면비행선박은 선박의 통항을 방해하지 아니하도록 모든 선박으로부터 충분히 떨어져서 비행(이륙 및 착륙을 포함한다. 이하 같다)하여야 한다. 다만, 수면에서 항행하는 때에는 이 법에서 정하는 동력선의 항법을 따라야 한다.

제3절 제한된 시계에서 선박의 항법

제84조 (제한된 시계에서 선박의 항법)

① 이 조는 시계가 제한된 수역 또는 그 부근을 항행하고 있는 선박이 서로 시계 안에 있지 아니한 경우에 적용한다.

② 모든 선박은 시계가 제한된 그 당시의 사정과 조건에 적합한 안전한 속력으로 항행하여야 하며, 동력선은 제한된 시계 안에 있는 경우 기관을 즉시 조작할 수 있도록 준비하고 있어야 한다.

③ 선박은 제1절에 따라 조치를 취할 때에는 시계가 제한되어 있는 당시의 상황에 충분히 유의하여 항행하여야 한다.

④ 레이더만으로 다른 선박이 있는 것을 탐지한 선박은 해당 선박과 얼마나 가까이 있는지 또는 충돌할 위험이 있는지를 판단하여야 한다. 이 경우 해당 선박과 매우 가까이 있거나 그 선박과 충돌할 위험이 있다고 판단한 경우에는 충분한 시간적 여유를 두고 피항동작을 취하여야 한다.

⑤ 제4항에 따른 피항동작이 침로의 변경을 수반하는 경우에는 될 수 있으면 다음 각 호의 동작은 피하여야 한다.

1. 다른 선박이 자기 선박의 양쪽 현의 정횡 앞쪽에 있는 경우 좌현 쪽으로 침로를 변경하는 행위(앞지르기당하고 있는 선박에 대한 경우는 제외한다)
2. 자기 선박의 양쪽 현의 정횡 또는 그곳으로부터 뒤쪽에 있는 선박의 방향으로 침로를 변경하는 행위

PART C - LIGHTS AND SHAPES

Rule 20 Application

(a) Rules in this Part shall be complied with in all weathers.

(b) The Rules concerning lights shall be complied with from sunset to sunrise, and during such times no other lights shall be exhibited, except such lights as cannot be mistaken for the lights specified in these Rules or do not impair their visibility or distinctive character, or interfere with the keeping of a proper look-out.

(c) The lights prescribed by these Rules shall, if carried, also be exhibited from sunrise to sunset in restricted visibility and may be exhibited in all other circumstances when it is deemed necessary.

(d) The Rules concerning shapes shall be complied with by day.

(e) The light and shapes specified in these Rules shall comply with the provisions of Annex I to these Regulations.

Rule 21 Definitions

(a) 'Masthead light' means a white light placed over the fore and aft centreline of the vessel showing an unbroken light over an arc of the horizon of 225 degrees and so fixed as to show the light from right ahead to 22.5 degrees abaft the beam on either side of the vessel.

(b) 'Sidelights' means a green light on the starboard side and a red light on the port side each showing an unbroken light over an arc of the horizon of 112.5 degrees and so fixed as to show the light from right ahead to 22.5 degrees abaft the beam on its respective side. In a vessel of less than 20 meters in length the sidelights may be combined in one lantern carried on the fore and aft centerline of the vessel.

(c) 'Sternlight' means a white light placed as nearly as practicable at the stern showing an unbroken light over an arc of the horizon of 135 degrees and so fixed as to show the light 67.5 degrees from right aft on each side of the vessel.

(d) 'Towing light' means a yellow light having the same characteristics as the 'sternlight' defined in paragraph (c) of this Rule.

⑥ 충돌할 위험성이 없다고 판단한 경우 외에는 다음 각 호의 어느 하나에 해당하는 경우 모든 선박은 자기 배의 침로를 유지하는 데에 필요한 최소한으로 속력을 줄여야 한다. 이 경우 필요하다고 인정되면 자기 선박의 진행을 완전히 멈추어야 하되, 어떠한 경우에도 충돌할 위험성이 사라질 때까지 주의하여 항행하여야 한다.

1. 자기 선박의 양쪽 현의 정횡 앞쪽에 있는 다른 선박에서 무중신호(霧中信號)를 듣는 경우
2. 자기 선박의 양쪽 현의 정횡으로부터 앞쪽에 있는 다른 선박과 매우 근접한 것을 피할 수 없는 경우

제4절 등화와 형상물

제85조 (적용)

① 이 절은 모든 날씨에서 적용한다.

② 선박은 해지는 시각부터 해뜨는 시각까지 이 법에서 정하는 등화(燈火)를 표시하여야 하며, 이 시간 동안에는 이 법에서 정하는 등화 외의 등화를 표시하여서는 아니 된다. 다만, 다음 각 호의 어느 하나에 해당하는 등화는 표시할 수 있다.

1. 이 법에서 정하는 등화로 오인되지 아니하는 등화
2. 이 법에서 정하는 등화의 가시도(可視度)나 그 특성의 식별을 방해하지 아니하는 등화
3. 이 법에서 정하는 등화의 적절한 경계(警戒)를 방해하지 아니하는 등화

③ 이 법에서 정하는 등화를 설치하고 있는 선박은 해뜨는 시각부터 해지는 시각까지도 제한된 시계에서는 등화를 표시하여야 하며, 필요하다고 인정되는 그 밖의 경우에도 등화를 표시할 수 있다.

④ 선박은 낮 동안에는 이 법에서 정하는 형상물을 표시하여야 한다.

(e) 'All-round light' means a light showing an unbroken light over an arc of the horizon of 360 degrees.

(f) 'Flashing light' means a light flashing at regular intervals at a frequency of 120 flashes or more per minute.

Rule 22 Visibility of Light

The lights prescribed in these Rules shall have an intensity as specified in Section 8 Annex I to these Regulations so as to be visible at the following minimum ranges:

(a) In vessels of 50 metres or more in length:
- a masthead light, 6 miles;
- a sidelight, 3 miles;
- a sternlight, 3 miles;
- a towing light, 3 miles;
- a white, red, green or yellow all-round light, 3 miles.

(b) In vessels of 12 metres or more in length but less than 50 metres in length:
- a masthead light, 5 miles; except that where the length of the vessel is less than 20 metres, 3 miles;
- a sidelight, 2 miles;
- a sternlight, 2 miles;
- a towing light, 2 miles;
- a white, red, green or yellow all-round light, 2 miles.

(c) In vessels of less than 12 metres in length:
- a masthead light, 2 miles;
- a sidelight, 1 miles;
- a sternlight, 2 miles;
- a towing light, 2 miles;
- a white, red, green or yellow all-round light, 2 miles.

(d) In inconspicuous, partly submerged vessels or objects being towed; a white all-round light, 3 miles.

Rule 23 Power-driven Vessels underway

(a) A power-driven vessel underway shall exhibit:

第86조 (등화의 종류)

선박의 등화는 다음 각 호와 같다.

1. 마스트등: 선수와 선미의 중심선상에 설치되어 225도에 걸치는 수평의 호(弧)를 비추되, 그 불빛이 정선수(正船首) 방향에서 양쪽 현의 정횡으로부터 뒤쪽 22.5도까지 비출 수 있는 흰색 등(燈)
2. 현등(舷燈): 정선수 방향에서 양쪽 현으로 각각 112.5도에 걸치는 수평의 호(弧)를 비추는 등화로서 그 불빛이 정선수 방향에서 좌현 정횡으로부터 뒤쪽 22.5도까지 비출 수 있도록 좌현에 설치된 붉은색 등과 그 불빛이 정선수 방향에서 우현 정횡으로부터 뒤쪽 22.5도까지 비출 수 있도록 우현에 설치된 녹색 등
3. 선미등: 135도에 걸치는 수평의 호를 비추는 흰색 등으로서 그 불빛이 정선미 방향으로부터 양쪽 현의 67.5도까지 비출 수 있도록 선미 부분 가까이에 설치된 등
4. 예선등(曳船燈): 선미등과 같은 특성을 가진 황색 등
5. 전주등(全周燈): 360도에 걸치는 수평의 호를 비추는 등화. 다만, 섬광등은 제외한다.
6. 섬광등(閃光燈): 360도에 걸치는 수평의 호를 비추는 등화로서 일정한 간격으로 1분에 120회 이상 섬광을 발하는 등
7. 양색등(兩色燈): 선수와 선미의 중심선상에 설치된 붉은색과 녹색의 두 부분으로 된 등화로서 그 붉은색과 녹색 부분이 각각 현등의 붉은색 등 및 녹색 등과 같은 특성을 가진 등
8. 삼색등(三色燈): 선수와 선미의 중심선상에 설치된 붉은색·녹색·흰색으로 구성된 등으로서 그 붉은색·녹색·흰색의 부분이 각각 현등의 붉은색 등과 녹색 등 및 선미등과 같은 특성을 가진 등

제87조 (등화 및 형상물의 기준)

이 법에서 규정하는 등화의 가시거리·광도 등 기술적 기준, 등화·형상물의 구조와 설치할 위치 등에 관하여 필요한 사항은 해양수산부장관이 정하여 고시한다.

<u>2012.6.3. 해양수산부고시 제2021-114호</u> 선박설비기준 제86조 제1항에 의한 별표 13 선등시험기준표에 의하면 국제규칙과 동일한 내용을 담고 있으나 더 구체적이며 갑종장등(길이 50미터 이상의 선박의 마스트 정부등), 을종장등(길이 12미터에서 50미터 사이의 선박의 마스트 정부등) 및 병종장등(길이 12미터 이하의 선박의 마스트 정부등) 등으로 표현하고 있다.

(i) a masthead light forward;

(ii) a second masthead light abaft of and higher than the forward one; except that a vessel of less than 50 metres in length shall not be obliged to exhibit such light but may do so;

(iii) sidelights;

(iv) a sternlight.

(b) An air-cushion vessel when operating in the non-displacement mode shall, in addition to the lights prescribed in paragraph (a) of this Rule, exhibit an all-round flashing yellow light.

(c) A WIG craft only when taking off, landing and in flight near the surface shall, in addition to the lights prescribed in paragraph (a) of this Rule, exhibit a high-intensity all-arround flashing red light.

(d) (i) A power-driven vessel of less than 12 metres in length may in lieu of the lights prescribed in paragraph (a) of this rule exhibit an all-round white light and sidelights:

(ii) a power-driven vessel of less than 7 metres in length whose maximum speed does not exceed 7 knots may in lieu of the lights prescribed in paragraph (a) of this Rule exhibit an all-round white light and shall, if practicable, also exhibit sidelights:

(iii) the masthead light or all-round white light on a power-driven vessel of less than 12 metres in length may be displaced from the fore and aft centreline of the vessel if centreline fitting is not practicable, provided that the sidelights are combined in one lantern which shall be carried on the fore and aft centreline of the vessel or located as nearly as practicable in the same fore and aft line as the masthead light or the all-round white light.

Rule 24 Towing and Pushing

(a) A power-driven vessel when towing shall exhibit:

(i) instead of the light prescribed in Rule 23(a)(i) or (a)(ii), two masthead lights in a vertical line. When the length of the tow, measuring from the stern of the towing vessel to the after end of the tow exceeds 200 metres, three such lights in vertical line:

(ii) sidelights;

(iii) a sternlight;

제88조 (항행 중인 동력선)

① 항행 중인 동력선은 다음 각 호의 등화를 표시하여야 한다.

1. 앞쪽에 마스트등 1개와 그 마스트등보다 뒤쪽의 높은 위치에 마스트등 1개. 다만, 길이 50미터 미만의 동력선은 뒤쪽의 마스트등을 표시하지 아니할 수 있다.
2. 현등 1쌍(길이 20미터 미만의 선박은 이에 대신하여 양색등을 표시할 수 있다. 이하 이 절에서 같다)
3. 선미등 1개

② 수면에 떠있는 상태로 항행 중인 해양수산부령으로 정하는 선박은 제1항에 따른 등화에 덧붙여 사방을 비출 수 있는 황색의 섬광등 1개를 표시하여야 한다.

③ 수면비행선박이 비행하는 경우에는 제1항에 따른 등화에 덧붙여 사방을 비출 수 있는 고광도 홍색 섬광등 1개를 표시하여야 한다.

④ 길이 12미터 미만의 동력선은 제1항에 따른 등화를 대신하여 흰색 전주등 1개와 현등 1쌍을 표시할 수 있다.

⑤ 길이 7미터 미만이고 최대속력이 7노트 미만인 동력선은 제1항이나 제4항에 따른 등화를 대신하여 흰색 전주등 1개만을 표시할 수 있으며, 가능한 경우 현등 1쌍도 표시할 수 있다.

⑥ 길이 12미터 미만인 동력선에서 마스트등이나 흰색 전주등을 선수와 선미의 중심선상에 표시하는 것이 불가능할 경우에는 그 중심선 위에서 벗어난 위치에 표시할 수 있다. 이 경우 현등 1쌍은 이를 1개의 등화로 결합하여 선수와 선미의 중심선상 또는 그에 가까운 위치에 표시하되, 그 표시를 할 수 없을 경우에는 될 수 있으면 마스트등이나 흰색 전주등이 표시된 선으로부터 가까운 위치에 표시하여야 한다.

해상교통안전법 시행규칙 제67조(황색 섬광등을 표시하여야 할 선박)
법 제88조 제2항에서 "해양수산부령으로 정한 선박"이란 공기부양선을 말한다.

제89조 (항행 중인 예인선)

① 동력선이 다른 선박이나 물체를 끌고 있는 경우에는 다음 각 호의 등화나 형상물을 표시하여야 한다.

1. 제88조제1항제1호에 따라 앞쪽에 표시하는 마스트등을 대신하여 같은 수직선 위에 마스트등 2개. 다만, 예인선의 선미로부터 끌려가고 있는 선박이나 물체의 뒤쪽 끝까지 측정한 예인선열의 길이가 200미터를 초과하면 같은 수직선 위에 마스트등 3개를 표시하여야 한다.

(iv) a towing light in a vertical line above the sternlight;

(v) when the length of the tow exceeds 200 metres, a diamond shape where it can be seen.

(b) When a pushing vessel and a vessel being pushed ahead are rigidly connected in a composite unit they shall be regarded as a power-driven vessel and exhibit the lights prescribed in Rule 23.

(c) A power-driven vessel when pushing ahead or towing alongside except in the case of a composite unit, shall exhibit:

(i) instead of the light prescribed in Rule 23(a)(i) or (a)(ii), two masthead lights in a vertical line;

(ii) sidelights

(iii) a sternlight.

(d) A power-driven vessel to which paragraphs (a) or (c) of this Rule apply shall also comply with Rule 23(a)(ii)

(e) A vessel or object being towed, other than those mentioned in paragraph (g) of this Rule, shall exhibit;

(i) sidelights;

(ii) a sternlight;

(iii) when the length of the tow exceeds 200 metres, a diamond shape where it can best be seen.

(f) Provided that any number of vessels being towed alongside or pushed in a group shall be lighted as one vessel.

(i) a vessel being pushed ahead, not being part of a composite unit, shall exhibit at the forward end, sidelights;

(ii) a vessel being towed alongside shall exhibit a sternlight and at the forward end, sidelights.

(g) An inconspicuous, partly submerged vessel or object, or combination of such vessels or objects being towed, shall exhibit:

(i) if it is less than 25 metres in breadth, one all-round white light at or near the forward end and one at or near the after end except that dracones need not exhibit a light at or near the forward end;

(ii) if it is 25 metres or more in breadth, two additional all-round white lights at or near the extremities of its breadth;

2. 현등 1쌍
3. 선미등 1개
4. 선미등의 위쪽에 수직선상으로 예선등 1개
5. 예인선열의 길이가 200미터를 초과하면 가장 잘 보이는 곳에 마름모꼴의 형상물 1개

② 다른 선박을 밀거나 옆에 붙여서 끌고 있는 동력선은 다음 각 호의 등화를 표시하여야 한다.

1. 제88조제1항제1호에 따라 앞쪽에 표시하는 마스트등을 대신하여 같은 수직선 위로 마스트등 2개
2. 현등 1쌍
3. 선미등 1개

③ 끌려가고 있는 선박이나 물체는 다음 각 호의 등화나 형상물을 표시하여야 한다.

1. 현등 1쌍
2. 선미등 1개
3. 예인선열의 길이가 200미터를 초과하면 가장 잘 보이는 곳에 마름모꼴의 형상물 1개

④ 2척 이상의 선박이 한 무리가 되어 밀려가거나 옆에 붙어서 끌려갈 경우에는 이를 1척의 선박으로 보고 다음 각 호의 등화를 표시하여야 한다.

1. 앞쪽으로 밀려가고 있는 선박의 앞쪽 끝에 현등 1쌍
2. 옆에 붙어서 끌려가고 있는 선박은 선미등 1개와 그의 앞쪽 끝에 현등 1쌍

⑤ 일부가 물에 잠겨 잘 보이지 아니하는 상태에서 끌려가고 있는 선박이나 물체 또는 끌려가고 있는 선박이나 물체의 혼합체는 제3항에도 불구하고 다음 각 호의 등화나 형상물을 표시하여야 한다.

1. 폭 25미터 미만이면 앞쪽 끝과 뒤쪽 끝 또는 그 부근에 흰색 전주등 각 1개
2. 폭 25미터 이상이면 제1호에 따른 등화에 덧붙여 그 폭의 양쪽 끝이나 그 부근에 흰색 전주등 각 1개
3. 길이가 100미터를 초과하면 제1호와 제2호에 따른 등화 사이의 거리가 100미터를 넘지 아니하도록 하는 흰색 전주등을 함께 표시
4. 끌려가고 있는 맨 뒤쪽의 선박이나 물체의 뒤쪽 끝 또는 그 부근에 마름모꼴의 형상물 1개. 이 경우 예인선열의 길이가 200미터를 초과할 때에는 가장 잘 볼 수 있는 앞쪽 끝 부분에 마름모꼴의 형상물 1개를 함께 표시한다.

(iii) if it exceeds 100 metres in length additional all-round white lights between the lights prescribed in sub-paragraphs (i) and (ii) so that the distance between the lights shall not exceed 100 metres;

(iv) a diamond shape at or near the after most extremity of the last vessel or object being towed and if the length of the tow exceeds 200 metres an additional diamond shape where it can best be seen and located as far forward as is practicable.

(h) Where from any sufficient cause it is impracticable for a vessel or object being towed to exhibit the lights or shapes prescribed in paragraph (e) or (g) of this Rule, all possible measures shall be taken to light the vessel or object towed at least to indicate the presence of such vessel or object.

(i) Where from any sufficient cause it is impracticable for a vessel not normally engaged in towing operations to display the lights prescribed in paragraph (a) or (c) of this Rule, such vessel shall not be required to exhibit those lights when engaged in towing another vessel in distress or otherwise in need of assistance. All possible measures shall be taken to indicate the nature of the relationship between the towing vessel and the vessel being towed as authorized by Rule 36, in particular by illuminating the towline.

Rule 25 Sailing Vessels underway and Vessels under Oars

(a) A sailing vessel underway shall exhibit:

(i) sidelights;

(ii) a sternlight.

(b) In a sailing vessel of less than 20 metres in length the lights prescribed in paragraph (a) of this Rule may be combined in one lantern carried at or near the top of the mast where it can best be seen.

(c) A sailing vessel underway may, in addition to the lights prescribed in paragraph (a) of this Rule, exhibit at or near the top of the mast, where they can best be seen, two all-round lights in a vertical line, the upper being red and the lower green, but these lights shall not be exhibited in conjunction with the combined lantern permitted by paragraph (b) of this Rule.

(d) (i) A sailing vessel of less than 7 metres in length shall, if practicable, exhibit the lights prescribed in paragraph (a) or (b) of this Rule, but if she does not, she shall have ready at hand an electric torch or lighted lantern showing a white light which shall be exhibited in sufficient time to prevent collision.

⑥ 끌려가고 있는 선박이나 물체에 제3항 또는 제5항에 따른 등화나 형상물을 표시할 수 없는 경우에는 끌려가고 있는 선박이나 물체를 조명하거나 그 존재를 나타낼 수 있는 가능한 모든 조치를 취하여야 한다.

⑦ 통상적으로 예인작업에 종사하지 아니하는 선박이 조난당한 선박이나 구조가 필요한 다른 선박을 끌고 있는 경우로서 제1항이나 제2항에 따른 등화를 표시할 수 없을 때에는 그 등화들을 표시하지 아니할 수 있다. 이 경우 끌고 있는 선박과 끌려가고 있는 선박 사이의 관계를 표시하기 위하여 끄는 데에 사용되는 줄을 탐조등으로 비추는 등 제101조에 따른 가능한 모든 조치를 취하여야 한다.

⑧ 밀고 있는 선박과 밀려가고 있는 선박이 단단하게 연결되어 하나의 복합체를 이룬 경우에는 이를 1척의 동력선으로 보고 제88조를 적용한다.

제90조 (항행 중인 범선 등)

① 항행 중인 범선은 다음 각 호의 등화를 표시하여야 한다.

1. 현등 1쌍
2. 선미등 1개

② 항행 중인 길이 20미터 미만의 범선은 제1항에 따른 등화를 대신하여 마스트의 꼭대기나 그 부근의 가장 잘 보이는 곳에 삼색등 1개를 표시할 수 있다.

③ 항행 중인 범선은 제1항에 따른 등화에 덧붙여 마스트의 꼭대기나 그 부근의 가장 잘 보이는 곳에 전주등 2개를 수직선의 위아래에 표시할 수 있다. 이 경우 위쪽의 등화는 붉은색, 아래쪽의 등화는 녹색이어야 하며, 이 등화들은 제2항에 따른 삼색등과 함께 표시하여서는 아니 된다.

④ 길이 7미터 미만의 범선은 될 수 있으면 제1항이나 제2항에 따른 등화를 표시하여야 한다. 다만, 이를 표시하지 아니할 경우에는 흰색 휴대용 전등이나 점화된 등을 즉시 사용할 수 있도록 준비하여 충돌을 방지할 수 있도록 충분한 기간 동안 이를 표시하여야 한다.

⑤ 노도선(櫓櫂船)은 이 조에 따른 범선의 등화를 표시할 수 있다. 다만, 이를 표시하지 아니하는 경우에는 제4항 단서에 따라야 한다.

⑥ 범선이 기관을 동시에 사용하여 진행하고 있는 경우에는 앞쪽의 가장 잘 보이는 곳에 원뿔꼴로 된 형상물 1개를 그 꼭대기가 아래로 향하도록 표시하여야 한다.

(ii) A vessel under oars may exhibit the lights prescribed in this Rule for sailing vessels, but if she does not, she shall have ready at hand an electric torch or lighted lantern showing a white light which shall be exhibited in sufficient time to prevent collision.

(e) A vessel proceeding under sail when also being propelled by machinery shall exhibit forward where it can best be seen a conical shape, apex downwards.

Rule 26 Fishing Vessels

(a) A vessel engaged in fishing, whether underway or at anchor, shall exhibit only the lights and shapes prescribed in this Rules.

(b) A vessel when engaged in trawling, by which is meant the dragging through the water of a dredge net or other apparatus used as a fishing appliance, shall exhibit:

(i) two all-round lights in a vertical line, the upper being green and the lower white or a shape consisting of two cones with their apexes together in a vertical line one above the other; (blank)

(ii) a masthead light abaft of and higher than the all-round green light; a vessel of less than 50 meters in length shall not be obliged to exhibit such a light but may do so;

(iii) when making way through the water, in addition to the lights prescribed in this paragraph, sidelights and a sternlight.

(c) A vessel engaged in fishing, other than trawling, shall exhibit:

(i) two all-round lights in a vertical line, the upper being red and the lower white or a shape consisting of two cones with apexes together in a vertical line one above the other; (blank)

(ii) when there is outlying gear extending more than 150 meters horizontally from the vessel, an all-round white light or a cone apex upwards in the direction of the gear;

(iii) when making way through the water, in addition to the lights prescribed in this paragraph, sidelights and a sternlight.

(d) The additional signals described in Annex II to these Regulations apply to a vessel engaged in fishing in close proximity to other vessels engaged in fishing.

제91조 (어선)

① 항망(桁網)이나 그 밖의 어구를 수중에서 끄는 트롤망어로에 종사하는 선박은 항행에 관계없이 다음 각 호의 등화나 형상물을 표시하여야 한다.

1. 수직선 위쪽에는 녹색, 그 아래쪽에는 흰색 전주등 각 1개 또는 수직선 위에 2개의 원뿔을 그 꼭대기에서 위아래로 결합한 형상물 1개
2. 제1호의 녹색 전주등보다 뒤쪽의 높은 위치에 마스트등 1개. 다만, 어로에 종사하는 길이 50미터 미만의 선박은 이를 표시하지 아니할 수 있다.
3. 대수속력이 있는 경우에는 제1호와 제2호에 따른 등화에 덧붙여 현등 1쌍과 선미등 1개

② 제1항에 따른 어로에 종사하는 선박 외에 어로에 종사하는 선박은 항행 여부에 관계없이 다음 각 호의 등화나 형상물을 표시하여야 한다.

1. 수직선 위쪽에는 붉은색, 아래쪽에는 흰색 전주등 각 1개 또는 수직선 위에 두 개의 원뿔을 그 꼭대기에서 위아래로 결합한 형상물 1개
2. 수평거리로 150미터가 넘는 어구를 선박 밖으로 내고 있는 경우에는 어구를 내고 있는 방향으로 흰색 전주등 1개 또는 꼭대기를 위로 한 원뿔꼴의 형상물 1개
3. 대수속력이 있는 경우에는 제1호와 제2호에 따른 등화에 덧붙여 현등 1쌍과 선미등 1개

③ 트롤망어로와 선망어로(旋網漁撈)에 종사하고 있는 선박에는 제1항과 제2항에 따른 등화 외에 해양수산부령으로 정하는 추가신호를 표시하여야 한다.

④ 어로에 종사하고 있지 아니하는 선박은 이 조에 따른 등화나 형상물을 표시하여서는 아니 되며, 그 선박과 같은 길이의 선박이 표시하여야 할 등화나 형상물만을 표시하여야 한다.

Annex II Additional signals for fishing vessels fishing in close proximity

1. General

The lights mentioned herein shall, if exhibited in pursuance of Rule 26 (d), be placed where they can best be seen. They shall be at least 0.9m apart but at s lower level than lights prescribed in Rule 26 (b) (i) and (c) (i). The lights shall be visible all around the horizon at a distance of at least 1 mile but at a lesser distance than the lights prescribed by these Rules for fishing vessels.

2. Signals for trawlers

(a) Vessels of 20m or more in length when engaged in trawling, whether using demesal or pelagic gear, may exhibit:

   (i) when shooting their nets:
   two white light in a vertical line;

   (ii) when hauling their nets:
   one white light over one red light in a vertical line;

   (iii) when the net has come fast upon an obstruction:
   two red light in a vertical line.

(b) Each vessel of 20m or more in length engaged in pair trawling may exhibit:

   (i) by night, a searchlight directed forward and in the direction of the other vessel of the pair;

   (ii) when shooting or hauling their nets or when the nets have come fast upon an obstruction, the lights prescribed in 2 (a) above.

(c) A vessel of less than 20m in length engaged in trawling, whether using demersal or pelagic gear or engaged in pair trawling, may exhibit the lights prescribed in paragraphs (a) or (b) of this section, as appropriate.

3. Signals for purse seiners

Vessels engaged in fishing with purse seine gear may exhibit two yellow lights in a vertical line. These lights shall flash alternately every second and with equal light and occultation duration. These lights may be exhibited only when the vessel is hampered by its fishing gear.

해상교통안전법 시행규칙 제68조 제3항

[별표 21] 어로에 종사하고 있는 선박의 추가신호(제68조 관련)

<table>
<tr><th>선박의 종류</th><th colspan="2">작업내용</th><th>표시등화</th><th>가시거리</th><th>설치기준</th></tr>
<tr><td rowspan="4">1. 트롤 어선</td><td rowspan="3">가. 외끌이의 경우</td><td>1) 어망을 투입하고 있는 경우</td><td>수직선상에 백색 등화 2개</td><td rowspan="5">법 제87조에 따라 해양수산부장관이 정하여 고시하는 기준에 따른 다른 등화보다 그 가시거리가 짧아야 하되, 1해리 이상의 수평선 주위에서 볼 수 있어야 한다.</td><td rowspan="5">0.9미터 이상의 간격으로 설치하여야 한다.</td></tr>
<tr><td>2) 어망을 건져 올리고 있는 경우</td><td>수직선상에 홍색의 등화 1개와 그 윗부분에 백색등화 1개</td></tr>
<tr><td>3) 어망이 장애물이 걸린 경우</td><td>수직선상에 홍색 등화 2개</td></tr>
<tr><td colspan="2">나. 쌍끌이의 경우</td><td>외끌이의 경우에 해당하는 등화 외에 야간에는 한 쌍을 이룬 다른 선박의 진행방향을 비추는 탐조등 1개</td></tr>
<tr><td>2. 선망 어선</td><td colspan="2">어구에 의하여 조종성능이 제약을 받고 있는 경우</td><td>수직선상에 1초마다 번갈아 섬광을 발하며, 꺼지고 켜지는 시간이 동일한 황색의 등화 2개</td></tr>
</table>

(e) A vessel when not engaged in fishing shall not exhibit the lights or shapes prescribed in this Rule, but only those prescribed for a vessel of her length.

Rule 27 Vessels not under Command or Restricted in their Ability to Manoeuvre

(a) A vessel not under command shall exhibit:

(i) two all-round red lights in a vertical line where they can best be seen;

(ii) two balls or similar shapes in a vertical line where they can best be seen;

(iii) when making way through the water, in addition to the lights prescribed in this paragraph, sidelights and a sternlight.

(b) A vessel restricted in her ability to manoeuvre, except a vessel engaged in mine clearance operations, shall exhibit:

(i) three all-round lights in a vertical line where they can best be seen. The highest and lowest of these lights shall be red and the middle light shall be white;

(ii) three shapes in a vertical line where they can best be seen; The highest and lowest of these shapes shall be balls and the middle one a diamond;

(iii) when making way through the water, a masthead light or lights, sidelights and a sternlight; in addition to the lights prescribed in sub-paragraph (i);

(iv) when at anchor, in addition to the lights or shapes prescribed in sub-paragraphs (i) and (ii), the light, the lights or shape prescribed in Rule 30.

(c) A power-driven vessel engaged in a towing operation such as severely restricts the towing vessel and her tow in their ability to deviate from their course shall, in addition to the lights or shapes prescribed in Rule 24 (a), exhibit the lights or shapes prescribed in sub-paragraphs (b) (i) and (ii) of this Rule.

(d) A vessel engaged in dredging or underwater operations, when restricted in her ability to manoeuvre, shall exhibit the light and shapes prescribed in sub-paragraph (b) (i), (ii) and (iii) of this Rule and shall in addition, when an obstruction exists, exhibit:

(i) two all-round red lights or two balls in a vertical line to indicate the side on which the obstruction exists;

제92조 (조종불능선과 조종제한선)

① 조종불능선은 다음 각 호의 등화나 형상물을 표시하여야 한다.
1. 가장 잘 보이는 곳에 수직으로 붉은색 전주등 2개
2. 가장 잘 보이는 곳에 수직으로 둥근꼴이나 그와 비슷한 형상물 2개
3. 대수속력이 있는 경우에는 제1호와 제2호에 따른 등화에 덧붙여 현등 1쌍과 선미등 1개

② 조종제한선은 기뢰제거작업에 종사하고 있는 경우 외에는 다음 각 호의 등화나 형상물을 표시하여야 한다.
1. 가장 잘 보이는 곳에 수직으로 위쪽과 아래쪽에는 붉은색 전주등, 가운데에는 흰색 전주등 각 1개
2. 가장 잘 보이는 곳에 수직으로 위쪽과 아래쪽에는 둥근꼴, 가운데에는 마름모꼴의 형상물 각 1개
3. 대수속력이 있는 경우에는 제1호에 따른 등화에 덧붙여 마스트등 1개, 현등 1쌍 및 선미등 1개
4. 정박 중에는 제1호와 제2호에 따른 등화나 형상물에 덧붙여 제95조에 따른 등화나 형상물

③ 동력선이 진로로부터 이탈능력을 매우 제한받는 예인작업에 종사하고 있는 경우에는 제89조제1항에 따른 등화나 형상물에 덧붙여 제2항제1호와 제2호에 따른 등화나 형상물을 표시하여야 한다.

④ 준설이나 수중작업에 종사하고 있는 선박이 조종능력을 제한받고 있는 경우에는 제2항에 따른 등화나 형상물을 표시하여야 하며, 장애물이 있는 경우에는 이에 덧붙여 다음 각 호의 등화나 형상물을 표시하여야 한다.
1. 장애물이 있는 쪽을 가리키는 뱃전에 수직으로 붉은색 전주등 2개나 둥근꼴의 형상물 2개
2. 다른 선박이 통과할 수 있는 쪽을 가리키는 뱃전에 수직으로 녹색 전주등 2개나 마름모꼴의 형상물 2개
3. 정박 중인 때에는 제95조에 따른 등화나 형상물을 대신하여 제1호와 제2호에 따른 등화나 형상물

⑤ 잠수작업에 종사하고 있는 선박이 그 크기로 인하여 제4항에 따른 등화와 형상물을 표시할 수 없으면 다음 각 호의 표시를 하여야 한다.

(ii) two all-round green lights or two diamonds in a vertical line to indicate the side on which another vessel may pass;

(iii) when at anchor, the lights or shapes prescribed in this paragraph instead of the lights or shape prescribed in Rule 30.

(e) Whenever the size of a vessel engaged in diving operations makes it impracticable to exhibit all lights and shapes prescribed in paragraph (d) of this Rule, the following shall be exhibited:

(i) three all-round lights in a vertical line where they can best be seen, the highest and lowest of these lights shall be red and the middle light shall be white;

(ii) a rigid replica of the International Code flag "A" not less than 1 metre in height. Measures shall be taken to ensure its all-round visibility.

(f) A vessel engaged in mine clearance operations shall in addition to the lights prescribed for a power-driven vessel in Rule 23 or to the lights or shape prescribed for a vessel at anchor in Rule 30 as appropriate, exhibit three all-round green lights or three balls. One of these lights or shapes shall be exhibited near the foremast head and one at each end of the fore yard.

These lights or shapes indicate that it is dangerous for another vessel to approach within 1,000 metres of the mine clearance vessel.

(g) Vessels of less 12 metres in length, except those engaged in diving operations, shall not be required to exhibit the lights and shapes prescribed in this Rule.

(h) The signals prescribed in this Rule are not signals of vessels in distress and requiring assistance. Such signals are contained in Annex IV to these Regulations.

Rule 28 Vessels constrained by their Draught

A vessel constrained by her draught may, in addition to the lights prescribed for power-driven vessels in Rule 23, exhibit where they can best be seen three all-round red lights in a vertical line, or a cylinder.

Rule 29 Pilot Vessels

(a) A vessel engaged on pilotage duty shall exhibit:

(i) at or near the masthead, two all-round lights in a vertical line, the upper being white and the lower red;

1. 가장 잘 보이는 곳에 수직으로 위쪽과 아래쪽에는 붉은색 전주등, 가운데에는 흰색 전주등 각 1개
2. 국제해사기구가 정한 국제신호서(國際信號書) 에이(A) 기(旗)의 모사판(模寫版)을 1미터 이상의 높이로 하여 사방에서 볼 수 있도록 표시

⑥ 기뢰제거작업에 종사하고 있는 선박은 해당 선박에서 1천 미터 이내로 접근하면 위험하다는 경고로서 제88조에 따른 동력선에 관한 등화, 제95조에 따른 정박하고 있는 선박의 등화나 형상물에 덧붙여 녹색의 전주등 3개 또는 둥근꼴의 형상물 3개를 표시하여야 한다. 이 경우 이들 등화나 형상물 중에서 하나는 앞쪽 마스트의 꼭대기 부근에 표시하고, 다른 2개는 앞쪽 마스트의 가름대의 양쪽 끝에 1개씩 표시하여야 한다.

⑦ 길이 12미터 미만의 선박은 잠수작업에 종사하고 있는 경우 외에는 이 조에 따른 등화와 형상물을 표시하지 아니할 수 있다.

제93조 (흘수제약선)

흘수제약선은 제88조에 따른 동력선의 등화에 덧붙여 가장 잘 보이는 곳에 붉은색 전주등 3개를 수직으로 표시하거나 원통형의 형상물 1개를 표시할 수 있다.

제94조 (도선선)

① 도선업무에 종사하고 있는 선박은 다음 각 호의 등화나 형상물을 표시하여야 한다.
1. 마스트의 꼭대기나 그 부근에 수직선 위쪽에는 흰색 전주등, 아래쪽에는 붉은색 전주등 각 1개
2. 항행 중에는 제1호에 따른 등화에 덧붙여 현등 1쌍과 선미등 1개
3. 정박 중에는 제1호에 따른 등화에 덧붙여 제95조에 따른 정박하고 있는 선박의 등화나 형상물

② 도선선이 도선업무에 종사하지 아니할 때에는 그 선박과 같은 길이의 선박이 표시하여야 할 등화나 형상물을 표시하여야 한다.

제95조 (정박선과 얹혀 있는 선박)

① 정박 중인 선박은 가장 잘 보이는 곳에 다음 각 호의 등화나 형상물을 표시하여야 한다.
1. 앞쪽에 흰색의 전주등 1개 또는 둥근꼴의 형상물 1개
2. 선미나 그 부근에 제1호에 따른 등화보다 낮은 위치에 흰색 전주등 1개

(ii) when underway, in addition, sidelights and a sternlight;

(iii) when at anchor, in addition to the lights prescribed in subparagraph (i), the light, lights or shape prescribed in Rule 30 for vessels at anchor.

(b) A pilot vessel when not engaged on pilotage duty shall exhibit the lights or shapes prescribed for a similar vessel of her length.

Rule 30 Anchored Vessels and Vessels aground

(a) A vessel at anchor shall exhibit where it can best be seen:

(i) in the fore part, an all-round white light or one ball;

(ii) at or near the stern and at a lower level than the light prescribed in sub-paragraph (i), an all-round white light.

(b) A vessel of less than 50 metres in length may exhibit an all-round white light where it can best be seen instead of the lights prescribed in paragraph (a) of this Rule.

(c) A vessel at anchor may, and a vessel of 100 metres and more in length shall, also use the available working or equivalent lights to illuminate her decks.

(d)A vessel aground shall exhibit the light prescribed in paragraph (a) or (b) of this Rule and in addition, where they can best be seen:

(i) two all-round red lights in a vertical line;

(ii) three balls in a vertical line.

(e) A vessel of less than 7 metres in length, when at anchor not in or near a narrow channel, fairway or anchorage, or where other vessels normally navigate, shall not be required to exhibit the lights or shapes prescribed in paragraphs (a), (b) of this Rule.

(f) A vessel of less than 12 metres in length, when aground, shall not be required to exhibit the lights or shapes prescribed in sub−paragraphs (d) (i) and (ii) of this Rule.

Rule 31 Seaplanes

Where it is impracticable for a seaplane or a WIG craft to exhibit lights and shapes of the characteristics or in the positions prescribed in the Rules of this Part she shall exhibit lights and shapes as closely similar in characteristics and position as is possible.

(blank)

② 길이 50미터 미만인 선박은 제1항에 따른 등화를 대신하여 가장 잘 보이는 곳에 흰색 전주등 1개를 표시할 수 있다.

③ 정박 중인 선박은 갑판을 조명하기 위하여 작업등 또는 이와 비슷한 등화를 사용하여야 한다. 다만, 길이 100미터 미만의 선박은 이 등화들을 사용하지 아니할 수 있다.

④ 얹혀 있는 선박은 제1항이나 제2항에 따른 등화를 표시하여야 하며, 이에 덧붙여 가장 잘 보이는 곳에 다음 각 호의 등화나 형상물을 표시하여야 한다.

1. 수직으로 붉은색의 전주등 2개
2. 수직으로 둥근꼴의 형상물 3개

⑤ 길이 7미터 미만의 선박이 좁은 수로등 정박지 안 또는 그 부근과 다른 선박이 통상적으로 항행하는 수역이 아닌 장소에 정박하거나 얹혀 있는 경우에는 제1항과 제2항에 따른 등화나 형상물을 표시하지 아니할 수 있다.

⑥ 길이 12미터 미만의 선박이 얹혀 있는 경우에는 제4항에 따른 등화나 형상물을 표시하지 아니할 수 있다.

제96조 (수상항공기 및 수면비행선박)

수상항공기 및 수면비행선박은 이 절에서 규정하는 특성을 가진 등화와 형상물을 표시할 수 없거나 규정된 위치에 표시할 수 없는 경우 그 특성과 위치에 관하여 될 수 있으면 이 절에서 규정하는 것과 비슷한 등화나 형상물을 표시하여야 한다.

PART D - SOUND AND LIGHT SIGNALS

Rule 32 Definitions

(a) The word 'whistle' means any sound signalling appliance capable of producing the prescribed blasts and which complies with the specifications in Annex III to these Regulations.

(b) The term 'short blast' means a blast of about one second's duration.

(c) The term 'prolonged blast' means a blast of from four to six second's duration.

Rule 33 Equipment for Sound Signals

(a) A vessel of 12 metres or more in length shall be provided with a whistle, a vessel of 20 metres or more in length shall be provided with a bell in addition to a whistle, and a vessel of 100 metres or more in length shall, in addition, be provided with a gong, the tone and sound of which can not be confused with that of the bell. The whistle, bell and gong shall comply with the specifications in Annex III to these Regulations. The bell or gong or both may be replaced by other equipment having the same respective sound characteristics, provided that manual sounding of the same prescribed signals shall always be possible.

(b) A vessel of less than 12 metres in length shall not be obliged to carry the sound signalling appliances prescribed in paragraph (a) of this Rule but if she does not, she shall be provided with some other means of making an efficient sound signal.

Rule 34 Manoeuvring and Warning Signals

(a) When vessels are in sight of one another, a power-driven vessel underway, when manoeuvring as authorized or required by these Rules shall indicate that manoeuvre by the following signals on her whistle:

- one short blast to mean 'I am altering my course to starboard';
- two short blast to mean 'I am altering my course to port';
- three short blast to mean 'I am operating astern propulsion'.

(b) Any vessel may supplement the whistle signals prescribed in paragraph (a) of this Rule by light signals, repeated as appropriate, whilst the manoeuvre is being carried out:

제5절 음향신호와 발광신호

제97조 (기적의 종류)

"기적"(汽笛)이란 이 법이 정하는 바에 따라 단음과 장음을 발할 수 있는 음향신호장치를 말한다.

1. 단음(短音): 1초 정도 계속되는 고동소리
2. 장음(長音): 4초부터 6초까지의 시간 동안 계속되는 고동소리

제98조 (음향신호설비)

① 길이 12미터 이상의 선박은 기적 1개를, 길이 20미터 이상의 선박은 기적 1개 및 호종(號鐘) 1개를 갖추어 두어야 하며, 길이 100미터 이상의 선박은 이에 덧붙여 호종과 혼동되지 아니하는 음조(音調)와 소리를 가진 징을 갖추어 두어야 한다. 다만, 호종과 징은 각각 그것과 음색이 같고 이 법에서 규정한 신호를 수동으로 행할 수 있는 다른 설비로 대체할 수 있다.

② 길이 12미터 미만의 선박은 제1항에 따른 음향신호설비를 갖추어 두지 아니하여도 된다. 다만, 이들을 갖추어 두지 아니하는 경우에는 유효한 음향신호를 낼 수 있는 다른 기구를 갖추어 두어야 한다.

③ 선박이 갖추어 두어야 할 기적·호종 및 징의 기술적 기준과 기적의 위치 등에 관하여는 해양수산부장관이 정하여 고시한다.

제99조 (조종신호와 경고신호)

① 항행 중인 동력선이 서로 상대의 시계 안에 있는 경우에 이 법에 따라 그 침로를 변경하거나 그 기관을 후진하여 사용할 때에는 다음 각 호의 구분에 따라 기적신호를 행하여야 한다.

1. 침로를 오른쪽으로 변경하고 있는 경우: 단음 1회
2. 침로를 왼쪽으로 변경하고 있는 경우: 단음 2회
3. 기관을 후진하고 있는 경우: 단음 3회

② 항행 중인 동력선은 다음 각 호의 구분에 따른 발광신호를 적절히 반복하여 제1항에 따른 기적신호를 보충할 수 있다.

1. 침로를 오른쪽으로 변경하고 있는 경우: 섬광 1회
2. 침로를 왼쪽으로 변경하고 있는 경우: 섬광 2회
3. 기관을 후진하고 있는 경우: 섬광 3회

(i) these light signals shall have the following significance:

- one flash to mean 'I am altering my course to starboard';
- two flashes to mean 'I am altering my course to port';
- three flashes to mean 'I am operating astern propulsion';

(ii) the duration of each flash shall be about one second, and the interval between flashes shall be about one second, and the interval between successive signals shall be not less than ten seconds;

(iii) the light used for this signals shall, if fitted, be an all-round white light, visible at minimum range of 5 miles and shall comply with the provisions of Annex I to these Regulations.

(c) When in sight of one another in a narrow channel or fairway:

(i) a vessel intending to overtake another shall in compliance with Rule 9(e)(i) indicate her intention by the following signals on her whistle:

- two prolonged blasts followed by one short blast to mean 'I intend to overtake you on your starboard side';
- two prolonged blasts followed by two short blasts to mean 'I intend to overtake you on your port side';

(ii) the vessel about to be overtaken when acting on accordance with Rule 9(e)(i) shall indicate her agreement by the following signal on her whistle;

- one prolonged , one short, one prolonged and one short blast, in that order.

(d) When vessels in sight of one another are approaching each other and from any cause either vessels fails to understand the intentions or action of the other, or is in doubt whether sufficient action is being taken by the other to avoid collision, the vessel in doubt shall immediately indicate such doubt by giving at least five short and rapid blasts on the whistle. Such signal may be supplemented by a light signal of at least five short and rapid flashes.

(e) A vessel nearing a bend or an area of a channel or fairway where other vessels may be obscured by an intervening obstruction shall sound one prolonged blast. Such signal shall be answered with a prolonged blast by any approaching vessel that may be within hearing around the bend or behind the intervening obstruction.

(f) If whistles are fitted on a vessel at a distance apart of more than 100 metres, one whistle only shall be used for giving manoeuvring and warning signals.

③ 제2항에 따른 섬광의 지속시간 및 섬광과 섬광 사이의 간격은 1초 정도로 하되, 반복되는 신호 사이의 간격은 10초 이상으로 하며, 이 발광신호에 사용되는 등화는 적어도 5해리의 거리에서 볼 수 있는 흰색 전주등이어야 한다.

④ 선박이 좁은 수로등에서 서로 상대의 시계 안에 있는 경우 제74조제5항에 따른 기적신호를 할 때에는 다음 각 호에 따라 행하여야 한다.

1. 다른 선박의 우현 쪽으로 앞지르기 하려는 경우에는 장음 2회와 단음 1회의 순서로 의사를 표시할 것
2. 다른 선박의 좌현 쪽으로 앞지르기 하려는 경우에는 장음 2회와 단음 2회의 순서로 의사를 표시할 것
3. 앞지르기당하는 선박이 다른 선박의 앞지르기에 동의할 경우에는 장음 1회, 단음 1회의 순서로 2회에 걸쳐 동의의사를 표시할 것

⑤ 서로 상대의 시계 안에 있는 선박이 접근하고 있을 경우에는 하나의 선박이 다른 선박의 의도 또는 동작을 이해할 수 없거나 다른 선박이 충돌을 피하기 위하여 충분한 동작을 취하고 있는지 분명하지 아니한 경우에는 그 사실을 안 선박이 즉시 기적으로 단음을 5회 이상 재빨리 울려 그 사실을 표시하여야 한다. 이 경우 의문신호(疑問信號)는 5회 이상의 짧고 빠르게 섬광을 발하는 발광신호로써 보충할 수 있다.

⑥ 좁은 수로등의 굽은 부분이나 장애물 때문에 다른 선박을 볼 수 없는 수역에 접근하는 선박은 장음으로 1회의 기적신호를 울려야 한다. 이 경우 그 선박에 접근하고 있는 다른 선박이 굽은 부분의 부근이나 장애물의 뒤쪽에서 그 기적신호를 들은 경우에는 장음 1회의 기적신호를 울려 이에 응답하여야 한다.

⑦ 100미터 이상 거리를 두고 둘 이상의 기적을 갖추어 두고 있는 선박이 조종신호 및 경고신호를 울릴 때에는 그 중 하나만을 사용하여야 한다.

제100조 (제한된 시계 안에서의 음향신호)

① 시계가 제한된 수역이나 그 부근에 있는 모든 선박은 밤낮에 관계 없이 다음 각 호에 따른 신호를 하여야 한다.

1. 항행 중인 동력선은 대수속력이 있는 경우에는 2분을 넘지 아니하는 간격으로 장음을 1회 울려야 한다.
2. 항행 중인 동력선은 정지하여 대수속력이 없는 경우에는 장음 사이의 간격을 2초 정도로 연속하여 장음을 2회 울리되, 2분을 넘지 아니하는 간격으로 울려야 한다.

Rule 35 Sound Signals in Restricted Visibility

In or near an area of restricted visibility, whether by day or night, the signals prescribed in this Rule shall be used as follows:

(a) A power-driven vessel making way through the water shall sound at intervals of not more than 2 minutes one prolonged blast.

(b) A power-driven vessel underway but stopped and making no way through the water shall sound at intervals of not more than 2 minutes two prolonged blasts in succession with an interval of about 2 seconds between them.

(c) A vessel not under command, a vessel restricted in her ability to manoeuvre, a vessel constrained by her draught, a sailing vessel, a vessel engaged in fishing and a vessel engaged in towing or pushing another vessel shall, instead of the signals prescribed in paragraphs (a) or (b) of this Rule sound at intervals of not more than 2 minutes three blasts in succession, namely one prolonged followed by two short blasts.

(d) A vessel engaged in fishing, when at anchor, and a vessel restricted in her ability to manoeuvre when carrying out her work at anchor, shall instead of the signals prescribed in paragraph (g) of this Rule sound the signal prescribed in paragraph (c) of this Rule.

(e) A vessel towed or if more than one vessel is towed the last vessel of the tow, if manned, shall at intervals of not more than 2 minutes sound four blasts in succession, namely one prolonged followed by three short blasts. When practicable, this signal shall be made immediately after the signal made by the towing vessel.

(f) When a pushing vessel and a vessel being pushed ahead are rigidly connected in a composite unit they shall be regarded as a power-driven vessel and shall give the signals prescribed in paragraphs (a) or (b) of this Rule.

(g) A vessel at anchor shall at intervals of not more than one minute ring the bell rapidly for about 5 seconds. In a vessel of 100 metres or more in length the bell shall be sounded in the forepart of the vessel and immediately after the ringing of the bell the gong shall be sounded rapidly for about 5 seconds in the after part of the vessel. A vessel at anchor may in addition sound three blasts in succession, namely one short, one prolonged and one short blast, to give warning to her position and of the possibility of collision to an approaching vessel.

3. 조종불능선, 조종제한선, 흘수제약선, 범선, 어로 작업을 하고 있는 선박 또는 다른 선박을 끌고 있거나 밀고 있는 선박은 제1호와 제2호에 따른 신호를 대신하여 2분을 넘지 아니하는 간격으로 연속하여 3회의 기적(장음 1회에 이어 단음 2회를 말한다)을 울려야 한다.
4. 끌려가고 있는 선박(2척 이상의 선박이 끌려가고 있는 경우에는 제일 뒤쪽의 선박)은 승무원이 있을 경우에는 2분을 넘지 아니하는 간격으로 연속하여 4회의 기적(장음 1회에 이어 단음 3회를 말한다)을 울려야 한다. 이 경우 신호는 될 수 있으면 끌고 있는 선박이 행하는 신호 직후에 울려야 한다.
5. 정박 중인 선박은 1분을 넘지 아니하는 간격으로 5초 정도 재빨리 호종을 울려야 한다. 다만, 정박하여 어로 작업을 하고 있거나 작업 중인 조종제한선은 제3호에 따른 신호를 울려야 하고, 길이 100미터 이상의 선박은 호종을 선박의 앞쪽에서 울리되, 호종을 울린 직후에 뒤쪽에서 징을 5초 정도 재빨리 울려야 하며, 접근하여 오는 선박에 대하여 자기 선박의 위치와 충돌의 가능성을 경고할 필요가 있을 경우에는 이에 덧붙여 연속하여 3회(단음 1회, 장음 1회, 단음 1회) 기적을 울릴 수 있다.
6. 얹혀 있는 선박 중 길이 100미터 미만의 선박은 1분을 넘지 아니하는 간격으로 재빨리 호종을 5초 정도 울림과 동시에 그 직전과 직후에 호종을 각각 3회 똑똑히 울려야 한다. 이 경우 그 선박은 이에 덧붙여 적절한 기적신호를 울릴 수 있다.
7. 얹혀 있는 선박 중 길이 100미터 이상의 선박은 그 앞쪽에서 1분을 넘지 아니하는 간격으로 재빨리 호종을 5초 정도 울림과 동시에 그 직전과 직후에 호종을 각각 3회씩 똑똑히 울리고, 뒤쪽에서는 그 호종의 마지막 울림 직후에 재빨리 징을 5초 정도 울려야 한다. 이 경우 그 선박은 이에 덧붙여 알맞은 기적신호를 할 수 있다.
8. 길이 12미터 미만의 선박은 제1호부터 제7호까지의 규정에 따른 신호를, 길이 12미터 이상 20미터 미만인 선박은 제5호부터 제7호까지에 따른 신호를 하지 아니할 수 있다. 다만, 그 신호를 하지 아니한 경우에는 2분을 넘지 아니하는 간격으로 다른 유효한 음향신호를 하여야 한다.
9. 도선선이 도선업무를 하고 있는 경우에는 제1호, 제2호 또는 제5호에 따른 신호에 덧붙여 단음 4회로 식별신호를 할 수 있다.

② 밀고 있는 선박과 밀려가고 있는 선박이 단단하게 연결되어 하나의 복합체를 이룬 경우에는 이를 1척의 동력선으로 보고 제1항을 적용한다.

(h) A vessel aground shall give the bell signal and if required the gong signal prescribed in paragraph (g) of this Rule and shall, in addition, give three separate and distinct strokes on the bell immediately before and after the rapid ringing of the bell. A vessel aground may in addition sound an appropriate whistle signal.

(i) A vessel of 12 metres or more but less than 20 metres in length shall not obliged to give the bell signals prescribed in paragraph (g) and (h) of this Rule. However, if she does not, she shall make some other efficient sound signal at intervals of not more than 2 minutes.

(j) A vessel of less than 12 metres in length shall not be obliged to give the above-mentioned signals but, if she does not, shall make some other efficient sound signal at intervals of not more than 2 minutes.

(k) A pilot vessel when engaged on pilotage duty may in addition to the signals prescribed in paragraphs (a), (b) or (g) of this Rule sound an identity signal consisting of four short blasts.

Rule 36 Signals to attract Attention

If necessary to attract the attention of another vessel any vessel may make light or sound signals that cannot be mistaken for any signal authorized elsewhere in these Rules, or may direct the beam of her searchlight in the direction of the danger, in such a way as not to embarrass any vessel.

Any light to attract the attention of another vessel shall be such that it can not be mistaken for any aid to navigation. For the purpose of this Rule the use of high intensity intermittent or revolving lights, such as strove lights, shall be avoided.

Rule 37 Distress Signals

When a vessel is in distress and requires assistance she shall use or exhibit the signals described in Annex IV to these Regulations.

(blank)

101조 (주의환기신호)

① 모든 선박은 다른 선박의 주의를 환기시키기 위하여 필요하면 이 법에서 정하는 다른 신호로 오인되지 아니하는 발광신호 또는 음향신호를 하거나 다른 선박에 지장을 주지 아니하는 방법으로 위험이 있는 방향에 탐조등을 비출 수 있다.

② 제1항에 따른 발광신호나 탐조등은 항행보조시설로 오인되지 아니하는 것이어야 하며, 스트로보등(燈)이나 그 밖의 강력한 빛이 점멸하거나 회전하는 등화를 사용하여서는 아니 된다.

③ 해상경비, 인명구조 및 불법어업단속 등 긴급업무에 종사하는 선박은 해양수산부령으로 정하는 등화를 표시하거나 사이렌을 사용할 수 있다. 다만, 긴급업무를 수행하지 아니할 때에는 이 등화와 사이렌을 작동하여서는 아니 된다.

④ 제3항에 따른 등화와 사이렌은 긴급업무에 종사하는 선박 외에는 표시하거나 사용하여서는 아니 된다.

제102조 (조난신호)

① 선박이 조난을 당하여 구원을 요청하는 경우 국제해사기구가 정하는 신호를 하여야 한다.

② 선박은 제1항에 따른 목적 외에 같은 항에 따른 신호 또는 이와 오인될 위험이 있는 신호를 하여서는 아니 된다.

제104조 (등화 및 형상물의 설치와 표시에 관한 특례)

선박의 구조나 그 운항의 성질상 이 장 제4절에 따른 등화나 형상물을 설치 또는 표시할 수 없거나 표시할 필요가 없는 선박에 대하여는 해양수산부령으로 정하는 바에 따라 등화 및 형상물의 설치와 표시에 관한 특례를 정할 수 있다.

Annex

AMENDMENTS TO THE INTERNATIONAL REGULATIONS FOR PREVENTING COLLISIONS AT SEA, 1972

1. **Rules 3**: Paragraph (a) is amended to read as follows:

   "(a) The word 'vessel' includes every description of water craft, including non-displacement craft, WIG craft and seaplanes, used or capable of being used as a means of transportation on water."

   A new paragraph (m) is added as follows:

   "(m) The term 'Wing-in-Ground(WIG) craft' means a multimodal craft which, in its main operational mode, flies in close proximity to the surface by utilizing surface-effect action."

2. **Rule 8**: Paragraph (a) is amended to read as fellows:

   "(a) Any action to avoid collision shall be taken in accordance with the Rules of this Part and shall, if the circumstances of the case admit, be positive, made in ample time and with due regard to the observance of good seamanship."

3. **Rule 18**: A new paragraph (f) is added as follows:

   "(f) (i) A WIG craft shall, when taking off, landing and in flight near the surface, keep well clear of all other vessels and avoid impeding their navigation;

   (ii) A WIG craft operating on the water surface shall comply with the Rules of this Part as a power-driven vessel."

4. **Rule 23**: A new paragraph (c) is added, as follows, and the following paragraph renumbered accordingly:

   "(c) A WIG craft only when taking off, landing and in flight near the surface shall, in addition to the lights prescribed in paragraph (a) of this Rule, exhibit a high-intensity all-round flashing red light."

5. **Rule 31** is amended to read as follows:

   "Where it is impracticable for a seaplane or a WIG craft to exhibit lights and shapes of the characteristics or in the positions prescribed in the Rules of this Part she shall exhibit lights and shapes as closely similar in characteristics and position as is possible."

6. **Rule 33**: Paragraph (a) is amended to read as follows:
"(a) A vessel of 12 metres or more in length shall be provided with a whistle, a vessel of 20 metres or more in length shall be provided with a bell in addition to a whistle, and a vessel of 100 metres or more in length shall, in addition, be provided with a gong, the tone and sound of which cannot be confused with that of the bell. The whistle, bell and gong shall comply with the specification in annex III to these regulations. The bell or gong or both may be replaced by other equipment having the same respective sound characteristics, provided that manual sounding of the required signals shall always be possible."

7. **Rule 35**: A new paragraph (i) is added as follows, and the following paragraphs renumbered accordingly:
"(i) A vessel of 12 metres or more but less than 20 metres in length shall not be obliged to give the bell signals prescribed in paragraphs (g) and (h) of this Rule. However, if she does not, she shall make some other efficient sound signal at intervals of not more than 2 minutes."

Annex II (omitted)

■ 1972년 국제해상충돌예방규칙 2001년 개정원문

Resolution A.910(22)

Adopted on 29 November 2001

(Agenda item 14)

AMENDMENTS TO THE INTERNATIONAL REGULATIONS FOR PREVENTING COLLISIONS AT SEA, 1972

THE ASSEMBLY,

RECALLING article VI of the Convention on the International Regulations for preventing Collisions at Sea, 1972 (hereinafter referred to as the Convention), on amendments to the Regulations,

HAVING CONSIDERED the amendments to the International Regulations for Preventing Collisions at Sea, 1972, adopted by the Maritime Safety Committee at its seventy-third session and communicated to all Contracting Parties in accordance with paragraph 2 of article VI of the Convention; and also the recommendations of the Maritime Safety Committee concerning the entry into force of these amendments,

1. ADOPTS, in accordance with paragraph 3 of article VI of the Convention, the amendments set out in the annex to the present resolution;

2. DECIDES, in accordance with paragraph 4 of article VI of the Convention, that the amendments shall enter into force on 29 November 2003 unless by 29 May 2002 more than one third of the Contracting Parties have notified their objection to the amendments;

3. REQUESTS the Secretary-General in conformity with paragraph 3 of article VI of the Convention, to communicate this resolution to all Contracting Parties to the Convention for acceptance;

4. INVITES Contracting Parties to submit any objections to the amendments not later than 29 May 2002 whereafter the amendments will be deemed to have been accepted to enter force as determined in the present resolution.

제4조 (다른 법률과의 관계)

선박의 안전운항을 위한 안전관리체계 등에 관하여 다른 법률에 특별한 규정이 있는 경우를 제외하고는 이 법에서 정하는 바에 따른다.

제2장 수역 안전관리

제1절 해양시설의 보호수역 설정 및 관리

제5조 (보호수역의 설정 및 입역허가)

① 해양수산부장관은 제3조제1항제4호에 따른 해양시설 부근 해역에서 선박의 안전항행과 해양시설의 보호를 위한 수역(이하 "보호수역"이라 한다)을 설정할 수 있다.

② 누구든지 보호수역에 입역(入域)하기 위하여는 해양수산부장관의 허가를 받아야 하며, 해양수산부장관은 해양시설의 안전 확보에 지장이 없다고 인정하거나 공익상 필요하다고 인정하는 경우 보호수역의 입역을 허가할 수 있다.

③ 해양수산부장관은 제2항에 따른 입역허가에 필요한 조건을 붙일 수 있다.

④ 해양수산부장관은 제2항에 따른 입역허가에 관하여 필요하면 관계 행정기관의 장과 협의하여야 한다.

⑤ 보호수역의 범위는 대통령령으로 정하고, 보호수역 입역허가 등에 필한 사항은 해양수산부령으로 정한다.

제6조 (보호수역의 입역)

① 제5조제2항에도 불구하고 다음 각 호의 어느 하나에 해당하면 해양수산부장관의 허가를 받지 아니하고 보호수역에 입역할 수 있다.

1. 선박의 고장이나 그 밖의 사유로 선박 조종이 불가능한 경우
2. 해양사고를 피하기 위하여 부득이한 사유가 있는 경우
3. 인명을 구조하거나 또는 급박한 위험이 있는 선박을 구조하는 경우
4. 관계 행정기관의 장이 해상에서 안전 확보를 위한 업무를 하는 경우
5. 해양시설을 운영하거나 관리하는 기관이 그 해양시설의 보호수역에 들어가려고 하는 경우

② 제1항에 따른 입역 등에 필요한 사항은 해양수산부령으로 정한다.

제2절 교통안전특정해역 등의 설정 및 관리

제7조 (교통안전특정해역의 설정 등)

① 해양수산부장관은 다음 각 호의 어느 하나에 해당하는 해역으로서 대형 해양사고가 발생할 우려가 있는 해역(이하 "교통안전특정해역"이라 한다)을 설정할 수 있다.

1. 해상교통량이 아주 많은 해역
2. 거대선, 위험화물운반선, 고속여객선 등의 통항이 잦은 해역

② 해양수산부장관은 관계 행정기관의 장의 의견을 들어 해양수산부령으로 정하는 바에 따라 교통안전특정해역 안에서의 항로지정제도를 시행할 수 있다.

③ 교통안전특정해역의 범위는 대통령령으로 정한다.

시행령 제5조 (교통안전특정해역의 범위)

법 제7조제1항에 따른 교통안전특정해역의 범위는 별표 1과 같다.

시행규칙 제6조 (교통안전특정해역에서의 항로지정제도)

① 법 제7조제1항에 따른 교통안전특정해역(이하 "교통안전특정해역"이라 한다) 안에서의 항로지정제도는 다음 각 호의 구분에 따라 시행한다.

1. 교통안전특정해역 지정항로의 범위: 별표 2에서 정하는 해역
2. 교통안전특정해역 지정항로에서의 속력: 별표 3에서 정하는 속력. 다만, 해양사고를 피하거나 인명이나 선박을 구조하기 위하여 부득이한 경우는 제외한다.

<시행규칙 제6조 제1항 제2호 본문 관련 별표 3>

항로명	구 간	속 력 (대수속력을 말한다)
부산항 출입항로	다음 각 호의 기점을 순차적으로 연결한 선 안의 구간 1. 북위 35도04분42초, 동경 129도07분10초(항계선) 2. 북위 35도04분25초, 동경 129도09분03초 3. 북위 35도02분53초, 동경 129도07분37초 4. 북위 35도04분12초, 동경 129도06분51초(항계선)	10노트
광양항 출입항로	다음 각 호의 기점을 순차적으로 연결한 선 안의 구간 1. 북위 34도45분11초, 동경 127도49분57초 2. 북위 34도45분11초, 동경 127도48분34초 3. 북위 34도50분23초, 동경 127도46분52초 4. 북위 34도50분53초, 동경 127도48분22초 5. 북위 34도46분13초, 동경 127도49분55초	14노트 (위험화물운반선은 12노트)

3. 교통안전특정해역 지정항로에서의 항법: 별표 4에서 정하는 항법

② 제1항제1호에도 불구하고 다음 각 호의 어느 하나에 해당하는 경우에는 별표 2에서 정하는 범위의 지정항로를 이용하지 않고 교통안전특정해역을 항행할 수 있다. 이 경우 해당 지정항로를 이용하고 있는 다른 선박의 안전한 통항을 방해하여서는 안 된다.

1. 해양경비·해양오염방제 및 항로표지의 설치 등을 위하여 긴급히 항행할 필요가 있는 경우
2. 해양사고를 피하거나 인명이나 선박을 구조하기 위하여 부득이한 경우
3. 교통안전특정해역과 접속된 항구에 입출항하지 아니하는 경우

시행규칙 제6조 제1항 제3호 관련 별표 4(교통안전특정해역 지정항로에서의 항법)

① 인천항 출입항로

1. 선박이 인천항에 입항하고자 하는 경우에는 별표 2에 따른 인천항 출입항로의 입항항로(제1항로, 동수도항로)로 항행하여야 하고, 출항하고자 하는 경우에는 출항항로(제2항로, 서수도항로)로 항행하여야 한다.
2. 제1호의 규정에 불구하고 길이 30미터 미만의 선박 또는 범선은 입항항로 및 출항항로의 바깥해역을 이용하여 출항하거나 입항할 수 있으며, 덕적도 서북쪽 해역에서 인천항으로 항행하는 선박은 출항항로의 바깥해역을 안전하게 항행할 수 있는 경우에는 출항항로의 바깥해역을 항행할 수 있으나 입항항로 또는 출항항로를 따라 항행하는 다른 선박의 안전한 통항을 방해하여서는 안 된다.
3. 제2호에 따라 덕적도 서북쪽 해역에서 인천항으로 항행하려는 선박은 낮에는 제1대표기 밑에 엔(N)기를 게양해야 하며, 밤에는 음향신호, 발광신호 또는 무선전화 등을 이용하여 항로를 정상적으로 항행하고 있는 다른 선박이 해당 선박을 충분히 식별할 수 있도록 적절한 조치를 취해야 한다.

② 부산항 출입항로

1. 선박이 부산항에 입항할 때에는 별표 2에 따른 부산항 출입항로의 입항항로로 항행해야 하고, 출항할 때에는 출항항로로 항행하여야 한다.
2. 제1호에도 불구하고 길이 20미터 미만의 선박 또는 범선은 부산항 출입항로의 바깥해역을 이용하여 입항하거나 출항할 수 있으나, 입항항로 또는 출항항로를 따라 항행하는 다른 선박의 안전한 통항을 방해하여서는 안 된다.

③ 광양만 출입항로

1. 선박이 별표 2에 따른 광양만 출입항로를 항행할 때에는 입항선박은 입항항로로 항행하여야 하고, 출항선박은 출항항로로 항행하여야 한다.
2. 제1호에도 불구하고 길이 20미터 미만의 선박 또는 범선은 광양만 출입항로의 바깥해역을 이용하여 입항하거나 출항할 수 있으나, 입항항로 또는 출항항로를 따라 항행하는 다른 선박의 안전한 통항을 방해하여서는 아니된다.
3. 흘수제약선은 깊은 수심 항로가 설정된 수역에서는 그 항로를 따라 항행해야 하고, 항로 안에서 다른 선박과 마주칠 우려가 있는 경우에는 깊은 수심 항로의 오른편으로 항

행하여야 한다. 다만, 흘수제약을 받지 않는 선박은 급박한 위험을 피하기 위한 경우를 제외하고는 깊은 수심 항로를 항행하여서는 안 된다.

4. 제1호에 따라 항로지정방식에 따라 항행하는 선박이 서로 충돌의 위험이 있을 경우에는 흘수제약을 받지 않는 선박이 흘수제약선의 진로를 피해야 한다.
5. 주의해역에서 항행하는 모든 선박은 충돌을 회피하기 위한 최상의 조종 준비상태를 유지해야 하고, 통상적인 통항흐름에 따라 항행해야 한다.

※ 비고: 위 표에서 정한 항법 외의 사항에 대하여는 법 제75조에 따른 통항분리수역에서의 항법에 따른다. 이 경우, 법 제75조제4항 및 제10항에 따른 선박에는 길이 30미터 미만의 선박을 포함한다.

제8조 (거대선 등의 항행안전확보 조치)

해양경찰서장은 거대선, 위험화물운반선, 고속여객선, 그 밖에 해양수산부령으로 정하는 선박이 교통안전특정해역을 항행하려는 경우 항행안전을 확보하기 위하여 필요하다고 인정하면 선장이나 선박소유자에게 다음 각 호의 사항을 명할 수 있다.

1. 통항시각의 변경
2. 항로의 변경
3. 제한된 시계의 경우 선박의 항행 제한
4. 속력의 제한
5. 안내선의 사용
6. 그 밖에 해양수산부령으로 정하는 사항

시행규칙 제7조 (항행안전확보조치가 필요한 선박)
법 제8조 각 호 외의 부분에서 "해양수산부령으로 정하는 선박"이란 다음 각 호의 어느 하나에 해당하는 선박을 말한다.

1. 흘수제약선
2. 「해사안전기본법」 제3조제2호에 따른 수면비행선박
3. 선박 또는 물체를 끌거나 미는 선박 중 그 예인선열의 길이가 200미터 이상인 선박

제9조 (어업의 제한 등)

① 교통안전특정해역에서 어로 작업에 종사하는 선박은 항로지정제도에 따라 그 교통안전특정해역을 항행하는 다른 선박의 통항에 지장을 주어서는 아니 된다.

② 교통안전특정해역에서는 어망 또는 그 밖에 선박의 통항에 영향을 주는 어구 등을 설치하거나 양식업을 하여서는 아니 된다.

③ 교통안전특정해역으로 정하여지기 전에 그 해역에서 면허를 받은 어업권·양식업권을 행사하는 경우에는 해당 어업면허 또는 양식업면허의 유효기간이 끝나는 날까지

제2항을 적용하지 아니한다.

④ 특별자치도지사·시장·군수·구청장(자치구의 구청장을 말한다)이 교통안전특정해역에서 어업면허, 양식업면허, 어업허가 또는 양식업허가(면허 또는 허가의 유효기간 연장을 포함한다)를 하려는 경우에는 미리 해양경찰청과 협의하여야 한다.

제10조 (공사 또는 작업)

① 교통안전특정해역에서 해저전선이나 해저파이프라인의 부설, 준설, 측량, 침몰선 인양작업 또는 그 밖에 선박의 항행에 지장을 줄 우려가 있는 공사나 작업을 하려는 자는 해양경찰청장의 허가를 받아야 한다. 다만, 관계 법령에 따라 국가가 시행하는 항로표지 설치, 수로 측량 등 해사안전에 관한 업무의 경우에는 그러하지 아니하다.

② 해양경찰청장은 제1항에 따른 허가를 하면 그 사실을 해양수산부장관에게 보고하여야 하며, 해양수산부장관은 이를 고시하여야 한다.

③ 해양경찰청장은 제1항에 따라 공사 또는 작업의 허가를 받은 자가 다음 각 호의 어느 하나에 해당하면 그 허가를 취소하거나 6개월의 범위에서 공사나 작업의 전부 또는 일부의 정지를 명할 수 있다. 다만, 제1호 또는 제4호에 해당하는 경우에는 그 허가를 취소하여야 한다.

1. 거짓이나 그 밖의 부정한 방법으로 제1항에 따른 허가를 받은 경우
2. 공사나 작업이 부진하여 이를 계속할 능력이 없다고 인정되는 경우
3. 제1항에 따라 허가를 할 때 붙인 허가조건 또는 허가사항을 위반한 경우
4. 정지명령을 위반하여 정지기간 중에 공사 또는 작업을 계속한 경우

④ 제1항에 따라 허가를 받은 자는 해당 허가기간이 끝나거나 허가가 취소되었을 때에는 해당 구조물을 제거하고 원래 상태로 복구하여야 한다.

⑤ 제1항에 따른 공사나 작업의 허가, 제3항에 따른 행정처분의 세부기준과 절차, 그 밖에 필요한 사항은 해양수산부령으로 정한다.

제3절 유조선통항금지해역의 설정 및 관리

제11조 (유조선의 통항제한)

① 다음 각 호의 어느 하나에 해당하는 석유 또는 유해액체물질을 운송하는 선박(이하 "유조선"이라 한다)의 선장이나 항해당직을 수행하는 항해사는 유조선의 안전운항을 확보하고 해양사고로 인한 해양오염을 방지하기 위하여 대통령령으로 유

조선의 통항을 금지한 해역(이하 "유조선통항금지해역"이라 한다)에서 항행하여서는 아니 된다.

1. 원유, 중유, 경유 또는 이에 준하는「석유 및 석유대체연료 사업법」제2조제2호가목에 따른 탄화수소유, 같은 조 제10호에 따른 가짜석유제품, 같은 조 제11호에 따른 석유대체연료 중 원유·중유·경유에 준하는 것으로 해양수산부령으로 정하는 기름 1천 500킬로리터 이상을 화물로 싣고 운반하는 선박
2. 「해양환경관리법」제2조제7호에 따른 유해액체물질을 1천 500톤 이상 싣고 운반하는 선박

*** 시행령 제6조** (유조선통항금지해역의 범위)
법 제11조제1항 각 호 외의 부분에 따른 유조선통항금지해역의 범위는 별표 2와 같다.

② 유조선은 다음 각 호의 어느 하나에 해당하면 제1항에도 불구하고 유조선통항금지해역에서 항행할 수 있다.

1. 기상상황의 악화로 선박의 안전에 현저한 위험이 발생할 우려가 있는 경우
2. 인명이나 선박을 구조하여야 하는 경우
3. 응급환자가 생긴 경우
4. 항만을 입항·출항하는 경우. 이 경우 유조선은 출입해역의 기상 및 수심, 그 밖의 해상상황 등 항행여건을 충분히 헤아려 유조선통항금지해역의 바깥쪽 해역에서부터 항구까지의 거리가 가장 가까운 항로를 이용하여 입항·출항하여야 한다.

제12조 (시운전금지해역의 설정)

① 누구든지 충돌 등 해양사고를 방지하기 위하여 시운전(조선소 등에서 선박을 건조·개조·수리 후 인도 전까지 또는 건조·개조·수리 중 시험운전하는 것을 말한다. 이하 이 조 및 제114조제7호에서 같다)을 금지한 해역(이하 "시운전금지해역"이라 한다)에서 길이 100미터 이상의 선박에 대하여 해양수산부령으로 정하는 시운전을 하여서는 아니 된다.

② 제1항에 따른 시운전금지해역의 범위는 대통령령으로 정한다.

*** 시행령 제7조** (시운전금지해역의 범위)
법 제12조제1항에 따른 시운전금지해역의 범위는 별표 3과 같다.

제3장 해상교통 안전관리

제1절 해상교통안전진단

제13조 (해상교통안전진단)

① 해양수산부장관은 안전진단대상사업을 하려는 자(국가기관의 장 또는 지방자치단체의 장인 경우는 제외한다. 이하 "사업자"라 한다)에게 해양수산부령으로 정하는 안전진단기준에 따른 해상교통안전진단을 실시하도록 하여야 한다.

② 사업자는 안전진단대상사업에 대하여 「항만법」, 「공유수면 관리 및 매립에 관한 법률」 및 「선박의 입항 및 출항에 관한 법률」 등 해양의 이용 또는 보존과 관련된 관계 법령에 따른 허가·인가·승인·신고 등(이하 "허가등"이라 한다)을 받으려는 경우 제1항에 따라 실시한 해상교통안전진단의 결과(이하 "안전진단서"라 한다)를 허가등의 권한을 가진 행정기관(이하 "처분기관"이라 한다)의 장에게 제출하여야 한다.

③ 제1항 및 제2항에 따라 해상교통안전진단을 실시하고 안전진단서를 제출하여야 하는 안전진단대상사업의 범위는 대통령령으로 정한다.

④ 제2항에 따라 안전진단서를 제출받은 처분기관은 허가등을 하기 전에 사업자로부터 이를 제출받은 날부터 10일 이내에 해양수산부장관에게 제출하여야 한다.

⑤ 해양수산부장관은 처분기관으로부터 안전진단서를 제출받은 날부터 45일 이내에 안전진단서를 검토한 후 해양수산부령으로 정하는 바에 따라 그 의견(이하 "검토의견"이라 한다)을 처분기관에 통보하여야 한다. 이 경우 안전진단서의 서류를 보완하거나 관계 기관과의 협의에 걸리는 기간은 통보기간에 산입하지 아니한다.

⑥ 해양수산부장관은 제5항에 따른 안전진단서 검토를 위하여 해상교통안전 관련 분야의 전문가 또는 대통령령으로 정하는 해상교통안전진단 전문기관(이하 "해상교통안전진단 전문기관"이라 한다)의 의견을 들을 수 있다.

⑦ 처분기관은 해양수산부장관으로부터 검토의견을 통보받은 날부터 10일 이내에 이를 사업자에게 통보하여야 한다.

⑧ 제1항부터 제4항까지에서 규정한 사항 외에 안전진단서의 작성, 제출시기, 검토, 공개 및 진단기술인력에 대한 교육 등 해상교통안전진단에 필요한 사항은 해양수산부령으로 정한다.

제14조 (안전진단서 제출이 면제되는 사업 등)

① 사업자는 제13조제2항에도 불구하고 안전진단대상사업이 다음 각 호의 어느 하나

에 해당하여 안전진단서 제출이 필요하지 아니하다고 판단하는 경우 해양수산부령으로 정하는 바에 따라 해당 사업의 목적, 내용, 안전진단서 제출이 필요하지 아니한 사유 등이 포함된 의견서를 해양수산부장관에게 제출하여야 한다.

1. 선박통항안전, 재난대비 또는 복구를 위하여 긴급히 시행하여야 하는 사업
2. 그 밖에 선박의 통항에 미치는 영향이 적은 사업으로 해양수산부장관이 정하여 고시하는 사업

② 제1항에 따라 의견서를 제출받은 해양수산부장관은 해양수산부령으로 정하는 바에 따라 의견서를 검토한 후 의견서를 제출받은 날부터 30일 이내에 안전진단서 제출 필요성 여부를 결정하여 그 결과를 통보하여야 한다. 이 경우 의견서의 서류를 보완하는 데 걸리는 기간은 통보기간에 산입하지 아니한다.

③ 해양수산부장관이 제2항에 따라 사업자에게 안전진단서를 제출하라고 통보한 경우 사업자는 해양수산부장관에게 안전진단서를 제출하여야 한다.

④ 해양수산부장관은 사업자로부터 안전진단서를 제출받은 날부터 45일 이내에 안전진단서를 검토한 후 검토의견을 사업자에게 통보하여야 한다. 이 경우 안전진단서의 서류를 보완하거나 관계 기관과의 협의에 걸리는 기간은 통보기간에 산입하지 아니한다.

제15조 (검토의견에 대한 이의신청)

① 검토의견에 이의가 있는 사업자는 처분기관을 경유하여 해양수산부장관에게 이의신청을 할 수 있다. 이 경우 사업자는 검토의견을 통보받은 날부터 30일 이내에 처분기관에 이의신청서를 제출하여야 한다. 다만, 천재지변 등 부득이한 사정이 있을 때에는 그 기간을 제출기간에 산입하지 아니한다.

② 해양수산부장관은 제1항에 따른 이의신청 내용의 타당성을 검토하여 그 결과(이하 "검토결과"라 한다)를 해양수산부령으로 정하는 바에 따라 20일 이내에 처분기관을 거쳐 이의신청을 한 자에게 통보하여야 한다. 다만, 천재지변 등 부득이한 사정이 있을 때에는 10일의 범위에서 통보기간을 연장할 수 있다.

③ 제1항에 따른 이의신청의 방법, 절차 등에 필요한 사항은 해양수산부령으로 정한다.

제16조 (처분기관의 허가 등)

① 처분기관은 이의신청이 없는 검토의견 또는 검토결과를 반영하여 허가등을 하여야 하며, 허가등을 하였을 때에는 해양수산부장관에게 통보하여야 한다.

② 처분기관은 이의신청이 없는 검토의견 또는 검토결과대로 사업자가 사업을 시행하

는지를 확인하여 그 결과를 대통령령으로 정하는 바에 따라 해양수산부장관에게 제출하여야 하며, 이를 위하여 사업자에게 이행에 관련된 자료의 제출을 요구하거나 현장조사를 실시할 수 있다.

③ 처분기관은 사업자가 이의신청이 없는 검토의견 또는 검토결과대로 이행하지 아니한 사실이 확인된 경우에는 서면으로 이행 시한을 명시하여 이행할 것을 명하여야 한다.

④ 처분기관은 사업자가 제3항에 따른 명령을 이행하지 아니하여 해상교통안전에 중대한 영향을 미칠 것으로 판단될 경우에는 그 사업의 전부 또는 일부에 대하여 사업중지명령을 하여야 한다.

⑤ 해양수산부장관은 처분기관이 제13조제2항부터 제5항까지의 규정에 따른 절차를 거치지 아니하고 허가등을 하였을 때에는 그 허가등의 취소, 사업의 중지, 인공구조물의 철거, 운영정지 및 원상회복 등 필요한 조치를 취할 것을 그 처분기관에 요청할 수 있다.

⑥ 해양수산부장관은 처분기관이 정당한 사유 없이 제2항에 따른 확인을 하지 아니하거나 현저히 지연할 때에는 사업자가 검토의견 또는 검토결과대로 사업을 시행하는지를 직접 확인할 수 있다. 이 경우 해양수산부장관은 필요하면 해상교통안전 관련 분야의 전문가 또는 해상교통안전진단 전문기관의 의견을 듣거나 현장조사를 의뢰할 수 있고, 처분기관 또는 사업자에게 관련 자료의 제출을 요청할 수 있다.

⑦ 해양수산부장관은 검토의견 또는 검토결과의 이행을 위하여 필요한 경우에는 처분기관에 사업자에 대하여 제3항에 따른 이행명령이나 제4항에 따른 사업의 전부 또는 일부에 대한 사업중지명령을 할 것을 요청할 수 있다.

⑧ 제5항부터 제7항까지의 규정에 따른 요청을 받은 처분기관 또는 사업자는 특별한 사유가 없으면 그 요청에 따라야 한다.

제17조 (국가기관 또는 지방자치단체의 해상교통안전진단 등)

① 제13조에도 불구하고 국가기관의 장 또는 지방자치단체의 장은 안전진단대상사업을 시행하려는 경우에는 해양수산부장관에게 안전진단서를 제출하고 협의를 요청하여야 한다.

② 제1항에 따라 협의를 요청받은 해양수산부장관은 협의를 요청받은 날부터 45일 이내에 안전진단서를 검토한 후 그 검토의견을 협의를 요청한 국가기관의 장 또는 지방자치단체의 장에게 통보하여야 한다. 이 경우 해양수산부장관은 안전진단서의 검토를 위하여 해상교통안전 관련 분야의 전문가 또는 해상교통안전진단 전문기관

의 의견을 들을 수 있다.

③ 제2항에 따른 검토의견에 이의가 있는 국가기관의 장 또는 지방자치단체의 장은 검토의견을 통보받은 날부터 30일 이내에 이의의 내용·사유 등을 적어 해양수산부장관에게 재협의를 요청할 수 있다. 다만, 천재지변 등 부득이한 사정이 있을 때에는 그 기간을 재협의 요청기간에 산입하지 아니한다.

④ 해양수산부장관은 제3항에 따른 재협의 요청을 받은 경우 그 타당성을 검토한 후 그 검토결과를 재협의를 요청받은 날부터 20일 이내에 재협의를 요청한 국가기관의 장 또는 지방자치단체의 장에게 통보하여야 한다. 다만, 천재지변 등 부득이한 사정이 있을 때에는 10일 이내의 범위에서 통보기간을 연장할 수 있다.

⑤ 국가기관의 장 또는 지방자치단체의 장은 해양수산부장관의 검토의견 또는 검토결과에 따라 안전진단대상사업을 시행하여야 하며, 대통령령으로 정하는 바에 따라 그 이행 결과를 해양수산부장관에게 제출하여야 한다.

⑥ 해양수산부장관은 국가기관의 장 또는 지방자치단체의 장이 제1항부터 제5항까지의 규정에 따른 절차를 거치지 아니하거나 제5항에 따른 해양수산부장관의 검토의견 또는 검토결과에 따르지 아니하고 안전진단대상사업을 시행하는 경우에는 사업계획의 취소, 사업의 중지, 인공구조물의 철거, 운영정지 및 원상회복 등 필요한 조치를 할 것을 해당 국가기관의 장 또는 지방자치단체의 장에게 요청할 수 있다.

⑦ 해양수산부장관은 국가기관의 장 또는 지방자치단체의 장이 검토의견 또는 검토결과에 따라 안전진단대상사업을 시행하는지 확인하기 위하여 해상교통안전 관련 분야의 전문가 또는 해상교통안전진단 전문기관의 의견을 듣거나 현장조사를 의뢰할 수 있고, 해당 국가기관의 장 또는 지방자치단체의 장에게 관련 자료의 제출을 요청할 수 있다.

⑧ 제6항 및 제7항에 따른 해양수산부장관의 요청을 받은 국가기관의 장 또는 지방자치단체의 장은 특별한 사유가 없으면 그 요청에 따라야 한다.

⑨ 제1항에도 불구하고 국가기관의 장 또는 지방자치단체의 장은 시행하려는 안전진단대상사업이 제16조제1항 각 호의 어느 하나에 해당하여 안전진단서 제출이 필요하지 아니하다고 판단하는 경우 해당 사업의 목적, 내용, 안전진단서 제출이 필요하지 아니한 사유 등이 포함된 의견서를 해양수산부장관에게 제출하고 협의하여야 한다.

⑩ 제1항부터 제9항까지에서 규정한 사항 외에 안전진단서의 제출, 협의·재협의의 요청, 검토의견·검토결과의 작성 및 통보의 절차와 방법 등에 관한 사항은 대통령령으로 정한다.

제18조 (해상교통안전진단의 대행)

① 사업자나 제17조제1항에 따라 해양수산부장관에게 협의를 요청하여야 하는 국가기관의 장 또는 지방자치단체의 장은 제2항에 따라 등록한 안전진단대행업자로 하여금 해상교통안전진단을 대행하게 할 수 있다.

② 해상교통안전진단을 대행하려는 자(이하 "안전진단대행업자"라 한다)는 해양수산부령으로 정하는 기술인력·장비 등 자격을 갖추어 해양수산부장관에게 등록하여야 한다. 등록한 사항 중 해양수산부령으로 정하는 사항을 변경하려는 경우에도 또한 같다.

③ 제2항에서 규정한 사항 외에 등록절차 및 등록증의 발급 등에 필요한 사항은 해양수산부령으로 정한다.

제19조 (안전진단대행업자의 결격사유)

다음 각 호의 자는 안전진단대행업자로 등록할 수 없다.

1. 피성년후견인·피한정후견인 또는 미성년자
2. 이 법을 위반하거나 「형법」 제186조에 따른 등대·표지 손괴 또는 선박의 교통을 방해함으로써 금고 이상의 실형을 선고받고 그 집행이 끝나거나(집행이 끝난 것으로 보는 경우를 포함한다) 집행이 면제된 날부터 2년이 지나지 아니한 자
3. 이 법을 위반하거나 「형법」 제186조에 따른 등대·표지 손괴 또는 선박의 교통을 방해함으로써 금고 이상의 형의 집행유예를 선고받고 그 유예기간 중에 있는 자
4. 제22조에 따라 등록이 취소(이 조 제1호에 해당하여 등록이 취소된 경우는 제외한다)된 날부터 2년이 지나지 아니한 자
5. 대표자가 제1호부터 제4호까지의 어느 하나에 해당하는 법인

제20조 (권리와 의무의 승계)

① 안전진단대행업자로 등록한 자가 그 영업을 양도하거나 법인이 합병한 경우에는 그 양수인 또는 합병 후에 존속하는 법인이나 합병으로 설립되는 법인은 그 등록에 따른 권리와 의무를 승계한다.

② 제1항에 따라 권리와 의무를 승계한 자는 승계한 날부터 30일 이내에 해양수산부령으로 정하는 바에 따라 해양수산부장관에게 신고하여야 한다.

③ 해양수산부장관은 제2항에 따른 신고를 받은 날부터 3일 이내에 신고수리 여부를 신고인에게 통지하여야 한다.

④ 해양수산부장관이 제3항에서 정한 기간 내에 신고수리 여부 또는 민원 처리 관련 법령에 따른 처리기간의 연장 여부를 신고인에게 통지하지 아니하면 그 기간(민원 처리 관련 법령에 따라 처리기간이 연장 또는 재연장된 경우에는 해당 처리기간을 말한다)이 끝난 날의 다음 날에 신고를 수리한 것으로 본다.

⑤ 제1항에 따라 안전진단대행업을 승계한 자에 관하여는 제19조를 준용한다.

제21조 (사업의 휴업 또는 폐업의 신고)

안전진단대행업자로 등록한 자는 그 사업을 휴업하거나 폐업하려면 해양수산부령으로 정하는 바에 따라 해양수산부장관에게 신고하여야 한다.

제22조 (안전진단대행업자의 등록 취소 등)

① 해양수산부장관은 안전진단대행업자가 다음 각 호의 어느 하나에 해당하면 그 등록을 취소하거나 6개월 이내의 기간을 정하여 영업의 정지를 명할 수 있다. 다만, 제1호부터 제3호까지, 제5호, 제11호 또는 제12호에 해당하면 그 등록을 취소하여야 한다.

1. 제13조제1항에 따른 안전진단기준을 따르지 아니하거나, 해상교통안전진단업무를 수행하지 아니하고 거짓으로 안전진단서를 작성한 경우
2. 거짓이나 그 밖의 부정한 방법으로 등록하거나 변경등록을 한 경우
3. 제18조제2항 전단에 따른 해양수산부령으로 정한 자격을 갖추지 못하게 된 경우
4. 제18조제2항 후단에 따른 변경등록을 하지 아니한 경우
5. 제19조 각 호의 어느 하나에 해당하게 된 경우. 다만, 법인의 대표자가 제19조 각 호의 어느 하나에 해당하게 된 날부터 6개월이 되는 날까지 시정한 경우에는 그 등록을 취소하지 아니한다.
6. 제20조제2항을 위반하여 권리·의무에 대한 승계신고를 하지 아니한 경우
7. 제21조를 위반하여 사업의 휴업 또는 폐업 신고를 하지 아니한 경우
8. 제60조제1항제1호에 따른 출석 또는 진술을 거부·방해하거나 기피한 경우
9. 제60조제1항제2호에 따른 출입·검사·확인·조사 또는 점검을 거부·방해하거나 기피한 경우
10. 제60조제1항제3호에 따른 서류제출 또는 업무보고를 하지 아니하거나 거짓으로 서류제출 또는 업무보고를 한 경우
11. 영업정지 명령을 위반하여 정지기간 중에 해상교통안전진단 대행 업무를 계속

한 경우

12. 다른 안전진단대행업자로 하여금 해상교통안전진단을 하게 한 경우

② 제1항에 따른 처분의 세부기준과 절차, 그 밖에 필요한 사항은 해양수산부령으로 정한다.

제23조 (안전진단대행업자의 업무계속)

① 안전진단대행업자는 제22조에 따른 등록취소 또는 영업정지 처분에도 불구하고 그 처분 전에 체결한 해상교통안전진단 대행 업무를 계속하여 수행할 수 있다. 다만, 제22조제1항제1호부터 제3호까지, 제11호 또는 제12호에 따라 등록취소의 처분을 받은 경우에는 그러하지 아니하다.

② 제1항에 따라 해상교통안전진단 대행 업무를 계속 수행할 수 있는 자는 그 업무를 끝낼 때까지 이 법에 따른 안전진단대행업자로 본다.

③ 제22조제1항에 따라 등록취소 또는 영업정지의 처분을 받은 안전진단대행업자는 그 사실을 등록취소 또는 영업정지 처분을 받은 날부터 10일 이내에 해상교통안전진단을 의뢰한 자에게 통지하여야 한다.

④ 해상교통안전진단을 의뢰한 자는 특별한 사유가 있는 경우를 제외하고는 그 안전진단대행업자로부터 제3항에 따른 통지를 받거나 등록취소 또는 영업정지의 처분이 있었던 사실을 안 날부터 30일 이내에만 그 해상교통안전진단의 대행에 관한 계약을 해지할 수 있다.

제2절 항행장애물의 처리

제24조 (항행장애물의 보고 등)

① 다음 각 호의 어느 하나에 해당하는 항행장애물을 발생시킨 선박의 선장, 선박소유자 또는 선박운항자(이하 “항행장애물제거책임자”라 한다)는 해양수산부령으로 정하는 바에 따라 해양수산부장관에게 지체 없이 그 항행장애물의 위치와 제26조에 따른 위험성 등을 보고하여야 한다.

1. 떠다니거나 침몰하여 다른 선박의 안전운항 및 해상교통질서에 지장을 주는 항행장애물
2. 「항만법」 제2조제1호에 따른 항만의 수역, 「어촌·어항법」 제2조제3호에 따른 어항의 수역, 「하천법」 제2조제1호에 따른 하천의 수역(이하 “수역등”이라 한다)에 있는 시설 및 다른 선박 등과 접촉할 위험이 있는 항행장애물

② 대한민국선박이 외국의 배타적 경제수역에서 항행장애물을 발생시켰을 경우 항행장애물제거책임자는 그 해역을 관할하는 외국 정부에 지체 없이 보고하여야 한다.
③ 제1항의 보고를 받은 해양수산부장관은 항행장애물 주변을 항행하는 선박과 인접 국가의 정부에 항행장애물의 위치와 내용 등을 알려야 한다.

제25조 (항행장애물의 표시 등)

① 항행장애물제거책임자는 항행장애물이 다른 선박의 항행안전을 저해할 우려가 있는 경우에는 지체 없이 항행장애물에 위험성을 나타내는 표시를 하거나 다른 선박에게 알리기 위한 조치를 하여야 한다. 다만, 항행장애물 중 침몰·좌초된 선박에 대하여는「항로표지법」제14조에 따라 조치하여야 한다.
② 해양수산부장관은 항행장애물제거책임자가 제1항에 따른 표시나 조치를 하지 아니하는 경우 항행장애물제거책임자에게 그 표시나 조치를 하도록 명할 수 있다.
③ 항행장애물제거책임자가 제2항에 따른 명령을 이행하지 아니하거나 시급히 표시하지 아니하면 선박의 항행안전에 위해(危害)를 미칠 우려가 큰 경우 해양수산부장관은 직접 항행장애물에 표시할 수 있다.

제26조 (항행장애물의 위험성 결정)

① 해양수산부장관은 항행장애물이 선박의 항행안전이나 해양환경에 중대한 영향을 끼치는지를 고려하여 항행장애물의 위험성을 결정하여야 한다.
② 항행장애물의 위험성 결정에 필요한 사항은 해양수산부령으로 정한다.

제27조 (항행장애물 제거)

① 항행장애물제거책임자는 항행장애물을 제거하여야 한다.
② 항행장애물제거책임자가 제1항에 따라 항행장애물을 제거하지 아니하는 때에는 해양수산부장관은 그 항행장애물제거책임자에게 항행장애물을 제거하도록 명할 수 있다.
③ 항행장애물제거책임자가 제2항에 따른 명령을 이행하지 아니하거나 항행장애물이 제27조에 따라 위험성이 있다고 결정된 경우 해양수산부장관이 직접 항행장애물을 제거할 수 있다.
④ 제1항부터 제3항까지에서 규정한 사항 외에 항행장애물 제거에 필요한 사항은 해양수산부령으로 정한다.

제28조 (비용징수 등)

① 해양수산부장관은 제25조제3항 및 제27조제3항에 따른 항행장애물의 표시·제거에 드는 비용의 징수에 대비하여 필요한 경우에는 선박소유자에게 비용 지불을 보증하는 서류의 제출을 요구할 수 있다.

② 제25조제3항 및 제27조제3항에 따른 항행장애물의 표시·제거에 쓰인 비용은 항행장애물제거책임자의 부담으로 하되, 항행장애물제거책임자를 알 수 없는 경우에는 대통령령으로 정하는 바에 따라 그 항행장애물 또는 항행장애물을 발생시킨 선박을 처분하여 비용에 충당할 수 있다.

제29조 (국내항의 입항·출항 등 거부)

해양수산부장관은 제28조제1항의 요구에 응하지 아니하는 선박에 대하여는 국내항의 입항·출항을 거부하거나 국내계류시설의 사용을 허가하지 아니할 수 있다.

제3절 항해 안전관리

제30조 (항로의 지정 등)

① 해양수산부장관은 선박이 통항하는 수역의 지형·조류, 그 밖의 자연적인 조건 또는 선박 교통량 등으로 해양사고가 일어날 우려가 있다고 인정되면 관계 행정기관의 장의 의견을 들어 그 수역의 범위, 선박의 항로 및 속력 등 선박의 항행안전에 필요한 사항을 해양수산부령으로 정하는 바에 따라 고시할 수 있다.

② 해양수산부장관은 태풍 등 악천후를 피하려는 선박이나 해양사고 등으로 자유롭게 조종되지 아니하는 선박을 위한 수역 등을 지정·운영할 수 있다.

* **<u>시행규칙 제26조</u>** (항로의 고시 등)

① 지방해양수산청장은 법 제30조제1항에 따라 선박의 항행안전에 필요한 다음 각 호의 사항을 고시할 수 있다.

1. 선박의 항로·속력 및 항법
2. 선박의 교통량
3. 수역의 범위
4. 기상여건
5. 그 밖에 해상교통 및 선박의 항행안전을 위하여 지방해양수산청장이 필요하다고 인정하는 사항

② 제1항에 따라 지방해양수산청장이 고시한 수역 안을 통항하는 선박은 해당 고시에 따른 항로·항법 및 속력 등을 따라야 한다.

제31조 (외국선박의 통항)

① 외국선박은 해양수산부장관의 허가를 받지 아니하고는 대한민국의 내수에서 통항할 수 없다.

② 제1항에도 불구하고 「영해 및 접속수역법」 제2조제2항에 따른 직선기선에 따라 내수에 포함된 해역에서는 정박·정류(停留)·계류 또는 배회(徘徊)함이 없이 계속적이고 신속하게 통항할 수 있다. 다만, 다음 각 호의 경우에는 그러하지 아니하다.

1. 불가항력이나 조난으로 인하여 필요한 경우
2. 위험하거나 조난상태에 있는 인명·선박·항공기를 구조하기 위한 경우
3. 그 밖에 대한민국 항만에의 입항 등 해양수산부령으로 정하는 경우

③ 제1항에 따른 허가에 필요한 서류의 제출 등 관련 조치에 관하여 필요한 사항은 해양수산부령으로 정한다.

제32조 (특정선박에 대한 안전조치)

① 대한민국의 영해 또는 내수를 통항하는 외국선박 중 다음 각 호의 선박(이하 "특정선박"이라 한다)은 「해상에서의 인명안전을 위한 국제협약」 등 관련 국제협약에서 정하는 문서를 휴대하거나 해양수산부령으로 정하는 특별예방조치를 준수하여야 한다.

1. 핵추진선박
2. 핵물질 등 위험화물운반선

② 해양수산부장관은 특정선박에 의한 해양오염 방지, 경감 및 통제를 위하여 필요하면 통항로를 지정하는 등 안전조치를 명할 수 있다.

제33조 (항로 등의 보전)

① 누구든지 항로에서 다음 각 호의 어느 하나에 해당하는 행위를 하여서는 아니 된다.

1. 선박의 방치
2. 어망 등 어구의 설치나 투기

② 해양경찰서장은 제1항을 위반한 자에게 방치된 선박의 이동·인양 또는 어망 등 어구의 제거를 명할 수 있다.

③ 누구든지 「항만법」 제2조제1호에 따른 항만의 수역 또는 「어촌·어항법」 제2조제3호에 따른 어항의 수역 중 대통령령으로 정하는 수역에서는 해상교통의 안전에 장

애가 되는 스킨다이빙, 스쿠버다이빙, 윈드서핑 등 대통령령으로 정하는 행위를 하여서는 아니 된다. 다만, 해상교통안전에 장애가 되지 아니한다고 인정되어 해양경찰서장의 허가를 받은 경우와 「체육시설의 설치·이용에 관한 법률」 제20조에 따라 신고한 체육시설업과 관련된 해상에서의 행위를 하는 경우에는 그러하지 아니하다.

④ 해양경찰서장은 제3항에 따라 허가를 받은 사람이 다음 각 호의 어느 하나에 해당하면 그 허가를 취소하거나 해상교통안전에 장애가 되지 아니하도록 시정할 것을 명할 수 있다. 다만, 제3호에 해당하는 경우에는 그 허가를 취소하여야 한다.

1. 항로나 정박지 등 해상교통 여건이 달라진 경우
2. 허가조건을 위반한 경우
3. 거짓이나 그 밖의 부정한 방법으로 허가를 받은 경우

⑤ 제3항에 따른 허가에 관하여 필요한 사항은 대통령령으로 정한다.

제34조 (수역등 및 항로의 안전 확보)

① 누구든지 수역등 또는 수역등의 밖으로부터 10킬로미터 이내의 수역에서 선박 등을 이용하여 수역등이나 항로를 점거하거나 차단하는 행위를 함으로써 선박통항을 방해하여서는 아니 된다.

② 해양경찰서장은 제1항을 위반하여 선박통항을 방해한 자 또는 방해할 우려가 있는 자에게 일정한 시간 내에 스스로 해산할 것을 요청하고, 이에 따르지 아니하면 해산을 명할 수 있다.

③ 제2항에 따른 해산명령을 받은 자는 지체 없이 물러가야 한다.

제35조 (선박위치정보의 공개 제한 등)

① 항해자료기록장치 등 해양수산부령으로 정하는 전자적 수단으로 선박의 항적(航跡) 등을 기록한 정보(이하 "선박위치정보"라 한다)를 보유한 자는 다음 각 호의 경우를 제외하고는 선박위치정보를 공개하여서는 아니 된다.

1. 선박위치정보의 보유권자가 그 보유 목적에 따라 사용하려는 경우
2. 「해양사고의 조사 및 심판에 관한 법률」 제16조에 따른 조사관 등이 해양사고의 원인을 조사하기 위하여 요청하는 경우
3. 「재난 및 안전관리 기본법」 제3조제7호에 따른 긴급구조기관이 급박한 위험에 처한 선박 또는 승선자를 구조하기 위하여 요청하는 경우
4. 중앙행정기관의 장 또는 공공기관의 장이 항만시설의 보안, 여객선의 안전운항

관리, 「통합방위법」 제2조제4호에 따른 통합방위작전의 수행 또는 관세의 부과·징수 등에 관한 소관 업무를 수행하기 위하여 요청하는 경우
5. 선박소유자의 동의를 받은 경우
6. 6개월 이상의 기간이 지난 선박위치정보로서 해양수산부령으로 정하는 경우

② 직무상 선박위치정보를 알게 된 선박소유자, 선장 및 해원(海員) 등은 선박위치정보를 누설·변조·훼손하여서는 아니 된다.

제36조 (선박 출항통제)

① 해양수산부장관은 해상에 대하여 기상특보가 발표되거나 제한된 시계 등으로 선박의 안전운항에 지장을 줄 우려가 있다고 판단할 경우에는 선박소유자나 선장에게 선박의 출항통제를 명할 수 있다.

② 제1항에 따른 출항통제의 기준·방법 및 절차 등에 필요한 사항은 해양수산부령으로 정한다.

* 시행규칙 제33조 (선박 출항통제)
법 제36조제2항에 따른 선박출항통제의 기준 및 절차는 별표 10과 같다.

제37조 (순찰)

해양경찰서장은 선박 통항의 안전과 질서를 유지하기 위하여 소속 경찰공무원에게 수역등·항로 또는 보호수역을 순찰하게 하여야 한다.

제38조 (정선 등)

① 해양경찰서장은 이 법 또는 이 법에 따른 명령을 위반하였거나 위반한 혐의가 있는 자가 승선하고 있는 선박에 대하여 정선(停船)하거나 회항(回航)할 것을 명할 수 있다.

② 제1항에 따른 정선명령이나 회항명령은 대통령령으로 정하는 방법으로 그 선박에서 항해당직을 수행하고 있는 사람에게 알려야 한다.

제39조 (술에 취한 상태에서의 조타기 조작 등 금지)

① 술에 취한 상태에 있는 사람은 운항을 하기 위하여 「선박직원법」 제2조제1호에 따른 선박[총톤수 5톤 미만의 선박과 같은 호 나목 및 다목에 해당하는 외국선박 및 시운전선박(국내 조선소에서 건조 또는 개조하여 진수 후 인도 전까지 시운전하는 선박을 말한다)을 포함한다. 이하 이 조 및 제40조에서 같다]의 조타기(操舵機)를

조작하거나 조작할 것을 지시하는 행위 또는 「도선법」 제2조제1호에 따른 도선(이하 "도선"이라 한다)을 하여서는 아니 된다.

② 해양경찰청 소속 경찰공무원은 다음 각 호의 어느 하나에 해당하는 경우에는 운항을 하기 위하여 조타기를 조작하거나 조작할 것을 지시하는 사람(이하 "운항자"라 한다) 또는 도선을 하는 사람(이하 "도선사"라 한다)이 술에 취하였는지 측정할 수 있으며, 해당 운항자 또는 도선사는 해양경찰청 소속 경찰공무원의 측정 요구에 따라야 한다. 다만, 제3호에 해당하는 경우에는 반드시 술에 취하였는지를 측정하여야 한다.

1. 다른 선박의 안전운항을 해치거나 해칠 우려가 있는 등 해상교통의 안전과 위험방지를 위하여 필요하다고 인정되는 경우
2. 제1항을 위반하여 술에 취한 상태에서 조타기를 조작하거나 조작할 것을 지시하였거나 도선을 하였다고 인정할 만한 충분한 이유가 있는 경우
3. 해양사고가 발생한 경우

③ 제2항에 따라 술에 취하였는지를 측정한 결과에 불복하는 사람에 대하여는 해당 운항자 또는 도선사의 동의를 받아 혈액채취 등의 방법으로 다시 측정할 수 있다.

④ 제1항에 따른 술에 취한 상태의 기준은 혈중알코올농도 0.03퍼센트 이상으로 한다.

⑤ 제1항부터 제4항까지에 따른 측정에 필요한 세부 절차 및 측정기록의 관리 등에 필요한 사항은 해양수산부령으로 정한다.

제40조 (약물복용 등의 상태에서 조타기 조작 등 금지)

약물(「마약류 관리에 관한 법률」 제2조제1호에 따른 마약류를 말한다. 이하 같다)·환각물질(「화학물질관리법」 제22조제1항에 따른 환각물질을 말한다. 이하 같다)의 영향으로 인하여 정상적으로 다음 각 호의 행위를 하지 못할 우려가 있는 상태에서는 해당 행위를 하여서는 아니 된다.

1. 「선박직원법」 제2조제1호에 따른 선박의 조타기를 조작하거나 조작할 것을 지시하는 행위
2. 「선박직원법」 제2조제1호에 따른 선박의 도선

제41조 (위험방지를 위한 조치)

해양경찰서장은 운항자 또는 도선사가 제39조제1항 및 제40조를 위반한 경우에는 그 운항자 또는 도선사가 정상적으로 조타기를 조작하거나 조작할 것을 지시할 수 있는 상태가 될 때까지 조타기 조작 또는 조작 지시를 하지 못하게 명령하거나 도선을 하지 못하게 명령하는 등 필요한 조치를 취할 수 있다.

제42조 (해기사면허의 취소·정지 요청)

해양경찰청장은 「선박직원법」 제4조에 따른 해기사 면허를 받은 자가 다음 각 호의 어느 하나에 해당하는 경우 해양수산부장관에게 해당 해기사 면허를 취소하거나 1년의 범위에서 해기사 면허의 효력을 정지할 것을 요청할 수 있다.

1. 제39조제1항을 위반하여 술에 취한 상태에서 운항을 하기 위하여 조타기를 조작하거나 그 조작을 지시한 경우
2. 제39조제2항제2호를 위반하여 술에 취한 상태에서 조타기를 조작하거나 조작할 것을 지시하였다고 인정할 만한 상당한 이유가 있음에도 불구하고 해양경찰청 소속 경찰공무원의 측정 요구에 따르지 아니한 경우
3. 제40조를 위반하여 약물·환각물질의 영향으로 인하여 정상적으로 조타기를 조작하거나 그 조작을 지시하지 못할 우려가 있는 상태에서 조타기를 조작하거나 그 조작을 지시한 경우

제43조 (해양사고가 일어난 경우의 조치)

① 선장이나 선박소유자는 해양사고가 일어나 선박이 위험하게 되거나 다른 선박의 항행안전에 위험을 줄 우려가 있는 경우에는 위험을 방지하기 위하여 신속하게 필요한 조치를 취하고, 해양사고의 발생 사실과 조치 사실을 지체 없이 해양경찰서장이나 지방해양수산청장에게 신고하여야 한다.

② 지방해양수산청장은 제1항에 따른 신고를 받으면 지체 없이 그 사실을 해양경찰서장에게 통보하여야 한다.

③ 해양경찰서장은 선장이나 선박소유자가 제1항에 따라 신고한 조치 사실을 적절한 수단을 사용하여 확인하고, 조치를 취하지 아니하였거나 취한 조치가 적당하지 아니하다고 인정하는 경우에는 그 선박의 선장이나 선박소유자에게 해양사고를 신속하게 수습하고 해상교통의 안전을 확보하기 위하여 필요한 조치를 취할 것을 명하여야 한다.

④ 해양경찰서장은 해양사고가 일어나 선박이 위험하게 되거나 다른 선박의 항행안전에 위험을 줄 우려가 있는 경우 필요하면 구역을 정하여 다른 선박에 대하여 선박의 이동·항행 제한 또는 조업중지를 명할 수 있다.

제44조 (항행보조시설의 설치와 관리)

① 해양수산부장관은 선박의 항행안전에 필요한 항로표지·신호·조명 등 항행보조시설을 설치하고 관리·운영하여야 한다.

② 해양경찰청장은, 지방자치단체의 장 또는 운항자는 다음 각 호의 수역에 「항로표지법」 제2조제1호에 따른 항로표지를 설치할 필요가 있다고 인정하면 해양수산부장관에게 그 설치를 요청할 수 있다.
 1. 선박교통량이 아주 많은 수역
 2. 항행상 위험한 수역

제4장 선박 및 사업장의 안전관리

제1절 선박의 안전관리체제

제45조 (선장의 권한 등)

① 누구든지 선박의 안전을 위한 선장의 전문적인 판단을 방해하거나 간섭하여서는 아니 된다.
② 선장은 선박의 안전관리를 위하여 제47조에 따라 선임된 안전관리책임자에게 선박과 그 시설의 정비·수리, 선박운항일정의 변경 등을 요구할 수 있고, 그 요구를 받은 안전관리책임자는 타당성 여부를 검토하여 그 결과를 10일 이내에 선박소유자에게 알려야 한다. 다만, 안전관리책임자가 선임되지 아니하거나 선박소유자가 안전관리책임자로 선임된 경우에는 선장이 선박소유자에게 직접 요구할 수 있다.
③ 제2항에 따른 요구를 받은 선박소유자는 해당 요구에 따른 필요한 조치를 하여야 한다.
④ 해양수산부장관은 선박소유자가 제3항에 따른 필요한 조치를 하지 아니할 경우 공중의 안전에 위해를 끼칠 수 있어 긴급한 조치가 필요하다고 판단하면 선박소유자에게 필요한 조치를 하도록 명할 수 있다.

제46조 (선박의 안전관리체제 수립 등)

① 해양수산부장관은 선박소유자가 그 선박과 사업장에 대하여 선박의 안전운항 등을 위한 관리체제(이하 "안전관리체제"라 한다)를 수립하고 시행하는 데 필요한 시책을 강구하여야 한다.
② 다음 각 호의 어느 하나에 해당하는 선박(해저자원을 채취·탐사 또는 발굴하는 작업에 종사하는 이동식 해상구조물을 포함한다. 이하 이 조 및 제49조부터 제56조까지 같다)을 운항하는 선박소유자는 안전관리체제를 수립하고 시행하여야 한다. 다만, 「해운법」 제21조에 따른 운항관리규정을 작성하여 해양수산부장관으로부터 심사를 받고 시행하는 경우에는 안전관리체제를 수립하여 시행하는 것으로 본다.

1. 「해운법」 제3조에 따른 해상여객운송사업에 종사하는 선박
2. 「해운법」 제23조에 따른 해상화물운송사업에 종사하는 선박으로서 총톤수 500톤 이상의 선박[기선(機船)과 밀착된 상태로 결합된 부선(艀船)을 포함한다]
3. 국제항해에 종사하는 총톤수 500톤 이상의 어획물운반선과 이동식 해상구조물
4. 수면비행선박
5. 그 밖에 대통령령으로 정하는 선박

③ 안전관리체제에는 다음 각 호의 사항이 포함되어야 한다. 다만, 제2항제5호에 따른 선박의 안전관리체제에는 해양수산부령으로 정하는 바에 따라 그 일부를 포함시키지 아니할 수 있다.

1. 해상에서의 안전과 환경 보호에 관한 기본방침
2. 선박소유자의 책임과 권한에 관한 사항
3. 제47조제1항에 따른 안전관리책임자와 안전관리자의 임무에 관한 사항
4. 선장의 책임과 권한에 관한 사항
5. 인력의 배치와 운영에 관한 사항
6. 선박의 안전관리체제 수립에 관한 사항
7. 선박충돌사고 등 발생 시 비상대책의 수립에 관한 사항
8. 사고, 위험 상황 및 안전관리체제의 결함에 관한 보고와 분석에 관한 사항
9. 선박의 정비에 관한 사항
10. 안전관리체제와 관련된 지침서 등 문서 및 자료 관리에 관한 사항
11. 안전관리체제에 대한 선박소유자의 확인·검토 및 평가에 관한 사항

④ 제2항에 따라 안전관리체제를 수립·시행하여야 하는 선박소유자는 제53조에 따라 안전관리대행업을 등록한 자에게 이를 위탁할 수 있다. 이 경우 선박소유자는 그 사실을 10일 이내에 해양수산부장관에게 알려야 한다.

⑤ 안전관리체제에 포함되어야 할 제3항 각 호의 구체적 범위는 해양수산부령으로 정한다.

제47조 (선박소유자의 안전관리책임자 선임의무 등)

① 제46조제2항에 따라 안전관리체제를 수립·시행하여야 하는 선박소유자(같은 조 제4항에 따라 안전관리체제의 수립·시행을 위탁한 경우에는 위탁받은 자를 말한다. 이하 제2항 및 제3항에서 같다)는 선박 및 사업장의 안전관리 업무를 수행하게 하기 위하여 안전관리책임자와 안전관리자를 선임하여야 한다. 이 경우 안전관리책임자와 안전관리자는 제64조에 따른 선박안전관리사 자격을 가진 사람 중에서

선임하여야 한다.

② 선박소유자는 안전관리책임자 및 안전관리자를 해임하거나 안전관리책임자 및 안전관리자가 퇴직하는 경우 그 즉시 안전관리책임자 및 안전관리자를 변경선임하여야 한다.

③ 선박소유자는 제1항 및 제2항에 따라 안전관리책임자 및 안전관리자를 선임 또는 변경선임한 때에는 그 사실이 발생한 날부터 10일 이내에 해양수산부장관에게 신고하여야 한다.

④ 선박소유자는 제49조에 따른 인증심사를 받은 안전관리체제를 유지하기 위하여 필요한 조치를 하여야 하며, 안전관리책임자·안전관리자 및 제46조제4항에 따라 안전관리체제의 수립·시행을 위탁받은 자가 안전관리 업무를 성실하게 수행할 수 있도록 지원 및 지도·감독하여야 한다.

⑤ 해양수산부장관은 제4항에 따른 의무를 이행하지 아니한 선박소유자에게 그 의무를 이행하도록 명할 수 있다.

⑥ 제1항에 따른 안전관리책임자 및 안전관리자의 자격과 선임기준, 제3항에 따른 선임·변경선임에 대한 신고의 절차 및 방법 등 그 밖에 필요한 사항은 해양수산부령으로 정한다.

제48조 (안전관리책임자 등의 업무 등)

① 안전관리책임자는 선박의 안전관리에 관한 업무를 선박소유자와 직접 협의할 수 있는 권한을 가진 자로서, 다음 각 호의 업무를 수행한다.

1. 안전관리체제의 시행 및 개선
2. 선원에 대한 안전교육 실시 및 이에 대한 사후점검
3. 안전관리체제의 유효성 검토 및 부적합사항의 분석
4. 선박에 보급되는 장치, 부품 등의 적격품 여부 확인
5. 선박의 안전운항 및 해양오염방지를 위한 필요자원 및 육상지원의 적절한 제공 여부 확인 및 보장
6. 선박에 대한 안전정보·기술정보 등의 제공
7. 그 밖에 대통령령으로 정하는 업무

② 안전관리자는 안전관리책임자를 보좌하며, 안전관리책임자의 지휘를 받아 제1항 각 호의 업무를 수행한다.

③ 안전관리책임자와 안전관리자는 선박안전에 관한 교육을 제8항에서 정하는 바에 따라 의무적으로 받아야 한다.

④ 안전관리책임자는 제1항에 따른 업무수행 중 제46조에 따라 수립된 안전관리체제에 위반되는 것을 발견한 때에는 지체 없이 선박소유자에게 시정 등의 조치를 요구하여야 한다. 이 경우 선박소유자가 안전관리책임자의 요구에 따르지 아니하면 안전관리책임자는 해양수산부장관과 제46조제4항에 따라 안전관리체제의 수립·시행을 위탁받은 자(해당 업자에 소속된 안전관리책임자에 한정한다)에게 그 사실을 지체 없이 알려야 한다.

⑤ 안전관리책임자로부터 제4항에 따른 조치 요구를 받은 선박소유자는 지체 없이 이에 따라야 하며, 이러한 요구를 이유로 안전관리책임자의 해임, 보수(報酬) 지급의 거부 및 제46조제4항에 따라 안전관리체제의 수립·시행을 위탁받은 자에 대한 계약해지 등 불이익한 처우를 하여서는 아니 된다.

⑥ 안전관리책임자 및 안전관리자는 제1항 및 제2항에 따른 업무를 성실하게 수행하여야 하며, 해양수산부장관은 이를 성실하게 수행하지 아니하는 자에 대하여 그 업무를 이행하도록 명할 수 있다.

⑦ 해양수산부장관은 안전관리책임자 및 안전관리자가 제1항 및 제2항에 따른 업무를 게을리하거나 제6항에 따른 이행명령을 준수하지 아니하는 때에는 선박소유자(제46조제4항에 따라 안전관리체제의 수립·시행을 위탁한 경우에는 위탁받은 자를 말한다. 이하 이 항에서 같다)에게 안전관리책임자 및 안전관리자의 변경선임을 요구할 수 있다. 이 경우 요구를 받은 선박소유자는 특별한 사정이 없으면 이에 따라야 한다.

⑧ 제3항에 따른 교육의 내용·방법 및 교육시간의 면제 등과 제4항에 따른 시정조치 요구 및 신고방법 등 안전관리책임자의 의무이행에 관하여 필요한 사항은 해양수산부령으로 정한다.

제49조 (인증심사)

① 선박소유자는 제46조제2항에 따라 안전관리체제를 수립·시행하여야 하는 선박이나 사업장에 대하여 다음 각 호의 구분에 따라 해양수산부장관으로부터 안전관리체제에 대한 인증심사(이하 "인증심사"라 한다)를 받아야 한다.

1. 최초인증심사: 안전관리체제의 수립·시행에 관한 사항을 확인하기 위하여 처음으로 하는 심사
2. 갱신인증심사: 제51조에 따른 선박안전관리증서 또는 안전관리적합증서의 유효기간이 만료되기 전에 해양수산부령으로 정하는 시기에 행하는 심사
3. 중간인증심사: 최초인증심사와 갱신인증심사 사이 또는 갱신인증심사와 갱신

인증심사 사이에 해양수산부령으로 정하는 시기에 행하는 심사

4. 임시인증심사: 제51조에 따른 최초인증심사를 받기 전에 임시로 선박을 운항하기 위하여 다음 각 목의 어느 하나에 대하여 하는 심사
   가. 새로운 종류의 선박을 추가하거나 신설한 사업장
   나. 개조 등으로 선종(船種)이 변경되거나 신규로 도입한 선박
5. 수시인증심사: 제1호부터 제4호까지의 인증심사 외에 선박의 해양사고 및 외국항에서의 항행정지 예방 등을 위하여 해양수산부령으로 정하는 경우에 선박 또는 사업장에 대하여 하는 심사

② 선박소유자는 인증심사에 합격하지 아니한 선박을 항행에 사용하여서는 아니 된다. 다만, 천재지변 등으로 인하여 인증심사를 받을 수 없다고 인정되는 등 해양수산부령으로 정하는 경우에는 그러하지 아니하다.

③ 인증심사를 받으려는 자는 해양수산부령으로 정하는 바에 따라 수수료를 내야 한다.

④ 인증심사의 절차와 심사방법 등에 필요한 사항은 해양수산부령으로 정한다.

제50조 (인증심사 업무의 대행 등)

① 해양수산부장관은 다음 각 호의 업무를 해양수산부장관이 지정하는 인증심사대행기관(이하 "정부대행기관"이라 한다)이 대행하게 할 수 있다. 이 경우 해양수산부장관은 대통령령으로 정하는 바에 따라 정부대행기관과 협정을 체결하여야 한다.

1. 인증심사
2. 제51조제1항 및 제2항에 따른 선박안전관리증서 등의 발급

② 해양수산부장관은 해양수산부령으로 정하는 바에 따라 정부대행기관의 업무에 대하여 정기적으로 또는 수시로 지도·감독할 수 있다.

③ 정부대행기관의 조직·인원 및 사무소 등 지정기준, 심사업무에 종사하는 사람의 자격 등에 필요한 사항은 대통령령으로 정한다.

④ 정부대행기관이 인증심사를 대행하는 경우 인증심사를 받으려는 자는 정부대행기관이 정하는 수수료를 그 정부대행기관에 내야 한다.

⑤ 정부대행기관은 제4항에 따른 수수료의 기준을 정하여 해양수산부장관의 승인을 받아야 한다. 승인받은 사항을 변경하려는 경우에도 또한 같다.

⑥ 해양수산부장관은 정부대행기관이 다음 각 호의 어느 하나에 해당하면 그 지정을 취소하거나 6개월의 범위에서 업무의 전부나 일부를 정지할 것을 명할 수 있다. 다만, 제1호, 제3호 또는 제6호에 해당하는 경우에는 그 지정을 취소하여야 한다.

1. 거짓이나 그 밖의 부정한 방법으로 지정을 받은 경우

2. 정부대행기관의 지정기준을 충족하지 못하게 된 경우
3. 인증심사에 관한 업무를 수행할 능력이 없다고 인정된 경우
4. 제5항을 위반하여 수수료의 승인 또는 변경승인을 받지 아니하고 수수료를 징수한 경우
5. 제8항을 위반하여 대행업무에 관한 보고를 하지 아니한 경우
6. 업무정지명령을 위반하여 정지기간 중에 대행업무를 계속한 경우

⑦ 해양수산부장관은 제6항제4호 및 제5호에 따라 정부대행기관에 업무정지를 명하여야 하는 경우로서 그 업무정지가 해당 업무의 이용자에게 심한 불편을 주거나 공익을 저해할 우려가 있는 때에는 그 업무정지를 갈음하여 인증심사 업무와 관련된 매출액의 100분의 5를 곱한 금액을 초과하지 아니하는 범위에서 과징금을 부과할 수 있다.

⑧ 정부대행기관은 대행업무에 관하여 해양수산부령으로 정하는 바에 따라 해양수산부장관에게 보고하여야 한다.

⑨ 해양수산부장관은 제8항에 따라 정부대행기관이 보고한 대행업무에 관하여 그 처리 내용을 확인하여야 하며, 제6항 각 호의 위반사항이 발견된 경우에는 정부대행기관 지정의 취소 등 필요한 조치를 하여야 한다.

⑩ 제6항에 따른 행정처분의 세부기준과 절차, 제7항에 따른 과징금을 부과하는 위반행위의 종류와 위반 정도 등에 따른 과징금의 금액과 그 밖에 필요한 사항은 해양수산부령으로 정한다.

제51조 (선박안전관리증서 등의 발급 등)

① 해양수산부장관은 최초인증심사나 갱신인증심사에 합격하면 그 선박에 대하여는 선박안전관리증서를 내주고, 그 사업장에 대하여는 안전관리적합증서를 내주어야 한다.

② 해양수산부장관은 임시인증심사에 합격하면 그 선박에 대하여는 임시선박안전관리증서를 내주고, 그 사업장에 대하여는 임시안전관리적합증서를 내주어야 한다.

③ 선박소유자는 그 선박에는 선박안전관리증서나 임시선박안전관리증서의 원본과 안전관리적합증서나 임시안전관리적합증서의 사본을 갖추어 두어야 하며, 그 사업장에는 안전관리적합증서나 임시안전관리적합증서의 원본을 갖추어 두어야 한다.

④ 제1항에 따른 선박안전관리증서와 안전관리적합증서의 유효기간은 각각 5년으로 하고, 제2항에 따른 임시안전관리적합증서의 유효기간은 1년, 임시선박안전관리증서의 유효기간은 6개월로 한다.

⑤ 제1항에 따른 선박안전관리증서는 5개월의 범위에서, 제2항에 따른 임시선박안전

관리증서는 6개월의 범위에서 해양수산부령으로 정하는 바에 따라 각각 한 차례만 유효기간을 연장할 수 있다.

⑥ 해양수산부장관은 선박소유자가 제49조제1항제3호에 따른 중간인증심사 또는 같은 항 제5호에 따른 수시인증심사에 합격하지 못하면 그 인증심사에 합격할 때까지 제1항에 따른 안전관리적합증서 또는 선박안전관리증서의 효력을 정지하여야 한다.

⑦ 제6항에 따라 안전관리적합증서의 효력이 정지된 경우에는 해당 사업장에 속한 모든 선박의 선박안전관리증서의 효력도 정지된다.

⑧ 제4항 및 제5항에 따른 유효기간의 기산(起算) 방법 등에 필요한 사항은 해양수산부령으로 정한다.

제52조 (인증심사에 대한 이의신청 특례)

① 인증심사에 불복하는 자는 심사결과를 통지받은 날부터 30일 이내에 그 사유를 적어 해양수산부장관이 정하는 바에 따라 이의신청을 할 수 있다.

② 제1항에서 규정한 사항 외에 이의신청에 관한 사항은 「행정기본법」 제36조에 따른다.

제53조 (안전관리대행업의 등록)

① 선박소유자로부터 안전관리체제의 수립과 시행에 관한 업무를 위탁받아 대행하는 업(이하 "안전관리대행업"이라 한다)을 경영하려는 자는 해양수산부장관에게 등록하여야 한다. 등록한 사항 중 해양수산부령으로 정하는 사항을 변경하려는 경우에도 또한 같다.

② 안전관리대행업의 등록을 하려는 자는 법인으로서 제46조제2항에 따른 사업장 안전관리체제를 갖추어야 한다.

③ 안전관리대행업의 등록 절차 등에 필요한 사항은 해양수산부령으로 정한다.

제54조 (안전관리대행업의 결격사유)

① 법인의 대표자가 제19조제1호부터 제3호까지 중 어느 하나에 해당하면 안전관리대행업을 등록할 수 없다.

② 제56조에 따라 등록이 취소(법인의 대표자가 제19조제1호에 해당하여 등록이 취소된 경우는 제외한다)된 날부터 2년이 지나지 아니한 법인은 안전관리대행업을 등록할 수 없다.

第55조 (권리와 의무의 승계 등)

① 안전관리대행업을 등록한 자의 권리와 의무의 승계에 관하여는 제20조제1항부터 제4항까지를 준용하며, 안전관리대행업을 승계한 자에 관하여는 제54조를 준용한다.

② 안전관리대행업의 휴업과 폐업에 관하여는 제21조를 준용한다.

第56조 (안전관리대행업의 등록 취소 등)

① 해양수산부장관은 안전관리대행업을 등록한 자가 다음 각 호의 어느 하나에 해당하면 그 등록을 취소하거나 6개월 이내의 기간을 정하여 영업의 전부나 일부를 정지할 것을 명할 수 있다. 다만, 제1호·제4호 또는 제12호에 해당하면 그 등록을 취소하여야 한다.

1. 거짓이나 그 밖의 부정한 방법으로 등록한 경우
2. 제53조제1항 후단을 위반하여 변경등록을 하지 아니한 경우
3. 제53조제2항에 따른 사업장 안전관리체제를 갖추지 못하게 된 경우
4. 법인의 대표자가 제54조제1항의 결격사유에 해당하게 된 경우. 다만, 법인의 대표자가 제54조제1항의 결격사유에 해당하게 된 날부터 6개월이 되는 날까지 시정한 경우에는 그 등록을 취소하지 아니한다.
5. 안전관리체제의 수립과 시행에 관한 업무를 수행하지 아니하고 거짓으로 서류를 작성한 경우
6. 제55조제1항을 위반하여 권리·의무에 대한 승계신고를 하지 아니한 경우
7. 제55조제2항을 위반하여 사업의 휴업 또는 폐업 신고를 하지 아니한 경우
8. 제60조제1항제1호에 따른 출석 또는 진술을 거부·방해하거나 기피한 경우
9. 제60조제1항제2호에 따른 출입·검사·확인 또는 점검을 거부·방해하거나 기피한 경우
10. 제60조제1항제3호에 따른 서류제출 또는 업무보고를 하지 아니하거나 거짓으로 서류제출 또는 업무보고를 한 경우
11. 제61조에 따른 개선명령을 이행하지 아니한 경우
12. 영업정지 명령을 위반하여 정지기간 중에 안전관리대행업의 영업을 계속한 경우

② 제1항에 따른 처분의 세부기준과 절차, 그 밖에 필요한 사항은 해양수산부령으로 정한다.

제2절 선박 점검 및 사업장 안전관리

제57조 (항만국통제)

① 해양수산부장관은 대한민국의 영해에 있는 외국선박 중 대한민국의 항만에 입항하였거나 입항할 예정인 선박에 대하여 선박 안전관리체제, 선박의 구조·시설, 선원의 선박운항지식 등이 대통령령으로 정하는 해사안전에 관한 국제협약의 기준에 맞는지를 확인(이하 "항만국통제"라 한다)할 수 있다.

② 해양수산부장관은 항만국통제 결과 외국선박의 안전관리체제, 선박의 구조·시설, 선원의 선박운항지식 등이 국제협약의 기준에 미치지 못하는 경우로서, 해당 선박의 크기·종류·상태 및 항행기간을 고려할 때 항행을 계속하는 것이 인명이나 재산에 위험을 불러일으키거나 해양환경 보전에 장해를 미칠 우려가 있다고 인정되는 경우에는 그 선박에 대하여 항행정지를 명하는 등 필요한 조치를 할 수 있다.

③ 해양수산부장관은 제2항에 따른 위험과 장해가 없어졌다고 인정할 때에는 지체 없이 해당 선박에 대한 조치를 해제하여야 한다.

④ 항만국통제 및 제2항에 따른 조치에 필요한 사항은 해양수산부령으로 정한다.

제58조 (외국의 항만국통제 등)

① 해양수산부장관은 대한민국선박이 외국 정부의 항만국통제에 따라 항행정지 처분을 받은 경우에는 그 선박의 사업장에 대하여 안전관리체제의 적합성 여부를 점검하거나 그 선박이 국내항에 입항할 경우 해양수산부령으로 정하는 바에 따라 관련되는 선박의 안전관리체제, 선박의 구조·시설, 선원의 선박운항지식 등에 대하여 점검을 할 수 있다. 다만, 외국 정부에서 확인을 요청하는 경우 등 필요한 경우에는 외국에서 점검을 할 수 있다.

② 해양수산부장관은 외국 정부의 항만국통제에 따른 항행정지를 예방하기 위한 조치가 필요하다고 인정하는 경우 해양수산부령으로 정하는 바에 따라 관련되는 선박에 대하여 제1항에 따른 점검(이하 "특별점검"이라 한다)을 할 수 있다.

③ 해양수산부장관은 특별점검의 결과 선박의 안전 확보를 위하여 필요하다고 인정하면 그 선박의 소유자 또는 해당 사업장에 대하여 해양수산부령으로 정하는 바에 따라 시정·보완 또는 항행정지를 명할 수 있다.

제59조 (해사안전 우수사업자의 지정 등)

① 해양수산부장관은 다음 각 호의 어느 하나에 해당하는 자 중 해사안전의 수준 향상과 해양사고 감소에 기여한 자로서 해양수산부령으로 정하는 기준에 적합한 자를 해사안전 우수사업자로 지정할 수 있다.

1. 「해운법」 제4조제1항에 따라 해상여객운송사업의 면허를 받은 자
2. 「해운법」 제24조제1항에 따라 내항 화물운송사업의 등록을 한 자
3. 「해운법」 제24조제2항에 따라 외항화물운송사업의 등록을 한 자
4. 그 밖에 해사안전관리 또는 해상운송과 관련된 사업으로서 해양수산부장관이 정하여 고시하는 사업을 영위하는 자

② 해양수산부장관은 해사안전 우수사업자의 지정에 필요한 경우에는 그 지정을 받으려는 자, 관계 행정기관의 장, 공공기관의 장이나 그 밖에 해사안전과 관련된 기관·단체의 장 또는 관계인에게 필요한 자료의 제출을 요청할 수 있다.

③ 제2항에 따라 자료의 제출을 요청받은 자는 특별한 사유가 없으면 그 요청에 따라야 한다.

④ 해양수산부장관은 해사안전 우수사업자로 지정된 자에 대하여 우수사업자로 지정되었음을 나타내는 표지의 제공 등 해양수산부령으로 정하는 지원을 할 수 있다.

⑤ 해양수산부장관은 해사안전 우수사업자로 지정된 자가 다음 각 호의 어느 하나에 해당하는 경우에는 그 지정을 취소하거나 3개월 이내의 기간을 정하여 지정의 효력을 정지할 수 있다. 다만, 제1호에 해당하는 경우에는 그 지정을 취소하여야 한다.

1. 거짓이나 그 밖의 부정한 방법으로 해사안전 우수사업자의 지정을 받은 경우
2. 제1항에 따른 해양수산부령으로 정하는 해사안전 우수사업자의 지정기준에 적합하지 아니하게 된 경우
3. 해사안전 우수사업자가 다음 각 목의 어느 하나에 해당하는 위반행위를 한 경우
   가. 제49조제2항 본문을 위반하여 인증심사에 합격하지 아니한(제51조제6항 및 제7항에 따라 선박안전관리증서나 안전관리적합증서의 효력이 정지된 경우를 포함한다) 선박을 항행에 사용한 경우
   나. 제60조에 따른 지도·감독을 거부·방해하거나 기피한 경우
   다. 제61조에 따른 개선명령을 따르지 아니한 경우

⑥ 제1항부터 제5항까지에서 규정한 사항 외에 해사안전 우수사업자의 지정·취소 또는 효력정지의 기준 및 절차 등에 필요한 사항은 해양수산부령으로 정한다.

제60조 (지도·감독)

① 해양수산부장관은 해양사고가 발생할 우려가 있거나 해사안전관리의 적정한 시행 여부를 확인하기 위하여 필요한 경우 등 해양수산부령으로 정하는 경우에는 제2항에 따른 해사안전감독관으로 하여금 정기 또는 수시로 다음 각 호의 조치를 하게 할 수 있다. 다만, 「수상레저안전법」에 따른 수상레저기구와 선착장 등 수상레저시설, 「유선 및 도선 사업법」에 따른 유·도선, 유·도선장에 대해서는 그러하지 아니하다.

1. 선장, 선박소유자, 안전진단대행업자, 안전관리대행업자, 그 밖의 관계인에게 출석 또는 진술을 하게 하는 것
2. 선박이나 사업장에 출입하여 관계 서류를 검사하게 하거나 선박이나 사업장의 해사안전관리 상태를 확인·조사 또는 점검하게 하는 것
3. 선장, 선박소유자, 안전진단대행업자, 안전관리대행업자, 그 밖의 관계인에게 관계 서류를 제출하게 하거나 그 밖에 해사안전관리에 관한 업무를 보고하게 하는 것

② 제1항에 따른 지도·감독 업무를 수행하기 위하여 해양수산부에 해사안전감독관을 둔다. 다만, 제109조제1항에 따라 해양수산부장관의 지도·감독 권한의 일부를 위임하는 경우에는 그 권한을 위임받은 기관의 장이 소속된 기관에 해사안전감독관을 둔다.

③ 제1항제1호 또는 제2호의 조치(이하 "지도·감독"이라 한다)를 실시하려는 해사안전감독관은 지도·감독 실시일 7일 전까지 지도·감독의 목적, 내용, 날짜 및 시간 등을 서면으로 해당 지도·감독의 대상이 되는 자에게 알려야 한다. 다만, 긴급한 경우 또는 사전에 지도·감독의 실시를 알리면 증거 인멸 등으로 해당 지도·감독의 목적을 달성할 수 없다고 인정되는 경우에는 그러하지 아니할 수 있다.

④ 제1항에 따라 지도·감독을 실시하는 해사안전감독관은 그 권한을 표시하는 증표를 지니고 이를 관계인에게 내보여야 한다.

⑤ 제1항에 따라 지도·감독을 실시한 해사안전감독관은 그 결과를 서면으로 해당 지도·감독의 대상이 되는 자에게 알려야 한다.

⑥ 제2항에 따른 해사안전감독관의 자격·임면 및 직무범위에 필요한 사항은 대통령령으로 정한다.

⑦ 제1항부터 제5항까지에서 규정한 사항 외에 지도·감독에 필요한 사항은 해양수산부령으로 정한다.

제61조 (개선명령)

① 해양수산부장관은 지도·감독 결과 필요하다고 인정하거나 해양사고의 발생빈도와 경중 등을 고려하여 필요하다고 인정할 때에는 그 선박의 선장, 선박소유자, 안전관리대행업자, 그 밖의 관계인에게 다음 각 호의 조치를 명할 수 있다.

1. 선박 시설의 보완이나 대체
2. 소속 직원의 근무시간 등 근무 환경의 개선
3. 소속 직원에 대한 교육·훈련의 실시
4. 그 밖에 해사안전관리에 관한 업무의 개선

② 해양수산부장관은 제1항제1호에 따른 조치를 명할 경우에는 선박 시설을 보완하거나 대체하는 것을 마칠 때까지 해당 선박의 항행정지를 함께 명할 수 있다.

제62조 (항행정지명령 등에 대한 이의신청 특례)

① 제57조제2항에 따른 항행정지명령 또는 제58조제3항에 따른 시정·보완 명령, 항행정지명령에 불복하는 선박소유자는 명령을 받은 날부터 90일 이내에 그 불복 사유를 적어 해양수산부장관에게 이의신청을 할 수 있다.

② 제1항에 따라 이의신청을 받은 해양수산부장관은 이의신청에 대하여 검토한 결과를 60일 이내에 신청인에게 통보하여야 한다. 다만, 부득이한 사정이 있을 때에는 30일 이내의 범위에서 통보시한을 연장할 수 있다.

③ 제1항 및 제2항에 따른 이의신청, 검토 및 결과 통보 등에 필요한 사항은 대통령령으로 정한다.

④ 제1항부터 제3항까지에서 규정한 사항 외에 이의신청에 관한 사항은 「행정기본법」 제36조에 따른다.

제63조 (외국선박 통제 및 선박점검 등에 관한 수수료)

① 해양수산부장관은 항만국통제 또는 특별점검 결과 결함이 발견되어 제57조제2항에 따른 항행정지명령 또는 제58조제3항에 따른 시정·보완 명령, 항행정지명령을 받은 선박에 대하여 해양수산부령으로 정하는 바에 따라 그 결함의 시정 여부 확인 등에 소요되는 수수료를 징수할 수 있다.

② 제58조제1항 단서에 따라 외국에서 특별점검을 하는 경우 해양수산부장관은 항공료 등 필요한 실비의 수수료를 징수할 수 있다.

제3절 선박안전관리사

제64조 (선박안전관리사 자격제도의 관리·운영 등)

① 해양수산부장관은 해사안전 및 선박·사업장 안전관리를 효과적이고 전문적으로 하기 위하여 선박안전관리사 자격제도를 관리·운영한다.

② 선박안전관리사는 다음 각 호의 업무를 수행한다.

1. 안전관리체제의 수립·시행 및 개선·지도
2. 선박에 대한 안전관리 점검·개선 및 지도·조언
3. 선박과 사업장 종사자의 안전을 위한 교육 및 점검
4. 선박과 사업장에 대한 작업환경의 점검 및 개선
5. 해양사고 예방 및 재발방지에 관한 지도·조언
6. 여객관리 및 화물관리에 관한 업무
7. 선박안전·보안기술의 연구개발 및 해상교통안전진단에 관한 참여·조언
8. 그 밖에 해사안전관리 및 보안관리에 필요한 업무

③ 선박안전관리사가 되려는 자는 대통령령으로 정하는 응시자격을 갖추고 해양수산부장관이 실시하는 자격시험에 합격하여야 한다. 다만, 「국가기술자격법」 또는 다른 법률에 따른 선박 안전관리와 관련된 자격의 보유자 등 대통령령으로 정하는 자에 대해서는 자격시험의 일부를 면제할 수 있다.

④ 선박안전관리사는 다른 사람에게 자격증을 대여하거나 그 명의를 사용하게 하여서는 아니 된다.

⑤ 이 법에 따른 선박안전관리사가 아니면 선박안전관리사 또는 이와 유사한 명칭을 사용하지 못한다.

⑥ 선박안전관리사의 등급, 자격시험의 과목, 합격기준 및 자격증의 발급 등 그 밖에 자격시험에 관하여 필요한 사항은 대통령령으로 정한다.

제65조 (부정행위자에 대한 제재)

해양수산부장관은 부정한 방법으로 선박안전관리사 자격시험에 응시한 사람 또는 선박안전관리사 자격시험에서 부정행위를 한 사람에 대하여는 그 시험을 중지하게 하거나 무효로 하고, 그 처분이 있은 날부터 2년간 선박안전관리사 자격시험 응시자격을 정지한다.

제66조 (결격사유)

다음 각 호의 어느 하나에 해당하는 자는 선박안전관리사가 될 수 없다.

1. 피성년후견인
2. 이 법, 「해운법」, 「선박안전법」, 「선박직원법」, 「선원법」 또는 「국제항해선박 및 항만시설의 보안에 관한 법률」을 위반하여 금고 이상의 형을 선고받고 그 집행이 끝나거나 집행을 받지 아니하기로 확정된 후 3년이 지나지 아니한 자
3. 제2호에 따른 죄를 범하여 금고 이상의 형의 집행유예를 선고받고 그 유예기간 중에 있는 자
4. 제67조제1항에 따라 자격이 취소된 날부터 3년이 지나지 아니한 자

제67조 (자격의 취소·정지)

① 해양수산부장관은 선박안전관리사가 다음 각 호의 어느 하나에 해당하는 경우에는 그 자격을 취소하거나 3년 이내의 기간을 정하여 그 자격의 정지를 명할 수 있다. 다만, 제1호부터 제3호까지의 어느 하나에 해당하면 그 자격을 취소하여야 한다.
1. 거짓이나 그 밖의 부정한 방법으로 선박안전관리사 자격을 취득한 경우
2. 제64조제4항을 위반하여 다른 사람에게 자격증을 대여하거나 그 명의를 사용하게 한 경우
3. 제66조에 따른 결격사유에 해당하게 된 경우
4. 자격정지 기간 중에 업무를 수행한 경우
5. 자격정지 처분을 3회 이상 받았거나, 정지 기간 종료 후 2년 이내에 다시 자격정지 처분에 해당하는 행위를 한 경우

② 선박안전관리사 자격의 취소 또는 정지 처분에 관한 세부 기준은 그 처분의 사유와 위반의 정도 등을 고려하여 해양수산부령으로 정한다.

제68조 (선박안전관리사 고용 선박소유자에 대한 우선지원)

해양수산부장관은 선박안전관리사를 고용한 선박소유자 등 이 법에 따른 사업자에 대하여 다른 사업자에 우선하여 자금 등을 지원할 수 있다. 다만, 제47조제1항에 따른 의무를 이행하기 위하여 선박안전관리사를 고용한 경우는 제외한다.

……

제6장 보 칙

제105조 (선박안전관리사협회의 설립)

① 안전관리책임자 등 선박안전관리 종사자는 선박안전관리 업무의 개선·발전과 선

박안전관리사의 권익증진 및 자질향상을 위하여 선박안전관리사협회(이하 "협회"라 한다)를 설립할 수 있다.

② 협회는 법인으로 한다.

③ 협회는 대통령령으로 정하는 바에 따라 정관을 작성하여 해양수산부장관의 인가를 받아 그 주된 사무소의 소재지에서 설립등기를 함으로써 성립한다.

④ 협회에 관하여 이 법에 규정된 것을 제외하고는 「민법」 중 사단법인에 관한 규정을 준용한다.

제106조 (행정대집행의 적용 특례)

① 해양수산부장관은 제25조제2항 및 제27조제2항에 따른 항행장애물의 표시·제거 명령을 신속하게 시행하여야 할 긴급한 필요가 있으나 「행정대집행법」 제3조제1항 및 제2항에 따른 절차에 따르면 그 목적을 달성하기가 곤란한 경우에는 해당 절차를 거치지 아니하고 필요한 조치를 할 수 있다.

② 제1항에 따른 대집행으로 제거된 선박 등의 보관 및 처리에 관하여 필요한 사항은 대통령령으로 정한다.

제107조 (비밀유지)

다음 각 호의 어느 하나에 해당하는 업무에 종사하거나 종사하였던 사람은 그 직무상 알게 된 비밀을 타인에게 누설하거나 직무상 목적 외에 사용하여서는 아니 된다. 다만, 해사안전을 위하여 해양수산부장관이 필요하다고 인정하면 그러하지 아니하다.

1. 제50조제1항에 따른 인증심사의 대행 업무
2. 제109조제3항에 따라 전문기관 또는 단체에 위탁된 업무

제108조 (청문)

해양수산부장관이나 해양경찰청장은 다음 각 호의 어느 하나에 해당하는 처분을 하려면 청문을 하여야 한다.

1. 제10조제3항에 따른 공사 또는 작업 허가의 취소
2. 제22조제1항에 따른 안전진단대행업자 등록의 취소
3. 제50조제6항에 따른 정부대행기관 지정의 취소
4. 제56조제1항에 따른 안전관리대행업 등록의 취소
5. 제59조제5항에 따른 해사안전 우수사업자 지정의 취소 또는 지정 효력의 정지
6. 제67조제1항에 따른 선박안전관리사 자격의 취소

제109조 (권한의 위임·위탁)

① 이 법에 따른 해양수산부장관 또는 해양경찰청장의 권한은 대통령령으로 정하는 바에 따라 그 일부를 그 소속 기관의 장 또는 지방자치단체의 장에게 위임할 수 있다.
② 이 법에 따른 해양수산부장관의 권한은 대통령령으로 정하는 바에 따라 그 일부를 해양경찰청장 또는 그 소속기관의 장에게 위탁할 수 있다.
③ 해양수산부장관은 이 법에 따른 업무의 일부를 대통령령으로 정하는 바에 따라 관련 전문기관 또는 단체에 위탁할 수 있다.

제110조 (벌칙 적용에서 공무원 의제)

제50조제1항에 따라 해양수산부장관의 업무를 대행하는 정부대행기관 및 제109조제3항에 따라 위탁받은 업무에 종사하는 전문기관 또는 단체의 임직원은 「형법」 제129조부터 제132조까지를 적용할 때에는 공무원으로 본다.

제7장 벌 칙

제111조 (벌칙)

제16조제4항에 따른 사업중지명령을 위반한 자는 5년 이하의 징역 또는 5천만원 이하의 벌금에 처한다.

제112조 (벌칙)

다음 각 호의 어느 하나에 해당하는 자는 3년 이하의 징역 또는 3천만원 이하의 벌금에 처한다.

1. 제40조를 위반하여 약물·환각물질의 영향으로 인하여 정상적으로 「선박직원법」 제2조제1호에 따른 선박의 조타기를 조작하거나 그 조작을 지시하는 행위 또는 도선을 하지 못할 우려가 있는 상태에서 조타기를 조작하거나 그 조작을 지시한 운항자 또는 도선을 한 자
2. 제107조를 위반하여 업무를 수행하는 과정에서 알게 된 비밀을 누설한 자나 직무상 목적 외에 사용한 자

제113조 (벌칙)

① 제39조제1항을 위반하여 술에 취한 상태에서 「선박직원법」 제2조제1호에 따른 선

박(같은 호 각 목의 어느 하나에 해당하는 외국선박 및 시운전선박을 포함한다)의 조타기를 조작하거나 그 조작을 지시한 운항자 또는 도선을 한 사람은 다음 각 호의 구분에 따라 처벌한다.

1. 혈중알코올농도가 0.2퍼센트 이상인 사람은 2년 이상 5년 이하의 징역이나 2천만원 이상 3천만원 이하의 벌금
2. 혈중알코올농도가 0.08퍼센트 이상 0.2퍼센트 미만인 사람은 1년 이상 2년 이하의 징역이나 1천만원 이상 2천만원 이하의 벌금
3. 혈중알코올농도가 0.03퍼센트 이상 0.08퍼센트 미만인 사람은 1년 이하의 징역이나 1천만원 이하의 벌금

② 제39조제1항을 위반하여 2회 이상 술에 취한 상태에서 「선박직원법」 제2조제1호에 따른 선박(같은 호 각 목의 어느 하나에 해당하는 외국선박 및 시운전선박을 포함한다)의 조타기를 조작하거나 그 조작을 지시한 운항자 또는 도선을 한 사람으로서 벌금 이상의 형을 선고받고 그 형이 확정된 날부터 10년 내에 다시 같은 조 제1항을 위반한 사람(형이 실효된 사람도 포함한다)은 다음 각 호의 구분에 따라 처벌한다.

1. 혈중알코올농도가 0.2퍼센트 이상인 사람은 2년 이상 6년 이하의 징역이나 2천만원 이상 4천만원 이하의 벌금
2. 혈중알코올농도가 0.03퍼센트 이상 0.2퍼센트 미만인 사람은 1년 이상 5년 이하의 징역이나 1천만원 이상 3천만원 이하의 벌금

③ 제39조제2항을 위반하여 해양경찰청 소속 경찰공무원의 측정 요구에 따르지 아니한 「선박직원법」 제2조제1호에 따른 선박(같은 호 각 목의 어느 하나에 해당하는 외국선박 및 시운전선박을 포함한다)의 조타기를 조작하거나 그 조작을 지시한 운항자 또는 도선을 한 사람은 다음 각 호의 구분에 따라 처벌한다.

1. 측정 요구에 1회 따르지 아니한 사람은 3년 이하의 징역이나 3천만원 이하의 벌금
2. 측정 요구를 따르지 아니하여 벌금 이상의 형을 선고받고 그 형이 확정된 날부터 10년 내에 다시 측정 요구를 따르지 아니한 사람(형이 실효된 사람도 포함한다)은 1년 이상 6년 이하의 징역이나 1천만원 이상 4천만원 이하의 벌금

제114조 (벌칙)

다음 각 호의 어느 하나에 해당하는 자는 1년 이하의 징역 또는 1천만원 이하의 벌금에 처한다.

1. 제5조제2항을 위반하여 허가 없이 보호수역에 입역한 자
2. 제5조제3항의 허가조건을 위반한 자
3. 제8조제1호 또는 제3호에 따른 명령을 위반한 자
4. 제9조제2항을 위반하여 교통안전특정해역에서 어망 또는 그 밖에 선박의 통항에 영향을 주는 어구 등을 설치하거나 양식업을 한 자
5. 제10조제1항에 따른 허가를 받지 아니하고 교통안전특정해역에서 공사나 작업을 한 자
6. 제11조제1항을 위반하여 유조선통항금지해역에서 항행한 자
7. 제12조제1항을 위반하여 시운전금지해역에서 길이 100미터 이상 선박을 시운전한 자
8. 제13조제1항에 따른 해상교통안전진단을 실시하지 아니하고 사업을 시행하거나 해상교통안전진단 절차가 끝나기 전에 사업을 시행한 자
9. 제13조제2항에 따른 안전진단서를 거짓으로 작성하여 제출한 자
10. 제18조제2항에 따른 안전진단대행업자의 등록을 하지 아니하고 해상교통안전진단을 대행한 자
11. 제22조제1항에 따라 등록이 취소되거나 영업정지명령을 받은 후 해상교통안전진단을 대행한 자(제23조에 따라 해상교통안전진단을 대행한 경우는 제외한다)
12. 제33조제2항에 따른 방치 선박의 이동·인양 또는 어망 등 어구의 제거 명령을 위반한 자
13. 제34조제1항을 위반한 자 또는 같은 조 제3항을 위반하여 물러가지 아니한 자
14. 제38조제1항에 따른 정선명령이나 회항명령을 위반한 자
15. 제45조제4항에 따른 조치명령에 따르지 아니한 자
16. 제47조제4항을 위반하여 안전관리체제를 유지하기 위하여 필요한 조치나 지도·감독을 하지 아니한 자
17. 제47조제5항에 따른 이행명령에 따르지 아니한 자
18. 제49조제2항 본문을 위반하여 인증심사에 합격하지 아니한(제51조제6항 및 제7항에 따라 선박안전관리증서나 안전관리적합증서의 효력이 정지된 경우를 포함한다) 선박을 항행에 사용한 자
19. 거짓이나 그 밖의 부정한 방법으로 제51조제1항 및 제2항에 따른 선박안전관리증서·안전관리적합증서·임시선박안전관리증서 또는 임시안전관리적합증서를 받은 자

20. 제53조제1항을 위반하여 등록을 하지 아니하고 안전관리대행업을 한 자
21. 제61조제1항에 따른 개선명령을 위반한 자
22. 제64조제4항을 위반하여 자격증을 다른 사람에게 대여하거나 그 명의를 사용하게 한 자
23. 「해운법」 제2조제2호에 따른 해상여객운송사업에 종사하는 선박의 선장이나 선박소유자로서 제43조제1항에 따른 신고를 하지 아니하였거나 또는 게을리하였거나 거짓으로 신고한 자
24. 「해운법」 제2조제2호에 따른 해상여객운송사업에 종사하는 선박의 선장이나 선박소유자로서 제43조제3항·제4항에 따른 명령을 위반한 자

제115조 (벌칙)

다음 각 호의 어느 하나에 해당하는 자는 500만원 이하의 벌금에 처한다.

1. 제8조제2호 또는 제4호부터 제6호까지에 따른 명령을 위반한 자
2. 제10조제4항을 위반하여 해당 구조물을 제거하지 아니하거나 원래 상태로 복구하지 아니한 자
3. 제39조제1항을 위반하여 술에 취한 상태에서 「선박직원법」 제2조제1호가목 단서에 해당하지 아니하는 총톤수 5톤 미만 선박(한국선박에 한정한다)의 조타기를 조작하거나 그 조작을 지시한 운항자
4. 제39조제2항을 위반하여 해양경찰청 소속 경찰공무원의 측정 요구에 따르지 아니한 「선박직원법」 제2조제1호가목 단서에 해당하지 아니하는 총톤수 5톤 미만 선박(한국선박에 한정한다)의 조타기를 조작하거나 그 조작을 지시한 운항자
5. 제114조제24호 외의 선박의 선장이나 선박소유자로서 제43조제3항·제4항에 따른 명령을 위반한 자

제116조 (벌칙)

다음 각 호의 어느 하나에 해당하는 자는 300만원 이하의 벌금에 처한다.

1. 제36조제1항에 따른 명령을 위반한 자
2. 제48조제4항 전단에 따른 시정 등의 조치 요구를 하지 아니한 자
3. 제48조제5항을 위반하여 조치 요구에 응하지 아니하거나 안전관리책임자 또는 안전관리대행업자에게 불이익한 처우를 한 자
4. 제48조제6항에 따른 이행명령에 따르지 아니한 자

5. 제48조제7항에 따른 변경선임 요구에 특별한 사정 없이 따르지 아니한 자

제117조 (양벌규정)

법인의 대표자나 법인 또는 개인의 대리인, 사용인, 그 밖의 종업원이 그 법인 또는 개인의 업무에 관하여 제111조부터 제116조까지의 어느 하나에 해당하는 위반행위를 하면 그 행위자를 벌하는 외에 그 법인 또는 개인에게도 해당 조문의 벌금형을 과(科)한다. 다만, 법인 또는 개인이 그 위반행위를 방지하기 위하여 해당 업무에 관하여 상당한 주의와 감독을 게을리하지 아니한 경우에는 그러하지 아니하다.

제118조 (과태료)

① 제35조를 위반하여 선박위치정보를 공개하거나 누설·변조·훼손한 자에게는 2천만원 이하의 과태료를 부과한다.

② 다음 각 호의 어느 하나에 해당하는 자에게는 1천만원 이하의 과태료를 부과한다.

1. 제16조제3항에 따른 이행명령을 위반한 자
2. 제60조제1항에 따른 출석이나 진술을 거부하거나 검사·확인·조사 또는 점검을 거부·방해하거나 기피한 자
3. 제60조제1항에 따른 서류제출 또는 업무보고를 하지 아니하거나 거짓으로 서류제출 또는 업무보고를 한 자
4. 제70조부터 제73조까지, 제78조부터 제80조까지 및 제84조에 따른 항행방법에 관한 규정을 위반한 자

③ 다음 각 호의 어느 하나에 해당하는 자에게는 300만원 이하의 과태료를 부과한다.

1. 제7조제2항에 따른 항로지정제도를 위반한 자
2. 제9조제1항을 위반하여 다른 선박의 통항에 지장을 준 자
3. 제11조제2항제4호 후단에 따른 유조선의 준수 사항을 위반한 자
4. 제20조제2항(제55조제1항에 따라 준용되는 경우를 포함한다)을 위반하여 양도 또는 합병에 따른 권리와 의무 승계의 신고를 하지 아니한 자
5. 제21조(제55조제2항에 따라 준용되는 경우를 포함한다)를 위반하여 휴업 또는 폐업의 신고를 하지 아니한 자
6. 제23조제3항에 따른 통지를 하지 아니한 자
7. 제24조제1항에 따른 보고를 하지 아니한 자
8. 제25조제1항에 따른 표시 또는 조치를 하지 아니한 자
9. 제25조제2항에 따른 표시나 조치의 이행명령을 위반한 자

10. 제27조제2항에 따른 제거명령을 위반한 자
11. 제30조제1항에 따른 고시를 위반한 자
12. 제33조제1항 각 호의 어느 하나를 위반한 자
13. 제33조제3항을 위반하여 허가 없이 스킨다이빙, 스쿠버다이빙 등의 행위를 하거나 허가할 때에 붙인 조건을 위반한 자
14. 제33조제4항에 따른 시정명령을 위반한 자
15. 제41조에 따른 명령이나 조치에 따르지 아니한 자
16. 제46조제4항 후단에 따른 통보를 하지 아니한 자
17. 제47조제1항 또는 제2항을 위반하여 안전관리책임자나 안전관리자를 선임하지 아니한 자
18. 제47조제3항을 위반하여 안전관리책임자 및 안전관리자의 선임 또는 변경선임 신고를 하지 아니한 자
19. 제51조제3항에 따라 갖추어 두어야 할 증서를 갖추어 두지 아니한 자
20. 제74조, 제75조, 제77조, 제81조부터 제83조까지 및 제103조에 따른 항행방법에 관한 규정을 위반한 자
21. 제85조, 제88조부터 제92조까지, 제94조부터 제96조까지에 따른 등화와 형상물의 설치와 표시에 관한 규정을 위반한 자
22. 제98조부터 제102조까지에 따라 음향신호와 발광신호 등을 갖추어 두는 것과 그 사용에 관한 규정을 위반한 자
23. 제114조제23호 외의 선박의 선장이나 선박소유자로서 제43조제1항에 따른 신고를 하지 아니하였거나 또는 게을리하였거나 거짓으로 신고한 자

④ 제45조제1항을 위반하여 선장의 전문적 판단을 방해하거나 간섭한 자에게는 200만원 이하의 과태료를 부과한다.

⑤ 다음 각 호의 어느 하나에 해당하는 자에게는 100만원 이하의 과태료를 부과한다.
1. 제48조제3항을 위반하여 교육을 받지 아니한 자
2. 제64조제5항을 위반하여 선박안전관리사임을 표시하거나 이와 유사한 명칭을 사용한 자

⑥ 제1항부터 제5항까지에 따른 과태료는 대통령령으로 정하는 바에 따라 해양수산부장관, 해양경찰청장, 지방해양수산청장 또는 해양경찰서장이 부과·징수한다.

Ⅲ. 해사안전기본법

[시행 2024. 1. 26.] [법률 제19572호, 2023. 7. 25., 전부개정]

제1장 총 칙

제1조 (목적)

이 법은 해사안전 정책과 제도에 관한 기본적 사항을 규정함으로써 해양사고의 방지 및 원활한 교통을 확보하고 국민의 생명·신체 및 재산의 보호에 이바지함을 목적으로 한다.

제2조 (기본이념)

이 법은 해양에서 선박의 항행 및 운항과 관련하여 발생할 수 있는 모든 위험과 장애로부터 국민의 생명·신체 및 재산을 보호하는 것이 국가 및 지방자치단체의 책무임을 확인하고, 해양의 이용이나 보존에 관한 시책을 수립하는 경우 해사안전을 우선적으로 고려하여 안전하고 지속가능한 해양이용을 도모하는 것을 기본이념으로 한다.

제3조 (정의)

이 법에서 사용하는 용어의 뜻은 다음과 같다.

1. "해사안전관리"란 선원·선박소유자 등 인적 요인, 선박·화물 등 물적 요인, 해상교통체계·교통시설 등 환경적 요인, 국제협약·안전제도 등 제도적 요인을 종합적·체계적으로 관리함으로써 선박의 운용과 관련된 모든 일에서 발생할 수 있는 사고로부터 사람의 생명·신체 및 재산의 안전을 확보하기 위한 모든 활동을 말한다.
2. "선박"이란 물에서 항행수단으로 사용하거나 사용할 수 있는 모든 종류의 배로 수상항공기(물 위에서 이동할 수 있는 항공기를 말한다)와 수면비행선박(표면효과 작용을 이용하여 수면 가까이 비행하는 선박을 말한다)을 포함한다.
3. "해양시설"이란 자원의 탐사·개발, 해양과학조사, 선박의 계류(繫留)·수리·하역, 해상주거·관광·레저 등의 목적으로 해저(海底)에 고착된 교량·터널·케이블·인공섬·시설물이거나 해상부유 구조물(선박은 제외한다)인 것을 말한다.

4. “해사안전산업”이란 「해양사고의 조사 및 심판에 관한 법률」 제2조에 따른 해양사고로부터 사람의 생명·신체·재산을 보호하기 위한 기술·장비·시설·제품 등을 개발·생산·유통하거나 관련 서비스를 제공하는 산업을 말한다.
5. “해상교통망”이란 선박의 운항상 안전을 확보하고 원활한 운항흐름을 위하여 해양수산부장관이 영해 및 내수에 설정하는 각종 항로, 각종 수역 등의 해양공간과 이에 설치되는 해양교통시설의 결합체를 말한다.
6. “해사 사이버안전”이란 사이버공격으로부터 선박운항시스템을 보호함으로써 선박운항시스템과 정보의 기밀성·무결성·가용성 등 안전성을 유지하는 상태를 말한다.

제4조 (국가 등의 책무)

① 국가 및 지방자치단체는 해사안전을 확보하고 해양에서의 국민의 생명·신체 및 재산을 보호하기 위하여 필요한 시책을 수립·시행하여야 한다.

② 국가 및 지방자치단체는 해양사고를 예방하고 해상교통환경의 변화에 대응할 수 있도록 해양시설의 관리, 해상교통망의 구축 및 관리, 해상교통 관련 신기술의 개발·기반조성 지원, 해사 사이버안전 관리 등을 위하여 필요한 시책을 수립·시행하여야 한다.

③ 국가 및 지방자치단체는 해사안전과 관련된 분야에 종사하는 자의 안전을 확보하고 복지수준을 향상시키기 위하여 필요한 시책을 수립·시행하여야 한다.

④ 국가 및 지방자치단체는 국민의 안전한 해양이용을 촉진하기 위하여 국민에 대한 해사안전 지식·정보의 제공, 해사안전 교육 및 해사안전 문화의 홍보를 실시하도록 노력하여야 한다.

⑤ 국가는 외국 및 국제기구 등과 해사안전에 관한 기술협력, 정보교환, 공동 조사·연구를 위한 기구설치 등 효율적인 국제협력을 추진하기 위하여 노력하여야 하며, 해사안전 관련 산업의 진흥 및 국제화에 필요한 지원을 하여야 한다.

제5조 (국민 등의 책무)

① 모든 국민은 국가와 지방자치단체가 수립·시행하는 해사안전정책의 원활한 추진을 위하여 적극적으로 협력하여야 한다.

② 선박·해양시설 소유자는 국가의 해사안전에 관한 시책에 협력하여 자기가 소유·관리하거나 운영하는 선박·해양시설로부터 해양사고 등이 발생하지 아니하도록 종사자에 대한 교육·훈련 등을 실시하고 제반 안전규정을 준수하여야 한다.

제6조 (다른 법률과의 관계)

국가는 해사안전관리에 관한 다른 법률을 제정하거나 개정하는 경우에는 이 법의 목적과 기본이념에 맞도록 하여야 한다.

제2장 국가해사안전기본계획의 수립 등

제7조 (국가해사안전기본계획)

① 해양수산부장관은 해사안전 증진을 위한 국가해사안전기본계획(이하 "기본계획"이라 한다)을 5년 단위로 수립하여야 한다. 다만, 기본계획 중 항행환경개선에 관한 계획은 10년 단위로 수립할 수 있다.

② 해양수산부장관은 기본계획을 수립하거나 대통령령으로 정하는 중요한 사항을 변경하려는 경우에는 관계 행정기관의 장과 협의하여야 한다.

③ 해양수산부장관은 기본계획을 수립하거나 변경하기 위하여 필요하다고 인정하는 경우에는 관계 중앙행정기관의 장, 특별시장·광역시장·특별자치시장·도지사·특별자치도지사(이하 "시·도지사"라 한다), 시장·군수·구청장(자치구의 구청장을 말한다. 이하 같다), 「공공기관의 운영에 관한 법률」 제4조에 따른 공공기관의 장(이하 "공공기관의 장"이라 한다), 해사안전과 관련된 기관·단체의 장 또는 개인에 대하여 관련 자료의 제출, 의견의 진술 또는 그 밖에 필요한 협력을 요청할 수 있다. 이 경우 요청을 받은 자는 특별한 사유가 없으면 이에 따라야 한다.

④ 제1항에 따른 기본계획의 수립 및 시행에 필요한 사항은 대통령령으로 정한다.

제8조 (해사안전시행계획의 수립·시행)

① 해양수산부장관은 기본계획을 시행하기 위하여 매년 해사안전시행계획(이하 "시행계획"이라 한다)을 수립·시행하여야 한다.

② 해양수산부장관은 시행계획을 수립하려는 경우에는 시행계획의 수립지침을 작성하여 관계 중앙행정기관의 장, 시·도지사, 시장·군수·구청장, 공공기관의 장에게 통보하여야 하며, 이에 따라 통보를 받은 관계 중앙행정기관의 장, 시·도지사, 시장·군수·구청장 및 공공기관의 장은 기관별 해사안전시행계획을 작성하여 해양수산부장관에게 제출하여야 한다.

③ 제1항에 따른 시행계획에 포함할 내용과 수립 절차·방법 등에 필요한 사항은 대통

령령으로 정한다.

제9조 (해사안전실태조사)

① 해양수산부장관은 기본계획과 시행계획을 효율적으로 수립·시행하기 위하여 5년마다 해사안전관리에 관한 각종 실태를 조사하여야 한다.

② 해양수산부장관은 제1항에 따른 실태조사의 결과를 기본계획과 시행계획에 반영하여야 한다.

③ 해양수산부장관은 제1항에 따른 실태조사를 위하여 관계 기관·법인·단체·시설의 장에게 자료의 제출 또는 의견의 진술을 요청할 수 있다. 이 경우 요청을 받은 자는 정당한 사유가 없으면 이에 협조하여야 한다.

④ 제1항에 따른 실태조사의 내용 및 방법, 그 밖에 필요한 사항은 해양수산부령으로 정한다.

제10조 (기본계획 및 시행계획의 국회 제출 등)

① 해양수산부장관은 기본계획 및 시행계획을 수립하거나 변경한 때에는 관계 중앙행정기관의 장 및 시·도지사에게 통보하고 지체 없이 국회 소관 상임위원회에 제출하여야 한다.

② 해양수산부장관은 기본계획 및 시행계획을 수립하거나 변경한 때에는 대통령령으로 정하는 바에 따라 공표하여야 한다.

제3장 해상교통관리시책 등

제11조 (해상교통관리시책 등)

① 해양수산부장관은 선박교통환경 변화에 대비하여 해상에서 선박의 안전한 통항흐름이 이루어질 수 있도록 해상교통관리에 필요한 시책을 강구하여야 한다.

② 해양수산부장관은 제1항에 따른 해상교통관리시책을 이행하기 위하여 주기적으로 연안해역 등에 대한 교통영향을 평가하고 그 결과를 공표하여야 하며, 선박의 항행안전을 위하여 필요한 경우에는 각종 해상교통시설을 설치·관리하여야 한다.

③ 제1항 및 제2항에 따른 해상교통관리시책의 수립·추진 및 이행 등에 관한 사항은 따로 법률로 정한다.

제12조 (선박 및 해양시설의 안전성 확보)

① 해양수산부장관은 선박의 안전성을 확보하기 위하여 선박의 구조·설비 및 시설 등에 관한 기술기준을 개선하고 지속적으로 발전시키기 위한 시책을 마련하여야 한다.

② 해양수산부장관은 선박의 교통상 장애를 제거하기 위하여 해양시설에 대한 안전관리를 하여야 한다.

③ 선박의 안전성 및 해양시설에 대한 안전관리에 관하여는 따로 법률로 정한다.

제13조 (해사안전관리 전문인력의 양성)

① 해양수산부장관은 해사안전관리를 효과적으로 할 수 있는 전문인력을 양성하기 위하여 다음 각 호의 시책을 수립·추진하여야 한다.

1. 해사안전관리 분야별 전문인력 양성
2. 해사안전관리 업무종사자의 역량 강화를 위한 교육·연수
3. 해사안전관리 업무종사자에 대한 교육프로그램 및 교재 개발·보급
4. 신기술 접목 선박 등의 안전관리에 필요한 전문인력 양성
5. 그 밖에 해사안전관리 전문인력의 양성을 위하여 필요하다고 인정되는 사업

② 해양수산부장관은 전문인력을 양성하기 위하여 해사안전관리와 관련한 대학·연구소·기관 또는 단체를 전문인력 양성기관으로 지정할 수 있다.

③ 해양수산부장관은 제2항에 따라 지정된 전문인력 양성기관에 대하여 교육 및 훈련에 필요한 비용의 전부 또는 일부를 지원할 수 있다.

④ 해양수산부장관은 제2항에 따라 지정된 전문인력 양성기관이 다음 각 호의 어느 하나에 해당하는 경우 그 지정을 취소할 수 있다.

1. 거짓 또는 부정한 방법으로 지정을 받은 경우
2. 정당한 사유 없이 지정받은 업무를 수행하지 아니한 경우
3. 업무수행능력이 현저히 부족하다고 인정되는 경우

⑤ 제2항 및 제4항에 따른 전문인력 양성기관의 지정 및 지정취소의 기준·절차와 제3항에 따른 지원 범위, 그 밖에 필요한 사항은 대통령령으로 정한다.

제14조 (해양교통안전정보관리체계의 구축 등)

① 해양수산부장관은 해양사고 원인정보 등 해양수산부령으로 정하는 해양교통안전정보(이하 “해양교통안전정보”라 한다)를 통합적으로 유지·관리하기 위하여 해양교통안전정보관리체계(이하 이 조에서 “해양교통안전정보관리체계”라 한다)를 구

축·운영할 수 있다.

② 해양수산부장관은 해양교통안전정보를 보유하고 있는 중앙행정기관의 장, 시·도지사, 시장·군수·구청장, 공공기관의 장, 해사안전과 관련된 기관·단체의 장 또는 개인에게 해양교통안전정보관리체계의 구축·운영에 필요한 정보의 제공 및 그 밖에 필요한 협력을 요청할 수 있다. 이 경우 요청을 받은 자는 특별한 사유가 없으면 그 요청에 따라야 한다.

③ 해양수산부장관은 해사안전정책에 효과적으로 활용할 수 있도록 관계 중앙행정기관, 지방자치단체, 「공공기관의 운영에 관한 법률」 제4조에 따른 공공기관 및 관련 기관·단체와 해양교통안전정보를 공유할 수 있다.

④ 제1항부터 제3항까지에서 규정한 사항 외에 해양교통안전정보관리체계의 구축·운영 및 해양교통안전정보의 공유 절차·방법 등에 필요한 사항은 대통령령으로 정한다.

제15조 (선박안전도정보의 공표)

① 해양수산부장관은 선박을 이용하는 국민의 안전을 도모하기 위하여 다음 각 호에서 정하는 선박의 해양사고 발생 건수, 관계 법령이나 국제협약에서 정한 선박의 안전에 관한 기준의 준수 여부 및 그 선박의 소유자·운항자 또는 안전관리대행자 등에 대한 정보를 공표할 수 있다. 다만, 대통령령으로 정하는 중대한 해양사고가 발생한 선박에 대하여는 사고개요, 해당 선박의 명세 및 소유자 등 해양수산부령으로 정하는 정보를 공표하여야 한다.

1. 「해운법」 제3조에 따른 해상여객운송사업에 종사하는 선박으로서 해양수산부령으로 정하는 선박
2. 「해운법」 제23조에 따른 해상화물운송사업에 종사하는 선박으로서 해양수산부령으로 정하는 선박
3. 대한민국의 항만에 기항(寄港)하는 외국선박으로서 해양수산부령으로 정하는 선박
4. 그 밖에 국제해사기구 등 해사안전과 관련된 국제기구의 요청 등에 따라 해당 선박의 안전도에 대한 정보를 제공할 필요가 있다고 해양수산부장관이 인정하는 선박

② 제1항에 따른 공표의 절차·방법 등에 필요한 사항은 해양수산부령으로 정한다.

제16조 (안전투자의 공시)

① 「해운법」 제2조제2호 및 제3호에 따른 해상여객운송사업과 해상화물운송사업을

하는 자 중 해양수산부령으로 정하는 자는 해사안전의 증진을 위하여 선박시설 유지보수 등 해양수산부장관이 인정한 해사안전과 관련한 지출 또는 투자(이하 "안전투자"라 한다)의 세부내역을 매년 공시하여야 한다.

② 제1항에 따른 안전투자의 범위 및 항목과 공시 기준, 절차 등 안전투자의 공시에 필요한 사항은 해양수산부령으로 정한다. [시행일: 2025. 7. 26.]

제4장 국제협력 및 해사안전산업의 진흥

제17조 (국제협력의 증진)

① 해양수산부장관은 해사안전분야의 발전을 위하여 각종 해사안전 동향 조사 및 정책 개발, 인력·기술의 교류 등에 관하여 국제해사기구를 비롯한 국제기구, 외국정부 및 기관과의 협력사업을 추진할 수 있다.

② 해양수산부장관은 국제해사기구가 추진하는 해사안전에 관한 새로운 규제 등에 선제적으로 대응하기 위하여 융복합 연구개발 기반을 마련하고 이에 필요한 각종 지원을 적극적으로 추진하여야 한다.

제18조 (해사안전산업의 진흥시책)

① 해양수산부장관은 해사안전의 증진을 위하여 해사안전산업을 진흥하기 위한 시책을 마련하여 추진하여야 한다.

② 해양수산부장관은 새롭게 등장하는 해사안전 분야의 신산업 발전을 효과적으로 지원하기 위하여 관련 조사, 기술개발, 기반시설 구축 등 각종 지원사업을 실시할 수 있다.

③ 해양수산부장관은 해사안전산업의 진흥을 위하여 금융지원 등 필요한 지원을 할 수 있다.

제19조 (해사안전산업 관련 실증시설 설치 및 시범지구 조성 등)

① 해양수산부장관은 해사안전산업의 경쟁력 강화를 위하여 해사안전에 필요한 신기술이 반영된 선박, 시설 및 설비에 대한 실증기반을 마련하여야 한다.

② 해양수산부장관은 각종 해사안전산업 분야의 실증사업을 위하여 실증시설 설치 및 시범지구 조성 등을 추진할 수 있다.

제20조 (국제해사기구의 국제협약 이행 기본계획 등)

① 해양수산부장관은 국제해사기구의 국제협약을 이행하기 위한 계획(이하 "이행계획"이라 한다)을 7년마다 수립하여야 한다.

② 해양수산부장관은 이행계획을 시행하기 위하여 매년 점검계획(이하 "점검계획"이라 한다)을 수립하여야 한다.

③ 해양수산부장관은 이행계획 및 점검계획을 수립하거나 변경하기 위하여 필요하다고 인정하는 경우에는 관계 중앙행정기관의 장, 시·도지사, 시장·군수·구청장, 공공기관의 장, 그 밖의 관계인에게 관련 자료의 제출, 의견의 진술 또는 그 밖에 필요한 협력을 요청할 수 있다. 이 경우 요청을 받은 자는 특별한 사유가 없으면 요청에 따라야 한다.

④ 이행계획 및 점검계획의 세부 내용 및 수립 절차·방법 등에 필요한 사항은 대통령령으로 정한다.

제5장 해양안전교육 및 문화 진흥

제21조 (해양안전교육·문화 진흥을 위한 시책의 추진)

해양수산부장관은 국민의 해양안전에 관한 의식을 높이고 해양안전문화를 진흥하기 위하여 다음 각 호의 사업을 적극적으로 추진하여야 한다.

1. 해양안전교육 및 해양안전체험활동 사업
2. 해양안전 의식을 높이기 위한 캠페인 및 홍보 사업
3. 해양안전행동요령 등 해양안전에 관한 지침의 개발·보급 사업
4. 해양안전문화 우수사례의 발굴 및 확산 사업
5. 그 밖에 해양안전문화의 진흥에 필요한 사업

제22조 (해양안전교육의 활성화)

① 해양수산부장관은 국민이 해양안전에 관한 지식을 갖추어 해양사고의 발생을 예방하고 대비할 수 있도록 해양안전교육을 하여야 한다.

② 해양수산부장관은 해양안전교육의 활성화를 위하여 다음 각 호의 사업을 추진할 수 있다.

1. 해양안전교육 프로그램 및 자료 개발

2. 체험형 해양안전교육사업의 실시
3. 해양안전교육 전문강사에 대한 교육·훈련
4. 해양안전교육에 대한 인식 및 수요조사
5. 그 밖에 해양안전교육의 활성화에 필요한 사항

제23조 (해양안전헌장)

① 해양수산부장관은 국민의 해양안전에 관한 의식을 고취하고 해양사고를 예방하기 위하여 해양안전에 관한 사항과 해사안전관리 등 해양안전과 관련된 업무에 종사하는 자가 준수하여야 할 사항 등을 규정한 해양안전헌장을 제정·고시할 수 있다.
② 해양안전과 관련된 행정기관 등은 제1항에 따른 해양안전헌장을 관계 시설이나 선박 등에 게시하는 등 해양안전헌장의 내용을 관계자에게 널리 알리고 이를 실천할 수 있도록 필요한 조치를 하여야 한다.

제24조 (해양안전의 날 등)

해양수산부장관은 대통령령으로 정하는 바에 따라 국민의 해양안전에 관한 의식을 고취하기 위하여 해양안전의 날을 정하고 필요한 행사 등을 할 수 있다.

제25조 (포상)

① 해양수산부장관은 해양안전에 기여한 공로가 현저한 기관, 법인, 단체 및 개인을 선정하여 포상할 수 있다.
② 제1항에 따른 포상의 기준, 방법 및 그 밖에 필요한 사항은 해양수산부령으로 정한다.

제6장 보 칙

제26조 (조사 및 검사)

① 해양수산부장관은 해사안전을 위하여 필요하다고 인정하면 해사안전 관련 기관·법인 및 단체의 업무에 관한 사항을 보고하게 하거나 자료의 제출을 명할 수 있으며, 소속 공무원으로 하여금 조사하게 하거나 서류를 검사하게 할 수 있다.
② 제1항에 따라 조사 및 검사를 하는 공무원 등은 그 권한을 표시하는 증표를 지니고 이를 관계인에게 보여 주어야 한다.

제27조 (청문)

해양수산부장관은 제13조제4항에 따라 전문인력 양성기관의 지정을 취소하려면 청문을 하여야 한다.

제28조 (권한 등의 위임·위탁)

① 이 법에 따른 해양수산부장관의 권한은 대통령령으로 정하는 바에 따라 그 일부를 그 소속 기관의 장 또는 지방자치단체의 장에게 위임할 수 있다.
② 해양수산부장관은 이 법에 따른 업무의 일부를 대통령령으로 정하는 바에 따라 해사안전과 관련된 전문기관에 위탁할 수 있다.

제29조 (비밀유지)

제28조제2항에 따라 전문기관에 위탁된 업무에 종사하거나 종사하였던 사람은 그 직무상 알게 된 비밀을 타인에게 누설하거나 직무상 목적 외에 사용하여서는 아니 된다. 다만, 해사안전을 위하여 해양수산부장관이 필요하다고 인정하면 그러하지 아니하다.

제30조 (벌칙 적용에서 공무원 의제)

제28조제2항에 따라 위탁받은 업무에 종사하는 전문기관의 임직원은 「형법」 제129조부터 제132조까지를 적용할 때에는 공무원으로 본다.

제7장 벌 칙

제31조 (벌칙)

제29조를 위반하여 업무수행 과정에서 알게 된 비밀을 누설하거나 직무상 목적 외에 사용한 자는 3년 이하의 징역 또는 3천만원 이하의 벌금에 처한다.

제32조 (양벌규정)

법인의 대표자나 법인 또는 개인의 대리인, 사용인, 그 밖의 종업원이 그 법인 또는 개인의 업무에 관하여 제31조에 해당하는 위반행위를 하면 그 행위자를 벌하는 외에 그 법인 또는 개인에게도 해당 조문의 벌금형을 과한다. 다만, 법인 또는 개인이 그 위반행위를 방지하기 위하여 해당 업무에 관하여 상당한 주의와 감독을 게을리하지 아니한 경우에는 그러하지 아니하다.

제33조 (과태료)

① 제16조제1항에 따른 공시를 하지 아니하거나 거짓으로 공시한 자에게는 300만원 이하의 과태료를 부과한다.

② 다음 각 호의 어느 하나에 해당하는 자에게는 200만원 이하의 과태료를 부과한다.

1. 제26조제1항에 따른 보고 또는 자료의 제출을 거부하거나 거짓으로 한 자
2. 제26조제1항에 따른 조사 또는 검사를 거부·방해하거나 기피한 자

③ 제1항 및 제2항에 따른 과태료는 대통령령으로 정하는 바에 따라 해양수산부장관이 부과·징수한다. [시행일: 2025. 7. 26.] 제33조제1항

부칙 <제19572호, 2023. 7. 25.>

제1조 (시행일)

이 법은 공포 후 6개월이 경과한 날부터 시행한다. 다만, 제16조 및 제33조제1항의 개정규정은 공포 후 2년이 경과한 날부터 시행한다.

제2조 (해사안전실태조사에 관한 적용례)

제9조의 개정규정은 이 법 시행 이후 국가해사안전기본계획 및 해사안전시행계획을 수립하는 경우부터 적용한다.

제3조 (시범사업의 특례)

해양수산부장관은 안전투자 공시제도를 원활하게 추진하기 위하여 제16조의 개정규정 시행 전에 시범사업을 실시할 수 있다.

제4조(일반적 경과조치)

이 법 시행 당시 종전의 「해사안전법」에 따라 행한 처분·절차와 그 밖의 행위로서 이 법에 그에 해당하는 규정이 있을 때에는 이 법의 해당 규정에 따라 행하여진 것으로 본다.

제5조(국가해사안전기본계획 등에 관한 경과조치)

이 법 시행 당시 종전의 「해사안전법」 제6조, 제7조 및 제7조의3에 따라 수립된 국가

해사안전기본계획, 해사안전시행계획 및 국제해사기구의 회원국 감사 대응계획은 이 법 제7조, 제8조 및 제20조의 개정규정에 따라 수립된 계획으로 본다.

제6조 (다른 법률의 개정)

① 공익신고자 보호법 일부를 다음과 같이 개정한다.
별표에 제472호를 다음과 같이 신설한다.
472. 「해사안전기본법」

② 교통안전법 일부를 다음과 같이 개정한다.
제2조제1호나목 중 "「해사안전법」"을 "「해사안전기본법」"으로 한다.

③ 선박교통관제에 관한 법률 일부를 다음과 같이 개정한다.
제8조제2항 중 "「해사안전법」 제6조제1항"을 "「해사안전기본법」 제7조제1항"으로 한다.

④ 특정범죄 가중처벌 등에 관한 법률 일부를 다음과 같이 개정한다.
제5조의12 각 호 외의 부분 중 "「해사안전법」 제2조"를 "「해사안전기본법」 제3조제2호"로 한다.

제7조 (다른 법령과의 관계)

이 법 시행 당시 다른 법령에서 종전의 「해사안전법」 또는 그 법의 규정을 인용하고 있는 경우 이 법 가운데 그에 해당하는 규정이 있을 때에는 종전의 「해사안전법」 또는 그 법의 규정을 갈음하여 이 법 또는 이 법의 해당 규정을 인용한 것으로 본다.

Ⅳ. 선박의 입항 및 출항 등에 관한 법률

[시행 2024. 10. 22] [법률 제20524호, 2024. 10. 22. 일부개정]

제1장 총 칙

제1조 (목적)

이 법은 무역항의 수상구역 등에서 선박의 입항·출항에 대한 지원과 선박운항의 안전 및 질서 유지에 필요한 사항을 규정함을 목적으로 한다.

제2조 (정의)

이 법에서 사용하는 용어의 뜻은 다음과 같다.

1. "무역항"이란 「항만법」 제2조제2호에 따른 항만을 말한다.
2. "무역항의 수상구역등"이란 무역항의 수상구역과 「항만법」 제2조제5호가목1)의 수역시설 중 수상구역 밖의 수역시설로서 관리청이 지정·고시한 것을 말한다.

2의2. "관리청"이란 무역항의 수상구역등에서 선박의 입항 및 출항 등에 관한 행정업무를 수행하는 다음 각 목의 구분에 따른 행정관청을 말한다.

가. 「항만법」 제3조제2항제1호에 따른 국가관리무역항: 해양수산부장관

나. 「항만법」 제3조제2항제2호에 따른 지방관리무역항: 특별시장·광역시장·도지사 또는 특별자치도지사(이하 "시·도지사"라 한다)

3. "선박"이란 「선박법」 제1조의2제1항에 따른 선박을 말한다.

▷ 선박법 제2조의2 제1항: ① 이 법에서 "선박"이란 수상 또는 수중에서 항행용으로 사용하거나 사용할 수 있는 배 종류를 말하며 그 구분은 다음 각 호와 같다.

1. 기선: 기관(機關)을 사용하여 추진하는 선박[선체(船體) 밖에 기관을 붙인 선박으로서 그 기관을 선체로부터 분리할 수 있는 선박 및 기관과 돛을 모두 사용하는 경우로서 주로 기관을 사용하는 선박을 포함한다]과 수면비행선박(표면효과 작용을 이용하여 수면에 근접하여 비행하는 선박을 말한다)
2. 범선: 돛을 사용하여 추진하는 선박(기관과 돛을 모두 사용하는 경우로서 주로 돛을 사용하는 것을 포함한다)
3. 부선: 자력항행능력(自力航行能力)이 없어 다른 선박에 의하여 끌리거나 밀려서 항행되는 선박

② 이 법에서 "소형선박"이란 다음 각 호의 어느 하나에 해당하는 선박을 말한다.

1. 총톤수 20톤 미만인 기선 및 범선
2. 총톤수 100톤 미만인 부선

4. "예선"(曳船)이란 「선박안전법」 제2조제13호에 따른 예인선(曳引船)(이하 "예

인선"이라 한다) 중 무역항에 출입하거나 이동하는 선박을 끌어당기거나 밀어서 이안(離岸)·접안(接岸)·계류(繫留)를 보조하는 선박을 말한다.

5. "우선피항선"(優先避航船)이란 주로 무역항의 수상구역에서 운항하는 선박으로서 다른 선박의 진로를 피하여야 하는 다음 각 목의 선박을 말한다.
   가. 「선박법」 제1조의2제1항제3호에 따른 부선(艀船)[예인선이 부선을 끌거나 밀고 있는 경우의 예인선 및 부선을 포함하되, 예인선에 결합되어 운항하는 압항부선(押航艀船)은 제외한다]
   나. 주로 노와 삿대로 운전하는 선박
   다. 예선
   라. 「항만운송사업법」 제26조의3제1항에 따라 항만운송관련사업을 등록한 자가 소유한 선박
   마. 「해양환경관리법」 제70조제1항에 따라 해양환경관리업을 등록한 자가 소유한 선박 또는 「해양폐기물 및 해양오염퇴적물 관리법」 제19조제1항에 따라 해양폐기물관리업을 등록한 자가 소유한 선박(폐기물해양배출업으로 등록한 선박은 제외한다)
   바. 가목부터 마목까지의 규정에 해당하지 아니하는 총톤수 20톤 미만의 선박
6. "정박"(碇泊)이란 선박이 해상에서 닻을 바다 밑바닥에 내려놓고 운항을 멈추는 것을 말한다.
7. "정박지"(碇泊地)란 선박이 정박할 수 있는 장소를 말한다.
8. "정류"(停留)란 선박이 해상에서 일시적으로 운항을 멈추는 것을 말한다.
9. "계류"란 선박을 다른 시설에 붙들어 매어 놓는 것을 말한다.
10. "계선"(繫船)이란 선박이 운항을 중지하고 정박하거나 계류하는 것을 말한다.
11. "항로"란 선박의 출입 통로로 이용하기 위하여 제10조에 따라 지정·고시한 수로를 말한다.
12. "위험물"이란 화재·폭발 등의 위험이 있거나 인체 또는 해양환경에 해를 끼치는 물질로서 해양수산부령으로 정하는 것을 말한다. 다만, 선박의 항행 또는 인명의 안전을 유지하기 위하여 해당 선박에서 사용하는 위험물은 제외한다.
13. "위험물취급자"란 제37조제1항제1호에 따른 위험물운송선박의 선장 및 위험물을 취급하는 사람을 말한다.
14. <삭제>
15. <삭제>

제3조 (다른 법률과의 관계)

무역항의 수상구역등에서의 선박 입항·출항에 관하여는 다른 법률에 특별한 규정이 있는 경우를 제외하고는 이 법에 따른다.

제2장 입항·출항 및 정박

제4조 (출입 신고)

① 무역항의 수상구역등에 출입하려는 선박의 선장(이하 이 조에서 "선장"이라 한다)은 대통령령으로 정하는 바에 따라 관리청에 신고하여야 한다. 다만, 다음 각 호의 선박은 출입 신고를 하지 아니할 수 있다.

1. 총톤수 5톤 미만의 선박
2. 해양사고구조에 사용되는 선박
3. 「수상레저안전법」 제2조제3호에 따른 수상레저기구 중 국내항 간을 운항하는 모터보트 및 동력요트
4. 「어선안전조업 및 어선원의 안전·보건 등에 관한 법률」 제8조에 따른 출입항 신고 대상이 되는 어선
5. 그 밖에 공공목적이나 항만 운영의 효율성을 위하여 해양수산부령으로 정하는 선박

② 관리청은 제1항에 따른 신고를 받은 경우 그 내용을 검토하여 이 법에 적합하면 신고를 수리하여야 한다.

③ 제1항에도 불구하고 전시·사변이나 그에 준하는 국가비상사태 또는 국가안전보장에 필요한 경우에는 선장은 대통령령으로 정하는 바에 따라 관리청의 허가를 받아야 한다.

제5조 (정박지의 사용 등)

① 관리청은 무역항의 수상구역등에 정박하는 선박의 종류·톤수·흘수(吃水) 또는 적재물의 종류에 따른 정박구역 또는 정박지를 지정·고시할 수 있다.

② 무역항의 수상구역등에 정박하려는 선박(우선피항선은 제외한다)은 제1항에 따른 정박구역 또는 정박지에 정박하여야 한다. 다만, 해양사고를 피하기 위한 경우 등 해양수산부령으로 정하는 사유가 있는 경우에는 그러하지 아니하다.

③ 우선피항선은 다른 선박의 항행에 방해가 될 우려가 있는 장소에 정박하거나 정류하여서는 아니 된다.

④ 제2항 단서에 따라 정박구역 또는 정박지가 아닌 곳에 정박한 선박의 선장은 즉시 그 사실을 관리청에 신고하여야 한다.

제6조 (정박의 제한 및 방법 등)

① 선박은 무역항의 수상구역등에서 다음 각 호의 장소에는 정박하거나 정류하지 못한다.

1. 부두·잔교(棧橋)·안벽(岸壁)·계선부표·돌핀 및 선거(船渠)의 부근 수역
2. 하천, 운하 및 그 밖의 좁은 수로와 계류장(繫留場) 입구의 부근 수역

② 제1항에도 불구하고 다음 각 호의 경우에는 제1항 각 호의 장소에 정박하거나 정류할 수 있다.

1. 「해양사고의 조사 및 심판에 관한 법률」 제2조제1호에 따른 해양사고를 피하기 위한 경우
2. 선박의 고장이나 그 밖의 사유로 선박을 조종할 수 없는 경우
3. 인명을 구조하거나 급박한 위험이 있는 선박을 구조하는 경우
4. 제41조에 따른 허가를 받은 공사 또는 작업에 사용하는 경우

③ 제1항에 따른 선박의 정박 또는 정류의 제한 외에 무역항별 무역항의 수상구역등에서의 정박 또는 정류 제한에 관한 구체적인 내용은 관리청이 정하여 고시한다.

④ 무역항의 수상구역등에 정박하는 선박은 지체 없이 예비용 닻을 내릴 수 있도록 닻 고정장치를 해제하고, 동력선은 즉시 운항할 수 있도록 기관의 상태를 유지하는 등 안전에 필요한 조치를 하여야 한다.

⑤ 관리청은 정박하는 선박의 안전을 위하여 필요하다고 인정하는 경우에는 무역항의 수상구역등에 정박하는 선박에 대하여 정박 장소 또는 방법을 변경할 것을 명할 수 있다.

제7조 (선박의 계선 신고 등)

① 총톤수 20톤 이상의 선박을 무역항의 수상구역등에 계선하려는 자는 해양수산부령으로 정하는 바에 따라 관리청에 신고하여야 한다.

② 관리청은 제1항에 따른 신고를 받은 경우 그 내용을 검토하여 이 법에 적합하면 신고를 수리하여야 한다.

③ 제1항에 따라 선박을 계선하려는 자는 관리청이 지정한 장소에 그 선박을 계선하여야 한다.

④ 관리청은 계선 중인 선박의 안전을 위하여 필요하다고 인정하는 경우에는 그 선박의 소유자나 임차인에게 안전 유지에 필요한 인원의 선원을 승선시킬 것을 명할 수 있다.

제8조 (선박의 이동명령)

관리청은 다음 각 호의 경우에는 무역항의 수상구역등에 있는 선박에 대하여 관리청이 정하는 장소로 이동할 것을 명할 수 있다.

1. 무역항을 효율적으로 운영하기 위하여 필요하다고 판단되는 경우
2. 전시·사변이나 그에 준하는 국가비상사태 또는 국가안전보장을 위하여 필요하다고 판단되는 경우

제8조의2 (선박의 피항명령 등)

① 관리청은 「재난 및 안전관리 기본법」 제3조제1호가목에 따른 자연재난이 발생하거나 발생할 우려가 있는 경우 무역항의 수상구역등에 있는 선박에 대하여 다른 구역으로 피항할 것을 선박소유자 또는 선장에게 명할 수 있다.

② 관리청은 접안 또는 정박 금지구역의 설정 등 제1항에 따른 피항명령에 필요한 사항을 협의하기 위하여 대통령령으로 정하는 바에 따라 다음 각 호의 자를 포함한 협의체를 구성하여 운영할 수 있다.

1. 「해운법」에 따른 해운업자
2. 관리청이 필요하다고 인정하는 자

제9조 (선박교통의 제한)

① 관리청은 무역항의 수상구역등에서 선박교통의 안전을 위하여 필요하다고 인정하는 경우에는 항로 또는 구역을 지정하여 선박교통을 제한하거나 금지할 수 있다.

② 관리청이 제1항에 따라 항로 또는 구역을 지정한 경우에는 항로 또는 구역의 위치, 제한·금지 기간을 정하여 공고하여야 한다.

제3장 항로 및 항법

제10조 (항로 지정 및 준수)

① 관리청은 무역항의 수상구역등에서 선박교통의 안전을 위하여 필요한 경우에는 무역항과 무역항의 수상구역 밖의 수로를 항로로 지정·고시할 수 있다.

② 우선피항선 외의 선박은 무역항의 수상구역등에 출입하는 경우 또는 무역항의 수상구역등을 통과하는 경우에는 제1항에 따라 지정·고시된 항로를 따라 항행하여

야 한다. 다만, 해양사고를 피하기 위한 경우 등 해양수산부령으로 정하는 사유가 있는 경우에는 그러하지 아니하다.

제11조 (항로에서의 정박 등 금지)

① 선장은 항로에 선박을 정박 또는 정류시키거나 예인되는 선박 또는 부유물을 내버려두어서는 아니 된다. 다만, 제6조제2항 각 호의 어느 하나에 해당하는 경우는 그러하지 아니하다.

② 제6조제2항제1호부터 제3호까지의 사유로 선박을 항로에 정박시키거나 정류시키려는 자는 그 사실을 관리청에 신고하여야 한다. 이 경우 제2호에 해당하는 선박의 선장은 「해상교통안전법」 제92조제1항에 따른 조종불능선 표시를 하여야 한다.

제12조 (항로에서의 항법)

① 모든 선박은 항로에서 다음 각 호의 항법에 따라 항행하여야 한다.

1. 항로 밖에서 항로에 들어오거나 항로에서 항로 밖으로 나가는 선박은 항로를 항행하는 다른 선박의 진로를 피하여 항행할 것
2. 항로에서 다른 선박과 나란히 항행하지 아니할 것
3. 항로에서 다른 선박과 마주칠 우려가 있는 경우에는 오른쪽으로 항행할 것
4. 항로에서 다른 선박을 추월하지 아니할 것. 다만, 추월하려는 선박을 눈으로 볼 수 있고 안전하게 추월할 수 있다고 판단되는 경우에는 「해상교통안전법」 제74조제5항 및 제78조에 따른 방법으로 추월할 것
5. 항로를 항행하는 제37조제1항제1호에 따른 위험물운송선박(제2조제5호라목에 따른 선박 중 급유선은 제외한다) 또는 「해상교통안전법」 제2조제12호에 따른 흘수제약선(吃水制約船)의 진로를 방해하지 아니할 것
6. 「선박법」 제1조의2제1항제2호에 따른 범선은 항로에서 지그재그(zigzag)로 항행하지 아니할 것

② 관리청은 선박교통의 안전을 위하여 특히 필요하다고 인정하는 경우에는 제1항에서 규정한 사항 외에 따로 항로에서의 항법 등에 관한 사항을 정하여 고시할 수 있다. 이 경우 선박은 이에 따라 항행하여야 한다.

제13조 (방파제 부근에서의 항법)

무역항의 수상구역등에 입항하는 선박이 방파제 입구 등에서 출항하는 선박과 마주칠 우려가 있는 경우에는 방파제 밖에서 출항하는 선박의 진로를 피하여야 한다.

제14조 (부두등 부근에서의 항법)

선박이 무역항의 수상구역등에서 해안으로 길게 뻗어 나온 육지 부분, 부두, 방파제 등 인공시설물의 튀어나온 부분 또는 정박 중인 선박(이하 이 조에서 "부두등"이라 한다)을 오른쪽 뱃전에 두고 항행할 때에는 부두등에 접근하여 항행하고, 부두등을 왼쪽 뱃전에 두고 항행할 때에는 멀리 떨어져서 항행하여야 한다.

제15조 (예인선 등의 항법)

① 예인선이 무역항의 수상구역등에서 다른 선박을 끌고 항행할 때에는 해양수산부령으로 정하는 방법에 따라야 한다.
② 범선이 무역항의 수상구역등에서 항행할 때에는 돛을 줄이거나 예인선이 범선을 끌고 가게 하여야 한다.

제16조 (진로방해의 금지)

① 우선피항선은 무역항의 수상구역등이나 무역항의 수상구역 부근에서 다른 선박의 진로를 방해하여서는 아니 된다.
② 제41조제1항에 따라 공사 등의 허가를 받은 선박과 제42조제1항에 따라 선박경기 등의 행사를 허가받은 선박은 무역항의 수상구역등에서 다른 선박의 진로를 방해하여서는 아니 된다.

제17조 (속력 등의 제한)

① 선박이 무역항의 수상구역등이나 무역항의 수상구역 부근을 항행할 때에는 다른 선박에 위험을 주지 아니할 정도의 속력으로 항행하여야 한다.
② 해양경찰청장은 선박이 빠른 속도로 항행하여 다른 선박의 안전 운항에 지장을 초래할 우려가 있다고 인정하는 무역항의 수상구역등에 대하여는 관리청에 무역항의 수상구역등에서의 선박 항행 최고속력을 지정할 것을 요청할 수 있다.
③ 관리청은 제2항에 따른 요청을 받은 경우 특별한 사유가 없으면 무역항의 수상구역등에서 선박 항행 최고속력을 지정·고시하여야 한다. 이 경우 선박은 고시된 항행 최고속력의 범위에서 항행하여야 한다.

제18조 (항행 선박 간의 거리)

무역항의 수상구역등에서 2척 이상의 선박이 항행할 때에는 서로 충돌을 예방할 수 있는 상당한 거리를 유지하여야 한다.

제4장 선박교통관제 <삭제>

제19조 <삭제>

제20조 <삭제>

제21조 <삭제>

제22조 <삭제>

제5장 예 선

제23조 (예선의 사용의무)

① 관리청은 항만시설을 보호하고 선박의 안전을 확보하기 위하여 관리청이 정하여 고시하는 일정 규모 이상의 선박에 대하여 예선을 사용하도록 하여야 한다.

② 관리청은 제1항에 따라 예선을 사용하여야 하는 선박이 그 규모에 맞는 예선을 사용하게 하기 위하여 예선의 사용기준(이하 "예선사용기준"이라 한다)을 정하여 고시할 수 있다.

제24조 (예선업의 등록 등)

① 무역항에서 예선업무를 하는 사업(이하 "예선업"이라 한다)을 하려는 자는 관리청에 등록하여야 한다. 등록한 사항 중 해양수산부령으로 정하는 사항을 변경하려는 경우에도 또한 같다.

② 제1항에 따른 예선업의 등록 또는 변경등록은 무역항별로 하되, 다음 각 호의 기준을 충족하여야 한다.

1. 예선은 자기소유예선[자기 명의의 국적취득조건부 나용선(裸傭船) 또는 자기 소유로 약정된 리스예선을 포함한다]으로서 해양수산부령으로 정하는 무역항별 예선보유기준에 따른 마력[이하 "예항력"(曳航力)이라 한다]과 척수가 적합할 것
2. 예선추진기형은 전(全)방향추진기형일 것
3. 예선에 소화설비 등 해양수산부령으로 정하는 시설을 갖출 것
4. 예선의 선령(船齡)이 해양수산부령으로 정하는 기준에 적합하되, 등록 또는 변경등록 당시 해당 예선의 선령이 12년 이하일 것. 다만, 관리청이 예선 수요가

적어 사업의 수익성이 낮다고 인정하는 무역항에 등록 또는 변경등록하는 선박의 경우와 해양환경공단이 「해양환경관리법」 제67조에 따라 해양오염방제에 대비·대응하기 위하여 선박을 배치하고자 변경등록하는 경우에는 그러하지 아니하다.

③ 제2항에도 불구하고 다음 각 호의 어느 하나에 해당하는 경우에는 해양수산부령으로 정하는 무역항별 예선보유기준에 따라 2개 이상의 무역항에 대하여 하나의 예선업으로 등록하게 할 수 있다.

1. 1개의 무역항에 출입하는 선박의 수가 적은 경우
2. 2개 이상의 무역항이 인접한 경우

④ 관리청은 예선업무를 안정적으로 수행하기 위하여 필요하다고 인정하는 경우 예선업이 등록된 무역항의 예선이 아닌 다른 무역항에 등록된 예선을 이용하게 할 수 있다.

⑤ 제4항에 따라 다른 무역항에 등록된 예선을 이용하기 위한 기준 및 절차 등에 필요한 사항은 해양수산부령으로 정한다.

제25조 (예선업의 등록 제한)

① 다음 각 호의 어느 하나에 해당하는 자는 예선업의 등록을 할 수 없다.

1. 원유, 제철원료, 액화가스류 또는 발전용 석탄의 화주(貨主)
2. 「해운법」에 따른 외항 정기 화물운송사업자와 외항 부정기 화물운송사업자
3. 조선사업자
4. 제1호부터 제3호까지의 어느 하나에 해당하는 자가 사실상 소유하거나 지배하는 법인(이하 "관계법인"이라 한다) 및 그와 특수한 관계에 있는 자(이하 "특수관계인"이라 한다)
5. 제26조제1호 또는 제5호의사유로 등록이 취소된 후 2년이 지나지 아니한 자

② 관계법인과 특수관계인의 범위 등은 대통령령으로 정한다.

③ 제28조에 따라 예선업의 권리와 의무를 승계한 자의 경우에는 제1항을 준용한다.

④ 관리청은 안전사고의 방지 및 예선업의 효율적인 운영을 위하여 필요한 경우로서 항만 내 예선의 대기장소가 해양수산부령으로 정하는 기준보다 부족한 경우에는 예선업의 등록을 거부할 수 있다.

제25조의2 (예선의 수급조절)

① 해양수산부장관은 예선의 수급조절을 위하여 필요한 경우 다음 각 호의 사항을 반

영한 예선 수급계획을 수립할 수 있다. 이 경우 제30조에 따른 예선운영협의회의 의견을 청취하여야 한다.

1. 예선업 경기(景氣)의 동향과 전망
2. 항만별 예선업의 여건 및 운영 실태
3. 항만별·마력별 예선 수급 상황
4. 그 밖에 대통령령으로 정하는 사항으로서 예선 수급계획 수립에 필요한 사항

② 해양수산부장관은 제1항에 따라 예선 수급계획을 수립하였으면 이를 관보 및 인터넷 홈페이지 등에 공고하여야 한다.

③ 관리청은 수립된 예선 수급계획에 따라 예선업의 등록 또는 변경등록을 일정 기간 제한하거나 등록 또는 변경등록에 조건을 붙일 수 있다.

④ 그 밖에 예선 수급계획 및 수급조절 절차, 기존예선의 대체 등에 필요한 사항은 대통령령으로 정한다.

제25조의3 (예선업자에 대한 서비스평가)

① 해양수산부장관은 예선서비스의 향상을 위하여 제24조제1항에 따라 예선업을 등록한 자(이하 "예선업자"라 한다)에 대하여 대통령령으로 정하는 바에 따라 예선 운영의 안전성 및 이용자의 만족도를 평가(이하 "서비스평가"라 한다)할 수 있다.

② 관리청은 서비스평가 결과가 우수한 예선업자에 대하여 포상하고 대통령령으로 정하는 바에 따라 우대 조치를 할 수 있다.

③ 관리청은 서비스평가 결과가 부진한 예선업자에 대하여 대통령령으로 정하는 바에 따라 예선의 증선 등에 대한 불이익을 줄 수 있다.

④ 해양수산부장관은 제1항에 따른 서비스평가의 방법, 제2항에 따른 우수한 예선업자의 기준, 제3항에 따른 부진한 예선업자의 기준 등에 대하여 제30조에 따른 예선운영협의회의 의견을 들어야 한다.

⑤ 해양수산부장관은 대통령령으로 정하는 바에 따라 서비스평가의 결과를 공표할 수 있다.

⑥ 해양수산부장관은 제1항에 따른 서비스평가의 방법, 제2항 및 제3항에 따른 우수 또는 부진 예선업자의 기준 등에 관한 사항을 심의하기 위하여 예선서비스평가위원회를 설치·운영할 수 있다.

⑦ 제1항부터 제6항까지에서 규정한 사항 외에 서비스평가의 방법과 절차, 예선서비스평가위원회의 구성과 운영 등에 필요한 사항은 해양수산부령으로 정한다.

제26조 (등록의 취소 등)

관리청은 예선업자가 다음 각 호의 어느 하나에 해당하는 경우에는 그 등록을 취소하거나 6개월 이내의 기간을 정하여 사업정지를 명할 수 있다. 다만, 제1호부터 제3호까지의 어느 하나에 해당하는 경우에는 그 등록을 취소하여야 한다.

1. 거짓이나 그 밖의 부정한 방법으로 등록 또는 변경등록을 한 경우
2. 제24조제2항에 따른 기준을 충족하지 못하게 된 경우
3. 제25조제1항 각 호의 어느 하나에 해당하게 된 경우

3의2. 제25조의2제3항에 따른 조건을 위반하는 경우

4. 제29조제1항 또는 제2항을 위반하여 정당한 사유 없이 예선의 사용 요청을 거절하거나 예항력 검사를 받지 아니한 경우

4의2. 제29조의2제1항의 단서를 위반하여 예선을 공동으로 배정하는 경우

5. 제49조제2항에 따른 개선명령을 이행하지 아니한 경우

제27조 (과징금 처분)

① 관리청은 예선업자가 제26조제4호에 해당하여 사업을 정지시켜야 하는 경우로서 사업을 정지시키면 예선사용기준에 맞게 사용할 예선이 없는 경우에는 사업정지 처분을 대신하여 1천만원 이하의 과징금을 부과할 수 있다.

② 제1항에 따라 과징금을 부과하는 위반행위의 종류 및 위반 정도에 따른 과징금의 금액과 그 밖에 필요한 사항은 대통령령으로 정한다.

③ 관리청은 예선업자가 제1항에 따른 과징금을 납부하지 아니하면 국세 체납처분의 예 또는 「지방행정제재·부과금의 징수 등에 관한 법률」에 따라 징수할 수 있다.

제28조 (권리와 의무의 승계)

다음 각 호의 어느 하나에 해당하는 자는 예선업자의 권리와 의무를 승계한다.

1. 예선업자가 사망한 경우 그 상속인
2. 예선업자가 사업을 양도한 경우 그 양수인
3. 법인인 예선업자가 다른 법인과 합병한 경우 합병 후 존속하는 법인이나 합병으로 설립되는 법인

제29조 (예선업자의 준수사항)

① 예선업자는 다음 각 호의 경우를 제외하고는 예선의 사용 요청을 거절하여서는 아니 된다.

1. 다른 법령에 따라 선박의 운항이 제한된 경우
2. 천재지변이나 그 밖의 불가항력적인 사유로 예선업무를 수행하기가 매우 어려운 경우
3. 제30조에 따른 예선운영협의회에서 정하는 정당한 사유가 있는 경우

② 예선업자는 등록 또는 변경등록한 각 예선이 등록 또는 변경등록 당시의 예항력을 유지할 수 있도록 관리하고, 해양수산부령으로 정하는 바에 따라 예선이 적정한 예항력을 가지고 있는지 확인하기 위하여 해양수산부장관이 실시하는 검사를 받아야 한다.

③ 해양수산부장관은 제2항에 따른 검사방법을 정하여 고시할 수 있다.

제29조의2 (예선의 배정 방법)

① 예선의 사용 요청을 받은 예선업자는 단독으로 예선을 배정하여야 한다. 다만, 예선의 공동 활용 등을 위하여 필요한 경우로서 예선업자가 예선 사용자 등에게 예선 공동 배정의 방법·내용을 미리 공표한 경우에는 예선업자 간 공동으로 예선을 배정할 수 있다.

② 제1항 단서에 따른 예선 공동 배정의 방법·내용, 공표의 방법 및 세부 절차 등에 관한 사항은 해양수산부령으로 정한다.

제30조 (예선운영협의회)

① 관리청은 예선을 원활하게 운영하기 위하여 예선업을 대표하는 자, 예선 사용자를 대표하는 자 및 해운항만전문가가 참여하는 예선운영협의회를 설치·운영하게 할 수 있다.

② 제1항에 따른 예선운영협의회의 기능·구성 및 운영 등에 필요한 사항은 대통령령으로 정한다.

③ 관리청은 다음 각 호의 어느 하나에 해당하는 경우 조정을 하거나 예선운영협의회에 재협의를 요구할 수 있다.

1. 예선운영협의회에서 예선운영 등에 대한 협의가 이루어지지 아니한 경우
2. 예선운영협의회의 협의 결과가 예선업의 건전한 발전을 저해하거나 예선 사용자의 권익을 침해한다고 인정되는 경우

제31조 (예선업의 적용 제외)

조선소에서 건조·수리 또는 시험 운항할 목적으로 선박 등을 이동시키거나 운항을 보조하기 위하여 보유·관리하는 예선에 대하여는 예선업에 관한 이 법의 규정을 적

용하지 아니한다.

제6장 위험물의 관리 등

제32조 (위험물의 반입)

① 위험물을 무역항의 수상구역등으로 들여오려는 자는 해양수산부령으로 정하는 바에 따라 관리청에 신고하여야 한다.

② 관리청은 제1항에 따른 신고를 받은 경우 그 내용을 검토하여 이 법에 적합하면 신고를 수리하여야 한다.

③ 관리청은 제1항에 따른 신고를 받았을 때에는 무역항 및 무역항의 수상구역등의 안전, 오염방지 및 저장능력을 고려하여 해양수산부령으로 정하는 바에 따라 들여올 수 있는 위험물의 종류 및 수량을 제한하거나 안전에 필요한 조치를 할 것을 명할 수 있다.

④ 다음 각 호에 해당하는 자는 제1항에 따라 신고를 하려는 자에게 해양수산부령으로 정하는 바에 따라 위험물을 통지하여야 한다.

1. 「해운법」 제24조에 따라 해상화물운송사업을 등록한 자
2. 「물류정책기본법」 제43조에 따라 국제물류주선업을 등록한 자
3. 「해운법」 제33조에 따라 해운대리점업을 등록한 자
4. 「관세법」 제241조제1항에 따른 수출·수입 신고 대상 물품의 화주

제33조 (위험물운송선박의 정박 등)

제37조제1항제1호에 따른 위험물운송선박은 관리청이 지정한 장소가 아닌 곳에 정박하거나 정류하여서는 아니 된다.

제34조 (위험물의 하역)

① 무역항의 수상구역등에서 위험물을 하역하려는 자는 대통령령으로 정하는 바에 따라 자체안전관리계획을 수립하여 관리청의 승인을 받아야 한다. 승인받은 사항 중 대통령령으로 정하는 사항을 변경하려는 경우에도 또한 같다.

② 관리청은 무역항의 안전을 위하여 필요하다고 인정할 때에는 제1항에 따른 자체안전관리계획을 변경할 것을 명할 수 있다.

③ 관리청은 기상 악화 등 불가피한 사유로 무역항의 수상구역등에서 위험물을 하역

하는 것이 부적당하다고 인정하는 경우에는 제1항에 따른 승인을 받은 자에 대하여 해양수산부령으로 정하는 바에 따라 그 하역을 금지 또는 중지하게 하거나 무역항의 수상구역등 외의 장소를 지정하여 하역하게 할 수 있다.

④ 무역항의 수상구역등이 아닌 장소로서 해양수산부령으로 정하는 장소에서 위험물을 하역하려는 자는 무역항의 수상구역등에 있는 자로 본다.

제35조 (위험물 취급 시의 안전조치 등)

① 무역항의 수상구역등에서 위험물취급자는 다음 각 호에 따른 안전에 필요한 조치를 하여야 한다.

1. 위험물 취급에 관한 안전관리자(이하 "위험물 안전관리자"라 한다)의 확보 및 배치. 다만, 해양수산부령으로 정하는 바에 따라 위험물 안전관리자를 보유한 안전관리 전문업체로 하여금 안전관리 업무를 대행하게 한 경우에는 그러하지 아니하다.
2. 해양수산부령으로 정하는 위험물 운송선박의 부두 이안·접안 시 위험물 안전관리자의 현장 배치
3. 위험물의 특성에 맞는 소화장비의 비치
4. 위험표지 및 출입통제시설의 설치
5. 선박과 육상 간의 통신수단 확보
6. 작업자에 대한 안전교육과 그 밖에 해양수산부령으로 정하는 안전에 필요한 조치

② 위험물 안전관리자는 해양수산부령으로 정하는 바에 따라 안전관리에 관한 교육을 받아야 한다.

③ 위험물취급자는 위험물 안전관리자를 고용한 때에는 그 해당자에게 안전관리에 관한 교육을 받게 하여야 한다. 이 경우 위험물취급자는 교육에 드는 경비를 부담하여야 한다.

④ 위험물 안전관리자의 자격, 보유기준 및 교육의 실시에 필요한 사항은 해양수산부령으로 정한다.

⑤ 관리청은 제1항에 따른 안전조치를 하지 아니한 위험물취급자에게 시설·인원·장비 등의 보강 또는 개선을 명할 수 있다.

⑥ 해양수산부령으로 정하는 위험물을 운송하는 총톤수 5만톤 이상의 선박이 접안하는 돌핀 계류시설의 운영자는 해당 선박이 안전하게 접안하여 하역할 수 있도록 해양수산부령으로 정하는 안전장비를 갖추어야 한다.

제35조의2 (위험물 관련 자료제출의 요청)

① 관리청은 위험물의 관리를 위하여 필요하다고 인정할 때에는 관계 행정기관의 장에게 위험물 및 위험물을 수입하는 선박의 국내 입항일 등 필요한 자료의 제출을 요청할 수 있다. 이 경우 요청을 받은 관계 행정기관의 장은 특별한 사유가 없으면 그 요청에 따라야 한다.

② 제1항에 따라 요청하는 자료의 구체적인 범위, 제출방법 및 그 밖에 필요한 사항은 해양수산부령으로 정한다.

제36조 (교육기관의 지정 및 취소 등)

① 해양수산부장관은 위험물 안전관리자의 교육을 위하여 교육기관을 지정·고시할 수 있다.

② 제1항의 교육기관의 지정기준 및 교육내용 등 교육기관 지정·운영에 필요한 사항은 해양수산부령으로 정한다.

③ 해양수산부장관은 교육기관의 교육계획 또는 실적 등을 확인·점검할 수 있으며, 확인·점검 결과 필요한 경우에는 시정을 명할 수 있다.

④ 해양수산부장관은 교육기관이 다음 각 호의 어느 하나에 해당하는 경우에는 그 지정을 취소하거나 6개월 이내의 기간을 정하여 업무의 정지를 명할 수 있다. 다만, 제1호의 경우에는 그 지정을 취소하여야 한다.

1. 거짓이나 그 밖의 부정한 방법으로 교육기관 지정을 받은 경우
2. 교육실적을 거짓으로 보고한 경우
3. 제3항에 따른 시정명령을 이행하지 아니한 경우
4. 교육기관으로 지정받은 날부터 2년 이상 교육 실적이 없는 경우
5. 해양수산부장관이 교육기관으로서 업무를 수행하기가 어렵다고 인정하는 경우

제37조 (선박수리의 허가 등)

① 선장은 무역항의 수상구역등에서 다음 각 호의 선박을 불꽃이나 열이 발생하는 용접 등의 방법으로 수리하려는 경우 해양수산부령으로 정하는 바에 따라 관리청의 허가를 받아야 한다. 다만, 제2호의 선박은 기관실, 연료탱크, 그 밖에 해양수산부령으로 정하는 선박 내 위험구역에서 수리작업을 하는 경우에만 허가를 받아야 한다.

1. 위험물을 저장·운송하는 선박과 위험물을 하역한 후에도 인화성 물질 또는 폭발성 가스가 남아 있어 화재 또는 폭발의 위험이 있는 선박(이하 "위험물운송선박"이라 한다)

2. 총톤수 20톤 이상의 선박(위험물운송선박은 제외한다)

② 관리청은 제1항에 따른 허가 신청을 받았을 때에는 신청 내용이 다음 각 호의 어느 하나에 해당하는 경우를 제외하고는 허가하여야 한다.

1. 화재·폭발 등을 일으킬 우려가 있는 방식으로 수리하려는 경우
2. 용접공 등 수리작업을 할 사람의 자격이 부적절한 경우
3. 화재·폭발 등의 사고 예방에 필요한 조치가 미흡한 것으로 판단되는 경우
4. 선박수리로 인하여 인근의 선박 및 항만시설의 안전에 지장을 초래할 우려가 있다고 판단되는 경우
5. 수리장소 및 수리시기 등이 항만운영에 지장을 줄 우려가 있다고 판단되는 경우
6. 위험물운송선박의 경우 수리하려는 구역에 인화성 물질 또는 폭발성 가스가 없다는 것을 증명하지 못하는 경우

③ 총톤수 20톤 이상의 선박을 제1항 단서에 따른 위험구역 밖에서 불꽃이나 열이 발생하는 용접 등의 방법으로 수리하려는 경우에 그 선박의 선장은 해양수산부령으로 정하는 바에 따라 관리청에 신고하여야 한다.

④ 관리청은 제3항에 따른 신고를 받은 경우 그 내용을 검토하여 이 법에 적합하면 신고를 수리하여야 한다.

⑤ 제1항부터 제3항까지에 따라 선박을 수리하려는 자는 그 선박을 관리청이 지정한 장소에 정박하거나 계류하여야 한다.

⑥ 관리청은 수리 승인 선박의 안전을 위하여 필요하다고 인정하는 경우에는 그 선박의 소유자나 임차인에게 해양수산부령으로 정하는 바에 따라 안전에 필요한 조치를 할 것을 명할 수 있다.

제7장 수로의 보전

제38조 (폐기물의 투기 금지 등)

① 누구든지 무역항의 수상구역등이나 무역항의 수상구역 밖 10킬로미터 이내의 수면에 선박의 안전운항을 해칠 우려가 있는 흙·돌·나무·어구(漁具) 등 폐기물을 버려서는 아니 된다.

② 무역항의 수상구역등이나 무역항의 수상구역 부근에서 석탄·돌·벽돌 등 흩어지기 쉬운 물건을 하역하는 자는 그 물건이 수면에 떨어지는 것을 방지하기 위하여 대

통령령으로 정하는 바에 따라 필요한 조치를 하여야 한다.

③ 관리청은 제1항을 위반하여 폐기물을 버리거나 제2항을 위반하여 흩어지기 쉬운 물건을 수면에 떨어뜨린 자에게 그 폐기물 또는 물건을 제거할 것을 명할 수 있다.

제39조 (해양사고 등이 발생한 경우의 조치)

① 무역항의 수상구역등이나 무역항의 수상구역 부근에서 해양사고·화재 등의 재난으로 인하여 다른 선박의 항행이나 무역항의 안전을 해칠 우려가 있는 조난선(遭難船)의 선장은 즉시 「항로표지법」 제2조제1호에 따른 항로표지를 설치하는 등 필요한 조치를 하여야 한다.

② 제1항에 따른 조난선의 선장이 같은 항에 따른 조치를 할 수 없을 때에는 해양수산부령으로 정하는 바에 따라 해양수산부장관에게 필요한 조치를 요청할 수 있다.

③ 해양수산부장관이 제2항에 따른 조치를 하였을 때에는 그 선박의 소유자 또는 임차인은 그 조치에 들어간 비용을 해양수산부장관에게 납부하여야 한다.

④ 해양수산부장관은 선박의 소유자 또는 임차인이 제3항에 따른 조치 비용을 납부하지 아니할 경우 국세 체납처분의 예에 따라 이를 징수할 수 있다.

⑤ 제3항에 따른 비용의 산정방법 및 납부절차는 해양수산부령으로 정한다.

제40조 (장애물의 제거)

① 관리청은 무역항의 수상구역등이나 무역항의 수상구역 부근에서 선박의 항행을 방해하거나 방해할 우려가 있는 물건(이하 "장애물"이라 한다)을 발견한 경우에는 그 장애물의 소유자 또는 점유자에게 제거를 명할 수 있다.

② 관리청은 장애물의 소유자 또는 점유자가 제1항에 따른 명령을 이행하지 아니하는 경우에는 「행정대집행법」 제3조제1항 및 제2항에 따라 대집행(代執行)을 할 수 있다.

③ 관리청은 다음 각 호의 어느 하나에 해당하는 경우로서 제2항에 따른 절차에 따르면 그 목적을 달성하기 곤란한 경우에는 그 절차를 거치지 아니하고 장애물을 제거하는 등 필요한 조치를 할 수 있다.

1. 장애물의 소유자 또는 점유자를 알 수 없는 경우
2. 제2조제2호에 따른 수역시설을 반복적, 상습적으로 불법 점용하는 경우
3. 그 밖에 선박의 항행을 방해하거나 방해할 우려가 있어 신속하게 장애물을 제거하여야 할 필요가 있는 경우

④ 제3항에 따라 장애물을 제거하는 데 들어간 비용은 그 물건의 소유자 또는 점유자

가 부담하되, 소유자 또는 점유자를 알 수 없는 경우에는 대통령령으로 정하는 바에 따라 그 물건을 처분하여 비용에 충당한다.

⑤ 제3항에 따른 조치는 선박교통의 안전 및 질서유지를 위하여 필요한 최소한도에 그쳐야 한다.

⑥ 관리청은 제2항 및 제3항에 따라 제거된 장애물을 보관 및 처리하여야 한다. 이 경우 전문지식이 필요하거나 그 밖에 특수한 사정이 있어 직접 처리하기에 적당하지 아니하다고 인정할 때에는 대통령령으로 정하는 바에 따라 「한국자산관리공사 설립 등에 관한 법률」에 따라 설립된 한국자산관리공사에게 장애물의 처리를 대행하도록 할 수 있다.

⑦ 관리청은 제6항에 따라 한국자산관리공사가 장애물의 처리를 대행하는 경우에는 해양수산부령으로 정하는 바에 따라 수수료를 지급할 수 있다.

⑧ 제6항에 따라 한국자산관리공사가 장애물의 처리를 대행하는 경우에 한국자산관리공사의 임직원은 「형법」 제129조부터 제132조까지의 규정에 따른 벌칙을 적용할 때에는 공무원으로 본다.

⑨ 제6항에 따른 장애물의 보관 및 처리, 장애물 처리의 대행에 필요한 사항은 대통령령으로 정한다.

제41조 (공사 등의 허가)

① 무역항의 수상구역등이나 무역항의 수상구역 부근에서 대통령령으로 정하는 공사 또는 작업을 하려는 자는 해양수산부령으로 정하는 바에 따라 관리청의 허가를 받아야 한다.

② 관리청이 제1항에 따른 허가를 할 때에는 선박교통의 안전과 화물의 보전 및 무역항의 안전에 필요한 조치를 명할 수 있다.

제42조 (선박경기 등 행사의 허가)

① 무역항의 수상구역등에서 선박경기 등 대통령령으로 정하는 행사를 하려는 자는 해양수산부령으로 정하는 바에 따라 관리청의 허가를 받아야 한다.

② 관리청은 제1항에 따른 허가 신청을 받았을 때에는 다음 각 호의 어느 하나에 해당하는 경우를 제외하고는 허가하여야 한다.

1. 행사로 인하여 선박의 충돌·좌초·침몰 등 안전사고가 생길 우려가 있다고 판단되는 경우
2. 행사의 장소와 시간 등이 항만운영에 지장을 줄 우려가 있는 경우

3. 다른 선박의 출입 등 항행에 방해가 될 우려가 있다고 판단되는 경우
4. 다른 선박이 화물을 싣고 내리거나 보존하는 데에 지장을 줄 우려가 있다고 판단되는 경우

③ 관리청은 제1항에 따른 허가를 하였을 때에는 해양경찰청장에게 그 사실을 통보하여야 한다.

제43조 (부유물에 대한 허가)

① 무역항의 수상구역등에서 목재 등 선박교통의 안전에 장애가 되는 부유물에 대하여 다음 각 호의 어느 하나에 해당하는 행위를 하려는 자는 해양수산부령으로 정하는 바에 따라 관리청의 허가를 받아야 한다.
1. 부유물을 수상(水上)에 띄워 놓으려는 자
2. 부유물을 선박 등 다른 시설에 붙들어 매거나 운반하려는 자

② 관리청은 제1항에 따른 허가를 할 때에는 선박교통의 안전에 필요한 조치를 명할 수 있다.

제44조 (어로의 제한)

누구든지 무역항의 수상구역등에서 선박교통에 방해가 될 우려가 있는 장소 또는 항로에서는 어로(漁撈)(어구 등의 설치를 포함한다)를 하여서는 아니 된다.

제8장 불빛 및 신호

제45조 (불빛의 제한)

① 누구든지 무역항의 수상구역등이나 무역항의 수상구역 부근에서 선박교통에 방해가 될 우려가 있는 강력한 불빛을 사용하여서는 아니 된다.

② 관리청은 제1항에 따른 불빛을 사용하고 있는 자에게 그 빛을 줄이거나 가리개를 씌우도록 명할 수 있다.

제46조 (기적 등의 제한)

① 선박은 무역항의 수상구역등에서 특별한 사유 없이 기적(汽笛)이나 사이렌을 울려서는 아니 된다.

② 제1항에도 불구하고 무역항의 수상구역등에서 기적이나 사이렌을 갖춘 선박에 화

재가 발생한 경우 그 선박은 해양수산부령으로 정하는 바에 따라 화재를 알리는 경보를 울려야 한다.

제9장 보 칙

제47조 (출항의 중지)

관리청은 선박이 이 법 또는 이 법에 따른 명령을 위반한 경우에는 그 선박의 출항을 중지시킬 수 있다.

제48조 (검사·확인 등)

① 관리청은 다음 각 호의 경우 그 선박의 소유자·선장이나 그 밖의 관계인에게 출석 또는 진술을 하게 하거나 관계 서류의 제출 또는 보고를 요구할 수 있으며, 관계 공무원으로 하여금 그 선박이나 사무실·사업장, 그 밖에 필요한 장소에 출입하여 장부·서류 또는 그 밖의 물건을 검사하거나 확인하게 할 수 있다.

1. 제4조, 제5조제2항·제3항, 제6조제1항·제4항, 제7조, 제10조제2항, 제11조, 제23조, 제32조, 제33조, 제34조제1항부터 제3항까지, 제35조, 제37조, 제40조제1항, 제41조, 제42조제1항, 제43조, 제44조 중 어느 하나를 위반한 자가 있다고 인정되는 경우
2. 제24조제1항에 따른 예선업의 등록 사항을 이행하고 있는지 확인할 필요가 있는 경우
3. 적정예선 척수 산정 및 예선업계의 경영여건 파악을 위하여 필요한 경우

② 제1항에 따른 관계 공무원의 자격, 직무 범위 및 그 밖에 필요한 사항은 대통령령으로 정한다.

③ 제1항에 따라 선박에 출입하여 관계 서류 등을 검사·확인하는 공무원은 그 권한을 표시하는 증표를 지니고 관계인에게 보여주어야 한다.

제49조 (개선명령)

① 관리청은 제48조제1항에 따른 검사 또는 확인 결과 무역항의 수상구역등에서 선박의 안전 및 질서 유지를 위하여 필요하다고 인정하는 경우에는 그 선박의 소유자·선장이나 그 밖의 관계인에게 다음 각 호의 사항에 관하여 개선명령을 할 수 있다.

1. 시설의 보강 및 대체(代替)

2. 공사 또는 작업의 중지
3. 인원의 보강
4. 장애물의 제거
5. 선박의 이동
6. 선박 척수의 제한
7. 그 밖에 해양수산부령으로 정하는 사항

② 관리청은 예선업자 등이 다른 예선업자의 사업이나 다른 예선 사용자의 예선 사용을 부당하게 방해하는 등 대통령령으로 정하는 사유로 인하여 예선업의 건전한 발전을 저해하거나 예선 사용자의 권익을 침해한 사실이 있다고 인정되는 경우에는 해당 예선업자 등에 대하여 사업 내용의 변경 또는 예선운영 방법 등에 관하여 개선명령을 할 수 있다.

제50조 (항만운영정보시스템의 사용 등)

① 해양수산부장관은 이 법에 따른 입항·출항 선박의 정보관리 및 민원사무의 처리 등을 위하여 항만운영정보시스템을 구축·운영할 수 있다.

② 해양수산부장관은 제1항에 따른 항만운영정보시스템의 원활한 운영을 위하여 해양수산부령으로 정하는 바에 따라 항만운영정보시스템과 사용자의 전자문서를 중계하는 망사업자(이하 "중계망사업자"라 한다)를 지정할 수 있다.

③ 제2항에 따라 지정을 받은 중계망사업자는 다음 각 호의 사업을 수행한다.
1. 전자문서 중계망시설의 운영과 중개사업
2. 전자문서 중계망시설과 다른 정보시스템 간의 연계사업
3. 선박 입항과 출항 정보관리 및 민원사무 처리 표준화에 관한 사업
4. 그 밖에 선박 입항과 출항 정보관리 및 민원사무의 처리를 위하여 대통령령으로 정하는 사업

④ 해양수산부장관은 제2항에 따라 지정을 받은 중계망사업자가 제1호에 해당하는 경우에는 그 지정을 취소하여야 하며, 제2호에 해당하는 경우에는 그 지정을 취소하거나 6개월 이내의 기간을 정하여 그 사업의 전부 또는 일부의 정지를 명할 수 있다.
1. 거짓이나 그 밖의 부정한 방법으로 지정을 받은 경우
2. 제5항에 따른 해양수산부장관의 지도·감독을 위반한 경우

⑤ 해양수산부장관은 제3항에 따른 사업에 관하여 중계망사업자를 지도·감독할 수 있다.

제51조 (수수료)

다음 각 호의 어느 하나에 해당하는 자는 해양수산부령으로 정하는 바에 따라 수수료를 납부하여야 한다.

1. 제24조제1항에 따른 예선업의 등록을 하려는 자
2. 제41조제1항에 따른 공사 등의 허가를 받으려는 자

제52조 (청문)

해양수산부장관 또는 시·도지사는 다음 각 호의 어느 하나에 해당하는 처분을 하려는 경우에는 청문을 하여야 한다.

1. 제26조에 따른 예선업 등록의 취소
2. 제36조제4항에 따른 지정교육기관 지정의 취소
3. 제50조제4항에 따른 중계망사업자 지정의 취소

제53조 (권한의 위임·위탁)

① 이 법에 따른 해양수산부장관의 권한 또는 해양경찰청장의 권한은 대통령령으로 정하는 바에 따라 그 일부를 그 소속기관의 장, 시·도지사에게 위임할 수 있다.

② 이 법에 따른 관리청의 권한은 대통령령으로 정하는 바에 따라 그 일부를 해양경찰청장에게 위임 또는 위탁할 수 있다.

③ 관리청의 제4조제2항에 따른 신고의 수리 권한은 대통령령으로 정하는 바에 따라 「항만공사법」에 따른 항만공사에 위탁할 수 있다.

제10장 벌 칙

제54조 (벌칙)

다음 각 호의 어느 하나에 해당하는 자는 2년 이하의 징역 또는 2천만원 이하의 벌금에 처한다.

1. 거짓이나 그 밖의 부정한 방법으로 제24조제1항에 따른 등록을 한 자
2. 제24조제1항에 따른 등록을 하지 아니하고 예선업을 한 자

제55조 (벌칙)

다음 각 호의 어느 하나에 해당하는 자는 1년 이하의 징역 또는 1천만원 이하의 벌금

에 처한다.

1. 제4조제3항에 따른 허가를 받지 아니하고 무역항의 수상구역등에 출입하거나 기항지에 대한 정보를 거짓으로 제출하여 출입허가를 받은 자
2. 제23조제1항을 위반하여 예선을 사용하지 아니한 자
3. 제23조제2항에 따른 예선사용기준에 미치지 못하는 예선을 사용한 자
4. 정당한 사유 없이 제29조제1항을 위반하여 예선의 사용 요청을 거절한 자
5. 제33조에 따른 지정장소 외에 위험물운송선박을 정박하거나 정류한 자
6. 제35조제1항에 따른 안전조치를 하지 아니한 자
7. 제35조제5항에 따른 시설·인원·장비 등의 보강 또는 개선 명령을 이행하지 아니한 자
8. 제37조제1항에 따른 허가를 받지 아니하고 무역항의 수상구역등에서 선박을 수리한 자
9. 제38조제1항을 위반하여 폐기물을 버린 자
10. 제38조제3항에 따른 폐기물 또는 물건의 제거 명령을 이행하지 아니한 자
11. 제47조에 따른 출항 중지 처분을 위반한 자
12. 제49조제2항에 따른 개선명령을 이행하지 아니한 자

제56조 (벌칙)

다음 각 호의 어느 하나에 해당하는 자는 500만원 이하의 벌금에 처한다.

1. 제4조제1항에 따른 출입 신고를 하지 아니하거나 거짓이나 그 밖의 부정한 방법으로 신고한 자
2. 제5조제2항 본문에 따른 정박구역 및 정박지가 아닌 곳에 정박한 자
3. 제6조제1항 각 호에 따른 장소에 선박을 정박하거나 정류한 자
4. 제6조제5항에 따른 정박 장소 또는 방법의 변경 명령에 따르지 아니한 자
5. 제7조제4항에 따른 선원의 승선 명령을 이행하지 아니한 선박의 소유자 또는 임차인
6. 제8조에 따른 이동 명령에 따르지 아니한 자

6의2. 제8조의2제1항에 따른 피항명령을 따르지 아니한 자

7. 제9조제1항에 따른 항로 또는 구역에서 선박교통의 제한 또는 금지 처분을 따르지 아니한 자
8. 제10조제2항 본문을 위반하여 지정·고시한 항로를 따라 항행하지 아니한 자
9. 제11조제1항을 위반하여 항로에 선박을 정박 또는 정류시키거나 예인되는 선

박 또는 부유물을 항로에 내버려둔 자

9의2. <삭제>

10. 제32조제3항에 따른 위험물의 종류 및 수량의 제한 또는 안전에 필요한 조치 명령을 이행하지 아니한 자
11. 제34조제1항에 따른 위험물 하역을 위한 자체안전관리계획의 승인을 받지 아니한 자
12. 제34조제2항에 따른 자체안전관리계획의 변경 명령을 이행하지 아니한 자
13. 제34조제3항에 따른 하역의 금지 또는 중지 명령을 위반하거나 지정된 장소가 아닌 곳에서 하역을 한 자

13의2. 제35조제6항에 따른 안전장비를 갖추지 아니한 자

14. 제37조제5항에 따른 지정 장소가 아닌 곳에 선박을 정박하거나 계류한 자
15. 제37조제6항에 따른 안전에 필요한 조치 명령을 이행하지 아니한 선박의 소유자 또는 임차인
16. 제38조제2항을 위반하여 흩어지기 쉬운 물건이 수면에 떨어지는 것을 방지하기 위한 필요한 조치를 하지 아니한 자
17. 제43조제1항에 따른 허가를 받지 아니하고 같은 항 각 호의 행위를 한 자
18. 제43조제2항에 따른 안전에 필요한 조치 명령을 이행하지 아니한 자

제57조 (벌칙)

다음 각 호의 어느 하나에 해당하는 자는 300만원 이하의 벌금에 처한다.

1. 제12조제1항에 따른 항법을 위반하여 항행한 자
2. 제41조제1항에 따른 허가를 받지 아니하고 공사 또는 작업을 한 자
3. 제41조제2항에 따른 선박교통의 안전과 화물의 보전 및 무역항의 안전에 필요한 조치 명령을 이행하지 아니한 자
4. 제42조제1항에 따른 허가를 받지 아니하고 선박경기 등의 행사를 한 자
5. 제44조를 위반하여 어로를 한 자
6. 제45조제2항에 따른 명령을 위반하여 불빛을 줄이지 아니하거나 가리개를 씌우지 아니한 자
7. 제49조제1항에 따른 개선명령을 이행하지 아니한 자

제58조 (양벌규정)

법인의 대표자나 법인 또는 개인의 대리인, 사용인, 그 밖의 종업원이 그 법인 또는

개인의 업무에 관하여 제54조부터 제57조까지의 어느 하나에 해당하는 위반행위를 하면 그 행위자를 벌하는 외에 그 법인 또는 개인에게도 해당 조문의 벌금형을 과(科)한다. 다만, 법인 또는 개인이 그 위반행위를 방지하기 위하여 해당 업무에 관하여 상당한 주의와 감독을 게을리하지 아니한 경우에는 그러하지 아니하다.

제59조 (과태료)

① 다음 각 호의 어느 하나에 해당하는 자에게는 300만원 이하의 과태료를 부과한다.
1. 제11조제2항에 따른 신고 및 표시를 하지 아니한 자
2. <삭제>
3. 거짓이나 그 밖의 부정한 방법으로 제24조제1항에 따른 변경등록을 한 자
4. 제24조제1항에 따른 변경등록을 하지 아니하고 예선업을 한 자
5. 제35조제3항을 위반하여 위험물 안전관리에 관한 교육을 받게 하지 아니한 자

② 다음 각 호의 어느 하나에 해당하는 자에게는 200만원 이하의 과태료를 부과한다.
1. 제5조제3항을 위반하여 우선피항선을 정박하거나 정류한 자
2. 제5조제4항에 따른 신고를 하지 아니한 자
3. 제6조제4항에 따른 정박선박의 안전에 필요한 조치를 하지 아니한 자
4. 제7조제1항에 따른 계선 신고를 하지 아니한 자
5. 제7조제3항에 따른 지정장소에 계선하지 아니한 자
6. 제12조제2항에 따른 항법 등에 관한 고시를 위반하여 항행한 자
7. 제13조에 따른 항법을 위반하여 항행한 자
8. 제14조에 따른 항법을 위반하여 항행한 자
9. 제15조제1항을 위반하여 예인선을 항행한 자
10. 제15조제2항을 위반하여 범선을 항행한 자
11. 제16조를 위반하여 다른 선박의 진로를 방해한 자
12. 제17조제1항 및 제3항에 따른 속력 제한을 위반하여 항행한 자
13. 제18조를 위반하여 다른 선박과의 상당한 거리를 유지하지 아니하고 선박을 항행한 자
14. <삭제>
15. 제32조제1항에 따른 위험물의 반입 신고를 하지 아니한 자. 다만, 제32조제4항 각 호에 해당하는 자에게 위험물을 통지받지 못하거나 거짓으로 통지받은 경우에는 제외한다.

15의2. 제32조제4항을 위반하여 위험물을 통지하지 아니하거나 거짓으로 통지

한 자

16. 제37조제3항에 따른 수리 신고를 하지 아니한 자
17. 제39조제1항에 따른 표지의 설치 등 필요한 조치를 하지 아니한 선장
18. 제40조제1항에 따른 장애물 제거 명령을 이행하지 아니한 자
19. 제45조제1항을 위반하여 강력한 불빛을 사용한 자
20. 제46조제1항을 위반하여 기적이나 사이렌을 울린 자
21. 제46조제2항을 위반하여 화재경보를 울리지 아니한 자
22. 제48조제1항에 따른 출석·진술이나 서류제출·보고를 하지 아니하거나 거짓으로 서류제출·보고한 자 또는 관계 공무원의 출입을 거부하거나 방해한 자

③ 제1항 및 제2항에 따른 과태료는 대통령령으로 정하는 바에 따라 관리청이 부과·징수한다.

Korean Marine Traffic Law

참고자료

1. 대형 컨테이너선의 조종성능표

■ 제 원

구 분	한 진 홍 콩	프레지던트 워싱턴
총톤수	35,598	40,627
주기관출력	디젤기관 30,100마력	디젤기관 43,200마력
길 이	225.24m	250.21m
너 비	32.20m	32.31m
깊 이	19.00m	20.18m

■ 조종성능

구 분	한 진 홍 콩	프레지던트 워싱턴
정지거리 (STOPPING DIST)	만선 전속시 4,680m 반속시 720m 공선 전속시 3,250m 반속시 500m	항해 전속시 3,889m 전속시 2,593m 반속시 1,314m
종 거 (ADVANCE)	만선 전속시 770m 반속시 550m 공선 전속시 820m 반속시 780m	항해 전속시 926m 전속시 894m 반속시 728m
횡 거 (TRANSFER)	만선 전속시 420m 반속시 260m 공선 선속시 450m 반속시 440m	항해 전속시 606m 전속시 519m 반속시 557m
선회경 (TACTICAL DIA)	좌선회시 962m 우선회시 1,010m	항해 전속시 1,156m 전속시 1,009m 반속시 991m

■ 속 력

선 명 / 단계별 기관 사용	한 진 홍 콩		프레지던트 워싱턴	
	회전수	속 력	회전수	속 력
극미속	26rpm	6.6노트	35rpm	6.4노트
미 속	33rpm	8.4노트	45rpm	8.4노트
반 속	40rpm	10.1노트	55rpm	10.6노트
항내전속	47rpm	11.8노트	85rpm	17.1노트
항해전속	90rpm	22.8노트	126rpm	25.0노트

출처: 『해난심판사례집』(1996), 445면.

2. 횡단과 추월의 구별

부산 남항의 충무동에서 출항한 어선 제27성림호(이하 성림호)와 부산항 제1부두를 떠난 컨테이너선 샹주호(이하 샹주호)가 충돌한 사건은 횡단과 추월의 구별에 대한 좋은 사례이다(중해심 재결 제1999-8호, 1999. 8. 19)(『해양안전심판사례집』(2000), 132면).

충돌시간 1610과 충돌지점에 대하여는 다툼이 없었다. 샹주호의 침로와 속력은 각각 213도 및 15.5노트로 그리고 성림호의 침로도 177도로 다툼이 없었다. 다만, 성림호의 속력이 문제였다. 부산지방해심원에서는 이를 8.05노트로 보았으나(신고서의

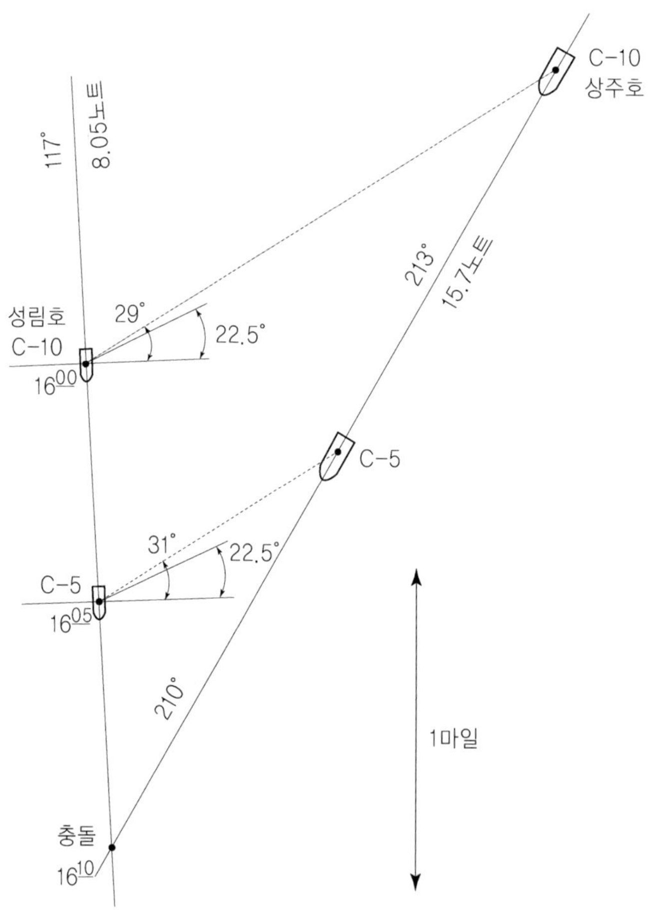

(1) **추월관계**(Overtaking)

출항시간 1500시를 남항 방파제를 지나는 시간으로 보아 남항 방파제에서 충돌지점까지 약 10마일 항주하였으므로 8.05노트가 되었다). 그러나 중앙해심원은 신고서의 출항시간을 남항 출항시간으로 인정하여 남항 방파제 통과시간을 1510시로 보아 속력이 10노트가 되었다. 이를 그림으로 나타내면 그림 (1) 및 그림 (2)와 같다.

그림 (1)과 같이 되면 초인시 샹주호는 성림호를 성림호의 정횡후(正横後) 29도로부터 접근하게 되므로 추월관계가 된다(부산지방해심원). (2)와 같이 되면 정횡후 18도가 되므로 횡단관계(후방교차)가 된다(중앙해심원).

이와 같이 횡단과 추월은 해도상에 상대선박과 자선의 위치를 시간의 흐름에 따라 그려 넣고 교각을 읽어보아야 정확한 결과를 알 수 있다.

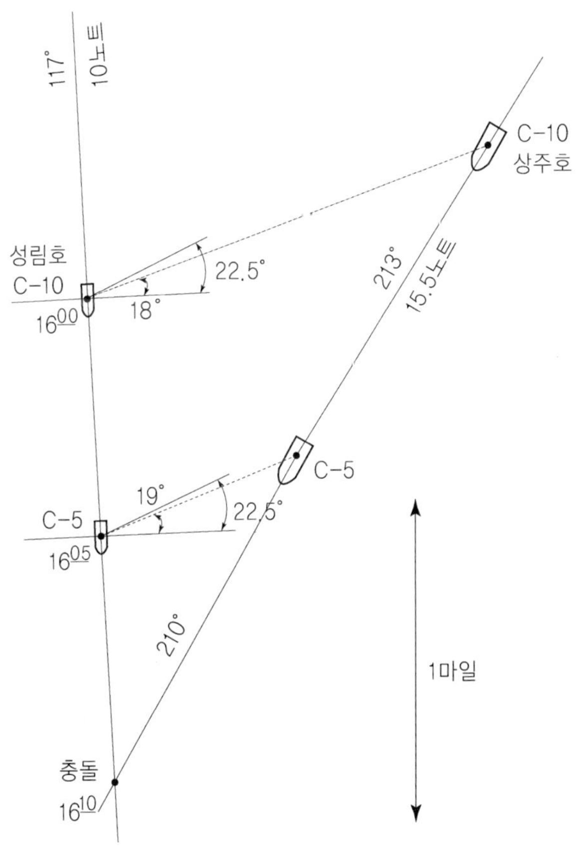

(2) 횡단관계(Crossing)

3. 교통안전특정해역

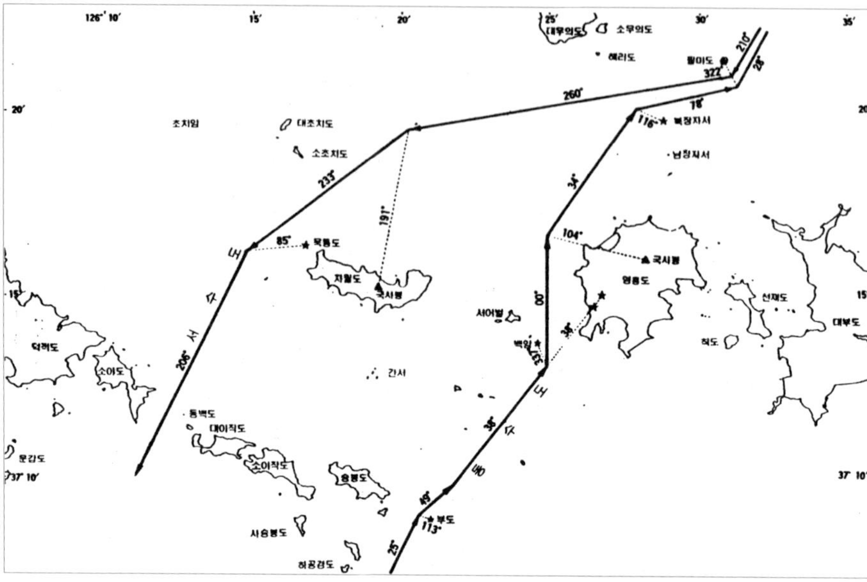

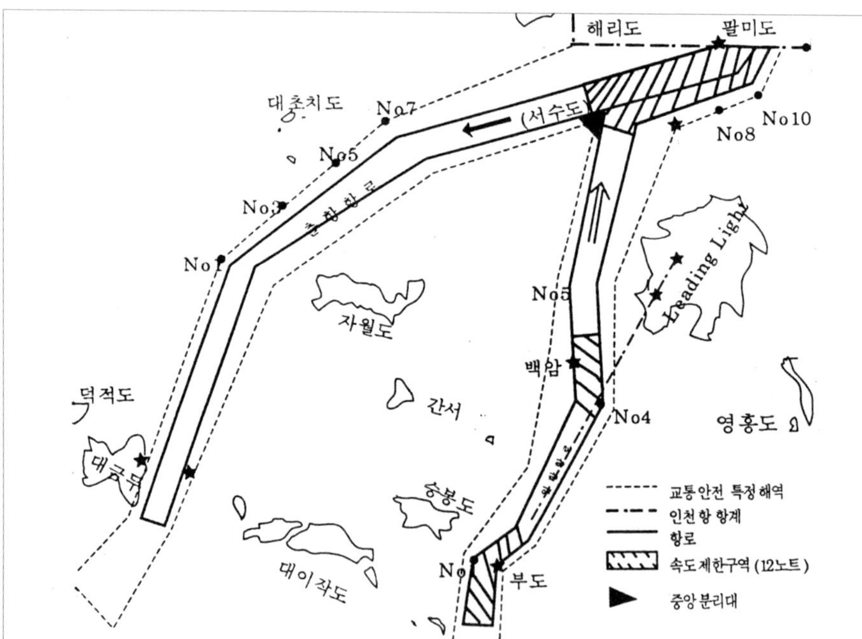

〈인천구역 교통안전특정해역〉

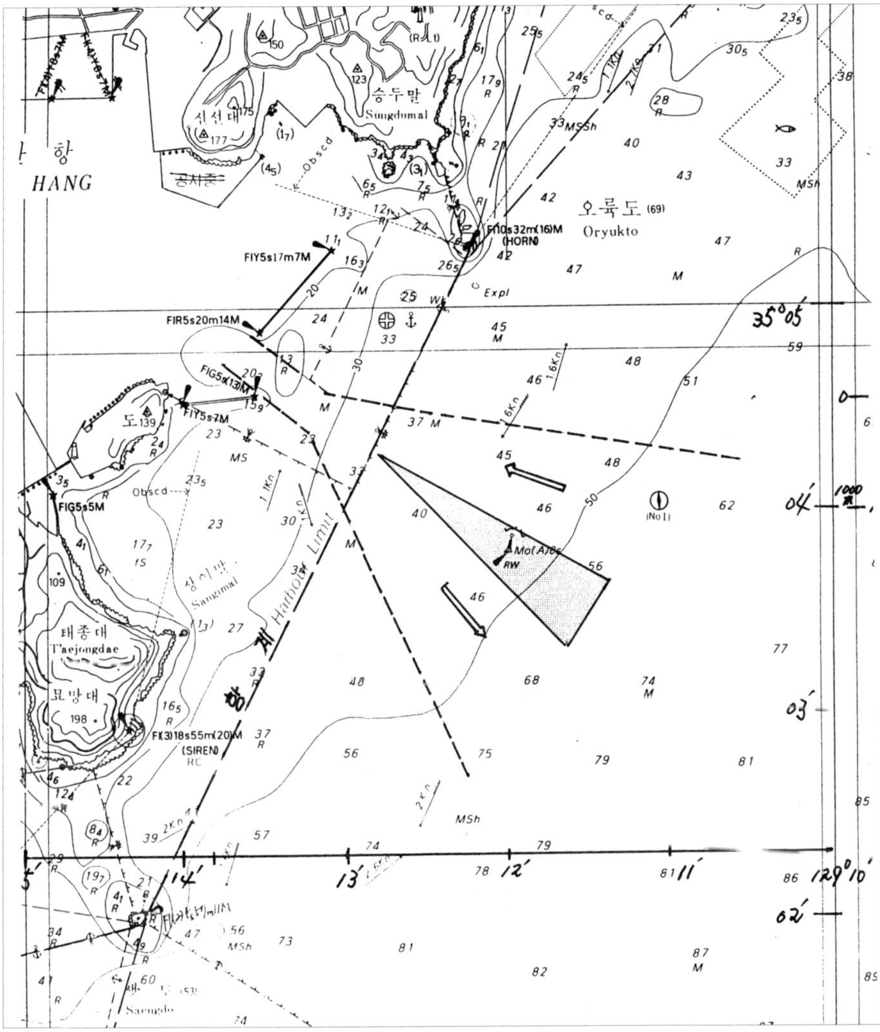

〈부산구역 교통안전특정해역〉

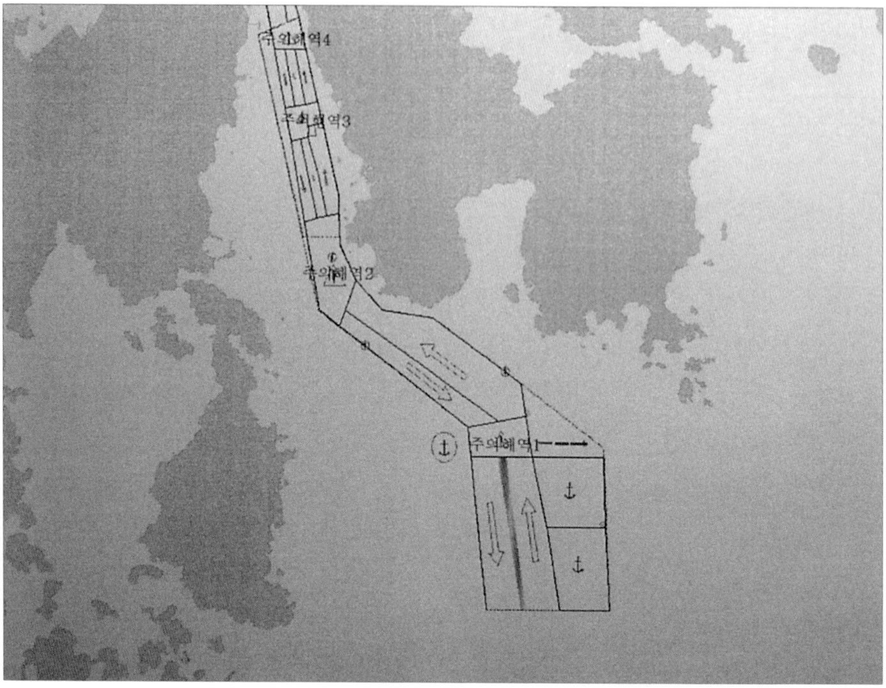

〈여수구역 교통안전특정해역(2005년 개정)〉

4. 해상교통법 객관식 문제 40선

1. 다음 중 해상교통법에 속하지 않는 것은?
   가. 국제해상충돌예방규칙
   나. 해상교통안전법
   다. 선원법
   라. 선박의 입항 및 출항 등에 관한 법률

2. 국제해상충돌예방규칙(이하 국제규칙)과 해상교통안전법의 관계에서 틀린 것은?
   가. 우리나라도 국제규칙의 체약국이다.
   나. 해상교통안전법과 국제규칙은 헌법상 동등한 효력을 갖는다.
   다. 해상교통안전법이 국내법이므로 항상 우선적용된다.
   라. 선원의 상무규정은 국제규칙에는 규정되어 있으나 해상교통안전법에는 규정되어 있지 않다.

3. 다음 중 선원의 상무에 대한 것 중 틀린 것은?
   가. 선원으로서 마땅히 하여야 할 주의의무를 말한다.
   나. 선원의 상무규정을 많이 적용하면 법적 안정성이 떨어진다.
   다. 선원의 상무는 우리 해상교통안전법에 규정되어 있지 않지만, 국제규칙을 이용하여 우리나라에서도 법원이 될 수 있다.
   라. 횡단관계에서는 국제규칙 제15조보다 선원의 상무 규정을 먼저 적용하면 아니된다.

4. 선원의 상무 규정이 적용되는 예가 아닌 것은?
   가. 묘박선의 주의의무
   나. 세 선박이 한곳을 보고 만나는 경우
   다. 도선사를 승선·하선시키는 경우
   라. 횡단관계의 두 선박 사이

5. 선박의 입항 및 출항 등에 관한 법률과 해상교통안전법의 관계로 틀린 것은?
   가. 선박의 입항 및 출항 등에 관한 법률은 해상교통안전법의 특별법이다.
   나. 해상교통안전법은 선박의 입항 및 출항 등에 관한 법률의 일반법이다.

다. 선박의 입항 및 출항 등에 관한 법률에 나와 있지 않은 항법 규정은 해상교통안전법이 적용된다.
라. 무역항의 수상구역등의 항로를 따라 항행하는 선박이 자신의 우현에 접근하는 상대선박을 보고 있는 경우 횡단항법이 적용되어 피항선이 된다.

6. 항법의 대원칙인 좌현 대 좌현 항법이 구현된 것이 아닌 것은?
가. 좁은 수로에서 우측항행
나. 좌현 변침
다. 통항분리수역에서 통항로의 설정방식
라. 선박의 입항 및 출항 등에 관한 법률상 항로에서 상대선박을 만나는 경우에 수로의 우측항행

7. 경계의 수단이 아닌 것은?
가. 레이더
나. AIS
다. VHF
라. 해도

8. 다음 중 올바른 경계가 아닌 것은?
가. 레이더를 통하여 상대선박의 방위와 거리를 확인한다.
나. 연안항해 중 레이더로 위치를 15분 간격으로 구하면서 상대선박의 동향을 파악한다.
다. 연안항해를 하면서 레이더는 사용하지 않고 GPS만으로 본선의 위치를 구한다.
라. 상대선박이 본선을 완전히 통과할 때까지 계속하여 상대선박을 주시한다.

9. 안전속력에 대하여 틀린 것은?
가. 해상교통법에 안전속력이 얼마로 확정되어 있는 것은 아니다.
나. 여러 환경에 따라 안전속력은 달라진다.
다. 감속은 충돌을 피하기 위한 좋은 수단이 된다.
라. 감속한다고 하여 충돌의 손해가 줄어드는 것은 아니다.

10. 충돌의 위험에 대하여 틀린 것은?
   가. 충돌의 위험이 있는 경우에 항법이 적용되는 것이 원칙이다.
   나. 정면상태, 횡단상태 및 추월상태에 모두 충돌의 위험이 있을 때 항법이 적용된다는 명시규정이 있다.
   다. 충돌의 위험이 없는 경우에도 적용되는 규정으로서 국제규칙 제8조 f항이 있다.
   라. 충돌의 위험은 박근(迫近)상태(close quarter situation)와 급박한 위험(immediate danger)단계로 이어진다.

11. 충돌의 위험을 판단하는 가장 좋은 방법은?
   가. 상대선박의 상대방위 변경 여부를 자이로 리피터의 새도우 핀을 이용하여 확인한다.
   나. VHF로 통화하여 상대선박의 침로가 얼마인지 물어본다.
   다. 해도에 상대선박의 위치를 기입하여 본다.
   라. 선장에게 일임한다.

12. 다음 중 충돌의 위험이 있는 것은?
   가. 처음에 상대방위를 확인하니 030도였고, 계속 접근하면서도 변화가 없는 경우
   나. 처음에 상대방위를 확인하니 030도였지만, 계속 접근하면서 방위가 40도, 50도로 벌어진 경우
   다. 처음에 상대방위를 확인하니 030도였지만, 계속 접근하면서 방위가 20도, 10도로 줄어든 경우
   라. 접근하던 선박의 거리가 멀어진 경우

13. 통항불방해의무에 대하여 틀린 것은?
   가. 피항의무와는 다르다.
   나. 모든 시계상태에서 적용된다.
   다. 충돌의 위험이 없는 경우에도 적용된다.
   라. 협수로, 통항분리수역 등과 관련된다.

14. 대각도 변침이란 적어도 몇 도 이상을 말하는가?
   가. 30도
   나. 20도
   다. 10도
   라. 5도

15. 다음 중 피항동작에 대하여 틀린 것은?
   가. 여유수역이 충분히 있으면 변침만으로도 좋다.
   나. 가능하면 감속과 변침을 동시에 사용한다.
   다. 무중임에도 감속을 하지 않아도 좋다.
   라. 조기에 충분한 대각도의 변침을 한다.

16. CPA(최소접근거리)에 대하여 틀린 것은?
   가. 충돌의 위험을 판단하는 근거가 된다.
   나. 0.2마일도 충분한 최소접근거리이므로 그대로 진행하여도 좋다.
   다. 무중에서는 최소접근거리를 크게 잡아주어야 한다.
   라. 판례와 재결을 보면 약 1마일 이내이면 상호시계 안에서 대양에서 충돌의 위험성이 있는 CPA로 본다.

17. 협수로 항법에서 틀린 것은?
   가. 폭이 1마일 이내라면 협수로가 될 수 있다.
   나. 무중이 되면 항로의 우측을 따를 의무가 없어진다.
   다. 통항불방해의무가 부과된 경우도 있다.
   라. 추월에 대하여 특별한 규정이 있다.

18. 甲 선박은 협수로에서 조종능력제한선박으로서 수로의 좌측통항을 하다가 충돌사고가 발생하자 우측통항을 하는 선박에 대하여 우선권을 주장한다. 틀린 답은?
   가. 甲 선박의 우선권은 협수로에서 인정되지 않는다.
   나. 국제규칙 제9조의 협수로 항법의 규정은 제18조의 선박의 책무 항법의 규정보다 우선되어야 한다.
   다. 조종성능이 제한된 선박에 우측통항을 기대할 수 없다.
   라. 甲 선박은 우측통항을 하지 않은 과실이 있다.

19. 통항분리수역에 대하여 틀린 것은?
   가. 횡단관계가 형성되면 횡단항법도 적용된다.
   나. 그러나 가능하면 횡단을 하지 말아야 할 의무에 횡단선이 위반되는 경우도 있다.
   다. 통항로를 따르는 선박은 항로의 우측을 항행하는 것이 원칙이다.
   라. 통항로를 따르는 선박은 항로의 중앙을 항행하다가 상대선박 등이 있는 경우에는 우측으로 항행하여야 한다.

20. 통항분리수역에서 어로작업 중인 선박에 대하여 틀린 것은?
   가. 어로작업이 아예 금지된다.
   나. 어로작업권과 자유통항권의 조화가 필요하다.
   다. 통항불방해가 아닌 한 어로작업이 가능하다.
   라. 분리대 안에서는 어로작업이 가능하다.

21. 교통안전특정해역과 통항분리방식의 항법과의 관계는?
   가. 지리적인 모양이 유사하므로 통항분리방식에서의 항법이 항상 우선권을 가진다.
   나. 특정해역의 항법으로 정하여진 것이 우선 적용된다.
   다. 교통안전특정해역에서 정하지 않은 항법은 협수로 항법이 준용된다.
   라. 아무런 관계가 없다.

22. 선박의 입항 및 출항 등에 관한 법률상의 항법 중 틀린 것은?
   가. 무중이 되면 항로를 따를 의무가 없어진다.
   나. 무역항의 수상구역등의 항계에서는 항로를 따라 항행하여야 한다.
   다. 항로 안에서는 추월이 금지된다.
   라. 항로에 진입하는 선박이 항로를 따르는 선박의 진로를 피하여야 한다.

23. 방파제 입구에서의 틀린 항법은?
   가. 입항선이 출항선을 피하여야 한다.
   나. 출항선이 입항선을 피하여야 한다.
   다. 방파제의 밖은 여유수역이 많다는 점이 고려되어야 한다.
   라. 감속을 한다.

24. 우선피항선에 대하여 틀린 것은?
가. 우선피항선은 무역항의 수상구역등에서 항로를 따라 항행할 의무가 없다.
나. 항계 안 등에서 우선피항선은 동력선을 피하여야 한다.
다. 선박의 입항 및 출항 등에 관한 법률에서는 "진로를 방해하여서는 아니된다"고 정하고 있지만 이는 진로를 피하여야 한다고 보아도 된다는 견해가 있다.
라. 무중에서는 항계 안 등에서 우선피항선이 동력선을 피할 의무가 없다는 것이 우리나라 재결과 다수설의 입장이다.

25. 상호시계 항법의 적용요건이 아닌 것은?
가. 충돌의 위험이 있을 것
나. 상호시계 안일 것
다. 정침하고 있을 것
라. 항행 중이 아닐 것

26. 유지선의 주의의무가 아닌 것은?
가. 유지선은 충돌의 위험이 없는 경우에는 자유로이 침로를 변경할 수 있다.
나. 충돌의 위험이 발생하면 침로와 속력을 유지할 의무가 부과된다.
다. 상대방의 동작만으로 충돌을 피할 수 없다고 판단되는 경우에는 최선의 동작을 취할 의무가 부과되어 있지 않다.
라. 사정이 허락하면 좌현 변침을 하지 말아야 한다.

27. 추월(앞지르기)항법에 대하여 틀린 것은?
가. 충돌의 위험이 명시되어 있지 않다.
나. 충돌의 위험이 요구되는지 판례와 학설의 대립이 있다.
다. 조종성능이 제한되는 선박이라고 하여도 자신이 추월선이 되면 피항선이 된다.
라. 피추월선은 유지선으로서의 의무조차 없다.

28. 정면상태에 대하여 틀린 것은?
가. 마주치는 상태라고도 한다.
나. 우현 변침하여 좌현 대 좌현 통과가 되도록 하여야 한다.
다. CPA가 1마일 정도로 상대선박이 자신의 우측에서 내려오면서 정면상태인 경우에 조기에 적극적으로 우현 변침하여 좌현 대 좌현 통과를 시도하여야 한다.
라. 추월(앞지르기)상태와의 경계지점에 있다.

29. 횡단상태에 대하여 틀린 것은?
 가. 조우자세로 보아 정면상태와 추월상태가 아니면 횡단상태가 된다.
 나. 후방교차(자신의 정횡보다 뒤에 선박이 있어도 횡단이 되는 경우)도 있다.
 다. 상대의 우현에 접근하는 상대선박을 가진 선박이 피항선이다.
 라. 야간에 상대선박의 녹등을 보는 선박이 피항선이 된다.

30. 무중항해에 대하여 틀린 것은?
 가. 최선의 항행법은 감속하는 것이다.
 나. 가능하면 우전타를 하지 말아야 한다.
 다. 횡단항법은 더 이상 적용이 없다.
 라. 양 선박이 동등한 주의의무를 부담한다.

31. 무중항법에 대하여 틀린 것은?
 가. 레이더 상으로 보아 상대선박이 본선의 좌현측에서 접근하고 있으므로 본선은 유지선이 된다고 생각하고 피항조치를 취하지 않고 침로와 속력을 유지한다.
 나. 상대선박이 나타나자 즉각 선장에게 보고하였다.
 다. 감속을 하였다.
 라. 우전타를 하여 조기에 피항하려고 한다.

32. 다음 중 운전부자유선은?
 가. 기관이 고장난 선박
 나. 어로작업 중인 선박
 다. 예인선단
 라. 도선 중인 선박

33. 어로작업 중인 선박의 항법상 지위로 틀린 것은?
 가. 모든 어로작업 중인 선박이 우선권을 가지는 것은 아니다.
 나. 항행 중인 어선은 우선권이 없다.
 다. 해묘를 투묘하고 오징어 채낚기 작업에 종사하는 선박은 어로작업 중인 선박이라는 것이 최근의 중앙해양안전심판원의 재결 결과이다.
 라. 트롤작업 중인 선박은 우선권을 가진다.

34. 예인선단에 대한 우리나라 해양안전심판원과 법원의 입장에 대하여 틀린 것은?

가. 해양안전심판원은 피예인선의 크기가 예인선의 10배에 해당하고, 예인삭의 길이가 200미터인 모래운반선의 경우도 조종성능제한선박으로 보지 않는다.

나. 그러나 대법원은 최근 이를 조종성능제한선박으로 보았다.

다. 정의규정에서, 침로로부터의 이탈능력이 "심히" 제한받는다는 용어가 중요한 관건이 된다.

라. 예인선단은 운전부자유선에 해당하게 된다.

35. 정박선의 주의의무가 아닌 것은?

가. 지정된 장소에서 정박을 하여야 한다.

나. 정박당직을 서야 한다.

다. 충돌의 위험을 안고 접근하는 선박이 있다면 경고신호를 주어야 한다.

라. 정박등을 켜지 않아도 된다.

36. 도선사 승선시간에 맞추기 위하여 기관을 정지하고 있는 선박에 대하여 틀린 것은?

가. 소위 표류선 혹은 정류선이라고 불린다.

나. 조종성능제한선박의 범주에 들어가지 않으므로 우선권을 갖는 것은 아니다.

다. 여전히 항행 중(underway)이므로 일반항법이 적용된다.

라. 홍등 두 개를 올려야 한다.

37. 다음 중 가장 우등한 지위에 있어서 모든 선박을 피하여야 하는 선박은?

가. 추월선

나. 어로작업 중인 선박

다. 조종성능제한선박

라. 유지선

38. 해상교통법상 속력에 따른 우선권의 부여에 대하여 틀린 것은?

가. 원칙적으로 속력에 대한 우선권은 주어지지 않는다.

나. WIG선(수면비행선박)의 경우에 통항불방해의무가 부여되었다.

다. 정박 중인 선박이 선원의 상무상 우선권을 가진다.

라. 2노트의 선박과 12노트의 선박이 횡단상태에서 만나면 12노트의 선박이 속력이 빨라 피항능력이 뛰어나므로 피항선이 된다.

39. 항행 중인 길이 50미터 이상의 동력선이 켜야 할 규정등화가 아닌 것은?
    가. 두 개의 현등
    나. 마스트등 두 개
    다. 선미등
    라. 백색의 전주등

40. 무중에서 항행 중인 동력선으로 대수속력이 있는 경우의 음향신호는?
    가. 2분을 넘지 않는 간격의 장음 1회
    나. 장음간의 간격이 2초 정도 연속한 장음 2회를 2분 넘지 않는 간격으로 반복 한다.
    다. 단음 5회
    라. 2분을 넘지 않는 간격의 단음 1회

<정답>

1. 다	2. 라	3. 다	4. 라	5. 라	6. 나	7. 라	8. 다	9. 라	10. 나
11. 가	12. 가	13. 나	14. 가	15. 다	16. 나	17. 나	18. 다	19. 다	20. 나
21. 나	22. 가	23. 나	24. 라	25. 라	26. 다	27. 라	28. 라	29. 라	30. 나
31. 가	32. 가	33. 다	34. 라	35. 라	36. 라	37. 가	38. 라	39. 라	40. 가

5. 심층학습 — 항법 문제 15선

1. 해기사들에게 선박충돌과 관련하여 항법상 주의의무를 부과하고 있는 법률에는 어떠한 것이 있는가?

   국제조약의 형태로서 1972년 국제해상충돌예방규칙(이하 '국제규칙')과 STCW 협약이 대표적이고, 국내법으로서는 해상교통안전법, 선박의 입항 및 출항 등에 관한 법률, 유선 및 도선사업법 그리고 수상레저안전법 등이 있다.

2. 甲 선박의 선장은 인천항에 입항하고 있는 중이다. 甲 선박의 선장이 지켜야 하는 해상교통법은 무엇인가?

   해상교통법에는 국제규칙, 해상교통안전법 그리고 선박의 입항 및 출항 등에 관한 법률이 있다. 인천항은 개항이므로 甲 선박의 선장은 선박의 입항 및 출항 등에 관한 법률을 우선적으로 지켜야 한다. 다음으로 선박의 입항 및 출항 등에 관한 법률에 나와 있지 않는 항법에 대하여는 해상교통안전법의 규정이 적용된다. 그리고 해상교통안전법과 국제규칙이 상충되는 경우에는 후자가 우선 적용되는 경우도 있다.

2-1 위에서 甲 선박의 선장은 항로를 따르고 있었는데, 乙 선박이 항로를 횡단하고자 한다. 그런데 甲 선박은 자신의 우측에 횡단하는 乙 선박을 두고 있다. 올바른 항법은?

   해상교통안전법상 대양에서 양 선박이 조우하게 되었다면 이러한 경우에 피항선은 甲 선박이 될 것이다(해상교통안전법 제80조). 그런데 선박의 입항 및 출항 등에 관한 법률에서는 원칙적으로 항로의 횡단은 피하여야 한다(동법 제11조 제1항). 그러나 부득이한 경우 횡단을 하게 되는 경우 횡단선은 피항선이 된다(선박의 입항 및 출항 등에 관한 법률 제13조 제1항). 그러므로 乙 선박이 피항선이 된다. 여기서의 피항선의 주의의무는 일반피항선의 경우보다 훨씬 크다고 할 것이다. 甲 선박도 선원의 상무로서 협조동작은 취하여야 할 것이다.

3. 대양에서 두 선박이 마주치자 甲 선박은 乙 선박을 불러서 좌현 대 좌현 통과가 아닌 우현 대 우현 통과를 하자고 약속하였다. 그런데 乙 선박은 이를 지키지 않고 좌현 대 좌현 통과를 시도하다가 충돌사고가 발생하였다. 누구의 잘못이 더 큰가?

   원칙적으로 항법의 대원칙은 좌현 대 좌현 통과이다. 그런데 특수한 사정이 있는 경우에는 서로 합의로써 이를 변경하여 우현 대 우현 통과를 하는 경우가 있다. 합의에 의한 항법도 가능하다(중해심 제96-22호; 중해심 제2001-19호). 이러한 경우에는 두 선박 사이에는 합의의 항법이 우선한다고 생각된다. 그러므로 이 경우에는 국제규칙 제2조의 특수한 사정으로 인한 경우로서 양 선박은 우현 대 우현 통과를 하여야 하고, 이를 위반한 乙 선박의 과실이 크다. 그런데 이러한 합의에 의한 항법은 특히 무중에서는 약속의 대상이 누구인지 확인하기 어렵고 제3자에게는 적용되지 않으므로 대단히 위험한 것이다. 가능하면 합의에 의한 항법은 피하는 것이 좋다.

4. 甲 선박과 乙 선박 모두 상대선박을 보지 못한 가운데, 충돌사고가 발생하였다. 그런데 甲 선박은 자신의 우측에 乙 선박을 두고 있었다. 甲 선박은, 비록 상호시계 상태였지만, 양 선박 모두가 상대선박을 보지 못한 가운데 충돌사고가 발생하였으므로, 이러한 경우에는 상호시계 안에서의 항법이 적용되는 것이 아니라 선원의 상무 규정을 적용하여야 하고 결과적으로 양 선박은 모두 서로를 피하여야 할 주의의무를 부담하므로 과실비율은 동등하다고 주장하였다. 이러한 주장은 가능한가?

   항법은 객관적으로 적용되어야 한다. 국제규칙(제3조 k호)과 해상교통안전법(제76조)에서도 '상대선박을 눈으로 볼 수 있는 상태'라고 한다. 만약 상호시계 안에서의 항법을 양 선박 모두가 본 경우에 적용한다고 하면, 피항선에 있던 선박은 항상 보지 못하였다고 주장할 것이다. 甲 선박은 피항선 그리고 乙 선박은 유지선이 된다.

5. 甲 선박의 선장은 우측에서 접근하는 선박을 보았더니 방위의 변화가 없었다. 그래서 충돌의 위험을 느끼고 침로를 우현 10도씩 두 번 변침하여 5분 동안 항해하다가 충돌사고가 발생하였다. 甲 선박의 조치는 합당하였는가?

   방위변화가 없이 접근하고 있으면 충돌코스를 서로 달리고 있는 것이다. 그러므로 甲 선박은 피항선으로서 대각도 우현 변침하여야 한다(국제규칙 제8조 b항; 해상교통안전법 제73조 제2항). 그리고 필요하면 감속할 수도 있다. 여기서 말하는 대각도 변침이란 적어도 한 번에 30도 이상 60도에서 90도까지의 변침을 말한다. 또한 그러한 변침은 상대선박이 확실히 알 수 있을 정도로 한 번에 이루어진 것이어야 한다. 그러므로 甲 선박의 선장의 피항조치는 잘못이다.

6. 甲 선박은 乙 선박의 우현측으로 추월하고 있었다. 乙 선박은 이러한 사실을 모르고 있다가 우현 변침하여 甲 선박과 충돌하였다. 乙 선박은 자신은 피추월선이므로 항법규정에 따라서

추월선인 甲 선박이 전적으로 피추월선인 자신을 피할 의무가 있으므로 자신은 아무런 과실이 없다고 한다. 가능한 주장인가?

종래 추월선의 주의의무에 대하여 추월선이 모든 책임을 진다는 절대적 의무설과, 피추월선도 유지선의 의무는 부담한다는 상대적 의무설이 있어 왔다. 현재의 학설과 판례 및 재결은 모두 상대적 의무설을 취하거나 혹은 상대적 의무설보다도 피추월선에게 더 큰 주의의무를 부담시키고 있다. 즉, 상대적 의무설에서 피추월선이 부담하던 침로와 속력을 유지할 의무에 더하여 적극적 협조동작을 부과하고 있다(코스키에르지나호 충돌 사건, 영국 사례).

그리하여 절대적 의무설에 의하면 위의 사례에서 乙 선박은 과실이 없는 것이 되지만, 상대적 의무설에 의하면 乙 선박은 침로유지의무에 위반한 것이 된다. 위에서 추월선이 너무 접근한 것이 사고의 원인의 하나가 되었다면 乙 선박은 적극적으로 이를 방지할 조치를 취할 의무가 있다고 보는 것이다.

아무튼, 선박은 추월선이 있는지를 확인하고 변침을 하는 것이 선원의 상무이고, 피추월선의 의무라고 생각된다.

7. 상호시계 상태에서 甲 선박이 자신의 우측에 乙 선박을 두고 정면상태로 우현 대 우현 통과의 모습으로 접근하던 중 甲 선박이 1마일 거리에서 우현 전타하여 피항조치를 취하였다. 그런데 충돌사고가 발생하였다. 甲 선박은 처음에는 정면상태의 항법이 적용되나, 자신이 우현 변침함으로써 이제는 항법이 횡단상태로 되고 乙 선박은 피항선이 되어 더 큰 주의의무를 부담한다고 한다. 가능한 주장인가?

   대략 충돌 15분 전인 6마일 거리에서 충돌의 위험이 시작된다고 보는 사견에 의하면, 1마일 거리에서는 이미 정면상태의 항법이 적용되어 양 선박은 모두 우현 변침하여 피항조치를 취할 의무가 있었다. 그런데 1마일 지점에서의 조치는 피항조치로서의 동작이고, 이러한 동작으로 조우자세가 달라진다고 하여 또 다른 횡단항법이 적용되는 것은 아니다. 이 경우에는 乙 선박은 정면상태에서 자신이 우현 전타하여 피항할 의무를 다하지 못한 것이 되지만, 횡단선으로서의 피항의무를 다하지 못한 것이 되지는 않는다고 본다.

8. 청명한 날씨의 대양에서 甲 선박의 선장은 정지 중인 선박을 발견하였다. 어떠한 분석을 선장은 하여야 하는가?

   우선 정지 중인 선박은 유형별로 여러 가지가 있을 수가 있다. 정지 중인 경우는 기관고장, 입항시간을 맞추기 위한 정류, 어로작업 중 등의 경우로 나누어 볼 수 있다. 이러한 각각의 경우에 따라서 적용 항법이 달라질 것이다. 기관고장인 선박은 운전부자유선으로서 우선권을 갖게 되나, 입항시간을 맞추기 위하여 기관을 준비한 가운데 대기 중인 선박(정류 중인 선박)은 일반항법이 적용될 것이다. 어로작업 중인 선박도 실제로 조종성능이 제한되게 되면 우선권을 부여받는다. 그러므로 선장은 우선 정지 중인 선박이 어떠한 상황하에 있는 선박인지를 파악하여야 한다. 정류 중인 선박에 대하여는 조우관계에 따라서 자신이 피항선 혹은 유지선이 될 것이다.

다른 두 가지의 경우에는 甲 선박은 피항선이 될 것이다.

9. 甲 선박은 자신의 우측에 乙 선박을 두고 접근하고 있었다. 그런데 시계가 100미터였다. 그런데도 乙 선박의 선장은 자신이 유지선이라고 하면서 피항조치를 취하지 않고 있다. 올바른 항법인가?

해상교통법의 항법은 시계상태에 따라 구분되어 있다. 가장 많이 조우되는 횡단항법은 상호시계 안에서만 적용되는 항법이다. 현재의 상황은 제한시계이다. 그러므로 제한시계의 항법이 적용되어야 하고, 제한시계에서는 피항선이나 유지선의 개념이 없다(국제규칙 제19조 및 해상교통안전법 제84조). 따라서 乙 선박의 선장은 잘못이다. 감속하면서 조기에 우현 변침하여야 한다.

10. 甲 선박(총톤수 1만톤급)은 무중에서 항해 중이면서 레이더로 乙 선박(총톤수 1만톤급)과 마주칠 우려가 있는바, CPA를 0.5마일로 유지하고자 한다. 올바른 태도인가?

무중에서 최소 CPA는 2마일은 넘어야 한다. 두 선박이 12노트의 선박이라면, 두 선박이 서로 반대방향으로 전타하면 2마일 거리에서는 5분 내에 충돌이 발생한다. 0.5마일이라면 겨우 1분 남짓한 시간이다. 물론 한 선박만 이러한 전타를 하면 2분 정도의 시간이 있지만, 피항조치를 취하기에는 부족한 시간이다.

11. 어선 甲은 어로작업에 종사하지도 않으면서 우선권을 갖는다고 주장하고 있다. 가능한 주장인가?

어선이 우선권을 갖는 것은 실제로 어로작업에 종사하여 조종성능이 제한되는 경우만이다. 어로작업에 종사하지 않으면 일반동력선으로 일반상선과 동일한 지위를 가지고 있는 것이다. 그러므로 상호시계 안이라면 조우자세에 따른 항법이 적용될 것이다.

12. 컨테이너 甲 선박은 우리나라 연안을 항해 중 모래바지선을 예인하고 있는 예인선 乙 선박과 조우하게 되었다. 양 선박의 항법관계는?

예인선단은 조종성능제한선박으로 인정될 여지가 있다. 만약 조종성능제한선박으로 인정되면 甲 선박은 상호시계 안이라면 언제나 예인선단을 피하여야 한다. 조종성능제한선박으로 인정되지 않으면 일반항법이 적용될 것이다. 우리나라 해양안전심판원은 모래바지용 예인선단을 조종성능이 제한되는 것으로 보지 않는다(중해심 재결 제97-26호). 조종성능이 제한되는 예인선이 되기 위하여는 침로로부터의 이탈능력이 심히 제한되어야 하기 때문이다(국제규칙 제3조 g항 vi호; 해상교통안전법 제2조 제11호).

12-1 위의 경우에 제한시계가 되면 항법관계는 어떻게 되는가?

국제규칙 제18조는 상호시계 안에서만 적용되는 항법이다. 그러므로 제한시계가 되면 국제규칙 제19조가 적용되어 항법상 우선권은 어느 선박에도 주어지지 아니한다.

13. 협수로에서 甲 선박이 항로를 따르고 있는 중에 乙 선박이 甲 선박의 우측에서 횡단을 시도하려고 한다. 乙 선박의 이러한 의도는 올바른가?

협수로에서는 항로 안에서만 안전하게 항해할 수 있는 선박의 통항을 방해하게 되는 경우에는 횡단선의 횡단은 금지된다. 그러므로 乙 선박의 입장에서 甲 선박이 충분한 여유수역을 가지고 통행할 수 있는지 의심이 된다면 횡단을 하지 않아야 한다. 이때 통항을 방해하지 않는다는 의미는, 진로를 피하여야 하는 의미보다 시간적으로 공간적으로 더 큰 의무를 의무선박에 부과하는 것이므로 횡단선은 항로를 따르는 선박이 지나가고 난 다음에 횡단하는 것이 좋다.

13-1 만약 甲 선박이 통항분리수역을 따르고 있다면 어떻게 되는가?

통항분리수역에서는 통항로의 횡단은 가능하면 피하여야 하나, 횡단이 불가피한 경우에는 직각으로 통항로를 조속히 횡단하여야 한다. 통항분리대를 횡단하지 않으면 상당히 우회하여야 하는 경우가 여기에 해당한다고 해석된다. 그런데 횡단이 허용되는 경우에는 일반항법이 적용된다고 하므로 甲 선박은 피항선이 된다. 그러나 乙 선박에게도 횡단이 허용되는 사유가 있는지 여부, 직각횡단의무 등의 추가의무를 부담하는 점에서 일반 항법에서의 유지선의 의무와는 다르다.

13-2 만약 甲 선박이 무역항의 수상구역등의 항로를 따르고 있었다면?

무역항의 수상구역등의 항계 안 등에서는 항로의 횡단은 원칙적으로 금지된다고 해석된다. 무역항의 수상구역등의 항로는 지리적으로 제약이 있는 곳이므로, 항로를 따르는 선박은 우선권을 갖고, 횡단이 불가피하여 횡단선이 횡단을 하게 되는 경우에는 횡단선이 절대적인 피항의무를 부담한다고 본다(선박의 입항 및 출항 등에 관한 법률 제12조 제1항).

14. 인천항 동수로를 따라 항해하고 있는데 소형어선이 횡단을 시도하고 있다. 항법관계는?

인천항 동수로에 적용되는 항법은 교통안전특정해역의 항법이다. 이는 해상교통안전법 제7조와 동 시행규칙 제6조에 규정되어 있다. 그런데 횡단선에 대하여는 별도의 규정이 없다. 시행규칙 제6조 제1항 별표 4에 의하면 규칙의 해당 조항에 나와 있지 않는 항법은 통항분리수역의 항법을 적용한다고 한다. 그러나 인천항 동수로에서도 폭이 좁은 곳은 협수로로 볼 수 있으므로, 좁은 수로 등의 항법이 적용된다고 본다. 그러면 동수로 안에서만 안전하게 통항할 수 있는 선박의 안전한 통항이 방해되면 횡단선의 횡단은 금지되게 된다.

입법론적으로는 횡단선이 조우자세에 관계없이 피항의무를 부담한다는 명문의 규정을 두는 것이 좋다고 본다.

6. 주관식 시험대비 답안 예시

* 아래는 각종 주관식 시험을 준비하는 분들을 위하여 필자가 작성하여 본 것으로 다른 체제로서 작성할 수도 있을 것이다.

- 甲 선장과 乙 선장은 도선사 시험을 준비 중이었다. 그런데 甲 선장은 국제규칙의 항법규정은 충돌의 위험이 발생한 경우에만 적용된다고 주장하자 乙 선장은 반드시 그렇지 않다고 주장하였다. 이러한 주장에 대한 귀하의 견해는 어떠한지 설명하시오.

1. 서

국제규칙을 포함한 항법규정은 기본적으로 충돌을 방지하기 위함에 목적이 있다. 그런데 충돌에 이르는 과정을 보면 상대선박과의 거리가 충분히 멀어서 충돌의 위험이 없는 경우가 있고, 다음 단계로 충돌의 위험이 있는 단계를 거쳐서 급박한 위험에 이르고 충돌로 이어진다. 질문의 내용은 항법의 여러 규정이 충돌의 위험이 없는 경우에도 적용이 있는지가 쟁점이 되고 있다. 항법은 충돌의 위험이 발생한 경우에 이를 피하기 위한 주의의무를 정하고 있는 것이 원칙이다. 그러나 이에 추가하여 충돌의 위험이 없는 경우에도 적용하는 경우들이 있는지에 대하여 살펴보아야 한다.

乙 선장은 충돌의 위험이 없는 경우에도 적용된다는 취지이므로 이를 중심으로 살펴보고자 한다.

2. 충돌의 위험이 명시된 경우에 적용되는 경우

항법은 충돌의 위험이 있는 경우에만 적용되는 것을 원칙으로 한다. 이러한 항법의 규정은 상호시계 안의 항법으로서 마주치는 상태(해상교통안전법 제79조), 횡단상태(동법 제80조), 선박 사이의 책무(동법 제83조) 등에서 찾아볼 수 있다. 이러한 규정들은 "충돌의 위험이 있는 경우"라는 명시적인 명문규정을 두고 있다. 그러므로 충돌의 위험이 없는 상태에서는 양 선박은 횡단항법의 규정에 따른 유지선의 의무도 피항선의 의무도 부담하지 않게 된다고 할 수 있다.

3. 충돌의 위험이 묵시적으로 필요하다고 해석되는 경우

충돌의 위험이 있어야 항법규정이 적용된다는 명시적인 내용은 없지만, 충돌의 위험이 묵시적으로 존재하여야 항법규정이 적용되는 경우가 있다. 추월의 경우가 대표적이다. 추월항법(동법 제78조)에서는 충돌의 위험이 있어야 한다는 규정은 없지만, 판례와 학설은 이를 지지한다.

4. 충돌의 위험이 없는 경우에도 항법이 적용되는 경우

항법규정은 예외적으로 충돌의 위험이 없는 경우에도 항법이 적용되도록 정하고 있다. 예컨대, 국제규칙 제8조 f항은 통항불방해의무에 대한 규정으로서 이는 충돌의 위험이 발생하기 전(i호)은 물론 위험이 발생하고 난 다음(ii호)에도 통항불방해의무 선박에게 조기에 충분한 여유수역을 상대선에 확보하여 줄 의무를 부과하고 있다. 또한 무중항법에서 안전속력(해상교통안전법 제71조)으로 항해할 의무도 충돌의 위험과 관계 없이 적용되는 것으로 해석하는 견해도 있다.

5. 결

위와 같이 국제규칙의 규정을 살펴본 결과 항법규정은 반드시 충돌의 위험이 발생한 경우에만 적용되는 것이 아니라, 충돌의 위험이 발생하기 전에도 적용하는 규정이 있다. 그러므로 甲의 주장은 일부분 타당하고 乙의 주장이 올바르다고 생각한다.

충돌의 위험이 발생하기 전이라도 항법의 규정이 적용되도록 하는 것은 충돌을 방지하기 위한 사전의 예방조치로써 항해사들에게 주의의무를 부과하고 있는 것으로 생각되고, 충돌의 위험이 명시되지는 않았지만 묵시적으로 그렇게 해석하는 규정들은 명확하게 이를 명시하는 것이 항법규정에 대한 쉬운 이해를 위하여도 필요하다고 생각한다.

(2,3,4를 2. 본론으로 한 장으로 하고 소제목을 다는 것도 한 가지 방법이다)

참고문헌

곽윤직, 『채권각론』, 박영사, 1992.

김우숙, 『레이다항법과 알파』, 해문출판사, 1996.

김인현, 『해상법』, 법문사, 2003.

______, 『해상법연구』, 삼우사, 2003.

______, 『해상법연구Ⅱ』, 삼우사, 2008.

______, 『선박충돌과 항법연구』, 효성출판사, 2006.

______, 『선원의 법적 책임과 보호』, 효성출판사, 2001.

______, "횡단항법의 적용상 쟁점에 대한 연구 - 영국귀족원 알렉산드라 I호 판결을 중심으로 -", 『해사법연구』, 제36권 제3호, 2024. 11.

김종성, 『일본항법해설, 좋은 디자인』, 2006.

김진동, 『항해항법과 판례해실』, 문원사, 2005.

민성규·임동철, 『새 국제해상충돌예방규칙』, 한국해양대학교 해사도서출판사, 1976.

박용섭, 『해상교통법론』, 형설출판사, 1998.

부산지방검찰청, 『해양범죄백서』, 부산지방검찰청, 1997.

윤점동, 국제해상충돌예방규칙 및 관련된 국내법규해설, 세종출판시, 2000.

______, 『선박운용의 이론과 실무』, 한국해양대학교 출판부, 1975.

이윤철, 『해상교통법론』, 다솜출판사, 2006.

이재상, 『형법총론』, 박영사, 1999.

______, 『형법각론』, 박영사, 2000.

이철환, "항법상 선박의 진로우선권에 관한 연구", 목포해양대학교 석사학위논문, 2001.

중앙해양안전심판원, 『해난심판사례집』, 1996-2000.

채이식, 『상법(Ⅳ)(보험법·해상법)』, 박영사, 2001.

今西保彦, 『海難審判の判例』, 成山堂書店, 1982.

福井淡, 『圖說 海上衝突豫防法』, 海文堂, 1999.

福井淡, 『圖說 海上交通安全法』, 2002.

小川洋一,『船舶衝突の裁決例解說』, 成山堂書店, 2002.

海上交通法令硏究會,『海上衝突豫防法の解說』, 海文堂, 1999.

海上交通法令硏究會,『港則法の解說』, 海文堂, 1998.

海上保安廳 警備救難部 航行安全課 監修,『圖解 海上衝突豫防法』, 成山堂書店, 1998.

Craig H. Allen, *FARWELL'S RULES OF THE NAUTICAL ROAD*, Naval Institute Press, 2005.

A.N. Cockcraft & J.N.F. Lameijer, *A GUIDE TO THE COLLISION AVOIDANCE RULES*, Heinemann Newnes, 1990.

B.A. Farnsworth & Larry C. Young, *NAUTICAL RULES OF THE ROAD*, Cornell Maritime Press, 1996.

S. Gault, *MARSDEN Collisions at Sea*, 13th ed., Thomson Sweet & Maxwell, 2003.

N.J. Healy & J.C. Sweeney, *The Law of Marine Collision*, Cornell Maritime Press, 1997.

C. Hill, *Maritime Law*, LLP, 1995.

R.H.B. Stuart, *The Collision Regulations,* LLP, 1991.

S. Mankabady, *The Law Collision at Sea*, Elsevier Science Publisher B.V., 1987.

색 인

□ 판례 및 재결·결정

[법원 판결]

[해양안전심판원 재결·결정]

□ 사항 색인

[ㅇ]

[ㅊ]

[ㅋ]

[기타]

김인현(金仁顯)

한국해양대학교 항해학과(공학사)
고려대학교 법학사 · 법학석사 · 법학박사
The University of Texas at Austin 법학석사(LLM)
싱가포르 국립대(NUS) 법과대학 방문교수
일본 산코라인(三光汽船) 항해사 및 선장
김&장 법률사무소 선장(해사자문인)
국제해사기구 법률위원회 및 UNCITRAL 운송법회의 한국대표단
국제유류오염손해보상기금(IOPC Fund) 한국대표단 자문
도선사전형시험위원 겸 인천항만공사 항만위원
국립목포해양대학교 및 부산대학교 법과대학 부교수
한국해법학회 회장, 대우조선해양 사외이사 겸 감사위원장, 해양수산부 정책자문위원장
현) 고려대학교 법학전문대학원 명예교수 겸 해상법연구센터 소장, 선장, 심판변론인(구 해사보좌인), 상사중재인, 한국해양수산개발원(KMI) 자문위원장, 중앙해양안전심판원 재결평석위원회 위원장, 대법원 전문심리위원, 중국 대련해사대학 및 상해해사대학 객좌(客座) 교수

〈저서 및 논문〉
선박충돌법(법문사, 2016), 해상보험법(공저, 법문사, 제2판, 2021), 해상법(법문사, 제7판, 2023), Transport Law in South Korea(Wolter Kluwer, 2024), 해운산업깊이읽기 I, II, III, IV(법문사, 2020－2024), 해사경쟁법연구 1(공저, 법문사, 2024)
"정류중인 선박의 항법적용", "어선의 항법상 지위와 항법규정 개선방안", "횡단항법의 적용상 쟁점에 관한 연구" 외 논문 180여편

저자협의 인지생략

[제7판] **해상교통법**

2003년 6월 25일 초판 발행
2006년 9월 20일 개정판 발행
2011년 4월 15일 제3판 발행
2013년 1월 5일 제4판 발행
2018년 6월 15일 제5판 발행
2023년 10월 30일 제6판 발행
2025년 1월 15일 제7판 발행

저 자 **金仁顯**
발행인 **曺秉哲**
발행처 **三宇社**
경기도 고양시 일산동구 장백로 20,
102동 426호(백석동, 동문굿모닝힐1차)
전화 02)718-8553(대) FAX 02)718-8554
등록 1994. 9. 23. 제396-2001-000025호

정가 40,000원 ISBN 978-89-91083-88-2 (93360)